中国·攀西钒钛论坛文集

2022年

本书编委会　编

北　京
冶金工业出版社
2022

内 容 提 要

本书收录了2022年中国·攀西钒钛论坛论文55篇，分为综述报告、资源篇、钒业篇、钛业篇和其他篇，比较全面地反映了我国现阶段钒钛领域的科技进步和在“双碳”背景下钒钛产业的发展趋势。

本书可供钒钛领域的管理人员、科研人员、生产人员和教学人员阅读参考。

图书在版编目(CIP)数据

中国·攀西钒钛论坛文集. 2022年/本书编委会编. —北京：冶金工业出版社，2022.11

ISBN 978-7-5024-9330-1

Ⅰ. ①中…　Ⅱ. ①本…　Ⅲ. ①钒钛磁铁矿—矿产资源—产业发展—中国—文集　Ⅳ. ①F426.1-53

中国版本图书馆CIP数据核字（2022）第199653号

中国·攀西钒钛论坛文集（2022年）

出版发行	冶金工业出版社	**电　　话**	（010）64027926
地　　址	北京市东城区嵩祝院北巷39号	**邮　　编**	100009
网　　址	www.mip1953.com	**电子信箱**	service@mip1953.com

责任编辑　刘小峰　美术编辑　彭子赫　版式设计　孙跃红

责任校对　李　娜　责任印制　禹　蕊

北京建宏印刷有限公司印刷

2022年11月第1版，2022年11月第1次印刷

880mm×1230mm　1/16；26.25印张；734千字；409页

定价 180.00 元

投稿电话　（010）64027932　投稿信箱　tougao@cnmip.com.cn

营销中心电话　（010）64044283

冶金工业出版社天猫旗舰店　yjgycbs.tmall.com

(本书如有印装质量问题，本社营销中心负责退换)

本书编委会

主　任： 刘建明　李　明

副主任： 张邦绪　李兴华

委　员： 付琳玲　陈亚平　刘　杰　许登骥

陈树军　李子敬

主要编审人员：

杨绍利　唐　历　严川伟　颜学柏

安仲生　吉广林　马瑞峰　刘武汉

姜宝伟　杨保祥　兰光铭　陈　钢

孙　浩　徐　轶　吴　优　汪　洋

何高鹏　周明勇　仲　利　朱　义

张琼文

前　言

钒钛磁铁矿是战略矿产资源，其高效开发利用是保障我国钒钛战略资源供给安全的“压舱石”。四川省攀枝花-西昌地区（简称攀西地区）钒钛磁铁矿资源储量巨大。经过60多年的开发利用，我国的钒钛磁铁矿资源利用取得举世瞩目的成就，攻克了以普通高炉冶炼高钛型钒钛磁铁矿技术为代表的多项关键核心技术，建成了四川攀西、河北承德等钒钛磁铁矿资源开发利用基地，实现了对钒钛磁铁矿中铁、钒、钛等元素的规模化利用，为我国社会经济发展和国防建设做出了巨大贡献。攀西地区已成为我国最重要的钒原料及制品生产基地、钛原料及制品生产基地、钒钛钢主要生产基地，为我国提供了85%以上的钛原料、60%以上的钒原料、30%以上的铁路用钢轨。

中国·攀西钒钛论坛（简称论坛）开办的主要宗旨是深化钒钛资源开发利用，目的是通过发布和交流全国钒钛资源综合利用方面的最新研究成果，展示钒钛产业取得的最新成就，共同探讨和研究钒钛资源综合利用面临的主要问题，展望钒钛资源深化利用的发展方向，提出开发利用的对策措施等，为提升攀西及全国钒钛磁铁矿深度综合开发利用水平，提供参考、借鉴和支持，助推我国钒钛产业绿色低碳高质量发展，更好地履行保障国家资源和产业安全使命。

论坛由攀枝花市人民政府主办，由全国钒钛磁铁矿综合利用标准化技术委员会、全国钒钛产业联盟（筹）、四川省钒钛钢铁产业协会、攀钢集团有限责任公司等联合承办，得到了中国钢铁工业协会、中国有色金属工业协会、中国涂料工业协会等的有力指导，得到了承德市人民政府、西昌市人民政府和全国钒钛产业骨干企业的大力支持，已经成为全国钒钛领域“综合性强”“专业性高”“影响力大”的靓丽名片。论坛组委会衷心感谢各级政府、行业协会及钒钛企业的鼎力支持，将全力以赴，将其打造成为世界钒钛领域的“达沃斯”。

2020 年，首届中国·攀西钒钛论坛成功举办。2021 年，论坛筹备组做了精心准备，因受疫情影响，未能如期举办。但各项工作持续开展，论坛的指导单位、承办单位、支持单位、参加单位不断增加，论坛有了更广泛的影响力，更务实的行动方案，为把本届论坛办得更精彩奠定了基础。

论坛筹委会把征集钒钛资源综合利用领域的专项调研报告、技术研发及应用、相关工艺技术成果作为一项重要工作，并得到广泛响应。我们遴选了 55 篇凝聚作者心血、展现行业较高水平的论文，按综述报告、资源篇、钒业篇、钛业篇和其他篇分类编辑，结成文集，公开出版。在文集的征集、整理、分类和编辑过程中，得到了冶金工业信息标准研究院、中国钢铁工业协会钒业分会、中国有色金属工业协会钛锆铪分会、中国涂料工业协会钛白粉行业分会、中国科学院金属研究所、西北有色金属研究院、中国船舶重工集团公司第七二五研究所、长沙矿冶研究院、中国矿业大学、东北大学、西南交通大学、成都理工大学、西华大学、攀枝花学院、攀钢研究院及《钢铁钒钛》编辑部，宝钛集团、承德钒钛、龙佰集团、承德建龙、川威集团、达钢集团、上海颜钛、冶金工业出版社、攀枝花市钒钛产业协会等相关单位的帮助和指导，得到了多位行业专家的大力支持，在此一并表示诚挚的谢意。

在文集即将出版之际，我们迎来了中国共产党第二十次全国代表大会，党的二十大报告是党团结带领全国各族人民全面建成社会主义现代化强国、以中国式现代化全面推进中华民族伟大复兴的政治宣言和行动纲领。我们将以党的二十大精神为指引，以更高的战略定位、更实的发展目标、更强的行动措施，把论坛办得更具成效，努力为中国钒钛产业绿色低碳高质量发展赋能，为谱写中国式现代化新篇章贡献力量。

由于时间紧张，水平所限，文集不足之处，敬请领导、专家、学者及论坛与会人员批评指正。让我们共同期待下届论坛更精彩。

本书编委会

2022 年 11 月

目　录

综述报告

资　源　篇

钒　业　篇

钛 业 篇

其　他　篇

2021 年全球钒工业发展报告

吴 优[1]　陈东辉[2]　刘武汉[2]　孙朝晖[1]　张邦绪[3]　何 睿[1]

（1. 钒钛资源综合利用国家重点实验室，攀钢集团研究院有限公司，四川攀枝花 617000；
2. 中国钢铁工业协会钒业分会，北京 100010；
3. 四川省钒钛钢铁产业协会，四川成都 610031）

摘　要： 从 2021 年全球钒资源、产品、产能、产量、需求、进出口贸易和市场价格等方面阐述和分析了全行业的整体状况，介绍了 2021 年世界钒电池领域发生的主要大事件，并依据目前国内外产业运行态势对后市进行了展望，认为同“制造绿色”相比，产业本体的“绿色制造”水平仍需要得到持续提升与均衡改进；全球钒价受多因素调控影响，仍将呈现震荡、盘整态势；未来几年中国依旧为全球最大的钒供、需市场，产业供给侧扩能、扩产态势将会加速发展，中长期钒需求将由储能、钢铁及材料领域共同支撑。

关键词： 钒工业；产能；产量

Global Vanadium Industry Development Report 2021

Wu You[1]　Chen Donghui[2]　Liu Wuhan[2]　Sun Zhaohui[1]　Zhang Bangxu[3]　He Rui[1]

(1. State Key Laboratory of Vanadium and Titanium Resources Comprehensive Utilization, Pangang Group Research Institute Co., Ltd., Panzhihua 617000, China;
2. China Iron and Steel Association Vanadium Branch, Beijing 100010, China;
3. Sichuan Vanadium Titanium Iron and Steel Industry Association, Chengdu 610031, China)

Abstract: The overall situation of the global vanadium industry was elaborated and analyzed from the global vanadium resources and the production capacity, the output, supply and demand, import and export, as well as the market prices in 2021. The major events in the global vanadium battery field are also introduced. Based on the current operating situation of the vanadium industry at home and abroad, the outlook for the market is forecasted, and it is believed that compared with "manufacture green cleaning products", the level of "green manufacturing" of the industrial ontology still needs to be continuously improved and balanced. The global vanadium price is affected by multiple factors, and will still show shock and consolidation trend. In the next few years, China will still be the world's largest vanadium supply and demand market, and the production capacity expansion of industrial supply side will accelerate. The medium and long-term vanadium demand will be supported by steel, materials and energy storage fields.

Key words: vanadium industry; capacity; production

1　2021 年全球钒工业概述

2021 年世界钒产业在全球疫情、通胀、经济复苏与调控的总体影响下，依旧保持住了整体发展态势，

作者简介：吴优，攀钢集团研究院有限公司，高级工程师，研究方向：钒、钛新技术及发展；E-mail: 195311049@qq.com。
通讯作者：孙朝晖，攀钢集团研究院有限公司，教授级高级工程师；E-mail: zhsunn@163.com。

但脆弱性、分化性及不均衡性显著。上半年，钒市场在各国财政政策刺激、经济通胀，中国钢材产量激增，螺纹钢产量走高及全球汽车产业链补货等多重因素助推下，供需与价格整体稳步上行。然而，下半年由于东南亚新兴经济体遭遇新一轮疫情冲击，特别是中国钢铁限产调控，以及建筑行业需求不旺等多重因素影响之下，全球钒市场受到同步波及、疲软、承压下行；此外，全球半导体供应短缺也造成汽车制造业整体减产，迫使该行业的合金与微合金化钢需减量，进一步拉低了全球钒市场需求。

2 2021 年全球钒工业现状

2.1 钒资源概况

2.1.1 全球钒资源

据美国地质勘探局不完全统计（表 1），截至 2021 年末，全球钒金属储量超过 6300 万吨。其中，钒矿金属钒储量（已认定的钒资源中符合当前采掘和生产要求的部分）约为 2417 万吨。2021 全球主要钒生产商及产量分布见表 2。

表 1 2021 年世界钒矿概况

Table 1 Overview of world vanadium ore resources in 2021

国家或地区	储量/万吨	2021 年产量/万吨
美国	4.5	0.47（北美）
澳大利亚	600	
巴西	12	0.67
中国	950	7.30
俄罗斯	500	1.90
南非	350	0.91
全球	2417	11.25

注：中华人民共和国自然资源部公布的 2021 年中国钒矿储量为 786.74 万吨（V_2O_5）。

数据来源：USGS，折金属钒；产量数据来源：国际钒技术委员会、USGS。

表 2 2021 全球主要钒生产商及产量（t/a）分布

Table 2 Distribution of the major global vanadium producers and the respective output in 2021

国家	钒生产商	产量	主要工艺
美国	AMG Vanadium LLC，U.S. Vanadium LLC	3700	二次钒资源提钒
南非	Bushveld Vametco，U.S. Vanadium LLC	8801	钒钛铁精矿提钒
俄罗斯	Evraz	17050	钒渣提钒
中国	攀钢、承钢、建龙、川威、德胜、达钢	78795	钒渣、石煤、废催化剂提钒
新西兰	New Zealand Steel	950	钒钛海砂矿直接还原流程提钒

2.1.2 中国钒资源

中国主要钒矿资源、产业及产品分布见表 3。由表 3 可见，中国在 10 多个省市（区）蕴藏含钒矿物。其中，四川攀枝花地区是中国乃至世界钒矿产资源最富集地区之一。钒产品以钒钛磁铁矿为原料的主要产区分布在四川和河北；以石煤为原料的主要产区在陕西、河南、甘肃、湖北和湖南等地。

2.2 钒工业供应概况

2.2.1 全球钒产能

据统计，2021 年全球约 13%的钒产量直接来自于钒钛磁铁矿，以南非的布什维尔德矿业公司和嘉

表3　2021年中国大陆主要钒矿资源、产业及产品分布

Table 3　Distribution of China's main vanadium ore, vanadium industry and vanadium products in 2021

地区	钒产业	钒产品
黑龙江	钒产品产区	钒渣、氧化钒、氮化钒
辽宁	钒产品生产加工区	钒渣、氧化钒、氮化钒、钒铁、钒铝、钒液流电池
河北（4万吨产能区）	钒（渣）产品主产区	氧化钒、钒铁、钒铝、氮化钒（铁）、钒电池
北京	—	钒液流电池
宁夏	钒产品加工区	钒铁、钒铝、氮化钒
陕西	钒产品加工区、页岩钒产品产区	氮化钒、钒铝、氧化钒 、钒电池
河南	钒产品加工区、页岩钒产品产区	氮化钒、氧化钒、钒电池
湖北	钒产品加工区、页岩钒产品产区	氮化钒、氧化钒、钒铁
安徽	—	钒液流电池
江西	钒产品加工区、页岩钒产品产区	氮化钒、氧化钒
湖南	钒产品加工区、页岩钒产品产区	氮化钒、氧化钒
福建+浙江	钒产品生产加工区、废催化剂提钒产区	氮化钒、氧化钒
贵州	页岩钒产品产区	钒酸铵、氧化钒
四川（10万吨产能区）	钒产品主产区	氧化钒、钒铁、氮化钒、钒铝、钒渣、钒电池
云南	钒产品产区	钒渣、氧化钒
甘肃	页岩钒产品产区	钒酸铵、氧化钒
新疆	钒产品生产加工区	钒渣、氮化钒、氧化钒

能可公司，以及巴西的Largo资源公司为代表；约76%的钒来自于钒钛磁铁矿经钢铁冶金加工得到的钒渣，以中国企业为主；约11%的钒由二次回收的含钒副产品（含钒燃油灰渣、废化学催化剂等）及含钒石煤生产。全球主要钒生产企业概况见表4。

表4　2021年全球自有资源型钒生产企业概况

Table 4　Overview of the global vanadium producers (self-owned resource) in 2021

名称	产能（折 V_2O_5）/t	产品	原料
鞍钢集团攀钢公司	44000	FeV、VN、氧化钒、钒铝合金	钒渣
俄罗斯（Evraz）控股公司	35000（钒渣折产）	FeV、氧化钒、钒铝合金、催化剂	钒渣、燃油灰渣、废催化剂
河钢集团承钢公司	25000	FeV、VN、氮化钒铁、氧化钒、钒铝合金	钒渣
北京建龙重工集团有限公司	21000	VN、氧化钒	钒渣
奥地利 Treibacher Industrie AG（加工型企业）	13000	V_2O_3、V_2O_5、钒铁	钒渣
瑞士嘉能可 Glencore（Xstrata）	12000	FeV、氧化钒	钒钛磁铁矿
川威集团成渝钒钛科技有限公司	18000	V_2O_5	钒渣
德胜集团钒钛有限公司	16000（钒渣折产）	钒渣、氧化钒（外加工）	钒渣
Largo Resources Ltd.巴西 Maracás Menchen Mine	13000	V_2O_5	钒钛磁铁矿
南非 Bushveld Vametco 包含 Vanchem Vanadium Product (Pty) Ltd.	16000	VN、氧化钒、FeV 钒电解液、催化剂	钒钛磁铁矿
四川省达州钢铁集团有限责任公司	9000	钒渣、氧化钒（外加工）	钒渣
美国 AMG Vanadium LLC 和 U.S. Vanadium LLC	9000	氧化钒、钒铝合金、钒铁等	废催化剂、燃油灰渣等
陕西五洲矿业股份有限公司	5000	VN、氧化钒、钒铝合金、金属钒	石煤（碳质页岩）
德国、加拿大、日本、印度、中国台湾地区、奥地利、泰国等	17000	氧化钒、钒铝合金、钒铁等	矿渣、废催化剂、燃油灰渣等
中国其他厂商	30000	V_2O_5、钒铝合金、钒酸铵、VN、钒铁等	钒渣、废催化剂、富钒磷铁、石煤
合计	283000		

国外大约有 20 余家钒制品生产企业，除利用钒钛磁铁矿为原料生产的企业外，其余则是利用废催化剂、石油残渣等含钒废物为原料，或者利用氧化钒生产钒铁。

2.2.2 全球钒产量

2021 年，全球约有 76%的钒来自中国、俄罗斯和新西兰钢厂的副产炼钢钒渣。据国际钒技术委员会（Vanitec）统计，2021 年全球钒总产量（折金属钒）为 115677t，同比增长 5.72%，首次超越 11 万吨，再创历史新高。2021 年全球主要钒生产企业产量见表 5。全球钒生产国家主要为中国、俄罗斯、南非和巴西，五氧化二钒产量在 6000t/a 及以上的企业有 11 家。

表 5 2021 年全球主要钒生产企业（非加工型）产量

Table 5 Output of the major global vanadium producers (non-processing enterprises) in 2021

排名	企业名称	钒渣产量/t（以 V_2O_5 计）	钒产品产量/t（以 V_2O_5 计）
1	中国鞍钢集团攀钢公司	47050	42440
2	俄罗斯 Evraz 集团	35805	30434（钒渣折产）
3	中国河钢集团承钢公司	20562	17140
4	中国北京建龙重工集团有限公司	24000	19820
5	中国德胜集团钒钛有限公司	16408	钒产品全部来自于自产钒渣的外委加工
6	中国川威集团成渝钒钛科技有限公司	15300	13510（自有钒渣产）
7	巴西 Largo 公司 Maracás 钒厂		10319
8	瑞士 Glencore 公司 Rhovan Pooling and Sharing Joint Venture		9298
9	中国达钢集团	5660	钒产品全部来自于自产钒渣的外委加工
10	南非 Bushweld Minerals 公司		6545

注：南非 Bushweld 钒产品产量为 Vametco 及 Vanchem 产量之和。

数据来源：国外钒生产企业数据来源于各公司年报。

国外钒生产企业钒产量增减略有不同，整体而言，2021 年国外钒产量 40347t（金属钒），与上年基本持平。如巴西 Largo 资源公司 2021 年钒产量同比减少 1506t。南非布什维尔德矿业公司（Bushveld Minerals）因上半年 Vametco 工厂经历了 35d 的停产维修，产量下降，导致该厂 2021 年全年钒产量为 3592t，同比下降 1.1%。俄罗斯 Evraz 受北美地区粗钢产量增长的带动，2021 年钒渣折钒产量同比增加 525t。

2021 年中国钒总产量为 73514t（国内钒产品总产量的自统计值为 76794t，折金属钒），增产 4439 t，同比增长 6.43%；全球占比 63.55%。中国钒生产企业攀钢、建龙和川威的 2021 年钒产量同比均有增长，其余大型钒供应商因检修或减产等因素对中国钒产量的贡献度有所弱化，但因石煤提钒增产及一些钒企投产的对冲与加持，进一步做大了 2021 年的中国钒总量。

2.2.3 中国钒产量

2021 年上半年，受下游钢厂需求旺盛的影响，钒企生产积极性高涨，钒产量处于高峰期。下半年，为积极响应政府的粗钢限产号召，螺纹钢减产明显，钢厂需求走弱，钒企也随之开启限产、减产模式。据中钢协钒业分会数据，2021 年国内钒渣总产量 141.0 万吨（以 10%标准钒渣计），其中，攀钢、建龙、承钢、德胜、川威、达钢和大安的钒渣产量合计 139.4 万吨（以 10%标准钒渣计），约占总产量的 98.9%。中国钒产品产量详见表 6。

表 6 2021 年中国钒产品产量

Table 6 China's production of vanadium products in 2021

五氧化二钒/万吨	偏钒酸铵/万吨	钒铁/万吨	钒氮合金/万吨
13.97	1.22	4.23	6.13

中国部分钒企业投产导致 2021 年中国五氧化二钒产能及产量进一步双增长。据中钢协钒业分会

数据，2021 年中国五氧化二钒总产量 13.97 万吨，较 2020 年约增长 2.53%。按供应地区分类，国内钒企业主要分布在四川、河北和黑龙江等省份。四川省作为中国的钒主产区，共有 26 家钒企（含停产、待建及在建），加工产能约 14 万吨，主要集中在攀枝花市和凉山州（攀枝花地区产量 47000t、西昌地区产量 57000t）。按提钒原料分类，国内氧化钒生产企业以钒渣和尾渣为主，其次是以石煤为原料。纵观国内氧化钒生产企业，以攀钢、建龙和川威为首的自有钒原料企业的钒产量较上年有所提升，但也有企业的钒产量处于小幅减产状态，导致国内氧化钒产量整体上涨幅度不大。

2021 年，偏钒酸铵总产量 12191t，较 2020 年上涨 23%，主要系在现有产量规模基础上，如新增葫芦岛市新衡泰环保科技有限公司（用废催化剂提钒，月产量约 60~70 t）偏钒酸铵。受原料、市场、季节与当地政策的影响，偏钒酸铵开工率在 35%左右，炉型以平窑和回转窑为主。中国偏钒酸铵月度产量最低为 646 t，最高月度产量为 1350t。按供应地区分类，中国偏钒酸铵产地主要集中在河南、陕西、湖北、湖南和江西。

目前，中国钒铁产业以中钒铁和高钒铁产品为主。2021 年钒铁总产量与 2020 年相比，增产 9.8%。钒氮合金作为第一大钒合金品种，以推板窑为主要生产装备，产地主要集中在西北、中南和西南地区。2021 年钒氮合金总产量较 2020 年下滑 4.2%。随着我国钢筋与合金钢产量、品种的变化，钒合金品种的产量也将出现更加明显的分化。

2.3　钒工业需求概况

2021 年全球钒消费量（折金属钒）为 120375t，同比增长约 16.73%，连续 5 年呈上涨态势，继续成为国际钒技术委员会有记录以来的最高点，整体呈现积极态势。

2.3.1　主要应用领域

全球继续受新冠肺炎疫情影响，各国采取了不同的举措提振经济。2021 年上半年国际钒用量在钢铁领域有所增长，尤其在第二季度达到最高。下半年，钢铁领域用钒开始走弱，全球钒用量 52875t，环比减少 4800t，但由于钛金属、化工、催化剂及储能领域的钒需求增量支撑，2021 年全年钒需求相较 2020 年仍呈上升态势。

就 2021 年全球钒在下游市场消费情况占比来看，钒铁和钒氮等合金类产品约占 92.05%，较 2020 年同期下滑 0.6%，主要系中国压减粗钢产能所致；氧化钒产品（用于钛等有色金属）约占 2.11%，较 2020 年同期下滑 0.01%；氧化钒、钒酸铵、硫酸氧钒等用于化工、催化剂领域和储能领域分别约占 3.37%和 2.47%，较 2020 年同期分别下滑 0.15%和上涨 0.76%。

据世界钢铁协会统计，2021 年全球粗钢产量 19.51 亿吨，同比提高 3.7%；中国粗钢产量 10.33 亿吨，同比下降 3%，中国占全球粗钢总产量的份额由 2020 年的 56%下降至 2021 年的 53%，基本与 2019 年中国在全球粗钢的占比量持平。但是，钒在钢中的消费强度却由 2019 年的 0.049 kg V/Mt 上升到 2021 年的 0.061 kg V/Mt。同时，中国的钒在钢中消费强度在 2020~2021 年间连续两年超全球平均值，总体呈上升态势。这主要系中国积极采取各项措施化解全球钢铁行业的过剩产能，在稳定供应的前提下大力提升钢铁产品品质，促使高品质钢产量增长，从而带动钒在钢中的消费强度处于上升态势。近 3 年钒在钢中的消费强度见表 7。

2.3.2　主要消费国家

2021 年，按国家的钒消耗正负增长统计，全球各重点区域的钒消费数量如亚洲、欧洲、南美、北美、独联体等较上一年度均呈现全面增长态势。按国家的钒消耗量统计，中国和美国为全球前两大钒消费国家。其中，中国的钒消耗量（含台湾地区）约为 69325t（折金属钒，国际钒技术委员会数据）。中国尚

表 7　近 3 年钒在钢中的消费强度

Table 7　Vanadium consumption rate in steel in recent three years　(kg V/Mt)

年份	北美	欧盟	独联体	非洲	中国	印度	全球平均值
2019	0.085	0.066	0.044	0.040	0.049	0.034	0.050
2020	0.088	0.068	0.043	0.040	0.057	0.036	0.055
2021	0.089	0.076	0.045	0.040	0.061	0.039	0.059

数据来源：Vanitec。

未有统一的钒企业销售情况，加之国际钒技术委员会统计数值偏低，经中钢协钒业分会测算中国钒的实际表观消费量（折金属钒）约为 72870t。

2.3.2.1　中国

2021 年，据国际钒技术委员会数据，中国钒消费全球占比达 57.6%，同比下降 3.3%，仍为全球最大的钒消费国。中国的钒在钢铁领域中的应用比例为 91.98%，较 2020 年下滑 4.62 个百分点，这主要系“双碳”背景下，制造业向绿色低碳转型，中国压减粗钢过剩产能，钢筋产量进一步回调等原因综合叠加所致；在喷气发动机、飞机结构、火箭、民用航空等钛合金领域中的应用比例为 2.06%，较 2020 年增长 0.65 个百分点；用于催化剂、化工领域的应用比例为 2.09%，较 2020 年增长 0.34 个百分点；用于储能领域的应用比例为 3.92%，较 2020 年增长 2.34 个百分点。

2021 年中国五氧化二钒的月度消耗量为 9176~ 14355 t，实际月均消耗量约为 11050t。经中钢协钒业分会测算，2021 年中国大陆全年的五氧化二钒的表观消费量较 2020 年下降近 6110 t，为 13.26 万吨。

2021 年中国钒消费量仍以钢铁领域为主，储能领域用钒增量明显，主要表现在：（1）城镇化建设进一步激发钢铁行业市场潜力，带动钒在钢铁领域的应用；（2）国外呈现钢铁库存见底超预期，先进国家制造业日益空心化、制造业产能外移以及替代元素等综合因素，助推钢铁中用钒的新需求；（3）国家提出的储能技术多元化要求，叠加安全且生命周期经济性的大规模储能内在需求成为钒消耗量提升的重要发力点。

2.3.2.2　美国

2021 年美国钒的表观消费量为 3600t，较 2020 年同期增长 25%；报道消费量为 4502t，较 2020 年同期增长 1.9%。2021 年美国钒消费量情况见表 8。

美国主要利用二次钒资源来回收钒用于生产钒铁、含钒化学品或特种合金、钒金属及五氧化二钒，其中，美国目前回收钒金属所利用的废催化剂量已占该国全部含钒废催化剂总量的 40%。从钒消耗量、钒铁和某些催化剂中钒的可替代性推测，目前美国仍是全球航空航天用钛合金领域耗钒比例最大的国家。

表 8　2021 年美国钒消费量 ^{e}（折金属钒）

Table 8　U.S. consumption of vanadium in 2021　(t)

项目名称		2021 年
按产品类型	钒铁①	4250
	钒铝合金及其他②	252
	钢铁总计	1270
	碳钢	W
	合金钢	1210
	高强低合金钢	W
	不锈耐热钢	59
	工具钢	W
	高温合金	W
	其他③	W
总计		4502

注：e 为估计值；W 为避免披露公司数据而未公布，但计入“总计”。

①指含钒铁碳合金以及直接添加在钢中的氧化钒；

②指含钒铝合金、其他钒合金、钒金属、五氧化二钒、钒酸盐、氯化物及其他特殊化学品；

③指含铸铁、除钢铁和高温合金外的合金、化学和陶瓷用途及其他和未指定用途。

数据来源：USGS Mineral Industry Surveys。

2.4　钒进出口贸易

2.4.1　中国

2021 年，中国钒产品进口量均有不同幅度的减少，其中，钒氮合金最为明显，其进口量较2020年同期下降98%；五氧化二钒进口量2584.064t，较2020年同期下降72%。作为全球最大的钒生产和消费国，进口以五氧化二钒和50钒铁为主，出口以五氧化二钒和80钒铁为主。其中，钒氮合金、50钒铁和80钒铁的出口量较2020年同期分别增长432.5t（约80.0%）、61.3 t（约502.5%）和357.9 t（约8.0%）。

（1）五氧化二钒：进口国前三位分别为巴西（35.60%）、俄罗斯（33.28%）和韩国（17.03%）；出口国前三位分别为韩国（56.70%）、日本（14.92%）和荷兰（11.57%）。

（2）钒氮合金：进口国前三位分别为德国（28.11%）、日本（25.60%）和南非（25.56%）；出口国/地区前三位分别为马来西亚（30.89%）、印度（17.65%）和新西兰（14.90%）。

（3）50钒铁：进口国前三位分别为捷克（55.97%）、俄罗斯（36.28%）和德国（5.68%）；出口国前三位分别为日本（60.27%）、印度（27.21%）和越南（6.8%）。

（4）FeV80：进口国/地区前三位分别为奥地利（91.28%）、韩国（7.33%）和日本（0.98%）；出口国前三位分别为韩国（41.35%）、日本（22.26%）和荷兰（21.69%）。

俄罗斯从2021年8月1日起上调钒产品出口关税至15%，此举不仅大幅影响了俄罗斯钒产品的出口量，也造成2021年俄罗斯对我国钒产品出口量的缩减。2021年，中国五氧化二钒出口量受国外钒企扩能和价格下降的影响，较2020年同期减少15.6%。2021年中国大陆钒产品进出口情况见表9。

表9 2021年中国大陆钒产品进出口

Table 9 The Chinese mainland imports and exports of vanadium products in 2021

钒产品	进口量/t	进口金额/美元	出口量/t	出口金额/美元	净进口量/t
五氧化二钒	2584.064	34305116	3819.280	57035352	–1235.216
钒氮合金	7.824	506625	973.179	25612931	–965.355
FeV50	1929.695	31772597	73.500	1303650	1856.195
FeV80	613.519	14780601	4850.873	125738097	–4237.354

数据来源：中国大陆海关。

2.4.2 美国

美国除进口钒铁、五氧化二钒及其他钒氧化物、氢氧化钒、钒的硫酸盐、钒酸盐、钒铝中间合金以及金属钒等钒制品以外，还进口含钒灰渣、废催化剂、来自钢铁流程副产的钒渣。2021年美国主要从墨西哥和加拿大进口钒精矿，钒精矿总进口量同比上涨104.8%；从加拿大（占比48.3%）、墨西哥和西班牙等国或地区进口钒渣，钒渣总进口量同比上涨224.5%。该国的钒产品对外依存度高，钒制品的进口量远远大于出口量，为净进口国（表10）。2021年美国公布的进口含钒灰渣（包括石油灰渣和废催化剂）因数据缺失，数量仅较2020年同期增加40t，此外，考虑到该国钛合金使用量及钒制品出口量，推算进口钢铁厂的含钒渣量至少3万吨。

表10 2021年美国主要钒制品（按金属钒计）进出口

Table 10 U.S. imports and exports of major vanadium products in 2021

项目	进口量/t	出口量/t
钒铁	2160	176
五氧化二钒	1750	17.2
其他钒氧化物和氢氧化物	68.7	235
氢化钒和氮化钒	—	200
硫酸盐	408	—
钒酸盐	15.4	—
氯化钒	16	
钒铝合金^{e}	40	100
金属钒	35.7	38
含钒灰渣	300^{e}	—
合计^{e}	4794.8	766.2

注：e为估计值；—为零。

数据来源：U.S. Census Bureau，USGS。

2021年美国进口量最大的钒系产品为钒铁和五

氧化二钒。其中，钒铁产品来自加拿大（40%）、奥地利（27%）、拉脱维亚（6%）和其他 6 个国家/地区（27%）；五氧化二钒产品来自巴西（42%）、南非（33%）、俄罗斯（20%）和其他 5 个国家/地区（5%）。美国出口量最大的钒系产品为除五氧化二钒外的其他钒氧化物以及氢氧化物，氢化钒和氮化钒。其中，其他钒氧化物以及氢氧化物出口特立尼达和多巴哥（13%）和其他 6 个国家/地区（87%）；氢化钒和氮化钒出口德国（72%）、南非（14%）、波兰（10%）、瑞典（2%）和其他 4 个国家/地区（2%）。

2.5 钒市场价格

2.5.1 国际钒市场

2020~2021 年国际钒市场价格见图 1。由图 1 可见，得益于全球经济的逐步复苏，2021 年国际钒产品价格整体较上年度有明显上涨。欧洲（MB）钒铁全年均价为 34.32 美元/千克，较 2020 年 24.99 美元/千克的均价上涨 37.34%。其价格走势呈现先扬后抑态势，在第四季度下滑幅度明显。国外在恢复性增长的大背景下，虽有不同程度的分化，但上半年整体向好，在良好需求的带动下，钒铁价格随之上涨，并延续到第三季度。欧洲（MB）五氧化二钒全年均价为 8.24 美元/磅，较 2020 年 5.70 美元/磅的均价上涨 44.56%。其价格走势呈现涨跌互现运行态势，在第三季度与中国国内出现最大价格差，但在第四季度出现逐渐趋同局面。美国 80 钒铁全年均价为 34.11 美元/磅，较 2019 年均价 23.09 美元/磅，同比上涨 47.7%。

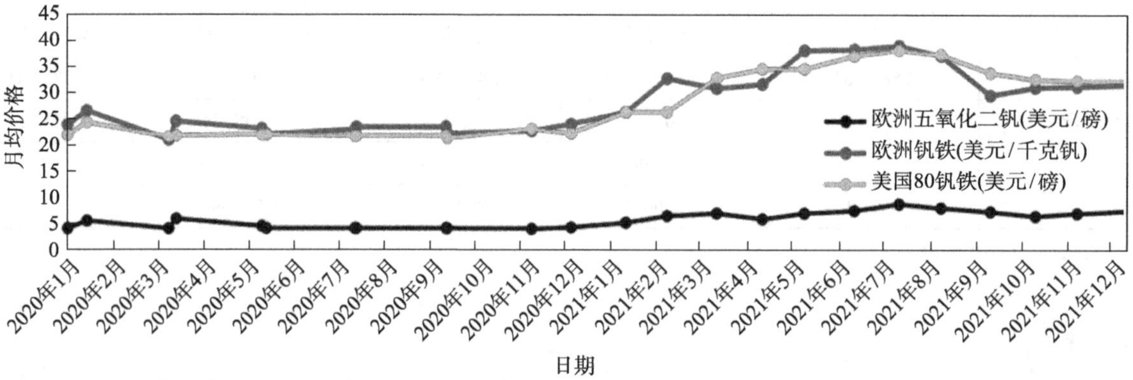

图 1 2020~2021 年国外钒市场月均价格走势

Fig. 1 Average monthly prices for ferrovanadium (FeV) and vanadium pentoxide (V_2O_5) aboard in 2020-2021

2.5.2 中国钒市场

2021 年中国钒系产品价格整体较上年度有不同幅度的增长。上半年，依托国内钢铁产量的增长，加之原料成本上涨，钒系产品价格呈持续上涨态势；下半年，国内严控粗钢产能规模，推动钢材产品升级，钒原料大厂减产、检修，贸易商囤货现象增多，散货端挺价情绪高涨，在 7~8 月将钒系产品价格推至高位，后虽有回调震荡，但仍高于年初价格。2020~2021 年中国钒系产品市场价格走势见图 2。

2.6 全球钒电池及钒电解液现状

2019 年的全球钒电池产业工程化、产业化进程处停滞状态，但世界多地钒电池的研发、标准发布、专业公司的联合重组、储能项目规划等事宜都在积极、有序推进。2020 年全球钒电池产业继续延续 2019 年的合作研发势头，在以示范项目为主要目标的前提下积极助推钒电池产业的发展。2019~2021 年新建

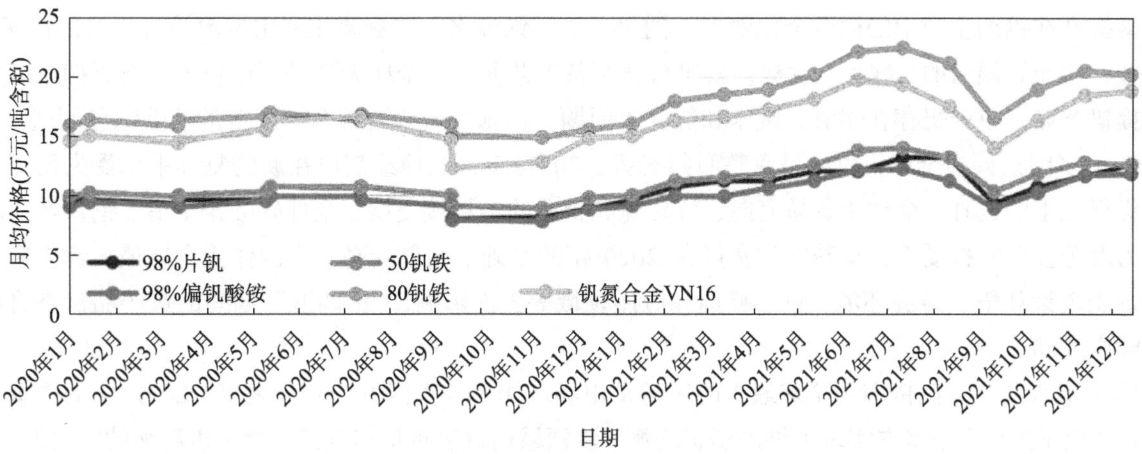

图 2　2020~2021 年中国钒系产品市场价格走势

Fig. 2　Average monthly prices for China's vanadium products in 2020-2021

的钒电池储能项目呈逐年增长态势。2021 年度发生的主要大事件如下（按时间顺序）:

（1）巴西 Largo 资源有限公司宣布旗下的 Largo 清洁能源公司在美国马萨诸塞州获得 1.4GWh/a 全钒液流电池生产能力，并在新罕布什尔州建一个用于电解液生产和集装箱式 VRFB 系统制造的工厂。

（2）美国钒业公司表示，将投资 210 万美元将超高纯钒电解液产能扩建到 2250m^3/a，供其客户 CellCube 公司及其他合作伙伴。

（3）澳大利亚钒业公司（AVL）与 CADDS 集团合作，设计开发住宅 5kW/30kWh 的 VRFB。此前，AVL 已从新加坡的 V-Flow Tech 公司订购了两台 5kW/30kWh 的 VRFB。其中一台是为西澳大利亚的住宅客户提供，而另一台将安装在该州的 Beverley 房车公园，与一个 6kW 的太阳能系统配对。

（4）《河北省承德市国民经济和社会发展第十四个五年规划和二〇三五年远景目标纲要》发布。规划中提到：在清洁能源产业方面，依托资源富集优势，积极推进风电、光伏发电、抽水蓄能、核电、生物质、地热能、油母页岩等清洁能源多种方式开发利用。加快推进三个千万千瓦级清洁能源发电基地建设，拓展延伸装备制造、钒储能技术、绿氢、运维服务等清洁能源产业，推进清洁能源产业创新融合发展，形成清洁能源全产业链发展格局。

（5）加州能源供应商中央海岸社区能源（CCCE）宣布了 4 个新的电网规模电池储能项目，其中包括三个长时液流电池项目。该项目将建造具有 8 小时储能的 VRFB 系统，其规模从 6MW/18MWh 到 16MW/128MWh，以及 4 个小时的锂离子电池系统。CCCE 给出了所有批准项目的预计运营日期为 2026 年。迄今为止，加州最大的钒液流电池项目被认为是 2MW/8MWh 系统，该系统于 2017 年在公用事业圣地亚哥天然气和电力公司（SDG&E）的服务区启用，该项目得到了州政府以及日本新能源和工业技术发展组织（NEDO）支持。

（6）中广核新能源襄阳有限公司在深圳工业园拟打造建设“集中式储能电站”，工程建设规模为 100MW/200MWh，储能系统采用全钒液流电池，采用户外布置方案。

3　2021 年全球钒工业运行分析及展望

（1）“绿色”优势尚未在制备中充分显现。近年来，全球钒企加大了对低成本绿色制备工艺技术的研究。国外钒企利用钒钛磁铁矿直接提钒，但未真正利用钛、铁等资源。美国 AMG 采用废催化剂提钒，含镍尾渣制合金的技术。中国钒企利用石煤竖窑焙烧、罐组浸滤、短流程提钒工艺技术实现产业化利用；将钒酸铵采用隔氧加热分解，无需气相还原剂清洁生产低价四氧化二钒产品；采用自蔓延法生产高氮钒铁显著提升在钢筋生产中的微合金化效果；钠化提钒沉钒废水完整资源化利用技术等。相较钒在钢铁、钛合金、储能等领域的“绿色”优势，就钒自身制备工艺而言，全球无论是利用钒渣、石煤抑或二次资源的提钒产业，目前仍存在尾渣、废水和能耗等问题，尚未实现全流程全产业链的低碳绿色制造。

（2）多因素调控全球钒价将呈盘整回归态势。2021 年，全球经济虽在疲弱复苏中承受失衡压力，但在铌钒元素的选择、全球钒贸易流向、贸易商和企业的市场接受度、全球碳减排举措、钢铁行业新标执行力度等多因素推动下，全球钒消费量在 2020 年的基础上又创新高。中国作为全球最大钒供应和消费国，受政策环境、经济环境、竞争格局和应用领域等方面影响，“十四五”期间的钒产品价格将在一定区间内波动。

（3）未来几年中国依旧为全球最大的钒需求市场。作为“十四五”开局之年，2021 年的中国钢铁行业在“减量提质”中基本实现了供需动态均衡。该领域用钒表现依然强劲，成为钒消纳的主要发力点。相较于北美、欧洲、日本（0.08kg V/Mt）的钒在钢中消费强度，中国还有较大差距。依托政府出台的一系列规划、标准的逐步实施，V-N 微合金化在高强钢中的应用进程将进一步加大，助推建筑用钢的高质化发展。

在中国“双碳”持续深入的大背景下，预计未来几年钒在钢铁领域中的消费量将随着钢铁生产趋于平缓，钒、铌在钢中的使用进入平台期等因素的影响而趋于平稳。

（4）短期内原料端钒企仍为供应主角，扩能扩产态势依旧。全球钒市场的供应端依然受控于初级钒企（拥有原料端），拥有钒原料的钒供应格局整体呈现集中态势，后续的扩能或新建项目有限，二级钒制造商仍会受矿石和钢铁基本面的影响。因二次回收资源尚未形成规模，难以满足钒产业链的供应需求，短期内初级钒企仍为全球钒市场供应的主角。

随着高强度低合金钢使用量增加，储能领域的需求提振，中国钒市场潜力凸显，国外钒企纷纷提出增产和扩建计划，如南非布什维尔德公司（钒电解液）、美国 AMG（以废催化剂为原料）、俄罗斯 Evraz、哈萨克斯坦 Ferro-Alloy 资源、澳大利亚 Atlantic 和澳大利亚钒业公司 AVL 等。

（5）中长期钒需求将由储能、钢铁及材料领域共同支撑。全球钒电池示范项目不断涌现。如国外钒企布什维尔德资源公司正在 Vametco 矿山建 1MW/4MWh VRFB+3.5MW 太阳能的混合微型电网，可减少碳足迹 8000t/a；建立 8000m^3/a 的钒电解液厂。“双碳”目标下中国已建、在建和拟建钒电池项目多达 30 余个，分布在北京、辽宁、山西、江苏、浙江、湖北、新疆等 15 个省。随着《关于加快推动新型储能发展的指导意见》等行业政策的深入实施，将为适合大规模、长周期储能、安全性高的全钒液流电池的发展带来重大机遇。

钢铁行业作为钒产品最大应用端，其行业的周期性决定了全球钒市场的需求强弱。以目前可预见的技术趋势看，钒在钢铁行业可使用的合理替代性很小，如建筑和汽车领域，加之一定时期内全球钢铁需求仍呈缓慢增长态势，该领域依然会成为支撑钒需求的重要一极。此外，钒在喷气发动机、飞机结构、火箭、民用航空等钛合金领域中的需求及其战略储备价值也将对全球钒市场起到积极的支撑作用。

参考文献（略）

2021 年中国钛工业发展报告

安仲生　陈　岩　赵　巍

（中国有色金属工业协会钛锆铪分会）

摘　要：本文从 2021 年我国钛工业钛精矿、海绵钛、钛锭、钛材等品种的产能、产量、应用和进出口等数据分析了我国钛工业的整体情况，并对目前行业存在的问题提出了建议。

关键词：2021 年；中国钛工业；产能；产量；对策

1　2021 年世界钛工业概述

2021 年，全球多数国家和地区经济开始逐步恢复，但疫情、通胀、金融风险等重重挑战仍给全球经济复苏带来隐忧。受新冠肺炎疫情、国际海运运力紧张、部分地区政局动荡等因素影响，全球钛原料产量增速较低，部分矿山依然未能恢复到 2019 年之前的产量水平。据初步统计，2021 年全球钛矿总产量为 827 万吨（折合氧化物 TiO_2，下同），同比增长 3.9%；金红石总产量为 62.1 万吨，同比增长 4.0%；其他富钛料总产量为 131.2 万吨。具体数据如表 1 所示。

表 1　2021 年全球钛矿、金红石、富钛料产量　　（TiO_2 含量，万吨）

国家或地区/原料种类	钛矿	金红石	钛渣与人造金红石
合计	827.0	62.1	131.2
中国	285.7		
南非	100	9.0	39.4
莫桑比克	97	0.9	
加拿大	60		58.5
澳大利亚	48	19	17.3
挪威	44		15.9
乌克兰	43	9.5	
塞内加尔	36	1	
马达加斯加	31	1	
越南	22		
肯尼亚	19	7.3	
印度	18	1.1	
美国	10		
塞拉利昂		12	
巴西	6.6		
其他国家	6.7	1.3	

数据来源：美国地质调查局，全球相关公司公告。

据中国有色金属工业协会钛锆铪分会、美国地质调查局统计数据显示，2021 年全球海绵钛产量为 227279t，同比增长 0.5%。具体数据如表 2 所示。

表 2　2021 年全球各国海绵钛产量　　（t）

国家或地区	2021 年产量
中国	139929
日本	35000
俄罗斯	27000
哈萨克斯坦	16000
乌克兰	5400
沙特	3700
印度	250
合计	227279

数据来源：中国有色金属工业协会钛锆铪分会，美国地质调查局。

受疫情影响，传统海绵钛生产大国俄罗斯、日本产量均有下降，剔除中国海绵钛产量后，2021 年全球其他国家海绵钛总产量为 87350t，同比减少 15.4%。中国海绵钛在全球产量占比由 2020 年的 54.4%提升至 61.6%，中国海绵钛行业在全球市场中的作用进一步加强。

2　2021 年中国钛工业发展现状

2.1　钛工业经济运行情况概述

2021 年，全球经济受新冠肺炎疫情影响，许多主要经济体在取消管控与隔离封控两种措施之间摇摆不定，使经济复苏的步伐放缓。南非、肯尼亚、越南、加拿大等全球几个重要的钛原料生产国受到新冠肺炎疫情、社会动乱等因素干扰，加剧了我国钛原料进口的不确定性；价格上涨与船运周期延长也使得下游企业面临更高的市场风险。在全球钛原料市场供应紧张的大环境下，国内企业面对这些不利局面，提前做出预判并采取措施，预防我国钛原料供应可能出现的短缺危机。钛白粉行业在产量创下新高的同时，价格也达到近 8 年来的高点。海绵钛、钛材产量实现大幅增长，下游应用领域进一步扩大。在全球其他国家钛制品产量增长停滞甚至负增长的大背景下，我国钛行业能够克服诸多不利因素实现逆势增长，这一成绩是来之不易的。

2.1.1　产能

至 2021 年末，我国海绵钛产能达到 18.1 万吨，较 2020 年增加 0.4 万吨，同比增长 2.3%。2021 年我国海绵钛行业技改、扩建、新建项目较多，其中以半流程企业通过技改升级为全流程企业为主。待技改升级完成之后，我国海绵钛行业整体运行效率将再度得到提升。

2.1.2　产量

2.1.2.1　钛精矿

2021 年中国共生产钛精矿 285.7 万吨，同比增长 5.0%。2021 年攀西地区的钛矿产量为 249.1 万吨（530 万矿物吨），同比增长 3.7%，占国内总产量的 87.2%；进口钛精矿及中矿 177.3 万吨（380 万矿物吨），同比增长 26.2%。

2.1.2.2　海绵钛

2021 年，我国 9 家企业共生产海绵钛 139929t，同比增长 13.8%，连续七年增长。行业的整体开工率达到 77.3%。具体数据如表 3 所示。

表3　2021年我国主要海绵钛企业产量　　(t)

企业名称	2021年产量
新疆湘润新材料科技有限公司	26011
攀钢集团矿业有限公司海绵钛分公司	24271
洛阳双瑞万基钛业有限公司	20000
朝阳金达钛业股份有限公司	17786
贵州遵钛（集团）有限责任公司	15670
龙蟒佰利联新立钛业公司	14848
朝阳百盛钛业股份有限公司	10000
宝钛华神钛业有限公司	8443
四川盛丰钛业有限公司	2900
合　计	139929

数据来源：中国有色金属工业协会钛锆铪分会。

2.1.2.3　钛锭

根据对25家企业的统计，2021年我国共生产钛锭121303t，比2020年增长了1.1%，已连续七年增长。具体数据如表4所示。

表4　2021年我国主要钛锭生产企业产量　　(t)

厂家	产量	厂家	产量
1	24890	14	2600
2	20900	15	2130
3	11076	16	2000
4	8600	17	1255
5	7000	18	1200
6	6900	19	1000
7	6508	20	850
8	4563	21	800
9	4197	22	707
10	3900	23	600
11	3200	24	327
12	3120	25	180
13	2800	合计	121303

数据来源：中国有色金属工业协会钛锆铪分会。

2.1.2.4　钛加工材

根据对我国国内29家主要钛材生产企业的统计，2021年我国共生产钛加工材135941t，同比增长40.1%，已连续七年增长。2021年我国钛材产量大幅增长主要有两个原因，一是几家大型钛材企业不断做大做强，产品产量大幅提升；二是对统计口径的调整。具体数据如表5所示。

表5　2021年我国主要钛材生产企业的产量统计　　(t)

厂家/材料名称	钛板	钛棒	钛管	锻件	丝线	铸件	箔带	其他	合计
1	8798	6176	1599	743	67	241	2155	10158	29937
2	17912	2500							20412

续表 5

厂家/材料名称	钛板	钛棒	钛管	锻件	丝线	铸件	箔带	其他	合计
3	9075	1815	2682						13572
4	7006	50		150					7206
5	1000	1500		4620					7120
6	5886	30	2	10	240			340	6508
7	4300		970	800					6070
8		5921			10				5931
9	1500	250	4000		50				5800
10	2324	819	1078		160				4382
11	197	745		1329	112		1315	418	4116
12	3500	40	30		5				3575
13	2450		280			220			2950
14	2497								2497
15	297	1500	—	77	340				2214
16			1800						1800
17	1500	25	180		30				1735
18	1500	50	50	10		5			1615
19		900		370	35			50	1355
20			1200						1200
21	90	750	30	100			20	160	1150
22	118	476	1	148				96	839
23			800						800
24			700						700
25		407		240					647
26	60	450			110				620
27		500		100					600
28	120	70		55	20	50			315
29						275			275
总计	70130	24974	15402	8752	1179	791	3490	11222	135941

数据来源：中国有色金属工业协会钛锆铪分会。

2.2 产业结构

近三年来各类钛产品所占的比例及产量的变化如表 6 所示。

表 6 近三年来中国各类钛材所占比例

年份	各类钛材	板	棒	管	锻件	丝	铸件	箔带	其他	合计
2019	产量/t	39060	13297	10150	5277	773	782		5926	75265
	占比/%	51.9	17.7	13.5	7.0	1.0	1.0		7.9	100
2020	产量/t	57609	15547	9488	5660	1198	936		6591	97029
	占比/%	59.4	16.0	9.8	5.8	1.2	1.0		6.8	100
2021	产量/t	70130	24974	15402	8752	1179	791	3490	11222	135941
	占比/%	51.6	18.4	11.3	6.4	0.9	0.6	2.6	8.3	100.0
2021 年/2020 年增长率/%		21.7	60.6	62.3	54.6	–1.6	–15.5		70.3	40.1

数据来源：中国有色金属工业协会钛锆铪分会。

在钛产品结构方面，从上述统计数据可以看出，2021 年钛及钛合金板的产量同比增长 21.7%，占到当年钛材总产量的 51.6%；棒材的产量同比增长 60.6%，约占全年钛材产量的 18.4%；管材的产量同比增长 62.3%，占全年钛材产量的 11.3%；锻件的产量同比增长 54.6%，占全年钛材产量的 6.4%；钛丝的产量同比减少 1.6%，占全年钛材产量的 0.9%；铸件的产量同比减少 15.5%，占全年钛材产量的 0.6%；其他钛产品的产量也同比增长 70.3%。

在产业分布方面，从上述统计数据可以看出，海绵钛生产重心正在由东向西转移。2021 年西部地区海绵钛产量占比上升至 59.8%，而传统海绵钛生产大省辽宁省占比由 2020 年的 34.6%下降至 25.9%。钛及钛合金锭生产主要集中在陕西，其产量占国内总产量的 40.4%。钛加工材生产也主要集中在陕西，其产量占国内总产量的 44.3%。其中，钛板生产主要集中在陕西，其产量占国内总产量的 27.9%；钛棒生产主要集中在陕西，其产量占国内总产量的 69.5%；钛管生产主要集中在江苏，其产量占国内总产量的 50.8%。我国钛加工材行业集中度相对较高，TOP3 企业产量之和占全国总产量的 47.0%，TOP10 企业产量之和占全国总产量的 78.7%。

2.3 市场与价格

2.3.1 销售量

2021 年，我国海绵钛的总销售量为 133741t，同比增长 8.8%；净进口 13123t，同比增长 214.3%；国内销售量为 133029t，同比增长 4.7%。

2021 年，我国钛材的总销售量为 123268t，净出口量为 8565t，国内销售量为 114703t，同比增长了 35.8%。

2.3.2 需求分配

2021 年，我国钛及钛合金在不同领域的应用量见表 7 和图 1，近三年我国钛及钛合金产品在不同领域的应用量与同期的对比见表 8。

表 7　2021 年我国主要钛材生产企业在不同领域的应用情况统计　(t)

单位	化工	航天航空	医药	船舶	冶金	电力	制盐	体育休闲	海洋工程	其他	总量
1	11570	7889	315	726	3823	240		13	583	3611	28770
2	14176	332	4	12					1177	4283	19984
3	2210	1775	1088	84	623	5253	1005	1313		220	13572
4	5826	85		42	105	815			333		7206
5	364	5261	796	135					13	69	6638
6	3595			578	285	270	349		550	708	6335
7	1200	2300	600	680	590	340			500		6210
8	5336							290		174	5800
9	3800	1200		300				70		200	5570
10	2481			106	709				248		3544
11	2050	200	500				90	80	50	369	3339
12	1590	100	30	300	200	100		110	200		2630
13	230	1100	60	100		200				900	2590
14	100	300	100	300						650	1450
15		600	5		20				40	700	1365

续表 7

单位	化工	航天航空	医药	船舶	冶金	电力	制盐	体育休闲	海洋工程	其他	总量
16	800	150	60	20			130			150	1310
17	1250						50				1300
18	660									540	1200
19	23	215	412	5						515	1170
20	600					200					800
21	440				30	110	120				700
22		24	26							642	692
23		647									647
24	50	25		10		5			10	400	500
25	240	15	5							180	440
26				299							299
27		232	1	12							245
28			155								155
合计	58591	22450	4157	3710	6385	7533	1744	1876	3704	14311	124461

数据来源：中国有色金属工业协会钛锆铪分会。

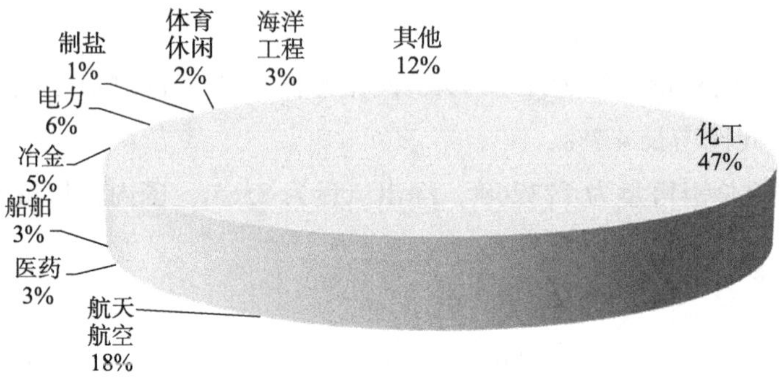

图 1　2021 年我国钛材在不同领域中的应用比例

数据来源：中国有色金属工业协会钛锆铪分会

表 8　近三年我国钛加工材在不同领域的应用量对比

年份	领域	化工	航空航天	船舶	冶金	电力	医药	制盐	体育休闲	海洋工程	其他	合计
2019	应用量/t	35290	12600	1755	1024	4113	2562	1176	3162	1986	5182	68850
	占比/%	51.3	18.3	2.5	1.5	6.0	3.7	1.7	4.6	2.9	7.5	100
2020	应用量/t	47513	17228	2743	1324	4638	2517	1231	7240	3262	5900	93596
	占比/%	50.8	18.4	2.9	1.4	5.0	2.7	1.3	7.7	3.5	6.3	100
2021	应用量/t	58591	22450	3710	6385	7533	4157	1744	1876	3704	14311	124461
	占比/%	47.1	18.0	3.0	5.1	6.1	3.3	1.4	1.5	3.0	11.5	100
2021 年/2020 年增长率/%		23.3	30.3	35.3	382.3	62.4	65.2	41.7	–74.1	13.6	142.6	33.0

数据来源：中国有色金属工业协会钛锆铪分会。

2.3.3　价格

2021 年我国攀枝花 20 号钛矿、0 级海绵钛和具有代表性的 TA2/3.0mm 厚的标准钛板的价格走势见图 2~图 4。

2021 年国产攀枝花 20 号钛矿年度平均价格为 2694 元/吨（含税出厂价，下同），较 2020 年的 1720 元/吨同比增长 56.6%；2021 年进口钛矿年度平均价格为 310 美元/吨，较 2020 年的 214 美元/吨同比增长 44.9%。在高收益的驱动下，矿山企业接近满负荷运作，这也使得 2021 年我国钛矿产量创下新高。受新冠肺炎疫情在全球主要钛矿生产国传播及国际海运船期延长等因素影响，全球钛矿供应形势恶化。国内企业为保证钛矿的充足供应，被迫提高了进口钛矿库存规模。但这一举措同时也加重了国内企业的资金流负担以及潜在的原料库存价格下跌造成的损失风险。2021 年下半年，随着国外下游生产企业的相继复产，全球氯化法原料出现供不应求的局面，价格也开始加速上涨。至 2021 年末，氯化法钛矿价格上涨至 430 美元/吨以上，95%金红石价格上涨至 2000 美元/吨，创下近十年价格新高。这对我国海绵钛、氯化法钛白粉行业的经营带来了更大的压力。

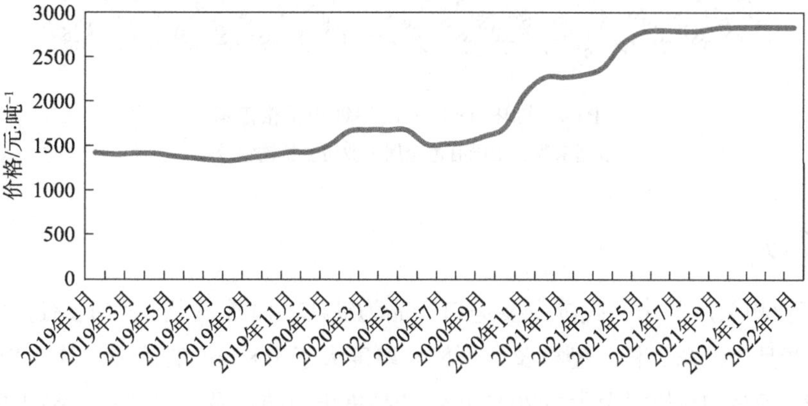

图 2　攀枝花 20 号钛矿价格走势

数据来源：中国有色金属工业协会钛锆铪分会

2021 年，我国海绵钛年度平均价格为 6.92 万元/吨，较 2020 年的 6.4 万元/吨同比增长 8.1%。2021 年前三个季度我国海绵钛价格上涨相对缓慢，0 级海绵钛年初价格在 6 万元/吨左右，9 月下旬价格在 6.8 万元/吨左右。至 2021 年 10 月，受国内限电政策及电力价格调整影响，高钛渣、镁锭等原料价格大幅上涨，导致海绵钛价格超过 7.5 万元/吨，单次涨幅与全年前三个季度累计涨幅相当。除航空航天、国防军工、高端装备制造应用领域外，大部分下游应用领域难以承受更高的海绵钛价格，致使海绵钛企业难以通过涨价向下转嫁成本，其市场需求也随之下降。下游企业转向消化市场库存，部分半流程海绵钛企业开工率陡然下降。

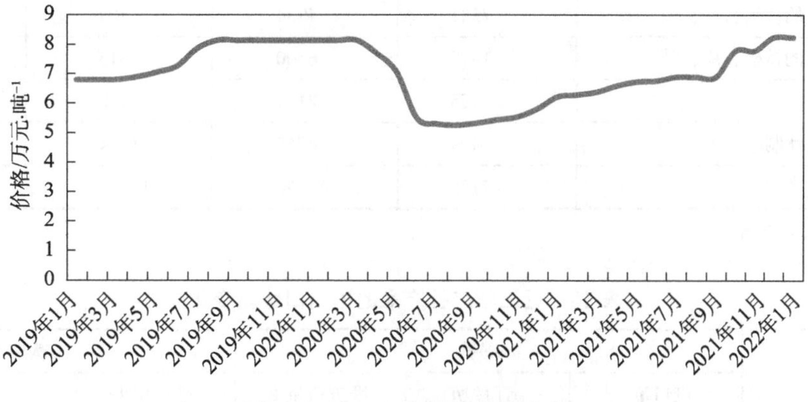

图 3　国内 0 级海绵钛价格走势

数据来源：中国有色金属工业协会钛锆铪分会

2021 年，我国钛材价格基本是被动跟随海绵钛价格进行上调的。在 2021 年第四季度，因下游用户难以接受价格不断上涨，部分低端钛材市场萎缩。得益于上半年的高景气度，2021 年全年市场仍然呈现上涨态势，大部分企业全年整体经营形势优于 2020 年。2021 年下半年，海绵钛价格快速走高，使得民品市场订单量减少，相关产品价格的快速上涨也影响了民品钛市场的深耕与推广。

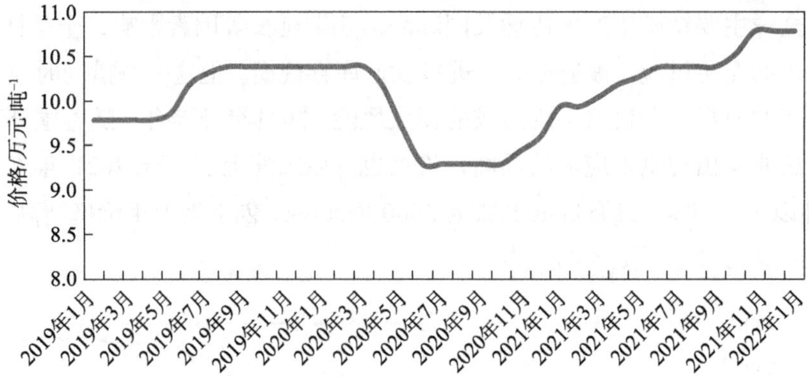

图 4　国内 TA2/3mm 厚钛板价格走势

数据来源：中国有色金属工业协会钛锆铪分会

2.3.4　进出口贸易

2021 年，钛产业相关产品中，我国主要进口产品为钛矿、海绵钛及厚度不超过 0.8mm 的钛板、片、带、箔；主要出口产品为钛条、杆、型材及异型材，厚度大于 0.8mm 的钛板、片、带、箔、钛管及其他锻轧钛及钛制品。表 9 和表 10 分别为我国 2021 年钛产品进出口统计及近三年钛产品进出口数量变化情况。

表 9　2021 年我国主要钛产品进出口统计

商品名称	进口		出口	
	进口数量/t	进口金额/万美元	出口数量/t	出口金额/万美元
钛矿砂及其精矿	3799512	117684	34699	4177
海绵钛	13835	10470	712	370
其他未锻轧钛	2535	3103	297	433
钛粉末	220	431	238	591
钛条、杆、型材及异型材	1205	5944	624	1505
钛丝	297	2750	624	1745
厚度≤0.8mm 的钛板、片、带、箔	2541	4934	404	1327
厚度＞0.8mm 的钛板、片、带	1878	6500	6815	13921
钛管	755	2169	3798	9961
其他锻轧钛及钛制品	499	24762	3474	15548
钛材合计	7175	47058	15739	44007

数据来源：中国海关数据。

表 10　近三年来钛产品的进出口数量变化

年份	海绵钛			钛加工材		
	进口量/t	出口量/t	净进口量/t	进口量/t	出口量/t	净出口量/t
2019	7139	1046	6093	8116	20916	12800
2020	4723	548	4175	6139	15246	9107
2021	13835	712	13124	7175	15739	8565
2021 年/2020 年增长率/%	192.9	29.9	214.3	16.9	3.2	–6.0

数据来源：中国海关数据。

3 2021 年中国钛工业经济运行状况分析

3.1 政策环境分析

针对 2021 年第四季度我国多地出现的能源供应紧张现象及电力价格上涨现象，国家发改委印发《关于进一步完善煤炭市场价格形成机制的通知》。该通知不仅保证了电力供应稳定，还规定了电价涨幅的上限，为钛渣、海绵钛企业的正常生产提供了保障。

在新发布的《重点新材料首批次应用示范指导目录（2021 年版）》中，高强损伤容限性钛合金、大卷重宽幅纯钛带卷、钛合金丝材、注射成型钛合金、精密钛合金铸件、航空航天用钛铝金属间化合物锻件、钛合金油井管 3D 打印用钛合金粉末、注射成型用钛合金粉末、热等静压用高性能钛合金粉末、舵机用 3D 打印钛合金壳体均被收入其中。

《新材料产业发展指南》提到，新一代信息技术、航空航天装备、海洋工程和高技术船舶、节能环保、新能源等领域的发展，为新材料产业提供了广阔的市场空间，也对新材料质量性能、保障能力等提出了更高的要求。必须紧紧把握历史机遇，集中力量、加紧部署，进一步健全新材料产业体系，下大力气突破一批关键材料，提升新材料产业保障能力，实现中国制造由大变强的历史跨越。《指南》提出，到 2020 年，先进基础材料（包括钛合金）总体实现稳定供给，关键战略材料综合保障能力超过 70%，以先进基础材料、关键战略材料、前沿新材料为发展方向，并提出加快重点新材料初期市场培育，研究建立新材料首批应用保险补偿机制，完善新材料产业标准体系，推动新材料产业标准化试点示范。

3.2 产业结构调整情况分析

2021 年，我国钛工业持续推进产业转型与技术升级，向中高端领域迈进。高钛渣行业加快设备大型化、自动化步伐。国产 25000kVA 以上的大型冶炼炉装置已经成熟并被多家企业采用，逐步替代小型设备，提升了我国高钛渣行业的大型设备国产率、劳动生产率，并创造出经济效益，响应了国家“节能减排”的政策方针。

2021 年我国钛化工行业继续保持高增长势头，尤其是高端氯化法钛白粉产量进一步提升，达到国内钛白粉总产量的 10%。攀钢集团有限公司的熔盐氯化工艺进一步完善，产品质量进一步提升且具有较好的批次稳定性，为国内高钙镁钛矿无法作为氯化法原料的难题打开了突破口。

2021 年，我国海绵钛行业继续加大投入，多家半流程企业向全流程转型升级。这一转变既保障我国海绵钛的 0 级品率，又进一步降低生产成本。攀钢集团有限公司开展了超软钛定向生产试验研究，超软钛定向炉成功率由 50%提高到 65%以上。

2021 年我国钛加工行业继续做大做强。以宝钛集团、新疆湘润新材料科技有限公司、湖南湘投金天钛金属股份有限公司、中国船舶七二五所、西部超导材料科技股份有限公司和西部材料科技股份有限公司等骨干企业进一步完善产品线，在化工、航空航天、医疗器械、电力等行业起到引领作用，填补了国内相关产品空白。多家中小型企业着力在细分领域中打造“专精特新”型企业。西部材料科技股份有限公司完成某型钛合金板材高性能低成本制备技术、航空用钛合金薄板材高效低成本制备技术、光触媒功能涂料、低成本抗菌玻璃制品、油气开采用超长钛合金管材制备、锆钢双层复合技术开发等多项技术成果，相关产品出口海外。中国船舶七二五所开发出纯度为 99.9%的电子级高纯海绵钛，可应用于 LCD/OLED 显示器和半导体芯片领域；购置龙门式激光-电弧复合焊接系统和控温控湿系统并成功投用；完成了超深冲高精度超薄钛带制备、超薄钛带精密冲压成型控制、超薄精密钛带涂层制备技术研究。陕西天成航空材料有限公司从乌克兰引入了一台功率达 3150kW，熔炼能力达 10t 的真空冷枪电子束炉；

在技术上突破完成大规格钛合金棒材“以轧代锻”工艺，掌握了“EBCHM+VAR”合金锭熔炼工艺及返回料重熔控制技术。南京宝泰特种材料股份有限公司新投入使用3.8m大型四辊可逆式热轧机、4m×1.5m×15m 大型碱洗锅，基本完成对原有 2.5m 热轧机进行四辊可逆式重大改造。宝鸡富士特钛业（集团）有限公司完成高强度钛合金筒体研制等项目。宁波创润新材料有限公司新增大型真空电子束熔炼炉一台，开发大尺寸超高纯钛锭熔炼铸锭技术。

3.3 经营形势分析

由于国内下游产品产量快速上涨，2021 年我国钛矿进口量及消费量进一步提升。2021 年下半年，钛矿及其他多种原料成本显著上升，导致下游企业利润被吞噬，部分企业处于亏损状态。

2018 年钛势逐步好转以来，社会资金连续几年加快建设 EB 炉、熔炼炉，以及下游企业加快添置装备，助推了钛锭产能、钛材产能的增加，这也是 2020 年、2021 年海绵钛、钛锭、钛材“三项指标”接连刷新纪录的动因。

3.4 市场供需及消费情况分析

2021 年，我国钛矿市场呈现供需两旺的态势。其中，受利润空间高企的刺激，攀枝花地区钛矿产量再创新高。受钛白粉行业产量持续高速增长的影响，我国对钛矿的需求持续大幅增长。2021 年我国钛原料对外依存度在 40%左右，在国内钛矿产量不足以满足需求的情况下，各企业通过加大对进口钛矿采购力度，使我国钛矿呈现供需基本平衡，且略有库存的局面。

2021 年，我国海绵钛市场总体供应充足，但高品质小粒度海绵钛缺口较大。2021 年我国海绵钛产量为 13.99 万吨，表观消费量为 15.3 万吨，同比增长 20.5%，创历史新高；进口海绵钛 1.38 万吨，同样创下历史新高。进口海绵钛主要用于满足下游企业对高品质海绵钛的需求。近年来，我国海绵钛总产能快速增长，高品质海绵钛产量的绝对数量也在稳步提高，但高品质海绵钛产量增速无法满足需求的爆发式增长，且缺口逐年加大。中低端供应过剩，高端供应不足成为我国海绵钛行业面临的主要问题。

2021 年，我国钛材产量为 13.6 万吨，为历史新高，表观消费量为 12.7 万吨，同比增长 44.3%。排名前三的大型钛材企业对 2021 年钛材产量增长贡献度达到 44.7%，我国钛材行业集中度进一步提高。

从下游细分消费领域来看，化工（PTA）领域用钛量增长最大（11078t），其次是航空航天（5222t），电力领域（5016t）。受疫情影响，体育休闲领域用钛量下降 5364t，成为唯一一个负增长的细分领域。在其他钛产品中，以废钛及边角料生产钛铁合金等钛产品的产量增长较多。新兴市场方面，经过近几年的市场推广与技术提升，纯钛保温杯、电热水壶、餐具等民用钛制品数量增长，国内某知名企业 2021 年生产近 50 万只钛保温杯。随着我国中产阶级的壮大，以及消费能力的提升，未来民用钛制品市场规模有望保持高增长势头。

2021 年，我国在高端化工（PTA）、航空航天、船舶和海洋工程等中高端领域的钛材需求总量增加 20542t，同比增长 28.5%。这说明我国钛工业仍处于产业升级加速期。而国家提倡科技创新、鼓励技术进步的政策，以及在国防军工、“三航”领域中对钛的大量使用成为推动我国中高端钛材发展的最大驱动力。随着以国防军工、高端装备制造领域对钛材产生的巨大市场需求，国内几家大型钛材企业全方位发力，向大而强的方向发展。部分中小型企业通过几年时间的技术沉淀，在某一项细分领域中取得快速进步，成为该细分领域的头部企业，实现小而精的发展模式。而国家提出的“碳达峰、碳中和”战略将使能源、电力行业在未来几年加速转型，这也将给我国钛行业的发展提供新的机会。在多方驱动下，未来我国钛行业进一步向中高端迈进的步伐将会持续加快。

4 存在的突出问题及对策

4.1 存在的突出问题

2021 年，我国钛行业有两个最为突出的问题：一是钛矿等原料对外依存度过高；二是国内高品质海绵钛产量提升相对较慢，无法满足国内对高品质海绵钛需求爆发式增长。此外，钛加工材品质有待提高，新应用领域相关生产工艺参数、使用手册等资料尚不完善的问题依然需要深入解决。

（1）我国钛原料对外依存度过高。2021 年，我国钛原料对外依存度为 40%，钛原料供应严重依赖国际市场。在新冠肺炎疫情反复、全球超发货币推高资源类产品价格的大背景下，2021 年我国进口钛矿年度均价上涨 44.9%，这使得我国在进口钛矿采购环节上多支出 4.96 亿元。除付出经济成本之外，进口钛矿供应的不稳定性严重影响了我国海绵钛、高端钛产品的质量稳定性，成为我国钛工业向中高端领域迈进的重大障碍。由于下游企业没有稳定的钛矿来源，只能“吃百家饭”，导致其不同批次产品质量频繁出现波动。而我国钛矿高钙镁杂质的特点使得国产钛矿无法作为氯化法的原料；生产海绵钛、氯化钛白的钛矿、金红石等原料完全依赖进口。我国在钛矿等钛原料的进口上同样面临“马六甲困局”，79%的钛原料需要途经南海，这既制约了我国海绵钛、氯化钛白行业的健康发展，也为未来的安全生产带来隐患。

（2）国内高品质海绵钛产量无法满足快速增长的需求。我国海绵钛工业虽然有较长的历史，但形成规模的时间尚短，中高端领域形成较大需求市场的时间不足 10 年，这使得我国高品质海绵钛的供应量增长无法跟上爆发式需求的增长，预计在未来两三年内仍将需要依赖进口海绵钛来补充高品质海绵钛的供给缺口。

（3）钛加工材品质有待提高。超薄钛带、超厚钛板材、大壁厚管材、大尺寸型材、锻件、航空紧固件等产品加工水平尚不过关，产品品质与国外相比仍有明显差距，相关产品仍然没有摆脱依赖国外进口的局面。这制约了我国航空航天、国防军工、能源等关键行业的长远发展。

（4）新应用领域相关生产工艺参数、使用手册等尚不完善。由于钛及钛合金具有质量轻、强度高、耐腐蚀等诸多优点，近年来在海洋工程、船舶制造、石油开采等诸多领域内展开其应用。然而在使用过程中，由于此前我国在相关领域内缺乏使用经验，导致无法达到预期效果；在生产加工过程中，由于缺乏相应的经验和工艺手册，导致成品率不高；在下游用户生产设计环节，由于缺乏相应的工艺参数和设计手册，使得下游用户在设计环节上遇到诸多阻碍；在产品组装环节上，焊接装配环节中也时常出现问题，最终导致产品性能达不到预期效果。

4.2 对策建议

随着我国综合国力的不断提升，航空航天、船舶制造、海洋工程等高端领域进入了快速发展期，国家在相关领域的投入力度空前加大。为配合国家发展战略，为相关领域顺利、健康、可持续发展提供相应保障，我国钛工业应进一步解决原料供给不足、产品品质有待提升等问题，积极探索实际应用方面的工艺技术研究。具体建议如下：

（1）加大鼓励企业海外资源开拓力度，适时储备优质钛资源。为解决我国钛资源供给不足，尤其是高品质氯化法原料几乎完全依赖进口的困境，建议鼓励企业在海外购入优质钛矿资源，这样既可弥补国内优质钛矿供应不足的短板，也可降低我国进口钛矿的成本，获得经济效益。同时，在国内通过联合攻关，实现国产钛矿升级为高品质富钛料的相关技术突破。内外两条线同时推进，使我国钛资源供应更有保障。在适当的时间节点，可考虑建立一定数量的富钛料或高品级海绵钛储备，以保障短期内关键领域对海绵钛的需求不受影响。

（2）整体提升海绵钛、铸锭生产工艺水平。通过提升钛原料供应的稳定性，解决因原料波动带来的海绵钛批次间质量不稳定的问题。引导企业持续强化技术工艺水平提升与装备提升，提高 0A 级海绵钛成品率，缩小与国外先进企业的技术差距。为我国关键领域的发展提供较为充足的、优质的、稳定的、低成本的海绵钛供给。

建议积极开展电子束、等离子冷床炉熔炼航空航天钛合金高端钛材的规模化应用研究。国内最近十年进口及国产了全球最多的电子束、等离子冷床炉，但都在以海绵钛为原料生产铸锭，没有掺加回收料生产铸锭。而美国及俄罗斯的冷床炉则集中用于航空航天高端合金钛材的生产，充分发挥了冷床炉能够良好除去高低密度夹渣和能够使用回收料的优势。这项规模化应用研究能够较好地契合我国目前航空航天大发展对高端钛合金材料的需求。

（3）引导行业整体布局更为合理，避免重复建设与低水平竞争。通过行业协会引导行业整体健康有序发展，引导企业减少或避免在已经过剩的、技术水平较低的领域内重复建设，进而缓解或避免低端市场上的无序竞争。通过行业协会倡议，并结合相关职能部门，通过政策激励、联合立项等手段引导企业及社会资本投向有待解决的、具有较高技术内涵的、当前国内存在空白又能带来良好效益的领域中去；积极推动产学研三方合作对接，对新牌号、新工艺、新产品进行合作开发并尽快市场化，使优秀技术尽快产生经济效益。

（4）跨领域、多部门联合推进钛及钛合金在新兴领域的应用探索。此前我国钛合金牌号多以引进、吸收、改进、完善为主，自主创新方面滞后，未来要在自主创新与理论探索上多努力。随着近年来我国在“三航”、国防等关键性领域对钛及钛合金需求的快速增长，传统牌号的钛合金已经难以满足需求。我国钛工业需要由之前的侧重技术应用性研究转向应用性研究与基础理论性研究相并重。建议加大对关键性课题的投入力度，抓住国家推进科研体制机制全面深化改革的契机，对钛合金的关键理论探索、基础理论研究进行大力扶持，为我国钛合金材料领域培养人才梯队，为未来长期技术创新打下基础。

在当前航空、船舶、海洋工程领域中，由于长期缺乏实际应用经验造成的相关工艺空缺、相关设计人员缺乏钛合金使用设计参考资料等问题，则需要跨领域联合攻关。通过联合攻关，补足历史欠账，加速摸索出钛合金在各领域应用中、具体使用环境中的性能参数等关键数据。由下游应用方提出具体工况及相关性能指标要求，由钛合金生产方展开针对性研究，避免用户对钛合金性能特点理解过于笼统，避免上游生产方对下游应用环境具体工况不了解，只能在实验室进行笼统的性能测试等弊端。通过上下游联合攻关，供需双方充分交换信息，避免理解偏差，进而高效推进钛合金在相关领域中的应用普及，同时减少无效的人力、财力、时间上的投入。

2021 年中国钛白粉行业经济运行分析报告

陈　钢[1,2]　齐祥昭[1]　赵　君[1]

（1. 中国涂料工业协会，北京 100079；2. 中国涂料工业协会钛白粉行业分会，北京 100079）

摘　要：简析了钛白粉行业重点下游行业——涂料、塑料、造纸行业运行情况，分析了 2021 年中国钛白粉行业生产、进出口数据，总结了行业运行特点，指出了目前中国钛白粉行业面临的问题，指明了行业发展趋势，并提出有利于我国钛白粉行业健康发展的相关政策建议。

关键词：钛白粉；2021 年；涂料；塑料；造纸；经济运行；问题；趋势；政策建议

1　引言

钛白粉被认为是世界上性能最好的白色颜料，是一种使用后无法再次回收利用的资源性化工原料，广泛应用于涂料、塑料、造纸、化纤、油墨等领域，与人民生活水平及主要工业领域均密切相关。工业上生产钛白粉主要有两条工艺路线，即硫酸法与氯化法。近年来，在绿色高质量发展理念的引导下，困扰我国硫酸法钛白粉工业发展的“三废”治理和资源综合利用问题取得了一定进展，但没有得到根本性解决，特别是在固体废物方面越发严重；在高能耗的基础上，硫酸法钛白粉行业还出现了产能过剩与低水平重复建设情况。而氯化法钛白粉关键技术又长期被国外几大公司所垄断，国内关键设备质量还不过关，产品品质和成本与国际同行仍有一定的差距。

2　钛白粉行业重点下游行业经济运行简析

前文提到涂料、塑料、造纸等领域是钛白粉主要下游应用市场，现就钛白粉行业重点下游领域进行研究，分析钛白粉行业未来发展的前景趋势。

2.1　涂料工业

涂料工业是钛白粉行业的最大用户，约占钛白粉消耗量的 60%。据中国涂料工业协会统计，2021 年中国涂料行业完成总产量约 3800 万吨，同比增长 16%；实现主营业务收入 4600 亿元，同比增长 16%；实现利润 303 亿元，同比下降 4%（图 1）。对比“十三五”时期行业数据，产量总体仍呈上升趋势，说明下游市场需求仍在增长，产量和主营业务收入上升较快。

2.2　塑料工业

塑料工业是钛白粉行业的第二大用户，约占钛白粉消耗量的 18%。据中国塑料加工工业协会统计，2021 年全国塑料制品行业规模以上企业 18056 家，产量 8003.98 万吨，同比增长 4.23%；实现主营业务收入 22264.46 亿元，同比增长 12.76%；实现利润 1295.83 亿元，同比增长 0.91%（图 2）。2021 年，产

作者简介：陈钢，经济师，长期从事涂料及钛白粉行业政策法规研究、标准制定、行业分析等工作。

量和主营业务收入有较好的增长；由于原材料价格大幅上涨、物流等费用增加，严重压缩行业利润空间，企业“增收不增利”，利润总额基本持平。但总体上，2021 年塑料加工业发展总体运行稳中有进、稳中有升，实现“十四五”良好开局。

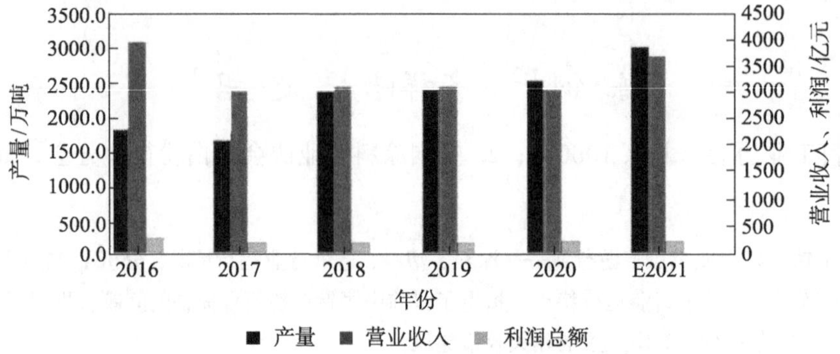

图 1　2016~2021 年中国涂料行业经济运行图

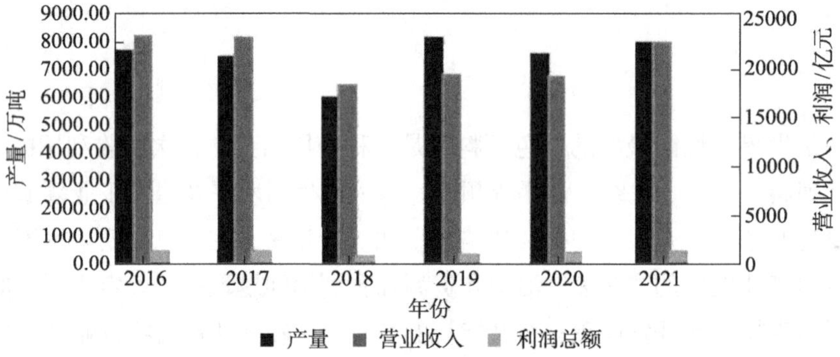

图 2　2016~2021 年中国塑料行业经济运行图

2.3　造纸工业

造纸工业是钛白粉行业的第三大用户，约占钛白粉消耗量的 10%。据中国造纸协会统计，2021 年全国造纸行业纸及纸板生产企业约 2500 家，产量 12105 万吨，同比增长 7.50%；实现主营业务收入 8551 亿元；实现利润 541 亿元，同比增长 17.01%（图 3）。2021 年，在国内经济形势整体稳中向好及外贸增加的带动下，克服了原料、能源、运输等成本上涨，以及疫情的影响，通过优化产业结构、提升产品质量，实现了产销两旺，经济效益显著增长，保持了造纸行业平衡发展。

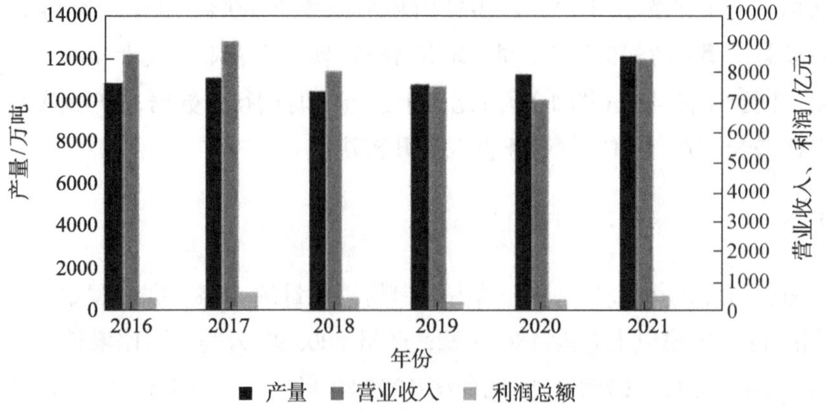

图 3　2016~2021 年中国造纸行业经济运行图

3　中国钛白粉行业经济运行情况分析

3.1　行业生产数据分析

2021 年是极不平凡的一年，新冠肺炎疫情持续席卷全球，有着 60 多年生产历史的中国钛白粉工业也受到了一定影响。但中国钛白粉的产能和产量仍稳居世界第一，钛白粉行业的规模和质量也得到全面提升。

2021 年，我国钛白粉行业 42 家具有正常生产条件的全流程钛白粉生产企业产品总产能达到 448.7 万吨、产量达到 379 万吨，产量同比增加约 27.8 万吨，增幅为 7.92%，创历史新高（图 4）。其中，氯化法钛白粉产量为 37.6 万吨，占总产量 9.92%，较之上年有所增加。

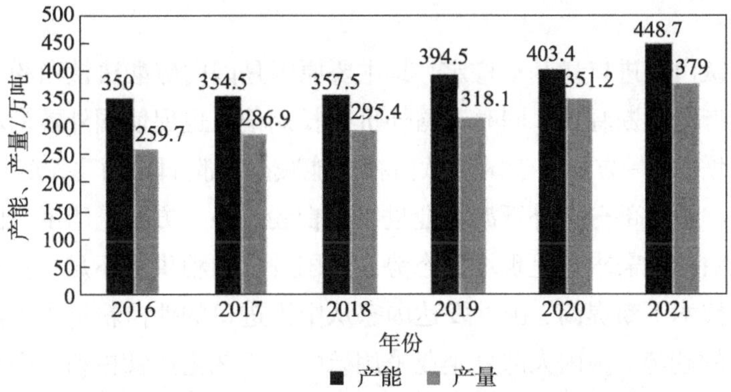

图 4　2016~2021 年中国钛白粉行业产能、产量分析图

3.2　行业进出口数据分析

由于国外疫情影响欧美企业的开工生产，我国钛白粉出口量持续增高，从 2015 年的 53.84 万吨到 2021 年的 131.17 万吨，增长了 143.63%；进口量没有太多变化，基本保持在 20 万吨左右。而我国钛白粉消费量没有质的提升，钛白粉的大量出口带动了国内钛白粉价格持续上涨，不断刷新历史高位。

2021 年，我国钛白粉出口量为 131.17 万吨，同比增长 8.04%；进口量为 19.19 万吨，同比增长 14.02%（图 5）。

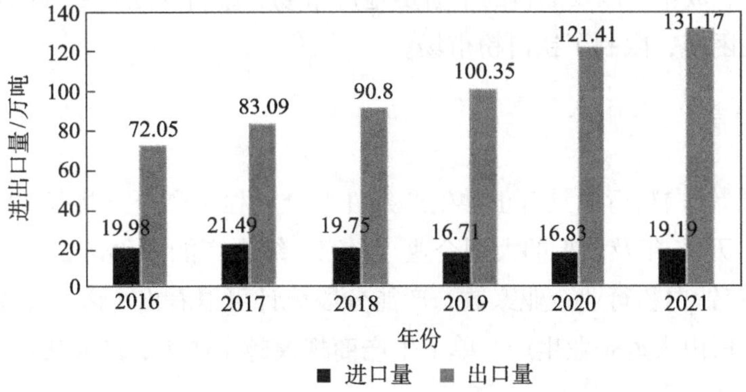

图 5　2016~2021 年中国钛白粉行业进出口量分析图

2021 年，国内钛白粉表观消费量为 267 万吨，同比增长 8.27%；人均消费量为 1.89kg，同比增长 7.39%（图 6）。

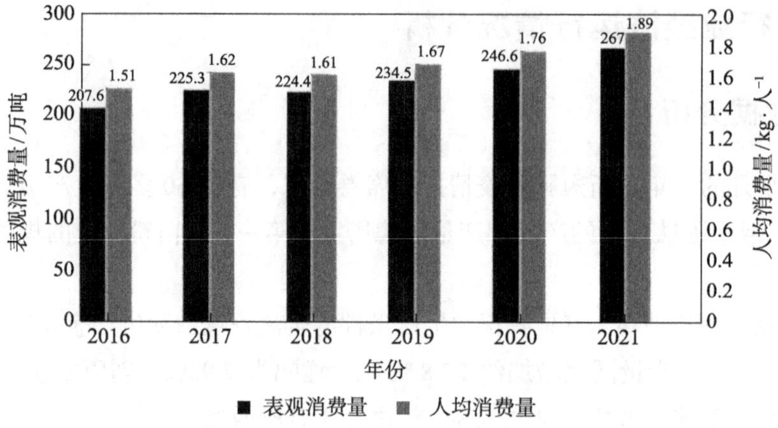

图 6　2016~2021 年中国钛白粉行业表观消费量和人均消费量分析图

可以看出，近几年钛白粉进口量基本稳定，其主要原因是国内硫酸法钛白粉质量及应用性能不断提高、新增氯化法钛白粉产能不断释放，同时，国外价格长期偏高也促使国外钛白粉进口量停滞不前。而钛白粉出口量却是稳步增长，一方面由于国外钛白粉产能减少，部分国外厂家关闭其硫酸法钛白粉产能，而国外需求仍稳步增长，迫使部分国外下游企业进口钛白粉；另一方面，印度、巴西等发展中国家经济发展不断提速，对于钛白粉的需求量呈现增加态势，其国外钛白粉供应不足，拉动中国钛白粉出口。同时，国内钛白粉的生产技术不断提高，国外发达国家从中国进口的钛白粉量也逐渐增加，中国钛白粉出口量后续仍有逐渐增加的趋势。国内大部分企业采用硫酸法工艺生产钛白粉，产品质量相对氯化法工艺较低，使得我国钛白粉出口主要集中在中低端国际市场，并以价格作为主要竞争方式。受疫情影响，国外钛白粉企业有限产和关停操作，企业库存较低，这同时也反映出国内钛白粉在质量、价格等方面参与全球竞争的能力在逐渐增强。

4　中国钛白粉行业运行特点

4.1　保持中速发展

钛白粉行业进入中速发展时期。钛白粉行业市场景气度和发展态势基本与国家的经济发展大环境保持一致，由前些年的高速发展期逐渐调整进入中速发展阶段。钛白粉的主要应用领域涂料、塑料、造纸等行业受到资源、环保、成本，以及涂料的下游房地产市场、塑料的限塑令等因素影响，不少企业关停或倒闭，生产经营面临困境，限制了钛白粉市场。

4.2　产能集中度提高

截至 2021 年，我国钛白粉行业具有正常生产条件的全流程生产企业共有 42 家，总产能达到 448.7 万吨/年。产能达到 10 万吨/年及以上的大型企业 14 家，综合产能为 344.2 万吨/年，占行业总产能的 76.71%。通过对 2021 年钛白粉行业企业家数、产能分段统计可以看出（表 1），钛白粉行业集中度已经初具规模，近 75%的产量由大型企业生产，单个生产商规模越来越大，产业集中度越来越高，国内部分企业规模堪比国际一流企业。

4.3　产品质量提升

我国钛白粉行业经过 20 余年的高速发展，产品规模和质量得到全面提高。国产硫酸法钛白粉主要

表 1　2021 年钛白粉生产企业产能分段统计表

序号	产能划分	企业家数	总产能/万吨	产能占比/%	总产量/万吨	产量占比/%
1	10 万吨以上	14 家	344.2	76.71	283.8	74.88
2	5 万~10 万吨	8 家	49.5	11.03	50.5	13.32
3	3 万~5 万吨	12 家	39	8.69	32.6	8.60
4	3 万吨以下	8 家	16	3.57	12.1	3.19
合　计		42 家	448.7	100	379	100

产品向中高端领域发展，钛白粉的品质和应用性能逐步提升，并部分替代了国外品牌产品，进入部分高端应用领域。我们有信心相信，全面赶上甚至超过国际上硫酸法产品指日可待。

4.4　生产工艺取得进展

“十三五”期间，我国钛白粉生产工艺一直以硫酸法为主，无论是生产工艺、生产装备和产品质量与国际同类型产品相比差距都已经很小；氯化法也逐步成熟，进入快速发展的重要时期。

硫酸法钛白粉生产领域，集中度逐渐增强，企业向联产、废副综合利用、节能减排等方向快速发展，有效提高了生产过程中的污染物减排水平，提高了资源利用率，降低了整个工艺体系的能源消耗，部分工艺上具备清洁性与先进性。钛白粉行业在科技创新、清洁生产循环经济等方面做了大量工作，取得了突出的成绩，在环保和清洁生产方面，酸解尾气处理、酸解尾渣回用、钛液低温多效浓缩、煅烧转窑尾气余热回用、MVR 低温蒸发浓缩钛液、钛石膏压榨、酸水膜过滤等技术均在业内得到大面积推广普及。

氯化法钛白粉生产工艺取得实质性进展，产能产量稳步增长，产品质量得到大幅度提高。

新的钛白粉生产工艺——盐酸法钛白粉生产工艺已实现工业化生产，取得重大进展，实现历史性突破。

5　中国钛白粉行业面临的问题

5.1　资源消耗较高

钛原料主要分类：钛精矿、氯化渣、人造金红石、酸溶性钛渣、UGS 渣、天然金红石以及白钛石。据统计，生产钛白粉所需钛原料需求量：钛精矿 52%、氯化渣 20%、人造金红石 8%、酸溶性钛渣 9%、UGS 渣 6%、天然金红石 5%以及白钛石不到 1%。国内 90%钛精矿用于钛白粉行业，10%用于钛金属、电焊条等行业。

钛精矿 75%的产能和 79%的产量集中在攀西地区。攀西地区钛精矿是钛白粉行业钛原料的主要来源，其次是云南矿、承德矿、山东矿和新疆矿等。

2021 年国内钛精矿总需求量约为 969 万吨，其中钛白粉行业需求量（按钛白粉产量 379 万吨计）约为 872 万吨，钛金属需求量约为 52 万吨、电焊条等其他行业需求量约为 45 万吨。2021 年国内钛精矿总产量约为 611 万吨，缺口 358 万吨。

5.2　面临产能过剩

新一轮的新建、改扩建浪潮正在涌动，尽管国家发改委在新版《产业结构调整指导目录》中对不同工艺路线钛白粉产能改、扩建做了具体规定，但据不完全统计，全国钛白粉行业正在新建、改扩建和规划、筹建的项目，未来新增产能将达到 580 万吨，远超目前全国总产能（2021 年全国总产能 448.7 万吨），其中，正在建设的产能有 117 万吨，将最迟于 2024 年全部建成；计划建设的产能有 109 万吨，规划的产能有 354 万吨（表 2）。

表 2　全国钛白粉行业未来新增产能情况　（万吨）

分类	新增产能合计	氯化法	硫酸法	盐酸法	备注
正在建设	117	52	63	2	如正常完成建设，将在 2022 年新增产能 101 万吨
计划建设	109	56	53		
项目规划	354	284		70	为 5 年以上的规划项目
总计	580	392	116	72	

从目前市场和未来经济发展趋势看，一旦这些新增产能全部实现量产，钛矿资源供应问题将会出现市场短缺和价格攀涨，而目前氯化法钛白粉生产基本上要依靠进口钛矿资源，也将会迅速打破中国乃至全球钛矿和钛白粉市场的供需平衡，2012~2015 年被迫“去库存”、部分企业破产退出的一幕必然会重现。正在形成的新一轮扩产能浪潮应引起政府部门及全行业企业的高度关注。

5.3　行业发展问题

企业规模化虽有进步，但整体仍较分散。截至 2021 年底，我国现有钛白粉生产企业 42 家，平均年产能为 10.7 万吨、平均年产量为 9 万吨，与其他国家平均产能相比仍有较大差距。

高端产品不足、低端产品过剩，清洁文明型生产工艺发展缓慢。2021 年，全球钛白粉总产量预计达 764.5 万吨，其中氯化法产品为 362.9 万吨，占钛白总产量的 47.5%。2021 年我国钛白粉总产量为 379 万吨，其中氯化法产品为 37.65 万吨，占比仅为 9.9%，远低于国际平均水平。低端通用型产品产量过剩，同质化竞争激烈，而高质量的钛白粉仍需进口。我国钛白粉行业仍以硫酸法生产工艺为主，氯化法生产工艺占比低。“十三五”期间行业内开始推行清洁生产型的联产法硫酸法生产工艺，但仍有较多废物产生。其次，氯化法生产工艺作为钛白粉先进生产工艺，是世界钛白粉发展的主导方向。我国氯化法钛白粉受制于发达国家的严格技术封锁，发展缓慢。加之我国钛资源品位低、钙镁含量高等特点，不适合氯化法生产工艺，进一步限制了我国氯化法钛白粉的发展。

近年来，尽管国内氯化法在建、拟建产能较多，有龙佰集团、中信钛业、宜宾天原等企业陆续建成投产，生产工艺及产品质量的稳定性与国际企业水平逐步接近，个别技术也更具我国特色。由于我国氯化法钛白粉技术发展时间较短，对关键技术的掌握、质量控制、工艺控制以及装备水平与国外相比还存在一定的差距，因此，也成为制约我国氯化法钛白粉发展的关键因素。

5.4　环境问题

节能减排，环保压力依然严峻。面对严峻的环保压力和“双碳”经济要求，产业升级是必然趋势。尽管各企业积极推行循环经济生产模式，围绕钛白粉“三废”处理做了大量工作，但超低排放既需要可靠成熟的技术支撑，也需要大量的资金投入，这方面的准备还不到位。钛白粉生产过程所产生的“废酸”“钛石膏”如何综合利用等仍然是制约行业发展的主要瓶颈。

目前，我国钛白粉 90%以上采用硫酸法工艺生产，生产过程中产生大量酸性废水，通常采用加入石灰（或电石渣）来中和酸性废水，会产生以二水硫酸钙（$CaSO_4 \cdot 2H_2O$）为主要成分的副产物，即钛石膏。硫酸法工艺生产 1t 钛白粉，将产生 6~8t 废酸（含酸浓度 20%~25%），30~70t 废水（含酸浓度 2%~7%），一般情况产生 6~10t 钛石膏（湿基）。如果钛白粉生产企业将 20%~25%的废酸直接排放到废水池进行中和，生产 1t 钛白粉将会产生高达 16t 钛石膏。因此，废酸的利用问题直接影响到钛石膏的产生量。2021 年我国硫酸法钛白粉产量约 341.4 万吨，若按每产 1t 钛白粉副产 8t 钛石膏（干基）来计算，钛石膏排放量约 2731 万吨。截至 2021 年底，我国历年累积钛石膏堆存量已超过 2 亿吨，并呈现出逐年递增的趋势。

如果未来新增硫酸法钛白粉产能116万吨，每年将新增928万吨钛石膏，届时钛石膏年排放量将达3659万吨以上。

6 中国钛白粉行业发展趋势分析

当前，由于疫情原因，部分钛白粉生产企业受到不同程度的影响，但随着疫情的有效控制，加之我国宏观经济整体面向好，新基建、内循环带动，企业生产经营和市场将得到全面恢复。

据不完全了解，国内企业近年来钛白粉扩产较为明显，未来2~5年总产能将大幅增加，新增产能达226万吨，其中，氯化法108万吨、硫酸法116万吨、盐酸法2万吨。

从目前市场和未来经济发展趋势看，一旦国外疫情缓解并复工复产，其产能完全释放后将影响我国钛白粉的出口，进一步加重产能过剩的局面。而全球钛白粉总产能为901.2万吨，目前仅释放了764.5万吨的产量。因此，我国钛白粉新建硫酸法产能项目在经济运行与产业政策方面，存在过剩风险。

综上，面对多重挑战、疫情影响，预测“十四五”我国钛白粉行业将保持稳定的发展速度。预计2022年我国钛白粉行业总体主营业务收入与产量同比增长8%左右。在“十四五”期间，中国钛白粉企业应该练好内功，稳字当头，在各自细分领域做精做强，与现有下游行业共同发展，并持续开发新的应用领域。

7 政策建议

7.1 建议增列“氯化法钛白粉”税目，出台氯化法钛白粉产品相关鼓励政策

氯化法钛白粉生产属于国家鼓励类产业，因与硫酸法钛白粉同税则号，产业经济鼓励政策长期受限。在国家发展和改革委员会印发的《产业结构调整指导目录》（2019年版）中，“单线产能3万吨/年及以上氯化法钛白粉生产”为鼓励类产业名录。此外，在工业和信息化部印发的《工业绿色发展规划（2016—2020年）》中，明确提出要加快传统产业绿色化改造关键技术研发，将氯化法钛白粉生产列为重点支持的生产工艺。发展氯化法钛白粉生产符合国家关于“碳达峰碳中和”的政策要求，有利于“双碳”经济形成。增列“氯化法钛白粉”税目，有利于促进氯化法钛白粉行业技术进步，提高国际竞争力。

7.2 提高钛石膏资源综合利用水平，建议出台相关鼓励政策

将钛石膏作为一种资源，纳入《资源综合利用产品和劳务增值税优惠目录》（财税〔2015〕78号），给予钛石膏综合利用企业一定的增值税即征即退优惠等鼓励政策，有利于进一步推动资源综合利用和节能减排，提高钛石膏资源综合利用水平和综合利用率。

国家工信部《“十四五”工业绿色发展规划》《绿色制造工程实施指南》，将工业固废综合利用列为推动工业绿色发展的重要内容，大力推进工业副产石膏规模化利用，大宗固废综合利用率达到60%，加强财税金融政策支持等。国家发改委《产业结构调整目录（2019年本）》，将包括工业副产石膏在内的废渣综合利用列入鼓励类，以及《关于“十四五”大宗固体废弃物综合利用的指导意见》发改环资〔2021〕381号，积极探索钛石膏、氟石膏等复杂难用工业副产石膏的资源化利用途径，完善支持政策，继续落实增值税、所得税、环境保护税等优惠政策。

7.3 严格新建准入，以绿色化优化存量产能

深化钛白粉行业供给侧结构性改革，限制新增产能，推进存量优化，淘汰落后产能。推进钛白粉企

业跨地区、跨所有制兼并重组，优化生产力布局，继续压减钛白粉产能，提高行业集中度。以绿色工厂、绿色设计产品、绿色供应链的推荐与评选，推动钛白粉行业绿色制造体系的建立。促进钛白粉行业结构优化和清洁能源替代，大力推进氯化法生产工艺，提升废弃物回收利用水平。推广先进生产工艺和技术，深挖节能降碳潜力，鼓励硫酸法钛白粉联产工艺，探索开展钛石膏综合利用等试点示范，并推动低品位钛矿应用技术的发展。积极关注盐酸法钛白粉生产工艺技术研发及产业化进展。

7.4 成立行业组织进行规范

为了便于管理，建议由相关部委、中国涂料工业协会、化工行业生产力促进中心钛白粉中心、相关央企等单位共同成立钛白粉行业管理组织，对钛白粉行业进行规范管理，共同推进中国钛白粉行业健康有序发展。

关于攀西钒钛磁铁矿资源及开发利用情况的调查报告

张邦绪[1]　刘长武[2]　陈亚平[1]　吉广林[1]　沈新文[1]　张琼文[1]

（1. 四川省钒钛钢铁产业协会，四川成都 610031；2. 四川大学，四川成都 610065）

摘　要：本文详实地介绍了攀西钒钛磁铁矿资源情况，分析了资源开发利用中存在的瓶颈问题，提出了对策建议。

关键词：攀西；钒钛磁铁矿；开发利用；对策建议

为编制好《四川省钒钛钢铁及稀土产业“十四五”发展指南》，推动四川省钒钛钢铁产业高质量发展，为攀枝花市和凉山州政府开发利用好攀西资源提供对策建议，加快攀西经济区建设，四川省钒钛钢铁产业协会调研组，于 2021 年 8 月 31 日~9 月 4 日，对攀枝花市和凉山州的钒钛磁铁矿资源和开发情况进行了专题调研。

调研组实地考察了攀钢集团朱兰露天采场、露转地采矿现场和重钢西昌矿业太和铁矿采场及尾矿库现场等；分别与攀枝花市和凉山州经信局相关领导，攀钢矿业、安宁股份、青杠坪矿业、立宇矿业、龙佰攀枝花分公司、得天矿业、中和矿业等攀枝花重点矿山企业，西昌矿业、会理财通铁钛、冕宁锦宁矿业、喜德明洋铁矿、会东满矿集团和会理坤元矿业等凉山州重点矿山企业，进行了座谈交流，对两市州的矿山资源情况、矿产业发展情况和资源开发利用情况及存在的问题等进行深度调研，现将情况报告如下。

1　攀西钒钛磁铁矿资源及矿山企业基本情况

1.1　钒钛磁铁矿资源情况

钒钛磁铁矿是四川省的优势矿产资源，探明储量达 95.35 亿吨，占全国铁矿储量的 19.6%。其中，钛资源（以二氧化钛计）储量 8.7 亿吨、钒资源（以五氧化二钒计）储量 1862 万吨，分别占全国储量的 90.5%和 52%，占世界储量的 35.2%和 11.6%，大型矿床主要分布在攀枝花、太和、白马和红格。

攀枝花矿区属高铁高钛矿石，白马矿区属高铁低钛矿石，红格矿区属低铁高钛矿石。目前，攀枝花市已设置钒钛磁铁矿采矿权 13 宗，共有铁矿产地 29 处，主要分布在东区、米易县、盐边县，属大型、特大型矿床的有攀枝花、红格、白马、安宁村和中干沟等 5 处；属中型矿床的有湾子田、中梁子、新街和普隆等 4 处。其中，红格铁矿分南、北两个矿区，资源总量 35.6 亿吨，表内矿储量 18.29 亿吨，表外矿储量 17.31 亿吨。红格南矿区资源量 19.6 亿吨现暂未开发。攀枝花市的设计采矿规模为 5825 万吨/年，实际采矿 5647 万吨/年。

凉山州共设铁矿权 48 个，有铁矿产地 8 处，其中大型矿床 2 处，中型矿床 4 处，主要分布在西昌、会理、会东、盐源和德昌等县境内。特大型矿区西昌太和矿区钒钛磁铁矿资源储量达 17.9 亿吨、远景储量 25 亿吨。全州设计开采能力为 1497 万吨/年，实际采矿能力 1242 万吨/年。

1.2 矿山企业基本情况

攀西地区采选矿企业76家，铁精矿总产能约3900万吨。2020年原矿产量约8593万吨，铁精矿产量约2483万吨，钛精矿产量约560万吨。

截至2020年，攀西钒钛磁铁矿开发情况见表1。

表1　截至2020年攀西钒钛磁铁矿开发情况

序号	矿山名称	原矿产量/万吨	铁精矿产量/万吨	钛精矿产量/万吨	备注
1	朱兰尖山矿段	2520	658	106.5	含低品位矿石利用
2	龙蟒红格铁矿	1333	380	86	含低品位矿石利用
3	及及坪、田家村白马铁矿	2061	562	18.0	含低品位矿石利用
4	青杠坪腾家梁子铁矿	420	58		含低品位矿石、废石利用
5	青杠坪仰天窝铁矿	400	78	7	含低品位矿石利用
6	太和铁矿	450	160	35	含低品位矿石利用
7	潘家田铁矿	590	126	54	含低品位矿石利用
8	秀水河铁矿	222	93	4.9	含低品位矿石利用
9	白草铁矿	101	58	12.2	含低品位矿石利用
10	茨竹箐铁矿	76	统计在白草铁矿内		含低品位矿石利用
11	马鞍山铁矿	320	70		含低品位矿石利用
12	大老包铁矿	100	20	5	含低品位矿石利用
13	其他		220	174	
合计		8593	2483	560	

2 资源开发技术创新状况

攀西重点矿山企业坚持以创新为驱动，开展了大量的技术创新工作，取得了较好成果。

2.1 低品位钒钛磁铁矿高效选铁技术与产业化

该技术以工艺矿物学研究为基础，对攀枝花低品位钒钛磁铁矿开展高效选铁技术研究，集成“干式抛尾、高压辊磨、粗粒抛尾、磁性分离及铁钛混合选别”等高效选铁成套技术，实现对低品位矿石的利用。

攀钢矿业公司投资1.26亿元，建成年产钒钛铁精矿130万吨的低品位钒钛磁铁矿高效选铁示范线，增加TiFe品位15%~20%的钒钛磁铁矿资源量5720.6万吨，使铁与钒资源相对地质储量利用率提高23.64个百分点，单位原矿选矿成本比常规流程降低30.55%。

2.2 攀枝花钛铁矿高效回收工艺及装备产业化集成技术

针对攀枝花钒钛磁铁矿原选钛工艺回收率低问题进行攻关，形成了由分级、强磁、浮选等组合新工艺、新药剂、新设备集成的高效选钛成套工艺技术和装备，实现了对微细粒级钛铁矿的回收，并在攀钢选钛厂实现了产业化，钛回收率由原工艺的20%提高到40%以上，年产量由26万吨提高到50万吨以上。

2.3 攀枝花钒钛磁铁矿尾矿中钛资源深度回收技术与示范

针对密地选钛厂总尾矿中含一定有价元素铁、钛及影响选矿指标的絮凝剂，以工艺矿物学研究为基础，采用高效、节能的强磁设备，研究适宜该钛铁矿资源特点的选矿新工艺，最终推荐“原矿+弱磁除铁+分级磨矿+一粗两精（弱磁）为选铁流程”“原矿+弱磁除铁+强磁+分级磨矿（筛下擦磨）+强磁+浮选为选钛流程”，形成成套工艺技术和装备，建成一条年产铁精矿 20 万吨、钛精矿 20 万吨的示范生产线。技术成果达到国际先进水平。应用该技术，攀钢矿业公司攀枝花矿区的选铁回收率由 68%提高到 72%以上，尾矿中钛资源综合利用率由 20%提高到 51%以上。

2.4 白马选铁尾矿回收钛铁矿流程优化及产业化技术

白马矿区选铁尾矿中平均钛品位 3%~4%，较攀枝花、红格等矿区平均钛品位低 4~6 个百分点，并且其钛铁矿嵌布特性差，脉石矿物组成复杂。通过研究，突破了该低钛品位物料中钛铁矿回收难题及各项关键技术，创新性提出了“强磁+重选+浮选”选钛流程，并利用该技术进行产业化应用，建成年处理原矿 1044.24 万吨、年产钛精矿 17.25 万吨的低品位高效选钛示范线。

2.5 矿石破碎-胶带运输系统高效节能、清洁环保工程技术

结合白马矿区地形、厂区布置、原矿性质等特点，集成国内矿山生产、运输的先进工艺和装备，针对钒钛磁铁矿品位低、脉石浸入程度高等特点研发了大块矿石抛废选别技术，解决了围岩混入率高等问题；用胶带运输取代汽车运输解决了粉尘、噪声等环境污染问题；采用胶带下运势能驱动电机发电技术将下行势能转化为电能，提高了能源利用率；采用故障自动报警、防堵料报警、防撕裂跑偏报警等装置，实现了胶带系统的无人值守，形成了高效节能清洁环保胶带运输成套技术，实现了产业化应用。矿石运输系统能力达 850 万吨/年；矿石抛尾率大于 8%，原矿 TiFe 品位提高 1 个百分点以上；系统年发电量 500 万千瓦时以上。

2.6 钒钛铁精矿高浓度长距离管道输送工艺及装备集成技术

攀钢白马矿区铁精矿需要从攀枝花市米易县运输至西昌钒钛资源综合利用项目基地，成昆铁路线无法满足运输能力要求，汽车运输成本高，沿途损耗大（约 2%）。采用管道运输方式，解决了精矿运输难题，避免了沿途损耗（约 2%），实现了对沿线生态环境保护，经济效益和社会效益显著。通过矿浆流变特性试验、水力学计算和模拟等措施，研发了塔磨机与旋流器加细筛的组合分级磨矿工艺、浓缩搅拌和石灰添加系统的矿浆制备工艺，建立管道压力输送水力学模型，在长度 97.4km 管道上通过一级泵站，成功实现了 300 万吨/年铁精矿的输送工艺产业化，并已稳定运行 10 年。

2.7 硫钴资源高效分离技术

针对攀钢共伴生硫钴资源一直未能实现综合回收钴的技术难题，以现有硫钴粗精矿为原料，从复合高效抑制剂、矿浆调整剂以及起泡剂的设计开发入手，取得了开创性的硫钴分离研究成果,采用“高活性复合钙+抑制剂 EMD-506”以及新型起泡剂 EMP-02 成套绿色专用药剂解决方案作为粗精矿硫钴精准分离的特效药剂组合，在无需再磨、无需脱药的情况下，实现了富钴矿物的高效分离回收，最终获得了钴品位为 1.05%、镍品位 2.09%、硫品位为 36.85%的富钴精矿，其钴的回收率达到 88.03%；获得的硫精矿硫品位为 35.46%，与给矿硫品位持平，其钴含量仅为 0.062%。分离流程简便，新药剂绿色低碳，成本较低，研究成果为后续的现场改造和调试奠定了坚实基础。下一步拟建设工业示范线，实现产业化应用。

2.8　红格南矿资源综合利用关键技术研究

2020年12月12日，中国钢铁工业协会组织由干勇、费维扬、邱定蕃、毛新平、王运敏5位两院院士领衔，共11位资深专家组成的评价委员会，对攀钢牵头负责完成的《红格南矿资源综合利用关键技术研究》科技成果进行了评价。

该成果的研发形成红格南矿高铬型钒钛磁铁矿资源综合利用生产工艺流程并进行了万吨级的验证，解决了红格南矿资源禀赋所决定的特殊技术难题和钒钛磁铁矿综合利用的共性技术难题。

2.9　50万吨攀西钛精矿升级转化氯化钛渣创新工程

龙佰集团投资20亿元建设该项目，通过独创的攀枝花钛精矿提质降杂选矿工艺，生产高品质低钙镁钛精矿，再转化为氯化钛渣，为氯化法钛白粉项目提供原料。项目建成投产后，年产氯化钛渣基料30万吨，含钒高品质生铁16万吨；年实现销售收入19.2亿元，实现税金2亿元。

该项目填补了攀西地区在氯化钛渣产业的空白，初步解决了氯化钛白粉原料"卡脖子"问题，为推动攀西钛精矿—氯化钛渣—氯化法钛白粉全产业链的升级转化奠定了基础，极大地促进了地区钛相关产业的发展，同时，对加快攀西国家级战略资源创新开发试验区建设具有重大意义。

3　攀西资源开发存在的瓶颈问题

（1）老矿山面临"资源枯竭"的窘境。老矿山资源日趋减少，且要进行平面扩界或采场深部延伸，形成产能需要3~5年时间，新矿建设形成产能需要5~8年时间，随着各矿区转入地下开采，成本将增加2~3倍，面临可持续发展的困难。

尽管攀西地区资源丰富，但大部分资源由于埋藏深、品位低、开发利用条件差，往往不具备开发的经济性。据调查，采矿权范围内保有资源储量27亿吨左右，可利用资源储量为15亿吨左右，矿山保有资源储量为20亿吨，可利用资源储量10.5亿吨。如不增加接替矿山，攀西地区矿山境界内资源10年左右将出现"枯竭"问题。

（2）矿山建设用地指标缺。目前地方政府建设用地指标与矿山开发建设用地不配套，政策不匹配，影响矿山建设，存在"合法采矿，非法用地"现象，影响矿产业发展和资源开发效率。

（3）难利用矿税收优惠不到位。随着矿山境界内资源的减少，攀西矿山企业为提高生存和保供能力，花较大成本对低品位矿、难利用矿和废石等资源进行循环利用。目前，省里对难利用矿的产品与普通矿征收同样的资源税，增加了矿山企业成本，影响了企业对难利用矿开发利用的积极性。

（4）矿山产业整体不强。从整体上看，除龙头企业矿山外，大多矿山存在基础能力不强、产业规模不大、质量效益不高、产业集中度较低、产业链联结较弱、结构性矛盾突出、粗放式开发等问题。如凉山州拥有48个矿权，有矿山企业30余家，有多家企业铁精矿产能不足50万吨/年，最小的矿山企业产能仅为2万吨/年。2020年，在铁矿石价格高涨的背景下，仍有较多矿山企业亏损，产业优势没能得到充分发挥；一些中小型矿山企业开发能力弱，加之矿权分散，毗邻矿权多，造成资源浪费。一些企业采场排土场和尾矿库条件差，存在着较大生态环保和安全生产压力。

（5）行政许可手续办理难。办理矿山开发手续繁杂，严重影响矿山开发效率。矿山开发存在政策多、部门多、要件多、环节多、交叉点多等问题，表现为申报"层层叠叠"、审批"条块分割"、研究"互为前提"、过程"反反复复"等，申请矿权常需要5~8年时间。某国有矿区从2013年9月开始办理矿权申请，直到2021年9月矿权证还没有办下来，预计2022年上半年才能完成。同时，采矿证办下来后，矿山企业还要办理土地使用证、获得各类许可、搬迁居民等，手续同样繁杂，时间同样漫长。

（6）相邻矿山设置“安全边界”影响资源开发。目前，相邻矿山均要求设置300m的安全边界，以保证矿山的独立性和开采的安全性。从目前实际看，“安全边界”对充分挖掘老矿山潜力和实现资源能用尽用产生不利影响，甚至造成优质矿产资源不能开发的资源“浪费”现象。

（7）资源综合利用率不高，需要推广应用新技术。目前，攀西资源中铁钒钛元素的利用率为74%、48%和29%左右，一些稀贵金属还没有得到有效利用，需要加大技术攻关力度，推广应用新技术，提高资源综合利用率。

4 对策建议

（1）把解决“资源枯竭”问题放在首要位置。建议把发挥攀西国家级战略资源创新开发试验区和拟组建的国家钒钛产业联盟作为重要抓手，省里设置攀西资源开发重大专项，成立专班，定期研究，统筹解决攀西矿山企业境界内的“资源枯竭”问题；出台专项政策，发挥龙头企业的关键作用，重整矿山产业，鼓励小、散、弱、困企业，主动寻求整合，推动矿山产业高质量发展；制订鼓励企业找矿政策，加大探矿投入，扩大探矿范围，支持钒钛钢铁企业立足长远，解决资源供给问题；加大对尾矿、低品位、极低品位矿综合利用的支持，增值税先征后返，支持打造资源循环型产业，调动企业综合利用积极性。

加快启动红格南矿资源开发工作，是加快攀西资源开发的关键一招。攀钢集团等对红格南矿资源综合利用关键技术的研究取得重要进展，核心技术达到国际领先水平，实现了对铁、钒、钛、铬等重要和战略资源的综合利用；构建了钒铬渣分离提取钒铬等成套技术，创立了高钛型高炉渣中钒钛资源综合利用技术，高炉的钒、铬收得率达到72%和80%，转炉的钒铬氧化率达到90%和82%，使钒、钛、铬资源利用率分别达到61.63%、57.23%、44.34%，开发红格南矿区的技术已经成熟。在凉山州地区，支持太和矿平面扩界和向深部延伸开采等，是解决四川钒钛钢铁产业“粮荒”的重中之重。

（2）多途径解决矿山开发土地供给紧张。建议在制订矿产资源规划和新设矿权时，统筹研究，配套解决排土场、尾矿库用地、居民搬迁等问题，满足资源开发用地需要；制订城市发展规划时，要给资源开发留下土地空间，避免城市发展挤占资源“境界”，资源开发影响城市建设，以利于资源开发；支持资源开发以临时用地解决建设用地问题，降低资源开发成本，化解“合法开矿、非法用地”矛盾，提高资源开发速度。

（3）整合矿权，解开资源开发“绳索”。建议全面清理攀西资源矿权，了解矿权现状和问题，提出整合和盘活矿权计划；支持和鼓励攀钢集团、宝武资源、川威集团、德胜集团、达州钢铁、龙佰集团、安宁股份等龙头企业，整合攀西资源矿权；鼓励和支持有实力企业整合“相邻矿权”，解决因相邻矿权影响“大矿小开”等问题，延续矿山服务年限，做到资源高效、全额利用。

（4）优化办证流程，提高服务效率。统筹、规范、细化采矿证办理流程，强化对申办矿山开采证的政策解读和业务指导，国家出台新政时，及时解读和进行人员培训，明确申请流程和申办要领；保持政策的连续性，对符合原政策规定要求、已办理的手续，应视为有效，不再重新办理；优化办证程序，在加强指导与服务的基础上，可采取“集体办公”“现场办公”“线上办公”和“窗口受理”等形式，对相关手续现场办理、“打包”办理、协同办理，解决互为前置、重复研究、条块分割等问题；简化程序，对拥有矿权、申请平面扩界、深部延伸等矿权的企业，简化环节，主要采取征询与承诺方式解决，无需再重复提供材料。

（5）争取国家政策支持，提高资源综合利用率。争取在国家层面成立攀西资源综合利用科技攻关领导小组，制订钒钛战略资源科技攻关计划，举全国之力，加大科技攻关力度。争取国家对推进科技成果转化应用的支持，加快科技成果产业化应用，重点支持采矿设备大型化、技术工艺数字化，提高钒钛磁铁矿资源的开发效率和水平；推进低品位矿和尾矿资源综合利用。采用多碎少磨、阶段磨矿、阶段选别、粗粒抛尾等技术实现低品位矿利用的规模化应用。开展尾矿选钛药剂开发、粗细粒选铁尾矿分选技术和高效节能设备攻关，提高选铁尾矿利用规模和水平。

（6）创新构建钒钛磁铁矿资源开发利用新模式。一是引进矿山开发、钢铁生产及钛金属、钛化工等产业的龙头企业，加大对矿权和资源开发的整合力度，探索建立“水—电—冶”和“煤—电—冶”等联营模式，构建钒钛磁铁矿资源开发产业链，打造资源综合利用产业集团。二是建立资本推进机制，吸引国有资本和社会资本投资钒钛磁铁资源开发。三是发挥产业基金作用，发挥政府引领和市场化配置资源的作用，加大对资源开发项目的投入，推进对攀西钒钛资源的高质化利用，努力变资源优势为产业优势和经济优势。

关于建设“新能源+钒电池储能”示范项目的调研报告

张邦绪[1] 吉广林[1] 詹 巍[2] 邓 黎[3,4] 张琼文[1]

（1. 四川省钒钛钢铁产业协会，四川成都 610031；
2. 国家电投集团西南能源研究院，四川成都 610213；
3.中冶赛迪重庆环境咨询有限公司，重庆 400013；
4. 中冶赛迪工程技术股份有限公司，重庆 401122）

摘 要：本文总结了四川省“新能源+钒电池储能”产业情况，分析了产业基础和现状，并对发展钒电池储能产业提出了对策建议。

关键词：钒电池；储能；示范项目；对策建议

为贯彻省委十一届十次会议关于《中共四川省委关于以实现碳达峰碳中和目标为引领推动绿色低碳优势产业高质量发展的决定》的精神，落实省委省政府主要领导对协会《关于支持我省钒钛钢铁产业稳定运行的建议》的重要批示要求，实施好协会二届四次理事会“关于加快全钒液流电池储能示范推动钒资源深度利用”专项工作，深入了解我省“新能源+钒电池储能”产业基础和发展情况，助推我省钒资源深度利用，抓住“新能源+储能”产业机遇，构建西部储能产业优先级，加快我省绿色低碳优势产业发展，协会近期对我省建设“新能源+钒电池储能”示范项目进行了专项调研。

1 基本情况

调研由协会牵头，省参事室特约研究员、协会党支部书记、高级顾问张邦绪带队，攀钢集团、川威集团、德胜集团、四川能源发展研究中心（国家电投西南能源研究院）等单位参加。调研坚持目标导向，对我省建设“新能源+钒电池储能”示范项目进行考察研究。

重点调研考察了雅安、凉山州、攀枝花、乐山、成都和内江六市州，与相关市州市委市政府、经信、发改、能源等部门和区县政府领导、部门负责人，雅安中甫新能源，攀钢集团、龙佰矿冶、安宁股份，德胜集团、伟力得能源、晶科科技，川威集团、星明能源等钒电池及新能源产业链供应链企业，就建设“新能源+钒电池储能”示范项目探讨交流。从调研的情况看，我省建设“新能源+钒电池储能”示范项目，资源优势突出，产业基础较好，相关市州政府和企业意愿强、决心大。

随着调研的深入，调研组和相关市州的关注重点，逐渐由建设“新能源+钒电池储能”示范项目，向发展“新能源+钒电池储能+产业”新业态转变，认为我省构建钒电池储能产业先天优势明显、后发优势突出，应抓住战略机遇，构建“政府推动、企业主体、多端合作、示范先行、综合施策”的“新能源+钒电池储能”示范项目建设和产业发展机制，打造中国钒电池储能产业领先级，把资源优势转化为竞争优势和经济优势。

2 产业基础

2.1 钒资源优势突出

钒作为钒电池的基础和关键材料，占钒电池成本的 50%左右，拥有钒资源，就掌握了钒电池产业发展主动权，就能掌握钒电池储能万亿市场的“金钥匙”。

我省钒资源储量丰富，全国 6 家主要产钒企业，有四家在我省，包括攀钢集团、川威集团、德胜集团和达州钢铁，总产钒量占全国的 60%以上，资源支撑能力强。同时，攀西地区还拥有钒产业集群，产品形成系列，对钒电池关键材料有较强的供给能力。

2.2 产业链供应链较完整

钒电池被誉为“储能王者”，主要由钒电解液、电堆、交流及控制系统三部分组成。我省拥有攀钢集团、川威集团、中甫新能源等电解液生产水平较高的厂家，川威集团、伟力得等电堆制造企业，多家企业能够制造交流及控制系统，江油还有电极生产制造商。同时，攀枝花市、凉山州等地拥有丰裕的风电、光伏新能源和新能源储能应用市场，成都、攀枝花、内江、乐山等地拥有众多用电量大的工业园区，潜在应用市场巨大，能够支撑示范项目建设。

2.3 新能源资源集中

我省能源结构具有“水丰气多好风光、煤少油缺”的特点，是全国重要的优质清洁能源基地和着力打造的世界级优质清洁能源基地。其中，水能资源技术可开发量 1.48 亿千瓦、占全国 22.4%、居全国第二；是全国三大天然气勘探开发主产区之一，境内天然气（页岩气）累计探明储量 5.18 万亿立方米、占全国的 27.4%，其中页岩气 1.19 万亿立方米、占全国的 59.5%，均居全国第一。

我省光伏可开发量 8500 万千瓦、占全国 0.5%，风能可开发量 1800 万千瓦、占全国 0.4%，虽总量不大，但资源主要集中在凉山州和攀枝花市，利于开发，且利用较好。如凉山州已建成并网光伏项目 30 个，装机 90 万千瓦，凉山占比 45.9%；建成投产风电项目 65 个、装机 457 万千瓦。建 23 个风电项目，装机 251 万千瓦。攀枝花市是全国首批 81 个国家级新能源示范创建城市和全省重要的综合能源基地，已建成光伏发电装机 29.87 万千瓦，建成风电场 8 个，总装机 46.65 万千瓦。

根据我省“十四五”能源规划，风电、光伏发电装机容量分别达到 1000 万千瓦、1200 万千瓦，将重点推进凉山州风电基地和“三州一市”光伏发电基地建设，规划建设金沙江上游、金沙江下游、雅砻江、大渡河中上游水风光一体化可再生能源综合基地开发，推进分布式光伏发电和盆周山区风电开发。预期“十四五”期间，我省新增风电、光伏 3000 万千瓦以上，对储能需求较大。

3 产业现状

3.1 产业规模小

我省钒电解液产能为 4000m^3/a，攀钢集团和川威集团产能各 2000m^3/a。钒电池系统集成产能 110MW/a 左右，伟力得能源正在乐山推进储能产业园项目，以扩大生产规模。从全国层面看，钒电解液产能为 74000m^3/a，钒电池系统集成产能 652MW/a，国内龙头企业大连融科的电堆产能已达 300MW/a；我省钒电池储能产业规模小，需要加快追赶。

3.2 市场需求大

钒电池储能市场具有世界性。从全球与全国层面看，钒电池全球装机规模 2019 年底为 40MW，2020 年以来，仅中国就新增装机 129MW、容量 510MWh；我省已公布未来两年拟新增钒电池装机约为 1GMW、容量 4GWh；根据国家“碳达峰”行动方案，我国到 2025 年新型储能的装机容量将达到 30GW。据预测，钒电池储能装机将在“十五五”期间迎来规模化商业应用，预示在未来 3~8 年时间里，我国新型储能产业将开启万亿级市场。同时，欧美国家十分重视长时储能技术应用，如美国强调 2030 年长时储能技术必须实现大规模商业化运营，也为中国钒电池储能技术和装备提供了国际市场。我省发展钒电池储能产业，把钒电池储能技术和装备打造成中国制造的重要组成部分，对发展绿色低碳优势产业，推动钒钛钢铁产业转型升级，具有战略意义和巨大的经济价值。

3.3 技术基础较好

我省拥有较完善的钒电池关键单元制造产业链供应链。川威集团、攀钢集团和中甫新能源的钒电解液制备，处于国内较高水平，川威集团的短流程钒电解液制备技术，拥有自主知识产权，制造成本较传统工艺下降 20%以上，中甫新能源在电解液能量密度、氢离子浓度、电流密度等方面技术指标领先；伟力得能源的电堆生产技术和拥有专利技术，川威集团和伟力得能源的系统控制技术，达到国内中上水平，为我省建设“新能源+钒电池储能”示范项目和发展钒电池储能产业，奠定了较好的技术基础。

3.4 品牌效应弱

我省钒电池研发与生产企业，起步早、有成果、发展慢，与大连融科、北京普能等公认品牌企业相比，品牌效应弱，缺乏话语权和影响力。

3.5 示范项目建设急需加强

攀钢集团研究院于 2007 年建设了我省唯一的“光伏-钒电池-充电桩”钒电解液小型应用示范工程。该项目由 30kW 光伏发电系统，10kW/5h 普通电解液钒电池储能系统，10kW 高性能电解液用钒电池储能系统及负载（充电桩和路灯）组成；国家电投正在四川甘孜正斗建设全球首个超高海拔光伏储能实证基地，包括 2X250kW/1MWh 全钒液流储能示范系统。目前，我国已建、在建和拟建钒电池示范项目达 30 多个，辽宁、山西、江苏、浙江、陕西、河北、河南、新疆、山东、湖北、安徽、吉林、北京、甘肃、宁夏等 15 省建有钒电池示范项目。辽宁大连钒电池储能调峰电站采用中科院大连化物所自主研发的储能技术，规模达 200MW/800MWh 的示范项目，总投资 38 亿元，是我国首个国家级大型化学储能示范项目和全球已建最大钒电池储能电站项目；国家电投湖北襄阳全钒液流储能电站规模 100MW/500MWh，储能时长 5h，具有代表性，我省钒电池示范项目建设急需加快推进。

4 存在的问题

4.1 认知不足，推进力度不够

缺乏发展的紧迫性。从整体情况看，我省相关部门、重点企业和投资机构等，对发展钒电池储能产业的重要性、紧迫性、挑战性和机遇等认知不足；相关地市州的项目建设“内向”严重，强调本地建设、本地应用，缺乏对产业全国大市场和世界大格局的认识；主要产钒企业重视钒的产品属性，忽视其金融属性，重视当期利益，对盈利模式和回报方式等的研究需要加强。

缺乏示范支撑。对钒电池储能的技术标准、成本核算、政策支持、实施路径等，可“粗说”难“细数”，缺乏示范实证和技术说服力。

难以形成合力。各端“冷热不均”，政策端处于研讨阶段，产业链供应链端各自为战，实施主体难以确定，合作机制没有建立，着力点和主攻方向尚需聚焦，难以综合发力。

商业模式需要创新。缺乏破解钒电池储能度电成本高、一次性投入大、应用场景少和既重视当期盈利又追求长期回报的商业模式，运营问题突出。

4.2 产业链供应链不强

我省钒电池电解液、电堆、隔膜、电极、控制等技术解决了“有”的问题，但处于分散、爬坡、示范验证与提高阶段，距离国内先进水平有差距，需要构建产业生态，解决产业链供应链“强”的问题，提高产业整体竞争能力。

4.3 需要加快进行顶层设计

急需制订钒电池储能产业发展规划。我省发展钒电池储能产业，优势在资源端，急需规划引领，统筹发展，打造后端优势，构建后发优势，形成引领优势。

急需建立产业协同机制。企业间封锁技术，需要建立交流机制；产业链间缺乏沟通，需要建立合作机制；各自研发，需要建立联动突破机制；研发制造与应用脱节，需要建立商业化示范机制，提高产业集中度。

急需建立政策支持体系。河北、浙江、辽宁、甘肃等 22 个省（区、市）已出台新能源配置储能政策，即在建设光伏电站时，配套建设一定比例的储能设施，为钒电池储能创造示范和应用场景。我省还未出台扶持钒电池储能产业的新能源强配储能、电价、税收、土地、贷款贴息等政策，政府推动机制还没有形成。

急需加快推进示范项目建设。我省示范项目建设严重滞后，技术和产品迫切需要工程化检验和示范化推广，以推动商业化应用，拓展规模化市场。

5 对策建议

四川发展钒电池储能产业，拥有资源禀赋和产业潜力，可借鉴锂电产业发展模式，构建“十四五”全面规划、示范应用、“十五五”规模化商业应用加快发展的格局。

5.1 做好顶层设计，统筹发展，集全省之力打造钒电池储能新产业，做我国西部储能产业的领先级

召开专题研讨会。建议省发展改革委和经信厅联合组织召开四川省钒电池储能产业专题研讨会，邀请相关市州和钒电池产业链供应链企业及投资基金、金融机构等参加，提高认知，献计献策，推动有效市场和有为政府高效结合，更好地把握市场趋势、认识市场规律、弥补市场失灵，推动新旧动能转换，抓住机遇，推动产业突破式发展。

制订产业规划。建议由省发展改革委牵头，聘请专业机构，编制四川省钒电池储能产业发展规划，重点解决产业发展指导思想、布局、目标和支持措施等问题，明确发展重点和主要任务，强化政策支持和利益导向，放大产业能量，建立“总部和研发在四川、产业立足四川、布局全国、放眼全球”的发展

格局，推动产业集约化发展。

制订实施方案。围绕营商环境、支持政策、示范项目建设、新能源配储能装置、钒资源保障、电解液成本降低、电堆水平提高、控制系统优化等重大问题和关键节点，精准支持，重点发展。在示范项目建设中，要明确项目示范什么、示范点建在哪里的问题；要达到以示范集聚优势打造优势产业的目的；要设定好指标，示范指标要达到全球领先，运营成本要让市场接受；要通过示范项目建设，把政产学研用金耦合起来，实现示范项目统筹建设、联合申报、联合攻关，推动产业整体发展。

做到全省“一盘棋”。统筹钒电池储能产业川内空间布局，在攀枝花打造钒电池全产业链集群，在内江打造钒电解液产业集群，在乐山打造钒电堆和系统集成的装备制造基地，打造攀西-雅安-成都钒钛新能源材料集群；推动产业开放交流，合资与合作，强化联动，降低成本，提高品质，促进应用，形成整体优势，打造四川优势，构建西部优势，打造四川制造和中国制造的新名片，推动产业集群式发展。

5.2　配套制订产业发展政策支持体系，打造有利于钒电池储能产业发展需要的营商环境

支持解决行业准入问题。在产业门类上，将钒电池产业纳入能源产业或储能材料产业，不作为化工产业；钒电池项目作为能源项目或储能材料项目，不作为化工项目，无需进入化工产业园区。同时，把钒电池储能产业作为绿色低碳优势产业，采取能耗双控指标倾斜、推动制订能耗标准、对大型示范项目能耗指标单列等措施，促进钒电池产业发展。

支持“以钒定钢”增加钒资源供给。建议争取国家给予四川主要产钒企业差异化钢铁产能政策支持，以增加钒渣产量，保障钒资源供给。

支持差别电价和配属发电指标。明确电力市场化交易主体，差异化的两部制电价（容量电价和调峰小时数以及调峰电价）以及有针对性的电力辅助服务市场交易品种，拓展市场化盈利渠道和商业模式；建议参照浙江、辽宁、甘肃、湖北等省（区、市）出台新能源配置储能政策，在建设新能源电站的同时，将“三州一市”新能源富集地区的部分新能源发电指标配置给在川落地的钒电池储能企业和发电集团，共同开发新能源发电项目，“以资源换产业”，快速推动储能产业发展，疏导一次性投资成本。

加大财政和金融支持。借鉴其他省份经验，对钒电池储能示范项目、先进技术和标准，以及人才予以省、市两级财政资金补助；建立省级钒电池（或钒储能）产业基金，定向支持钒电池项目；引导省市各类金融机构将钒电池储能产业项目纳入融资服务“白名单”，简化融资审批流程，增加融资规模，实行优惠利率；对示范项目给予3~5年的成本补贴；支持“白名单”企业直接融资，优先享受企业上市资金奖励政策；在中央和省预算内资金安排、政府投资引导基金投入、政府融资担保平台服务等方面给予倾斜。

支持商业模式创新。建议挖掘钒电解液的金融属性，将钒电解液纳入租赁物范围，支持企业探索建立钒资源融资租赁、先租后买、以钒资源参股进行项目共建、收益共享等商业模式；支持建立钒资产大宗交易平台和以四川为中心的全国钒资源交易体系，增强钒资源配置主动权，形成资本与产业良性互动，解决钒电池储能项目一次性投入成本较大、产钒企业需要平衡当期利润等问题，推进示范项目建设、技术完善和产业可持续发展。

支持技术创新。对纳入我省首台（套）目录的钒电池储能电站项目，加大支持力度，帮助争取国家资金支持，并给予资金奖补；将首批示范项目作为整体创新、系统提升和技术验证的重点，并招引外埠优势企业与我省企业成立创新联合体，建立政产学研用金的利益连接与合作机制，提高电堆效率、提高钒电解液活性、降低钒电解液成本，通过系统优化提高性能，降低钒电池成本，构建智慧储能优势。

5.3　统筹布局，建设“新能源+钒电池储能”示范项目，加快我省钒电池储能产业规模化商业化应用步伐

我省建设示范项目基础条件好。有资源。拥有钒电池产业链供应链和风、光、水综合资源优势。甘孜、阿坝、凉山、攀枝花太阳能资源丰富，有新能源开发和利用的资源条件。**有应用。**我省作为全国制造业大省，具备大规模消纳新能源的产业条件。**有新能源。**我省“三州一市”的风电、光伏能源具备建立“新能源+钒电池储能”示范项目条件。**有经验。**全国有数十个钒电池储能示范项目，可为我省提供借鉴。**有意愿。**攀枝花市、内江市、凉山州等都把钒电池产业作为新赛道、新业态和主攻方向，发展目标和发展措施明确。如攀枝花市拟通过建设“新能源+钒电池储能”项目，把“钒钛、阳光、新能源”三篇文章变成一篇大文章，通过建设钒电池储能特色产业园、鼓励钒电池储能示范应用、出台产业支持政策推动“新能源+钒电池储能”产业发展；内江积极建设“成渝地区钒电池应急备用基地、西南地区钒电池产业研发生产高地”等，有利于示范项目率先实施。

示范项目建设要坚持高起点。建议打造全球首个 GWh 全钒液流示范电站集群，构建全球首个省级源网荷储一体化、4h 以上长时储能项目集群。

电源侧。建议在攀枝花和凉山州构建规模为 100MW/600MWh 的全球单个最大全钒液流电源侧独立储能电站。基于攀西新能源和钒资源的双重优势，同步配套 600MW 新能源建设，打造电网友好型新能源电站示范。在充分消纳新能源的同时，为电网提供一定的高峰时段供电保障能力。

电网侧。建议在成都构建规模为 100MW/600MWh 的全球单个最大全钒液流电源侧独立储能电站。成都作为负荷中心，是典型的受端电网，经济发展迅速，特大城市应急保障迫切需求。示范项目可作为负荷中心电压、调峰、应急备用和“黑启动”支撑，提高地区供电能力，优化电力潮流布局。

用户侧。建议在内江绿色智慧工业园区建设规模为 100MW/600MWh 的全球单个最大全钒液流用户侧独立储能电站。内江作为成渝双城经济圈的主轴地方，拥有电解液研发、制造以及上游的钒资源优势，通过峰谷套利，降低园区用户电价，同步建设虚拟电厂平台，挖掘需求侧响应效益，同时提供成渝两个特大城市应急备用电源保障。

用户侧。建议在攀西地区建设城市级、园区级源网荷储一体化绿色智慧示范项目。攀西也有大量的高载电企业入驻，建议规划建设包括：40 万千瓦分布式新能源，100MW/400MWh 全钒液流独立储能示范电站，建设虚拟电厂平台，利用峰谷套利，降低园区用户电价，同步建立智能安全监管平台，实现全生命周期的智能合规性监管。

在有条件、有需求的电网关键节点，建设电网侧独立共享全钒液流储能电站 100MW/400MWh，提高地区供电能力，优化电力潮流布局，促进新能源消纳，最终在攀西建立城市级基于钒电池的源网荷储一体化项目集群。

5.4　打造全国钒电池政产学研用金产业创新中心

发挥好攀西国家级战略资源创新开发试验区的平台作用和部省联席会的推动作用，抓住打造国家级钒钛新材料产业集群机遇，以成都为中心，依靠我省高校、企业和招引的龙头企业，打造钒电池政产学研用金产业创新中心，集聚创新力量、强化创新能力、形成重大成果和强化大的示范应用能力，以示范引领，实现研发在成都、示范和基地在市州的产业协同态势，作为我省钒电池产业创新基地、人才基地和对外名片，为我省发展钒电池储能产业提供支撑。

攀西地区不同矿区钒钛磁铁矿矿石特征探究

钟　祥　高　健　史志新

（攀钢集团研究院有限公司，钒钛资源综合利用国家重点实验室，四川攀枝花 617000）

摘　要：为了查明攀西地区不同矿区钒钛磁铁矿矿石特征，利用化学分析、光学显微镜、扫描电子显微镜、矿物自动分析仪（AMICS）等先进的分析手段，分别对白马铁矿、朱家包包铁矿和安宁铁矿的钒钛磁铁矿矿石开展了深入研究。结果表明，三大矿区的矿石主要矿物组成相似，矿石矿物都为钛磁铁矿和钛铁矿，脉石矿物有橄榄石、透辉石、钙长石等，但矿物含量不同。钛磁铁矿是选矿回收铁的目的矿物，同时也是钛、钒、铬等有益组分的载体，三大矿区矿石中的钛磁铁矿嵌布特征相似。钛磁铁矿普遍含有一定量的钛、钒、铬等杂质，这限制了最终铁品位的提高。

关键词：攀西地区；钒钛磁铁矿；矿石特征；矿物自动分析仪

Study on Ore Characteristics of Vanadium Titanium Magnetite in Different Mining Areas of Panxi Area

Zhong Xiang　Gao Jian　Shi Zhixin

(State Key Laboratory for Comprehensive Utilization of Vanadium and Titanium Resources, Panzhihua 617000, China)

Abstract: In order to find out the ore characteristics of vanadium titanium magnetite in different mining areas in Panxi area, the vanadium titanium magnetite ores of Baima iron mine, Zhujiabaobao iron mine and Anning iron mine were deeply studied by using advanced analysis methods such as chemical analysis, optical microscope, scanning electron microscope and automatic mineral identification and characterization system (AMICS). The results show that the main mineral compositions of the ores in the three mining areas are similar. The ore minerals are titanomagnetite and ilmenite. The gangue minerals include olivine, diopside and anorthite, but the mineral contents are different. Titanomagnetite is not only the target mineral for beneficiation and recovery of iron, but also the carrier of beneficial components such as titanium, vanadium and chromium. The embedding characteristics of titanomagnetite in the ores of the three mining areas are similar. Titanomagnetite generally contains a certain amount of impurities such as titanium, vanadium and chromium, which limits the improvement of final iron grade.

Key words: Panxi area; vanadium titanium magnetite; ore characteristics; AMICS

1　引言

我国钒钛磁铁矿资源丰富，已探明储量达 180 多亿吨，主要分布在四川攀枝花、河北承德、陕西汉中等地[1,2]。其中仅攀西地区钒钛磁铁矿资源储量就高达 100 亿吨，且分布相对集中，是我国最大的钒钛磁铁矿产地[3,4]。攀西地区已探明钒钛磁铁矿矿区有 14 处，该地区的铁资源占全国铁总储量的 15%左右，

作者简介：钟祥，工程师，长期从事岩相分析工作；E-mail: 13438126701@163.com。

钛资源占全国钛储量的 90%以上[5,6]。攀西钒钛磁铁矿资源分布集中，主要分布在攀枝花、红格、白马、太和四大矿区[7,8]。尽管前人对各个矿区的钒钛磁铁矿做了不少研究，但随着不断地开采，各矿区的矿石性质发生了稍许变化，因此对各矿区正在开采的钒钛磁铁矿进行矿石特征的研究显得尤为重要。本文选取攀钢正在开采的朱家包包矿区、白马矿区和安宁矿区的钒钛磁铁矿矿石作为研究对象，通过对比研究三大矿区矿石的物质组成、主要矿物嵌布特征、铁的赋存状态、工艺粒度特征等，查清矿石性质，为后续的选矿工艺提供矿石工艺矿物学的基础数据。

2　样品采集与分析测试

2.1　样品采集与制备

本次研究样品由攀钢矿业公司提供，均为正在开采矿区的钒钛磁铁矿原矿矿石。样品经破碎、研磨至–0.074mm 粉样，用于成分、物相分析等。光片制作过程：破磨-注胶-抽真空-成型-粗磨-细磨-抛光-喷金-检测。

2.2　分析方法

本次研究采用了光学显微镜镜下鉴定（Zeiss Axio Scope A1）、X 射线荧光光谱分析（XRF，Bruker S8 Tiger）、化学分析（ICP-AES）、能谱分析（EDS，EDAX）、扫描电子显微镜（SEM，FEI Quanta650）、矿物自动解离分析系统（MLA650）等方法手段。详尽地分析了朱家包包、白马和安宁矿区钒钛磁铁矿矿石的化学成分、矿物组成、主要矿物嵌布特征、铁和钛的赋存状态、工艺粒度特征等。

3　物质组成

3.1　化学组成

利用 X 射线荧光光谱（XRF）、电感耦合等离子体发射光谱（ICP-AES）等方法对三大矿区的钒钛磁铁矿矿石样品进行了化学分析（表 1）。结果表明朱家包包铁矿中铁和钛的含量最高，为 28%和 7.45%；白马铁矿中铁和钛的含量都最低，为 25.5%和 3.46%；三个矿样中 V、S 的含量差异不大；安宁铁矿中 Cr 含量较高。

表 1　矿石的化学分析结果

Table 1　chemical analysis results of ore

矿区	组分/%				
	Fe	Ti	V	Cr	S
白马铁矿	25.05	3.46	0.13	0.017	0.53
朱家包包铁矿	28.00	7.45	0.13	0.006	0.54
安宁铁矿	25.23	5.50	0.12	0.38	0.60

3.2　矿物组成

利用矿物扫描电子显微镜（SEM）、X 射线能谱探针（EDS）和自动解离分析系统（MLA650）对三大矿区的矿石进行物相分析，三个矿样中的主要矿物组成见表 2。三个矿样中铁、钛矿物组成类似，矿物量不同；白马铁矿和朱家包包铁矿中钛磁铁矿的矿物量接近，都比安宁铁矿中钛磁铁矿含量稍高。朱家包包铁矿中钛铁矿（客晶）含量最高，镁铝尖晶石（客晶）含量差别不大。硫化物都以磁黄铁矿为主，朱家包包铁矿和安宁铁矿中黄铁矿的含量比白马铁矿稍高；透辉石、透闪石-阳起石、绿泥石这三种矿石是矿石中最主要的含铁硅酸盐矿物，安宁铁矿中这三种矿物含量都较高，导致该矿石硅酸盐中铁含量比另外两个铁矿中铁含量稍高；镁橄榄石在白马地区矿石中含量高达 11.70%，而在密地、安宁地区含量很少。

表 2　矿样的主要矿物组成

Table 2　Main mineral composition of ore sample

矿物名称	白马铁矿	朱家包包铁矿	安宁铁矿
	矿物含量/%	矿物含量/%	矿物含量/%
钛磁铁矿	28.22	28.71	22.36
钛铁矿（客晶）	2.17	4.2	1.47
钛铁矿	4.36	12.52	12.87
榍石	0.35	0.39	0.94
磁黄铁矿	1.33	1.03	0.99
黄铁矿	0.01	0.23	0.3
钙长石	14.54	7.91	2.24
透辉石	13.1	21.57	18.12
镁橄榄石	11.7	0.4	0.14
透闪石-阳起石	3.15	4.91	17.07
绿泥石	3.81	7.58	10.12
镁铝尖晶石（客晶）	0.37	0.34	0.38

4　矿物学特征

4.1　钛磁铁矿的嵌布特征

钛磁铁矿是选矿回收铁的目的矿物，同时也是钛、钒、铬等有益组分的载体。三大矿区矿石中的钛磁铁矿嵌布特征相似，主要呈半自形-它形粒状结构（图 1(a)），少量以细粒状嵌布于脉石矿物中（图 1(b)），

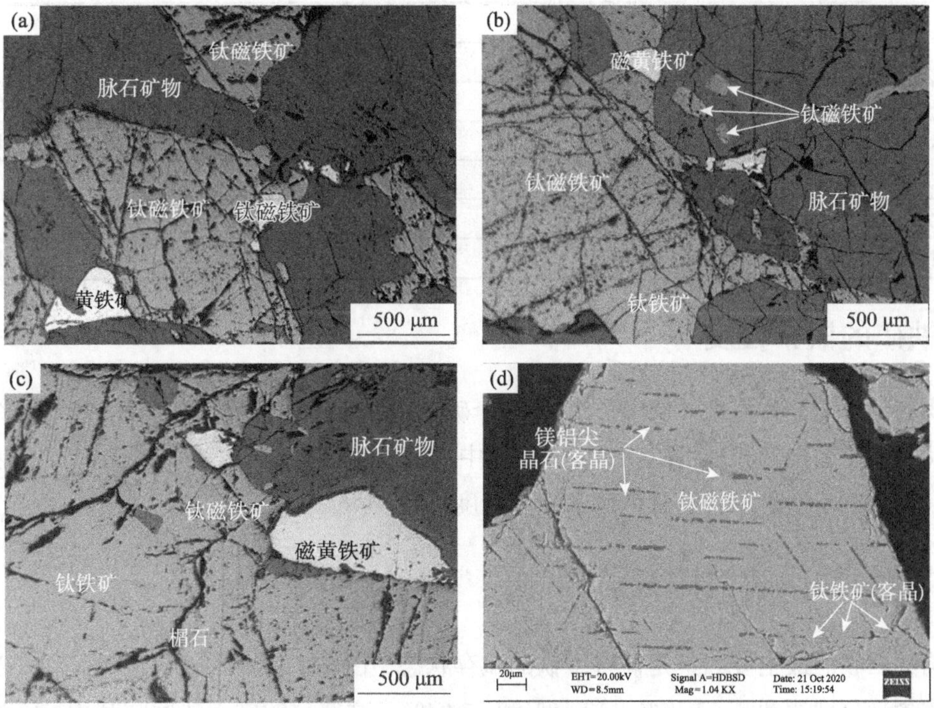

图 1　钛磁铁矿的嵌布特征

Fig.1　Dissemination characteristics of titanomagnetite

矿石中部分钛磁铁矿与钛铁矿、磁黄铁矿紧密毗邻连生（图 1(c)）。钛磁铁矿是由主晶矿物磁铁矿和各种出溶物钛铁矿、尖晶石、钛铁晶石组成的复合矿物，系固溶体分解作用所形成[9-10]。通过扫描电子显微镜和能谱探针，对样品中的典型钛磁铁矿进行了分析，含钛磁铁矿颗粒中普遍含有以格状、片状的钛铁矿（客晶）和片状、粒状的镁铝尖晶石（客晶）（图 1(c)、(d)）。

4.2 钛磁铁矿元素组成

利用能谱探针（EDS）对三个矿样中的钛磁铁矿分析，其平均成分对比结果见表 3。结果表明，安宁铁矿中钛磁铁矿铁含量最高，白马铁矿次之，朱家包包铁矿最低。通过对比杂质元素含量可知，朱家包包铁矿中含 Ti、Mg、Al 杂质较高，安宁铁矿最低。安宁铁矿中铬含量是三个矿样中最高的。

表 3 钛磁铁矿的能谱分析结果平均值

Table 3 average value of energy spectrum analysis results of titanomagnetite

矿样	元素含量/%						
	Fe	Ti	Al	V	Cr	Mg	O
白马铁矿	65.69	4.32	0.58	0.44	0.05	0.46	28.46
朱家包包铁矿	62.02	6.12	0.89	0.42	0.18	0.63	29.74
安宁铁矿	68.22	2.41	0.33	0.49	1.34	0.08	27.13

4.3 铁的赋存状态

利用矿物自动解离分析系统（MLA）计算得到三个矿样中铁在各矿物中的分布率（表 4）。由表可知，分别有 74.13%、63.63%和 60.59%的铁以含钛磁铁矿的形式存在；钛铁矿中铁含量差别较大，安宁铁矿最高，其次为朱家包包铁矿，白马铁矿最低；安宁铁矿硅酸盐中铁的占有率最高，白马铁矿和朱家包包铁矿较为接近。

表 4 三个矿样各矿物中铁的分布率

Table 4 distribution rate of iron in each mineral of three ore samples

矿物名称	铁的分布率/%		
	白马铁矿	朱家包包铁矿	安宁铁矿
含钛磁铁矿	74.13	63.63	60.59
钛铁矿	6.01	15.26	17.12
钛铁矿（客晶）	2.99	5.12	1.96
硫化物矿物	3.32	2.60	2.99
硅酸盐矿物	13.16	13.18	17.04

4.4 钛磁铁矿的嵌布粒度

通过矿物自动解离分析系统（MLA）统计三个矿区中钛磁铁矿的嵌布粒度（图 2），结果表明，三个矿区中含钛磁铁矿的嵌布粒度都以中粒为主，其中白马和朱家包包铁矿中含钛磁铁矿的嵌布粒度特征较为相似，且都比安宁铁矿中含钛磁铁矿的嵌布粒度稍粗。

5 影响矿石中铁回收的因素讨论

（1）影响铁回收的最主要因素是矿石中铁的赋存状态，白马矿区、朱家包包矿区和安宁矿区的矿石中硅酸盐矿物含量分别达到了 13.16%、13.18%和 17.04%，这部分的铁无法回收利用，需通过磁选将其去除。

（2）钛磁铁矿是炼铁的目的矿物，而矿石中钛磁铁矿普遍含有一定量的钛、钒、铬等杂质，钛磁铁矿中铁的含量分别为65.69%、62.02%和68.22%，这限制了最终铁品位的提高。

（3）矿石中钛磁铁矿普遍含有钛铁矿和镁铝尖晶石客晶，它们的嵌布粒度都以微粒为主，在常规磨矿条件下难以单体解离，影响铁精矿品位的提高。

（4）三大矿区的矿石中均有少部分钛磁铁矿颗粒粒级小于 0.02mm，这部分钛磁铁矿较难单体解离，易损失于磁选尾矿中。

（5）矿石中硫矿物主要为磁黄铁矿，在磁选过程中易进入铁精矿，会影响铁精矿品质。

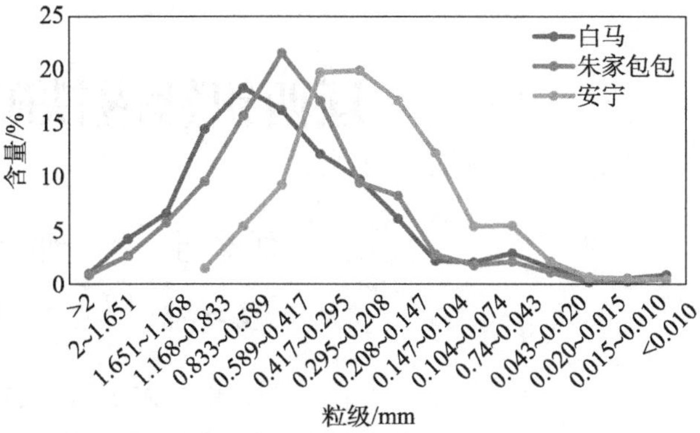

图2　三个矿样中钛磁铁矿的粒度对比图

Fig. 2　particle size comparison of titanomagnetite in three ore samples

参考文献

[1] Ministry of Land and Resources, PRC. China Mineral Resources Report[M]. Beijing: Geology Press, 2019.
中华人民共和国国土资源部, 中国矿产资源报告[M]. 北京: 地质出版社, 2019.

[2] Liu Jishi. Research and development of comprehensive utilization of Panzhihua vanadium titanium magnetite[J]. Multipurpose Utilization of Mineral Resources, 1990(6): 14-25.
刘吉实. 攀枝花钒钛磁铁矿综合利用研究及发展[J]. 矿产综合利用, 1990(6): 14-25.

[3] Wang Xun, Han Yuexin, Li Yanjun, et al. Research status of comprehensive utilization of vanadium titanium magnetite[J]. Metal Mine, 2019(6): 33-37.
王勋, 韩跃新, 李艳军, 等. 钒钛磁铁矿综合利用研究现状[J]. 金属矿山, 2019(6): 33-37.

[4] Zhong Xiang. Study on metallogenic mechanism of "Panzhihua type" vanadium titanium magnetite deposit[D]. Chengdu: Southwest Petroleum University, 2019.
钟祥. “攀枝花式”钒钛磁铁矿矿床成矿机制研究[D]. 成都: 西南石油大学, 2019.

[5] Yan Weiping, Zeng Xiaobo. Study on evaluation method of development and utilization level of vanadium titanium magnetite resources in Panxi Area[J]. Multipurpose Utilization of Mineral Resources, 2020, 226(6): 84-88.
严伟平, 曾小波. 攀西地区钒钛磁铁矿资源开发利用水平评估方法研究[J]. 矿产综合利用, 2020, 226(6): 84-88.

[6] Sun Chuanyao. Handbook of Beneficiation Engineers[M]. Beijing: Metallurgical Industry Press, 2015.
孙传尧. 选矿工程师手册[M]. 北京: 冶金工业出版社 ,2015.

[7] Song Xieyan, Qi Huawen, Hu Ruizhong, et al. Formation of thick stratiform Fe-Ti oxide layers in layered intrusion and frequent replenishment of fractionated mafic magma: Evidence from the Panzhihua intrusion, SW China[J]. Geochemistry, Geophysics, Geosystems, 2013, 14(3):712-732.

[8] Pang Kwannang, Li Chusi, Zhou Meifu, et al. Mineral compositional constraints on petrogenesis and oxide ore genesis of the late Permian Panzhihua layered gabbroic intrusion, SW China[J]. Lithos, 2009, 110(1-4): 199-214.

[9] Liu Xiangwen, Jin Zhenmin, Qu Jing, et al. Ilmenite and chrome bearing titanomagnetite exsolution of olivine in garnet alloexfoliated peridotite[J]. Chinese Science (Series D: geoscience), 2005(10): 45-52.
刘祥文, 金振民, 曲晶, 等. 石榴石异剥橄榄岩中橄榄石的钛铁矿和含铬钛磁铁矿出溶体[J]. 中国科学(D 辑: 地球科学), 2005(10): 45-52.

[10] Zhang Zhibin, Huang Fei, Peng Yandong, et al. Characteristics and labeling significance of spinel exsolution in Panzhihua vanadium titanomagnetite[J]. Journal of Jilin University (Geoscience Edition), 2015(S1): 595-596.
张志彬, 黄菲, 彭艳东, 等. 攀枝花钒钛磁铁矿中尖晶石出溶体的特征及其标示意义[J]. 吉林大学学报(地球科学版), 2015(S1): 595-596.

辽西钒钛磁铁矿工艺矿物学研究

刘金生[1,2] 邢振兴[1,2] 黄 壮[1,2]
程功金[1,2] 丁学勇[2] 薛向欣[1,2]

（1. 东北大学冶金学院，辽宁沈阳 110819；
2. 辽宁省冶金资源循环科学重点实验室，辽宁沈阳 110819）

摘 要：近年来，在辽西北发现总储量 200 亿吨以上我国独有的高钒钛、低铁型钒钛磁铁矿。但该矿石中矿物的存在形式复杂多样，使得该类钒钛磁铁矿中有价矿物回收和利用难度较大，对该型钒钛磁铁矿进行详细的工艺矿物学研究有利于后续的高效利用。通过化学成分分析、化学物相分析、XRD 衍射分析、光学显微镜、电子探针和矿物自动分析仪（MLA、AMICS）等手段对该矿石进行系统的工艺矿物学研究发现，原矿中的金属矿物主要为磁赤铁矿、赤铁矿和钛铁矿等，非金属矿物则主要为斜长石、透辉石等。矿石中钛铁矿和赤铁矿嵌布粒度都较粗，但相互间联系致密，同时与脉石矿物连生或沿缝隙和空洞填充，使得钛铁难以分离。该研究可为优化辽西北地区钒钛磁铁矿选铁工艺、实现该类资源的高效利用提供参考。

关键词：磁赤铁矿；赤铁矿；钛铁矿；工艺矿物学

Process Mineralogy of Vanadium-Titanium Magnetite in Northwestern Area of Liaoning

Liu Jinsheng[1,2] Xing Zhenxing[1,2] Huang Zhuang[1,2]
Cheng Gongjin[1,2] Ding Xueyong[2] Xue Xiangxin[1,2]

(1. School of Metallurgy, Northeastern University, Shenyang 110819, China;
2. Key Laboratory of Metallurgical Resources Recycling Science of Liaoning Province, Shenyang 110819, China)

Abstract: In recent years, my country's unique high-vanadium-titanium and low-iron vanadium-titanium magnetite with a total reserve of more than 20 billion tons has been discovered in northwestern Liaoning. However, the minerals in this ore are complex and diverse, which makes the recovery and utilization of valuable minerals in this type vanadium-titanium magnetite more difficult. A detailed process mineralogical study of this type of vanadium-titanium magnetite is conducive to subsequent efficient utilization. Through chemical composition analysis, chemical phase analysis, XRD diffraction analysis, optical microscope, electron probe and mineral automatic analyzer (MLA, AMICS) and other means to conduct systematic process mineralogical research on the ore, it is found that the metal minerals in the raw ore are mainly maghemite, hematite and ilmenite, etc., non-metallic minerals are mainly plagioclase and diopside. The ilmenite and hematite in the ore have relatively coarse grain sizes, but they are closely

基金项目：国家自然科学基金（U1908226）。
作者简介：刘金生，东北大学冶金学院资源与环境研究所，在读博士研究生；主要从事辽西钒钛磁铁矿中有价金属元素回收和利用的基础研究；E-mail：js_liu@foxmail.com。
通讯作者：薛向欣，东北大学冶金学院，二级教授；多年致力于冶金特色优势资源综合利用及大宗固体废物再资源化研究、高炉冶炼高钒高铬型钒钛磁铁矿高效清洁综合利用等多项关键技术研究；E-mail：xuexx@mail.neu.edu.cn。

related to each other. At the same time, they are connected with gangue or filled along gaps and cavities, making it difficult to separate the ilmenite and iron. This research can provide a reference for optimizing the iron beneficiation process of vanadium-titanium magnetite in northwestern Liaoning and realizing the efficient utilization of such resources.

Key words: maghemite; hematite; ilmenite; process mineralogy

1 引言

钒钛磁铁矿是一种由钒、钛和铁等多种元素组成的多金属复合伴生矿物，具有极高的利用价值，广泛分布在我国攀西、承德和马鞍山等地[1-3]。钒钛磁铁矿不仅是铁矿的重要补充，且是钒钛资源的主要载体，同时部分矿石中还伴生铬、钴、钪、镓等多种战略资源，是生产钢铁、钒钛及多种有色金属的原料，共轭着钢铁和有色金属两大行业[4-6]。近年来，在我国辽西北地区又陆续勘探出多块大型钒钛磁铁矿床，据估计总储量 200 亿吨以上。该地区钒钛磁铁经过两次磁选得到的精矿中，钒质量分数（以 V_2O_5 计）为 1.2%~1.8%，钛质量分数（以 TiO_2 计）为 16%~20%,远高于攀枝花、承德等。我国主体钒钛磁铁矿区的钒品位（0.5%~0.8%）和钛品位（6%~12%），与世界上含钒量最高的南非钒钛磁铁矿基本相当，是我国独有的高钒钛、低铁型钒钛磁铁矿[7-9]。但该型钒钛磁铁矿主要以复杂的嵌布粒状集合体形态存在，且粒度较细，其中的有用元素在矿石中可以以独立的矿物形式出现，也可以进入矿物晶格成为类质同象混入物，或以微细包裹体出现在机械混入物、固溶体分离物中[10-12]。矿物存在形式的复杂多样，使得该类钒钛磁铁矿中有价矿物的回收和利用难度较大[13]。

对该型钒钛磁铁矿进行详细的工艺矿物学研究对后续的高效开发利用具有非常重要的作用[14]，但目前并未有该类型钒钛磁铁矿石较为详细的工艺矿物学研究报道[15-18]。本文通过化学成分分析、化学物相分析、XRD 衍射分析、光学显微镜、电子探针和矿物自动分析仪（MLA、AMICS）等手段，对样品进行了系统的工艺矿物学研究，主要包括化学成分、矿物组成及含量、主要矿物浸染粒度及解离度特征分析等，为优化辽西北地区钒钛磁铁矿选铁工艺、实现该类资源的高效利用提供参考。

2 矿石的化学组成

本文中的矿石原料来自辽宁朝阳地区的某个选矿厂，为该选矿厂经过锤碎和颚式破碎得到的磁选给矿，化学成分分析结果如表 1 所示。由此可知，作为磁铁矿的三种主要元素，Fe、Ti、V 的质量分数分别为 16.00%，3.59%和 0.12%。SiO_2 占比的含量最高，达到 42.49%。另外，CaO 和 Al_2O_3 的质量分数分别为 10.54%和 8.40%，表明矿石中最主要的成分还是硅酸盐类矿物或者一定量的石英。并且矿石中的有害磷元素质量分数为 0.079%，也会制约该矿石后续的分离和综合利用。

为确定矿石中铁、钛的赋存状态，对矿石样品进行了化学物相分析，结果如表 2 和表 3 所示。由表 2 可知，铁主要以赤铁矿的形式存在于矿石中，其中以磁赤铁矿形式存在的铁质量分数为 4.53%，占全铁含量的 29.94%，以非磁赤铁矿和钛铁矿形式存在的铁质量分数分别为 4.26%、2.45%，分别占全铁含量的 28.15%和 16.19%，这也是该矿石主要回收利用的几种目标矿物。另外，还有部分铁元素存在于透辉石、蛇纹石和白云石等脉石矿物中。表 3 的结果表明，矿石中主要的含钛矿物为钛铁矿，钛含量所占比例为 62.95%。其次，还有 0.91%钛存在于磁赤铁矿中，占比 28.13%。

表 1　辽西钒钛磁铁矿的元素组成（质量）

Table 1　The elemental composition of Liaoxi vanadium-titanium magnetite (mass fraction)　　(%)

Fe	Ti	V	S	P	SiO_2	Al_2O_3	CaO	MgO	K_2O	Na_2O	C
16.00	3.59	0.12	0.018	0.079	42.49	10.54	8.40	4.33	0.60	1.87	0.034

表 2　辽西钒钛磁铁矿的含铁相分析结果

Table 2　Chemical phase analysis results of iron for the Liaoxi vanadium-titanium magnetite　(%)

矿物	磁赤铁矿	赤铁矿	钛铁矿	透辉石	蛇纹石	白云石
含量	4.53	4.26	2.45	2.74	1.13	0.02
分布率	29.94	28.15	16.19	18.11	7.50	0.12

表 3　辽西钒钛磁铁矿的含钛相分析结果

Table 3　Chemical phase analysis results of titanium for the Liaoxi vanadium-titanium magnetite　(%)

矿物	磁赤铁矿	赤铁矿	钛铁矿	榍石
含量	0.91	0.02	2.04	0.27
分布率	28.13	0.60	62.95	8.32

3　矿石的矿物组成

矿石的 X 射线衍射分析结果见图 1，表明矿石中的矿物主要为钛铁矿、磁赤铁矿、透辉石、斜长石和石英等，其他矿物由于含量低和交错影响等原因未能在图谱中显示。矿石更详细的矿物组成分析结果如表 4 所示，由此可知，矿石中的金属矿物主要为磁赤铁矿、赤铁矿和钛铁矿，分别占比 8.36%、6.45% 和 6.66%，偶见磁铁矿、黄铁矿等。非金属矿物主要为斜长石、透辉石，质量分数分别为 35%和 25.42%，有少量蛇纹石、钾长石、石英、榍石、磷灰石和白云石，其他还有角闪石、方解石等。

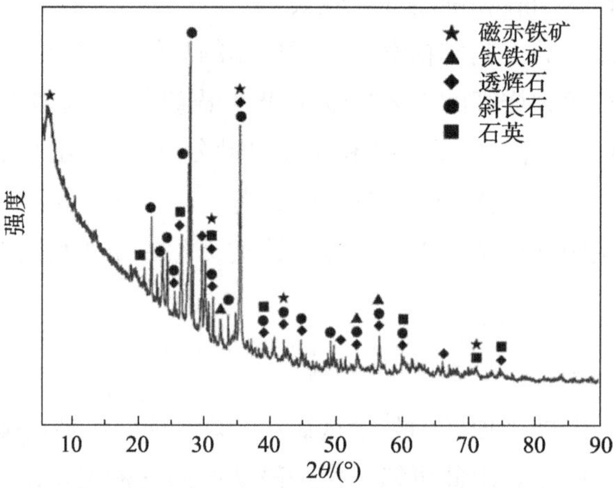

图 1　辽西钒钛磁铁矿的 XRD 图谱

Fig.1　XRD patterns of the Liaoxi vanadium-titanium magnetite

表 4　辽西钒钛磁铁矿的矿相组成

Table 4　Mineral composition of the raw ore (mass fraction)　(%)

磁赤铁矿	赤铁矿	钛铁矿	斜长石	透辉石	蛇纹石
8.36	6.45	6.66	35.00	25.42	9.20
钾长石	石英	榍石	磷灰石	白云石	其他
3.73	2.65	1.23	0.44	0.31	0.54

4　矿石中矿物嵌布特征

4.1　赤铁矿

赤铁矿是矿石中最主要的含铁矿物，也是主要回收的目的矿物。同时，根据上述对原矿的 XRD 图谱和物相组成分析可知，部分赤铁矿具有强磁性，为磁赤铁矿。通过对弱磁选富集样品进行 X 射线能谱分析，结果如表 5 所示，发现磁赤铁矿普遍含有一定量的钛和钒（序号 1~6），而弱磁性赤铁矿中含钛和钒较低（序号 7~12）。

表 5 磁赤铁矿/赤铁矿的 X 射线能谱分析

Table 5 X-ray energy spectrum analysis of maghemite/hematite

序号	元素含量/wt.%					矿物
	Fe	Ti	Al	V	O	
1	52.55	12.99	0.87	0.92	32.67	磁赤铁矿
2	54.90	10.70	1.05	0.98	32.37	磁赤铁矿
3	54.83	10.89	0.93	1.00	32.36	磁赤铁矿
4	56.29	9.78	0.88	0.91	32.14	磁赤铁矿
5	57.30	8.83	0.92	0.94	32.00	磁赤铁矿
6	58.33	8.01	0.89	0.92	31.85	磁赤铁矿
7	65.32	0.21	3.35	0.00	31.12	赤铁矿
8	64.35	0.15	4.15	0.00	31.36	赤铁矿
9	66.01	0.00	2.81	0.21	30.96	赤铁矿
10	64.83	0.12	3.59	0.22	31.23	赤铁矿
11	65.42	0.00	3.46	0.00	31.12	赤铁矿
12	64.77	0.20	3.46	0.33	31.23	赤铁矿

赤铁矿和其他矿物的嵌布关系如图 2 所示。由此可知，赤铁矿的嵌布粒度较粗，基本能达到在 100μm 左右。赤铁矿主要以半自形粒状及粒状结合体产出，少量以长条状、它形粒状产出，呈浸染状分布在脉石中，同时与少量钛铁矿连生（图 2（a））。赤铁矿空间分布均匀，以粗粒嵌布为主，部分赤铁矿被脉石矿物沿解理、缝隙和孔洞充填分割成细小的粒状，且与钛铁矿和脉石有一定的交代作用（图 2（b）（c））。赤铁矿和钛铁矿有密切的共生关系，二者相邻产出，相连成一整片连晶颗粒（图 2（f）），或大片的赤铁矿颗粒与细颗粒的钛铁矿致密相连，加大了钛铁元素的分离难度。同时，在赤铁矿的解理缝中也有钛铁矿成条状和格子状分布，格片很薄，基本在 10μm 以下，也是造成钛铁元素难以分离的元素之一。

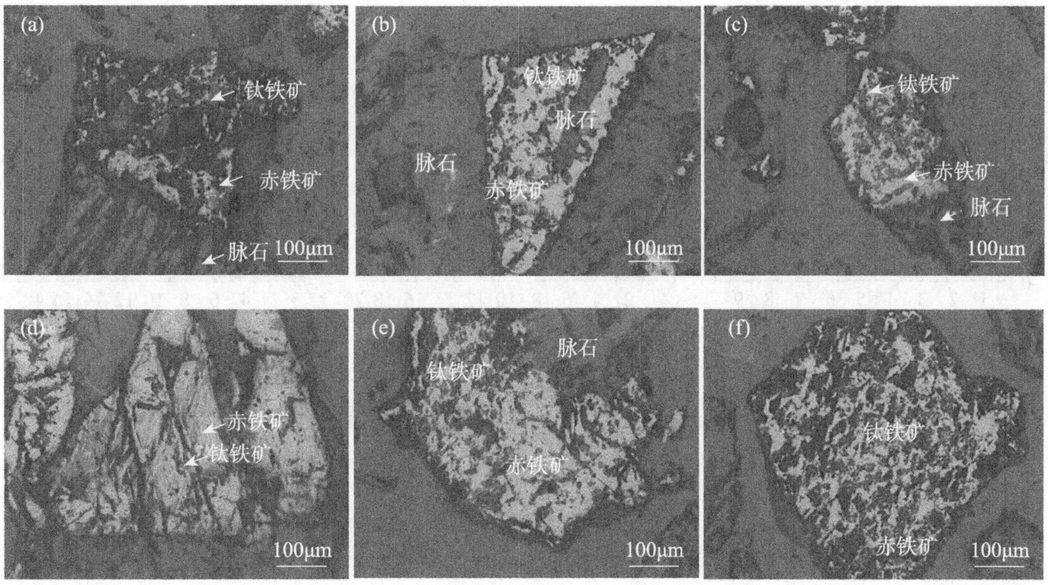

图 2 赤铁矿的分布特征

Fig.2 Distribution characteristics of hematite

4.2 磁赤铁矿

作为原矿中磁性最强的矿物，磁赤铁矿也是回收的目标矿物和较易磁选分离获得的矿物。对矿石中磁赤铁矿的分布和嵌布特征进行分析，SEM 和能谱分析结果如图 3 所示，能谱分析中的（1）~（8）分别对应 SEM 图 3（a）（b）中的 1~8 各点位。

通过能谱分析结果可知，图 3 中的点 1、4、6、7 的物质均是磁赤铁矿，且都含有少量的 Ti、V 元素；点 2、3、5 所在区域为钛铁矿，位点 8 所在区域为蛇纹石。由此可知，磁赤铁矿多以半自形片状、板状及格子状产出，大部分粒度较大，在 30~100μm 之间。其中，有部分片状磁赤铁矿被条状钛铁矿分隔开（图 3（a）），部分磁赤铁矿与钛铁矿连生（图 3（b）（c）），还有部分磁赤铁矿与蛇纹石等脉石连生（图 3（d））。因此，虽然磁赤铁矿颗粒较大，但被钛铁矿等矿物沿边缘、解离充填，并被脉石矿物交代熔蚀现象较为明显，只有少数为完整独立的磁赤铁矿颗粒，通过磨矿很难将其与钛铁矿和脉石等有效剥离开，造成钛铁难以分离。

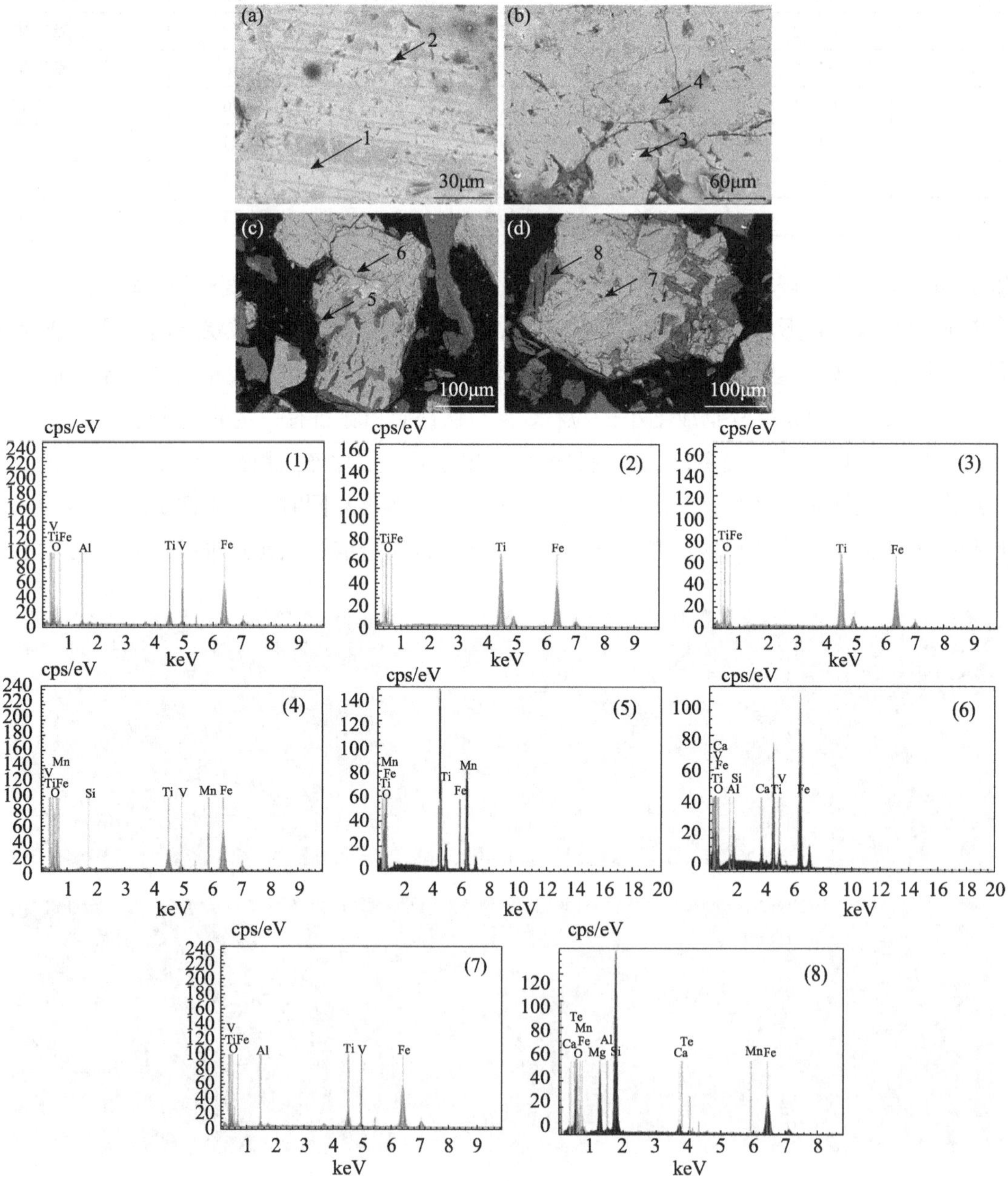

图 3　磁赤铁矿的 SEM 图像和能谱分析

Fig.3　SEM image and energy spectrum analysis of maghemite

4.3　钛铁矿

经上述元素和化学物相组成分析可知，钛铁矿是原矿石中主要的含钛矿物，也是回收的主要矿物之一。图 4 所示为钛铁矿与其他矿物的嵌布关系。由图可知，钛铁矿多为颗粒和片状分布，粒度较粗，但多与钛铁矿和脉石等连生。在图 4（a）中，片状的钛铁矿与赤铁矿连生，被包裹在大片的脉石中。还有部分钛铁矿以颗粒状连成片晶，同时沿边界和缝隙与脉石和赤铁矿相交代（图 4（b））。大部分尺寸较大的钛铁矿颗粒被脉石分割成长条状和细小颗粒状（图 4（c）），使得钛铁矿的回收难度大大增加。同时，也有少部分游离的钛铁矿颗粒，只与小颗粒脉石相连（图 4（d）），这是目前能实现钛铁矿分离回收的最优嵌布特征。

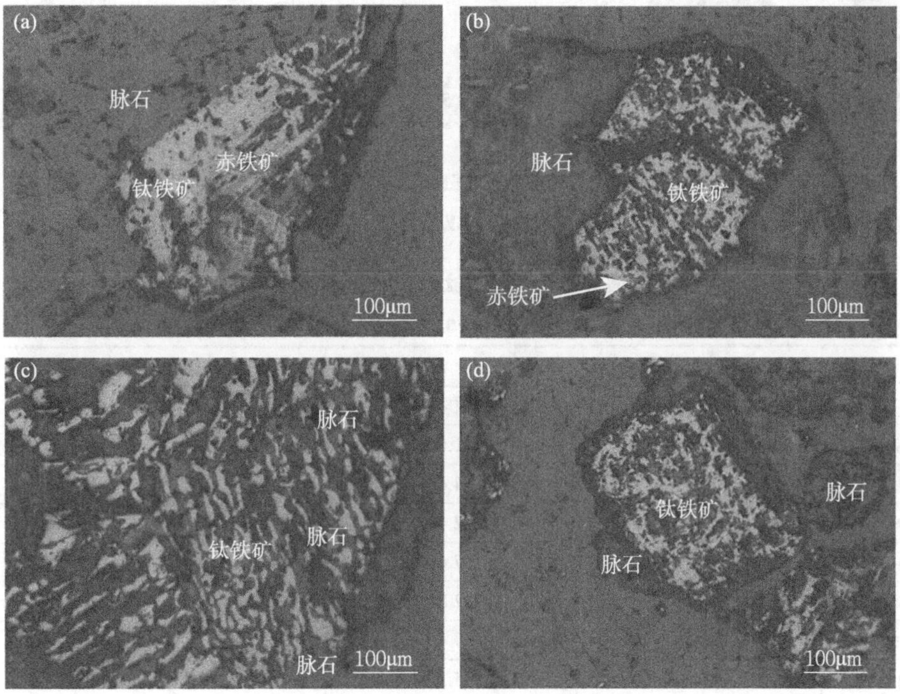

图 4　钛铁矿的分布特征

Fig.4　Distribution characteristics of ilmenite

对矿石中单一钛铁矿颗粒进行微观形貌和能谱分析，结果如图 5 所示。图中点 3、4 所处的亮白色区域为游离单一钛铁矿颗粒，呈较为规则的长方形和方形，粒度大小约 100μm 左右（图 5（b）（c））。图中点 2 所处的灰色区域为蛇纹石，图 5（a）中的亮白色区域为钛铁矿，由此可知，也有部分游离的钛铁矿表面与蛇纹石相连，这也是降低钛回收率的原因之一。

5　矿物粒度分析

为了解矿石中目的矿物的嵌布粒度，为磨矿提供指导，利用矿物自动分析仪（MLA、AMICS）等手段对钛铁矿和赤铁矿的粒度进行测定，分析结果如表 6 所示。矿石中钛铁矿和赤铁矿粒度分布量较大的区域均为–0.417+0.295mm、–0.295+0.208mm 和–0.208+0.147mm，两种矿物的分布率分别为 25.22%、16.68%、15.89%和 19.10%、19.28%、16.32%。钛铁矿嵌布粒度集中于 0.074~0.589mm 之间，占 83.73%，赤铁矿的嵌布粒度集中于 0.147~0.589mm，占 72.9%。由此可知，钛铁矿和赤铁矿的嵌布粒度均以中粒为主。

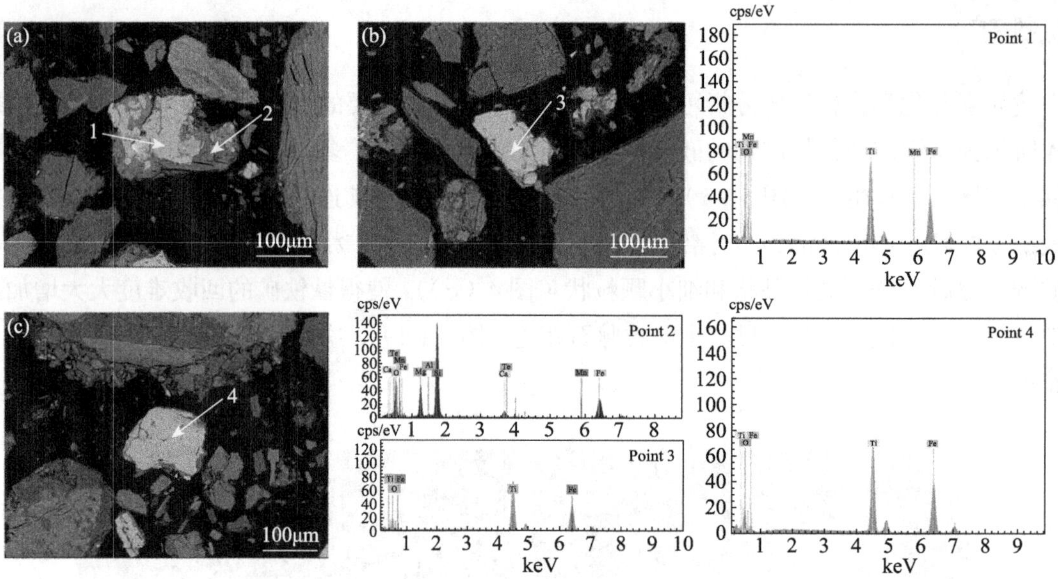

图 5 钛铁矿的 SEM 图像和能谱分析

Fig.5 SEM image and energy spectrum analysis of ilmenite

表 6 赤铁矿和钛铁矿的粒度分布

Table 6 Size distribution of hematite and ilmenite

粒度/mm	赤铁矿		钛铁矿	
	分布/%	累积/%	分布/%	累积/%
−1.651+1.168	1.60	1.60	—	—
−1.168+0.833	2.83	4.43	0.77	0.77
−0.833+0.589	8.06	12.49	4.90	5.67
−0.589+0.417	15.11	27.60	10.02	15.69
−0.417+0.295	25.22	52.82	19.10	34.79
−0.295+0.208	16.68	69.49	19.28	54.07
−0.208+0.147	15.89	85.39	16.32	70.39
−0.147+0.104	5.62	91.01	8.85	79.24
−0.104+0.074	4.94	95.95	10.16	89.41
−0.074+0.043	2.65	98.60	5.87	95.28
−0.043+0.020	1.30	99.90	4.18	99.46
−0.020+0.015	0.09	99.99	0.43	99.89
−0.015	0.01	100.00	0.11	100.00

该矿石中可回收的铁矿物主要为赤铁矿，其中有部分赤铁矿为磁性较强的磁赤铁矿，易于通过磁性进行回收，但是磁赤铁矿中普遍含有一定量的钛、钒等，降低铁回收率；弱磁性的赤铁矿和钛铁矿的磁性相近，很难直接通过强磁选的方式进行选别。因此，后续应研究通过磁化焙烧或浮选的方式来回收这部分弱磁性的赤铁矿，既能实现铁的高效回收，又能降低其对后续钛铁矿磁选回收的影响。

6 结语

（1）XRD 和化学物相分析表明该矿石原矿中的金属矿物主要为磁赤铁矿、赤铁矿和钛铁矿，偶见磁铁矿、黄铁矿等。非金属矿物主要为斜长石、透辉石，少量蛇纹石、钾长石、石英、榍石、磷灰石和白云石，其余有角闪石、方解石等。

（2）矿石中的赤铁矿分为磁赤铁矿（强磁性）和赤铁矿（弱磁性）两种，粒度以中粗粒为主；磁赤铁矿中普遍含有一定量的钛、钒元素等，部分赤铁矿与脉石共生关系密切。矿石中 28.97%的铁以透辉石、蛇纹石等硅酸盐矿物的形式存在。

（3）矿石中弱磁性矿物包括部分弱磁性赤铁矿和钛铁矿，所以在强磁选回收钛铁矿的过程中会混入赤铁矿，影响钛精矿的品位。少量钛铁矿粒度较细，与脉石嵌布关系紧密，会影响钛的回收。

（4）矿石中钛铁矿和赤铁矿嵌布粒度都较粗，钛铁矿嵌布粒度集中于 0.074~0.589mm 之间，占 83.73%，赤铁矿的嵌布粒度集中于 0.147~0.589mm，占 72.9%。

致谢

感谢国家自然科学基金资助项目（U1908226）对本研究的资助！感谢 2022 中国·攀西钒钛论坛提供分享交流学习的平台！

参考文献

[1] Song H L, Zhang J P, Cheng G J, et al. Study on the high-temperature properties of high-titania slags produced with Cr-bearing vanadia-titania magnetite smelting in blast furnace[J]. Surfaces and Interfaces, 2020, 21: 100767.

[2] Song H L, Zhang J P, Cheng G J, et al. CO_2 injection improves the high-temperature performances of Cr-bearing vanadia-titania magnetite smelting in blast furnace[J]. Journal of CO_2 Utilization, 2020, 43(1): 101363.

[3] Yang J Y, Tang Y, Yang K, et al. Leaching characteristics of vanadium in mine tailings and soils near a vanadium titanomagnetite mining site[J]. Journal of Hazardous Materials, 2014, 264(Jan.15): 498.

[4] Chen S Y, Fu X J, Chu M S, et al. Life cycle assessment of the comprehensive utilisation of vanadium titano-magnetite[J]. Journal of Cleaner Production, 2015, 101(Aug.15): 122.

[5] Pang Z D, Lv X W, Ling J W, et al. Blast furnace ironmaking process with super high TiO_2 in the slag: High-temperature structure of the slag[J]. Metallurgical and Materials Transactions B, 2020, 51: 2348.

[6] Sui Y L, Guo Y F, Jiang T, et al. Separation and recovery of iron and titanium from oxidized vanadium titano-magnetite by gas-based reduction roasting and magnetic separation[J]. Journal of Materials Research and Technology, 2019, 8(3): 3036.

[7] Yu J W, Hu N, Xiao H X, et al. Reduction behaviors of vanadiumtitanium magnetite with H_2 via a fluidized bed[J]. Powder Technology, 2021, 385: 83.

[8] Xu C B, Zhang Y M, Liu T, et al. Characterization and pre-concentration of low-grade vanadium-titanium magnetite ore[J]. Mineral, 2017(7): 137.

[9] 许承宝. 辽西钒钛磁铁矿工艺矿物学及选矿预富集工艺研究[D]. 武汉：武汉科技大学, 2018.

[10] 许承宝, 张一敏, 刘涛, 等. 辽西某钒钛磁铁矿工艺矿物学研究[J]. 有色金属：选矿部分, 2018(3): 1.

[11] 唐志东, 李文博, 高鹏, 等. 朝阳钒钛磁铁矿工艺矿物学研究[J]. 东北大学学报：自然科学版, 2017, 38(12): 1769.

[12] 刘兴华, 赵礼兵, 袁致涛, 等. 朝阳某钒钛磁铁矿石工艺矿物学特性研究[J]. 现代矿业, 2011, 27(8): 29.

[13] 陈汪兴, 梁海军, 高子先, 等. 辽宁朝阳地区某钒钛磁铁矿中铁精矿的工艺矿物学研究[J]. 中南大学学报(自然科学版), 2020, 314(10): 8.

[14] 程希翱. 钒钛磁铁矿的工艺矿物学研究[J]. 矿冶工程, 1983, 3(4): 27.

[15] 刘岩, 李青翠, 王洋. 陕西紫阳某地钒钛磁铁矿工艺矿物学研究[J]. 矿业工程, 2018, 91(1): 4.

[16] 刘婷婷, 袁威, 张超, 等. 加拿大某钒钛磁铁矿工艺矿物学研究[J]. 矿产综合利用, 2014(3): 51.

[17] 李青翠, 逯东霞, 雷引玲, 等. 吉林省某钒钛磁铁矿工艺矿物学研究[J]. 矿业工程, 2013(4): 10.

[18] 陈福林, 杨晓军, 杨道广, 等. 甘肃某低品位钒钛磁铁矿工艺矿物学研究[J]. 矿产综合利用, 2020, 226(6): 47.

白草矿区钒钛磁铁矿床中钴特征

李石磊

（川威集团矿业总公司，四川成都 610100）

摘 要：会理县白草矿区钒钛磁铁矿床中发育大量钴镍硫化物，关键金属钴异常富集。通过对白草矿区的钒钛磁铁矿做了详细的岩相学、元素地球化学研究，发现钴主要赋存在辉钴矿、紫硫镍矿、钴镍黄铁矿、磁黄铁矿等矿物中。利用因子分析、聚类分析等数理统计分析方法对Co等元素进行系统分析，Co与S、Fe、Ti、V等元素具有良好的相关性，Co与Fe、Ti、V、Mn等元素聚集一组，反映了钴具有两阶段成矿作用，一是钒钛磁铁矿成矿阶段以类质同象形式进入钛铁矿中，二是熔离的硫化物熔体中形成独立矿物或以类质同象形式进入磁黄铁矿等矿物中，硫化物阶段为钴的主成矿阶段。相关元素的聚类分析和因子分析结果，同时反映出白草地区其他时期的成矿作用。白草地区关键金属钴富集规律的认识，对该地区关键金属成矿理论研究和找矿具有一定的参考意义。

关键词：钒钛磁铁矿；关键金属钴；地球化学

1 引言

峨眉山大火成岩省内带的四川攀枝花-西昌地区发育一系列基性-超基性层状含矿岩体，蕴藏着巨大经济价值的含Fe-Ti氧化物矿床与Cu-Ni硫化物矿床[1]（宋谢炎等，2018），是我国重要的Fe、Ti和Ni等金属生产基地。攀西的含矿岩体和成矿域沿南北向断裂带展布，从北向南为太和、白马、新街、红格、攀枝花等。攀西除发育钒钛磁铁矿床外，含矿的基性-超基性岩体中还赋存一定规模的岩浆型Cu-Ni硫化物矿床，如杨柳坪Cu-Ni-PGE矿床[2]（Song et al.，2006）、冷水箐Cu-Ni-PGE矿床[3]（苟体忠等，2010）、力马河Cu-Ni矿床[4]（陶琰等，2007）、白马寨Cu-Ni矿床[5]（石贵勇等，2006）、朱布PGE矿床[6]（Tang et al.，2013），金宝山矿床[7]（卢宜冠与和文言，2018），关于该类型Cu-Ni硫化物矿床的形成时代、构造环境和成矿环境等均做了大量工作，总体上认为它们具有相似的形成时代和成矿机制[8]（尤敏鑫等，2017），为该地区铜镍硫化物成矿作用积累大量资料。

攀西地区除了上述独立的Cu-Ni硫化物矿床之外，在钒钛磁铁矿中还赋存着大量与其共生的钴镍硫化物，对该类型硫化物矿的研究较为缺乏。作者在会理县白草矿区工作时，发现钒钛磁铁矿中发育有大量的钴镍硫化物，呈乳滴状、蠕虫状等分布在钒钛磁铁矿中，关于硫化物矿成因机制和成矿背景还没有系统的研究。因此，本文选择会理县白草矿区的钒钛磁铁矿中共生的硫化物作为研究对象，对其进行系统的岩相学、地球化学研究，讨论钴镍硫化物形成机理和地球化学特征，为该地区Cu-Ni硫化物矿床成矿机制研究提供一定的理论支持。

2 区域地质背景

攀西地区位于扬子陆块与松潘-甘孜活动带的西南结合部，峨眉山大火成岩省（ELIP）之内，与三

作者简介：李石磊，川威集团矿业总公司副总工程师，地质高级工程师。

江造山带毗邻，是岩浆、构造、成矿等地质作用非常活跃的区域。峨眉山玄武岩-层状岩体-正长岩的“三位一体”岩石组合是重要的成矿标志[1]（宋谢炎等，2018）。含矿岩体形成年代学研究表明，其形成于二叠纪末期[9-14]（Zhou et al.，2008；Zhou et al.，2002，2005；Zhong and Zhu，2006；Zhong et al.，2011；She et al.，2014），含矿层状岩体与峨眉山大火成岩是同成因形成的。

攀西地区地质构造极其复杂，东部及中部位于扬子陆块西南缘，包括盐源-丽江前陆逆冲-推覆带、康滇断隆带、上扬子地块三部分。中部的康滇断隆带由南北向断裂带与其间的基底、盖层组成。上扬子地块构造比较简单，属盖层构造，与康滇断隆带盖层构造一致。盐源-丽江前陆逆冲-推覆带位于扬子陆块与松潘-甘孜活动带的结合部。攀西地区含矿镁铁-超镁铁质岩体沿着南北向断裂带分布，受不同的南北向断裂带的控制作用很明显。

攀西地区的基底分别由结晶基底及成层褶皱基底组成，前者以康定杂岩为代表；后者由变质碎屑岩、碳酸盐岩等组成。震旦系为中酸性火山熔岩及火山碎屑岩，角度不整合覆于元古代褶皱基底之上；上震旦统以大套白云岩为主。古生界为碳酸盐岩、碎屑岩、变质碎屑岩夹凝灰岩、条带状的灰岩、硅质岩及生物灰岩等。下、中三叠统地层陆相碎屑岩向海相碳酸盐岩过渡。侏罗系—古近系以陆相砂岩、泥岩为主。第四系冲、洪积阶地堆积物多沿河流和构造断陷盆地分布。

3 矿区地质特征

白草矿区含矿层是红格含钒钛磁铁矿层状基性—超基性岩体一部分，位于红格岩体的东北部，沿南北走向呈带状展布。区内出露岩石以基性-超基性岩侵入体、基性火山岩、碱性正长岩及各种岩脉为主。岩浆岩占全区总面积的90%以上，前震旦系变质岩、第四系残破积、冲洪积层占面积不足10%。矿区内发育南北、北西、东西向三组断裂构造。南北向断裂是区内主断裂、控矿构造，北西和东西向断裂对矿体和围岩造成破坏。

矿区内含矿岩体为辉长岩、辉石岩两个岩相带，顶底板均为玄武岩。上部的辉长岩相带由流状辉长岩和底部条带状辉长岩组成。下部的辉石岩相带为矿区主要含矿层位，主要由含长辉石岩、辉石岩夹橄辉岩和橄榄岩薄层组成，其底部已被玄武岩所破坏。

白草钒钛磁铁矿体矿体与辉石岩、辉长岩呈韵律重复交替产出，矿体厚度与辉石岩、辉长岩厚度不一，产状与含矿岩层相同，向西倾、倾角为26°~52°，呈似层状、层状、透镜状产出。矿石矿物主要为钛磁铁矿、钛铁矿、硫化物矿等，脉石矿物主要为普通辉石、斜长石、角闪石、橄榄石、磷灰石等。矿石结构以海绵陨铁结构、填隙状结构为主，构造以浸染状和块状构造为主。

4 样品采集与分析

在白草矿区选择典型钒钛磁铁矿体采集样品，分别为稀疏浸染状和块状钒钛磁铁矿样品，一般硫化物矿物含量约为2%~3%，最高可达5%。根据镜下鉴定结果，选择46件样品送实验室分析。元素分析在澳实分析检测有限公司进行的，地球化学分析采用仪器为ICP-MS Perkin Elmer Elan 9000及ICP-AES Agilent VISTA，分析精度优于10%。

5 结果

5.1 硫化物赋存形式

钒钛磁铁矿中与之密切共生的硫化物矿物，一般呈星散浸染状、细脉浸染状构造产出，呈乳滴状、不规则状、星点状、细脉状分散在其他矿物中或之间。硫化物主要由磁黄铁矿、黄铁矿、黄铜矿、钴镍黄铁矿、紫硫镍矿等组成；矿石中还可见少量的砷化物等（图 1）。根据电子探针分析结果显示，钴的赋存矿物为辉钴矿、钴镍黄铁矿、紫硫镍矿、磁黄铁矿等。

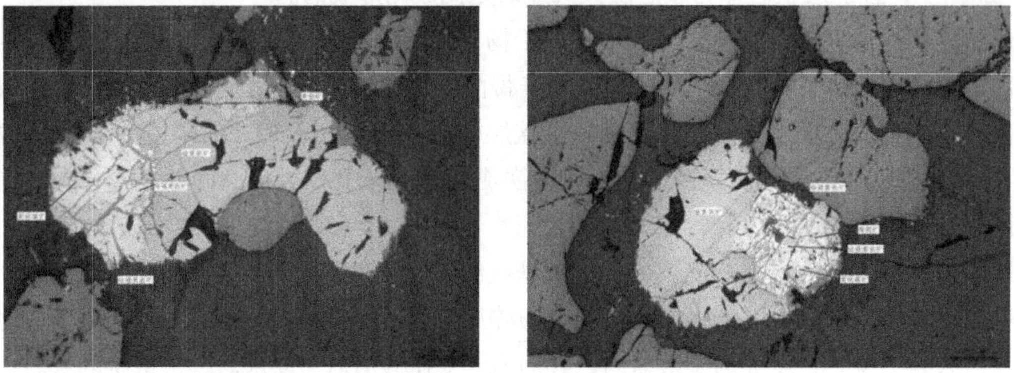

图 1　白草矿区钒钛磁铁矿钴镍硫化物镜下照片

5.2　矿床地球化学特征

含硫化物的钒钛磁铁矿中关键金属 Co、Ni、Cu 等含量较高，Co 含量为（159±51）μg/g，最高为 240μg/g，最低为 38.8μg/g；Ni 含量为（634±588）μg/g，最高为 2680μg/g，最低为 4.2μg/g；Cu 的含量为（471±544）μg/g，最高为 2990μg/g，最低为 10μg/g。Co 元素含量大于 180μg/g 样品有 19 件，一般 Co 大于 100μg/g，具有综合利用的价值。Co 等含量分布见图 2。系统矿物学研究和电子探针分析表明，Co 主要赋存在硫化物中，主要的赋存矿物有磁黄铁矿、钴镍黄铁矿、紫硫镍矿等。

Co（钴）与其他金属元素的相关图解上（图 3），显示出钴与铁、钛、硫有很好的正相关关系，钴与铜、镍有较好的正相关关系，钴与镁、钪呈现倒三角（或扇形）的负相关关系，钴与砷没有相关系。

6　数据分析

6.1　因子分析

因子分析是指从多变量中提取公共因子，将多个变量用少数因子替代，达到将复杂问题简单化的目的。将其应用于地质领域，就可以将地质现象的内在共生关系提炼出来，将相同成因、同形成机制的归纳成为一群，获得并确定元素组合信息[15]（杨永春等，2017）。将 46 个样品的数据进行因子分析，截取各因子特征根较大、累计贡献率达 92.5%的前 11 个因子作为主要因子，对其做方差极大正交旋转，得到旋转后因子模型，特征根值、主要载荷元素及其载荷值、因子结构式见表 1。

F1 因子包含 Zr、Hf、Th、Nb、U、Ta、Na 等 7 种正载荷，占因子总贡献率 11.3%，为有色金属和放射性元素组合，显示了稍晚出现的碱性岩浆作用（如角闪正长岩等）对钒钛磁铁矿的改造作用信息保留下来了，该岩浆作用阶段是 Nb、Ta 主要的成矿期，是区域内重要的找矿方向。F2 因子包含有 Ca、Mg、Sc 三种正载荷和 Ga、Fe、V、Zn、Co、Ti、Mn 等 7 种负载荷，显示 Fe 等 7 种元素与钙、镁、钪的地球化学行为相反，在硅酸盐矿物（辉石、斜长石）结晶过程中，铁、钛等元素主要参与氧化矿物的形成。F3 因子包含有 Cu、Ag、Te、Ni、S 等 5 种负载荷，为铜镍硫化物成矿组合的特征，因子得分特征根是负值，反映出铜镍硫化物与钒钛磁铁成矿作用相反。F4 因子包含有 Bi、Pb、Be、Rb、Sn 等 5 种正载荷，F5 因子包含有 In、Sr、Ba、P、K、Al 等 5 种正载荷，记录了正常岩浆作用。

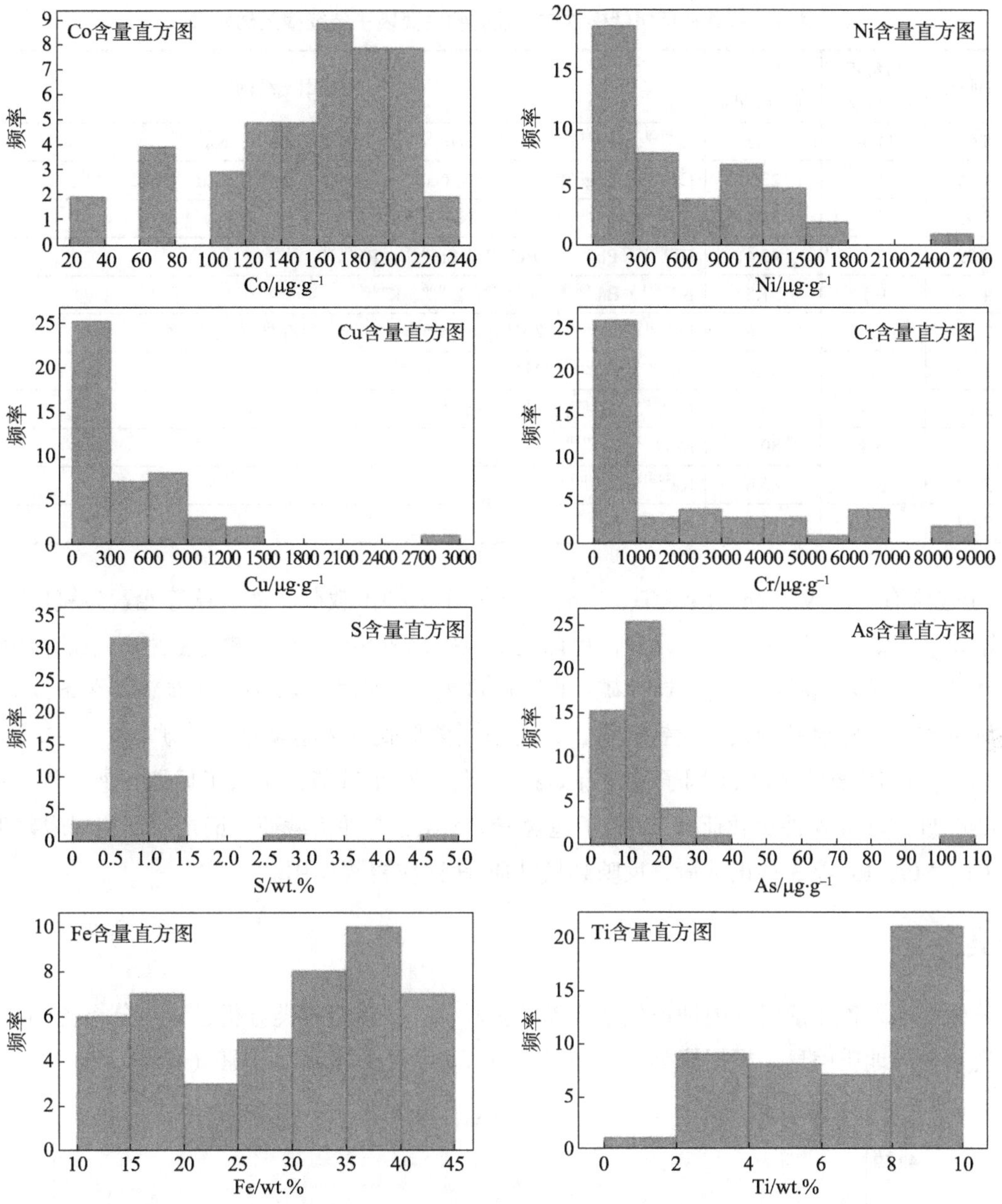

图 2　白草矿区 Co、Ni、Cu 等元素含量直方图

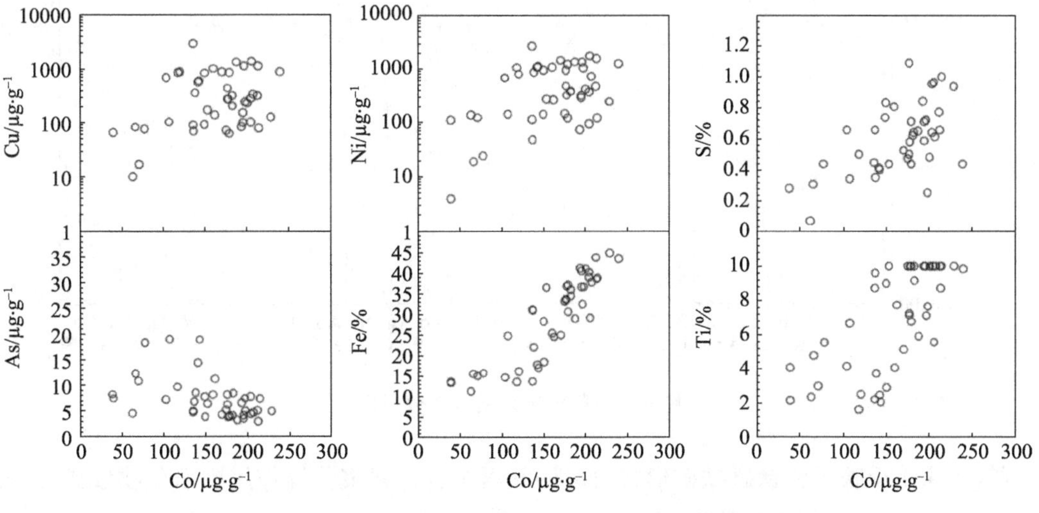

图 3　白草矿区 Co 与 Cu、Ni、S、As 等元素协变图

表 1　白草矿区钒钛磁铁矿中硫化物主要因子特征根及结构式

因子	特征根	特征根百分比/%	累计百分比/%	主要因子结构
F1	5.08	11.30	11.3	$Zr^{+0.89}$、$Hf^{+0.878}$、$Th^{+0.829}$、$Nb^{+0.786}$、$U^{+0.647}$、$Ta^{+0.585}$、$Na^{+0.561}$
F2	4.95	11.0	22.3	$Ca^{+0.837}$、$Mg^{+0.466}$、$Sc^{+0.455}$、$Ga^{-0.811}$、$Fe^{-0.707}$、$V^{-0.677}$、$Zn^{-0.699}$、$Co^{-0.624}$、$Ti^{-0.591}$、$Mn^{-0.481}$
F3	4.95	11.0	33.3	$Cu^{-0.93}$、$Ag^{-0.91}$、$Te^{-0.86}$、$Ni^{-0.82}$、$S^{-0.53}$
F4	4.09	9.1	42.4	$Bi^{+0.859}$、$Pb^{+0.742}$、$Be^{+0.571}$、$Sn^{+0.534}$、$Rb^{+0.506}$
F5	4.08	9.1	51.5	$In^{+0.911}$、$Ba^{+0.798}$、$Sr^{+0.755}$、$P^{+0.66}$、$K^{+0.556}$
F6	3.66	8.1	59.6	$Fe^{+0.414}$、$V^{+0.395}$、$Zn^{+0.313}$、$Co^{+0.492}$、$Ti^{+0.362}$、$Mn^{+0.443}$、$Al^{-0.844}$
F7	3.59	8.0	67.6	$As^{-0.94}$、$Sb^{-0.86}$、$Cd^{-0.65}$
F8	2.98	6.6	74.2	$Li^{-0.92}$、$Cs^{-0.69}$、$Tl^{-0.64}$、$Sn^{-0.61}$
F9	2.87	6.4	80.6	$Mo^{-0.82}$、$W^{-0.80}$
F10	2.68	6.0	86.6	$Re^{-0.915}$、$Cr^{+0.556}$
F11	2.67	5.9	92.5	$Ge^{-0.87}$、$Se^{-0.80}$

F6 因子包含有 Fe、V、Zn、Co、Ti、Mn、（Ga）等 7 种正载荷，铁、钛等元素为氧化物成矿阶段的反映，钴元素与铁、钛等属于铁族元素，地球化学性质比较相似，钴与铁、钛相比亲硫性较强，在内生作用下钴既可以进入硅酸盐矿物、钛铁矿，也可以进入硫化物中，特别是在有硫存在条件下形成独立矿物，如辉钴矿、紫硫镍矿和钴镍黄铁矿等，以类质同象形式进入磁黄铁矿等矿物中。F7 因子包含有 As、Sb、Cd 等 3 种负载荷和 F11 因子包含有 Ge、Se 等 2 种负载荷，记录了后期热液事件。F8 因子包含有 Li、Cs、Tl、Sn 等 4 种负载荷和 F9 因子包含 W、Mo 等 2 种负载荷，记录后期花岗岩浆事件。F10 因子包含 Cr、Mg、Re 等 3 种正载荷，反映超镁铁质-镁铁质岩浆作用。

6.2　聚类分析

因子分析提取了各元素对区内地球化学变差的贡献，利用 R 型聚类分析进一步分析各元素间的亲疏关系以发现其他的地质信息。根据聚类分析图显示可以分为Ⅰ、Ⅱ两大群簇（图 4）。

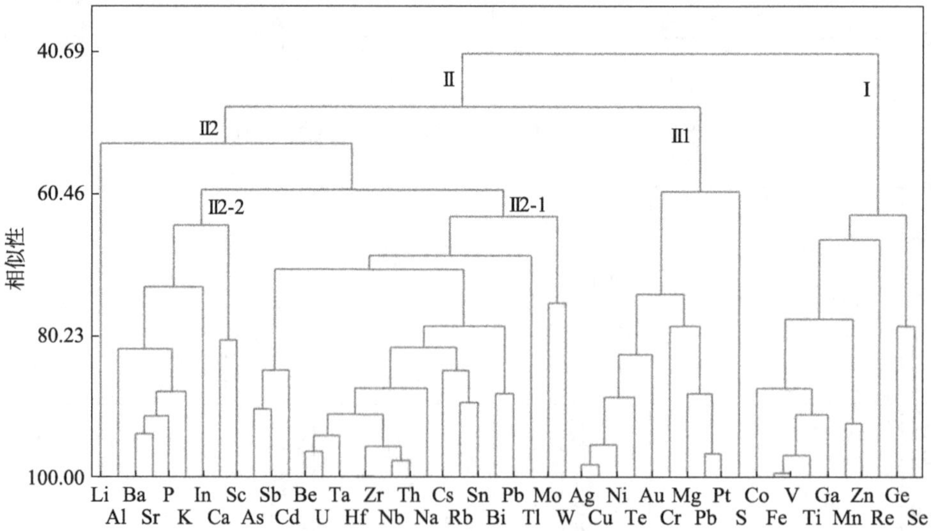

图 4　白草矿区元素聚类分析图

第一群簇（Ⅰ）反映了钒钛磁铁矿形成阶段的元素组合，岩浆分异作用中氧化物成矿过程。与因子结构式中的 F2 负载荷和 F6 正载荷反映的成矿作用是一致的。

第二群簇（Ⅱ）反映了研究区内岩浆作用过程，又进一步分了两个亚群簇（Ⅱ1、Ⅱ2），Ⅱ1 亚群簇代表研究区内的超基性岩-基性岩作用过程，反映了铜镍硫化物成矿作用过程，与因子结构式中的 F3 负载荷和 F11 负载荷反映的铜镍硫化物成矿元素组合是一致的。Ⅱ2 亚群簇记录了正长岩和花岗岩浆作用过程。Ⅱ2 亚群簇又分为Ⅱ2-1 亚亚群簇和Ⅱ2-2 亚亚群簇，Ⅱ2-1 亚亚群簇 As、Sb、Cd、Be、U、Ta、Hf、Zr、Nb、Cs、Rb、Sn、Pb、Tl、W、Mo 为一群组，Ⅱ2-2 亚亚群簇 Al、Ba、Sr、P、In、Ca、Sc 为一群组，各大群组又分为若干小群。

7 讨论

从钒钛磁铁矿中各元素地球化学特征来看，Co 元素反映出与 Fe 等过渡族元素相似的地球化学特征，在因子分析和聚类分析中 Co 与 Fe、V、Ti 等聚类一组，Fe、Ti 等元素为氧化物成矿阶段的反映，Co 元素与 Fe、Ti 等属于铁族元素，地球化学性质比较相似，Co 与 Fe、Ti 相比亲硫性较强，在内生作用下 Co 既可以进入硅酸盐矿物、钛铁矿，也可以进入硫化物中，特别是在有硫存在条件下形成独立矿物，如辉钴矿、紫硫镍矿和钴镍黄铁矿等，更多时候以类质同象形式进入磁黄铁矿等矿物中。Co 与 Fe、S、Cu、Ni、Ti 具有正相关性，说明在钒钛磁铁矿形成的同时，熔离型硫化物也形成，部分钴以类质同象形式进入钒钛磁铁矿中，大部分钴进入硫化物熔体中，以类质同象形式进入磁黄铁矿等硫化物中或形成独立矿物，形成了与钒钛磁铁矿共生的熔离型硫化物矿化体。

通过主成分因子分析显示，钴有两个成矿阶段，一是在钒钛磁铁矿成矿阶段以类质同象形式进入钛铁矿中，二是在熔离的硫化物熔体中形成独立矿物或以类质同象形式进入磁黄铁矿、黄铜矿等硫化物矿物中，硫化物阶段是钴主要的成矿阶段。后期的岩浆作用和热液作用对钒钛磁铁矿具有一定的改造作用，其地球化学信息得以记录下来，为其后成矿作用的寻找提供有价值的地球化学信息。

8 结论

通过对白草矿区钒钛磁铁矿的元素地球化学研究，对 Co、Ni 等关键金属元素成矿机制和成因做了归纳总结，初步得到以下结论：

（1）白草矿区关键金属钴与硫、铁、钒、钛等元素具有相关性。

（2）白草矿区关键金属钴具有两阶段成矿模式，一是在钒钛磁铁矿成矿阶段以类质同象形式进入钛铁矿中，二是在熔离成矿阶段形成独立矿物或以类质同象形式进入硫化物矿物中，硫化物阶段是钴主成矿阶段。

（3）相关元素的因子分析和聚类分析显示，白草矿区还存在其他期次的成矿作用，对理解该地区的成矿作用和矿产资源寻找具有一定的参考意义。

参考文献

[1] 宋谢炎，陈列锰，于宋月，等. 峨眉大火成岩省钒钛磁铁矿矿床地质特征及成因[J]. 矿物岩石地球化学通报，2018, 37(6): 1003-1018.

[2] Song Xieyan, Zhou Meifu, Reid R, et al. Geochemistry of the Emeishan flood basalts at Yangliuping, Sichuan, SW China: implications for sulfide segregation[J]. Contributions to Mineralogy and Petrology, 2006, 152(1): 53-74.

[3] 苟体忠，钟宏，朱维光，等. 川西冷水箐 Cu-Ni 硫化物矿床的 PGE 和 Re-Os 同位素地球化学特征及成矿意义[J]. 岩石学报, 2010, 26(11): 3363-3374.

[4] 陶琰，胡瑞忠，漆亮，等. 四川力马河镁铁-超镁铁质岩体的地球化学特征及成岩成矿分析[J]. 岩石学报, 2007, 23(11): 2785-2800.

[5] 石贵勇，孙晓明，王生伟，等. 云南白马寨铜镍硫化物矿床 Re-Os 同位素定年及其地质意义[J]. 岩石学报，2006, 22(10): 2451-2456.

[6] Tang Qingyan, Ma Yansheng, Zhang Mingjie. The origin of Ni-Cu-PGE sulfide mineralization in the margin of the Zhubu mafic-ultramafic intrusion in the Emeishan large igneous province, southwestern China[J]. Econom ic Geology and the Bulletin of the Society of Economic Geologists, 2013, 108(8): 1889-1901.

[7] 卢宜冠，和文言. 滇西金宝山富铂钯岩体岩浆源区研究：铂族元素和 Sr-Nd 同位素约束[J]. 地学前缘，2018, 25(6): 196-208.

[8] 尤敏鑫，张照伟，刘建民，等. 攀西地区镁铁-超镁铁岩地球化学与岩浆型 Cu-Ni-(PGE)硫化物矿床成矿[J]. 西北地质，2017, 50(3): 146-161.

[9] Zhou Meifu, Nicolas T Arndt, John Malpas, et al. Two magma series and associated ore deposit types in the Permian Emeishan large igneous province, SW China[J]. LITHOS, 2007, 103(3): 352-368.

[10] Zhou M F, Malpas J, Song X Y, et al. A temporal link between the Emeishan large igneous province (SW China) and the end-Guadalupian mass extinction[J]. Earth and Planetary Science Letters, 2002, 196(3-4): 113-122.

[11] Zhou M F, Robinson P T, Lesher C M, et al. Malpas J Geochemistry, petrogenesis and metallogenesis of the Panzhihua gabbroic layered intrusion and associated Fe-Ti-V oxide deposits, Sichuan Province, SW China[J]. Journal of Petrology, 2005, 46(11): 2253-2280.

[12] Zhong Hong, Zhu Weiguang. Geochronology of layered mafic intrusions from the Pan–Xi area in the Emeishan large igneous province, SW China[J]. Mineralium Deposita, 2006, 41(6): 599-606.

[13] Zhong Hong, Ian H Campbell, Zhu Weiguang, et al. Timing and source constraints on the relationship between mafic and felsic intrusions in the Emeishan large igneous province[J]. Geochimica et Cosmochimica Acta, 2010, 75(5) : 1374-1395.

[14] She Y W, Yu S Y, Song X Y, et al. The formation of P-rich Fe-Ti oxide ore layers in the Taihe layered intrusion, SW China: Implications for magma-plumbing system process[J]. Ore Geology Reviews, 2014, 57: 539-559.

[15] 杨永春，李元家，何建平，等. 土壤地球化学测量在马鬃山公婆泉东金矿的应用[J]. 地质与勘探, 2017, 53(4): 715-730.

增量化利用海砂型钒钛磁铁矿的造块工艺优化

邢振兴[1,2]　黄 壮[1,2]　程功金[1,2,3]　杨 合[1,2,3]　薛向欣[1,2,3]

（1. 东北大学冶金学院，辽宁沈阳 110819；
2. 辽宁省冶金资源循环科学重点实验室，辽宁沈阳 110819；
3. 东北大学钒钛产业技术创新研究院，辽宁沈阳 110819）

摘　要： 海砂型钒钛磁铁矿颗粒粗大，造块难度大，钢铁企业难以将其作为炼铁原料进行大量使用。本文采用不同方法对海砂钒钛磁铁矿的高温烧结特性和球团性能指标进行了优化，以提高海砂矿的使用率。探讨了添加石灰石、硼镁铁矿和细粉对海砂矿高温烧结特性的影响。利用圆盘造球机研究了添加普通铁矿粉、钒钛细粉以及球磨预处理和分阶段交替加料的方式对海砂矿球团性能指标的影响。结果表明，海砂矿在烧结矿中的合适比例为15%~30%，而海砂矿在球团制备过程中的比例最高可达60%。实验结果为钢铁企业在实际生产过程中增量化利用海砂矿提供了一些可借鉴的方法。

关键词： 增量化利用；海砂型钒钛磁铁矿；烧结矿；球团矿；造块工艺

Optimization of Agglomeration Process for Incremental Utilization of Sea Sand Vanadium Titanomagnetite

Xing Zhenxing[1,2]　Huang Zhuang[1,2]　Cheng Gongjin[1,2,3]
Yang He[1,2,3]　Xue Xiangxin[1,2,3]

(1. School of Metallurgy, Northeastern University, Shenyang 110819, China;
2. Liaoning Key Laboratory of Recycling Science for Metallurgical Resources, Shenyang 110819, China;
3. Northeastern University Innovation Research Institute of Vanadium and Titanium Resource Industry Technology, Shenyang 110819, China)

Abstract: The sea sand vanadium titanomagnetite has coarse particles and great difficulty in agglomeration process, and it is difficult for iron and steel enterprises to use sea sand ore as an ironmaking raw material in large quantities. In this paper, the high-temperature sintering characteristics and pellet performance index of sea sand vanadium titanomagnetite was optimized by different methods to improve the utilization rate of sea sand ore. The effects of adding limestone, ludwigite, and fine powder on the high temperature sintering characteristics of sea sand ore were explored. The effects of adding ordinary iron ore powder, vanadia-titania fine powder, ball milling pretreatment and staged alternate feeding on the performance indexes of pellets with sea sand ore were studied by a disc pelletizer. The results show that the proper proportion of sea sand in sinter was 15-30%, and the maximum proportion of sea sand in pellets can reach 60%. The experimental results provide some referential methods for the incremental utilization of sea sand ore in the actual production process of iron and steel enterprises.

Key words: incremental utilization; sea sand vanadium titanomagnetite; sinter; pellet; agglomeration process

---

基金项目：国家自然科学基金（21908020, U1908226）。
作者简介：邢振兴，博士研究生，研究方向：钒钛磁铁矿冶炼新工艺、特色冶金资源综合利用；E-mail: zhxing_x@163.com；
通讯作者：薛向欣，男，教授，博士生导师；致力于钒钛磁铁矿资源技术开发与应用、多金属共伴生资源生态化利用等关键技术研究；E-mail: xuexx@mail.neu.edu.cn。

1　引言

钒钛磁铁矿是一种以铁为主，钒钛及多种有价元素（如铬、钴、镍、钪等）伴生的多元共生铁矿，也是一类储量大、分布广的矿产资源，在世界各地均已发现了不同类型的钒钛磁铁矿资源[1]。我国是世界上最早实现钒钛磁铁矿高炉冶炼的国家[2]。近年来，“富矿”资源越发紧张，铁矿石等原料价格上涨，迫使钢铁企业开始尝试利用价格低廉、综合利用价值高的海砂型钒钛磁铁矿资源，以期降低企业生产成本[1,3]。

海砂型钒钛磁铁矿是一种由冲刷作用形成的以钛磁铁矿为主要矿相的复杂铁矿石资源，在日本、菲律宾、印度尼西亚、澳大利亚、新西兰以及我国海南岛沿海均有矿床分布，其储量非常丰富，易于采选，价格低廉，海砂矿的产值目前是仅次于海底石油，已成为第二大海洋矿产开采业[4-6]。钒钛海砂矿属结构致密、有用金属矿物镶嵌分布关系复杂、也是目前世界上公认的难选难冶炼的铁矿资源[7,8]。钒钛海砂矿颗粒形状规则、表面光滑致密、粒度较粗、硬度和熔点也较高，与其他铁矿石相比，比表面积小，湿容量小，亲水性差，球磨性能和成球性能也较差，在造块过程中制粒困难[8-10]。因而在钢铁工业一直未大规模作为炼铁原料进行使用，国内外的相关研究大多集中于对海砂原矿的预氧化处理与还原方面[9-11]。

基于海砂矿颗粒的特殊性，本研究尝试提高海砂矿在烧结和球团造块过程中的使用比例。采用微型烧结实验进行了配加海砂矿制备烧结矿的工艺优化探究，利用圆盘造球机进行球团矿制备的工艺优化探究，并对烧结块的高温烧结特性和球团矿的性能进行了检测分析。

2　基于微烧的海砂型钒钛磁铁矿烧结矿工艺优化

2.1　添加石灰石优化烧结基础特性

实验采用添加石灰石的方式，探究海砂矿与 CaO 的反应性。石灰石添加量对高温烧结特性的影响如图 1 所示。

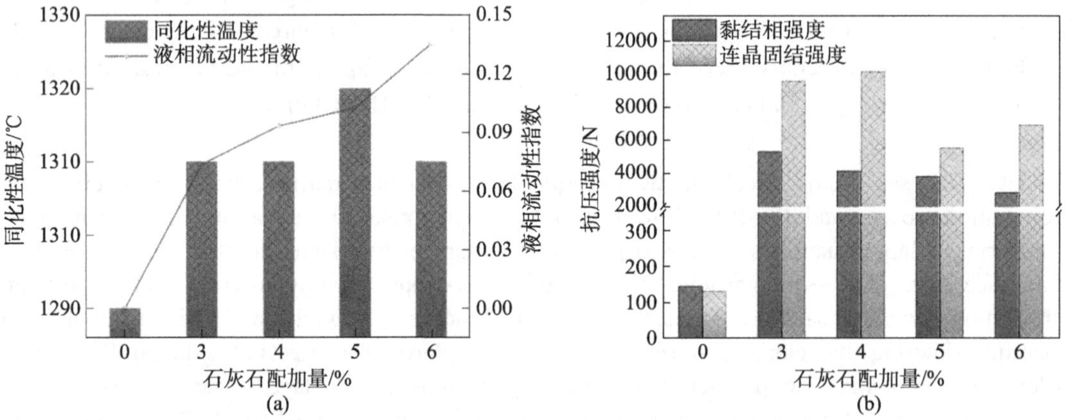

图 1　石灰石配加量对高温烧结特性的影响

Fig.1　Effect of limestone dosage on high-temperature sintering characteristics

(a) AF and LF; (b) BS and IS

随着石灰石配加量的增加，海砂矿的同化性温度基本维持在 1310℃，液相流动性指数逐渐增加，黏结相强度逐渐降低，连晶固结强度先提高后降低。当在石灰石配加量为 4%时连晶固结强度达到最大值为 10155N，在此条件下黏结相强度仍较好为 3830N，同化性温度相对最低为 1310℃，液相流动性指数为 0.0934。因此，在海砂矿烧结过程中，最佳的石灰石配加量为 4%。

2.2 添加硼镁铁矿优化烧结基础特性

因硼镁铁矿中含有低熔点化合物 B_2O_3，可以降低烧结矿的同化性温度，提高液相固结能力。因此，可以选择在烧结过程中添加一定量的硼镁铁矿，进而优化高温烧结特性，结果如图 2 所示。

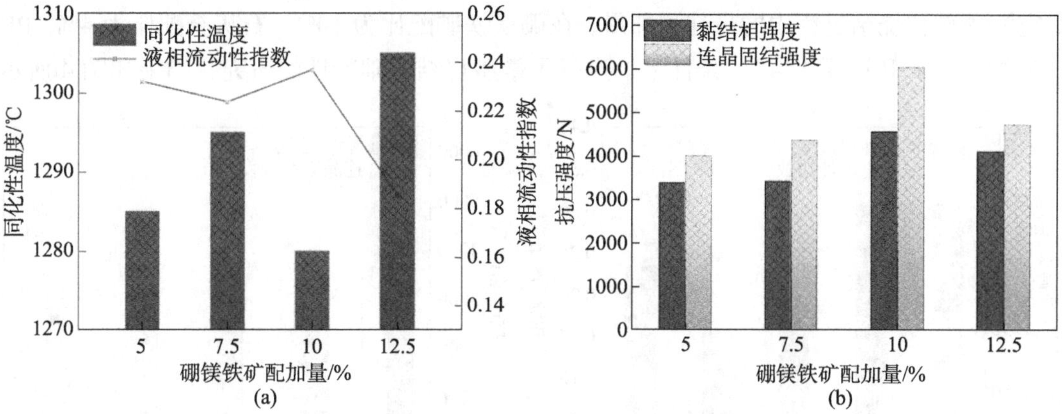

图 2 硼镁铁矿配加量对高温烧结特性的影响

Fig.2 Effect of ludwigite dosage on high-temperature sintering characteristics

(a) AF and LF; (b) BS and IS

随着硼镁铁矿配加量从 5%逐渐增加到 12.5%，烧结矿的黏结相强度和连晶固结强度逐渐提高。当硼镁铁矿配加量为 10%时，烧结矿的同化性温度最低为 1280℃，液相流动性指数达到最大为 0.2369，而黏结相强度和连晶固结强度也达到最大值，分别为 4571N 和 6053N。当硼镁铁矿的配加量继续增加到 12.5%时，烧结矿的高温烧结特性总体指标变差。由此可知，添加适量的硼镁铁矿可以在一定程度上优化海砂矿的高温烧结特性。依据实验结果，硼镁铁矿的最佳配加量为 10%。

2.3 添加细粉优化烧结基础特性

选择颗粒粒度较细的司家营矿作为细粉添加，在优化烧结混合矿粉粒度的基础上，也可改善烧结矿的高温烧结特性，结果如图 3 所示。

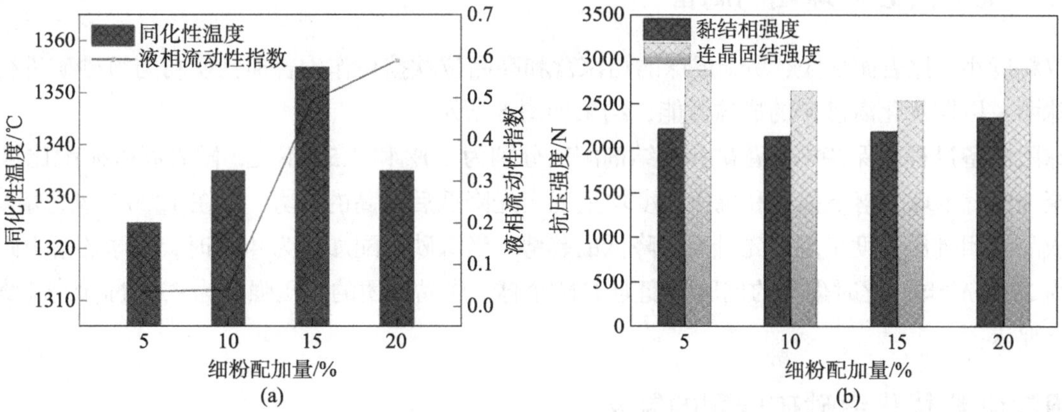

图 3 细粉配加量对高温烧结特性的影响

Fig.3 Effect of fine powder dosage on high-temperature sintering characteristics

(a) AF and LF; (b) BS and IS

随着细粉配加量从 5%逐渐增加到 20%，烧结矿的液相流动性指数逐渐增加，而黏结相强度基本维持在 2200N，其连晶固结强度为 2800N 左右。当细粉配加量为 20%时，黏结相强度和连晶固结强度达到最大值，分别为 2345N 和 2907N。此时的同化性温度为 1335℃，相对于细粉配加量为 5%时升高 10℃，而液相流动性指数达到最大，为 0.5904。因此，在烧结过程中添加细粉的最佳配入量为 20%。

2.4 海砂配比对烧结基础特性的影响

为探究海砂矿在烧结过程中的最佳添加量，在硼镁铁矿配比为 10%，石灰石配比为 4%，PB 粉配比为 51%，改变海砂矿和远通 14 矿的条件下，进行了微型烧结基础特性的研究，结果如图 4 所示。

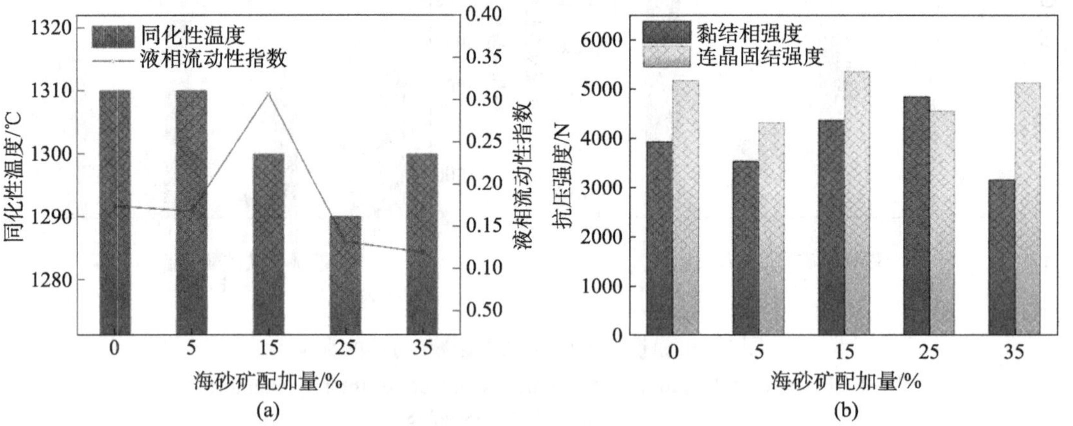

图 4 海砂配比对高温烧结特性的影响

Fig.4 Effect of sea sand ore dosage on high-temperature sintering characteristics

(a) AF and LF; (b) BS and IS

随着海砂矿配加量从 5%逐渐增加到 35%，烧结矿的同化性温度维持在 1300℃，而液相流动性指数、黏结相强度和连晶固结强度均呈现出先升高后降低的趋势。当海砂矿配加量为 15%时，液相流动性指数和连晶固结强度达到最大值，分别为 0.3067 和 5361N。黏结相强度的最大值为 4842N，此时海砂矿配加量为 25%。当海砂矿配加量为 30%时，高温烧结特性的各项指标均呈现下降趋势，但依然在适宜的范围。因此，在烧结过程中海砂矿的适宜配加量应为 15%~30%。

3 海砂型钒钛磁铁矿球团矿的制备工艺优化

3.1 普矿优化海砂矿球团的制备

选取粒度小、比表面积大、易于成球的司家营和高品位欧控粉作为普通铁矿粉与海砂矿进行混合制备氧化球团，以期优化海砂矿的成球性能，结果如图 5 所示。

在球团制备过程中保持司家营矿和黏结剂配比分别为 50%和 1.5%不变，随着海砂矿配比从 10%逐渐增加至 40%，生球的落下强度和抗压强度均呈现出先降低后升高的趋势，而在 1200℃氧化焙烧 20min 制备的成品球团抗压强度呈现出先升高后降低的趋势。当海砂矿配加量为 40%时，生球的落下强度达到最大值为 32 次/个球，此时生球的抗压强度为 11N/个球，成品球团的抗压强度为 3377N/个球，满足企业实际生产要求。

3.2 钒钛细粉优化海砂矿球团的制备

选取粒度小、比表面积大、易于成球的司家营和远通 14 矿作为钒钛细粉与海砂矿进行混合制备氧化球团，以期优化钒钛海砂矿的成球性能，结果如图 6 所示。

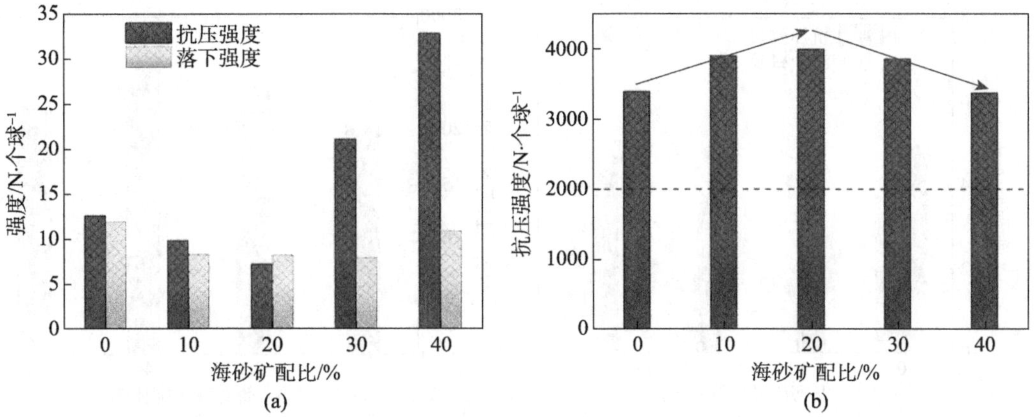

图 5　普通铁矿粉对球团性能的影响

（a）生球；（b）氧化球团

Fig.5　Effect of ordinary iron ore powder on the properties of pellets

(a) Green pellets; (b) Oxidized pellets

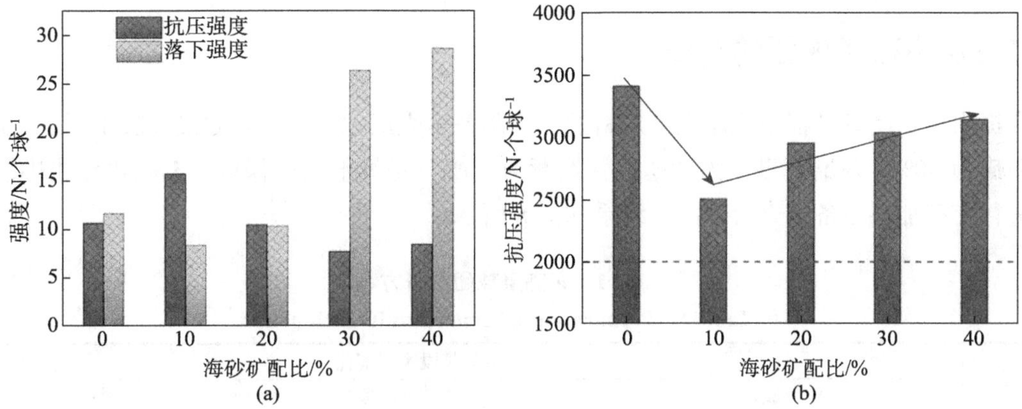

图 6　钒钛细粉对球团性能的影响

（a）生球；（b）氧化球团

Fig.6　Effect of vanadia-titania fine powder on the properties of pellets

(a) Green pellets; (b) Oxidized pellets

随着海砂矿配比从 10%逐渐增加到 40%，生球的落下强度逐渐增加，而生球的抗压强度逐渐下降，氧化球团的抗压强度逐渐升高。当海砂矿配加量为 40%时，生球的落下强度和抗压强度分别为 28.71 次/个球和 8.41N/个球，1200℃氧化焙烧 20 min 制备的海砂矿成品球团抗压强度达到最大值为 3146N/个球。钒钛细粉的添加对海砂矿球团内部颗粒的大小均匀分布起到了很好的混合作用，进而提高了球团的各项指标性能。因此，在钒钛细粉强化球团的制备过程中，海砂矿的最大配加量可以达到 40%。

3.3　预处理优化海砂矿球团的制备

将司家营矿和黏结剂配比分别保持 40%和 1.5%不变，未磨海砂矿的配比从 0%逐渐增加到 60%，而球磨海砂矿的配比从 60%逐渐降低至 0%，海砂矿总体配加量保持 60%不变。球磨预处理对球团矿性能的影响如图 7 所示。

随着未磨海砂矿配比的增加，生球的落下强度和抗压强度分别逐渐降低，1200℃氧化焙烧 20min 制备的成品球团抗压强度呈现出先增加后降低的趋势。当未磨海砂矿配比为 40%时，生球的落下强度和抗压强度分别为 5.29 次/个球和 4.85N/个球，氧化球团的抗压强度最高，达到 2665N/个球，基本满足企业球团矿的使用标准。

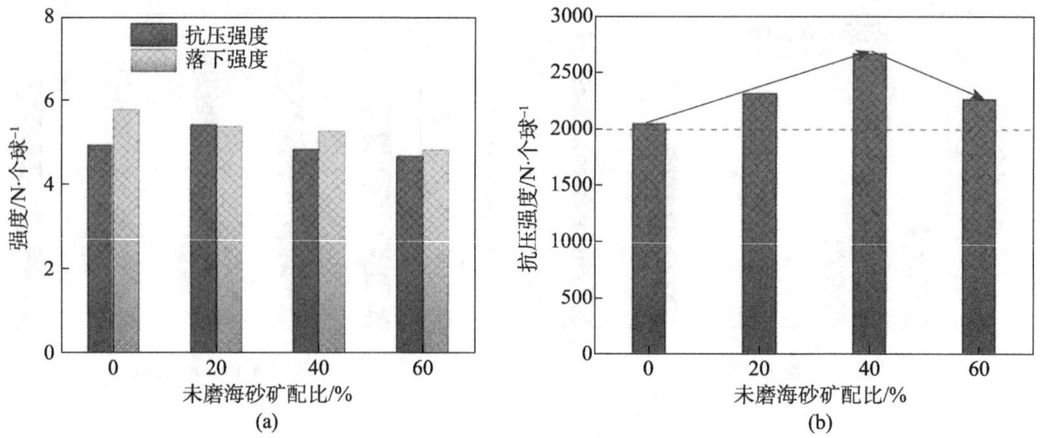

图 7 球磨预处理对球团性能的影响

（a）生球；（b）氧化球团

Fig.7 Effect of ball milling pretreatment on the properties of pellets

(a) Green pellets; (b) Oxidized pellets

3.4 多壳层海砂矿球团的制备

研究提出球团制备过程中采用交替加料的方式制备多壳层球团，实验方案如表 1 所示。造球物料中未磨海砂矿为 40%，球磨海砂矿为 20%，司家营为 40%，黏结剂配比保持 1.5%不变，按照方案中的物料配比进行交替加料制备多壳层球团，结果如图 8 所示。

表 1 多壳层球团制备方案

Table 1 Preparation scheme of multi-shell pellets

实验编号	不同阶段物料配比		
	内核形成阶段	中核长大阶段	外壳压实阶段
K1	2HS+40%SJY	2HS+40%SJY	2HS+40%SJY
K2	10%SJY	2HS+25%SJY	5%SJY
K3	10%SJY	2HS：30%SJY 2：1 交替	2HS：30%SJY 2：1 交替
K4	20%SJY	前期 2HS+中期 10%SJY+后期 2HS	10%SJY
K5	5%HS+2.5%MHS +10%SJY	30%HS+15%MHS +20%SJY	5%HS+2.5%MHS +10%SJY

注：HS—海砂矿，MHS—球磨海砂矿，SJY—司家营。2HS=40%HS+20%MHS。

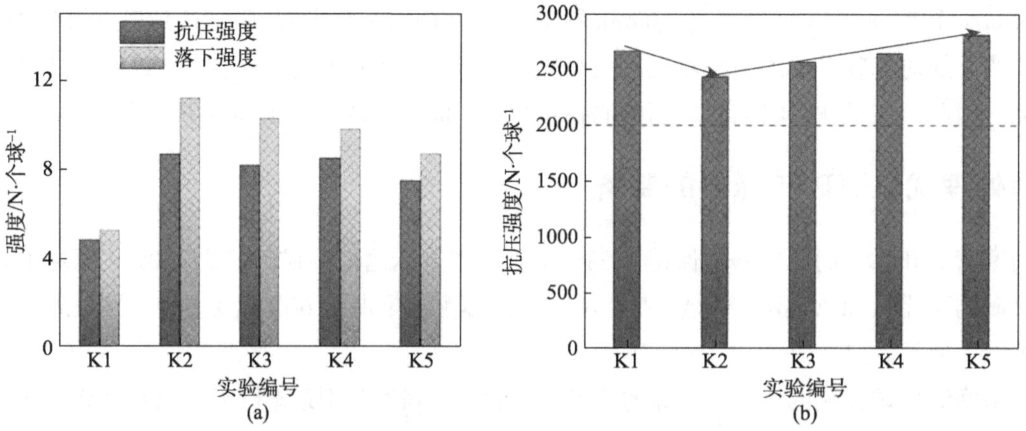

图 8 球磨预处理对球团性能的影响

（a）生球；（b）氧化球团

Fig.8 Effect of ball milling pretreatment on the properties of pellets

(a) Green pellets; (b) Oxidized pellets

结果表明，海砂矿配比总量保持60%不变，采用分阶段交替加料进行多壳层球团的制备，生球的落下强度和抗压强度先增加后逐渐降低，成品球团抗压强度呈现出先降低后增加的趋势。采用方案K2制备的生球落下强度和抗压强度最高，分别为11.20次/个球和8.68N/个球。采用方案K5制备的氧化球团抗压强度最高，达到2812N/个球，其抗压强度高于常规球团的5.40%，满足企业球团矿的使用标准。

4 结论

针对海砂型钒钛磁铁矿颗粒粗大、比表面积小等难以造块的问题，本文采用微型烧结和圆盘造球实验探究了海砂矿在烧结和球团制备过程中的适宜配加量。

（1）通过添加石灰石、硼镁铁矿和细粉可以在一定程度上提高海砂矿的烧结基础特性，结果表明烧结矿中海砂矿的适宜配比为15%~30%。

（2）通过添加普矿、钒钛细粉以及球磨预处理和分阶段交替加料的方式，均可以在一定程度上优化海砂矿的性能指标。

（3）在分阶段交替加料优化多壳层球团制备过程中，海砂矿的配加量最高可达60%，表明分阶段交替加料的方式对提高生球性能较为明显，而采用方案K5更有利于提高氧化球团的抗压强度。

参考文献

[1] 薛向欣, 杨松陶, 张勇. 高炉流程冶炼含铬型钒钛磁铁矿——理论与实践[M]. 北京: 科学出版社, 2020.

[2] 杜鹤桂. 高炉冶炼钒钛磁铁矿原理[M]. 北京: 科学出版社, 1996.

[3] Cheng G J, Xing Z X, Yang H, et al. Effects of high proportion unground sea sand ore on the preparation process and reduction performance of oxidized pellets[J]. Minerals, 2021, 11(1): 87-103.

[4] Wright J B. Heating experiments on New Zealand ironsands and the presence of pseudobrookite[J]. N. Z. J. Geol. Geophys, 1967, 10(3): 659-665.

[5] Xing Z X, Cheng G J, Gao Z X, et al. Optimization of experimental conditions on preparation of oxidized pellets with New Zealand sea sand ore[J]. Metall. Res. Technol., 2020, 117: 411-421.

[6] Xing Z X, Cheng G J, Yang H, et al. Experimental research on preparation of oxidized pellets with high proportion sea sand Mine[C]. The 12th CSM Steel Congress, Beijing, 2019, 10: 1-4.

[7] Wang Z, Pinson D, Chew S, et al. Behavior of New Zealand ironsand during iron ore sintering[J]. Metall. Mater. Trans. B, 2016, 47: 330-343.

[8] Xing Z X, Cheng G J, Gao Z X, et al. Effect of incremental utilization of unground sea sand ore on the consolidation and reduction behavior of vanadia-titania magnetite pellets[J]. Metals, 2021, 11(2): 269-286.

[9] Park E, Ostrovski O. Effects of preoxidation of titania-ferrous ore on the ore structure and reduction behavior[J]. ISIJ Int., 2004, 44: 74-81.

[10] Longbottom R J, Monaghan B J, Mathieson J G. Development of a bonding phase within titanomagnetite-coal compacts[J]. ISIJ Int., 2013, 53: 1152-1160.

[11] Geng C, Sun T C, Ma Y W, et al. Effects of embedding direct reduction followed by magnetic separation on recovering titanium and iron of beach titanomagnetite concentrate[J]. J. Iron Steel Res. Int., 2017, 24: 156-164.

高铬型钒钛磁铁矿和 MgO 的固相反应机理研究

张立恒[1,2]　薛向欣[2]

（1. 周口师范机电学院，河南周口 466000；
2. 东北大学冶金学院，辽宁沈阳 110819）

摘　要： 采用扩散偶法研究了高铬型钒钛磁铁矿精粉与 MgO 在烧结过程中的相互作用以及互扩散的过程，有助于了解高铬型钒钛磁铁矿的烧结机理。扩散偶样品分别在 1200℃、1250℃和 1300℃氮气气氛下烧结 4min，然后进行截面的微观形貌、成分变化等分析。结合相图得出结论：随着烧结温度的提高，扩散层宽度呈现明显增加趋势，两层之间形成了 $MgO-FeO_x$ 固溶体，Mg^{2+}离子明显扩散到高铬型钒钛磁铁矿晶格中，稳定了 FeO_x-MgO 体系。

关键词： 高铬型钒钛磁铁矿；MgO；扩散偶；烧结；固相反应

Study on Solid Reaction Mechanism of High-Chromium Vanadium-Titanium Magnetite and MgO

Zhang Liheng[1,2]　Xue Xiangxin[2]

(1. College of Mechanical and Electrical Engineerin, Zhoukou Normal University, Zhoukou 466000, China;
2. School of Metallurgy, Northeastern University, Shenyang 110819, China)

Abstract: The diffusion couple method was used to study the interaction between high chromium vanadium titanium magnetite powder and MgO during sintering and the mutual diffusion process, which is helpful for understanding the sintering of high chromium vanadium titanium magnetite. mechanism. The diffusion couple samples were sintered in nitrogen atmospheres at 1200℃, 1250℃, and 1300℃ for 4min, respectively. The micromorphology and composition changes of the cross section of the diffusion couple were analyzed. Combined with the phase diagram, it is concluded that: with the increase of the thickness, the width of the diffusion layer showed a significant increase trend. A solid solution of $MgO-FeO_x$ formed between the two layers, and Mg^{2+} ions diffused into the high-chromium vanadium-titanium magnetite lattice, which stabilized the FeO_x-MgO system.

Key words: high-chromium vanadium-titanium magnetite; MgO; diffusion couple; sinter; solid reaction

1　引言

红格铁精矿是我国四川省攀枝花地区的重要铁矿石资源，含有铁、钒、钛、铬等多种有价组元，拥有极高的综合利用价值，其中铬元素含量高于 0.5%，被称为高铬型钒钛磁铁矿[1,2]。

基金项目：国家自然科学基金资助项目（51674084）；国家自然科学基金联合基金项目（U1502273）。
作者简介：薛向欣，东北大学冶金学院，二级教授；多年致力于冶金特色优势资源综合利用及大宗固体废物再资源化研究、高炉冶炼高钒高铬型钒钛磁铁矿高效清洁综合利用等多项关键技术研究；E-mail：xuexx@mail.neu.edu.cn。

高铬型钒钛磁铁矿的主要利用途径是高炉炼铁，由于矿粉粒度太细不能直接进入高炉，必须经过造块。在造块过程中，为了改善烧结矿的低温还原粉化性能以及炉渣流动性、脱硫能力等[3,4]，必然要添加含镁熔剂，张立恒等[5]通过烧结杯实验对 MgO 含量对高铬型钒钛磁铁矿烧结矿性能的影响进行了研究。高子先等[6]对低品位钒钛磁铁矿球团矿中 MgO 的作用进行了研究，杨松陶[7]、周密[8]通过添加白云石改变烧结矿中 MgO 含量来研究了烧结矿的冶金性能。同时，国外一些冶金工作者也对 MgO 的用量以及作用进行了研究[9-11]。

由于 MgO 的高熔点，在烧结矿和球团矿中一般进行的是固相反应，而针对 MgO 与高铬型钒钛磁铁矿固相反应过程和机理的研究很少见到。扩散偶法可以直接测定相平衡关系和相平衡成分[12-16]，可以用来研究固相反应的过程和机理，因此，本文通过扩散偶法研究了高铬型钒钛磁铁矿与 MgO 之间的固相反应，以更好地了解高铬型钒钛磁铁矿的烧结机理。

2 实验

2.1 实验原料

试验所用高铬型钒钛磁铁矿精矿由四川龙蟒矿业集团公司提供，其主要化学成分见表 1，高铬型钒钛磁铁矿粉和 MgO 纯试剂经过筛分，粒度均不超过 0.074mm，并在烘箱中 110℃烘 1h。高铬型钒钛磁铁矿品位为 56.45%，CaO 含量为 0.63%，均属于较低水平，相反 TiO_2（11.01%）、V_2O_5（1.32%）和 Cr_2O_3（0.55%）含量很高。通过高铬型钒钛磁铁矿的 XRD 图谱分析（图 1），可以看出，其主要矿物为磁铁矿、钛铁矿、钒铁矿、铬铁矿。

表 1　烧结原料化学成分（质量分数）

Table 1　Chemical compositions of sintering materials (mass fraction)　　(%)

原料	TFe	FeO	MgO	SiO_2	Al_2O_3	TiO_2	CaO	Cr_2O_3	V_2O_5	P	S
高铬钒钛磁铁矿	56.45	28.05	2.54	2.66	2.42	11.01	0.63	0.55	1.32	0.01	0.34

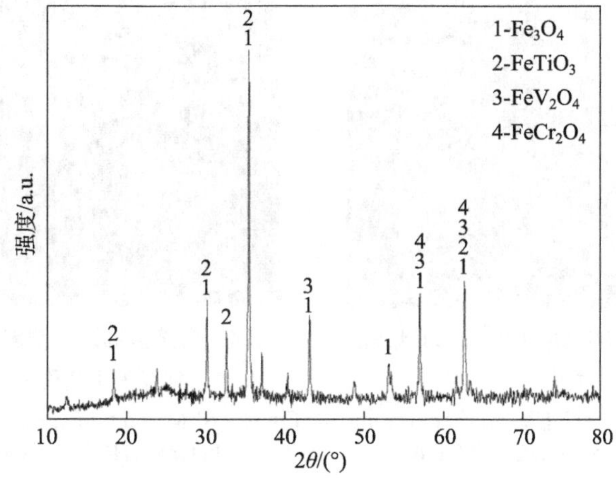

图 1　高铬型钒钛磁铁矿的 XRD 图谱

Fig. 1　XRD pattern of the HCVTM

2.2 实验步骤与方案

称取 0.5g 高铬型钒钛磁铁矿粉，装入直径为 8 mm 的磨具，放入压力机，在压力 20kN 下保持 2min，然后，将 0.3g 纯试剂装入磨具中，接着放入压力机，在压力 20kN 下保持 2min，将压好的样品从磨具中取出。

将试样放入红外镀金聚焦炉（图2）中，分别在 1200℃、1250℃和 1300℃温度下加热 4min，N_2 流量为 1.5L/min。然后取出焙烧之后的样品，温度降至室温后，经过镶样、磨样、抛光和干燥，对扩散偶横截面进行电镜和能谱分析。

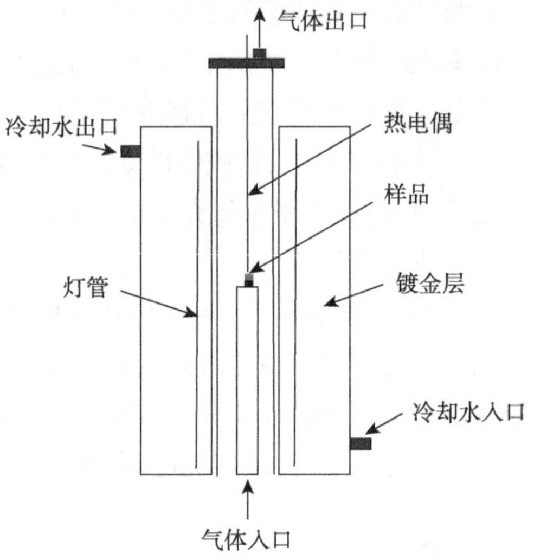

图 2　红外聚焦加热炉

Fig.2　Infrared focusing furnace

3　结果与讨论

高铬型钒钛磁铁矿粉与 MgO 纯试剂制作的扩散偶分别在 1200℃、1250℃、1300℃的空气中焙烧 4min。图 3 为典型高铬型钒钛磁铁矿颗粒与 MgO 层直接接触的扩散偶在 1200℃烧结 4min 后的背散射电子（BSE）图像。如图所示，左侧黑色部分为 MgO 相，右侧亮灰色为高铬型钒钛磁铁矿颗粒，中间的深灰色部分是扩散反应层，宽度约为 10μm。

图 4 为 1250℃烧结 4min 的扩散偶样品。从图中可以看出，扩散层的宽度约为 13μm。对图 4 中扩散偶的重点位置进行了元素分析，各点的元素组成见表 2。从表中可以看出，界面附近的 MgO 层（点 a）中 Mg^{2+}含量为 45.10%，而 Ti^{4+}含量为 0.05，几乎不含钛，中间扩散层中（点 b），镁含量为 41.14%，铁元素含量为 2.19 %，钛含量为 0.31%，可以看出，扩散层的相主要为 MgO-FeO_x，钛元素基本没有扩散到 MgO 层。而铁矿粉层（点 c）中 Mg^{2+}为 5.69%，增加明显，钛元素含量为 10.07%，铁元素含量为 53.37%，可以判断镁元素明显扩散到矿粉层中。

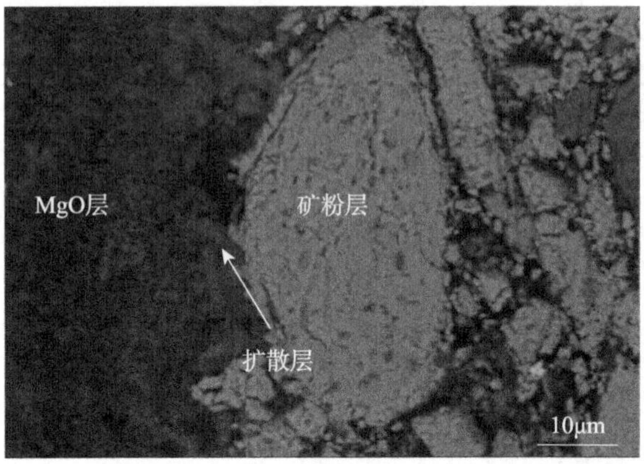

图 3　高铬型钒钛磁铁矿颗粒与 MgO 在 1200℃焙烧 4min 的背散射图

Fig. 3　The BSE image of typical HCVTM particles in the interaction couples between HCVTM and MgO sintered at 1200℃ for 4min

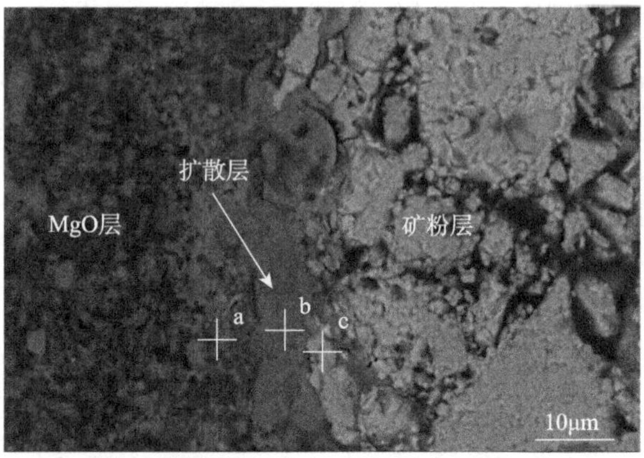

图 4　高铬型钒钛磁铁矿和 MgO 在 1250℃焙烧 4min 样品的电镜图和线扫描元素分布曲线

Fig. 4　SEM and line scanning EDS images near the interface between HCVTM and MgO layers in a sample sintered at 1250℃ for 4 min

图 5 为高铬型钒钛磁铁矿粉层与 MgO 层扩散偶在 1300℃焙烧 4 min 的显微结构的电镜图和对样品沿扩散方向进行了线扫描元素分析图。从背散射图中可以明显看出，在烧结之后矿粉的形貌没有发生明显变化，矿粉与 MgO 层之间有明显的互扩散区，呈现深灰色。

从线扫描元素分布图中可以看出，扩散层厚度约为 26 μm，沿着从左向右的方向，铁元素含量上升，钛元素含量在短距离内快速上升，同时，镁元素含量下降。表明铁元素向 MgO 层中扩散，而 MgO 扩散到铁矿粉层，同时，钛元素较难扩散到 MgO 层。

表 2　图 4 中标记点的元素组成

Table 2　Elemental composition of points marked in Fig. 4

点	Fe	Mg	Ti	矿相
a	0.55	45.10	0.05	MgO
b	25.19	41.14	0.31	MgO-FeO
c	53.37	5.69	9.07	钛磁铁矿

一般情况，如果离子半径的差值不超过较小离子半径的 15%，一个离子可以取代另一个离子形成固溶体。从结晶学和矿物学的基本理论可知，在烧结过程中，Mg^{2+}和高铬型钒钛磁铁矿粉在烧结过程中形成$(Mg,Fe)O{\cdot}Fe_2O_3$，Fe^{2+}（0.083nm）和 Mg^{2+}（0.078nm）的离子半径相似，而且化合价相同，因此，Fe^{2+}离子和 Mg^{2+}离子可以相互替代，即在一定的温度条件下，Mg^{2+}离子很容易进入到 FeO_x 晶格当中，形成$(Mg,Fe)O{\cdot}Fe_2O_3$，从而减少磁铁矿晶体缺陷，稳定了磁铁矿和赤铁矿，以防止或减少再氧化的发生。而由于化合价的不同，Ti^{4+}离子需要替换两个 Mg^{2+}离子才能保持局部电中性，所以 Ti^{4+}很难扩散到 MgO 中。

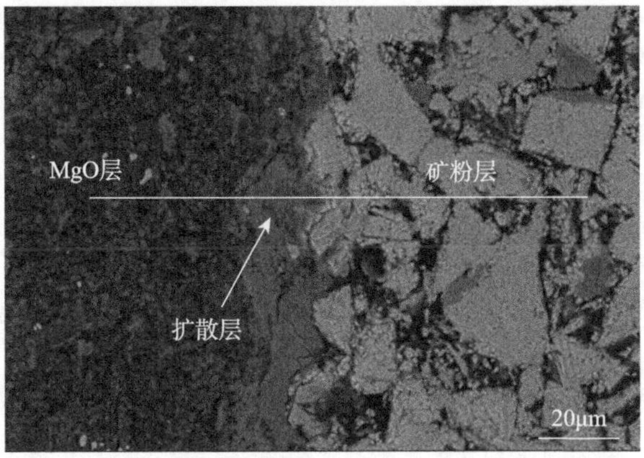

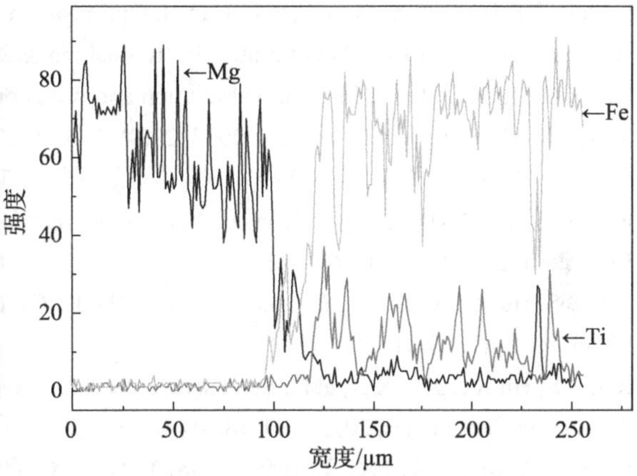

图 5　高铬型钒钛磁铁矿和 MgO 在 1300℃焙烧 4min 样品的 SEM 图和线扫描元素分布曲线

Fig. 5　SEM and line scanning EDS images near the interface between HCVTM and MgO layers in a sample sintered at 1300℃ for 4min

从图 3~图 5 可以看出，随着烧结温度的提升，扩散层的宽度呈现加宽的趋势，从 10μm 升高到了 26μm，主要是随着温度的增加，离子活性升高，有利于扩散的进行。

4　结论

将高铬型钒钛磁铁矿粉与 MgO 纯试剂制作成扩散偶，分别在 1200℃、1250℃、1300℃的空气中焙烧 4min，然后对扩散偶界面进行分析，得出结论：

在烧结温度为 1200℃、1250℃和 1300℃时，扩散层厚度分别为 10μm、13μm 和 26μm，扩散层的宽度呈现加宽的趋势，同时，镁元素和铁元素形成了互扩散，而钛元素很难扩散到 MgO 层。随着温度的增加，离子活性升高，有利于扩散的进行。

参考文献

[1]　Takano C, Zambrano A P, Nogueira A E, et al. Chromites reduction reaction mechanisms in carbon-chromites composite agglomerates at 1773K[J]. ISIJ International, 2007, 47(11): 1585-1589.

[2]　Lu C Y, Zou X L, Lu X G, et al. Reductive kinetics of Panzhihua ilmenite with hydrogen[J]. Transactions of Nonferrous Metals Society of China, 2016, 26(12): 3266-3273.

[3]　Kimura K, Tsukihashi F. Effect of Al_2O_3 and MgO addition on melting behavior of sinter[J]. CAMP-ISIJ, 2004, 17(4): 574-577.

[4] Shen F M, Jiang X, Wu G S. Proper MgO addition in blast furnace operation[J]. ISIJ International, 2006, 46(1): 65-69.

[5] Zhang L H, Yang S T, Tang W D, et al. Investigations of MgO on sintering performance and metallurgical property of high-chromium vanadium-titanium magnetite[J]. Minerals, 2019, 9(5): 324.

[6] Gao Z X, Cheng G J, Xue X X, et al. Property investigations of low-grade vanadium-titanium magnetite pellets with different MgO contents[J]. Steel Research International, 2018, 89(6): 1700543.

[7] Yang S T, Tang W D, Zhou M, et al. Effects of dolomite on mineral compositions and metallurgical properties of chromium-bearing vanadium–titanium magnetite sinter[J]. Minerals, 2017, 7(11): 210.

[8] Zhou M，Yang S T, Jiang T, et al. Influence of MgO in form of magnesite on properties and mineralogy of high chromium, vanadium，titanium magnetite sinters[J]. Ironmaking & Steelmaking, 2015, 42(3): 217-225.

[9] Yadav U S, Pandey B D, Das B K, et al. Influence of magnesia on sintering characteristics of iron ore[J]. Ironmaking & Steelmaking, 2002, 29(2): 91-95.

[10] Umadevi T, Nelson K, Mahapatra P C, et al. Influence of magnesia on iron ore sinter properties and productivity[J]. Ironmaking & Steelmaking, 2009, 36(7): 515-520.

[11] Umadevi T, Brahmacharyulu A, Sah R, et al. Optimisation of MgO addition in low and high silica iron ore sinter to improve sinter reducibility at JSW Steel Limited[J]. Ironmaking & Steelmaking, 2014, 41(4): 270-278.

[12] Ren Z S, Hu X J, Hou X M, et al. Dissolution and diffusion of TiO_2 in the CaO-Al_2O_3-SiO_2 slag[J]. International Journal of Minerals, Metallurgy and Materials, 2014, 21(4): 345-352.

[13] 任中山，胡晓军，郑建超，等. Fe_xO-TiO_2体系的固相反应机理[J]. 工程科学学报, 2015, 37(7): 867-872.
Ren Z S, Hu X J, Zheng J C, et al. Solid state reaction mechanism of the Fe_xO-TiO_2 system[J]. Chinese Journal of Engineering, 2015, 37(7): 867-872.

[14] Ren Z S, Hu X J, Li S Y, et al. Interdiffusion in the Fe_2O_3-TiO_2 system[J]. International Journal of Minerals, Metallurgy, and Materials, 2013, 20(3): 273-278.

[15] Ren Z S, Hu X J, Xue X X, et al. Solid state reaction studies in Fe_3O_4-TiO_2 system by diffusion couple method[J]. Journal of Alloys and Compounds, 2013, 580: 182-186.

[16] 任中山，胡晓军，薛向欣，等. 氩气下 Fe_2O_3-TiO_2 体系的固相反应[J]. 北京科技大学学报, 2014, 36(5): 597-602.
Ren Z S, Hu X J, Xue X X, et al. Solid state reaction of the Fe_2O_3-TiO_2 system in argon[J]. Journal of University of Science and Technology Beijing, 2014, 36(5): 597-602.

喷吹转炉放散炉气对含铬型钒钛磁铁矿高炉冶炼的影响

宋翰林[1,2,3]　程功金[1,2,3]　刘建兴[1,2,3]　张金鹏[1,2,3]　薛向欣[1,2,3]

（1. 东北大学冶金学院，辽宁沈阳 110819；2. 辽宁省冶金资源循环科学重点实验室，辽宁沈阳 110819；3. 东北大学钒钛产业技术创新研究院，辽宁沈阳 110819）

摘　要：在“碳中和”和“碳达峰”的节能减排背景下，转炉炼钢过程中被放散的副产炉气造成的巨大碳排放和热能损失等问题亟待解决。本文结合转炉放散炉气的一般成分、物化特性及热能价值，重点研究了转炉放散炉气喷吹对含铬型钒钛磁铁矿高炉冶炼的软熔滴落、有价元素迁移、含钛高炉渣的熔点熔速等过程的影响。研究表明，随着转炉放散炉气中 CO_2 含量从 0%增加到 30%，软化开始温度 T_4 及熔化开始温度 T_s 均呈上升趋势，软化区间[T_{40}~T_4]及熔化区间[T_d~T_s]则均呈下降趋势，有利于钒钛高炉的生产和操作，且软熔带的透气性也得到了改善，滴落铁中 V 和 Cr 的含量也有明显升高，含钛高炉渣的熔点熔速及润湿角测试结果也显示有利于渣铁分离和提高渣相高温流动性的趋势。

关键词：含铬型钒钛磁铁矿；转炉放散炉气；软熔滴落；高炉

Effects on Blast Furnace Smelting of Chromia-Bearing Vanadiferous Titanomagnetite with Abandoned Basic Oxygen Furnace Gas Injection

Song Hanlin[1,2,3]　Cheng Gongjin[1,2,3]　Liu Jianxing[1,2,3]　Zhang Jinpeng[1,2,3]　Xue Xiangxin[1,2,3]

(1. School of Metallurgy, Northeastern University, Shenyang 110819, China;
2. Liaoning Key Laboratory of Recycling Science for Metallurgical Resources, Shenyang 110819, China;
3. Northeastern University Innovation Research Institute of Vanadium and Titanium Resource Industry Technology, Shenyang 110819, China)

Abstract: Under the background of energy conservation and emission reduction of "carbon neutralization" and "carbon peaking", the huge carbon emissions and heat loss caused by the by-product furnace gas released during steelmaking in the basic oxygen furnace (BOF) need to be solved urgently. Combined with the general composition, physical and chemical characteristics and thermal energy value of the abandoned BOF gas, this paper focuses on the study of the effects of the abandoned BOF gas injection on the process of softening-melting-dripping, migration of valuable elements, melting point and rate of the Ti-bearing blast furnace slag. The research shows that with the increase of CO_2 content in the abandoned BOF gas from 0% to 30%, the softening start temperature T_4 and the melting start temperature T_s show an upward trend, while the softening range [T_{40}-T_4] and the melting range [T_d-T_s] show a downward trend, which is conducive to the production and operation of the blast furnace for vanadiferous titanomagnetite smelting. The permeability of the softening zone has also been improved. The content of V and Cr in the dripped iron has also been significantly increased. The results of melting point, melting rate and contact angle of

基金项目：国家自然科学基金（51674084，ZX20200031，2017YFB0304304）资助。
作者简介：薛向欣，东北大学冶金学院，二级教授；多年致力于冶金特色优势资源综合利用及大宗固体废物再资源化研究、高炉冶炼高钒高铬型钒钛磁铁矿高效清洁综合利用等多项关键技术研究；E-mail: xuexx@mail.neu.edu.cn。

Ti-bearing blast furnace slag also show that it is beneficial to the separation of slag and iron and the improvement of high temperature fluidity.
Key words: chromia-bearing vanadiferous titanomagnetite; abandoned basic oxygen furnace gas; softening-melting-dripping test; blast furnace

1 引言

大多数国家在过去一年宣布了二氧化碳排放达到峰值和实现碳中和的目标年份[1]。控制钢铁生产中的二氧化碳排放和降低能源消耗是实现上述要求的关键目标[2]。根据中国金属学会和宝钢的统计估算，转炉（BOF）、高炉（BF）和焦炉（COF）的炉气平均放散率分别为 34%、7.23%和 4.59%。未达到回收条件而被点燃放散的转炉炉气被长期忽略了。根据生产数据统计，一个炼钢循环排出的转炉炉气约为 12500Nm^3，吨钢炉气热能损失约相当于 7.12kg 标准煤，主要含有 CO、CO_2、N_2 和少量的 O_2、CH_4 和 H_2，成分简单，比较纯净。主要成分的体积分数接近企业炉气回收规范标准的下限（CO≤40%，CO_2<30%，O_2<1.5%）。目前转炉放散炉气的处理方法仅限于余热回收和点燃放散，这无疑造成了大量的碳排放和热能浪费。许多研究试图通过二氧化碳捕获[3]、发电和合成[4]来解决这一问题，本文基于钢铁冶金生产路径中能量流和物质流的迁移规律和需求配置，提出了符合能量耗散规律的“迟滞排放”概念，将转炉放散炉气作为大规模工业生产环节的原材料之一进行回收并资源化再利用于高炉冶炼等生产环节中[5-10]。

在一般的高炉冶炼中，可以认为 N_2 极其有限地参与炼铁反应，所以普遍采用热空气作为廉价的鼓风原料。然而，在含铬型钒钛磁铁矿的高炉冶炼过程中，高比例的 TiO_2 可被焦炭和 N_2 有效地还原为碳化钛（TiC）和氮化钛（TiN），产生熔点和黏度较高的炉渣[11,12]。而使用 O_2 含量高 N_2 较低的富氧喷吹又会造成炉缸温度过高，也会极大地促进碳化钛和氮化钛的生成。由于转炉炉气的温度可高达 1400~1600℃，因此，喷吹含适当比例的 CO_2 的转炉放散炉气，理论上可以实现“物理热、化学冷”的钒钛高炉操作环境，且有效抑制碳化钛及氮化钛的生成，改善含钛高炉渣的高温物化特性和软熔滴落性能。

基于上述研究背景，本文详细研究了喷吹转炉放散炉气对含铬型钒钛磁铁矿的软熔滴落等过程的影响。

2 试验原料及方法

2.1 原料制备及成分

本文中使用的含铬型钒钛磁铁矿来自四川攀枝花红格南部地区。通常钒钛磁铁矿高炉冶炼的炉料结构是由酸性球团和高碱度烧结矿组成，最合适的炉料碱度（R=CaO/SiO_2）在 0.9~1.2 范围内。因此在本实验中，将碱度分别为 0.19 的酸性球团和 1.90 的碱性烧结矿以 0.852：1 的比例混合为碱度 1.1 的试验用炉料，钒钛磁铁矿原矿、酸性球团和高碱度烧结矿的化学成分如表 1 所示。球团的制备主要包括生球制备、烘干、预焙烧、高温焙烧这四个过程。首先在圆盘造球机中得到直径在 8~12mm 左右的生球，再使用烘箱在 105±5℃的温度下充分而均匀地干燥，然后分别在 925±25℃的温度下进行预焙烧 15min、在 1225±25℃的温度下进行高温氧化焙烧 20min 后得到实验所用酸性球团。另外，烧结矿的制备包括混料、焖料、造球、烧结、冷却、破碎等过程，其中烧结负压为 10kPa，点火温度为 1100℃。

表 1　原料成分

Table 1　Chemical compositions of the materials

实验材料	TFe	CaO	MgO	SiO_2	Al_2O_3	TiO_2	V_2O_5	P	Cr_2O_3
原矿粉	53.350	0.960	3.330	4.710	2.820	11.600	1.143	0.020	0.810
球团矿	52.822	0.991	3.326	5.108	2.920	11.485	1.131	0.020	0.802
烧结矿	46.669	9.540	3.324	5.016	2.920	10.145	0.975	0.019	1.003

2.2　试验方法

铁矿石软熔滴落性能测试装置如图 1 所示。含铬型钒钛磁铁矿软熔滴落性能的测试流程主要包括装配样品、气密性测试、设定升温和气体控制程序、测试数据和样品采集。首先，将测试样品（500g±1g）和冶金焦炭（100g±1g）按照焦炭（50g）—测试样品（500g）—焦炭（50g）的层次从下到上装入石墨坩埚中。然后将石墨坩埚固定于设备中的石墨套筒上，经过气密性测试和热电偶、水冷设备等配件的安置后，设置升温和气体控制程序，具体反应条件如图 2 所示。其中，反应气氛通过质量流量控制计控制，控制 CO 的注入体积比为 30%，CO_2 的注入体积比分别为 0%、10%、20%、30%，其余比例气体为 N_2。测试结束后得到温度、压差、收缩率、滴落质量等特征点参数的试验数值，分别保留试验坩埚内的残留物和滴落物以用于后续表征和分析，试验流程如图 3 所示。

由于测试设备不可透视，因此难以直接观察坩埚内钒钛磁铁矿的“软化—熔化—滴落”过程。因此，以下特征点参数用于评估软熔滴落性能。

T_4：软化开始温度，测试样品收缩率为 4%时的温度；

T_{40}：熔化结束温度，测试样品收缩率为 40%时的温度；

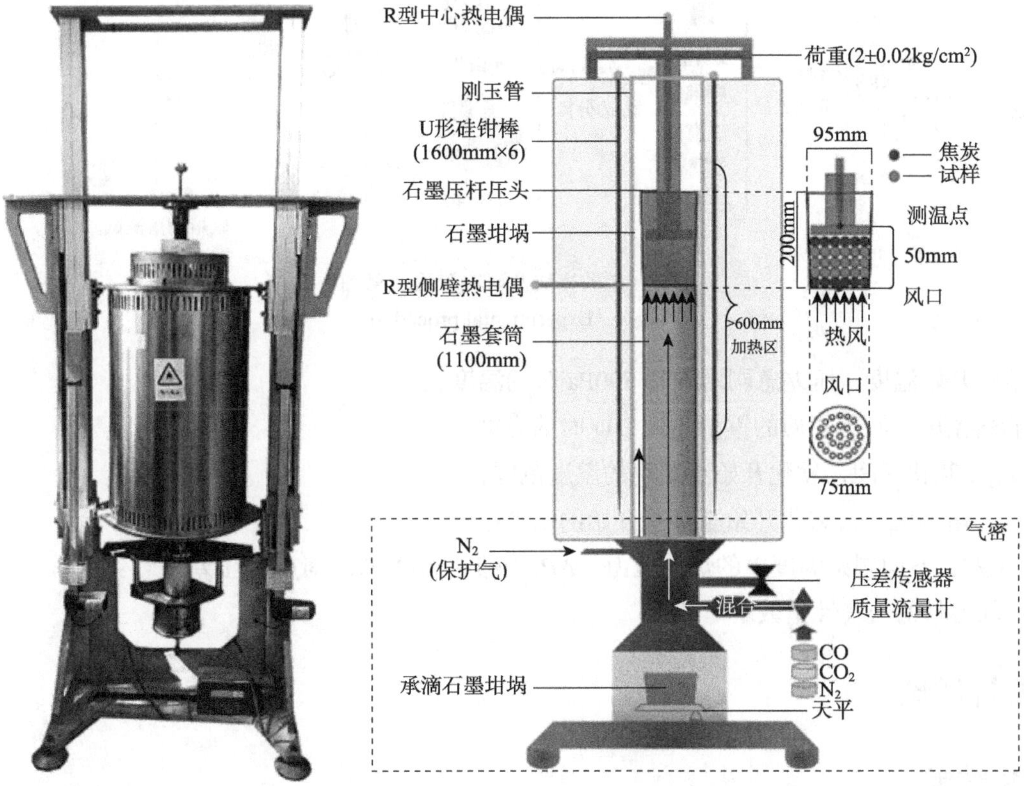

图 1　软熔滴落性能测试设备

Fig.1　Equipment for the softening-melting-dripping test

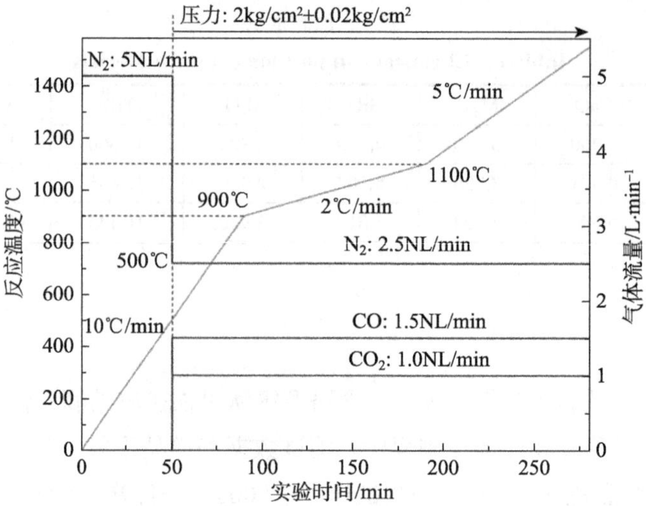

图 2　软熔滴落性能测试条件

Fig.2　Conditions for the softening-melting-dripping test

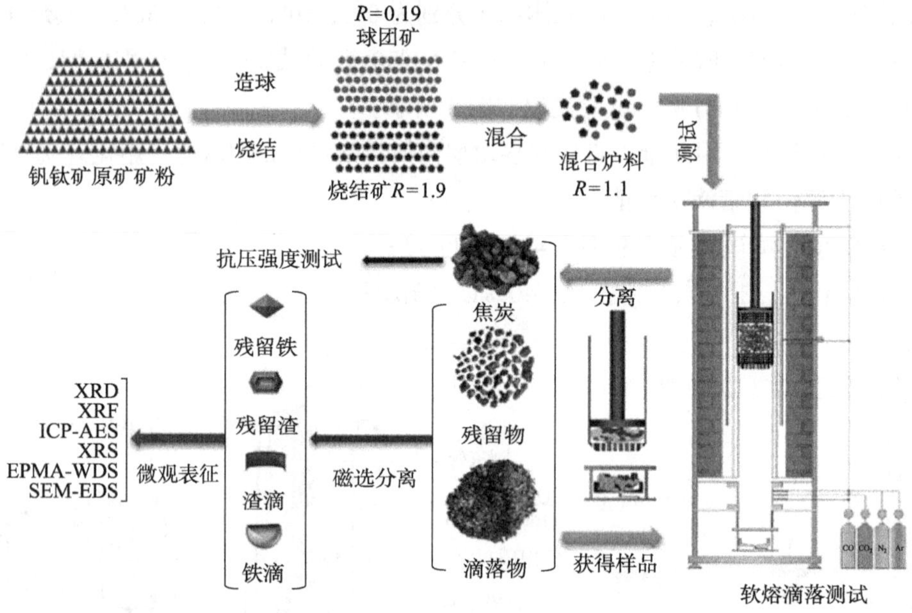

图 3　试验方法及研究流程示意图

Fig.3　Experimental procedure

T_s：熔化开始温度，压差急剧增加到 500Pa 时的温度；

T_d：滴落温度，滴落物质的重量达到 20g 时的温度；

[T_{40}~T_4]：软化区间，软化开始至结束的温度范围；

[T_d~T_s]：熔滴区间，熔化开始至滴落开始的温度范围；

ΔP：压差，不同测试温度下的炉内压力，ΔP_s 为熔化温度 T_s 时对应的压差；

S 值：软熔带的透气性指数。

3　结果与讨论

3.1　软化性能

图 4 显示了反应气氛对含铬型钒钛磁铁矿软化性能的影响。随着反应气氛中 CO_2 含量的增加，软化

开始温度 T_4 从 1092℃升高至 1115℃，而软化终止温度 T_{40} 从 1213℃升高至 1219℃，软化区的温度范围 $[T_{40}\sim T_4]$ 从 121℃降至 104℃。通常认为，软化行为主要取决于物料颗粒表面上铁壳的厚度，这与气-固反应的还原度相关，即还原的铁壳厚度与炉料的变形呈负相关关系。因此可以推测，虽然反应气氛中的 CO 分压是永久性的，但是随着反应气氛中 CO_2 的分压增加，其与焦炭的气化反应变得更剧烈，这导致还原气中的 CO 分压增加，并且在炉料颗粒在软化之前，颗粒表面的氧化铁几乎被还原为金属铁壳。因此，铁壳的厚度增加，这引起炉料颗粒的机械抗压强度增加，导致软化开始温度 T_4 增加。另外，狭窄的软化区间反映了更有利于生产的透气性和直接还原反应。但是，由于炉膛中炉料变形程度及液相仍然很小，认为该阶段反应气氛对透气性的影响很小。

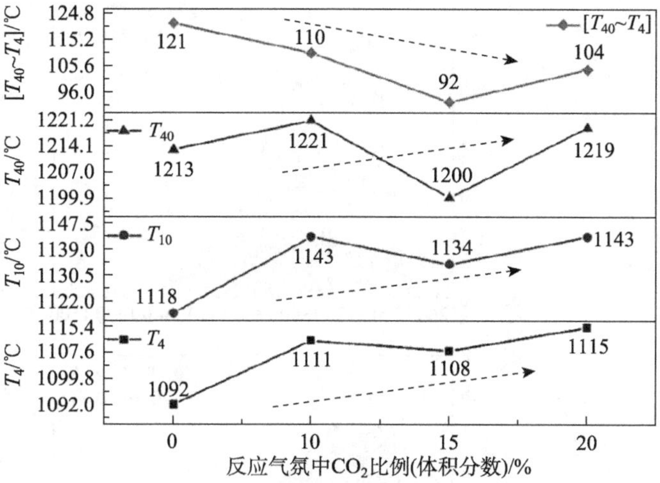

图 4　炉料软化性能变化

Fig.4　Softening performance

3.2　熔滴性能

反应气氛对含铬型钒钛磁铁矿熔滴性能的影响如图 5 所示。随着反应气氛中 CO_2 含量的增加，熔化温度 T_s 先从 1279℃升高至 1287℃，滴落温度 T_d 从 1503℃降到 1486℃，熔滴区间 $[T_d\sim T_s]$ 的温度范围从 224℃降到 199℃。另外，软熔带变窄同时其位置下降，这意味着软熔带的熔化性能和透气性均得到了改善。

含铬型钒钛磁铁矿还原产生的熔渣的熔点特性决定了炉料的熔点 T_s。过量的 TiO_2 被还原为高熔点的碳氮化钛，导致炉渣的熔化温度 T_s 升高。反应气氛中适当的 CO_2 含量会增加炉渣-铁界面的氧势，抑制 TiO_2 的过度还原反应，并降低 N_2 的分压，从而减少氮化物的形成。因此，碳氮化物的减少直接导致熔化温度 T_s 降低。当 CO_2 增加到 30%时，焦炭气化反应加剧，提高了焦炭表面的活性，并且促进了碳化物的形成，从而稍微提高了熔渣的熔化温度 T_s。另外，由于焦炭表面的活化而加速了铁水的渗碳过程，使得铁水更快地滴落，并且由于炉渣中高熔点碳氮化物的减少而降低了炉渣的黏度，从而使渣铁分离效果得到改善。因此，铁水的滴落速度增加，这从滴落温度 T_d 的降低可以反映出来。

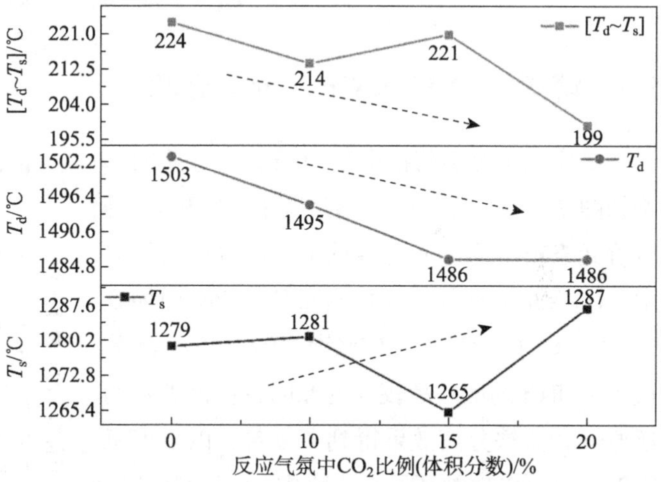

图 5　炉料熔化-滴落性能变化

Fig.5　Melting-dripping performance

为了评估软熔带的透气性，一般使用公式（1）计算透气性指数 S 值。S 值越小，软熔带中炉料的透气性越好。反应气氛对透气性的影响如图 6 所示。S 值从 2223.4 降低到 1774.85，这表明由于炉渣的黏度随着炉渣中碳氮化物的减少而降低，炉料的透气性得到了改善[11-12]。

$$S=\int_{T_s}^{T_d}\left(\Delta P-\Delta P_s\right)\mathrm{d}T \tag{1}$$

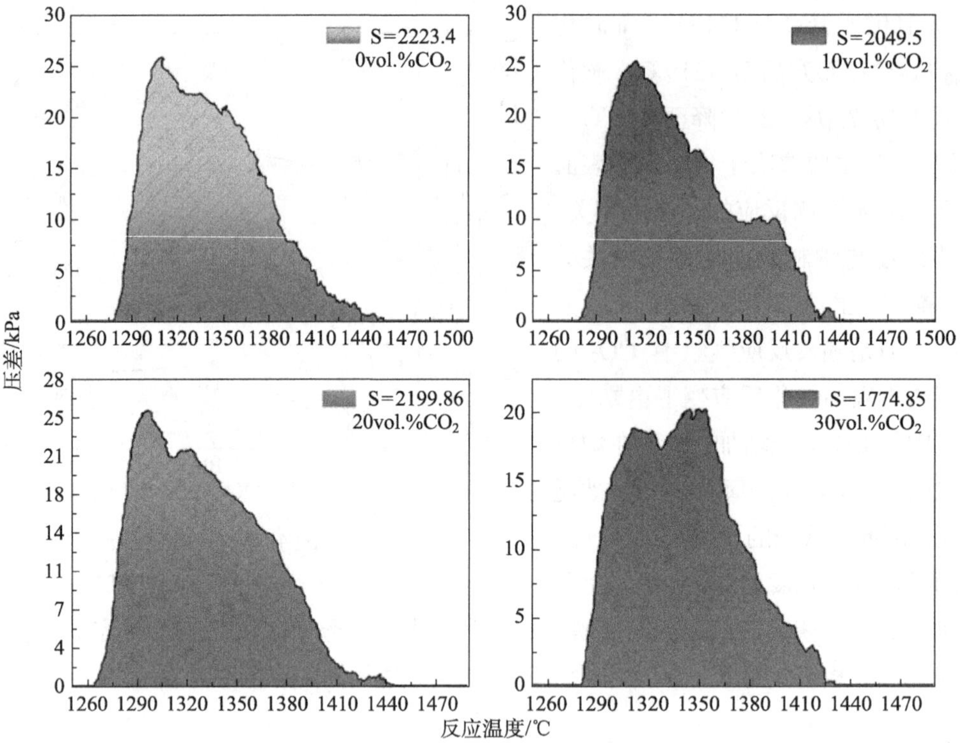

图 6　软熔带透气性指数

Fig.6　Gas permeability of cohesive zone

3.3　滴落铁中 V 和 Cr 的元素迁移

反应气氛对滴落铁中V和Cr元素迁移的影响如图 7 所示。在软熔滴落过程中，V 和 Cr 等有价元素被还原进入滴落铁中。随着反应气氛中 CO_2 含量的增加，V 的含量从 0.55%增加到 0.72%，Cr 的含量从 1.03%增加到 1.4%。滴落铁中V和Cr的回收率较高的原因主要是炉料的还原性和渣铁分离效果得到了改善，以至于钒铬氧化物更多地被还原至铁水中，V 和 Cr 的回收率也随之增加。

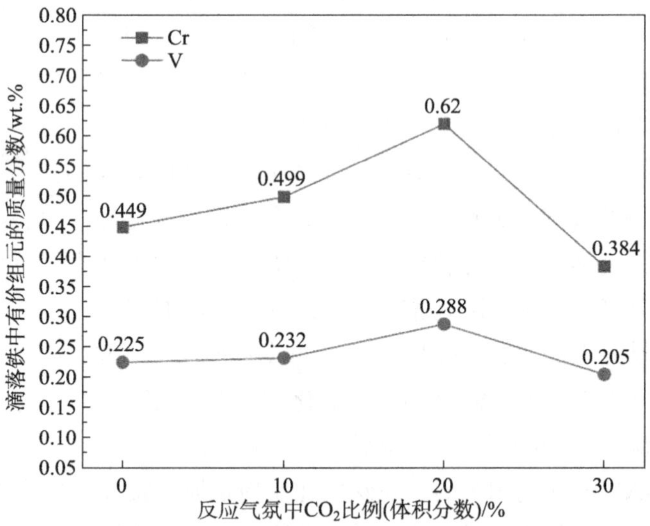

图 7　滴落铁中 V 和 Cr 的含量变化

Fig.7　Contents of V and Cr in the dripped iron

3.4　含钛高炉渣成分及形貌表征

含钛高炉渣的成分组成极大程度地影响了上述软熔滴落的测试性能。残留渣、滴落渣及滴落铁的 XRD 成分分析分别如图 8~图 10 所示。结果表明了含钛高炉渣在残留物和滴落物中的化合物组成不同，含钛化合物主要是以钛氧化物、钛酸盐及碳氮化钛的形式存在。大量的碳氮化钛主要在软熔带中伴随着初渣的形成而产生，使得黏度增加的含钛高炉渣趋于黏附于炉缸内壁上，缓慢地随着炉料的下行而下行，而低熔点的硅酸盐等渣相则随着铁水的流动穿过焦炭层最终滴落进入到炉缸底部，导致高炉中不同部位产生的渣相的组成有明显差异，图 8 所示的残留渣中显示存在碳氮化钛、钙钛矿、FeO_x、铝酸镁、低价钛氧化物、黑钛石渣系及钙镁硅酸盐渣系；而图 9 所示的滴落渣中，主要为钙钛矿、钛酸镁及钙系硅酸盐，未检测出碳氮化钛存在；图 10 所示滴落铁并没有发现达到检测限的碳氮化钛物相，其组成较为纯净，主要是 Fe、C 及渗碳铁相。

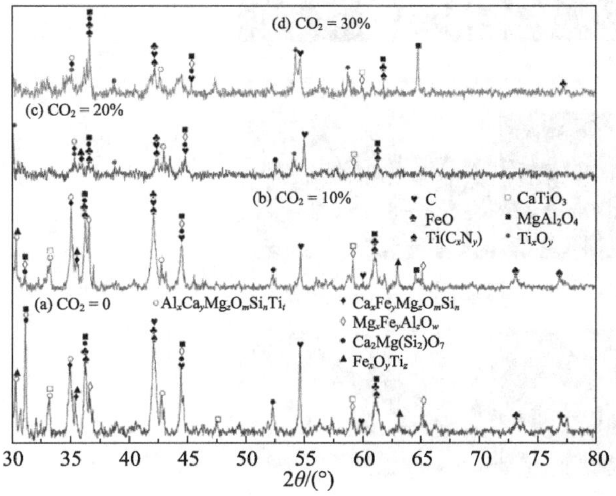

图 8　残留渣的 XRD 成分分析

Fig.8　XRD analysis of the residual slag

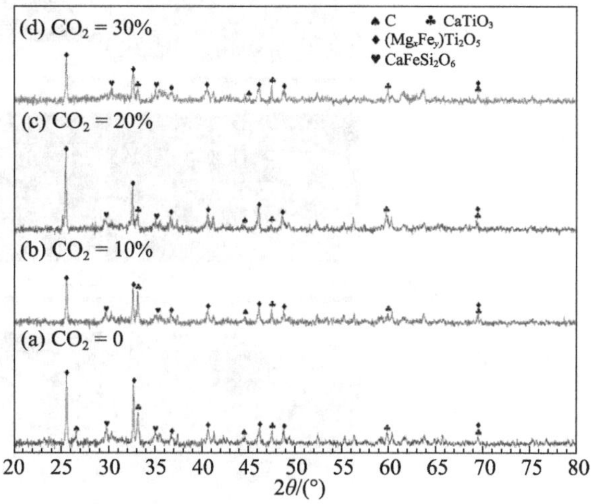

图 9　滴落渣的 XRD 成分分析

Fig.9　XRD analysis of the dripped slag

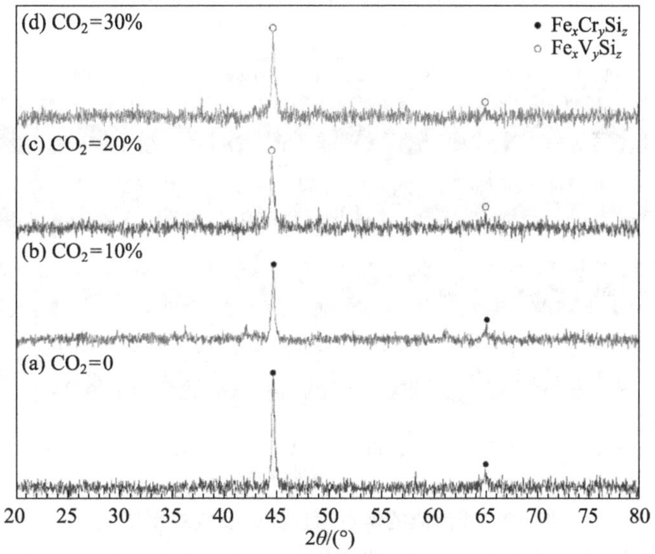

图 10　滴落铁的 XRD 成分分析

Fig.10　XRD analysis of the dripped iron

3.5　含钛高炉渣熔点熔速及润湿角

对于含钛高炉渣的残留渣和滴落渣的熔点熔速测试结果分别如图 12 和图 13 所示。炉渣熔化收缩率为 50%和 75%时的温度分别定义为熔点和熔化性温度，这意味着它们分别具有初始流动性和完全流动性的特征。当 CO_2 体积分数从 0%增加至 30%时，残留渣在不同的收缩率下的熔化温度均保持先增加后下降的趋势，但整体上保持了下降的结果，残留渣的熔点 1230.5℃（0% CO_2）逐渐增加至了 1267℃（10% CO_2）和 1275.5℃（20% CO_2），随后降低至了 1257.9℃（30% CO_2），最高温差达到了 45℃，此外，残留渣的完全熔化温度从 1288.1℃（0% CO_2）增加至了 1315℃（10% CO_2）和 1309.9℃ （20% CO_2），然后降低至了 1303.6℃（30% CO_2），最高温差达到了 26.9℃。相反地，根据图 13 所示的，滴落渣在不同收缩率下的温度保持了先下降后上升的趋势，且整体上保持了大幅的增长，滴落渣的熔点从 1256.2℃（0%

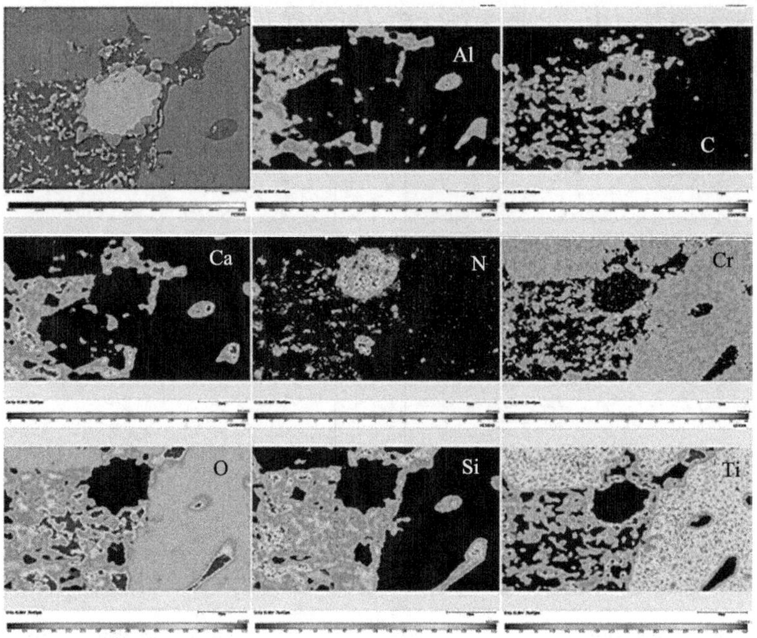

图 11　残留渣的 EPMA-WDS 表征分析

Fig.11　EPMA-WDS analysis of the residual slag

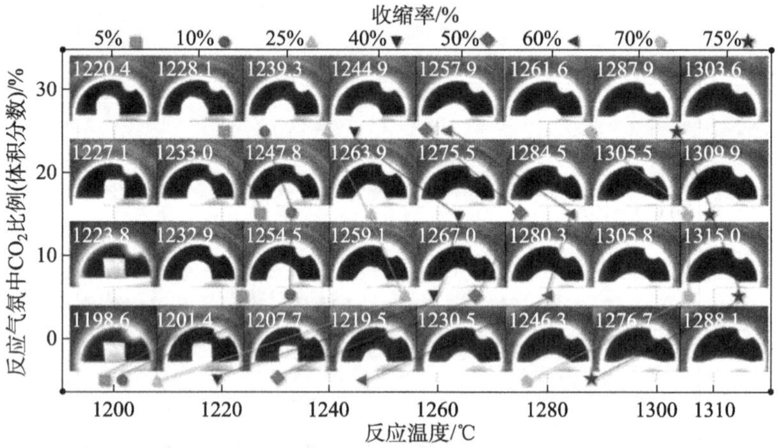

图 12　残留渣的熔点熔速测试及收缩率变化

Fig.12　Shrinkage and melting temperature of the residual slag

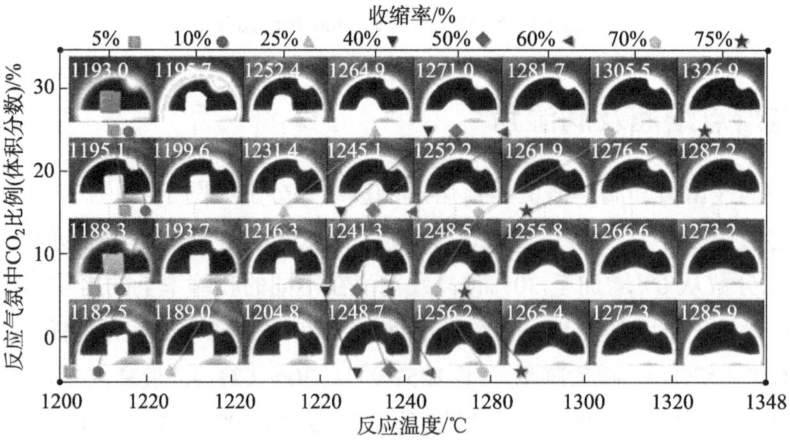

图 13　滴落渣的熔点熔速测试及收缩率变化

Fig.13　Shrinkage and melting temperature of the residual slag

CO_2）降低至了 1248.5℃（10% CO_2），然后增加到了 1252.2℃（20% CO_2）和 1271℃（30% CO_2），最高温差达到了 22.5℃，此外，滴落渣的完全熔化温度从 1285.9℃（0% CO_2）降低至了 1273.2℃（10% CO_2），然后增加至了 1287.2℃（20% CO_2）和 1326.9℃（30% CO_2），最高温差达到了 53.7℃。

如图 14 和图 15 所示分别为含钛高炉渣的残留渣和滴落渣的润湿角，均为收缩率为 50%时的图像，随着 CO_2 体积分数的增加，残留渣的润湿角从 44.25°（0% CO_2）逐渐升高至了 48.83°（10% CO_2）和 50.97°（20% CO_2），随后降低至了 47.33°（30% CO_2），并且收缩率为 75%时的接触角反映了其表面张力的明显增加。滴落渣的润湿角从 47.01°（0% CO_2）逐渐升高至了 49.92°（10% CO_2），再逐渐减小至了 48.41°（20% CO_2）和 48.51°（30% CO_2），这表明残留渣和滴落渣的表面张力随着 CO_2 体积分数的增加而升高了，可以推测是含钛高炉渣中的 TiN 的质量分数减少，同时高价态的 TiO_2 的质量分数增加，TiO_2 本身可以一定程度上促进含钛高炉渣的熔化。上述结果与软熔滴落性能测试的软化、熔化和滴落温度的变化趋势是一致的。

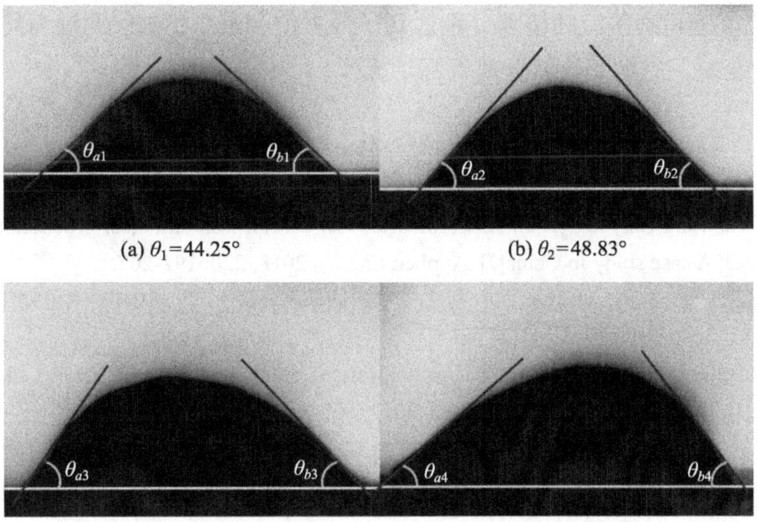

(a) θ_1=44.25°　(b) θ_2=48.83°

(c) θ_3=50.97°　(d) θ_4=47.33°

图 14　残留渣的润湿角变化

Fig.14　Contact angle of the residual slag

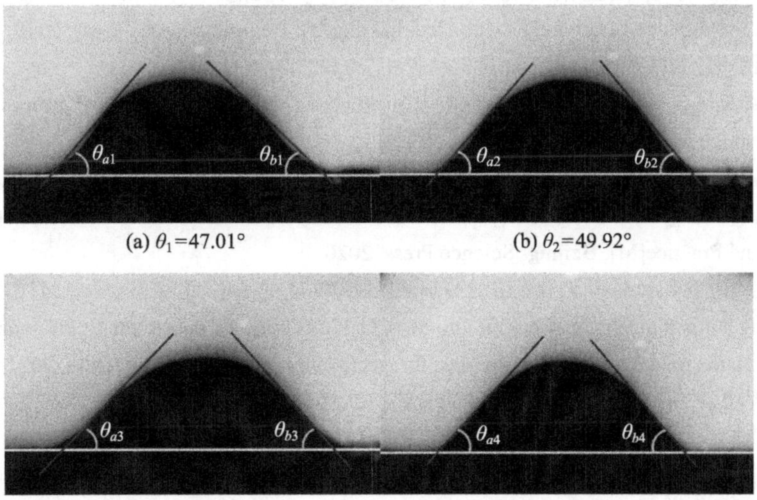

(a) θ_1=47.01°　(b) θ_2=49.92°

(c) θ_3=48.41°　(d) θ_4=48.51°

图 15　滴落渣的润湿角变化

Fig.15　Contact angle of the dripped slag

4 结论

（1）随着反应气氛中 CO_2 含量从 0%增加到 30%，软化开始温度 T_4 从 1092℃增加到 1115℃，软化区间[T_{40}~T_4]的温度范围从 121℃降低到 104℃，有利于炉料的“气-固还原反应”和保持高炉操作的稳定性。另外，熔化开始温度 T_s 从 1279℃升高到 1287℃，熔滴区间[T_d~T_s]的温度范围从 224℃降低到 199℃，这有利于高炉操作和改善软熔带的透气性。

（2）随着反应气氛中 CO_2 含量从 0%增加到 30%，指标 S 值降低，表明软熔带的透气性有所改善。同时，铁滴落率从 62.36%增加到 69.76%，这表明渣铁分离的效果也有所改善。

（3）随着反应气氛中 CO_2 含量从 0%增加到 30%，滴落铁中 V 和 Cr 的含量显著增加。当 CO_2 含量为 30%时，V 和 Cr 的含量分别为 0.72 wt.%和 1.4 wt.%，为在本研究条件下进行的测试中获得的最高值。

（4）通过对软熔滴落测试后得到的含钛高炉渣的残留渣和滴落渣分别进行熔点熔速和高温润湿角的测试，可以发现转炉放散炉气的参与下，含钛高炉渣的高温物化特性发生了明显的变化，在 CO_2 含量为 10%~20%的范围内残留渣和滴落渣的熔点分别达到了最大值和最小值，但润湿角均趋于增加，这意味着含钛高炉渣的润湿性变差，有助于渣铁分离等高炉操作。

参考文献

[1] Chen Qianqian, Gu Yu, Tang Zhiyong, et al. Assessment of low-carbon iron and steel production with CO_2 recycling and utilization technologies: A case study in China[J]. Applied Energy, 2018, 220: 192-207.
陈倩倩，顾宇，唐志勇，等. 利用二氧化碳回收利用技术评估低碳钢铁生产：中国案例研究[J]. 应用能源，2018，220: 192-207.

[2] Zhang Weishi, David Stern, Liu Xianbing, et al. An analysis of the costs of energy saving and CO_2 mitigation in rural households in China[J]. Journal of Cleaner Production, 2017, 165:734–745.
张卫石，大卫·斯特恩，刘先兵，等. 中国农村家庭节能减排成本分析[J]. 清洁生产, 2017, 165: 734-745.

[3] Zhang Zhien, Wang Tao, Martin J Blunt, et al. Advances in carbon capture, utilization and storage[J]. Applied Energy, 2020, 278:115627.
张志恩，王涛，马丁 J. 布朗特，等. 碳捕获、利用和储存的研究进展[J]. 应用能源, 2020, 278: 115627.

[4] Neeraj, Shashikant Yadav. Carbon storage by mineral carbonation and industrial applications of CO_2[J]. Materials Science for Energy Technologies, 2020(3): 494–500.
内拉吉，沙希坎·亚达夫. 矿物碳化碳储存和 CO_2 的工业应用[J]. 能源技术材料科学, 2020(3): 494-500.

[5] Zhu Rong. Theory and Practice of Carbon Dioxide Steelmaking[M]. Beijing: Science Press, 2019.
朱荣. 二氧化碳炼钢理论与实践[M]. 北京：科学出版社, 2019.

[6] Wang Haijuan, Zhu Rong, Wang Xueliang, et al. Utilization of CO_2 in metallurgical processes in China[J]. Mineral Processing and Extractive Metallurgy, 2017, 126: 47–53.
王海娟，朱荣，王学良，等. 中国冶金过程中 CO_2 的利用[J]. 矿物加工和提取冶金, 2017, 126: 47-53.

[7] Xue Xiangxin, Yang Songtao, Zhang Yong. Blast Furnace Process Smelting Chromium-containing Vanadia-titania Magnetite: Theory and Practice[M]. Beijing: Science Press, 2020.
薛向欣，杨松涛，张勇. 含钒钛磁铁矿冶炼铬的高炉法：理论与实践[M]. 北京：科学出版社, 2020.

[8] Song Hanlin, Zhang Jinpeng, Cheng Gongjin, et al. CO_2 injection improves the high-temperature performances of Cr-bearing vanadia-titania magnetite smelting in blast furnace[J]. Journal of CO_2 Utilization, 2021, 43: 101363.
宋翰林，张金鹏，程功金，等. 高炉喷吹 CO_2 改善含铬钒钛磁铁矿冶炼的高温性能[J]. 二氧化碳利用杂志，2021，43: 101363.

[9] Song Hanlin, Zhang Jinpeng, Cheng Gongjin, et al. The effect of abandoned basic oxygen furnace gas blowing on the softening-melting-dripping performance of full high Cr-bearing vanadia-titania magnetite pellets[J]. Steel Research International, 2020, 91(3): 1900501.
宋翰林，张金鹏，程功金，等. 废弃碱性氧气炉吹气对全高铬钒钛磁铁矿球团软熔滴性能的影响[J]. 国际钢铁研究，

2020, 91(3): 1900501.
[10] Song Hanlin, Zhang Jinpeng, Cheng Gongjin, et al. Study on the high-temperature properties of high-titania slags produced with Cr-bearing vanadia-titania magnetite smelting in blast furnace[J]. Surfaces and Interfaces, 2020, 21: 100767.
宋翰林, 张金鹏, 程功金, 等. 含铬钒钛磁铁矿高炉冶炼高钛渣的高温性能研究[J]. 表面与界面, 2020, 21: 100767.
[11] Cheng Gongjin, Xue Xiangxin, Jiang Tao, et al. Effect of TiO_2 on the crushing strength and smelting mechanism of high-chromium vanadium-titanium magnetite pellets[J]. Metallurgical and Materials Transactions B, 2016, 47: 1713–1726.
程功金, 薛向欣, 姜涛, 等. TiO_2对高铬钒钛磁铁矿球团破碎强度和冶炼机理的影响[J]. 冶金与材料通讯 B, 2016, 47: 1713-1726.
[12] Du Hegui. Principle of Smelting Vanadium-titanium Magnetite[M]. Beijing: Science Press, 1996.
杜鹤桂. 钒钛磁铁矿冶炼原理[M]. 北京: 科学出版社, 1996.

提高钒钛烧结矿质量的技术研究与应用

陈 波

（四川省达州钢铁集团有限责任公司，四川达州 635002）

摘 要： 钒钛磁铁矿 TFe 较低、TiO_2 高达 11%，同时还含有较高的 Al_2O_3 和 MgO，TiO_2 和 Al_2O_3 都属于高熔点物质，特别是 TiO_2 在烧结过程中极易与 CaO 结合生成钙钛矿，影响烧结矿质量。达州钢铁从钒钛磁铁矿的矿物组成、烧结性能和控制合理的烧结矿成分等多方面入手，开展提高钒钛烧结矿质量的技术研究，将烧结矿转鼓指数提高到 75%、$RDI_{+3.15mm}$ 提高到 50%获得了较好的钒钛烧结矿质量指标。

关键词： 研究；提高；钒钛烧结矿；质量

Technology Research and Application of Improving the Quality of Vanadium-titanium Sinter

Chen Bo

(Sichuan Dazhou Iron and Steel Group Co., Ltd., Dazhou 635002, China)

Abstract: Vanadium titanium magnetic iron ore has low TFe, but the TiO_2 is up to 11%, and it also contains high Al_2O_3 and MgO. TiO_2 and Al_2O_3 are both high melting point substances. In addition, TiO_2 is easily combined with CaO to form perovskite during sintering, which affects the quality of sinter. By starting from the mineral composition, sintering performance and reasonably controlled sinter composition of vanadium-titanium magnetic iron ore, etc, the technical staff have carried out technical research on improving the quality of vanadium-titanium sinter, and successfully made the sinter drum index increase to 75%, and the $RDI_{+3.15mm}$ to 50%, which obtained a better quality index of vanadium-titanium sinter.

Key words: research; improve; vanadium-titanium sinter; quality

1 引言

四川攀西地区有丰富的钒钛磁铁矿资源，但受磨矿、选矿等工艺限制，通常情况下钒钛磁铁精粉 TFe 只有 55%~56%左右、TiO_2 高达 11%，同时还含有较高的 Al_2O_3 和 MgO，TiO_2 和 Al_2O_3 都属于高熔点物质，特别是 TiO_2 在烧结过程中极易与 CaO 结合生成钙钛矿，影响烧结矿质量，为改善烧结矿质量，达州钢铁开展了提高钒钛烧结矿质量的技术研究并运用到生产实践中，将烧结矿转鼓指数提高到 75%、$RDI_{+3.15mm}$ 提高到 50%，烧结矿质量明显提高，为高炉稳定顺行创造了良好的原料条件。

作者简介：陈波，四川省达州钢铁集团有限责任公司，工程师；从事铁矿粉烧结方向的研究，获得授权实用新型专利 5 个；E-mail: chenbohei@163.com。

2　开展攀西钒钛粉基础性能研究

2.1　物理化学性能特点（表1、表2）

表1　攀西地区钒钛矿成分

矿区	TFe	SiO_2	CaO	MgO	S	P	Al_2O_3	V_2O_5	TiO_2	–200目
龙蟒	56.5	3.43	0.72	3.49	0.505	0.006	3.29	0.647	10.69	66.17
太和	54.9	5.07	1.04	3.37	0.385	0.017	4.29	0.667	10.67	68.55
青杠	54.9	5.65	1.44	3.53	0.396	0.029	4.56	0.638	9.79	69.3

表2　攀西地区钒钛磁铁矿主要矿物组成

物相组成	钛铁矿 $FeO·TiO_2$	钛磁铁矿 $FeO(Fe,Ti)_2O_3$	钛赤铁矿 $(Fe,Ti)_2O_3$	硅酸盐相	尖晶石 $MgO·SiO_2$	硫化物
体积分数/%	5~7	69~72	—	16~19	2~4	2~4
粒径/mm	—	0.02~0.17	—	—	—	0.004~0.007

攀西钒钛磁铁矿粒级较粗，–200目的比例只有66%~70%，普遍稳定在65%~69%、≥70%的比例较少，其矿物主要由钛磁铁矿、钛铁矿、硅酸盐相、尖晶石构成，从钒钛磁铁矿的粒级形态来看，主要有不规则三角形、四边形、细条形、多边形外貌结构。

从钒钛磁铁矿的矿物组成来看，钒钛磁铁矿属于亲水性较差的矿粉，同时因其外貌特征，决定了钒钛磁铁矿的表面光滑不易黏附细颗粒，成球性较差。

2.2　钒钛烧结矿的成矿特点

攀西钒钛磁铁矿的主要成分为钛磁铁矿，其熔点较高为1495℃；而烧结料中低熔点物质的熔点一般为1205~1300℃；因钒钛磁铁矿的加入，使烧结料初熔、融化温度升高，使用钒钛磁铁矿时烧结料的熔点提高到1280~1300℃，不利于早期液相的生成而影响混合料的烧结性能。

2.3　钒钛烧结矿的生产特点

攀西钒钛磁铁矿是一种矿物组成复杂的矿石，而且由于TiO_2、Al_2O_3含量较高，烧结液相流动性和液相润湿性较差，要提高液相流动性和润湿性，就要有必要的高温保持时间，这就对烧结机速度、料层厚度等操作参数的匹配和控制更加精益求精。

根据相关资料，攀西钒钛磁铁矿烧结主要有“两高、两低”的显著特点

利用系数低、工序能耗高。攀钢研究资料表明，在没有强化措施的情况下，烧结机利用系数仅1.0t/(m^2·h)，烧结机利用系数下降，产量不足，各种能源消耗较高。

烧结矿强度低、返矿率高。由于钒钛磁铁矿液相量不足和脆性的钙钛矿液相大量存在，烧结矿强度较差，在生产、转运过程中产生大量返矿，烧结总体返矿率上升。

2.4　钒钛矿的冶炼特点

因钒钛烧结矿中存在较多钙钛矿矿相组织，造成钒钛矿在高炉中上部间接还原区域还原粉化现象比较明显。低温还原粉化对高炉生产危害较大，主要表现在炉身上部料柱透气性恶化，破坏煤气正常分布，煤气利用变差，最终导致冶炼强度难以提高，产量下降，焦比升高。

此外，因入炉矿石中含有较高 TiO_2 在冶炼过程中，炉渣中 TiO_2 的还原是不可避免，生成碳化钛、氮化钛及其固溶体，造成铁珠聚合困难，铁珠在渣中的沉降速度降低，使高炉铁损增加。

3 采取的技术措施

根据钒钛矿的物理化学性能、成矿特点、烧结特点、冶炼特点，达州钢铁开展了提高钒钛烧结矿质量的技术研究。

3.1 深入研究原料结构对烧结矿质量的影响

原料结构是支撑烧结矿质量的“骨架”，烧结性能不同的原料通过优势互补合理搭配可产生 1+1 > 2 的效果（表 3）。

表 3　实验原料结构

序号	钒钛粉	智利粗粉	南非精粉	澳粉 Pb	澳粉麦克	巴西 BRBF	综合杂料	Σ
1	0	0	8	30	10	39	13	100
2	5	0	8	30	10	34	13	100
3	10	0	8	30	9	30	13	100
4	15	0	5	30	7	30	13	100
5	20	0	5	30	5	27	13	100
6	25	0	5	27	5	25	13	100
7	30	3	0	25	4	25	13	100
8	35	3	0	20	4	25	13	100
9	40	3	0	15	4	25	13	100
10	45	3	0	10	4	25	13	100
11	50	3	0	10	4	20	13	100
12	55	3	0	10	4	15	13	100

根据资料显示，当烧结钒钛粉配比在 0~25%时对烧结矿质量影响不大，在 30%~45%时对烧结矿质量影响显著，达到 45%以上时会出现拐点烧结矿质量又呈上升趋势。为了摸索适宜的原料结构达州钢铁设计了钒钛粉配比从 0~45%的烧结杯实验，通过烧结杯实验研究不同配比钒钛粉对烧结矿质量的影响（表 4）。

表 4　烧结杯实验过程

序号	混合料水分 /%	混合料成球率 /%	点火温度 /℃	烧结时间 /min	终点温度 /℃	垂直烧结速度 /$mm \cdot min^{-1}$	抽风负压 /kPa	混合料入杯量 /kg	烧结饼质量 /kg
1	8.1	71.4	1078	14.3	342	27.91	7.2	21.25	20.05
2	8.5	74.7	1021	15.3	325	26.23	7.2	21.37	19.89
3	8.3	74.3	1025	15.2	378	26.30	7.6	22.55	21.93
4	8.3	73.1	1031	15.7	372	25.43	7.4	22.41	20.78
5	8.3	68.4	1025	15.3	418	26.23	7.2	22.07	20.54
6	8.2	67.4	1081	17.1	401	23.35	7.8	20.78	20.03
7	8.2	70.1	1028	17.9	407	22.37	8.1	20.22	19.87
8	8	70.5	1035	17.7	422	22.62	8.8	20.53	19.74
9	8.2	69.8	1038	18.5	435	21.60	8.8	20.5	19.88
10	8.2	67.2	1035	19.3	478	20.78	9	20.55	19.24
11	8.1	66.2	1021	20.3	482	19.69	9.1	19.82	19.03
12	8.2	65.4	1078	22.2	469	18.04	8.8	19.04	18.57

从烧结杯实验过程来看，钒钛粉配比在0~25%变化时，混合料成球率呈上升趋势。主要原因是配入钒钛粉铁精粉后由于混合料小球黏附粉增加，黏附粉黏附在混合料小球表面，使混合料成球率上升；同时随着钒钛粉配比的增加需要的混合料水分呈上升趋势。

随着钒钛粉配比的增加垂直烧结速度显著变慢，烧结时间延长。主要原因：一是随着钒钛粉配比的继续提高，钒钛粉难以混匀成球的现象突出，使混合料成球率下降影响烧结透气性；二是随着钒钛粉配比增加混合料烧结性能变差，使烧结速度变慢；三是随着钒钛粉增加烧结液相黏性增加，减慢了垂直烧结速度。

表5为烧结杯实验质量指标，从烧结矿质量分析来看：还原度指数随着钒钛粉配比的增加而降低，特别是当钒钛粉配比处于 30%~40%区间时，还原度指数下降幅度较大，主要原因：一是钒钛粉属于磁铁精矿，其 FeO 含量较高约 30%，在烧结过程中 FeO 放热使烧结矿 FeO 含量上升，还原度指数下降；二是钒钛粉上升后使烧结矿形成致密的矿相组织，烧结矿呈大孔厚壁结构，还原度指数低。

表5　烧结杯实验质量指标

钒钛配比	还原度指数/%	$RDI_{+3.15mm}$/%	转鼓指数/%	落下强度/%
0	82.37	60.25	55.27	92.05
5	82.55	60.34	54.27	93.24
10	82.03	59.78	54.55	92.88
15	81.78	59.22	55.28	92.54
20	82.05	60.01	56.57	91.87
25	81.34	59.55	55.01	91.98
30	74.24	51.25	50.11	83.24
35	74.32	52.38	48.27	82.78
40	70.15	45.27	40.58	80.27
45	65.27	38.55	40.88	80.85
50	75.27	42.74	44.77	81.22
55	76.24	47.88	46.23	85.84

低温还原粉化指数也呈现相同的趋势，主要原因：当烧结矿 TiO_2 含量逐步升高，使烧结矿形成较多的钛赤铁矿，且主要为大孔厚壁结构，同时存在有较多的骸晶状菱形钛赤铁矿，这种矿相组成还原粉化最为严重（图1）。

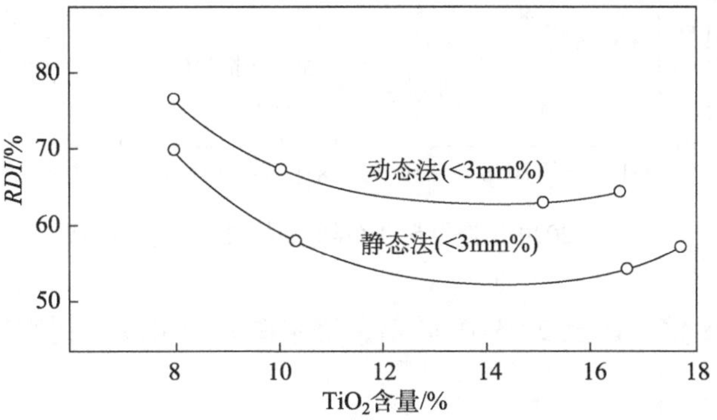

图1　TiO_2 含量对烧结矿 $RDI_{+3.15mm}$ 的影响

由图 1 可见，随着烧结矿 TiO_2 含量的增加，烧结矿低温还原粉化指数呈下降趋势，当下降到一定程度后，又缓慢上升。此曲线形态与本次钒钛粉配比烧结杯实验的烧结矿质量指标情况具有相关性。

3.2 烧结矿质量与碱度的关系

中南大学 2019 年在学术报告中提出，钒钛烧结时烧结矿碱度在 1.8~2.0 倍区间，是烧结矿质量最差的区间，钒钛烧结时应避免。

为了摸索达州钢铁钒钛烧结矿适宜的碱度，达州钢铁进行了碱度对烧结矿质量影响的烧结杯实验。

当钒钛粉配比固定时从烧结杯实验结果来看，烧结矿中 TiO_2 含量随着碱度的升高而降低，低温还原粉化指数、转鼓指数、落下强度随着碱度的提高 TiO_2 含量的下降而变好。

从烧结矿矿相组成来看，当碱度低于 2.0 倍时，其主要矿物为钛磁铁矿、钙铁橄榄石、钛榴石、钙钛矿、铁酸钙、钛辉石和玻璃质。在矿物组分中主要是脆性较大的钙钛矿，还原性和强度较好的铁酸钙含量较少，且分布不均匀；从而使烧结矿形成不均匀的多孔薄壁结构，强度较差。

3.3 摸索 Al_2O_3、SiO_2 对烧结矿质量的影响

根据钒钛粉化学成分的特点，Al_2O_3 含量较高，一般都在 4%左右，SiO_2 含量较低，一般都在 4.5%左右。烧结矿中 Al_2O_3 含量高，液相熔点高且黏度大、流动性差，加上 TiO_2 的影响烧结矿难以固结，脆性大、强度差、5~10mm 粒度高。

通过研究发现，钒钛烧结矿中提高 SiO_2 含量，控制 Al_2O_3/SiO_2 比值在一定范围内（目前摸索在 0.4 左右最佳），能增加烧结矿液相量，同时，一定的 Al_2O_3/SiO_2 是烧结矿生成针状复合铁酸钙的重要条件。但若烧结矿 SiO_2 过高，烧结矿相中硅酸二钙含量也会增加，造成烧结矿冷却时发生晶型转变。

4 研究成果推广实施

4.1 控制烧结钒钛比、提高烧结矿碱度

保证入炉钒钛比的前提下，提高入炉钒钛球比例，降低烧结钒钛粉配入比例，降低烧结矿中 TiO_2 含量，提高烧结矿质量。2020 年 6 月份达州钢铁将烧结中钒钛粉比例从 28%下调至 23%，烧结矿 TiO_2 从 3.0%下降到 2.5%以下，低温粉化指数 $RDI_{+3.15mm}$ 从 43%提高至 45%以上，最高达到 50.28%（图 2）。

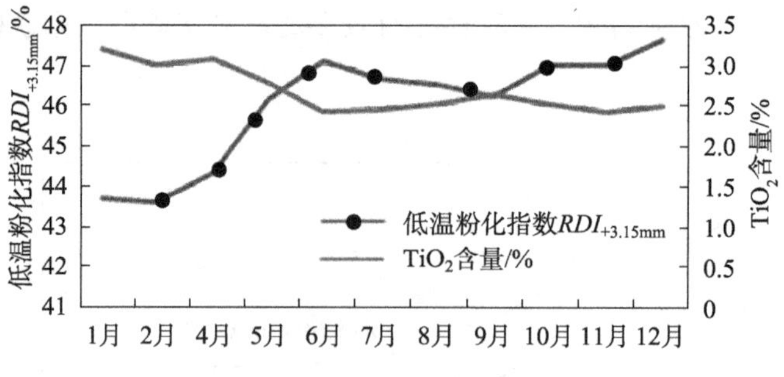

图 2 2020 年烧结矿 TiO_2 含量与 $RDI_{+3.15mm}$ 趋势

烧结矿碱度由 2.0±0.08 倍上调至 2.05±0.08 倍，烧结矿矿相组成得到优化，烧结矿转鼓指数提高到 74.5%左右。

4.2 不断完善各项工艺操作参数

通过对钒钛烧结矿的理论研究和实践，对影响的主要因素进行定向探究，在实践中不断进行优化、细化，最后再将其固定下来。

（1）对烧结过程不同燃料粒度对烧结矿质量影响的研究。固体燃料粒度的大小对烧结过程的影响很大，粒度过大，燃烧速度慢，燃烧带变宽，烧结最高温度降低，烧结过程透气性变差，垂直烧结速度下降，利用系数降低。同时，若大颗粒燃料布料时因偏析集中在料层下部，加上料层的自动蓄热作用，使下层热量大于上层， 容易产生过熔，同样影响料层透气性。反之，粒度过小， 燃烧速度快，液相反应进行得不完全，烧结矿强度变差，成品率降低，烧结机利用系数亦降低。

烧结生产中燃料粒度应保持合适的粒度，综合固体燃料燃烧性和粒度对厚料层烧结影响的分析结果，针对达州钢铁原料结构条件，应控制焦粉粒度为 1~3.15mm。燃料焦粉的合理粒度应控制在小于 1mm 比例小于 45%，1~3mm 比例控制在 30%～35%左右，大于 5mm 比例不宜超过 3%。控制 0.5mm 以下的比例。优化后烧结矿中铁酸钙数量增加，磁铁矿和硅酸盐含量减少，针状铁酸钙明显增多，且相互交织，形成较为致密的结构，烧结质量明显提高。

（2）大风量与厚料层操作的平衡。钒钛烧结过程必须要有足够的风量通过料层以满足燃料燃烧和进行物理化学反应的需要，在有效风量不变的情况下，实现大风量最直接的办法就是减薄料层。但从烧结利用系数、强度、粒度、消耗等经济技术指标必须实施厚料层烧结技术。

为此，通过对控制适宜的生石灰配比和混合料水分、增加烧结机松料棒层数、有效控制 1 号、2 号风箱阀门低负压点火、提升料温、加强漏风治理等措施，将料层逐步提升到了 850mm，稳定抽风负压在 16~16.5kPa，保持全风门操作，有效的平衡了大风量与厚料层。

（3）低水控制与制粒效果的摸索平衡。钒钛矿烧结适宜的水分比普通精矿低，主要是由于钒钛磁铁矿中，含钛矿物主要以钛磁铁矿为主，其结构致密，亲水性差而湿容量小。通过生产实践摸索，将混合料水分控制在 7.9%±0.1%，烧结各项参数、指标达到最佳。

5　达到的效果

达州钢铁开展提高钒钛烧结矿质量研究，将烧结矿转鼓指数由原来的 72%左右，提高到 75%，$RDI_{+3.15mm}$ 从原来的 42%左右，提高到 50%，烧结矿质量明显提高，为高炉稳定顺行创造了较好的原料条件。

参考文献

[1] 范晓慧，陈许玲，李骞，等. 含钛铁精矿高铁低硅烧结技术[J]. 中南大学学报(自然科学版), 2006, 37(3): 481-486.

[2] 范晓慧，袁礼顺，李骞，等. 脉石成分对含钛铁精矿烧结矿质量的影响[J]. 矿冶工程, 2006, 26(8): 95-97.

[3] 王强. 钒钛磁铁精粉烧结特性及其强化技术的研究[D]. 长沙：中南大学, 2012.

[4] 郛虎林，覃金平，张永康. 特殊铁矿的烧结球团生产[M]. 烧结球团生产技术手册, 2014: 335-353.

[5] 甘勤，何群. 影响钒钛烧结矿铁酸钙生成因素的研究[J]. 烧结球团, 2008, 33(2): 6.

钒钛磁铁矿中铁钒钛的检测方法简述

麻安菊[1,2]　成　勇[1,2]

（1. 攀钢集团研究院有限公司，分析测试中心，四川攀枝花 617067；
2. 四川攀研检测技术有限公司，四川攀枝花 617067）

摘　要： 钒钛磁铁矿中铁、钒、钛等元素含量的精准检测对指导后续生产工艺以及管控钒钛产品质量有重要作用。随着科学技术以及分析化学的飞速发展，不断有新的检测方法和检测设备应用于钒钛磁铁矿中铁、钒、钛等元素的检测。为此，本文对现有钒钛磁铁矿中铁、钒、钛检测方法及检测设备进行归纳和介绍，并对现有检测方法和检测设备的主要特点及优势进行分析。

关键词： 钒钛元素；检测；分析；方法

Introduction to the Detection Methods of Iron, Vanadium and Titanium in Vanadium Titanium Magnetite

Ma Anju[1,2]　Cheng Yong[1,2]

(1. Pangang Group Research Institute Co., Ltd., Analysis and Test Center, Panzhihua 617067, Panzhihua, China;
2. Sichuan Panyan Testing Technology Co., Ltd., Panzhihua 617067, China)

Abstract: Accurate detection of iron, vanadium, titanium and other elements in vanadium titanium magnetite plays an important role in guiding the subsequent production process and controlling the quality of vanadium titanium products. With the rapid development of science and technology and analytical chemistry, new detection methods and detection equipment are constantly applied to the detection of iron, vanadium, titanium and other elements in vanadium titanium magnetite. Therefore, this paper summarized and introduced the existing detection methods and equipment for iron, vanadium and titanium in vanadium-titanium magnetite, and analyzed the main characteristics and advantages of the existing detection methods and equipment.

Key words: vanadium titanium; detection; analysis; methods

1　引言

我国的钒钛磁铁矿储量丰富且利用价值高，钒钛磁铁矿中铁的储量居全国铁矿第三位，钛和钒的储量分别居世界第一位和第三位，主要分布于四川攀枝花、河北承德、山西代县、广东兴宁、襄阳地区、湖北郧阳、陕西汉中等地区[1,2]。钒钛磁铁矿的化学成分包括全铁、五氧化二钒、二氧化钛、二氧化硅、氧化锰、氧化钙、氧化铝、氧化镁、氧化铬，以及微量的铜、钴、镍、镓、锰、硒、碲、钪及铂族元素等[3]，其中可利用的主要元素是铁、钛、钒、锰等，钛主要以钛铁矿固溶体的形式存在于钒钛磁铁矿中，钒则以固溶体的形式赋存在钒钛磁铁矿。

钒钛磁铁矿中最主要的有价元素是铁、钒和钛。铁是最常用的金属之一，纯铁具有良好的柔韧性和延展性，常用于制备发电机材料，铁及铁的化合物还用于制磁铁、药物、墨水、颜料、磨料等领域，是工业上所说的“黑色金属”之一[4]。钛具有强度高，质量小，抗强碱、抗强酸、耐低温、耐高温等特点，常用于宇宙火箭及导弹的制作中，因此钛享有“太空金属”的美誉[5]。钒作为“金属维生素”，具有众多优异的物理化学性能，在钢铁冶炼中加入钒可提升钢铁的弹性、强度、耐蚀性等性质[6]。如今，钒和钛也被广泛应用于诸多非钢领域。

随着工业技术的不断发展，各行业对钒产品以及钛产品的质量要求愈发严格。钒钛磁铁矿中铁、钒、钛等元素的含量，对于后续钒钛磁铁矿制备钒钛产品工艺有重要影响，因此，实现对钒钛磁铁矿中铁、钒、钛等元素含量的精准检测显得尤为重要。

由于科学技术的不断发展以及现代分析化学的不断完善，钒钛磁铁矿中铁、钒、钛元素的检测方法及检测设备层出不穷，不断有新的检测方法和新的检测技术涌现。因此，本文对现有钒钛磁铁矿中铁、钒、钛检测方法及检测设备进行梳理和归纳，分析现有检测方法和检测设备的主要特点及优势，以期为广大相关从业者以及科研工作者选取适合的方法和设备提供参考。

2　常规理化分析法测定钒钛磁铁矿中主要元素的含量

化学滴定（比色）分析方法和分光光度法是常规的铁、钒、钛的理化分析方法。通过酸溶、混酸分解、残渣熔融等步骤分解钒钛磁铁矿试样，再经过滴定（比色）或吸光度进行定量分析。化学滴定（比色）法适合常量及高含量元素的分析。测定钛常用硫酸铁铵法，如标准《含钒钛炉渣 二氧化钛含量测定 滴定法》（YB/T 505.2—2007）和《钛精矿（岩矿）二氧化钛含量的测定 硫酸铁铵滴定法》（YB/T 159.1—2015）[7,8]；测定钒常用硫酸亚铁铵电位滴定法或高锰酸钾氧化亚铁滴定法[9,10]。对于微量和常量元素的分析，分光光度法更为适宜，如钽试剂（BPHA）萃取分光光度法测钒[11]、二铵替吡啉甲烷分光光度法测钛[12]、邻菲啰啉分光光度法测铁[13]。

化学滴定（比色）分析方法和分光光度法的准确度高，但流程长，操作步骤繁琐，耗时长，对检测人员的操作熟练度及经验要求高，难以适应现代化大规模、高效率的生产需求。

3　仪器分析法进行钒钛磁铁矿中的主要元素的检测

3.1　火焰原子吸收光谱法

火焰原子吸收光谱法是一种测量特定气态原子对光辐射吸收的方法，基态原子蒸汽外层电子对紫外光和可见光范围的相对应原子的特征谱线进行吸收。当投射到气态原子上的辐射波长的相应能量等于原子由基态跃迁至激发态所需能量时，可引起原子吸收辐射而产生吸收光谱；吸收能量后，基态原子最外层电子会由低能态向激发态发生跃迁；光源系统辐射出具有待测元素特征光谱的光，在通过气态试样时被蒸汽中的待测元素基态原子吸收，根据辐射谱线的特征性和特征谱线光被减弱的程度来对待测元素进行定性定量分析[14]。

吴少尉等提出了富氧空气-乙炔火焰原子吸收光谱法来测定地质样品中痕量钒的方法。该方法的检出限 L_D 为 0.33mg，应用于国家一级地质标准物质中痕量钒的测定，结果与标准值相符[15]。李佗等以火焰原子吸收光谱法测定钒铝合金中的铁含量，结果显示，铁的质量浓度 x 在 0~4mg/L 的范围以内与吸光度 y 具有良好的线性关系，线性方程为 y=0.0093x–8×10^{-5}，相关系数为 0.9999。将该方法应用于两个不同样品中测定铁的含量，和利用《钒铝、钼铝中间合金化学分析方法》（YS/T 1075–2015）标准方法所得结果基本相同[16]。

火焰原子吸收光谱法具备灵敏度高、抗干扰力强、选择性好、精密度高、分析速度快、易于操作、仪器简单等特点，特别适用于微量或常量元素的测定，现已成为分析化学的一个重要分支学科。但是，由于该法只能满足单一元素的测定，对钒钛磁铁矿类成分复杂样品的大批量检测分析并不适用。

3.2　离子色谱法

离子色谱法是利用被测物质的离子性进行分离和检测的一种液相色谱法，其分离机理主要涉及离子交换。离子色谱测钒钛元素分析的具体过程如下[17]，输液泵将淋洗液（由碳酸氢盐溶液和碳酸盐溶液混合而成）注入待测样品中，试样和淋洗液的混合液流经离子交换树脂，离子交换树脂中的不同电子力使得溶解试样中的各组分被分离出来，随之产生的阴离子流入强酸性阳离子树脂中产生高电导酸，而淋洗液的背景电导受抑制系统控制而降低，电导检测器对溶液的电导数值进行测量，从而完成钒钛元素的定性和定量分析。胡明松等通过离子色谱和电感耦合等离子体原子发射光谱技术联用，快速分离和检测四价钒和五价钒的 EDTA 络合物。四价和五价钒的检测限分别是 20μg/L 和 50μg/L，如果使用超声雾化器，这两种价态的钒的检测限可达 2μg/L[18]。

离子色谱具有分离效率高、分析速度快、灵敏、选择性好、样品用量少和同时测定多组分的优点，分析的浓度范围为μg/L~mg/L，但其定性能力较差，在金属阳离子检测质量方面还有待提升，目前较少应用于钒钛检测。

3.3　电感耦合等离子体发射光谱法

电感耦合等离子发射光谱（ICP-AES）是微量、痕量元素常用的分析技术，其基本检测原理可概括如下：（1）等离子体的产生：点火瞬间，高频电流经感应线圈产生高频电磁场，部分工作气体（Ar）电离形成 Ar 离子和电子，这些粒子在磁场中高速运转、碰撞促使更多的 Ar 电离，最终形成火焰状高温等离子体；（2）光子的形成：液体试样经蠕动泵管进入雾化器中雾化形成气溶胶，载气（Ar）将样品气溶胶载入等离子体中心，使之发生干燥、去溶剂、解离、原子化和电离等过程，并产生辐射；（3）发射光谱的定性和定量分析：光栅系统将原子发射谱线分解为各待测元素的特征单色光谱，检测器接收信号，依据标准溶液比对计算出相应元素含量。基于每种元素独特的发射光谱，根据特征谱线的位置（波长）或强度可进行定性、定量分析[19]。

ICP-AES 测试的有效波长范围是 120~800nm，其中，120~160nm 波段常用于分析卤素或者某些特殊应用的替代谱线[19]。ICP-AES 主要测试液体样品，在测试前需将样品溶解在特定的溶剂中，一般溶剂由盐酸、硝酸、氢氟酸、高氯酸等按一定比例组成，溶解样品若有残渣还需用碳酸钾和硼酸的混合溶剂高温熔融。值得注意的是，溶液样品中不能含有 HF 和强碱等对仪器有损坏的成分。

ICP-AES 可以同时测试多种元素，灵敏度高，检测限低，测试范围宽（低含量成分和高含量成分能够同时），是现在钒钛矿含量检测常用的湿法检测技术。如《铁矿石 铝、钙、镁、锰、磷、硅和钛含量的测定》（GB/T 6730.63—2006）测铁矿石中的钛[20]，检测范围为 0.010%~0.20%；《进出口钛精矿化学分析方法 第 2 部分：五氧化二钒、三氧化二铬含量的测定 电感耦合等离子体原子发射光谱法》（SN/T 3322.2—2015）测钛矿中钒[21]，检测范围为 0.010%~1.00%；《铁矿石 钾、钠、钒、铜、锌、铅、铬、镍、钴含量的测定 电感耦合等离子体发射光谱法》（GB/T 6730.76—2017）测铁矿石中钒[22]，检测范围为 0.0005%~0.4%；《钒钛磁铁矿中全铁、钛、钒的测定 电感耦合等离子体光谱法》（DB51/T 1781—2014）测钒钛磁铁矿中全铁、钒、钛[23]，其中钛的检测范围为 0.018%~25%，钒的检测范围是 0.036%~10%。朱跃华等[24]采用 $HCl\text{-}HF\text{-}HNO_3\text{-}HClO_4$ 四酸溶钒钛矿 ICP-AES 测定铁、钛、钒，该方法检出限分别为

0.0032%、0.0024%、0.0003%，方法精密度为 0.43%~5.06% (RSD，n=12)，适用于钒钛磁铁矿样品中铁、钛、钒的测定。王德智等采用 ICP-AES 法测定硅钢用高纯磷铁中铌钒钛含量，钒、钛相对标准偏差（RSD，n=11）分别在 2.2%~12.4%、4.1%~6.3% 范围内，回收率分别在 98.3%~102.5%、99.2%~102.8%，方法操作简便，自动化程度高，满足硅钢生产使用要求[25]。王勇采用 ICP-AES 同时测定四氯化钛中钒、硅、铝、铁 4 元素，与化学法检测钒、铁、硅相比，检测速度快，精度高，可测量的最低含量为：钒、硅、铝、铁均在 0.0001%，偏差小于 0.1%[26]。

3.4 电感耦合等离子质谱法

除了 ICP-AES 外，电感耦合等离子体-质谱（ICP-MS）也是一种常见的 ICP 分析技术，两者用途一致，主要区别在于分析系统。ICP-AES 是光谱分析系统，依据原子发射谱线进行定性定量分析；ICP-MS 是离子质谱分析系统，根据质荷比不同而进行分离检测。分析系统的差异性，使得两种方法在分析同一元素时检测限也存在差别。ICP-AES 的检测限一般是μg/L（ppb）级，可以分析固体溶解量超过 20%的溶液。ICP-MS 的检测限最低可以达到 ng/L（ppt）的水平，通常只能分析固体溶解量为 0.2%左右的溶液，待测试样经常需要稀释，因此 ICP-MS 常用于痕量和超痕量元素分析[19]。沈宇[27]采用微波消解硝酸提取、ICP-MS 测定岩石、水系沉积物和土壤国家标准物质，V、Cr、Ni、Ge、As 的检出限分别为 1.09μg/g、0.19μg/g、0.55μg/g、0.02μg/g、0.50μg/g，精密度(RSD)<4%。

3.5 X 射线荧光光谱法

X 射线荧光光谱（XRF）仪器由激发源 X 射线管和探测系统构成。X 射线管产生入射 X 射线（一次射线）激活被测样品，使得样品中的待测元素放射出具有不同能量特征的二次射线，检测系统接收这些二次射线中能量和数量的信号，在控制系统中转化成各元素的种类及含量。XRF 的有效元素测定范围为 11 元素（钠）到 92 号元素（铀）[28]。

XRF 根据试样制备方法又分为压片法和熔片法。压片法具有操作简单、分析快速、经济等优点，常用于处理量大、分析精度要求不高的样品。韩延兵等用粉末压片法制样，使用 Axios 型 X 射线荧光光谱仪实现了对陕南地区钛磁铁矿中的钛、铁、磷、钒、钴五种元素的快速测定。分析结果显示，当样品粒度 50.074mm，制样压力 230MPa，保压时间大于 30s，测定时间在 20s 时，钛磁铁矿中的钛、铁、磷、钒、钴五种元素的荧光强度趋于稳定。在标准曲线中加入一些定值样品可以有效地减小基体效应，测试数据精密度优于 2.1%，准确度优于 3.7%，满足地质找矿和选矿测试要求[29]。刘尚华等[30]通过理论和实验研究，认为粒度效应、增强效应和矿物效应是影响压片法分析精度的主要因素。

熔片法的引入，改善了上述问题。熔片法是将样品放在溶剂中，高温加热，使得样品和熔剂充分混合，冷却后形成类似玻璃的熔片。宫嘉辰等[31]以 $Li_2B_4O_7$ 和 $LiBO_2$ 混合溶剂熔融钒钛磁铁矿样品，并加入溴化锂作为脱模剂，以钒钛磁铁矿标准样品建立标准曲线，采用理论 α 系数进行计算，实现了 XRF 对钒钛磁铁矿中 TFe、TiO_2、V_2O_5、SiO_2 和 Al_2O_3 等 12 种主次元素含量的准确测定。精密度试验表明，待测元素的相对标准偏差（RSD，n=5）符合《地质矿产实验室测试质量管理规范》（DZ/T 0130—2006）要求。赵珧等[32]认为熔融处理稀释了元素的浓度、破坏了样品中的矿物结构、增大了样品的表面平整度，导致粒度效应、矿物效应和增强效应等相应减弱。熔片法的测量数据重复性好，但因样品被熔剂稀释和吸收，元素的测量强度减小，制样复杂成本也较高。

XRF 具有测量范围广、多元素同时测定、精密度和准确度高、无需溶解样品、分析速度快等优点，被广泛应用于钒钛矿分析。

4 结语

随着科学技术和分析化学的不断进步，用于钒钛磁铁矿成分检测的方法不断涌现。但是各种方法的检测效果和适用条件却有较大差异。常规理化分析法的准确度高，但由于其操作繁琐，耗时长，适用于小批量样品处理；火焰原子吸收光谱法只能测定单元素，离子色谱法在金属阳离子检测中易受干扰，不适用于成分复杂的钒钛矿检测；相较而言，ICP 分析法和 XRF 分析法具备检测范围广、精度高、多元素同时检测等特点，更符合钒钛矿工业生产检验的要求。

此外，钒钛磁铁矿成分复杂，主元素品位低而又伴有多元素共生，其中可提取的有益元素除了常见的铁、钒、钛，还有许多微量元素如镍、钴、硫、镓、钪等。目前关于铁、钒、钛的提取技术已相对成熟，相应的检测设备和方法标准也不断涌现。然而，镍、钴、硫、镓、钪等有益微量元素的提取技术却还处于探索阶段，这将是未来钒钛磁铁矿资源综合利用的一大任务。后续关于钒钛磁铁矿成分分析检测技术的研究，也应更加注重探索这类微量元素的检测。

参考文献

[1] Chen Lulu. Utilization status of vanadium titanium magnetite resources in China[J]. China Resources Comprehensive Utilization, 2015, 33(10): 31-33.
陈露露. 我国钒钛磁铁矿资源利用现状[J]. 中国资源综合利用, 2015, 33(10): 31-33.

[2] Zhang Dongqing, Li Yungang, Zhang Yinyi. Research status of vanadium and titanium resources and their utilization at home and abroad [J]. Sichuan Nonferrous Metals, 2011(2): 1-6.
张冬清, 李运刚, 张颖异. 国内外钒钛资源及其利用研究现状[J]. 四川有色金属, 2011(2): 1-6.

[3] Li Junhan, Sun Ning, Ma Lan, et al. Mineral characteristics of titanomagnetite in a vanadium titanomagnetite ore from Panxi [J]. Iron Steel Vanadium Titanium, 2018, 39(5): 98-105.
李俊翰, 孙宁, 马兰, 等. 攀西某钒钛磁铁矿中钛磁铁矿的矿物特征研究[J]. 钢铁钒钛, 2018, 39(5): 98-105.

[4] Yu Kezhang. Iron (Fe)—The use of metals in modern military applications[J]. Metal World, 1995(2): 21-22.
余克章. 铁(Fe)——金属在现代军事上的应用[J]. 金属世界, 1995(2): 21-22.

[5] Wang Xiangdong, Lu Fusheng, Jia Hong, et al. A promising space metal—titanium[C]//China Non-ferrous Metal Industry Association Titanium Zirconium Hafnium Branch Annual Meeting. China Non-ferrous Metals Industry Association, 2007.
王向东, 逯福生, 贾翃,等. 大有作为的太空金属——钛[C]//中国有色金属工业协会钛锆铪分会年会. 中国有色金属工业协会, 2007.

[6] Wang Mingyu, Wang Xuewen. Research status and prospect of vanadium extraction process from stone coal[J]. Rare Metal, 2010(1): 92-99.
王明玉, 王学文. 石煤提钒浸出过程研究现状与展望[J]. 稀有金属, 2010(1): 92-99.

[7] National Development and Reform Commission, PRC. Vanadium titanium slag—determination of titanium dioxide content—titrimetric method[S]. YB/T 505.2—2007, 2007.
中华人民共和国国家发展和改革委员会. 含钒钛炉渣 二氧化钛含量测定 滴定法[S]. YB/T 505.2—2007, 2007.

[8] Ministry of Industry and Information Technology, PRC. Titanium concentrate (rock ore)—Determination of titanium dioxide content—ammonium ferric sulfate titration method[S]. YB/T 159.1—2015, 2015.
中华人民共和国工业和信息化部. 钛精矿（岩矿）二氧化钛含量的测定 硫酸铁铵滴定法[S]. YB/T 159.1—2015, 2015.

[9] He Dongsheng, Xu Xiongyi, Chi Ruan, et al. Determination of vanadium content in stone coal leaching solution by automatic potentiometric titration [J]. Nonferrous Mining and Metallurgy, 2012, 28(3): 88-91.
何东升, 徐雄依, 池汝安,等. 自动电位滴定法测定石煤浸出液中钒含量[J]. 有色矿冶, 2012, 28(3): 88-91.

[10] Sun Baolian, Wang Jinlei, Li Bo, et al. Determination of vanadium content in aluminum alloy by potassium permanganate oxidation and ferrous titration [J]. Rare metal Materials and Engineering, 2016(45): 2729-2733.
孙宝莲, 王金磊, 李波,等. 高锰酸钾氧化-亚铁滴定法测定钒铝合金钒含量[J]. 稀有金属材料与工程, 2016(45): 2729-2733.

[11] State Environmental Protection Bureau, State Technical Supervision Bureau. Water quality—Determination of vanadium—

Extraction spectrophotometric method of vanadium with tantalum reagent (BPHA) [S]. GB/T 15503—1995, 1995.
国家环境保护局、国家技术监督局. 水质 钒的测定 钽试剂（BPHA）萃取分光光度法测钒[S]. GB/T 15503—1995, 1995.

[12] An Zhongqing, Fang Haiyan, Zhao Deping, et al. Determination of titanium in silicon metal by diantipyrine methane spectrophotometry[J]. Yunnan Metallurgy, 2017, 46(4): 4.
安中庆, 方海燕, 赵德平,等. 二安替比林甲烷分光光度法测定金属硅中钛[J]. 云南冶金, 2017, 46(4): 4.

[13] Tang Wei, Li Xiaozhen, Wan Yan, et al. Determination of iron content in soybean by o-phenanthroline spectrophotometry[J]. Technology Outlook, 2017, 27(9): 78.
唐未, 李晓珍, 万燕,等. 邻菲罗啉分光光度法测黄豆中铁含量[J]. 科技展望, 2017, 27(9): 78.

[14] Yang Jie. Determination of manganese in ore by flame atomic absorption spectrometry[J]. Resource Information and Engineering, 2017, 32(3): 95-96.
杨杰. 火焰原子吸收光谱法测定矿石中锰的含量[J]. 资源信息与工程, 2017, 32(3): 95-96.

[15] Wu Shaowei, Ge Wen, Jin Ping, et al. Determination of vanadium in geological samples by oxygen - rich air - acetylene flame atomic absorption spectrometry[J]. Rock and Mineral Analysis, 2003, 22(4): 300-302.
吴少尉, 葛文, 金萍, 等. 富氧空气-乙炔火焰原子吸收光谱法测定地质样品中的钒[J]. 岩矿测试, 2003, 22(4): 300-302.

[16] Li Tuo, Yang Junhong, Li Rong, et al. Determination of iron in vanadium aluminum alloy by flame atomic absorption spectrometry [J]. Chemical Analysis Metrology, 2016, 25(5): 88-90.
李佗, 杨军红, 李荣,等. 火焰原子吸收光谱法测定钒铝合金中的铁[J]. 化学分析计量, 2016, 25(5): 88-90.

[17] Liu Hui. Chemical analysis of vanadium and titanium in iron and steel[J]. Technology Outlook, 2015(2): 49.
刘辉. 钢铁中钒钛的化学分析方法简述[J]. 科技展望, 2015(2): 49.

[18] Hu Mingsong, Coetzee P P, Fischer J L. Determination of tetravalent and pentavalent vanadium in industrial wastewater by chromatography and atomic emission spectrometry[J]. Chemistry Bulletin, 2004, 67(2): 147-153.
胡明松, Coetzee P P, Fischer J L. 色谱分离和原子发射光谱检测工业废水中的四价和五价钒[J]. 化学通报, 2004, 67(2): 147-153.

[19] Ye Luhuan. Comparison of ICP-AES and ICP-MS methods for determination of metal elements in water[J]. Fujian Analysis & Testing, 2015(4): 58-62.
叶露欢. ICP-AES 与 ICP-MS 在水中测定金属元素的方法比较[J]. 福建分析测试, 2015(4): 58-62.

[20] General Administration of Quality Supervision, Inspection and Quarantine of the People's Republic of China, Standardization Administration of China. Iron ores—Determination of aluminum, calcium, magnesium, manganese, phosphorus, silicon and titanium content—Inductively coupled plasma emission spectrometry[S]. GB/T 6730.63—2006, 2006.
中华人民共和国国家质量监督检验检疫总局、中国国家标准化管理委员会. 铁矿石 铝、钙、镁、锰、磷、硅和钛含量的测定 电感耦合等离子体发射光谱法[S]. GB/T 6730.63—2006, 2006.

[21] General Administration of Quality Supervision, Inspection and Quarantine of the People's Republic of China. Methods for chemical analysis of titanium concentrates for import and export—Part 2: Determination of vanadium pentoxide and chromium trioxide content by inductively coupled plasma spectrometry[S]. SN/T 3322.2—2015, 2015.
中华人民共和国国家质量监督检验检疫总局. 进出口钛精矿化学分析方法 第 2 部分: 五氧化二钒、三氧化二铬含量的测定 电感耦合等离子体光谱法[S]. SN/T 3322.2—2015, 2015.

[22] General Administration of Quality Supervision, Inspection and Quarantine of the People's Republic of China, Standardization Administration of China. Iron ores—Determination of potassium, sodium, vanadium, copper, zinc, lead, chromium, nickel and cobalt content—Inductively coupled plasma emission spectrometry[S]. GB/T 6730.76—2017, 2017.
中华人民共和国国家质量监督检验检疫总局、中国国家标准化管理委员会. 铁矿石 钾、钠、钒、铜、锌、铅、铬、镍、钴含量的测定 电感耦合等离子体发射光谱法[S]. GB/T 6730.76—2017, 2017.

[23] Sichuan Bureau of Quality and Technical Supervision. Vanadium titanomagnetite—determination of total iron, titanium and vanadium by inductively coupled plasma spectrometry[S]. DB51/T 1781—2014, 2014.
四川省质量技术监督局. 钒钛磁铁矿中全铁、钛、钒的测定 电感耦合等离子体光谱法[S]. DB51/T 1781—2014, 2014.

[24] Zhu Yuehua, Feng Yongliang, Lv Donghai, et al. Simultaneous determination of vanadium ferrotitanium in vanadium titanium magnetite by inductively coupled plasma emission spectrometry [J]. Rock and Mineral Analysis, 2012,31(2): 258 –262.
朱跃华, 冯永亮, 吕东海,等. 电感耦合等离子体发射光谱法同时测定钒钛磁铁矿中铁钛钒[J]. 岩矿测试, 2012, 31(2): 258-262.

[25] Wang Dezhi, Zhou Guihai. Determination of niobium, vanadium and titanium in high purity phosphor iron for silicon steel by ICP-AES[J]. Analytical Instrumentation, 2021(2): 9-12.
王德智，周桂海. ICP-AES法测定硅钢用高纯磷铁中铌钒钛[J]. 分析仪器, 2021(2): 9-12.

[26] Wang Yong. Determination of vanadium, silicon, aluminum and iron in titanium tetrachloride by ICP-AES [C]// China Nonferrous Metals Industry Association Titanium Zirconium Hafnium Branch 2012 Titanium Annual Meeting, 2012.
王勇. ICP-AES检测四氯化钛中钒,硅,铝,铁[C]//中国有色金属工业协会钛锆铪分会2012年钛年会, 2012.

[27] Shen Yu, Zhang Ni, Gao Xiaohong, et al. Determination of vanadium, Chromium, nickel, germanium and arsenic in geochemical samples by inductively coupled plasma mass spectrometry with microwave digestion [J]. Rock and Mineral Analysis, 2014, 33(5): 649-654.
沈宇，张尼，高小红,等. 微波消解电感耦合等离子体质谱法测定地球化学样品中钒铬镍锗砷[J]. 岩矿测试，2014, 33(5): 649-654.

[28] Ye Huajun, Jiang Xuejiao, Chen Xiasheng, et al. Application of on-line atmospheric heavy metal analyzer based on X-ray fluorescence analysis principle [C]// Proceedings of 2014 Annual Conference of Zhejiang Society of Environmental Sciences, 2014.
叶华俊，姜雪娇，陈侠胜,等. 基于X射线荧光分析原理的大气重金属在线分析仪的应用研究[C]// 浙江省环境科学学会2014年学术年会论文集, 2014.

[29] Han Yanbing, Cao Shan, et al. Rapid determination of Titanium, Iron, phosphorus, vanadium and Cobalt in vanadium titanomagnetite in southern Shaanxi by X-ray fluorescence spectrometry [C]// Organizing Committee of Panaco Chinese User X - ray Analytical Instrument Technology Exchange Conference. Organizing Committee of Panaco Chinese User X-ray Analytical Instrument Technology Exchange Conference, 2014.
韩延兵，曹珊,等. X射线荧光光谱法快速测定陕南地区钒钛磁铁矿中的钛，铁，磷，钒，钴[C]//帕纳科中国用户X射线分析仪器技术交流会组委会. 帕纳科中国用户X射线分析仪器技术交流会组委会, 2014.

[30] Liu Shanghua, Tao Guangyi, Ji Ang. Powder tablet sample preparation method in X-ray fluorescence spectrometry[J]. Spectroscopic laboratory, 1998(6): 10-16.
刘尚华，陶光仪，吉昂. X射线荧光光谱分析中的粉末压片制样法[J]. 光谱实验室, 1998(6): 10-16.

[31] Gong Jiachen, Bai Xiaoye, Jiang Bingnan. Determination of 12 components in vanadium titanium magnetite by melting sample preparation and X-ray fluorescence spectrometry [J]. Metallurgical analysis, 2019, 39(2): 66-70.
宫嘉辰，白小叶，姜炳南. 熔融制样-X射线荧光光谱法测定钒钛磁铁矿中12种组分[J]. 冶金分析, 2019, 39(2): 66-70.

[32] Zhao Jin, Hu Jianchun, Cao Jixiang, et al. Determination of primary and secondary components of vanadium titanium magnetite by X - ray fluorescence spectrometry [J]. hysical and chemical Testing - Chemistry, 2016, 52(3): 357-359.
赵琎，胡建春，曹吉祥，等. 熔融制样 X射线荧光光谱法测定钒钛磁铁矿的主次成分[J]. 理化检验-化学分册，2016, 52(3): 357-359.

“十三五”钒产业链发展情况与未来趋势

王泰鑫　王敏晰

（成都理工大学管理科学学院，四川成都 610059）

摘　要：钒是全球的重要战略金属，广泛应用于钢铁及新能源等领域。本文对钒资源在“十三五”时期技术与应用、经济与政策进行了总结。在钒及钒产品的生产技术、市场发展、价格与进出口情况和国家政策研究基础上，对“十四五”时期钒产业链的发展趋势与方向进行预测。未来钒在钒电池领域应用前景较为广阔，在钢铁行业的应用因国家政策调控而出现一定程度缩减，短期内价格因新冠肺炎疫情影响出现大幅波动。

关键词：钒产业链；钒电池；钒铁

Report on the Development and Future Trend of Vanadium Industry Chain in the “13th Five-Year Plan” Period

Wang Taixin　Wang Minxi

(College of Management Science, Chengdu University of Technology, Chengdu 610059, China)

Abstract: Vanadium is an important strategic metal in the world and is widely used in steel and new energy fields. This article summarizes the technology, application, economy, and policy of vanadium resources during the "13th Five-Year Plan" period. Based on the discussion of the extraction methods, market development, prices, and import and export conditions of vanadium and vanadium products, and national policies, the development and direction of the vanadium industry chain during the "14th Five-Year Plan" period are predicted. In the future, the application prospect of vanadium in the field of vanadium batteries is relatively broad. The application of vanadium in the iron and steel industry has been reduced to a certain extent due to national policy regulation, and the price will fluctuate greatly in the short term due to the impact of the new crown epidemic.

Key words: vanadium industry chain; Vanadium Redox Flow Battery (VRFB); ferrovanadium

1　引言

钒（Vanadium）是战略金属，也是最具绿色价值的金属[1]。如图 1 所示，随着钒在钒钛铝合金和钒电池等方面研究的不断推进，我国钒在钢铁行业的使用比例由 2014 年的 90%[2]上涨到 2019 年的 93.83%[3]。钒资源的使用在钢铁领域依旧占主导地位，是生产优质钢材的重要原料。

根据美国地质调查局 2021 年数据统计，钒资源全球储量巨大且分布不均匀，主要分布在中国、南非、澳大利亚等国家[5]，如图 2 所示，目前已探明的钒资源储量大约有 98%为钒钛磁铁矿类型[4]。我国目前钒资源储量约占全球储量 45%，其中钒钛磁铁矿储量巨大，截至目前已勘探的钒钛磁铁矿储量达到

作者联系方式：王泰鑫，E-mail: wangtaixin@stu.cdut.edu.cn。

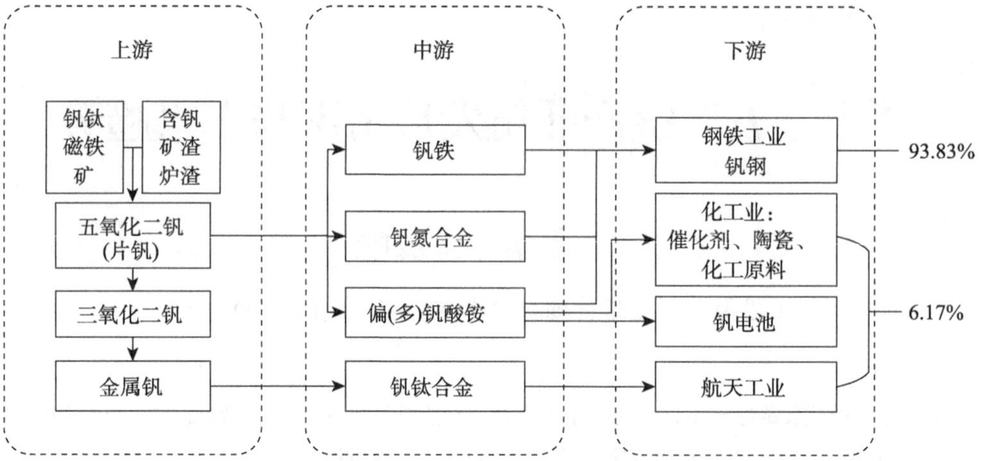

图 1　钒资源产业链及应用情况（2019）

Fig. 1　The industry chain of vanadium and application (2019)

380 亿吨以上[6]，五氧化二钒的储量达到了 6874.5 万吨以上[7]，主要分布在四川省攀枝花地区[8]，占全球储量 36%；而南非钒钛磁铁矿储量占全球储量的 31%[9]。攀钢公司作为我国钒钛生产的明星企业，是我国钒钛资源综合利用的重要企业，是国内最大钒制品生产基地。以五氧化二钒为例，2019 年攀钢公司产量为 4.25 万吨，约占全国产能的 23.53%[3]。本文对钒资源在“十三五”时期产业链发展情况进行分析，从产业链上游生产技术与下游市场应用、从经济发展情况与国家政策进行概括论述，总结钒产业链发展态势，对“十四五”期间和未来发展趋势进行展望。

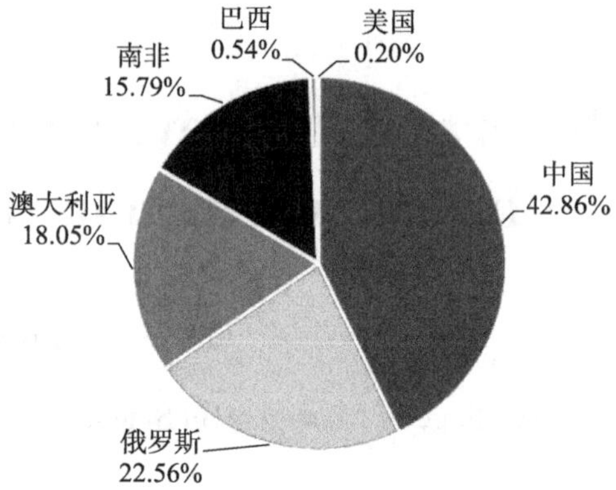

图 2　世界钒资源储量情况（2020）

Fig. 2　World vanadium resource reserves (2020)

2　“十三五”期间钒产业链发展情况

2.1　钒的生产技术

大多数钒是由钒钛磁铁矿直接提取或间接从冶炼钒钛磁铁矿留下的炉渣中产生的[10]。间接提钒是我国主要提钒的途径，直接提钒方法主要用含钒量高的钒钛磁铁矿（五氧化二钒质量分数大于 1%）。主要方法包括钠化焙烧水浸与钙化焙烧碱浸法。虽然直接提钒的钒转化率较高，能够达到 70%~80%[11]，但存在能耗高、废水量大、焙烧时间长易粘连、焙烧温度高、成本高等问题[12]。相较于间接提钒方法，直接提钒的转化率更低，需改进工艺。

钒钛磁铁矿中含钒量偏低，直接提钒难度大、成本高、效率低，我国大多采用间接提钒方法。间接提钒主要方法指对钒渣和含钒钢渣进行处理。钒渣主要通过对含钒铁水通过转炉提钒得到钒渣，通过钠化焙烧-水浸法等加工方法进行处理，不同方法的优缺点及效率见表 1。而含钒钢渣可通过火法或湿法对含钒钢渣进行处理并利用。火法冶炼方式包括碳还原冶炼与返回烧结方式，湿法冶炼通过酸、碱、盐进行焙烧浸出。具体方法优缺点及回收率整理见表 1。

国内外对钒的提取技术，尤其是 V_2O_5 的提取技术也开展了广泛的研究。如通过萃取并增加预处理步骤，将 V_2O_5 的提取效率提升至 99.95%[21]；提出了转炉钒渣直接浸出液提钒工艺流程，通过调整皂化体系、利用负载有机相等高效率剥离杂质，得到纯度 99.14%的 V_2O_5[22]等，但这些方法的实际落地使用还有待发展。

表 1 主要提钒方法及效率与优缺点[13–20]

Table 1 Main methods of vanadium extraction, efficiency, advantages and disadvantages [13-20]

原料	方法	提钒效率	优缺点
钒钛磁铁矿（V_2O%>1%）（直接提钒）	钠化焙烧-水浸法	63.36%	优点：操作简单、损耗较小、回收率高
			缺点：焙烧时间长易粘结，能耗高，废水量大
	钙化焙烧-酸（碱）浸法	72.10%	优点：无有害气体、废水循环利用
			缺点：转化率低、焙烧温度高、成本高
钒渣（间接提钒）	钠化焙烧-水浸法	85%	优点：工艺成熟、成本低
			缺点：杂质参与反应，出现钒损失
	钙化焙烧-酸（碱）浸法	95.95%	优点：无有害烟气、废水可循环利用、成本低
			缺点：传统方法转化率偏低
	熔融钒渣氧化（钙、钠）法	90%	优点：减少能源浪费、减少成本、缩短流程
			缺点：技术要求高
	加压酸液浸出法	98%	优点：降低能耗、成本低、环境友好
	亚熔盐法	95%	优点：反应温度低、可分离提取钒与铬
含钒钢渣（间接提钒）	碳还原火法（火法）	35.06%（钒渣）	优点：能耗低、回收率高
			缺点：引入其他元素，降低纯度
	返回烧结（火法）	35%（钒渣）	优点：金属回收率高、能耗低
			缺点：引入其他元素，降低品位
	酸（碱）浸		与钒渣相同
	加盐焙烧-浸出		

2.2 钒的市场应用

二战后，钒工业在各大领域都取得了突飞猛进的发展。冶金工业中作为添加剂生产高强度合金钢材、航空航天工业中与钛形成合金用于引擎机身、在能源系统中作为新型能源材料等，钒在市场上主要应用于钢铁行业。2018 年由于钒价暴涨及螺纹钢新标开始实施，储能、化工用钒减量与停顿，国内钢铁用钒比例上升至 93%以上。依据国际钒技术委员会的数据统计，2019 年由于钒价大幅回落及中国螺纹钢新标落地、钢筋增产、储能用钒停滞、减量等原因的叠加影响，国内钢铁业用钒比例上升到 93.83%，创历史新高；有色金属用钒比例约占 1.80%；化工等领域用钒约占 1.92%。

随着我国积极行动，迈向“3060”“双碳目标”，可再生能源重要性凸显。《可再生能源发展“十三五”规划》文件指出，要促进可再生能源产业持续健康发展。全钒液流电池相较众多储能电池具有能量效率高、响应速度快等特点，可靠性高且有接近 100%的钒的可回收性[23]。钒电池具有很大的发展前景和市场空间，在储能、电网调峰、应急电源等方面都有巨大的应用潜力。《能源技术创新“十三五”规划》中的政策由于受到钒价格波动，钒电池产业化进程放缓。2020 年，钒价格回归平稳，国内多个省市颁布新能源相关的优惠政策，推动了其发展，成为潜在的需求增长点。截至 2020 年底，百兆瓦级钒电池储能项目超过 4 项，在建 1 项；兆瓦级以上的钒电池储能项目超 14 项，在建 7 项，投用 3 项。钒电池的特性对推动低碳绿色，实现碳排放目标有极大促进作用。

2.3 钒的相关政策

“十三五”期间，为了实现全面建成小康社会，国家发展和改革委员会等国家机关相应出台了一系列相关政策文件，助力推动“十三五”目标实现。针对钒及钒产品等各级相关政策主要内容如表 2 所示。钒产业链方面国家政策主要集中关注在钒钛钢铁产业和钒电池的利用上，钢铁行业产业的相关政策不断助推钒产业的快速发展。同时，钢铁行业产业环保相关的政策力度不断加大。

表 2　“十三五”期间钒及钒资源相关政策

Table 2　Vanadium and vanadium resource-related policies during the "13th Five-Year Plan" period

发布时间	发布对象	发布内容
2016 年 4 月 14 日	国家能源局	《关于同意大连液流电池储能调峰电站国家示范项目建设的复函》
2016 年 6 月 12 日	国家发改委、工信部、能源局	《中国制造 2025 - 能源装备实施方案》
2016 年 9 月 12 日	国家发改委	出台最严打击制售“地条钢”措施与限令
2016 年 11 月 29 日	国务院	《“十三五”国家战略性新兴产业发展规划》
2016 年 12 月 30 日	能源局	《能源技术创新“十三五”规划》
2017 年 7 月 18 日	国务院办公厅	禁止洋垃圾入境，推进固体废物进口管理制度改革实施方案
2017 年 9 月 22 日	国家发展改革委、财政部、科学技术部、工业和信息化部、国家能源局	《关于促进储能技术与产业发展的指导意见》
2018 年 2 月 6 日	国家质量监督检验检疫总局、国家标准化管理委员会	批准发布了 GB/T 1499.2—2018,《钢筋混凝土用钢第 2 部分：热轧带肋钢筋》
2018 年 4 月 3 日	国家能源局	《风力发电机组振动状态评价导则》，全钒液流电池标准 2 项
2018 年 5 月 24 日	国务院	《“十三五”国家战略性新兴产业发展规划》
2019 年 2 月 18 日	国家标准委	《全钒液流电池用电解液》国家标准文件
2019 年 2 月 18 日	国家电网公司	《关于促进电化学储能健康有序发展的指导意见》

2.4 钒的市场价格与进出口情况

由于 2020 年新冠肺炎疫情的影响，钒及钒产品市场价格与进出口量波动起伏较大，对 2020 年与 2016~2019 年之间的情况分开讨论。

2020 年，全球主要钒生产商均在产能水平左右开展生产。同时，由于中国有效抗击疫情复工复产，对钒及钒产品的需求出现强劲提升，钒铁的国际价格波动至每千克 24 美元左右。中国大陆地区在 2020 年进口钒氧化物 927 万吨，相较 2019 年增长了 6 倍以上（2019 年进口量 148 万吨），增长迅猛。出口方面，2020 年中国大陆地区出口钒氧化物 452 万吨，而 2019 年则为 507 万吨，建筑行业对钢材表现出强劲需求。作为钒铁的主要贸易对象，中国的庞大的需求量不断推动钒铁国际市场价格上涨，逐渐接近铌铁价格。

对于 2020 年前的价格与进出口贸易情况，如图 3、图 4 所示，2019 年相较于 2018 年在钒氧化物及钒铁的进口量均有大幅度上升，出口量大幅度下降，钒及钒产品价格呈断崖式下跌。如图 5、图 6 所示，由于 2018 年螺纹钢新标准落地，钒需求大量上涨，供给严重不足，市场价格出现 6~8 倍上涨。高钒价格导致“铌替钒”“弃钒”的现象，钒逐渐出现供给过剩。钒价格于 2018 年第四季度快速回落并在 2019 年内不断震荡下行。另外，根据中国大陆海关所公布的数据，2019 年中国大陆净出口钒产品折金属钒合计 5528.5t，同比下降 39.59%。

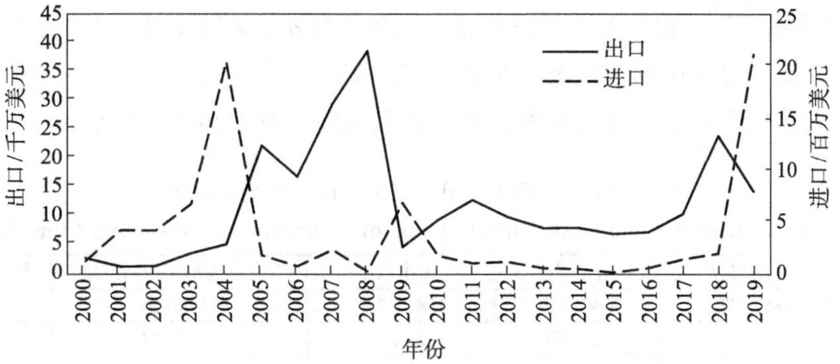

图 3　2000 年至 2019 年中国钒氧化物进出口情况

Fig. 3　Import and export of Vanadium oxide in China from 2000 to 2019

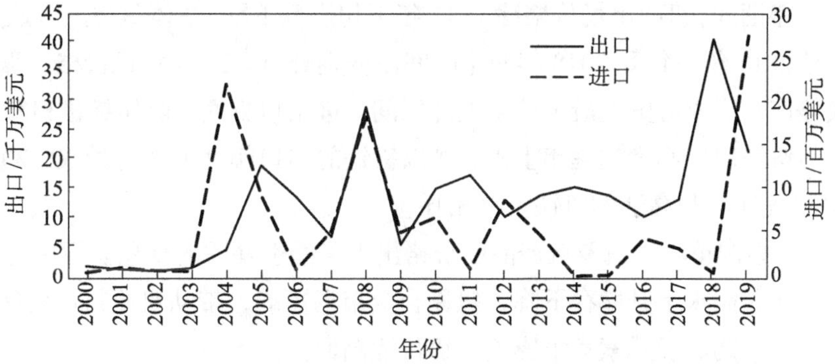

图 4　2000 年至 2019 年中国钒铁进出口情况

Fig. 4　Import and export of Ferrovanadium in China from 2000 to 2019

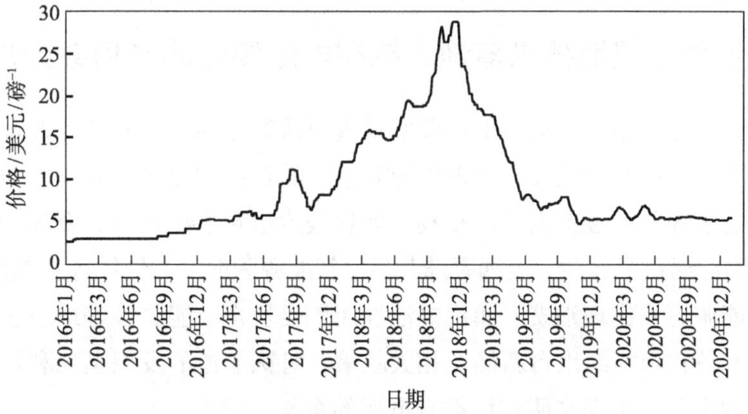

图 5　“十三五”期间五氧化二钒的市场价格

Fig. 5　Market price of vanadium pentoxide during the "13th Five-Year Plan" period

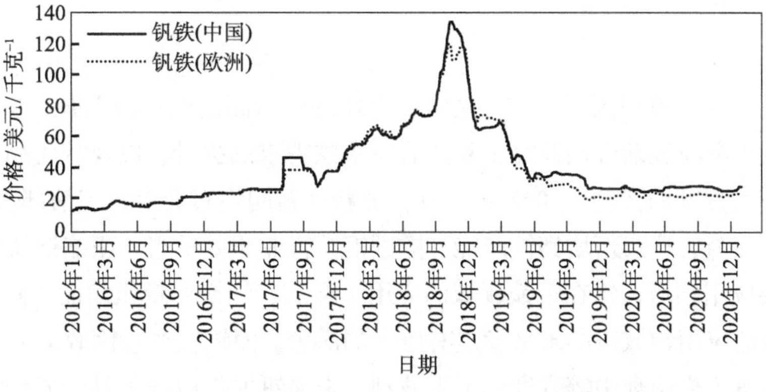

图 6　“十三五”期间钒铁的市场价格（中国及欧洲）

Fig. 6　Market price of ferric vanadium during the "13th Five-Year Plan" period (China and Europe)

2019 年中国大陆钒产品进出口及市场价格情况如表 3 所示。对于钒在 2019 年价格均有大幅下降的原因主要包括以下几点：过高市场价格诱导钒企业扩产增产；出口大幅减少；铌对钒的替代属性。而出口大量减少，进口大量提升的原因也与钒的市场价格大幅波动有着必然的联系。

表 3　2019 年中国大陆钒产品进出口及市场价格情况[3]

Table 3　Import, export and market price of vanadium products in Mainland China in 2019[3]

名称	进口量/t	出口量/t	净出口/t	年均市场价格/万元·吨$^{-1}$	年均市场价格同比降幅/%
五氧化二钒	1459.973	5042.303	3582.33	14.8559	44.74
钒氮合金	353.176	521.453	168.277	22.5941	44.85
80 钒铁	280.242	4902.039	4621.797	25.0931	41.58
50 钒铁	761.612	53.4	–708.212	15.6955	41.90

对于 2016~2018 年期间，钒的市场价格除 2017 年下旬出现下跌，整体呈现上升趋势，2017 年与 2018 年价格上涨迅猛。对 2017 年下旬和 2018 年两个时间段分别分析。2018 年钒价格飞涨，主要原因为南非钒产区出现大规模停产，形成历史上最长价格上涨区间。进出口方面，除钒铁进口额逐年下降以外，钒氧化物进出口额度与钒铁出口额度均逐年上涨，尤以钒铁的出口额度上涨得最快，2018 年从 1.3 亿美元出口额上涨至 40.7 亿美元，与高涨的钒铁价格相呼应。

在 2017 年第三、第四季度，钒及钒产品的价格出现了暴涨暴跌的现象。原因是受到了国内钢铁市场用钒政策落地，钒产品需求上升库存下降，钒氮合金市场短缺，带动钒原料价格猛涨。在 2017 年第四季度初期受下游抵制采购、铌元素竞争影响，钒价逐渐回落。

3　“十四五”期间钒产业链发展预测

3.1　技术与市场：新型提取技术落地，钒在电池领域的应用会大规模增加

钒主要以间接的方式进行生产，提高生产效率是重要研究方向。目前已有大量钒相关提取技术的学术文章发表，部分提取方法已实验验证。未来钒的需求会随着新能源的不断发展而逐渐提升，钒的新型生产提取技术也会随需求提升而逐渐落地。根据国际钒技术委员会的统计，截至 2019 年，在钒电池个数、储能规模上中国均位居世界首位，美国紧随其后。新能源因时间、气候等自然因素影响，其间歇性、不稳定性等因素导致能源容易出现浪费。而钒电池性能优良稳定，能够很好地防止新能源出现流失，合理调配能源供给。随着各省市相继出台新能源相关政策，对钒电池的发展呈现利好态势。钒电池的应用对推动我国双碳目标的实现、生态文明建设都有重要的意义。

3.2　经济与政策：钒价格因“黑天鹅”事件出现大幅度波动，钢铁领域应用增长速度相对放缓

2021 年第一、二季度钒价格因新冠肺炎疫情在全球的肆虐而出现小幅上升，近期钒价格逐渐下降但仍处于高位。考虑到钒电池逐渐应用及复工复产后对钢铁需求的提升，以及替代品铌的影响，钒及钒产品的价格将会出现较大程度的波动。2021 年 1 月，国新办新闻发布会上，工信部表示要确保 2021 年全面实现钢铁产量同比下降，严禁新增钢铁产能、推进钢铁行业兼并重组、压缩钢铁产量并完善相关政策措施。作为钒的主要应用领域，钒在钢铁领域的应用量会随着钢铁产量压缩而下降。

总的来看，钒电池应用领域钒的未来发展有巨大的潜力，而钢铁产量因政策而出现的缩减与钒电池的大量应用，将导致钒价格出现中等程度的上下波动。未来钒的提取技术是学界研究的重要课题，这对提升钒的产能，适应钒不断攀升的需求有重要作用。

参考文献

[1] Chen Donghui. Annual evaluation of vanadium industry in 2019[J]. Hebei Metallurgy, 2021(1): 1-11.
(陈东辉. 钒产业2019年年度评价[J]. 河北冶金, 2021(1): 1-11.)

[2] Zhang Jianfeng. Comparative analysis of solid mineral resources/reserves classification standard with NI43-101 and JORC in China[D]. Beijing: China University of Geosciences (Beijing), 2018.
(张剑锋. 中国固体矿产资源/储量分类标准与NI43-101、JORC的对比分析[D]. 北京: 中国地质大学(北京), 2018.)

[3] Ding Ruifeng, Zhang Dawei. Market analysis and development trend forecast of vanadium industry in the "13th Five-Year" Plan[J]. Metallurgical Economics and Management, 2021(2): 11-15.
(丁瑞锋, 张大伟. “十三五”钒行业市场分析及发展趋势预测[J]. 冶金经济与管理, 2021(2): 11-15.)

[4] Wen Zhe. Analysis on market prospect of vanadium resources and vanadium products at home and abroad [J]. World Nonferrous Metals, 2001(11): 7-8.
(文喆. 国内外钒资源与钒产品的市场前景分析[J]. 世界有色金属, 2001(11): 7-8.)

[5] Zhu Fuxing, Jiao Yu, Li Liang, et al. Status quo and Development trend of beneficiation technology of Panxi Vanadium titanium magnetite[J]. Mining and Metallurgy, 2021, 30(4): 26-32.
(朱福兴, 焦钰, 李亮, 等. 攀西钒钛磁铁矿的选矿技术现状及发展趋势[J]. 矿冶, 2021, 30(4): 26-32.)

[6] Chang Fuzeng, Zhao Beibei, Li Lanjie, et al. Research status and prospect of vanadium extraction from vanadium titanium magnetite[J]. Iron and Steel Vanadium titanium, 2018, 39(5): 71-78.
(常福增, 赵备备, 李兰杰, 等. 钒钛磁铁矿提钒技术研究现状与展望[J]. 钢铁钒钛, 2018, 39(5): 71-78.)

[7] National Bureau of Statistics of the People's Republic of China. China Statistical Yearbook 2020[M]. Beijing: China Statistics Press, 2020.
（中华人民共和国国家统计局. 中国统计年鉴2020[M]. 北京: 中国统计出版社, 2020.)

[8] Fan Liang, Zhang Wei. New Materials Industry, 2016(1): 41-46.
(范亮, 张炜. 钒资源及其制备技术[J]. 新材料产业, 2016(1): 41-46.)

[9] Zhang Dongqing, Li Yungang, Zhang Yingyi. Sichuan Nonferrous Metals, 2011(2): 1-6.
(张冬清, 李运刚, 张颖异. 国内外钒钛资源及其利用研究现状[J]. 四川有色金属, 2011(2): 1-6.)

[10] Gilligan R, Nikoloski A N. The extraction of vanadium from titanomagnetites and other sources[J]. Minerals Engineering, 2020, 146: 106.

[11] Li Lanjie. Research on direct vanadium extraction from vanadium titanium magnetite concentrate by calcification Roasting[D]. Shenyang: Northeastern University, 2010.
(李兰杰. 钒钛磁铁矿精矿钙化焙烧直接提钒研究[D]. 沈阳: 东北大学, 2010.)

[12] Peng H. A literature review on leaching and recovery of vanadium[J]. Journal of Environmental Chemical Engineering, 2019, 7(5): 103313.

[13] Meng Qingwen, Zhang Jinliang. Experimental study on sodium roasting-water leaching of vanadium from a vanadium titanium magnetite concentrate in Chaoyang[J]. Mining Engineering, 2017, 15(3): 34-36.
(孟庆文, 张金良. 朝阳某钒钛磁铁矿精矿钠化焙烧-水浸提钒试验研究[J]. 矿业工程, 2017, 15(3): 34-36.)

[14] Zhang Xinxia. Optimization of sodium roasting process for high Silicon and high calcium vanadium slag[J]. Ferroalloy, 2013, 44(1): 22-24.
(张新霞. 高硅高钙钒渣钠化焙烧工艺的优化研究[J]. 铁合金, 2013, 44(1): 22-24.)

[15] Shen Biao. Temperature control of acid leaching process of clinker of calcified roasting vanadium slag[J]. Iron and Steel Vanadium titanium, 2018, 39(5): 30-36.
(申彪. 钒渣钙化焙烧熟料酸浸工艺温度控制[J]. 钢铁钒钛, 2018, 39(5): 30-36.)

[16] Wang Yannan, Li Hong, Song Wenchen, et al. Preliminary analysis on energy saving and emission reduction of vanadium extraction from molten vanadium slag by direct oxidation[J]. China Metallurgy, 2014, 24(10): 50-54.
(王艳南, 李宏, 宋文臣, 等. 熔融钒渣直接氧化提钒方法节能减排初步分析[J]. 中国冶金, 2014, 24(10): 50-54.)

[17] Zhang Ying, Zhang Ting'an. Experimental study on extraction of vanadium from non-roasting leaching solution of vanadium slag by N1923[J]. Nonferrous Metals Science and Engineering, 2015, 6(6): 14-19.
(张莹, 张廷安. N1923萃取钒渣无焙烧浸出液中钒的实验探究[J]. 有色金属科学与工程, 2015, 6(6): 14-19.)

[18] Lv Yeqing. Simulation and optimization of high efficient clean production process of vanadium chromium from vanadium

slag of meltastic salt process[D]. Tianjin University, 2013.
(吕页清. 亚熔盐法钒渣钒铬高效清洁生产工艺流程模拟与优化[D]. 天津: 天津大学, 2013.)

[19] Yang Subo, Luo Zezhong, Wen Yongcai, et al. Extraction and recovery of vanadium from steel slag of vanadium converter[J]. Iron and Steel, 2005(4): 72-75.
(杨素波, 罗泽中, 文永才, 等. 含钒转炉钢渣中钒的提取与回收[J]. 钢铁, 2005(4): 72-75.)

[20] Guo Jialin, Zhao Junxue, Huang Min. Review and suggestions on comprehensive utilization technology of steel slag[J]. China Metallurgy, 2009, 19(2): 35-38.
(郭家林, 赵俊学, 黄敏. 钢渣综合利用技术综述及建议[J]. 中国冶金, 2009, 19(2): 35-38.)

[21] Gao W, Sun Z, Cao H. Economic evaluation of typical metal production process: A case study of vanadium oxide production in China[J]. Journal of Cleaner Production, 2020, 256: 120217.

[22] Zhang Y, Zhang T A, Dreisinger D. Extraction of vanadium from direct acid leach solution of converter vanadium slag[J]. Canadian Metallurgical Quarterly, 2017, 56(3): 281-293.

[23] Gao F, Olayiwola A U, Liu B. Review of vanadium production part Ⅰ: Primary resources[J]. Mineral Processing and Extractive Metallurgy Review, 2021: 1-23.

钒在化工领域的应用及研发趋势

吴 优 李 佳 侯腾飞

（攀钢集团研究院有限公司，钒钛资源综合利用国家重点实验室，四川攀枝花 617000）

摘 要：介绍了钒制品在化工领域，包括硫酸生产用钒基催化剂、烟气脱硫脱硝用钒基催化剂、有机合成反应用钒基催化剂、光催化剂、颜料领域以及催化聚合用钒系催化剂领域的利用、市场以及相关生产厂家生产应用等情况。

关键词：钒制品；催化剂；颜料

1 引言

钒制品在化工领域的应用主要表现在催化剂领域。以含钒化合物为活性组分的钒系催化剂是工业上最重要的氧化催化剂系列之一，常用钒系催化剂的活性组分包括钒的氧化物、氯化物和配合物等多种形式，但最常见的活性组分是含一种或几种添加物的 V_2O_5。由于具有活性高、使用寿命长、稳定性好等优势，钒系催化剂被广泛用于硫酸、有机化工原料合成、烟气脱硫脱硝等领域。目前，工业钒系催化剂约 1/3 用于硫酸生产，约 1/3 以上用于乙丙橡胶合成，其余则主要用于生产顺酐、苯酐和选择性催化还原（SCR）氮氧化物、氧化脱氢等。

在化工领域的应用多是以高纯五氧化二钒、偏钒酸盐等产品形式呈现。用催化剂所要求五氧化二钒最高含量为99.5%，有些催化剂也可采用98% V_2O_5 的片钒，SCR 催化剂通常采用偏钒酸铵作为原料。

2 用于硫酸生产的钒基催化剂

目前，在硫酸生产过程中必用钒系催化剂来提高 SO_2 氧化为 SO_3 的转化率。该钒系催化剂是以五氧化二钒为活性成分，以碱金属硫酸盐（主要是钾、钠）为助催化剂，以硅化物（通常用硅藻土）为载体，通常称之为 V-K-Si 系催化剂。按使用温度分，可为中温型、低温型、宽温型和耐砷型等类型；按产品外形分，可为条形、球形、环形和雏菊形。

我国生产钒系催化剂始于20世纪50年代，并在20世纪80年代中前期接近国际先进水平。但与国外钒系催化剂相比，仍存在企业规模小、工艺落后，钒催化剂装填量高，总转化率低，使用活性衰退快，寿命短，活性指标的评判水平低等方面的问题。主要生产厂商有湖北省襄阳市精信催化剂有限责任公司、江苏省南京化学工业公司、湖南省衡阳市湘南化工厂、山东奥宝化工集团有限公司、开封市三丰催化剂有限责任公司、贵州威顿催化技术有限公司（原铜仁化工厂）、山东临朐齐力催化剂有限公司、衡阳市晨晖化工有限公司等。

国外钒催化剂的生产工艺先进、性能优良、寿命长。主要生产厂商及代表产品有丹麦托普索公司（Haldor Topsфe A/S）生产的 VK 系列，美国孟山都公司（Monsanto）生产的 Lp 系列，德国巴斯夫公司生产的特性氧化钒催化剂。

据调研，米易安宁生物采用硫磺掺烧硫酸亚铁或硫精砂掺烧硫酸亚铁制备98.3%~98.5%硫酸。该公司一期 16 万吨/年使用国内钒催化剂，钒催化剂与硫酸产能的比例为 5.6：10000；二期 30 万吨/年使用丹麦托普索公司的 VK38 和 VK48 钒催化剂，钒催化剂与硫酸产能的比例为 3：10000。该公司所用的 VK 系列钒催化剂中 V_2O_5 为 6%~9%，使用后的钒催化剂中 V_2O_5 为 2%~3%，更换周期已超 5 年。VK38 是经典的硫酸通用型硫酸生产催化剂，适用于 SO_2 转化器的任意床层。VK48 在 VK38 基础上提高了钒的含量，从而使其活性得到显著增强。

我国的硫酸产量居全球首位。目前，硫酸生产企业作为钒催化剂的主要用户，其产能及消费态势直接影响钒催化剂的市场格局。根据国家统计局统计数据，2019 年硫酸产量为 8936 万吨；结合目前行业中钒催化剂与硫酸产能的比例为 6：10000（一般催化剂）、4：10000（进口或国内高效催化剂），假定硫酸装置年产能与催化剂装填比平均为 10000：5；按照催化剂整体更换周期 5 年计，硫酸在产企业年产能与年平均更换催化剂比为 10000：1，推算出 2019 年全国催化剂年装填量约为 8936t 左右。若按丹麦托普索公司钒催化剂的钒含量计算，硫酸生产用钒催化剂使用 V_2O_5 的量在 500~800t。

全球催化剂市场集中度非常高，行业龙头企业襄樊市精信催化剂有限责任公司的市场份额约 50%，年销量在 3500t 以上；国外主要为丹麦托普索公司。整体来看，用于硫酸生产的钒基催化剂市场格局稳定有序。

从制备工艺而言，研制低温度、长寿命和高性能型产品，以满足硫酸原料结构的变化以及 SO_2 排放控制标准的提高是全球硫酸用钒催化剂未来的研发趋势。

3　烟气脱硫脱硝用钒基催化剂

由于工业排放气体中含有的 SO_x 和 NO_x 会对人类健康以及自然界的生态平衡造成极其严重的危害，世界各国都十分重视对烟气进行脱硫脱硝技术的研究。

3.1　烟气脱硫用钒基催化剂

在烟气 SO_x 的处理中，根据气体浓度和工厂实际条件，有各种脱硫方法，但是将 SO_2 氧化成 SO_3，再用水或稀硫酸吸收的工艺一直受到人们的重视，即硫酸生产中用钒催化剂的催化法。通过调研，我国每年脱硫用催化剂中用 V_2O_5 150t 左右。

3.2　烟气脱硝用钒基催化剂

3.2.1　应用情况

在烟气 NO_x 的处理中，主要分为前端防治技术和末端治理技术。其中，前端防治技术是通过改进燃烧技术来达到减少 NO_x 生成的目的；末端治理技术主要是通过将 NO_x 进行分解、吸附或吸收来减少其排放量。虽然前端防治技术具有成本低廉、技术成熟且能将 NO_x 浓度控制在 500 mg/m^3 以下等优势，但仍需与末端治理技术串联应用才能满足限值区域 NO_x 的排放要求，最终实现达标排放。

在末端治理技术中，全球最为成熟的脱硝技术为 SCR（选择性催化还原法）。该技术是在 SCR 脱硝催化剂作用下，NH_3 与 NO_x 反应生成无毒性无污染的 N_2 和 H_2O。作为 SCR 脱硝过程的核心与关键所在，SCR 脱硝催化剂是以 V_2O_5 或 V_2O_5-WO_3、V_2O_5-MoO_3 为活性成分（通常采用 V_2O_5，担载量一般不超过 1%）。在该活性成分用钒的制备过程中，大多以偏钒酸铵为原料。

我国主流的 SCR 脱硝催化剂核心技术大部分从日本、美国、丹麦、韩国等发达国家引进，技术壁垒较高。目前，我国已有合肥晨晰环保工程有限公司、中科院大连化学物理研究所、北京方信立华科技有限公司等的低温脱硝催化剂得到了推广应用，并且得到宝钢、山东铁雄新沙等一些行业有影响力业主的认可。国内主要脱硝催化剂生产厂的产能及技术来源见表 1。

表 1 国内脱硝催化剂生产厂家

厂家	技术来源	规划产能/$m^3 \cdot a^{-1}$	目前产能/$m^3 \cdot a^{-1}$
东方凯特瑞	德国 KWH	18000	18000
北京国电龙源环保	日本触媒化成	24000	24000
江苏万德环保（峰业）	自主研发	50000	50000
重庆远达环保	美国康美泰克	12000	12000
雅基隆		10000	10000
中天环保催化剂	巴斯夫	18000	6000
大拇指环保	日本触媒化成	6000	6000
晶锐	清华	5000	5000
杭州瑞基催化	日本	25000	4000
青岛华拓	韩国 SK	15000	3000
浙江海亮环境	浙大	71000	71000
三融集团	日本触媒化成	8000	8000
山东博霖环保	自主	10000	10000
大唐南京环保	德国雅佶隆	30000	30000
江西新科环保	自主	1500	1500
北京迪诺斯环保	自主	36000	36000
无锡华光环保	自主	7500	7500
合肥晨晰环保	自主	12000	3000
北京方信立华	自主	10000	10000
天河（保定）环境	自主	72000	72000
浙江德创	引进	23000	23000
河北新达化工建材			

国外脱硝催化剂厂家有美国康宁（Cormetech）、欧洲亚吉隆（Argillon）、托普索（Topsoe）、巴斯夫、Ceram、日本日立（Hitachi）、日立造船（Hitz）、日本触媒、日本触媒化成、韩国 SK 等。一般来说，蜂窝式的催化剂价格在 3.0 万~3.2 万元左右，平板式催化剂的价格在 3.0 万元左右。

从长期市场容量来看，脱硝催化剂使用周期约为 16000~24000 h，按照火电年运营小时数 5000 计算，催化剂更换周期需要 3~5 年左右。如果火电烧的煤炭质量较差，催化剂的更换频率将更快。在 2015 年之前，主要市场需求来自新增需求（包括旧机组脱硝改造和新建机组脱硝装置安装）；在 2015 年之后，随着大部分央企电厂的存量机组实现脱硝运营，催化剂的需求将主要来自新增需求和更换需求（为已安装的脱硝装置更换催化剂）。但 2017 年初，国家三部委工业和信息化部、科技部、环境保护部联合发布的《国家鼓励的有毒有害原料（产品）替代品目录（2016 年版）》中明确建议用稀土脱硝催化剂替代适用于电厂、窑炉等工业脱硝，机动车尾气净化，石油裂化裂解，有机废气处理的钒基脱硝催化剂。从国家层面的变化可以看出未来的脱硝催化剂市场将逐步以稀土催化剂为导向，这将会减少对钒产品的需求量。

3.2.2 制备工艺

脱硝催化剂的制备方法是影响其脱硝效率的关键因素，常用的制备方法包括：浸渍法、混合法、沉淀法、溶胶-凝胶法、离子交换法等，其中，浸渍法、沉淀法和混合法工业应用最为广泛。

（1）浸渍法。浸渍法是将载体浸渍于含有活性组分的溶液，当达到浸渍平衡后滤掉剩余液体，再进行干燥、焙烧、活化等后处理工序，制得催化剂成品。如以锐钛矿型 TiO_2 为载体，偏钒酸铵、偏钨酸铵和仲钼酸铵分别作为 V_2O_5、WO_3 和 MoO_3 的前体，采用等体积浸渍法制备催化剂。浸渍法兼具设备利用率高、生产效率高、活性组分在载体表面分散良好等优点，但催化剂经过长期的烟气冲刷使活性组分容易受到磨损，使用寿命下降。

（2）沉淀法。沉淀法是在不断搅拌的条件下将沉淀剂加入含金属盐类的水溶液中，生成的沉淀物经过洗涤、过滤、干燥、焙烧，制得催化剂粉末前驱体。该法制备出的钒基催化剂不仅能够使各组分达到理想的混合状态，同时使活性组分、助剂在催化剂载体上高度分散，从而提高钒基催化剂的催化性能。但是，沉淀法也存在钒基催化剂性能受制备过程影响因素较多，工业生产过程复杂难于控制且重现性差的缺点。

（3）混合法。混合法是经机械混合两种或两种以上催化剂组分后再经干燥、焙烧等操作工序制备催化剂的一种方法。该方法为现已商业化应用的钒钨钛系列催化剂的主要制备方法，具有工艺流程简单、制作周期短、生产成本低等优势。但是，采用混合法制备出的催化剂存在大部分催化活性位点在催化剂本体中且有团聚现象，长时间运行会导致催化剂由于活性组分高温烧结而不可逆失活。

为进一步规避上述 SCR 脱硝钒基催化剂主流制备工艺的不足，目前的研究方向主要集中在载体的选择、脱硝活性改善、中毒机理和低温活性等方面。

4 有机合成反应用钒基催化剂

4.1 苯酐领域用钒基催化剂

苯酐是邻苯二甲酸酐的简称，是一种十分重要的有机化工原料，主要用于生产塑料增塑剂、不饱和聚酯、醇酸树脂，以及染料、涂料、农药、医药和仪器添加剂、食用糖精等（主要应用情况见图 1）。

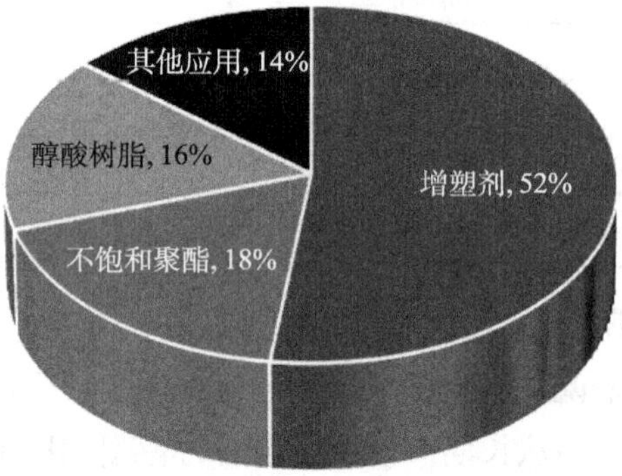

图 1 全球苯酐的应用领域

目前，苯酐生产的主流路线是以邻二甲苯和萘或者萘-邻二甲苯为原料进行催化氧化制苯酐的工艺。早期生产工艺中曾经以汞盐和 Cr_2O_3 为催化剂，目前主要采用五氧化二钒的钒基催化剂。据查，用于邻二甲苯氧化制苯酐的工业催化剂要求活性物质（V_2O_5-TiO_2 为活性组分）含量为 V_2O_5 2%~15%，TiO_2 60%~98%。

国产制苯酐催化剂主要有 0401 型、0402 型、DxⅠ型 DxⅡ型等，它们主要由 V_2O_5、K_2SO_4 及 SiO_2 组成，其中 V_2O_5 为活性成分，K_2SO_4 主要起抑制深度氧化并维持催化剂活性的作用，SiO_2 作为载体。

掌握全球苯酐催化剂市场的公司主要是德国 BASF（全球市场占有率在 80%以上，2001 年兼并苯酐催化剂公司 Wacker，日触公司的苯酐催化剂业务）和意大利 Alusuisse 公司。其中，BASF 公司代表性的 O4-68、O4-66（邻二甲苯氧化用苯酐催化剂），由 V_2O_5、TiO_2 和助催化剂组成。通过对 BASF 公司的催化剂专利研究发现，其中的助催化剂可以在 Al、Sr、Sb、Nb、Cr、Mo、W、Co、Ni、Fe、Mn、Sn、Ag、Cu、Ir 和 P 的氧化物中任意选择。其制备方法是：首先把 V_2O_5 和助催化剂以浆的形式浸渍到 TiO_2 上，然后经煅烧得到催化剂。

中国苯酐 2019 年表观消费量 192 万吨，自给率 100%。从近几年苯酐市场表观消费量来看，整体变动不大，一方面是邻法苯酐主要下游 DOP 受到环保类增塑剂 DOTP 的替代，导致邻法苯酐货源需求量呈下降趋势。另一方面是萘系苯酐经过前几年集中扩产期，其生产趋于正常，与邻法苯酐货源质量区别亦在缩小，由于萘系苯酐价格相较于邻系苯酐处于低位，所以萘系苯酐货源需求量呈增加趋势。整体来看，国内苯酐需求量将基本维持较稳定的局面。我国所有装置若均采用邻苯法生产苯酐，年需催化剂150t。催化剂使用寿命为 3 年。因此，预计钒在该领域催化剂的使用量不会有太大变化。

4.2 顺酐领域用钒基催化剂

顺酐作为目前全球第三大酸酐，是一种重要的精细化学品和有机化工原料，具有广阔的应用领域和市场需求，其下游产品覆盖航空航天、高新技术、汽车配件、医药等众多产业。

目前，正丁烷法生产顺酐占全球顺酐总产能的 80%以上，此外则采用非丁烷法（正逐步转型，过渡为丁烷氧化法）。在顺酐生产工艺上，美国和欧洲普遍采用正丁烷氧化法，日本等地区还采用传统的苯氧化法。钒磷氧（VPO）催化剂作为工业上用于正丁烷氧化生产顺酐的最佳催化剂，其活性元素除 V、P、O 三种主要元素外，还包含微量的其他元素，具有提高选择性和延长寿命等作用。其生产工艺是以正丁烷为原料，采用 VPO 作为催化剂，其催化剂的主要活性相成分是$(VO)_2P_2O_7$（焦磷酸氧钒），在气相中催化氧化制备顺酐。

欧美国家以正丁烷法为工艺的顺酐企业扩能意图明显，如科莱恩公司 2019 年就宣布将投资超亿元人民币大幅提升在我国东北辽宁盘锦催化剂生产基地的产能。

我国的顺酐生产技术此前以污染大、成本高、产品收率低的苯氧化法为主，这主要是因为正丁烷氧化法生产顺酐的核心技术、高效的催化剂及配套的生产工艺完全依赖进口，这一因素严重制约了我国顺酐产业的发展。随着国家技术进步、产业结构调整、环境友好型社会以及“西气东输”工程的大力实施，C4 资源越来越丰富，传统苯氧化法生产顺酐的工艺逐渐被企业淘汰。2019年，我国正丁烷氧化法的开工率为 78.20%；苯氧化法的开工率为 18.12%。近 5 年我国顺酐生产情况见图 2。

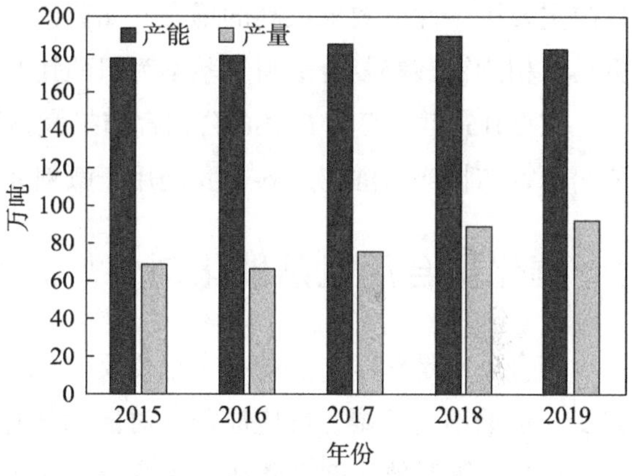

图 2 近 5 年我国顺酐生产情况

通过调研情况预测，全球顺酐的需求量将从 2018 年的 175 万吨增长至 2022 年的 207 万吨。以我国 2019 年顺酐产能 184.2 万吨，国内催化剂使用寿命 2 年（国外优质催化剂使用寿命为 4 年）计算，国内顺酐企业完全改造为正丁烷法每年需要 VPO 催化剂 1000 t，催化剂中钒含量约 33%，以五氧化二钒计含量约 50%，每年 V_2O_5 消耗量约 500 t。

5 用于光催化剂

钒酸铋（$BiVO_4$）是近年来发现的在可见光下具有很好光催化活性的光催化材料，是光催化材料领域的热门研究对象之一。它在接触太阳和荧光灯的光的时候能够促进化学反应，能够杀灭大肠杆菌、金黄色葡萄球菌、肺炎克雷伯氏菌、绿脓杆菌、病毒等。除此之外，还被应用到办公或家居环境中，分解空气中有机化合物及有毒物质，如苯、甲醛、氨、TVOC 等，起到净化空气的作用。

钒酸铋主要有 4 种不同晶型：单斜白钨矿型、四方硅酸锆型、四方白钨矿型和正交钒铋矿型（不同的晶体结构使其具有不完全相同的性质和用途）。在 4 种晶相中以单斜相（m-$BiVO_4$）光催化活性最强，因为 m-BiVO 禁带宽度相对较窄（E_g=2.4 eV），非常接近太阳光谱中心，故应用价值最高。

用于光催化的钒酸铋的制备方法，目前主要有化学沉淀法、水热法、溶胶-凝胶法、固相煅烧法、化学浴沉积以及燃烧法等。由于纯钒酸铋吸附性较差，且光生载流子易复合，使得光催化活性受到限制。因此，研究人员通过添加过渡金属、贵金属、稀土金属及非金属以助催化剂或掺杂剂的方式来提高钒酸铋的光催化活性，如铁、锂、镁、锌、银、钯、钴、铜、镍和某些稀土元素。

通过调研发现，目前钒酸铋作为光催化剂其量子效率仍然较低，达不到工业化应用的标准。因此，对钒酸铋用于光催化剂的研究集中在高校和科研院所，主要停留在论文和专利层面，还未查到生产钒酸铋光催化剂的企业。

6　在颜料中的应用

在颜料领域，钒主要用于制备铋黄及钒锆蓝颜料。其中，铋黄颜料可分为单相纯钒酸铋和多相取代型钒酸铋（可分为$(Bi,E)VO_4$和$(Bi,E)(V,G)VO_4$两种，其中 E 为碱土金属 Ca、Ba 及 Zn 等，G 为 Mo、W 等）。从制备工艺看，钒酸铋采用偏钒酸盐（主要是偏钒酸铵）和硝酸铋为原料。

随着全球健康与环保法规的日益完善与严苛，工业用漆所用颜料的无铅化倾向也日趋明显。由于钒酸铋颜料对 580nm 波长的光线反射率与铬黄和镉黄相当，高于铁黄和钛镍黄，故不用拼配有机颜料即可直接取代铬黄和镉黄，适用于塑料制品、橡胶制品等有机化合物及陶瓷制品、搪瓷制品等无机化合物的着色，也可作为诸如油漆、印刷油墨等涂料的组分。不过，由于钒酸铋很贵价格高昂（约为 30 美元/kg），目前主要用于性能要求很高的场合，如黄色汽车漆、汽车修补漆、高级建筑涂料等。近年来，还出现了更具红相的钒酸铋复合颜料（基本为钒酸铋与红相黄色有机颜料的混合物）用于高档领域着色。

在 2015 年，德国 BASF 公司宣布扩大钒酸铋颜料的生产能力，不再生产含有铬酸铅的颜料；凯伯公司也宣布扩产钒酸铋颜料。我国用于颜料领域的钒酸铋在 50t 左右。

7　催化聚合用钒系催化剂

聚合反应是化学工业的一个重要反应，通过它可以实现由简单有机化合物到各种不同性能高聚物的转变，根据不同的聚合反应原理，对催化剂有不同的要求。

目前，钒系催化剂主要在乙丙橡胶（EPR）合成中应用。乙丙橡胶主要用于汽车部件、聚合物改性、单层屋面材料、电线电缆绝缘以及油品添加剂等领域。其工业化生产工艺路线主要有悬浮聚合法、气相法和溶液聚合法 3 种，其中溶液聚合法工艺是当今全球乙丙橡胶生产的主导工艺（占比约为 80%）。根据催化剂的不同，又将溶液聚合法工艺分为钒系溶液聚合法和茂系溶液聚合法。目前，国内外已工业化生产乙丙橡胶的钒系溶液聚合法工艺常以 $VOCl_3$ 为主催化剂，用卤化烷基铝为助催化剂，即齐格勒-纳塔（Ziegler-Natta）催化剂。

国外前三大乙丙橡胶企业均建有采用钒系溶液聚合法工艺的乙丙橡胶工业生产装置，见表 2。国外采用钒系溶液聚合法的企业主要采用钒-铝（$VOCl_3$-1/2Al_2EtCl_3）为催化剂，在此体系下再考虑是否增添活化剂来提升催化效率。

表 2　全球前三大乙丙橡胶企业采用钒系溶液聚合法工艺的情况

企业名称	产能/万吨·年$^{-1}$	商品牌号	生产工艺
埃克森美孚化学公司（Exxon Mobil）	26.5	Vistalon®	溶液聚合法（钒、茂）
阿朗新科聚合物公司（Lanxess）	22.5	Keltan®	溶液聚合法（钒、茂）
陶氏化学公司（Dow Chemicals）	14.0	NordelIP®	溶液聚合法（钒、茂）

中国石油吉林石化公司是国内乙丙橡胶生产的第二大厂家（第一为合资企业阿朗新科公司），该公司共有三条生产线，现有产能 8.5 万吨/年。1998 年采用日本三井公司专利的技术（2.0 万吨/年），以 $VOCl_3$ 为催化剂。此后在 2009 年和 2014 年分别新增产能 2.5 万吨/年和 4 万吨/年。

目前，齐格勒-纳塔催化剂和茂金属催化剂两类催化剂均已实现产业化应用，但齐格勒-纳塔催化剂占更大的产业份额。由于齐格勒-纳塔催化剂的主催化剂 $VOCl_3$ 在制备中是经 V_2O_5 高温氯化制得，一方面存在大量使用氯气造成操作人员健康和严重污染环境的隐患；另一方面存在 VCl_3，VCl_4 和 $VOCl_3$ 易挥发、毒性大、遇空气分解、遇水爆炸的问题，极大限制了钒系催化剂的应用。为此，研发人员的研究重点分别为：（1）对现有钒系催化剂改性，如引入磺酸基团；或以 V_2O_5 为原料，通过 NaOH 或 Na_2CO_3 溶液溶解为钒酸钠溶液（最终以 $NaVO_3$ 形式存在），加入 HCl 获得 $VOCl_3$ 溶液；（2）开发新型改性催化剂或茂金属催化剂等性能更好、产品质量更高、生产成本更低的催化剂。

8 总结

（1）硫酸生产用钒催化剂工艺成熟，企业的固有市场份额稳定。按现有硫酸产量并结合目前行业中钒催化剂与硫酸产能的比例，推算出 2019 年全国钒催化剂年装填量为 8936t 左右。若按丹麦托普索公司钒催化剂的钒含量计算，硫酸生产用钒催化剂使用 V_2O_5 的量在 500~800t。由于硫酸生产用钒催化剂更换周期通常为 5 年（国外公司钒催化剂产品甚至超过 5 年更换周期），每年硫酸生产用钒催化剂使用 V_2O_5 的量仅为 100~160t。

（2）钒在化工领域最大的应用量为用于烟气脱硫脱硝的催化剂中，钒催化剂共计用量约有 2200 t/a。但 2017 年初国家层面已明确建议，未来的脱硝催化剂市场将逐步以稀土催化剂为主，钒基催化剂的用量将会受到极大限制。

（3）随着健康和环保法规的强化，钒酸铋颜料发展前景看好。但由于价格高昂，现有用量仅在 50 t 左右。钒酸铋光催化性能方面的研究仅停留在实验室阶段，尚未工业化。由于钒酸铋采用偏钒酸盐（主要是偏钒酸铵）和硝酸铋为原料，攀钢可向钒酸铋生产企业销售偏钒酸铵等偏钒酸盐产品，拓展钒精细化工产品的销售渠道。

（4）在有机合成反应用钒基催化剂方面，近年苯酐市场表观消费量来看，整体变动不大。我国苯酐需求量将基本维持较稳定的局面，若所有装置均采用邻苯法生产苯酐，年需催化剂 150 t；由于催化剂使用寿命通常为 3 年。因此，预计苯酐用钒催化剂的使用量也不会有太大变化。在顺酐制备领域，正丁烷作为顺酐的制备工艺取代苯法将是趋势。按我国 2019 年顺酐产能、催化剂使用寿命结合催化剂中钒含量推算，国内顺酐企业完全改造为正丁烷法每年需消耗 V_2O_5 约 500 t。但是，顺酐市场已呈现出产能过剩的局面，若该领域不加以整合，规范市场秩序，对钒的利用也不会有太大助益。

（5）乙丙橡胶所采用的溶液聚合法在今后一定时期内仍将是主流工艺。传统的 Zigler-Natta 催化剂（钒系溶液聚合法）将比新型改性催化剂或茂金属催化剂等性能更好、产品质量更高、生产成本更低的催化剂取代，其中，茂金属催化剂将成为溶液法的重点发展方向。因此，无论是对传统 Zigler-Natta 催化剂改性还是用茂金属催化剂取而代之，该领域都将进一步缩小钒的用量。

受全球疫情影响，目前全球经济处于深度衰退期，这不仅导致外需很弱，而且内需也不够强劲，将意味着制造业投资很难有强劲复苏。虽然，在我国出台多轮刺激经济增长举措的背景下，2020 年下半年我国制造业会有一些反弹，但是整体反弹会较疲弱。综合上述分析可以预计，我国乃至全球的化工领域用钒在下半年将不会有大的进展。

参考文献（略）

FeV50 合金冶炼过程 Mn 杂质的来源与控制

叶明峰

（攀钢集团研究院有限公司，钒钛资源综合利用国家重点实验室，四川攀枝花 617000）

摘　要：结合理论分析、元素平衡统计和工业试验，在倾翻式电炉中研究了冶炼 FeV50 流程 Mn 元素的来源、分布与控制措施。结果表明：FeV50 冶炼过程中原料带入的锰氧化物（MnO_2、Mn_3O_4、Mn_2O_3、MnO）能充分被金属铝还原并进入合金中；球磨铁粒是主要的 Mn 元素输入源，输入 Mn 约 80.33%，约 80.19%的 Mn 进入到 FeV50 成品中，约 15.80%的 Mn 进入到残合金与细粉中，即进入金属相中的 Mn 占 95.99%；采用钢屑 100%替代球磨铁粒可以生产 Mn≤0.5%的低锰 FeV50 合金。

关键词：倾翻炉；钒铁；Mn 元素；走向；钢屑

Source and Control of Mn in FeV50 Process of Large-Scale Tilting Furnace

Ye Mingfeng

(Pangang Group Research Institute Co., Ltd., State Key Laboratory of Comprehensive Utilization of Vanadium and Titanium Resources, Panzhihua 617000, China)

Abstract: Combined with theoretical analysis, element balance statistics and industrial test, the trend, distribution and control measures of Mn in FeV50 smelting process of large-scale tipping furnace were studied. The results show that manganese oxides (MnO_2, Mn_3O_4, Mn_2O_3, MnO) brought in by raw materials during FeV50 smelting in large-scale tilting furnace can be fully reduced by metallic aluminum and enter the alloy. Ball-milled iron particles are the main input source of Mn, and about 80.33% of Mn is input, about 80.19% of Mn enters FeV50 finished product, about 15.80% of Mn enters residual alloy and fine powder, that is, 95.99% of Mn enters metal phase. It is the most effective method to produce FeV50 alloy with Mn content ≤0.5% by using 100% steel scrap instead of ball-milled iron particles.

Key words: tilting furnace; ferrovanadium; Mn element; trend; steel craps

1　引言

钒铁合金主要应用在钢铁领域作为钒微合金化的添加剂，钒能与钢中的碳和氮发生反应，生成小而硬的难熔金属碳化物和氮化物，这些化合物能起到细化剂和沉淀强化剂的作用，细化钢的组织和晶粒，提高钢材综合性能[1]。钒铁合金的生产通常以钒氧化物为原料，采用硅热还原、铝热还原及碳热还原等方法进行冶炼操作。其中，铝热还原法容易达到还原极限，且炉渣污染小，容易处理，故应用最为广泛[2]。

作者简介：叶明峰，硕士，工程师，主要从事钒铬资源增值化加工方面的研究；E-mail: csuymf@163.com。

西昌钒制品科技有限公司为最大限度地利用现有钒资源，提高生产效率，采用单炉产能 10~12t 级别的大型倾翻式电炉生产 FeV50 合金，该电炉目前应为世界范围内单炉钒铁产量最大的 FeV50 钒铁冶炼炉。钒铁合金冶炼方面的研究主要集中于提高钒冶炼收率方面[3-5]，由于 Mn 元素在 FeV50 钒铁合金中不属于明显对钢材有害的元素，甚至在有些使用场景中还属于有益元素，国标 GB/T 4139—2012 中对 FeV50 钒铁 Mn 元素并未有明确的要求。对钒铁冶炼而言，钒铁中 Mn 含量太高会降低合金中 V 含量，一直以来，Mn 元素在 FeV50 冶炼过程中的走向、分布及控制方面的研究也一直鲜有报道。

近年来，随着下游钢企钢材升级换代、炼钢合金成本控制、钢材综合性能提升等技术需求的不断提出，不同的钢对 Mn 含量的控制要求有所不同，目前已有部分钢企客户明确要求成品 FeV50 中的 Mn≤0.5%[6]，因而需要配套冶炼低 Mn 含量的 FeV50 合金及相应的控制措施，故迫切需要探明 FeV50 冶炼流程 Mn 的输入-输出过程、元素反应规律和走向，总结 Mn 杂质控制方法，科学指导钒铁合金生产，为生产低锰 FeV50 合金提供理论与实践依据。

2　倾翻式电炉钒铁冶炼工艺和原理

钒氧化物铝热还原反应和倾翻式电炉工艺示意图见图 1。钒铁冶炼主要反应为电铝热还原反应，在电极辅助供热和加入石灰造渣的条件下，利用过剩的金属铝在电加热条件下将反应物中的钒从钒氧化物中充分还原出来，并使得炉渣主要以铝酸钙形式存在，最终还原出来的金属钒能与加入的铁快速进行固溶。倾翻式电炉冶炼钒铁主要产品为 FeV50，冶炼过程为多期加料和出渣操作，炉渣有锭模渣和渣盆渣之分。

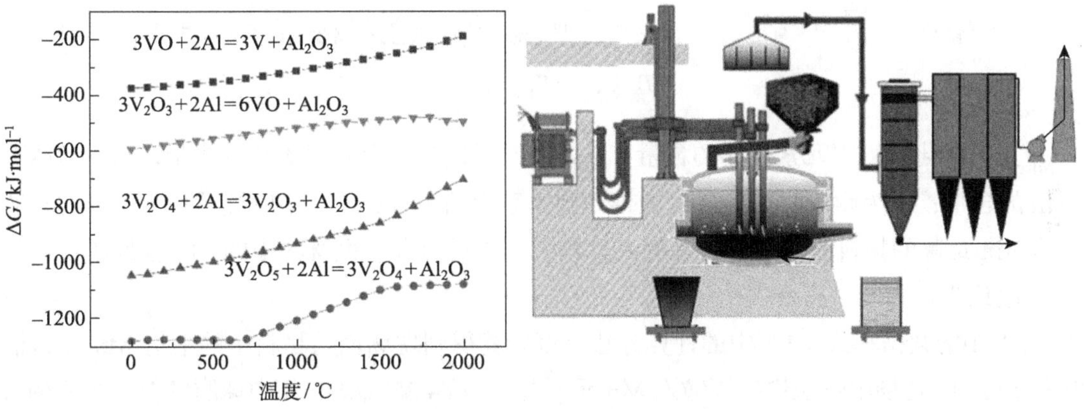

图 1　钒氧化物铝热还原反应和倾翻式电炉工艺示意图

Fig.1　Vanadium oxide aluminothermic reduction reaction and diagram of tilting furnace

3　Mn 元素在倾翻炉内的物理化学变化

通过热力学分析软件 FactSage 6.4，分析了锰氧化物的铝热还原反应热力学及 Fe-Mn 合金相图，见图 2。可知，锰氧化物（MnO_2、Mn_3O_4、Mn_2O_3、MnO）都能被金属铝还原，Mn 元素最终进入合金中与 Fe 形成固溶体。MnO 还原成 Mn 是吸热反应，升高温度、及时移除反应产物都能促进锰氧化物的还原，在大型倾翻式电炉中，通电时间约 180 min，热量充沛，金属铝过剩，有助于反应的进行。

钒铁冶炼过程中加入了大量的石灰进行造渣，CaO 与生成的 Al_2O_3 反应，能降低反应式 $3MnO+2Al=3Mn+Al_2O_3$ 的还原产物浓度和生成物熔点，促进传质，从而促进反应向右进行，说明倾翻电炉冶炼钒铁的过程具备锰氧化物充分被金属铝彻底还原的热力学条件。

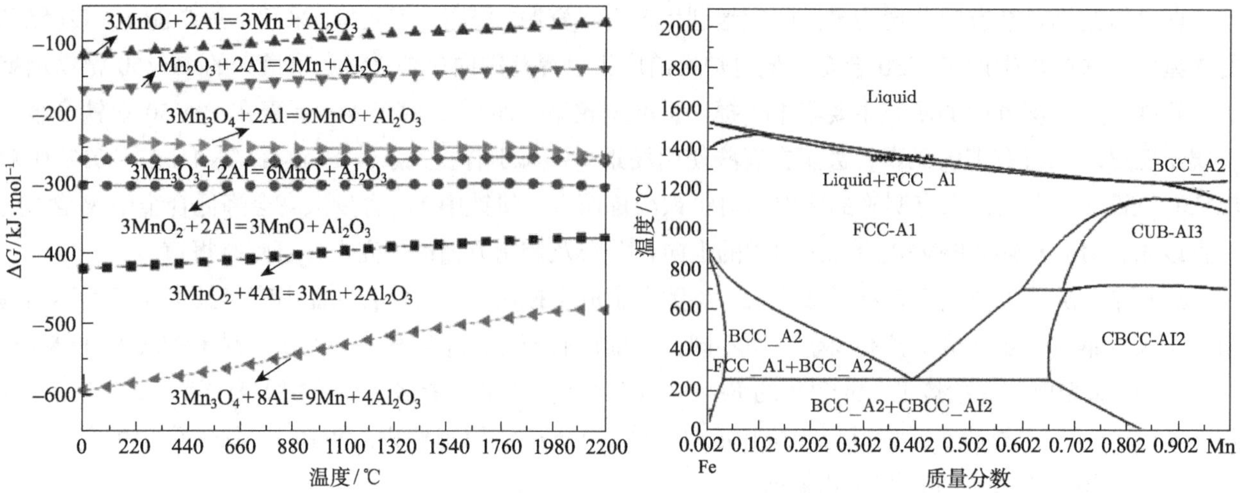

图 2 锰氧化物的铝热反应热力学及 Fe-Mn 合金相图

Fig.2 Thermite reaction thermodynamics and phase diagram of Fe-Mn alloy

4 Mn 元素在 FeV50 冶炼中的走向

FeV50 钒铁冶炼现场元素的输入物料有镁砂、镁火泥、镁砖、球磨铁粒、三氧化二钒、片钒、石灰等，这些物料的基本化学成分和平均消耗量见表 1。进一步通过统计钒氧化物的成分和用量便可根据大量的生产统计数据，根据元素平衡原理可以进行数学统计方法计算得到公式如下：

$$T_{输入Mn} = \sum M_{三氧化二钒} \times w_{Mn} + \sum M_{片钒} \times \eta_{Mn} + \sum M_{球磨铁粒} \times \varsigma_{Mn} + \sigma \quad (1)$$

$$T_{输入Mn} = T_{输出Mn} \quad (2)$$

式中，w_{Mn} 为三氧化二钒中元素 Mn 的含量；η_{Mn} 为五氧化二钒中元素 Mn 的含量；ς_{Mn} 为球磨铁粒中的元素 Mn 的含量；σ 为耐火材料经过侵蚀带入到体系中的 Mn 贡献，难以统计且是一个波动源。由表 1 可知，含 Mn 最高的物料为球磨铁粒且加入量较大，相对而言耐火材料中的 Mn 含量较小，几乎可以忽略不计，故认为 σ 为 0。

根据表 1 中的数据和式（1）中的计算方法，可计算得到现场输入物料中的平均 Mn 元素情况，见表 2。由表 2 可知，现场单炉钒铁冶炼输入 Mn 元素总量为 84.25kg/炉，其中球磨铁粒是主要的 Mn 元素输入源。

表 1 现场输入物料中的平均 Mn 元素含量及物料平均消耗情况

Table 1 Average Mn element content and average material consumption in field input materials

物料名称	Mn 元素含量/%	现场 9+1 模式下平均消耗/kg·炉⁻¹
镁砂	0.087	/
镁火泥	0.083	/
镁砖	<0.05	/
球磨铁粒	1.250	5414
三氧化二钒	0.203	9000
片钒	0.306	1000
石灰	<0.050	2700

表 2 现场输入物料中的平均 Mn 元素情况

Table 2 Average Mn element total amount in field input materials

项目	物料	总 Mn/kg·炉⁻¹
元素输入	三氧化二钒	16.20
	片钒	0.37
	球磨铁粒	67.68
总计	/	84.25

对现场物料进行取样分析，结合现场的 9 罐三氧化二钒+1 罐片钒的模式冶炼 FeV50 合金，统计 65 炉次该冶炼模式下各个炉次的生产数据情况并计算平均值，给出了相应的输出物料中的 Mn 元素含量及平均物料产出情况以及现场输入物料中的平均 Mn 元素总量（kg/炉），见表 3 和表 4。钒铁冶炼流程的输出物料为成品 FeV50、锭模渣、渣盆渣、锅巴渣、黑边渣、旋风除尘灰、布袋除尘灰等，其中 Mn 元素含量最高的是布袋除尘灰，基于物质守恒定律，采用差减法可获得残合金与细粉中的 Mn 元素总量。

表 3　现场输出物料中的 Mn 元素含量及平均物料产出情况

Table 3　Mn content in field output materials and average material output

物料名称	化学元素成分/%						现场 9+1 模式下平均产出/$kg \cdot 炉^{-1}$
	TV	P	Mn	MgO	CaO	Al_2O_3	
成品 FeV50	50.53	0.062	0.669	/	/	/	10156
锭模渣	0.767	<0.005	0.071	21.92	12.67	62.61	3500
渣盆渣	0.950	<0.005	<0.05	10.40	24.34	62.30	7500
锅巴渣	5.60	0.016	0.142	64.32	4.71	14.58	270
黑边渣	26.77	0.050	0.390	12.57	2.92	27.31	23
旋风除尘灰	21.30	0.034	0.624	16.64	3.14	5.98	20
布袋除尘灰	7.19	0.028	1.21	35.54	1.68	5.88	25

表 4　现场输入物料中的平均 Mn 元素总量

Table 4　Average Mn element total amount in field input materials

项目	物料		总 Mn/$kg \cdot 炉^{-1}$
元素输出	成品 FeV50		67.93
	炉渣	锭模渣	2.485
		渣盆渣	0
		锅巴渣	0.383
		黑边渣	0.09
	旋风除尘灰		0.135
	布袋除尘灰		0.303
	残合金与细粉		13.31
总计	/		84.25

基于表 1~表 4 中的统计数据分析了冶炼过程中 Mn 元素的分布情况，见图 3。其中，球磨铁粒是 Mn 元素的主要输入源，输入 Mn 元素占输入 Mn 总量的 80.33%；从 Mn 元素的输出和走向来看，约 80.19% 的 Mn 进入到 FeV50 成品中，约 15.80%的 Mn 进入到残合金与细粉中，即进入金属相中的 Mn 占体系 Mn 总量的 95.99%，说明锰氧化物被充分还原，印证了图 1 中热力学分析结论。

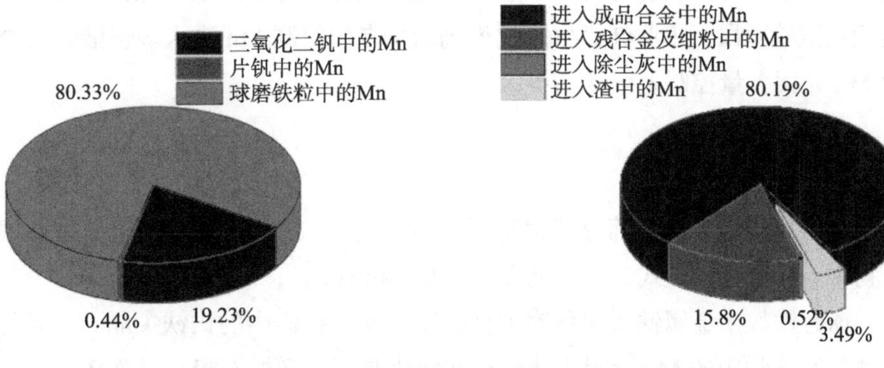

图 3　Mn 元素在输入物料和输出物料中的分布情况

Fig.3　Distribution of Mn elements in input materials and output materials

5　FeV50 冶炼流程中 Mn 元素的控制措施

实际生产中 FeV50 合金中 Mn 元素含量基本都能满足国家标准。当 FeV50 合金中 Mn 含量需要控制到≤0.5%时，则需要对 Mn 含量高的物料进行限量约束，总体思路是提出 Mn 元素控制上限或者寻求新的物料进行替代。

5.1　严格控制钒氧化物中的 Mn 含量

统计 60 炉次钒铁冶炼所加入三氧化二钒中的原料 Mn 含量和合金中 Mn 含量的数据，并进行绘图来寻找对应关系，结果见图 4。由图 4 可知，设置预测置信带为 95%时，意味着，在此总体中随机抽取 100 个样本，其中大概有 95 个会落在这个区间，个别值更容易受一些外界因素影响而有差异性，比较能反映实际冶炼的情况。虽然生产数据波动较大，总体趋势仍是钒氧化物原料中 Mn 含量越高，合金中 Mn 也会升高。

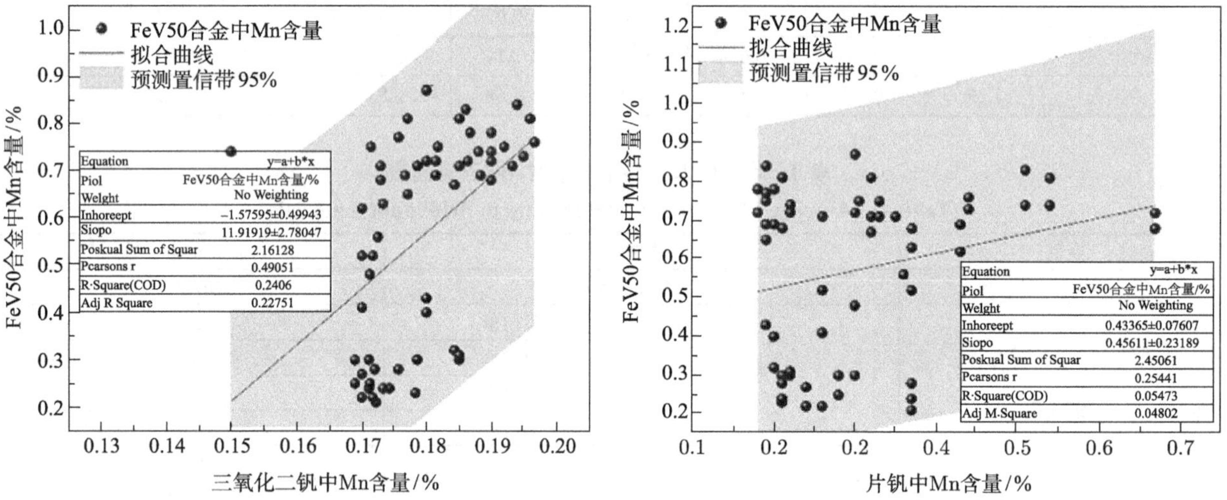

图 4　钒氧化物中 Mn 含量对应 FeV50 合金中 Mn 含量的关系式

Fig.4　The relationship between Mn content in vanadium oxide and Mn content in FeV50 alloy

通常而言，由于提钒所用的原料钒渣中的锰经过焙烧、浸出等工序后与钒共存于沉钒合格液中，之后在沉淀工序与钒分离，锰则主要以锰离子形式留存于提钒废水中，少量的锰随着沉钒过程与钒一起进入固态沉钒产物多钒酸铵之中[7-9]。钒氧化物中的 Mn 元素在钒渣钙化焙烧-硫酸浸出-沉钒-煤气还原或熔片等工序先后经历了组分（钒铁尖晶石、硅酸盐橄榄石等）中的固溶态锰→钒酸锰钙→硫酸锰→锰氧化物等一系列物质转化环节[10]，虽然已有利用草酸类除锰剂从含钒含锰溶液中除锰的方法可供参考[11]，但该方法仍处于实验室试验阶段，工业红钒生产过程仍缺少专门控制 Mn 进入多钒酸铵的技术手段，因此提出钒氧化物中 Mn 元素含量控制上限意义不大。

5.2　球磨铁粒分选除杂

使用 325 目筛子对球磨铁粒进行筛分获得筛下物。进一步通过 MLA650 工艺矿物检测分析系统分析了球磨铁粒筛下物中 Mn 的存在形式，结果见图 5、表 5 和图 6。

由图 5 可知，球磨铁粒中金属铁表面黏附和夹杂物主要为钒渣中的钒铁尖晶石、氧化铁等物质。由表 5 可知，球磨铁粒筛下物中的 Mn 元素主要赋存在钒尖晶石、橄榄石相、钙铁辉石相、氧化铁相中，占比分别为 23.21%、42.01%、12.68%、13.55%。由图 6 可知，Mn 元素在球磨铁粒筛下物中占比为 5.14%，对筛下物中的单个夹渣颗粒进行面扫描可知 Mn 元素分布较为分散，不是集中分布在单个矿物中。

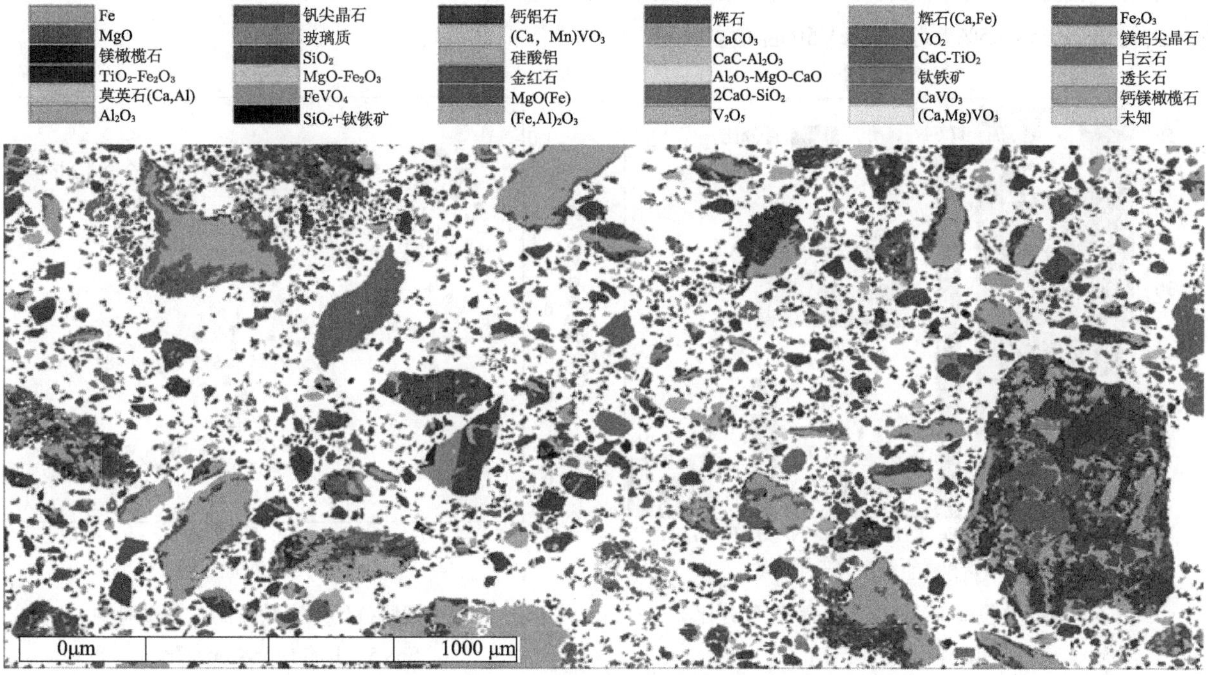

图 5　球磨铁粒筛下颗粒的矿物学分类

Fig.5　Mineralogical classification of undersized ball-milled iron particles

表 5　球磨铁粒筛下物的元素赋存形式的分析

Table 5　Analysis of the form of elements in the sieves of ball-milled iron particles/%

矿物	杂质元素含量/%									
	Al	C	Ca	Cl	Cr	Cu	Fe	K	Mg	Mn
金属铁	0.00	0.00	0.00	0.00	0.00	0.00	39.02	0.00	0.00	0.00
钒尖晶石	6.78	0.00	0.07	0.00	55.15	0.00	16.12	0.00	2.21	23.21
铁橄榄石	0.65	0.00	15.70	0.00	8.49	0.00	15.56	1.12	34.13	42.01
钙铁辉石	26.27	0.00	36.02	0.00	0.00	0.00	4.08	40.26	4.94	12.68
氧化铁	19.28	0.00	8.17	79.60	32.73	100.00	21.29	2.30	11.19	13.55
方镁石	0.89	0.00	0.66	15.04	0.00	0.00	0.05	0.00	27.20	0.03
玻璃质	12.23	0.00	9.84	0.00	0.39	0.00	1.27	50.12	1.53	4.42
钒酸钙锰	0.31	0.00	0.83	0.00	0.00	0.00	0.03	0.00	0.33	1.10

因此，从原料分选的角度来看，使用筛选除杂、水洗除杂、浮选除杂等措施对球磨铁粒中的残留钒渣进行适当清理，可以为降低 FeV50 合金产品中 Mn 元素含量提供可供参考的问题解决方案。在实验室条件下探索球磨铁粒除杂工艺相对比较容易，但是要在实现工业生产级别上规模化应用则需要增加一些清洗、烘干、运输设备，现场暂时还不具备条件；如果有条件，也可以利用其他单位的场地和设备将球磨铁粒对外委托加工，获得干燥后的洁净铁粒和夹渣，但有必要考虑夹渣中钒的回收利用。

5.3　用钢屑替代球磨铁粒

实际生产过程用球磨铁粒生产 FeV50 合金主要目的是降低生产成本，回收利用钒渣筛选、磁选所得铁质料。由于球磨铁粒是 Mn 元素的主要输入源，可以采用钢屑进行替代，钢屑主要成分为 99.9%的 Fe，Mn<0.05%，属于机械车间钢板加工的边角料，是一种洁净的铁质料。

采用钢屑替代球磨铁粒进行钒铁冶炼时不同替代比例各统计 20 炉次，考察不同替代比例对 FeV50 合金中 Mn 含量的影响，统计平均值和极值，结果见图 7。由图 7 可知，钢屑 100%替代球磨铁粒时，能生产出符合 Mn≤0.5%要求的 FeV50 合金。

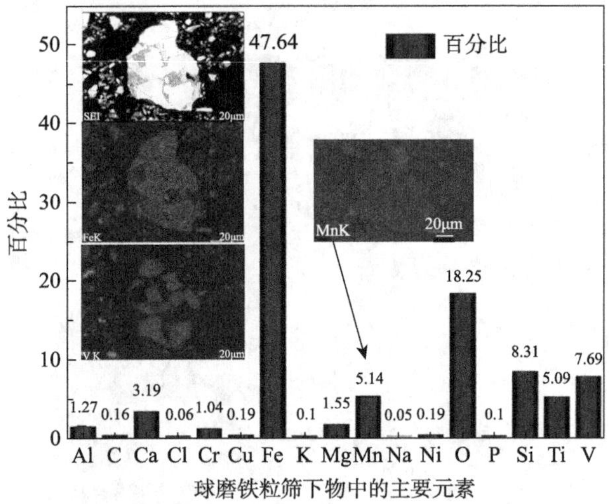

图 6　球磨铁粒筛下物中不同元素的百分比和单个颗粒的面扫描

Fig.6　Percentage of different elements in the undersized ball-milled iron particles and surface scanning of individual particle

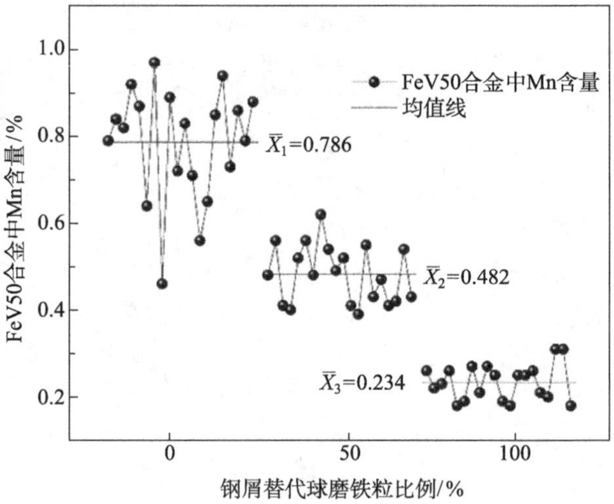

图 7　钢屑替代球磨铁粒的工业试验中 FeV50 中的 Mn 含量变化

Fig.7　Industrial test of replacing ball-milled iron particles with steel scraps

6　结论

（1）热力学软件和相图分析结果表明，FeV50 冶炼过程具备锰氧化物（MnO_2、Mn_3O_4、Mn_2O_3、MnO）充分被金属铝还原的热力学条件，Mn 以固溶元素形式最终进入到合金中。

（2）球磨铁粒是主要的 Mn 元素输入源，输入 Mn 约 80.33%，约 80.19%的 Mn 进入到 FeV50 成品中，约 15.80%的 Mn 进入到残合金与细粉中，即进入金属相中的 Mn 占 95.99%，钒铁布袋除尘灰中 Mn 元素含量最高，为 1.21%。

（3）FeV50 中 Mn 含量与钒原料中 Mn 含量对应的关系总体趋势是钒原料中 Mn 含量越高，FeV50 中 Mn 含量越高；Mn 元素主要赋存在球磨铁粒携带的钒尖晶石、橄榄石相、钙铁辉石相、氧化铁相中，用钢屑替代球磨铁粒是控制 FeV50 中 Mn 含量是当前行之有效的方法，替代比例 100%时，可获得 Mn≤0.5%的 FeV50 合金，满足下游钢企用户个性化要求。

参考文献

[1] Yang Caifu, Zhang Yongquan, Wang Ruizhen. Metallurgical principle and application of vanadium steel[M]. Beijing: Metallurgical Industry Press, 2012.
(杨才福，张永权，王瑞珍. 钒钢冶金原理与应用[M]. 北京：冶金工业出版社, 2012.)

[2] Song Mingming, Song Bo, Cao Min, et al. Melting property of a slag for FeV alloy production by the electrical thermite method[J]. Chinese Journal of Engineering, 2015, 37(4): 436-440.
(宋明明，宋波，曹敏，等. 电铝热法冶炼钒铁渣熔化性能[J]. 工程科学学报, 2015, 37(4): 436-440.)

[3] Yu Bin, Xian Yong, Sun Zhaohui, et al. Study on process of smelting ferrovanadium by tilting furnace using mixture vanadium oxides[J]. Iron Steel Vanadium Titanium, 2015, 36(4): 1-6.
(余彬，鲜勇，孙朝晖，等. 混合钒氧化物倾翻炉钒铁冶炼工艺研究[J]. 钢铁钒钛, 2015, 36(4): 1-6.)

[4] Yang Xinglei. Study on improving the yield of smelting ferrovanadium in large tilting furnace[D]. Kunming:Kunming University of Science and Technology, 2019.
(杨兴磊. 大型倾翻炉冶炼钒铁收得率提升研究[D]. 昆明: 昆明理工大学, 2019.)
[5] Xian Yong. Formation mechanism of σ phase in Fe-V alloy and its industrial application[D]. Shanghai: Shanghai University, 2015.
(鲜勇. Fe-V 中间合金中 σ 相形成机理及其工业化技术应用研究[D]. 上海: 上海大学, 2015.)
[6] Liang Bin, Zhang Wei, Yang Xiong, et al. Method for preparing FeV50 with low Mn content[P]. Chinese Patent: CN108165781 A, 2017.
(梁彬, 张巍, 杨雄, 等. 低 Mn 含量 FeV50 的制备方法[P]. 中国专利: CN108165781 A, 2017.)
[7] Shi Zhixin, Yuan Tianyu, Liu Jinyan, et al. Mineralogical characteristics of vanadium spinel in the process of calcified roasting vanadium slag[J]. 2014, 23(4): 95-98.
(史志新, 苑天宇, 刘锦燕, 等. 钙化焙烧钒渣过程中钒尖晶石的矿物学特征[J]. 矿冶, 2014, 23(4): 95-98.)
[8] Wen Jing, Jiang Tao, Wang Junpeng, et al. Cleaner extraction of vanadium from vanadium-chromium slag based on MnO_2 roasting and manganese recycle[J]. Journal of Cleaner Production, 2020, 261: 1-10.
[9] Zhang Juhua, Zhang Wei, Zhang Li, et al. Mechanism of vanadium slag roasting with calcium oxide[J]. International Journal of Mineral Processing, 2015, 138: 20-28.
[10] Wen Jing, Jiang Tao, Wang Junpeng, et al. An effiffifficient utilization of high chromium vanadium slag: Extraction of vanadium based on manganese carbonate roasting and detoxifification processing of chromium-containing tailings[J]. Journal of Hazardous Materials, 2019, 378: 1-11.
[11] Yang Xiao, Peng Sui, Li Daoyu, et al. Method for separating vanadium and manganese from vanadium-containing acid leaching solution[P]. Chinese Patent: CN108165781 A, 2018.
(杨晓, 彭穗, 李道玉, 等. 含钒酸浸液钒锰分离的方法[P]. 中国专利: CN108165781 A, 2018.)

电极辅助加热制备钒铝合金的研究

李兰杰　万贺利　陈树军　王宝华

（河钢集团承钢公司，河北承德 067102）

摘　要：铝热自蔓延方式是制备钒铝合金传统方法，本文讨论了采用电极辅助加热制备 Al-65V 合金过程中，不同条件下 Al-65V 合金的杂质含量和微观组成、渣系结构和钒含量变化。研究结果表明，不同的电极加热时间不仅显著改善了合金的杂质和显微组织，而且对钒回收率也有明显影响。该方法可获得成分均匀的合金产品，当电极加热时间控制在 10min 时合金中 C、O、N 的杂质含量分别为 0.085%、0.022%和 0.036%，其余成分均满足行业标准，同时渣中钒含量低于 0.18%。

关键词：电极辅助加热；Al-65V 合金；杂质含量；微观结构

Study on Preparation of V-Al Alloy by Electrode-Assisted Heating

Li Lanjie　Wan Heli　Chen Shujun　Wang Baohua

(Chengde Iron and Steel Group Co., Ltd., HBIS Group Co., Ltd., Chengde 067102, China)

Abstract: The self-propagation method is the traditional method of preparing vanadium aluminum alloy. This paper discusses the changes in the impurity content and microscopic composition, slag structure and vanadium content of Al-65V alloy under different conditions during the preparation of Al-65V alloy by electrode-assisted heating. The results show that different electrode heating time not only significantly improves the impurities and microstructure of the alloy, but also has a significant impact on the vanadium recovery rate. The alloy products with uniform composition can be obtained by this method. When the electrode heating time is controlled at 10 minutes, the impurity content of C, O, and N in the alloy are 0.085%, 0.022% and 0.036%, respectively, and the remaining components meet commercial standards. At the same time, the vanadium content in the slag is less than 0.18%.

Key words: electrode assisted heating; Al-65V alloy; impurity content; microstructure

1　引言

钒被添加到钛合金中，使钛合金具有更多特性，应用领域也被进一步拓宽，特别是在军工、医疗、航空等重点领域里含钒钛合金应用不断增多[1-4]。钛合金中的钒有强化合金的作用，加入一定比例的钒时，钛合金具有优良的延展性、耐腐蚀性、成形性等性能[5-8]。因此钒铝合金作为中间合金被广泛应用于军工、航空航天、核能材料及民用等领域钛合金的制备，其中以 TC_4(Ti-6Al-4V)为最具代表性钛合金，目前全球的钒铝合金大部分应用于航空航天领域钛合金的制备，其消耗占到 70%以上[9-11]。

作者简介：李兰杰，教授级高工，主要研究方向：钒钛新材料制备技术；E-mail: lilanjie20140014@163.com。
通讯作者：万贺利，高级工程师，主要研究方向：钒合金制备研究；E-mail: wanheli@163.com。

钒铝合金作为中间合金用于与金属钛重熔制备含钒钛合金时，其质量的优劣直接影响航空航天用钛合金的性能。为了达到所期望的宇航、航空工业钛合金的最佳性能，其关键之一是制备纯度优、成分均匀的钒铝中间合金。世界上航空航天级钒铝中间合金主要以 AlV65 合金为主，但各国对该牌号钒铝中间合金的生产技术封锁十分严格，我国至今未能实现航空航天级钒铝合金规模化产业化生产，仍需以高昂的价格大量进口航空航天级钒铝中间合金。这主要由于高品质 AlV65 中间合金对 Si、Fe、C、N、O 等杂质元素的含量要求严格，针对不同器件，有着不同要求。这些特殊要求是普通的钒铝中间合金生产工艺不能实现的，因此目前仍未能实现高端钒铝中间合金的国产化[12]。

本研究以传统自蔓延生产工艺为基础，结合电炉冶金技术特点，采用电极进行物料引燃及反应后期补充热量的方式，制备成分均匀、杂质含量低的 AlV65 合金，研究了加热时间对合金成分及微观结构的影响，最终获得最优的工艺条件，开发出高效制备高端钒铝合金新技术。

2　实验部分

本研究使用的原材料来自承德地区某厂家的粉剂五氧化二钒，CaO 粉末以及商业级 Al 颗粒，具体原料指标如表 1 所示。将原料按一定比例进行配比，其中采 $m_{Al}:m_{V_2O_5}=0.8:1$，$m_{CaO}:m_{V_2O_5}=0.3:1$，每组物料按一定比例用密闭容器混合。将材料机械混合 20~30min，然后转移到炉中。随着原料的加入，炉温控制在 473~623K。石墨电极被用作点燃原材料的方法。炉渣和合金采用电极加热方式加热，加热电压控制在 160V。当炉子在室温下冷却时，炉渣和合金分离。为了满足商业应用，Al-65V 合金进一步通过破碎筛分进行分类，整个过程如图 1 所示。

表 1　原料主要成分要求

原料名称	纯度要求	主要杂质成分	粒度
五氧化二钒	≥98.5%	Si≤0.2%；Fe≤0.2%	80~120 目
铝粒	≥99.5%	Si≤0.12%；Fe≤0.12%	5~10mm
氧化钙	≥99.9%	SiO_2≤0.4%；Fe_2O_3≤0.15%	80~120 目

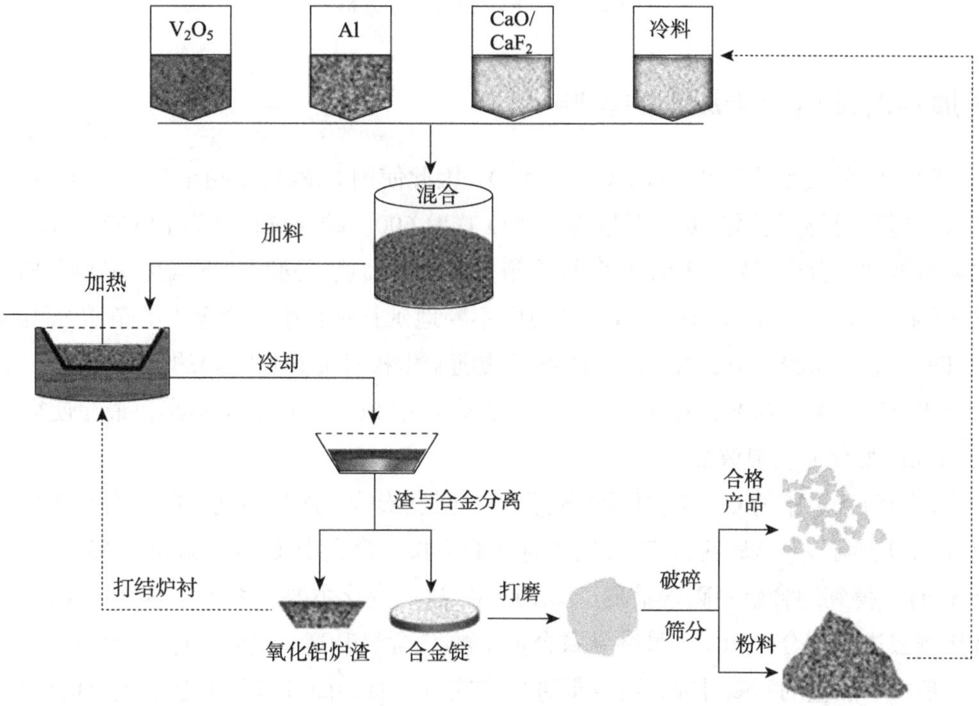

图 1　实验工艺流程图

3 结果与讨论

3.1 合金成分组成分析

图2（a）所示为制备过程中电极加热时间控制在8min时得到的合金与渣的样品，通过电极加热后渣与合金出现明显的分层现象，这将有助于后期合金与渣的分离处理。其中合金中的微观结构如图2（b）所示，对合金不同位置通过EDS检测方式测定合金中不同区域的V、Al含量，结果如图2（c）和（d）所示。在合金中深灰色结构的区域（检测点1）处Al的质量分数为44.82%，V的质量分数为55.18%。然而，在合金中浅灰色结构的区域（检测点2）处Al的质量分数为32.99%，V的质量分数为67.01%。通过上述元素含量检测可以推测出在深灰色区域的两种金属元素的原子比近似为Al：V=8：5(Al_8V_5)，浅灰色区域的元素原子组成可以近似为Al：V=1：3(AlV_3)，而且浅灰色区域明显大于深灰色区域，表明Al-65V合金是一种非化学计量化合物。同时也说明在电极辅助加热下得到的钒铝合金中主要存在两种物相结构，而且这两种物相结构均匀存在于合金中。

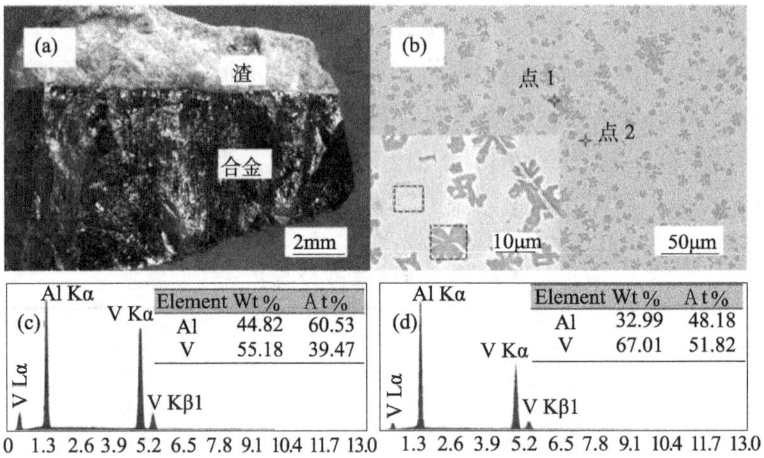

图2　产物的结构及成分分析

3.2 不同加热时间对合金成分的影响

由于合金中主要杂质元素为Si、Fe、C、N和O，因此使用ICP-AES测定Si、Fe含量，使用碳硫仪分析C、N、O含量。具体使用的ICP型号为LECO TCH 600，碳硫仪型号为LECO C/S 230。对不同的电极辅助加热后得到的合金产物进行杂质含量检测，其中在加热不同时间下合金中杂质Si、Fe含量变化趋势如图3（a）所示。结果表明在随着加热时间不断地延长过程中，合金中的杂质Si含量在0.13%~0.21%之间，Fe含量在0.20%~0.24%之间，两种杂质随着电极补充热量时间的延长，并未出现规律性降低，这说明上述杂质均来自原料，补充热量不易促进合金中Si、Fe向渣中富集，最终使得合金中的Si、Fe不因加热时间的变化而明显改变。

然而加热时间对合金中的C、N、O含量变化却有明显影响，加热不同时间下合金中的C、N、O含量变化如图3（b）所示。结果表明，随着加热时间的延长，合金中C含量逐渐增多，特别是当加热时间超过10min时，得到的合金中碳含量高于0.105%，这一变化主要是由于加热过程较长，电极中的大量碳经过液相渣层进入到合金相中，最终导致合金中的C含量升高。然而，对于合金中的N、O却显著降低，这主要是由于热量的不断补充，不仅促进反应充分进行，而且有利于合金成分更加均匀，降低了合金冷却速率，最终合金在冷却过程中渗入的空气较少，生成的氧化膜相应地减少，最终实现了合金中的 N、O 杂质含量降低。因此适当延长电极加热时间，可有效降低合金中 N、O 含量，当加热时间达到 10min 以上时，N、O 含量可分别降低至 0.024%和 0038%。

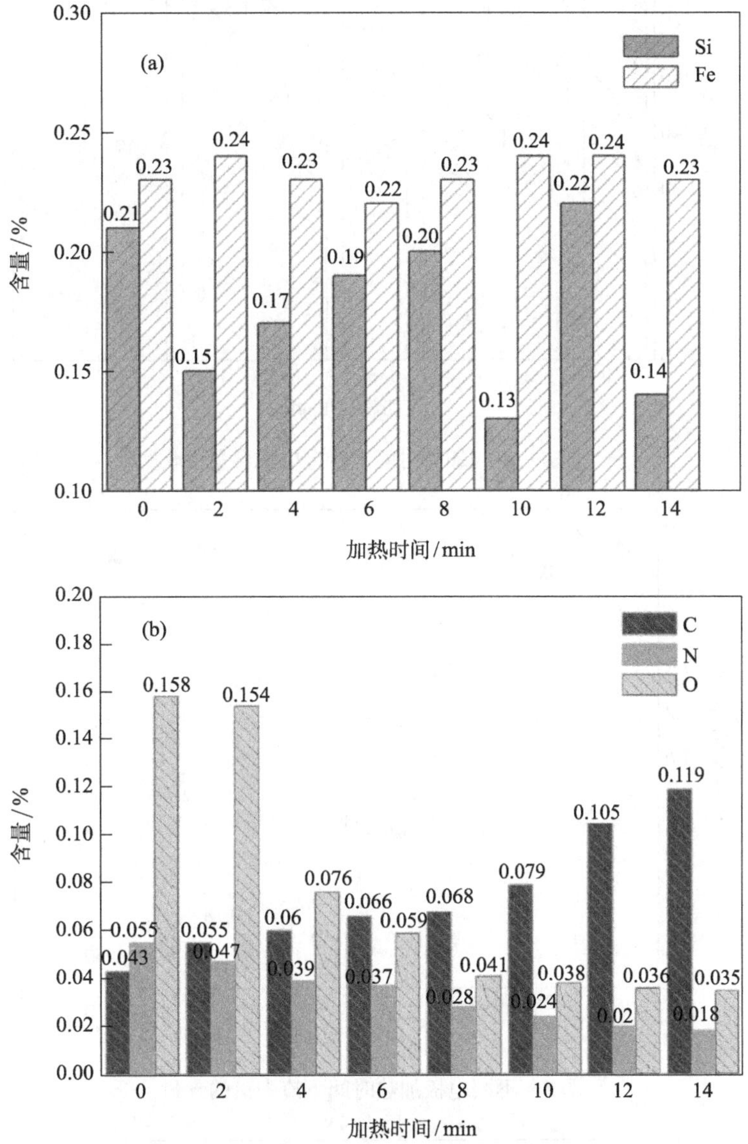

图 3　不同加热时间下合金中杂质元素含量

对合金中的 V 含量进行测定分析，结果如图 4 所示。由图可以看出不同的加热时间下钒含量均能满足行业要求（TS/T 579—2014），随着加热时间的延长，合金中钒含量略有升高的趋势，这主要是由于电极补充足够的热量，使得渣的液相时间较长，渣中钒的氧化物被充分还原，得到的单质钒及钒铝合金充分沉降至合金相中，最终使得合金中钒的含量有升高趋势。

3.3　不同加热时间对渣中钒含量的影响

图 5 为加热不同时间下得到的渣中钒的含量分析，由图可以看出当未采用电极加热时，渣中钒含量高达 1.92%，随着电极加热时间的延长，渣层中 V 的含量出现明显降低。当电极辅助加热时间达到 10min 后，渣中钒含量降至 0.18%，进一步延长电极加热时间，钒含量变化趋势减弱，说明此时渣中合金已经充分沉降，V 在渣相的分布接近其平衡分布。对加热不同时间下得到的炉渣进行物相分析，炉渣物相组成如图 6 所示。通过铝还原氧化钒后形成的炉渣中主要副产物为 Al_2O_3，同时由于造渣剂 CaO 的存在，

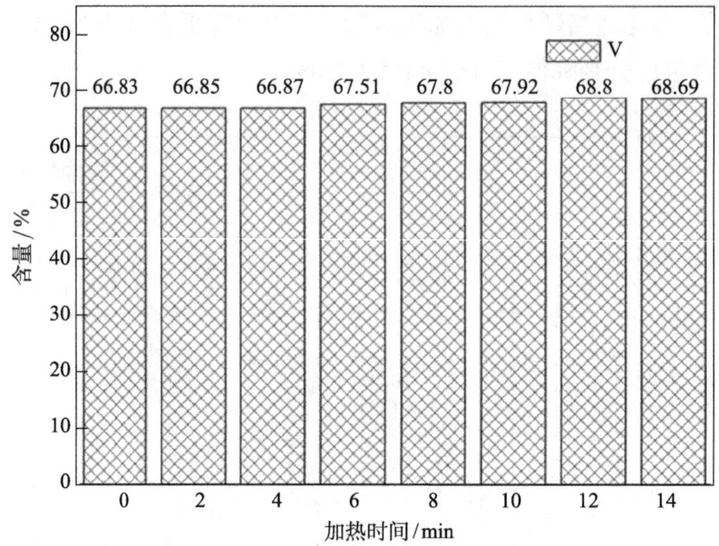

图4　不同加热时间下合金中钒含量变化

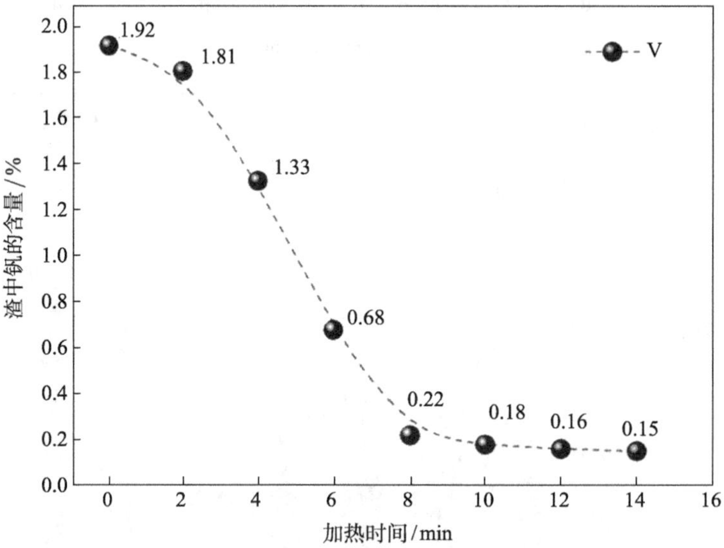

图5　不同电极加热时间下渣中钒的含量

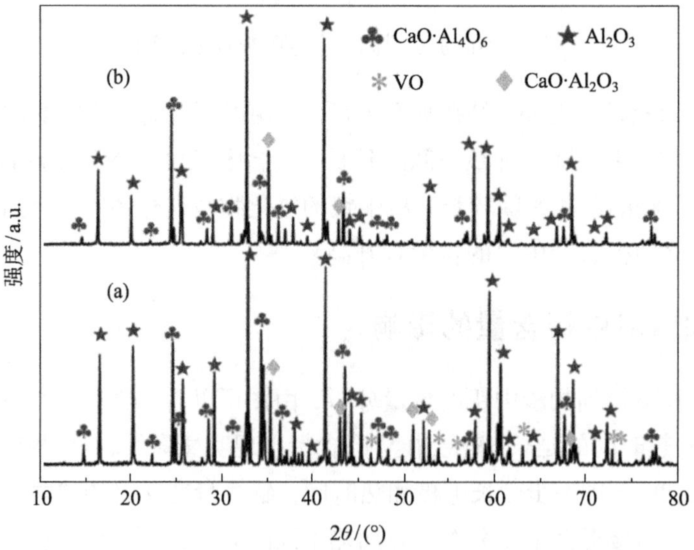

图6　不同加热时间下得到的渣系结构(a: t=0min; b: t=10min)

最终在渣中形成的主要物相为 Al_2O_3 与 CaO 形成的铝酸钙化合物。然而在自发的铝热还原反应中，由于反应速率较快，热量集中于反应前期释放，后期热量不足造成部分钒未完全脱离渣层进入到合金中，进而形成少量的低价钒氧化物，如图 6（a）所示。当采用电极进行适当补充热量时，这一现象得到显著改善，渣层中的 V 含量明显降低，由此表明后期通过电极补充热量可以大大提升钒还原效率，降低渣中 V 含量。这一分析结果与图 5 中渣中 V 含量检测结果具有很好的一致性。

4 结论

本文采用电极加热方式对铝热还原制备钒铝合金反应后期进行补充热量，研究了不同的补热时间对合金微观组成、合金中杂质含量、渣中钒的脱除的影响规律，通过研究得到以下主要结论：

（1）本研究的目的是发现一种更好的合金生产方法。采用电极辅助加热工艺，可实现渣与合金充分分离，得到的合金中杂质含量较低。

（2）该方法获得的钒铝合金中主要物相成分为 Al_8V_5 和 AlV_3，通过加热辅助 10min 以后可使得 Al_8V_5 颗粒均匀分布在 AlV_3 相中。

（3）通过合理地控制加热时间可以有效降低合金中 N、O 的含量，当加热时间为 10min 时，得到的合金中的 N、O 杂质含量可分别降低至 0.024%和 0038%。由此表明采用电极辅助加热可以获得低杂质的高品质的 Al-65V 合金产品。

（4）采用电极补充热量的方式不仅可以得到高品质合金产品，同时降低了渣中 V 的残存量，大大提升钒的收率，而且可有望将低钒炉渣作为耐材进行高效循环利用。

参考文献

[1] Chen J, Yan F Y, Chen B et al. Assessing the tribocorrosion performance of Ti-6Al-4V, 316 stainless steel and Monel K500 alloys in artificial seawater[J]. Mater Corros, 2013, 62: 394-399.

[2] Kostov A, Zivkovic D, Friedrich B. Thermodynamic study of Ti-V and Al-V systems using factsage[J]. Journal of Mining and Metallurgy, 2006, 42(B): 57-63.

[3] Shi W J, Wang S H, Li W L, et al. The phase transition of calcium phosphate coatings deposited on a Ti-6Al-4V substrate by an electrolytic method[J]. Journal of Alloys and Compounds, 2007(6): 693-696.

[4] Li Y F, Chen C, Han T F, et al. Microstructures and oxidation behavior of NiCrAlCoY-Al composite coatings on Ti-6Al-4V alloy substrate via high-energy mechanical alloying method[J]. Journal of Alloys and Compounds, 2016, 697: 268-270.

[5] 万贺利, 徐宝强, 李东明, 等. 航空航天级钒铝中间合金的国内研究现状[J]. 昆明理工大学学报, 2019, 44(2): 11-17.

[6] 刘世友. 钒的应用与展望[J]. 稀有金属与硬质合金, 2000, 28(2): 58-61.

[7] Zhang E L, Wang X Y, Han Y. Research status of biomedical porous ti and its alloy in China[J]. Acta Metall. Sin., 2017, 53: 1555-1557.

[8] Rahmati B, Ahmed A D, Sarhan W, et al. Ceramic tantalum oxide thin film coating to enhance the corrosion and wear characteristics of Ti-6Al-4V alloy[J]. Journal of Alloys and Compounds, 2016, 676: 369-375.

[9] Liu Y, Wang D P, Deng C Y, et al. Novel method to fabricate Ti-Al intermetallic compound coatings on Ti-6Al-4V alloy by combined ultrasonic impact treatment and electrospark deposition [J]. Journal of Alloys and Compounds, 2015, 628: 208.

[10] Kurtz R J, Abe K, Chernov V M, et al. Recent progress on development of vanadium alloys for fusion[J]. Journal of Nuclear Materials, 2004(8): 47-52.

[11] Cheng C, Dou Z H, Zhang T A, et al. Synthesis of As-Cast Ti-Al-V alloy from titanium-rich material by thermite reduction[J]. JOM, 2017(10): 1813-1820.

[12] 高敬. 钛合金用 Al-V 中间合金的生产研究概况[J]. 钢铁钒钛, 2001, 1 (22): 69-70.

复合酸选择性浸出失活脱硝催化剂中钒的机理研究

刘向辉[1,2]　徐东耀[1]　何发泉[2]

（1. 中国矿业大学（北京）化学与环境工程学院，北京 100083；
2. 国能龙源环保有限公司，北京 100039）

摘　要： 利用复合酸对失活脱硝催化剂中的钒进行浸出，在盐酸基础上最佳添加柠檬酸条件下（柠檬酸添加浓度 4mol/L，反应温度 90℃，液固比 10mL/g，反应时间 80min）钒的浸出率可以达到 91.36%，而钨的浸出率低于 5%，钛和硅基本不被浸出。研究发现浸出液中钒的主要形式为 V^{3+}和 VO^{2+}，并推断出钒浸出过程的反应机理。对浸出渣进行表征分析，进一步证明酸浸过程对锐钛矿二氧化钛、硅铝结构破坏有限，对钒的浸出有选择性。

关键词： 浸出；钒；失活脱硝催化剂；柠檬酸

Research on the Mechanism of Leaching Vanadium Selectively from Deactivated Denitrification Catalyst with the Composite Acid

Liu Xianghui[1,2]　Xu Dongyao[1]　He Faquan[2]

(1. School of Chemical and Environmental Engineering; China University of Mining and Technology, Beijing 100083, China;
2. China Energy Longyuan Envrionmental Protection Co., Ltd., Beijing 100039, China)

Abstract: The vanadium in the deactivated denitration catalyst was leached out with a composite acid on the basis of 8mol/L hydrochloric acid. The leaching rate of vanadium can reach 91.36% under the optimal conditions of adding citric acid (addition of citric acid 4mol/L, reaction temperature 90℃, liquid-solid ratio 10mL/g, reaction time 80min). The leaching rate of tungsten was less than 5%, and little titanium and silicon were extracted under the optimal conditions. The main forms of vanadium in the solution were V^{3+} and VO^{2+}, and the reaction mechanism of the vanadium leaching process was inferred. The leaching residue was analyzed, and the anatase titanium dioxide and silicon aluminum structure were not destroyed, which further proved that the acid leaching process was selective for vanadium.

Key words: leaching; vanadium; deactivated denitrification catalyst; citric acid

1　引言

煤炭是我国重要的能源支柱，我国煤多气少的能源格局长期存在。燃煤发电是我国电力主要来源，

作者简介：刘向辉，国能龙源环保有限公司-中国矿业大学（北京），工程师/博士后；长期从事固废资源化利用和大气污染控制研究，参与国家重点专项“废弃环保金属回收和载体再用技术研发及工业示范”，在废弃脱硝催化剂中有关钒钛回收做了较为深入的研究；E-mail: liuliuxianghui@163.com。

煤炭发电是我国的发电的重要部分[1-4]。随着环保要求的不断加深，煤炭的清洁利用也迫在眉睫。氮氧化物是我国大气污染控制中的主要污染物，燃煤电厂中氮氧化物占据总氮氧化物的排放最大量，因此，电厂脱硝也是环保的重中之重。NH_3-SCR 是脱硝最重要的技术，钒钛系脱硝催化剂广泛应用在我国各大燃煤电厂。

钒钛系脱硝催化剂在经过长期使用后，会受到烟气中各种有害组分的影响发生失活，从而不能满足电厂的脱硝要求[5]。失活催化剂中含有大量的有价金属钒、钨和钛，这些金属尤其钒价值极高，广泛应用在航天、冶金等领域，如果以危废填埋处理，势必造成大量的资源浪费。

不少学者采用焙烧-水浸或者碱浸的方法浸出催化剂中的有价金属[6-10]，尽管钒可以被高效浸出，但钨硅等元素也大量浸出，后续分离困难的问题不易解决。钒在脱硝催化剂中起着活性的作用，以氧化物的形式存在于脱硝催化剂中。钒的氧化物是两性氧化物，可以与酸或者碱反应。催化剂中钨氧化物也能够溶解在碱性溶液中，而氧化钨与酸反应生成不溶的钨酸。因此，酸溶液可以将废弃催化剂中的钒选择性浸出[11]。

2　实验原料以及方法

2.1　实验原料与仪器

失活催化剂选取河南某燃煤电厂，该催化剂为蜂窝状催化剂，经过失活催化剂经过清洗、破碎后充分混匀收集，消解后进行电感耦合等离子体发射光谱（ICP-OES）测试，所用仪器为在美国 Agilent 公司的 MP4100 型仪器

对失活催化剂进行一系列表征分析（XRD、XPS、SEM），XRD 分析采用仪器为日本理学公司（Rigaku）衍射仪（SmartLab 型），研究中具体使用条件为：Cu 靶 Kα 射线，扫描方式为连续扫描，加速电压 40kV，工作电流 40mA，扫描范围（2θ）设定为常规的 5°～90°，仪器扫描速度设定常规的 $8°min^{-1}$。X 射线光电子能谱（XPS）用的是美国 Thermo-Fisher Scientific 公司生产的光电子能谱仪（ESCALAB 250xi 型）。催化剂的表面形貌以及浸出渣的表面形貌由日本 Hitachi SU8010 扫描电子显微镜测定。

2.2　实验过程

称取 10g 废弃脱硝催化剂，称量一定浓度的盐酸和柠檬酸组成的复合酸溶液，置于反应器中，特定温度反应一段时间。反应完全后，过滤，对滤液进行收集并测定溶液中主要离子，并计算各个元素的浸出率，并考察反应时间和反应温度对浸出的影响。对浸出液进行紫外全波长扫描，考察其溶液中的离子状态。并对浸出渣进行表征，考察失活催化剂浸出前后的变化。

3　结果和讨论

3.1　失活催化剂分析

对失活脱硝催化剂的主要成分进行分析，主要元素含量见表 1，可以看出失活脱硝催化剂中钛、钨、钒和硅的含量分别为 47.03%、3.49%、0.41%和 3.52%。钛是催化剂的主要成分，二氧化钛是脱硝催化剂的载体。催化剂中钨的存在主要是由于三氧化钨可以在一定程度上提高催化剂的热稳定性。催化剂中的硅一方面来源于催化剂制备过程中的骨架材料，另一方面硅来源于催化剂表面附着的飞灰。可以看出催化剂中钒占据了 0.41%，这含量与一般的钒矿相比已经很高。

表 1 失活脱硝催化剂主要元素含量

Table 1 The contents of main elements in deactivated denitrification catalyst

元素	Ti	W	V	Si
含量/%	47.03	3.49	0.41	3.52

失活催化剂的 XRD 如图 1 所示，可以看出失活催化剂的主要晶型仍为锐钛矿二氧化钛，且没有其他峰，表明催化剂主要成分仍为二氧化钛且晶型未受到大的影响。

失活催化剂中钒元素的 XPS 如图 2 所示，并进行拟合分峰可以计算出催化剂中钒的价态主要为 V（Ⅳ）和 V（Ⅲ），分别占比为 65% 和 33%。而失活催化剂中 V（Ⅴ）仅仅占据了 2%。表明催化剂中的钒在实际运行过程价态被烟气中部分还原性物质所影响。

失活脱硝催化剂的表面形貌如图 3 所示，可以看出失活催化剂的硅铝纤维状结构被冲刷出来，裸露在催化剂表面，同时催化剂表面有一些杂质沉积在表面。

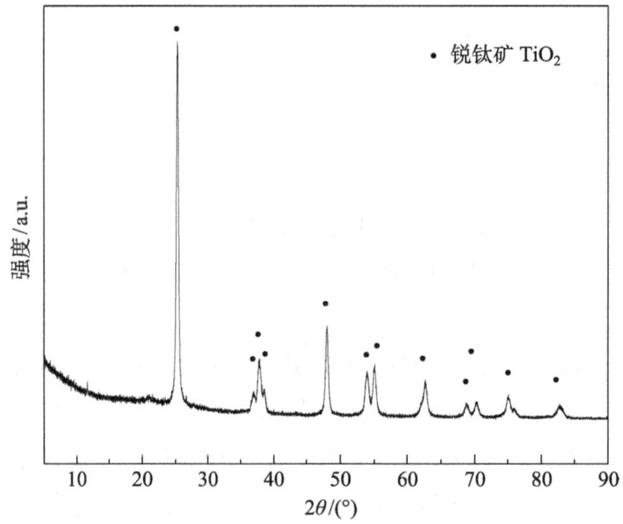

图 1 失活脱硝催化剂的 XRD 图

Fig. 1 The XRD pattern of deactivated denitrification catalyst

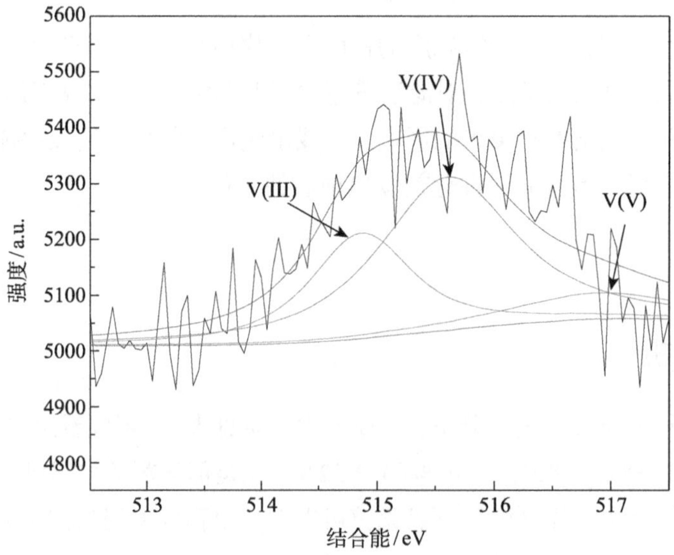

图 2 失活脱硝催化剂中钒元素的 XPS 图

Fig. 2 The XPS of vanadium in deactivated denitrification catalyst

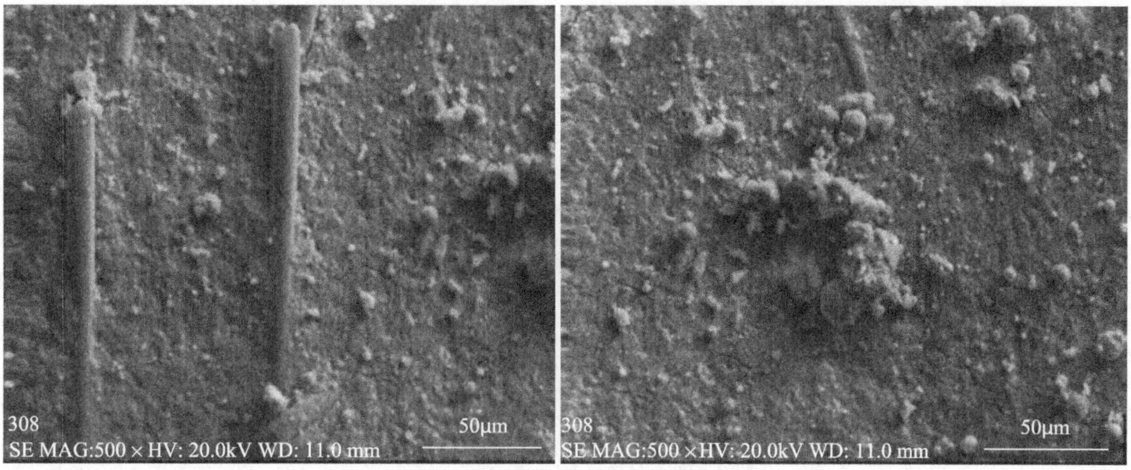

图 3 失活脱硝催化剂的表面形貌

Fig. 3 The surface morphology of deactivated denitrification catalyst

3.2 浸出条件探究

盐酸可以用于浸出剂浸出一些金属，但单纯的盐酸还原性有限，需要在盐酸的基础上添加柠檬酸，使得浸出体系更具有还原性。在盐酸浓度 8mol/L 的基础上，加入不同量的柠檬酸，使得柠檬酸浓度分别为 2mol/L、4mol/L 和 6mol/L，在反应温度 90℃，液固比 10mL/g；反应时间 60min 条件下反应，浸出率变化如图 4 所示。可以看出钒的浸出随着柠檬酸浓度加大而增加，在柠檬酸浓度 4mol/L 的时候钨的浸出变化不明显。钛和硅的浸出率很低，且维持在较低的稳定水平。在柠檬酸浓度达到 4mol/L 的时候，钒浸出率可以达到 87.68%，浓度继续提升，钒浸出率提升不明显，同时浓度加大会带来不必要的成本，因此，柠檬酸添加浓度为 4mol/L。

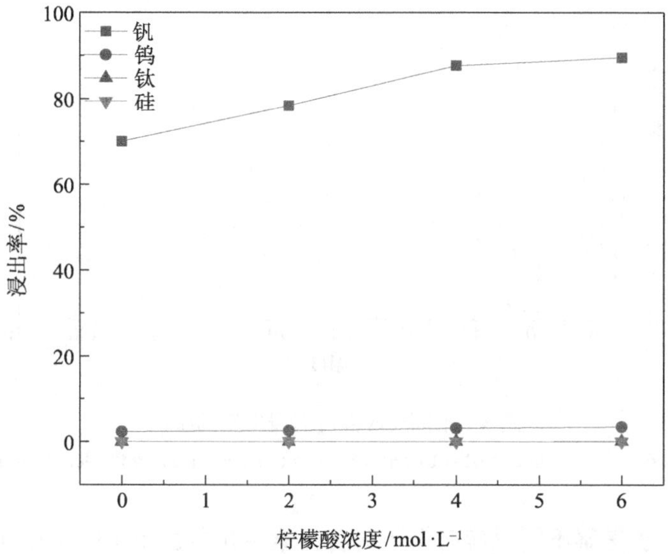

图 4 不同浓度柠檬酸添加量对浸出率的影响

Fig. 4 The influence of different concentrations of citric acid on the leaching rate

在复合酸浓度一定的基础上（盐酸浓度 8mol/L、柠檬酸浓度 4mol/L），在反应温度 90℃，反应时间 60min 条件下反应，改变不同液固比，各元素浸出率变化如图 5 所示。可以看出液固比提升对钒浸出有一定的积极作用，在液固比达到 10 的时候，钒浸出率不再随液固比变化。因此，选择浸出阶段的最佳液固比为 10mL/g。

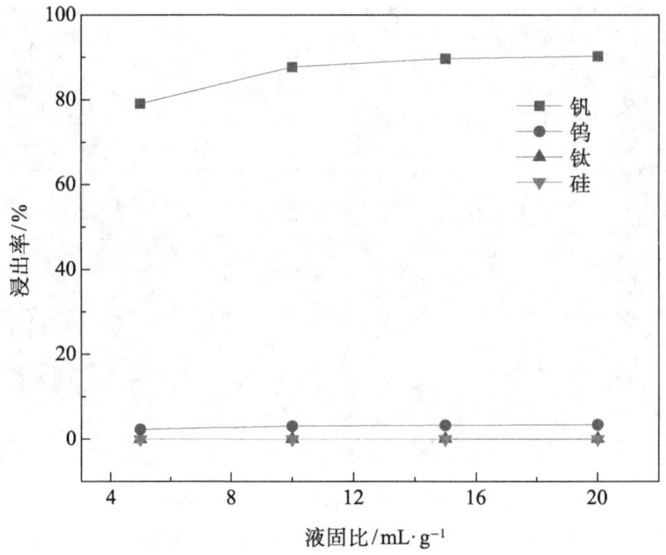

图 5　不同复合酸液固比对浸出率的影响

Fig. 5　The influence of different composite acid-liquid-solid ratios on the leaching rate

在前述条件下，考察不同反应温度下对浸出的影响（图 6），可以看出温度提升对钒浸出有较为明显的提升作用，在温度达到 90℃的时候，钒浸出率已经达到了，继续提升，钨的浸出也有了小幅度较为明显的提升，因此，选择 90℃为最佳浸出温度。

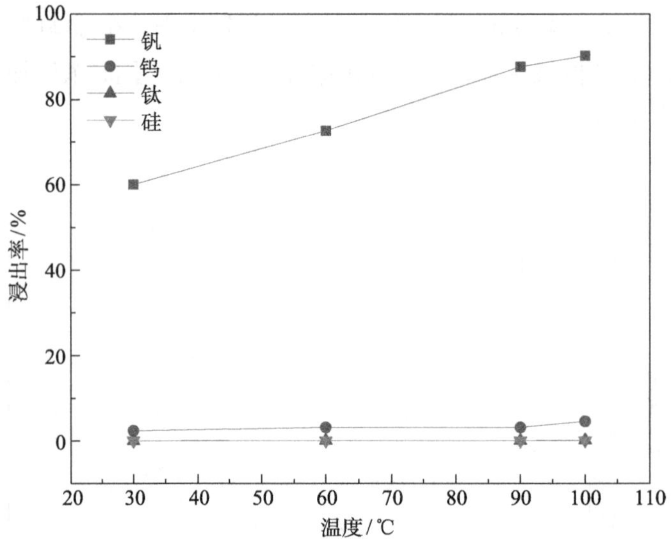

图 6　不同反应温度对浸出率的影响

Fig. 6　The influence of different reaction temperatures on the leaching rate

在前述条件下，进一步考察不同反应时间下对各元素浸出的影响（图 7），可以看出较短的时间反应不充分，在反应时间为 80min 反应已经较为稳定，反应也较为充分，继续提升反应时间对各元素的浸出均没有作用。

综合以上，在盐酸的基础上制备的复合酸，最佳条件为：柠檬酸添加浓度 4mol/L，反应温度 90℃，液固比 10mL/g，反应时间 80min；在最佳条件下，钒的浸出率可以达到 91.36%，而此时钨浸出率低于 5%，钛和硅基本不被浸出。可以看出，复合酸能将大部分钒浸出，而其他元素钨、钛和硅的浸出率较少，因此复合酸可以充分将催化剂中的钒选择性分离出来。

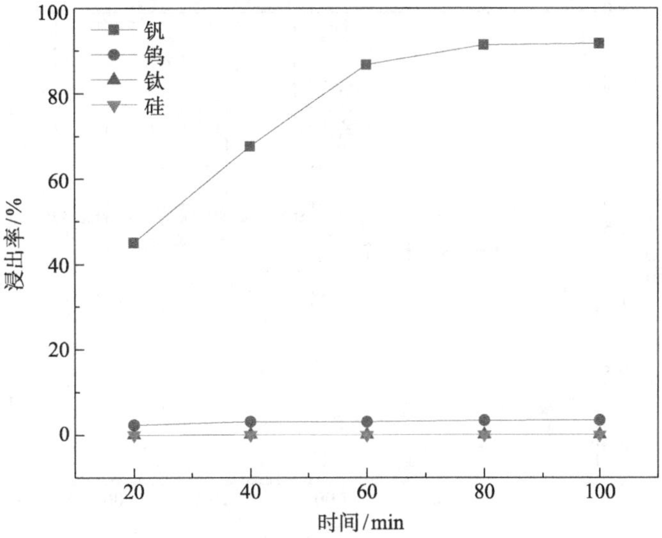

图 7　不同反应时间对浸出率的影响

Fig. 7　The influence of different reaction times on the leaching rate

3.3　浸出机理分析

溶液中钒的存在形式复杂多样，价态多变[12,13]。紫外全波长扫描与价态的关系如表 2 所示，对浸出液的进行考察，其紫外全波长扫描如图 8 所示。浸出液中有明显的 400nm 左右的峰，可以归因于三价钒离子，且在 600nm 左右和 790nm 左右均有峰，可以得出溶液中存在四价钒离子，与此同时，没有发现在 847nm 左右有明显的特征峰，可认定浸出液没有二价钒离子。考虑到原料中五价钒含量较少，低价钒向五价转化过程需要一定的氧化剂，且盐酸溶液没有较强氧化性，因此溶液中不考虑五价钒离子的存在，同时为了进一步验证，在浸出液中添加草酸，浸出液波形基本不变，600nm 和 790nm 左右特征峰基本没变，可以认定溶液中没有五价钒离子。因此浸出液中主要钒离子形式可认定为和酸性四价钒离子 VO^{2+}。此外，浸出液呈现绿色，不同颜色与钒溶液离子对应关系如表 3 所示，进一步验证了浸出液中三价钒离子 V^{3+}的存在。

表 2　溶液中不同价态钒的特征波长

Table 2　The characteristic wavelengths of vanadium with different valence states in solution　(nm)

钒价态	波长 1	波长 2	波长 3
V(Ⅴ) (间接)	780	600	
V(Ⅳ) (VO^{2+})	765	600	
V(Ⅲ)	400	605	
V(Ⅱ)	847	570 V(Ⅲ)	390 V(Ⅲ)
V(Ⅳ)	778	600	
V(Ⅲ)	430		
V(Ⅲ)	394	600	
V(Ⅳ) (VO^{2+})	762	631	
V(Ⅳ) (VO^{2+})	790	600	

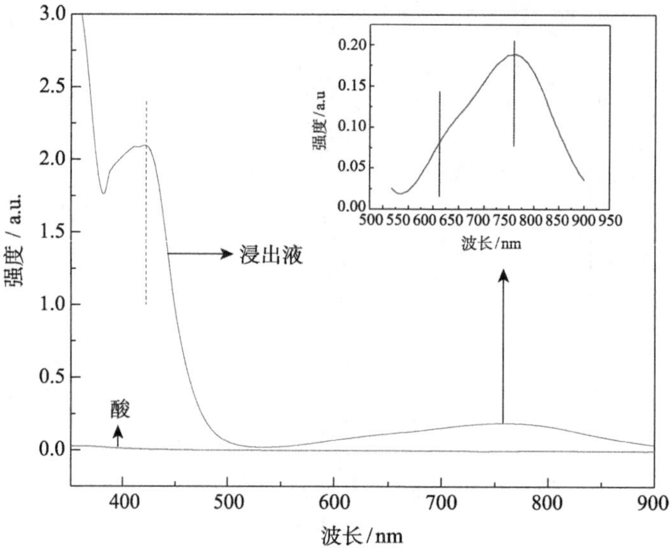

图 8　复合酸浸出液的紫外光谱图

Fig. 8　Ultraviolet spectra of the compound acid leaching solution

表 3　一些钒系离子的颜色特征

Table 3　Color characteristics of some vanadium ions

钒价态	形式	存在条件	颜色
V(Ⅱ)	$[V(H_2O)_6]^{2+}$	酸性环境	紫色的
V(Ⅲ)	$[V(H_2O)_6]^{3+}$	酸性环境	绿色的
V(Ⅳ)	VO^{2+}	酸性环境	蓝色的
	VO_4^{4-}	酸性环境	
V(Ⅴ)	VO_4^{3-}	pH > 12.6	无色的
	$V_2O_7^{4-}$	pH = 9.6~10	无色的
	VO_3^-	pH = 7~7.5	
	$V_3O_9^{3-}$	pH = 7~7.5	无色的
	$V_4O_{12}^{4-}$	pH = 7~7.5	
	$V_{10}O_{28}^{6-}$	pH = 2.0~6.5	橙红色
	VO_2^+	pH = 1~2	黄色的

根据溶液中离子状态和原料中钒的形式，可以得出浸出过程的机理图（图 9）和反应方程式：

主要反应：

$$V_2O_4 + 4H^+ = 2VO^{2+} + 2H_2O$$
$$2e^- + V_2O_4 + 8H^+ = 2V^{3+} + 4H_2O$$
$$e^- + VO^{2+} + 2H^+ = V^{3+} + H_2O$$
$$V_2O_3 + 6H^+ = 2V^{3+} + 3H_2O$$

次要反应：

$$V_2O_5 + 2H^+ = 2VO_2^+ + H_2O$$
$$2e^- + V_2O_5 + 6H^+ = 2VO^{2+} + 3H_2O$$
$$4e^- + V_2O_5 + 10H^+ = 2V^{3+} + 5H_2O$$
$$2e^- + VO_2^+ + 4H^+ = V^{3+} + 2H_2O$$
$$e^- + VO_2^+ + 2H^+ = VO^{2+} + H_2O$$

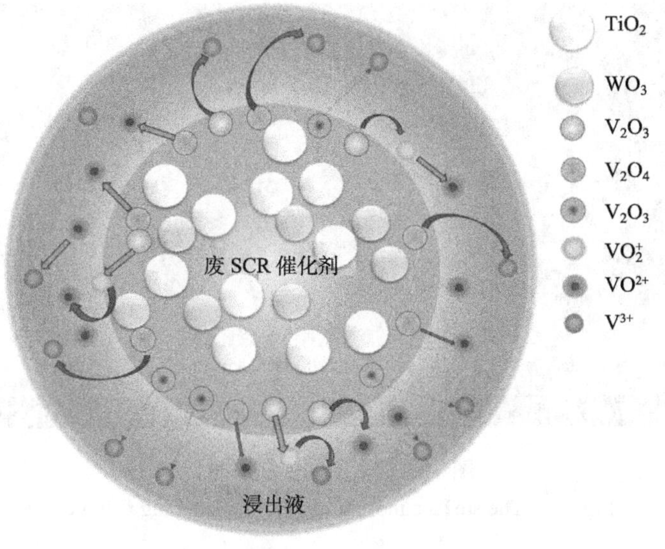

图 9 复合酸酸浸钒的浸出机理图

Fig. 9 The leaching mechanism diagram of leaching vanadium with the compound acid

3.4 浸出渣分析

对复合酸浸的浸出渣进行表征，考察盐酸对废弃脱硝催化剂中二氧化钛的影响（图 10），可以看出盐酸对二氧化钛的晶型没有影响，浸出渣仍然为锐钛矿二氧化钛，从而有利于钛矿的二次利用。

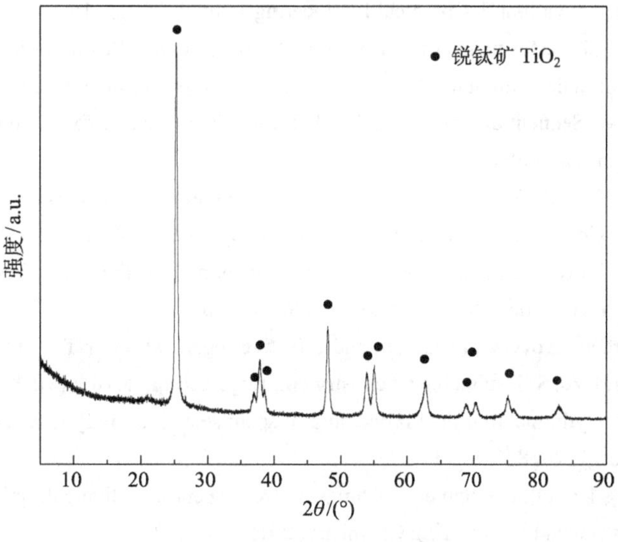

图 10 浸出渣的 XRD 图

Fig. 10 XRD pattern of the leaching residue

酸浸渣的微观形貌分析如图 11 所示，可以看出酸浸对催化剂中纤维状硅铝结构没有破坏力，跟原始催化剂相差不大，表明复合酸对其他物质破坏性不大，对钒的选择性较强。

4 结论

在盐酸基础上制备复合酸对失活脱硝催化剂中的钒浸出，最佳条件下（柠檬酸添加浓度 4mol/L，反应温度 90℃，液固比 10mL/g，反应时间 80min）钒的浸出率可以达到 91.36%，而钨的浸出率低于 5%，钒和硅基本不被浸出。对溶液中钒形式进行考察，探究得到溶液中钒的主要形式为 V^{3+} 和 VO^{2+}，并推断

图 11 浸出渣的表面形貌

Fig. 11 The surface morphology of the leaching residue

出反应机理。对浸出渣进行表征分析，进一步证明酸浸过程对锐钛矿二氧化钛、硅铝结构破坏有限，对钒的浸出有选择性。

参考文献

[1] Li C, Brewe D, Lee J. Effects of impregnation sequence for Mo-modified V-based SCR catalyst on simultaneous Hg(0) oxidation and NO reduction[J]. Applied Catalysis B-Environmental, 2020, 270.

[2] Lanza A, Zheng L, Matarrese R, et al. HCl-doping of V/TiO_2-based catalysts reveals the promotion of NH_3-SCR and the rate limiting role of NO oxidative activation[J]. Chemical Engineering Journal, 2021, 416.

[3] Chen Y, Liao Y, Chen L, et al. Performance of transition metal (Cu, Fe and Co) modified SCR catalysts for simultaneous removal of NO and volatile organic compounds (VOCs) from coal-fired power plant flue gas[J]. Fuel, 2021, 289.

[4] Li C, Sriram V, Liu Z, et al. Sequentially prepared Mo-V-Based SCR catalyst for simultaneous Hg-0 oxidation and NO reduction[J]. Applied Catalysis A-General, 2021, 614.

[5] Huang Z G, Zhu Z P, Liu Z Y, et al. Formation and reaction of ammonium sulfate salts on V_2O_5/AC catalyst during selective catalytic reduction of nitric oxide by ammonia at low temperatures[J]. Journal of Catalysis 2003, 214(2): 213-219.

[6] Zhao Z, Guo M, Zhang M. Extraction of molybdenum and vanadium from the spent diesel exhaust catalyst by ammonia leaching method[J]. Journal of Hazardous Materials, 2015, 286: 402-409.

[7] Zhang Q, Wu Y, Zuo T. Green recovery of titanium and effective regeneration of TiO_2 photocatalysts from spent selective catalytic reduction catalysts[J]. ACS Sustainable Chemistry and Engineering, 2018, 6(3): 3091-3101.

[8] Choi I, Moon G, Lee J, et al. Hydrometallurgical processing of spent selective catalytic reduction (SCR) catalyst for recovery of tungsten[J]. Hydrometallurgy, 2018, 178: 137-145.

[9] Kim J W, Lee W G, Hwang I S, et al. Recovery of tungsten from spent selective catalytic reduction catalysts by pressure leaching[J]. Journal of Industrial and Engineering Chemistry, 2015, 28: 73-77.

[10] Song C, Zhou D, Yang L, et al. Recovery TiO_2 and sodium titanate nanowires as Cd(Ⅱ) adsorbent from waste V_2O_5-WO_3/TiO_2 selective catalytic reduction catalysts by Na_2CO_3-NaCl-KCl molten salt roasting method[J]. Journal of the Taiwan Institute of Chemical Engineers, 2018, 88: 226-233.

[11] Li Q, Liu Z, Liu Q. Kinetics of vanadium leaching from a spent industrial V_2O_5/TiO_2 catalyst by sulfuric acid[J]. Industrial and Engineering Chemistry Research, 2014, 53(8): 2956-2962.

[12] Zeng L, Cheng C Y. A literature review of the recovery of molybdenum and vanadium from spent hydrodesulphurisation catalysts Part Ⅰ: Metallurgical processes[J]. Hydrometallurgy, 2009, 98(1-2): 1-9.

[13] Zhang S, Gu Q, Tan S, et al. Improved electrochemical properties of the $Li_3V_2(PO_4)_{(3)}$ cathode material synthesized from a V(Ⅲ) precursor[J]. Journal of Alloys and Compounds, 2019, 802: 583-590.

提钒废水的“近零排放”资源化实验研究

周素莹　薛向欣　丁学勇

（东北大学资源与环境系，辽宁沈阳 110004）

摘　要：提钒废水属于含有高浓度的Cr(VI)、氨氮的高盐废水，本文提出了一种简单的物理-化学方法，实现提钒废水的近零排放与资源综合利用。首先，通过还原沉淀、煅烧、浸出等操作回收高浓度 Cr(Ⅵ)。还原 pH 值为 2.0、亚硫酸钠用量为理论值的 1.2 倍、沉淀 pH 值为 7.3 和沉淀时间 15min 的最佳条件下 99.96%的 Cr(Ⅵ)以纯度为 97.24%的 Cr_2O_3 形式回收。其次，实现了余热蒸馏清洁化回收氨氮。在 pH=11.0，以 0.5mol/L 硫酸为吸收液，蒸馏 50min 的条件下，氨氮的总回收率为 95.6%。此外，蒸馏余液通过蒸馏浓缩和纯化得到硫酸钠。最后，所有资源都被高效分离，回用于上游提钒过程，实现近零排放。

关键词：提钒废水；近零排放；资源化；重金属-氨氮废水

1　引言

目前对于含有多种污染物的高浓度废水的资源化回收研究较少，通常是采用多工艺组合的思路[1-4]。课题组曾采用半干法镁脱硫灰[5]和湿法镁基脱硫灰[6]分别作为还原剂将提钒废水中的钒铬分离后，再通过磷酸铵镁沉淀法回收氨氮，但会导致重金属和磷酸铵镁沉淀难以分离[7-9]。

高盐废水若采用常见的热浓缩工艺处理会产生含盐质量分数大于 20%的高盐浓液，而高盐浓液常见的处置方式有蒸发结晶、焚烧、自然蒸发等[10]，但这些方式均存在环境隐患。

余热利用是目前钢铁行业节能降耗的主要方法之一[11,12]。工业生产过程 20%~50%的余热或通过废气、废水排向环境，或以导热、对流、辐射的方式耗散[13]。烟气余热占总余热资源的比例高达 50%，是余热利用的主体[14,15]，而余热资源一旦排向环境便不能被再次回收利用[16]。钠化焙烧阶段需要在 850℃左右连续加热 1~3h[17]，提钒废水自身温度在 90℃左右，废水中的这部分热能未能有效利用。因此，仍需寻找更合适的提钒废水资源综合利用方式。

综上所述，为响应“3R”政策，倡导考虑减少污染的同时兼顾资源再利用[18]，本文针对以上问题，提出一种实现提钒废水的近零排放资源回收路径。

2　实验方法

实验流程与装置如图 1 所示。蒸馏去除氨氮需要溶液在碱性条件下，所以若先蒸馏再还原，则还原过程又需要重新将溶液调节成酸性，会增加化学药剂的消耗量[19]。因此，采用蒸馏去除氨氮，还原沉淀去除钒铬的两步法。尽管有多种还原剂可选，例如 $FeSO_4$、Na_2SO_3 和 $NaHSO_3$ 等[1,4,19]，但从资源循环和实用的角度来看，最好不引入其他元素，所以选择 Na_2SO_3 作为还原剂。

作者简介：周素莹，东北大学冶金学院，在读博士生；研究方向：冶金废水的无害化和资源化综合利用；E-mail: zhousuying.best@163.com。
薛向欣，东北大学冶金学院，二级教授；多年致力于冶金特色优势资源综合利用及大宗固体废物再资源化研究、高炉冶炼高钒高铬型钒钛磁铁矿高效清洁综合利用等多项关键技术研究；E-mail: xuexx@mail.neu.edu.cn。
丁学勇，东北大学冶金学院，教授；研究方向：合金熔体热力学，冶金过程新工艺及冶金资源的综合利用，新型功能材料。

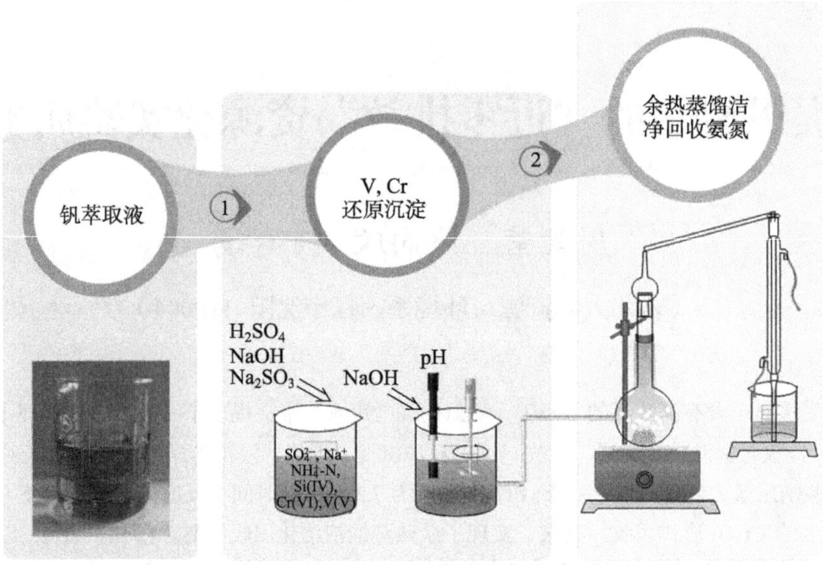

图 1　实验流程与装置图（阶段 1：钒和铬的还原沉淀；阶段 2：余热清洁回收氨氮）

Fig. 1　Schematic diagram of experimental apparatus. (Step 1: V, Cr reduction precipitation, and step 2: Clean ammonia recovery by waste heat distillation.)

2.1　提钒废水的水质特征

本文以河北承德某钢铁厂的钒渣钠化焙烧-酸浸铵盐提钒工艺末端排放的提钒废水作为研究对象，其含有高浓度六价铬、氨氮和钠盐，呈透明的橙红色，提钒废水的水质指标列于表 1。

表 1　实验中使用的提钒废水的水质指标

Table 1　Key parameters of the vanadium-extracted effluent used in experiments

水质因子（单位 mg/L，除 pH 值外）	平均值	标准差
pH 值	2.46	0.1
Cr(Ⅵ)	1500	36
NH_4^+-N	2850	84
V(Ⅴ)	30	3
SO_4^{2-}	29100	500
Si(Ⅳ)	303	10

2.2　高浓度铬的还原回收

（1）铬的回收：将 300mL 的提钒废水置于 1L 的玻璃烧杯中，逐滴滴加 H_2SO_4 和 NaOH 溶液，调节还原的 pH 值为 1.5、2.0、2.5、3.0 和 3.5；加入一定量的还原剂（将 V(Ⅴ)和 Cr(Ⅵ)完全还原为 V(Ⅳ)和 Cr(Ⅲ)所消耗的理论量的 0.8、0.9、1.0、1.2、1.5 和 2.0 倍；持续搅拌并逐滴滴加 0.5mol/L H_2SO_4 保持溶液的 pH 值，pH 值不再变化就认为还原反应结束。用 10mol/L 和 1mol/L 的 NaOH 调节沉淀 pH 值为 5.0、5.5、6.0、7.0、7.3 和 7.5，持续搅拌一段时间（5min、10min、15min、20min 和 30min）。沉淀结束后，使用抽滤装置分离滤渣和上清液。最后，将滤渣经去离子水洗涤后，置于恒温干燥箱内（在 100℃下保持 5h）干燥。

（2）铬产物的纯化：将滤渣置于马弗炉内保持 1000℃的空气条件下煅烧 2h（升温速度为 10℃/min）。煅烧后，煅烧渣随炉冷却并研磨成粉。蒸馏产生的馏出液（$(NH_4)_2SO_4$-H_2SO_4 溶液，pH=1.98）作为酸浸液。煅烧渣首先在馏出液中浸泡并搅拌 20min 后再用 NaOH (10mol/L)溶液浸泡 10min。浸出后，收集酸浸液和碱浸液。

2.3 高浓度氨氮的清洁回收

还原沉淀后分离得到的上清液就是此阶段的实验材料。取 250mL 上清液置于 500mL 的烧杯中，用 NaOH 和 H_2SO_4 溶液调节 pH 值（7.0、9.0、10.5、11.0 和 11.5）。然后将溶液转移至 500mL 的蒸馏烧瓶中，并加入适量的碎瓷片，采用功率为 1kW 的电炉作为焙烧阶段的模拟替代热源。另外，保持一定的蒸馏时间（20min、30min、40min、50min 和 60min），氨气通过冷凝管并被不同浓度的硫酸溶液（0.4mol/L、0.5mol/L 和 0.6mol/L）吸收。

2.4 回收率的计算公式

$$R(\mathrm{Cr}) = C_0(\mathrm{Cr}) - C_t(\mathrm{Cr})/C_0(\mathrm{Cr}) \times 100\% \tag{1}$$

$$R(\mathrm{V}) = C_0(\mathrm{V}) - C_t(\mathrm{V})/C_0(\mathrm{V}) \times 100\% \tag{2}$$

$$R(\mathrm{NH_4^+\text{-}N}) = [m_0(\mathrm{NH_4^+\text{-}N}) - m_t(\mathrm{NH_4^+\text{-}N})]/m_0(\mathrm{NH_4^+\text{-}N}) \times 100\% \tag{3}$$

$$R_\mathrm{T}(\mathrm{NH_4^+\text{-}N}) = R(\mathrm{NH_4^+\text{-}N}) \times [1\text{-}R_\mathrm{L}(\mathrm{NH_4^+\text{-}N})] \times 100\% \tag{4}$$

回收率计算参照式（1）~（4）：其中 R(Cr)和 R(V)分别是铬和钒的沉淀率，$R(\mathrm{NH_4^+\text{-}N})$和 $R_\mathrm{T}(\mathrm{NH_4^+\text{-}N})$分别是氨氮的回收率和总的氨氮的回收率，$R_\mathrm{L}(\mathrm{NH_4^+\text{-}N})$是氨氮在还原沉淀过程中的损失率。$C$(Cr)和 C(V)分别是铬和钒的浓度，$m(\mathrm{NH_4^+\text{-}N})$是氨氮的质量。下角标 0 和 t 分别表示初始时间和采样时间。

3 结果与讨论

3.1 高浓度铬的回收

六价铬在酸性条件下（pH=2.0~6.0）主要是以 $Cr_2O_7^{2-}$和 CrO_4^{2-}形态存在，而且二者处于动态平衡状态[5]。然而，当 pH 值大于 6.0 时，CrO_4^{2-}是最稳定的六价铬在水溶液中的种类[3]。有研究表明，钒在酸性水溶液（pH=2.0~6.0）中的主要存在形态是 $H_2V_{10}O_{28}^{4-}$和 $HV_{10}O_{28}^{5-}$[20,21]，当 pH≤1 时，转化为 VO_2^+[22,23]。

另外，五价钒和六价铬都是强氧化态，在酸性条件下六价铬的氧化-还原电位强于五价钒[24]。相关的化学反应方程式列于式（5）和（8）。但是，在提钒废水中二者含量差距很大，通过调节 pH 值很难将其完全分离。为使处理后的溶液中的钒、铬的浓度降至最低，所以这两种离子最好全部沉淀（式（9）~式（11））[21]。

$$\mathrm{Cr_2O_7^{2-} + 3SO_3^{2-} + 8H^+ \longrightarrow 2Cr^{3+} + 3SO_4^{2-} + 4H_2O} \tag{5}$$

$$\mathrm{[HV_{10}O_{28}]^{5-} + H^+ \longrightarrow [H_2V_{10}O_{28}]^{4-}} \tag{6}$$

$$\mathrm{[H_2V_{10}O_{28}]^{4-} + 14H^+ \longrightarrow 10VO_2^+ + 8H_2O} \tag{7}$$

$$\mathrm{HV_{10}O_{28}^{5-} + 25H^+ + 5SO_3^{2-} \longrightarrow 10VO^{2+} + 5SO_4^{2-} + 13H_2O} \tag{8}$$

$$\mathrm{Cr(OH)_3 + OH^- \longrightarrow Cr(OH)_4^-} \tag{9}$$

$$\mathrm{Cr(OH)_3(s) \rightleftharpoons Cr^{3+} + 3OH^-} \qquad K_{sp}^{\ominus} = 6.3 \times 10^{-31} \tag{10}$$

$$\mathrm{VO(OH)_2(s) \rightleftharpoons VO^{2+} + 2OH^-} \qquad K_{sp}^{\ominus} = 5.9 \times 10^{-23} \tag{11}$$

3.1.1 pH 值对还原反应的影响

pH 值是影响还原和沉淀过程的一个重要因素。当还原剂 Na_2SO_3 的投加量是理论值的 1 倍、沉淀过程中保持 pH 值为 7.0 且沉淀时间为 10 min 的条件下，铬、钒去除率随 pH 值的变化情况如图 2 所示。

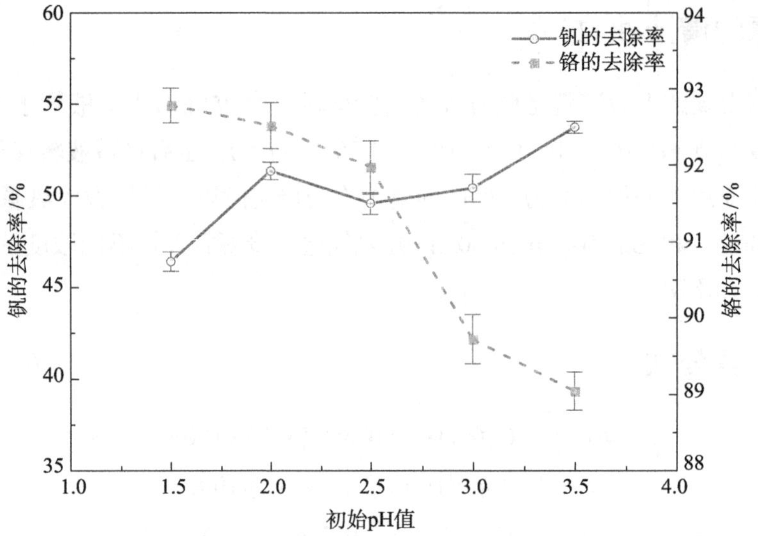

图2　还原过程反应pH值对溶液中钒、铬去除率的影响

Fig. 2　Variations in the removal percentage of V and Cr with reduction pH

结果表明，在 pH=1.5 时，铬的去除率达到最大 92.78%，而钒的去除率在 pH=3.5 时达到最大值 53.73%；并且当 pH=2.0 时，铬和钒的总去除率达到最大。pH 值越低，六价铬的氧化能力越强[19]，铬的去除率也逐渐增加。当 pH>2.5 时，钒的去除率缓慢上升，这是因为和 pH=1.5 时相比，当 pH 值增大时，式（6）反应会受到抑制，而且更多的 $HV_{10}O_{28}^{5-}$离子推动式（8）的化学平衡向生成硫酸根的方向移动。另外，OH^-的浓度增加有利于 VO^{2+}生成$[VO(OH)]_2^{2+}$，进而形成 $VO(OH)_2$沉淀[25]，钒的去除率有所提高。因此还原过程的最适 pH 值为 2.0。

3.1.2　还原剂投加量的影响

由化学反应方程式（5）和式（8）可知，还原剂的投加量对还原反应也是很重要的一个影响因素。在反应过程的 pH 值为 2.0、沉淀过程中保持 pH 值为 7.0 且沉淀时间为 10min 的条件下，还原剂的投加量对钒和铬的去除率的影响如图 3 所示。

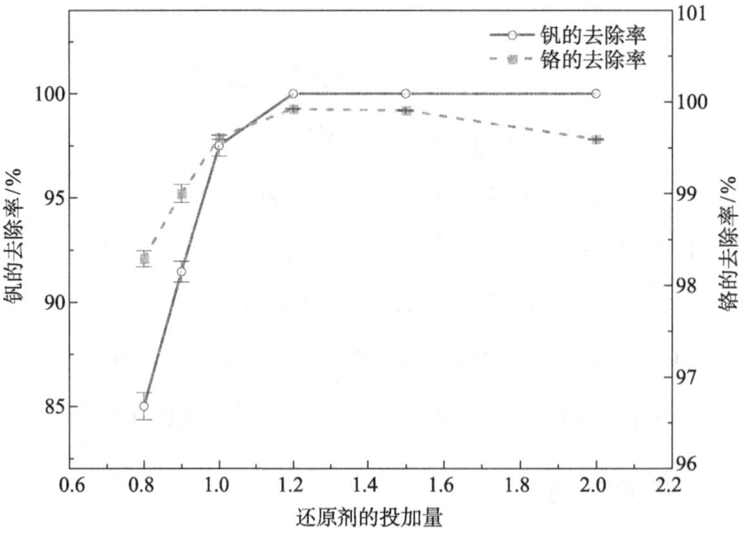

图3　还原剂投加量对溶液中钒、铬去除率的影响

Fig. 3　Variations in the removal percentage of V and Cr with amount of sodium sulfite

过量的 SO_3^{2-}和 Cr^{3+}在溶液中形成了络合离子$[Cr_2(OH)_2SO_3]^{2+}$而非沉淀[26]。当 Na_2SO_3 投加量为 1.2 时，钒和铬的去除率最大（分别为 100%和 99.93%）。因此，还原剂的最佳添加量为理论添加量的 1.2 倍。

3.1.3　沉淀 pH 值的影响

在反应 pH 值为 2.0、Na_2SO_3 是理论值的 1.2 倍、沉淀时间 10min 的条件下，沉淀过程中沉淀 pH 值对铬、钒去除率的影响如图 4 所示。可以看出，随着 pH 值的增加，铬、钒去除率均先增加，在 6.0 后不再变化，但钒的去除率增加幅度大于铬。这是因为溶液中铬的含量远高于钒，较难完全沉降，部分钒与 $Cr(OH)_3$ 共同沉淀。

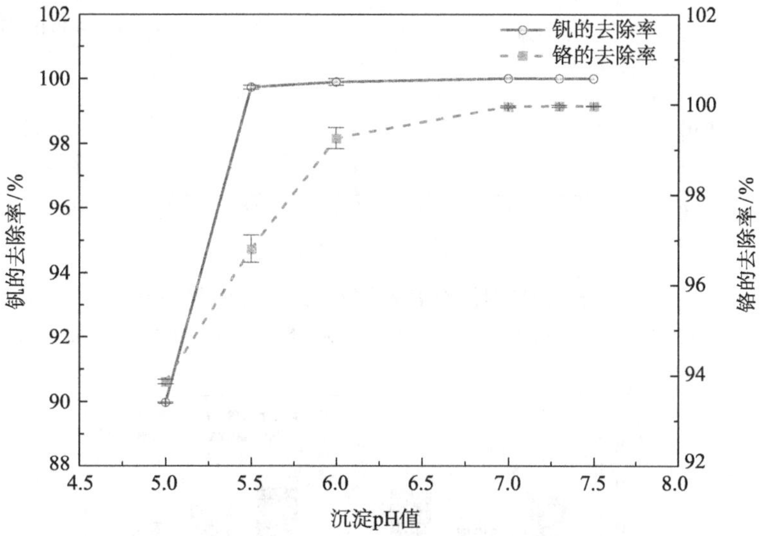

图 4　沉淀 pH 值对溶液中钒、铬去除率的影响

Fig. 4　Variations in the removal percentage of V and Cr with precipitation pH

当 pH=7.5~9.5 时，$Cr(OH)_3$ 的浓度逐渐升至最大，当 pH＞9.5 时，$Cr(OH)_3$ 变成 $Cr(OH)_4^-$。而且当 pH 值超过 7.5 时，溶液中氨的比例升高，不利于氨氮的回收。因此，沉淀反应的最适 pH 值为 7.3。

3.1.4　沉淀时间的影响

在反应 pH 值为 2.0、Na_2SO_3 为理论值的 1.2 倍、沉淀 pH 值为 7.3 条件下，沉淀时间对钒和铬去除率的影响如图 5 所示。可以看出，钒和铬的去除率在沉淀时间 10min 内一直增加，而后保持稳定。因此，将沉淀时间定为 15min 比较合适。此时钒和铬的去除率分别为 100%和 99.96%，并且过滤后的上清液中的氨氮的浓度为 2835mg/L。

3.2　铬的纯化

为了确定在实验条件下硅和钒等各个元素是否按照既定的路线成功分离以及 Cr_2O_3 的纯度，使用 XRF 来测定 A~G 等固体和液体，并将其元素组成列于图 6。其中 A 和 B 分别为还原沉淀后得到的滤液和滤渣，C 和 D 分别为水洗得到的滤渣和滤液，E 是 C 煅烧后得到的煅烧产物，F 是 E 酸浸后得到的酸浸液，G 是 F 碱浸后得到的碱浸液。

在酸性溶液和碱性溶液中的溶解度的不同是分离钒、铬和硅的关键点。由于煅烧过的 Cr_2O_3 不溶于酸和碱，但是 V_2O_5 可以溶解在酸性溶液中，并且 SiO_2 是一种酸性氧化物不能和酸反应（氢氟酸除外）。因此，先使用酸性的馏出液作为酸浸液，V_2O_5 被溶解而从煅烧渣中分离出去；再通过将煅烧渣溶于浓

NaOH 溶液中溶解除去 SiO_2 来明显提高产物氧化铬的纯度。由图 6 所示，对比 A~D 的物质的组成，简单的水洗不能很好地分离含水矿物颗粒。然而，通过酸浸和碱浸之后，硅、铬和钒可以实现分离。

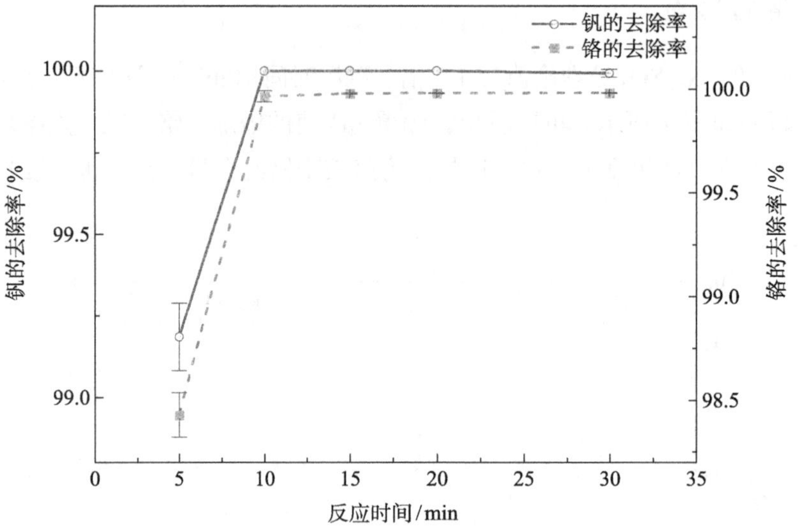

图 5　反应时间对溶液中钒、铬去除率的影响

Fig. 5　Variations in the removal percentage of V and Cr with reaction time

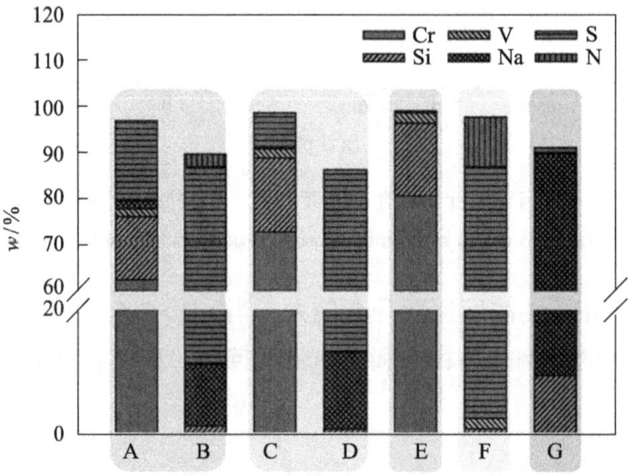

图 6　水洗、煅烧、碱浸和酸浸过程中滤液和滤渣的成分

Fig. 6　Composition of filtrates and filter residues produced during water washing, calcination, alkali leaching and acid leaching

煅烧渣在浸出前和浸出后的 XRD 对比图如图 7 所示。可以看出，与浸出前的煅烧渣相比，浸出产物的 XRD 都是 Cr_2O_3 的特征峰，吻合度很好，SiO_2 通过浸出被去除。另外，经分析化验得到 Cr_2O_3 的纯度是 97.24%。

3.3　高浓度氨氮的清洁回收

3.3.1　滤液 pH 值的影响

由于在氨的水溶液中，游离态的氨和铵根离子以及水解离子共同处于一个动态平衡状态[27]（式（12）），总的氨的量是二者之和（$NH_3 + NH_4^+$）[28,29]。在 pH=0~12.0 范围内，溶液中游离氨的浓度增加而铵根离子的量减少[30,31]。在蒸馏时间为 60min、吸收液浓度 0.6mol/L 的条件下，氨氮的残余率和回收率随 pH 值的变化情况如图 8 所示。

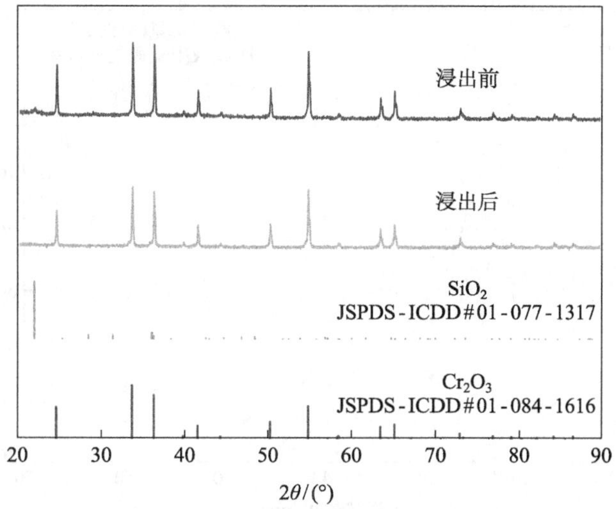

图 7　煅烧渣在进出前后的 XRD 图与标准卡片的比较

Fig. 7　XRD patterns of the calcined residue before leaching (above) and after leaching (below)

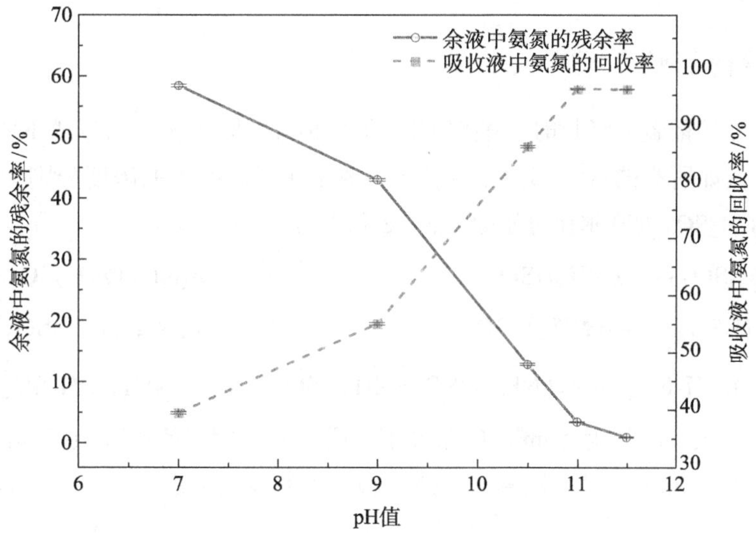

图 8　pH 值对氨氮残余率和回收率的影响

Fig. 8　Effect of residual percentage of NH_4^+-N and recovery efficiency on N H_4^+-N with pH value

$$NH_4^+ + OH^- \rightleftharpoons NH_3 \cdot H_2O(aq) \rightleftharpoons NH_3(g) + H_2O(l) \tag{12}$$

可以看出：NH_4^+-N 的残留率和回收率之和略小于 100%，这一现象在 pH > 11.0 时更为明显。这是因为实验操作中少部分的游离氨逃逸。综合考虑最合适的 pH 值为 11.0。

3.3.2　蒸馏时间的影响

在 pH 值为 11.0、吸收液浓度 0.6mol/L 的条件下，蒸馏时间对蒸馏余液中氨氮残留率和馏出液中氨氮回收率的影响如图 9 所示，可以看出，当蒸馏时间在 20~30min 内时，随着时间的增加，蒸馏余液中氨氮残留率迅速下降，而馏出液中氨氮回收率快速提高。由于 NH_4^+-转化为 NH_3 的反应是吸热反应，随蒸馏时间的增加，热源提供了足够热量以促进向生成氨气方向的平衡移动。此外，当蒸馏时间超过 60min 时，溶液中的大部分氨氮已被蒸馏出来，余液的体积减至 80~90mL，继续蒸馏会消耗过多能源。因此，选择 50min 作为最佳蒸馏时间，此时蒸馏余液中氨氮的残留率仅为 3.29%，馏出液中氨氮的回收率达到 96%。

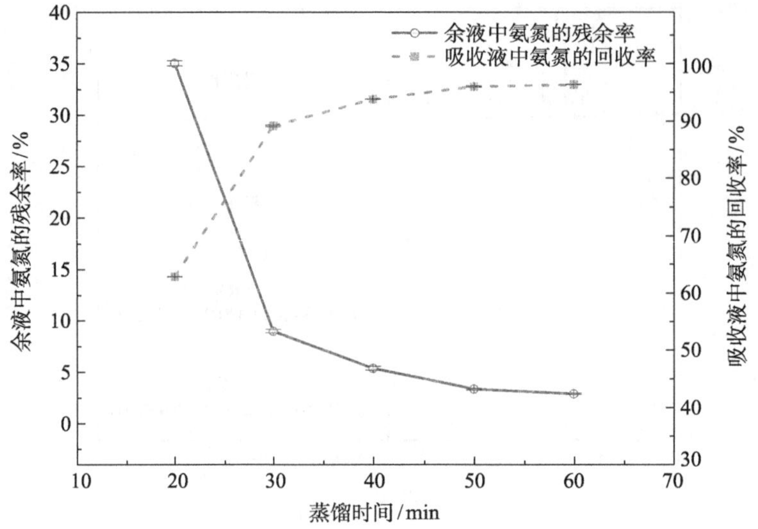

图 9　蒸馏时间对氨氮残余率和回收率的影响

Fig. 9　Effect of distillation time on NH_4^+-N residual percentage and recovery efficiency

3.3.3　吸收液浓度的影响

当氨气被不同浓度的稀硫酸吸收时，根据 NH_3 和 H_2SO_4 的摩尔比，而生成不同的产物（式（13）~式（15））。经计算，假如所有的氨气都被吸收，当吸收液（稀硫酸）的浓度分别为 0.4mol/L、0.5mol/L 和 0.6mol/L 时，NH_3/H_2SO_4 的摩尔比分别是 2.5、2 和 1.67。

$$NH_3+H_2SO_4 \longrightarrow NH_4HSO_4 \qquad n(NH_3):n(H_2SO_4)\leqslant 1 \tag{13}$$

$$2NH_3+H_2SO_4 \longrightarrow (NH_4)_2SO_4 \qquad n(NH_3):n(H_2SO_4)\geqslant 2 \tag{14}$$

$$3NH_3(g)+2H_2SO_4 \longrightarrow (NH_4)_2SO_4+NH_4HSO_4 \qquad 1<n(NH_3):n(H_2SO_4)<2 \tag{15}$$

在 pH 值为 11.0、蒸馏时间为 50min 的条件下，吸收液浓度对氨氮残余率和回收率的影响如图 10 所示。当吸收液浓度为 0.5mol/L 时，氨氮的残余率和回收率均达到最大值（3.24%和 96.1%）。

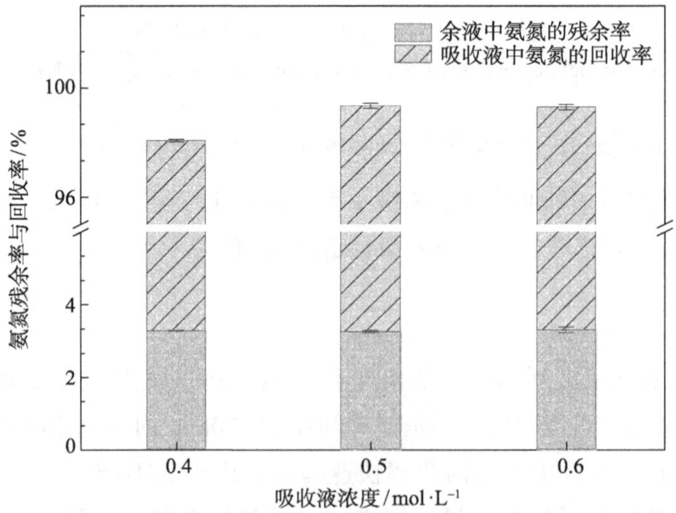

图 10　吸收液浓度对氨氮残余率和回收率的影响

Fig. 10　Effect of residual percentage of NH_4^+-N and recovery efficiency on NH_4^+-N with absorption solution concentration

图 11 描述了在 pH 值为 11.0、蒸馏时间为 50min 的条件下，吸收液浓度对蒸馏余液和馏出液的 pH

值以及总氨氮回收率的影响。可以看出，当吸收液的浓度为 0.5mol/L 时，总氨氮回收率达到最大(95.6%)。此时，馏出液的 pH 值为 1.98 更适合作为酸浸液直接循环回用于酸性铵盐沉钒阶段。因此，综合来看最适的吸收液浓度为 0.5mol/L。

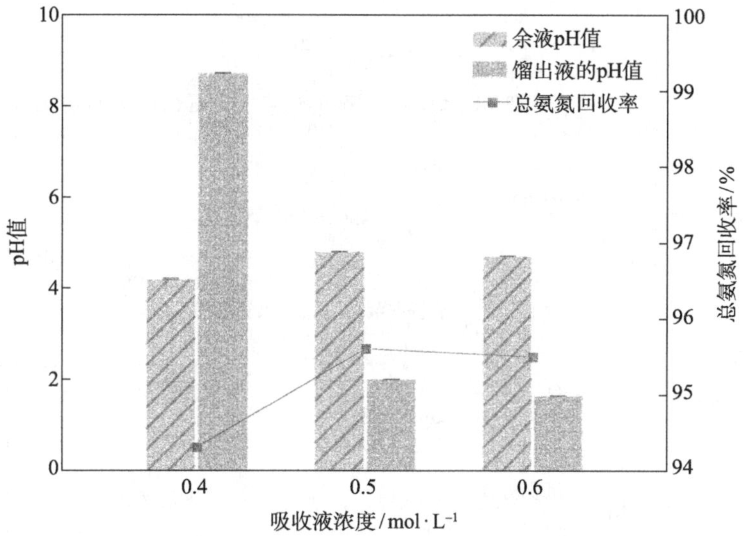

图 11 吸收液浓度对余液、馏出液 pH 值和总氨氮回收率的影响

Fig. 11 Effect of residual percentage of NH_4^+-N and recovery efficiency on NH_4^+-N with effect of absorption solution concentration on distillation residue pH, distillate pH, and the total recovery efficiency of NH_4^+-N (%)

4 与现有的处理工艺对比

近零排放工艺与现有的工艺在铬的去除方面相似，二者的区别在于氨氮回收方面。氨氮吹脱的方法的缺点是曝气风机的能耗较高，有噪声污染，出水 pH 值较高；且吹脱出来的氨气部分被酸性溶液吸收、部分高点放空，排放的游离氨的总量难以达到行业的大气污染排放标准，易造成二次污染。而近零排放工艺中的副产物可以循环回用，符合废物无害化、资源化处置的绿色环保理念。

5 提钒废水创新性近零排放路径的流程图

提钒废水近零排放路径图如图 12 所示。步骤 1 实现钒和铬的回收，回收含钒酸浸液，硅的分离和铬的纯化。步骤 2 使用蒸馏的方式回收氨氮。

清洗钒铬沉淀的废水 D 可多次循环使用或是回用到水浸阶段来减少新鲜水的消耗（线 1）（式（16）~式（17）。含钒溶液 F 是由使用馏出液酸浸煅烧渣 E 之后得到的，其组成大多是$(NH_4)_2SO_4$，可以回用到酸性铵盐沉钒阶段（线 2）。另外，废气被碱液 G 吸收后产生 Na_2CO_3、Na_2SO_3 和 NaCl（式（18）~式（21）），它们可以和蒸馏余液（成分大多是 Na_2SO_4）混合，蒸发干燥后回用至钠化焙烧阶段（线 3 和线 4）。钠化焙烧阶段的余热可以回用到蒸馏阶段，部分或者全部替代传统热源，能耗得以大幅降低（线 5）。

$$V_2O_5+H_2SO_4 \longrightarrow (VO_2)_2SO_4+H_2O \tag{16}$$

$$SiO_2+2NaOH \longrightarrow Na_2SiO_3+H_2O \tag{17}$$

$$Na_2SiO_3+CO_2+H_2O \longrightarrow Na_2CO_3+H_2SiO_3 \tag{18}$$

$$Na_2SiO_3+SO_2+H_2O \longrightarrow Na_2SO_3+H_2SiO_3 \tag{19}$$

$$Na_2SiO_3+2HCl \longrightarrow 2NaCl+H_2SiO_3 \tag{20}$$

$$2Na_2SO_3+O_2 \xrightarrow{\Delta} Na_2SO_4 \tag{21}$$

另外，和我们之前的工作相比（铬的纯度是 83.72%），氨氮的回收率相似，但是本文得到了更加清洁的氨氮和更高纯度的 Cr_2O_3（97.24%）[5,6]。

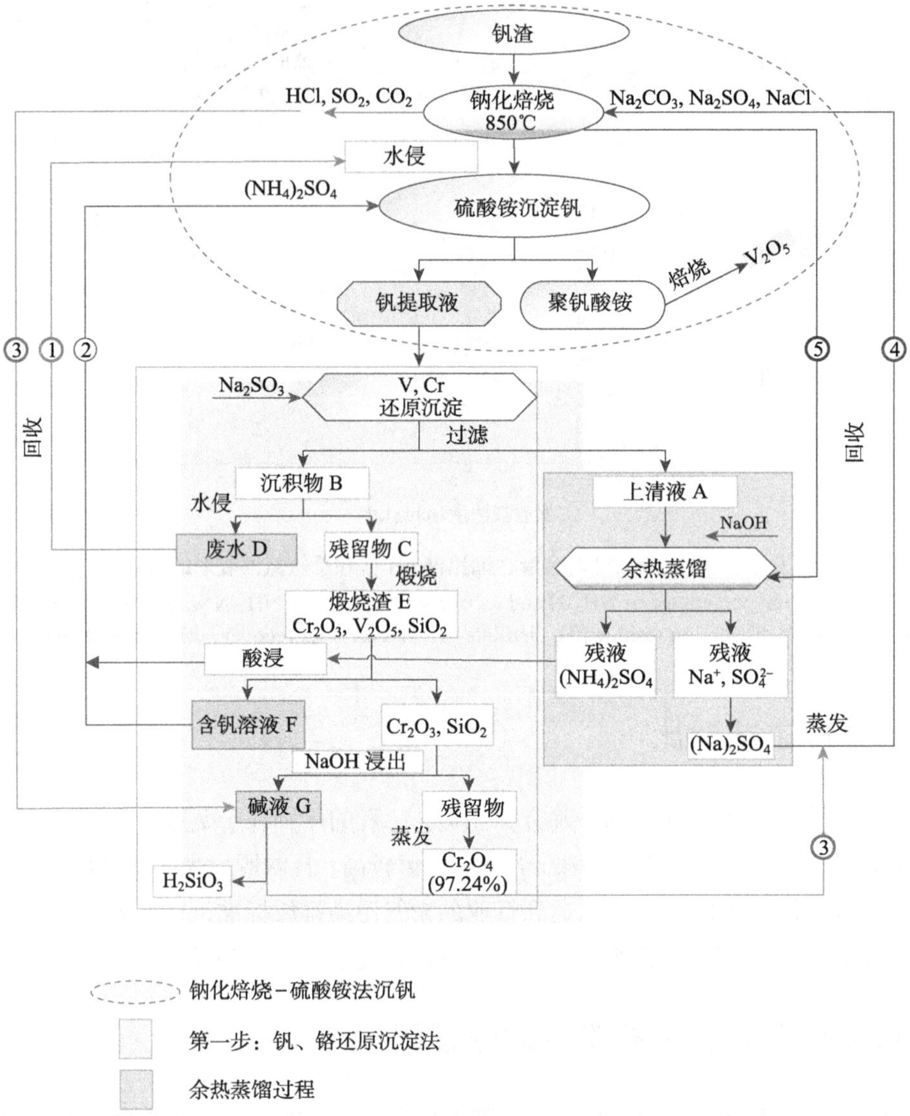

图 12　提钒废水创新性近零排放路径的流程图

Fig. 12　The flow chart of the near-zero-waste approach for resource recycling from hazardous vanadium-extracted solution

6　结论

本文从减少污染、资源回收的角度，针对含有高浓度的六价铬、氨氮、钠盐的提钒废水提出一种简单的物理-化学处理方法，实现废水中有价资源的有序分离和再利用。通过还原-沉淀、煅烧、浸出等系列操作，在还原 pH 值为 2.0、亚硫酸钠用量为 1.2 倍理论值、沉淀 pH 值为 7.3 和沉淀时间 15min 的最佳条件下，提钒废水中 99.96%的 Cr(Ⅵ)以纯度 97.24%的氧化铬回收。在 pH=11.0，蒸馏 50min，以 0.5mol/L 硫酸为吸收液时，通过余热蒸馏使总氨氮的回收率达到 95.6%。同时，提钒废水被浓缩、蒸发得到的盐可再利用，重新回用到上游的提钒工艺中，避免了高盐废水浓液处置环节。提钒废水近零排放资源化方式在余热利用方面可与多种节能降耗措施联合。

参考文献

[1] Barrera-Diaz C E, Lugo-Lugo V, Bilyeu B. A review of chemical, electrochemical and biological methods for aqueous Cr(Ⅵ) reduction[J]. Journal of Hazardous Materials, 2012, 223-224: 1-12.

[2] Gracepavithra K, Jaikumar V, Kumar P S, et al. A review on cleaner strategies for chromium industrial wastewater: Present research and future perspective[J]. Journal of Cleaner Production, 2019, 228: 580-593.

[3] Peng H, Guo J. Removal of chromium from wastewater by membrane filtration, chemical precipitation, ion exchange, adsorption electrocoagulation, electrochemical reduction, electrodialysis, electrodeionization, photocatalysis and nanotechnology: A review[J]. Environmental Chemistry Letters, 2020, 18(6): 2055-2068.

[4] Beukes J P, Pienaar J J, Lachmann G, et al. The reduction of hexavalent chromium by sulphite in wastewater[J]. Water Sa, 1999, 25(3): 363-370.

[5] Fang D, Liao X, Zhang X, et al. A novel resource utilization of the calcium-based semi-dry flue gas desulfurization ash: As a reductant to remove chromium and vanadium from vanadium industrial wastewater[J]. Journal of Hazardous Materials, 2018, 342: 436-445.

[6] Fang D, Zhang X, Dong M, et al. A novel method to remove chromium, vanadium and ammonium from vanadium industrial wastewater using a byproduct of magnesium-based wet flue gas desulfurization[J]. Journal of Hazardous Materials, 2017, 336: 8-20.

[7] Li S, Zeng W, Xu H, et al. Performance investigation of struvite high-efficiency precipitation from wastewater using silicon-doped magnesium oxide[J]. Environ Sci. Pollut. Res. Int., 2020, 27(13): 15463-15474.

[8] Moragaspitiya C, Rajapakse J, Millar G J. Effect of struvite and organic acids on immobilization of copper and zinc in contaminated bio-retention filter media[J]. Journal of Environmental Sciences (China), 2020, 97: 35-44.

[9] Tang C J, Liu Z G, Peng C, et al. New insights into the interaction between heavy metals and struvite: Struvite as platform for heterogeneous nucleation of heavy metal hydroxide[J]. Chemical Engineering Journal, 2019, 365: 60-69.

[10] Yadav M, Gupta R, Sharma R K. Green and sustainable pathways for wastewater purification. In: Advances in Water Purification Techniques[M]. Elsevier, 2019: 355-383.

[11] Miro L, Gasia J, Cabeza L F. Thermal energy storage (TES) for industrial waste heat (IWH) recovery: A review[J]. Applied Energy, 2016, 179: 284-301.

[12] Rakib M I, Saidur R, Mohamad E N, et al. Waste-heat utilization-The sustainable technologies to minimize energy consumption in Bangladesh textile sector[J]. Journal of Cleaner Production, 2017, 142: 1867-1876.

[13] 连红奎, 李艳, 束光阳子, 等. 我国工业余热回收利用技术综述[J]. 节能技术, 2011, 29(2): 123-128+133.

[14] 徐文栋. 烟气余热利用技术及其工程应用研究[D]. 上海: 上海理工大学, 2013.

[15] Tchanche B F, Lambrinos G, Frangoudakis A, et al. Low-grade heat conversion into power using organic Rankine cycles-A review of various applications[J]. Renewable and Sustainable Energy Reviews, 2011, 15(8): 3963-3979.

[16] 赖小彬. 浅谈稀土开采高氨氮污水处理技术研究进展[J]. 福建冶金, 2021, 50(2): 25-28.

[17] Li H Y, Fang H X, Wang K, et al. Asynchronous extraction of vanadium and chromium from vanadium slag by stepwise sodium roasting-water leaching[J]. Hydrometallurgy, 2015, 156: 124-135.

[18] Sakai S, Yoshida H, Hirai Y, et al. International comparative study of 3R and waste management policy developments[J]. Journal of Material Cycles and Waste Management, 2011, 13(2): 86-102.

[19] Pan J J, Jiang J, Xu R K. Removal of Cr(Ⅵ) from aqueous solutions by $Na_2SO_3/FeSO_4$ combined with peanut straw biochar[J]. Chemosphere, 2014, 101: 71-76.

[20] Peng H. A literature review on leaching and recovery of vanadium[J]. Journal of Environmental Chemical Engineering, 2019, 7(5).

[21] Costa Pessoa J. Thirty years through vanadium chemistry[J]. Journal of Inorganic Biochemistry, 2015, 147: 4-24.

[22] Callahan K P, Durand P J J I C. Reactions of the vanadyl group: synthesis of $V{=}S^{2+}$ and $V{=}Br_2^{2+}$ from $V{=}O^{2+}$ complexes[J]. Inorganic Chemistry, 1980, 19(11): 3211-3217.

[23] Mustafi D, Galtseva E V, Krzystek J, et al. High-frequency electron paramagnetic resonance studies of VO^{2+} in low-temperature glasses[J]. Journal of Physical Chemistry A, 1999, 103(51): 11279-11286.

[24] Zhang B G, Feng C P, Ni J R, et al. Simultaneous reduction of vanadium (Ⅴ) and chromium (Ⅵ) with enhanced energy recovery based on microbial fuel cell technology[J]. Journal of Power Sources, 2012, 204: 34-39.

[25] Komura A, Hayashi M, Imanaga H. Hydrolytic behavior of oxovanadium (Ⅳ) ions[J]. Bulletin of the Chemical Society of Japan, 1977, 50(11): 2927-2931.

[26] Lan S, Sun S, Liu R, et al. Treatment of Cr^{6+} electroplating Wastewater by the Method of Precipitation Floatation[J]. Journal of Guangdong University of Technology, 1999, 16(4): 74-78.

[27] Emerson K, Russo R C, Lund R E, et al. Aqueous ammonia equilibrium calculations: effect of pH and temperature[J]. Journal of the Fisheries Board of Canada, 1975, 32(12): 2379-2383.

[28] 姚晓琰. 焦化厂蒸氨工艺的实验研究及节能工艺的探索[D]. 天津: 天津大学, 2014.

[29] Cao L, Wang J, Xiang S, et al. Nutrient removal from digested swine wastewater by combining ammonia stripping with struvite precipitation[J]. Environ. Sci. Pollut. Res. Int., 2019, 26(7): 6725-6734.

[30] Song W, Li Z, Liu F, et al. Effective removal of ammonia nitrogen from waste seawater using crystal seed enhanced struvite precipitation technology with response surface methodology for process optimization[J]. Environ. Sci. Pollut. Res. Int., 2018, 25(1): 628-638.

[31] Lin L, Yuan S, Chen J, et al. Removal of ammonia nitrogen in wastewater by microwave radiation[J]. Journal of Hazardous Materials, 2009, 161(2-3): 1063-1068.

两种五氧化二钒提纯工艺对比实验研究

葛雪东[1,2] 黄效礼[2] 丁文彬[1] 郭翠萍[1] 张 浩[2]

（1. 北京科技大学材料科学与工程学院，北京 100083；
2. 承德建龙特殊钢有限公司，河北承德 067200）

摘 要：本文针对五氧化二钒（V_2O_5）提纯问题，以碱性含钒浸出液和多钒酸铵（APV）为研究对象，对返溶提纯和浸出液除杂提纯两种工艺进行对比研究。结果表明，利用返溶多钒酸铵的提纯工艺，V_2O_5纯度达99.5%以上，平均回收率76.1%（未考虑废液中钒的二次回收），该提纯工艺制备的高纯V_2O_5符合钒储能电池电解液的技术要求。浸出液除杂提纯工艺条件下，V_2O_5纯度达到99.3%，回收率81.4%（未考虑废渣中钒的二次回收）。本文研究为大批量生产高纯V_2O_5提供数据支持和研究参考。

关键词：高纯度V_2O_5；浸出液除杂；返溶提纯

Comparative Experimental Study on Two Vanadium Pentoxide Purification Processes

Ge Xuedong[1,2] Huang Xiaoli[2] Ding Wenbin[1] Guo Cuiping[1] Zhang Hao[2]

(1. School of Materials Science and Engineering, University of Science and Technology Beijing, Beijing 100083, China;
2. Chengde Jianlong Special Steel Co., Ltd., Chengde 067200, China)

Abstract: Aiming at the problem of vanadium pentoxide (V_2O_5) purification, this paper takes alkaline vanadium containing leaching solution and ammonium polyvanadate (APV) as the research objects, and conducts a comparative study on the two processes of back dissolution purification and impurity removal purification of leaching solution. The results show that the purity of V_2O_5 is above 99.5% and the average recovery rate is 76.1% (without considering the secondary recovery of vanadium in the waste liquid) by using the purification process of ammonium polyvanadate. The high-purity V_2O_5 prepared by this purification process meets the technical requirements of vanadium storage battery electrolyte. Under the conditions of impurity removal and purification of leaching solution, the purity of V_2O_5 reaches 99.37% and the recovery rate is 80.8% (the secondary recovery of vanadium in waste residue is not considered). This study provides data support and research reference for mass production of high-purity V_2O_5.

Key words: high purity V_2O_5; purification from leaching solution; resorption purification

1 引言

钒被誉为“金属维生素”，广泛应用于钢铁、有色、化工与航空航天等重要国民经济领域，是现代工业与国防部门不可或缺的金属资源[1-2]。由于金属钒在行业的突出地位，其被西方国家列为关键金属。在全球“碳中和”“碳减排”大环境背景下，钒在储能领域展现出巨大优势，作为“能源”金属其绿色价值也愈加显现[3-4]。其在太阳能光热转换（钒钛涂层太阳能光热板）、新型稀土光源，特别是全钒氧化还原液流电池等方向的商业应用，使其资源供需引起各国的高度重视[5]。钒是中国的优势资源，本世纪以来我国已经发展成世界第一钒资源、生产、消费、贸易及技术、装备研发大国，行业影响及所占比例也在逐年提升[6-7]。

在提钒工业中，主要有火法提钒和湿法提钒两种工艺，根据提钒原材料的不同，钒生产工艺也有差异。大部分企业的主要生产工艺是以炼钢转炉钒渣为原料的间接提钒法，也称火法提钒，包括钒渣处理、焙烧、浸出、沉淀、熔化五个工序，最终产品为片状 V_2O_5。目前国内企业生产的 V_2O_5 品位多数在 98.0%~98.5%之间，大部分应用在钢铁行业。品位超过 99.0%以上的 V_2O_5 主要应用在储能电池、催化剂和航天航空等领域[8]，其中用于催化剂的总量大于 1000t/a，用于全钒氧化还原液流电池的总量约 2 万吨/年；随着储能行业的快速发展，高纯钒的用量逐年增大[9-10]。因高纯钒的杂质含量严重影响全钒氧化还原液流电池的使用寿命，基于课题背景，本文以多钒酸铵和碱性含钒浸出液为原材料开展多组实验，对比探究返溶提纯工艺与浸出液除杂提纯工艺的差异。

2 实验过程及方法

2.1 实验材料

本研究原材料为 V_2O_5 制备过程中间产物多钒酸铵和碱性含钒浸出液，分别采取 APV 返溶和浸出液除杂两种工艺开展 V_2O_5 提纯实验。浸出钒液全分析结果如表 1 所示。

表 1 浸出钒液全分析结果

Table 1 Full analysis results of vanadium leaching solution

元素	$V/g·L^{-1}$	$Cr/g·L^{-1}$	$Na_2O/g·L^{-1}$	$K_2O/g·L^{-1}$	Al/ppm	Fe/ppm	P/ppm	Si/ppm
含量	32.25	2.96	35.94	0.10	0.1	8.2	1.8	585.0

2.2 实验方法

2.2.1 APV 返溶提纯实验

大生产上的多钒酸铵的品位已经达到 98.5%左右，通过加氢氧化钠返溶，可以溶解一部分在酸性环境下溶解不了的杂质。再加入除杂剂，除杂剂在碱性环境下会水解形成氢氧化铝胶体凝聚一部分杂质，起到除杂的作用。在碱性条件下，钒液中加入硫酸铵可形成偏钒酸铵沉淀。其化学反应如下所示。

$$(NH_4)_2V_6O_{16}+6NaOH \longrightarrow 6NaVO_3+2NH_3\uparrow+4H_2O$$

$$Al^{3+}+3OH^- \longrightarrow Al(OH)_3\downarrow$$

$$2NaVO_3+(NH_4)_2SO_4 = 2NH_4VO_3\downarrow+Na_2SO_4$$

具体实验步骤为：

（1）取 2kg 实际大生产中的 APV，混合均匀后分析 APV 品位为 98.5%，水含量为 41.5%。每次取一定质量的 APV，加入一定比例的水和氢氧化钠进行返溶，形成新的钒酸钠溶液。

（2）在新形成的钒液中加入一定量的除杂剂，置于 60℃的水浴锅中加热搅拌 1h，反应后的溶液静止降温 12h 后过滤。

（3）除杂后的钒液，将 pH 值调节到 7~8，按一定比例的加铵系数加入硫酸铵，搅拌 1h 形成偏钒酸铵。

（4）将偏钒酸铵置于 2%的硫酸铵溶液中清洗两次后过滤，将偏钒酸铵干燥脱水、煅烧脱氨，生成高纯 V_2O_5。

图 1（a）为返溶工艺流程图。

2.2.2　浸出液除杂提纯实验

钒和铬元素在元素周期表中相邻，许多化学性质接近，在矿石中经常共生存在。承德建龙浸出钒液中除了有大量的钒离子，还有 2.96g/L 左右的铬离子。为了降低铬离子对后期制备偏钒酸铵时造成的影响，使用硫酸亚铁将钒液中铬离子的价态由六价还原成三价。在 pH 值 7~8 的范围内，三价铬离子和铁离子会形成氢氧化铬和氢氧化铁沉淀。化学反应式如下所示。

$$3Fe^{2+}+Cr^{6+} \longrightarrow 3Fe^{3+}+Cr^{3+}$$

$$Fe^{3+}+Cr^{3+}+6OH^{-} \longrightarrow Fe(OH)_3\downarrow+Cr(OH)_3\downarrow$$

具体实验步骤为：

（1）取 20L 大生产上除磷后的钒液，分析出钒液中钒及其他杂质离子含量，作为后续除杂实验的基础数据。

（2）每次取 500mL 浸出钒液，根据钒液中六价铬离子含量，硫酸亚铁按 1.1~2.6 的系数加入，进行硫酸亚铁除铬测试实验。

（3）根据除铬实验的结果（表 2），选择硫酸亚铁加入系数最优值 1.7 作为后续除杂实验的使用值。

（4）一次性取 10L 钒液，加入 440.7g 的硫酸亚铁进行除铬，除铬后的钒液浓度为 28.45g/L，铬离子浓度为 0.53mg/L，该钒液作为后续钒液除杂并制备偏钒酸铵实验的原料。

（5）每次取 800mL 除铬后的钒液，加入不同质量的除杂剂，置于 80℃的水浴锅中加热搅拌 1h，进行除杂实验。

（6）除杂后的钒液，将钒液 pH 值调节到 7.5 左右，分析钒液浓度，加铵系数按 4.5 加入硫酸铵制取偏钒酸铵。

（7）将偏钒酸铵置于 2%的硫酸铵溶液中清洗两次，过滤后将其干燥脱水、煅烧脱铵，生成粉状 V_2O_5。

图 1（b）为浸出液除杂工艺流程图。

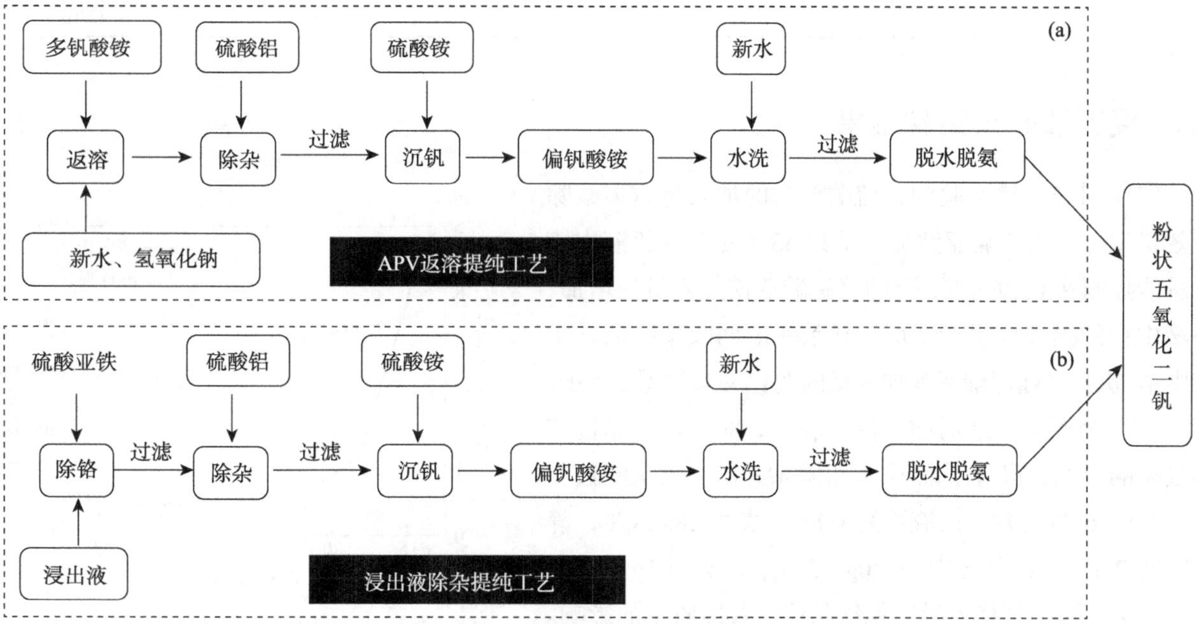

图 1　两种提纯工艺流程图

（a）APV 返溶提纯工艺；（b）浸出液除杂提纯工艺

Fig.1　Two purification process flowcharts: (a) APV back dissolution purification process; (b) Extraction solution impurity removal process

表 2　除铬实验结果

Table 2　Chromium removal test results

序号	钒液/L	pH 值	除铬前			除铬后	
			钒/g·L^{-1}	铬/g·L^{-1}	硫酸亚铁/g	钒浓度/g·L^{-1}	铬含量/mg·L^{-1}
1	0.5	8	32.250	2.958	14.26	31.440	4.43
2	0.5	8	32.250	2.958	18.15	30.130	1.28
3	0.5	8	32.250	2.958	22.04	28.990	0.63
4	0.5	8	32.250	2.958	25.93	27.010	0.58
5	0.5	8	32.250	2.958	29.81	24.320	0.52
6	0.5	8	32.250	2.958	33.70	21.110	0.49

3　实验结果与分析

3.1　APV 返溶提纯

使用生产上现有多钒酸铵经过返溶除杂过滤沉偏钒，共开展 5 组实验，偏钒酸铵品位均达到 99.5% 以上，最高 99.82%，最低 99.57%，平均品位为 99.68%（表 3）；达到了一般钒储能电池电解液用钒品位。通过该提纯工艺制取高纯 V_2O_5，钒品位相对较高。

表 3　APV 返溶五组实验结果

Table 3　Results of five tests of APV reflux

序号	多钒酸铵/g	除杂剂加入量 g	返溶后钒浓度/g·L^{-1}	偏钒品位/%	总回收率/%
1	20	0.6	47.81	99.82	71.30
2	30	0.9	49.51	99.64	77.82
3	50	1.5	47.81	99.74	83.93
4	350	20.0	43.51	99.57	75.32
5	350	20.0	54.2	99.62	72.10

3.2　浸出液除杂实验结果

（1）钒液除铬实验中，硫酸亚铁的加入量越多，除铬效果越好。当硫酸亚铁加入量为 33.70g 时，钒液中铬含量能控制在 0.49mg/L。但随着硫酸亚铁加入量的增加，钒液中钒的损失也逐渐增加，导致钒的回收率降低。钒液中铬、钒含量随硫酸亚铁加入量的变化关系如图 2 所示。

（2）为探究除杂剂加入量与静止时间对偏钒品位和回收率的影响，设计了以下 8 组除杂并制备偏钒酸铵实验。其中 6 组实验，钒液均为 0.8L，浓度 28.45g/L，静止时间 24h，除杂剂分别为 2.0g、2.5g、3.0g、3.5g、4.0g、5.0g 以探究除杂剂加入量对偏钒品位以及回收率的影响。另外两组实验控制除杂剂加入量为 3.5g，其他参数不变，静止时间为 24h、30h、42h 以探究静止时间对偏钒品位和回收率的影响。

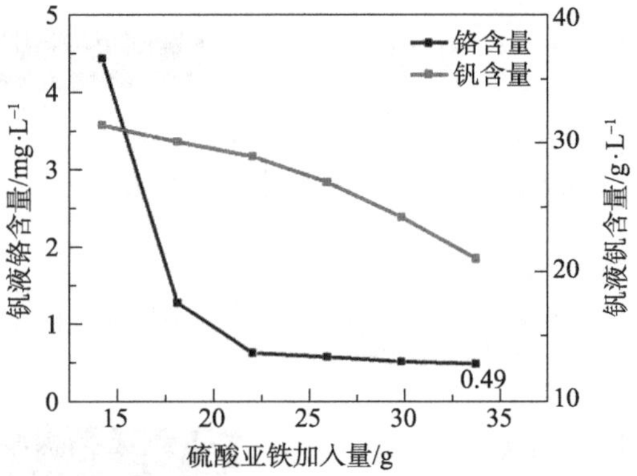

图 2　钒液铬、钒含量随硫酸亚铁加入量的变化

Fig.2　Variation of chromium and vanadium content in vanadium liquid with the addition of ferrous sulfate

8 组实验结果如图 3 所示，偏钒品位最高 99.43%，最低 99.19%，平均品位为 99.36%。钒回收率最高为 83.21%，最低为 79.18%，平均回收率为 81.09%（未考虑除杂渣中钒的回收）。随着除杂剂加入量的不断增加，偏钒酸铵品位逐渐增加，说明除杂效果越好，当除杂剂加入量达到一定值后，偏钒酸铵的品位趋于稳定在 99.4%上下，说明除杂剂的除杂效果还是有限，无法去除剩余的杂质离子。除杂剂为 3.5g 时，静止时间由 24h 增加到 42h，偏钒品位变化量为 0.07%，回收率变化量为 0.35%；其他变量一定的情况下，静止时间增加对偏钒品位和回收率的影响并不大。

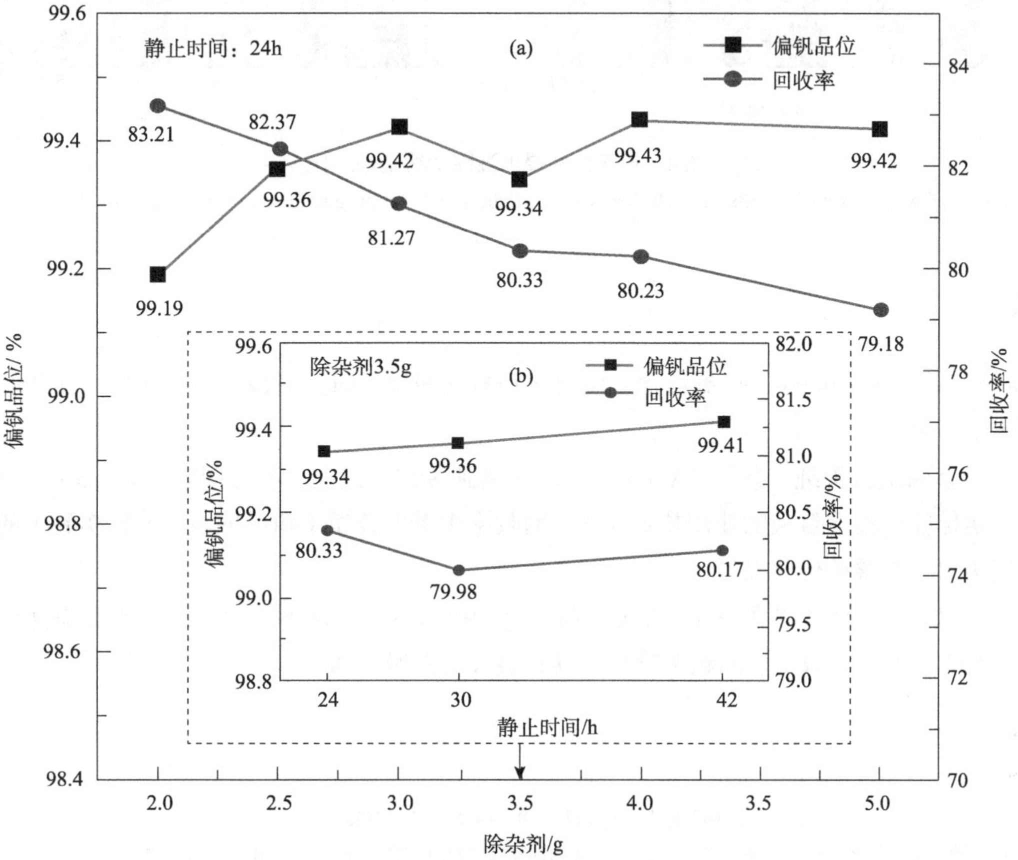

图 3　回收率、偏钒品位变化曲线

（a）随除杂剂加入量变化情况；（b）随时间变化情况

Fig.3　Recovery rate and vanadium metathesis grade change curve

(a) Change with impurity remover addition; (b) Change over time

3.3　分析与讨论

对比返溶工艺和浸出液除杂工艺结果（如图 4 所示）来看，返溶工艺的偏钒平均品位（99.7%）优于浸出液除杂工艺（99.3%），相差 0.4%；但返溶工艺平均回收率（76.1%）要远低于浸出液直接除杂工艺（81.4%），相差 5.3%。针对此次对比实验结果来看，通过返溶 APV 提纯 V_2O_5 的品位要高于浸出液除杂法，在不考虑生产成本的条件下，返溶 APV 工艺制取高纯 V_2O_5 较浸出液除杂工艺更有优势。返溶 APV 工艺的偏钒品位都在 99.5%以上，而用除杂剂除杂工艺制备的偏钒品位只是相较于 98.5%的偏钒有了很大突破，还没有达到高纯钒 99.5%以上的标准。钒液除杂实验还需要继续摸索优化，在制取高纯钒方向仍有较大的发展空间。

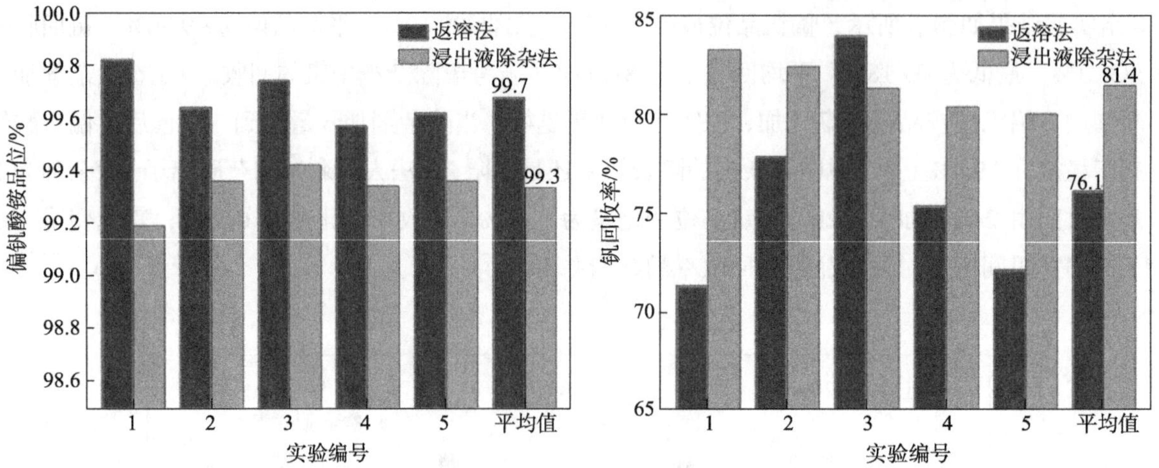

图 4 返溶法和浸出液除杂法结果对比

Fig.4 Comparison of results of back dissolution method and leaching solution impurity removal method

4 结论

本文针对 V_2O_5 提纯问题，以碱性含钒浸出液和多钒酸铵为研究对象，进行多次对比实验，分析实验结果得出如下结论：

（1）返溶多钒酸铵提纯工艺下，V_2O_5 品位均能达到 99.5%以上，平均回收率为 76.1%。V_2O_5 品位达到了一般钒储能电池电解液的使用技术要求，回收率未考虑杂质中钒的回收，导致实验中的回收率偏低，后续还需对实验继续优化设计。

（2）浸出液除杂提纯工艺条件下，V_2O_5 品位达到 99.37%，回收率 80.84%。虽然没有达到高纯钒品位 99.5%以上的标准，但该工艺回收率较高，具有很大的发展空间。

参考文献

[1] 王浩, 卢明亮, 万贺利. 提钒工艺研究现状及进展[J]. 河北冶金, 2021(12): 6-9.
[2] 叶国华, 童雄, 路璐. 含钒钢渣资源特性及其提钒的研究进展[J]. 稀有金属, 2010(5): 769-775.
[3] 吴优, 陈东辉, 刘武汉, 等. 2020 年全球钒工业发展报告[J]. 钢铁钒钛, 2021, 42(5): 1-9.
[4] 马文旗, 成宝海. 含钒石煤焙烧浸出生产偏钒酸铵工艺研究[J]. 长春师范大学学报, 2022, 41(2): 192-195.
[5] Zhang G Q, Zhang T A, Zhang Y, et al. Extraction of vanadium from vanadium slag by high pressure oxidative acid leaching[J]. International Journal of Minerals, Metallurgy and Materials, 2015, 22(1): 21-26.
[6] Sun Z, Zhang J, Yin L, et al. Conductive porous vanadium nitride/graphene composite as chemical anchor of polysulfides for lithium-sulfur batteries[J]. Nature Communications, 2017, 8(2): 14627.
[7] 简小枚, 汪鹏, 陈玮, 等. 中国钒资源全生命周期动态物质流分析[J]. 科技导报, 2022, 40(8): 127-136.
[8] 付自碧, 蒋霖, 李明, 等. 钒铬渣钠化焙烧同步提取钒和铬[J]. 钢铁钒钛, 2020, 41(4): 1-6.
[9] 陆晓波. 五氧化二钒在高温色釉中的应用[J]. 陶瓷科学与艺术, 2002(2): 26-27.
[10] 宾智勇. 钒矿石无盐焙烧提取五氧化二钒实验[J]. 钢铁钒钛, 2006, 27(1): 21-26.

高磷含钒浸出液除磷技术研究

贾强方 刘 磊 唐 彪 袁世樑 张忠裕

（四川星明能源环保科技有限公司，四川成都 610000）

摘 要：本文以回收含钒废催化剂所得含钒浸出液为原料，研究了氯化钙、氯化铝、氯化镁+氯化铵复合盐、氯化钙+氯化铝复合盐等对该浸出液的除磷效果。结果表明，当氯化镁加入量为理论量的2倍、反应温度为60℃、pH值为10，搅拌速度为400r/min时，反应60min后，除磷效果较为显著，除磷后溶液中磷含量小于35ppm。

关键词：钼钒浸出液；除磷；钒损失率

引言

我国是钒资源大国，钒产量与使用量均位居世界第一，而钒产品85%以上作为钢铁添加剂[1]。国内钒产品生产使用的含钒原料主要来自于钒钛磁铁矿冶炼副产物——钒渣，其受到使用该类资源的钢铁产能限制，而含钒废催化剂则作为二次钒资源填补部分钒产品生产对含钒原料的需求，据资料统计，全世界每年消费的催化剂数量约80万吨，我国每年在石油化工领域催化剂更换量达到10万吨[2]。但含钒废弃催化剂中磷含量较高，为提高后续沉钒工序钒回收率和满足片钒产品质量，通常需要将含钒浸出液磷含量降低。

1 高磷含钒浸出液简介

1.1 高磷含钒浸出液组成

由含钒废弃催化剂焙烧酸浸所得浸出液中钒含量达到30g/L以上、磷含量在1~10g/L，代表成分如表1所示。

表1 高磷含钒浸出液成分

项目	V	Cu	P	Co	Ni	K	Na	Ca	Mg	Pt	Mn	Fe	Zn	Cr
检测结果/mg·L^{-1}	36	<1	3	20	10	38	22	31	1	<1	2	139	2	41

1.2 高磷含钒浸出液中高磷含量影响

高磷含钒浸出液磷含量一般为3g/L，部分溶液达到10g/L，若通过加入硫酸铵（$(NH_4)_2SO_4$）直接进行沉钒，反应最终生成黑色固体，无法正常形成结晶，钒回收率极低；若生产偏钒酸铵，反应后生成的含钒固体沉淀物较少，沉钒回收率较低，钒仍有严重损失。据资料查询，含钒浸出液经过沉钒工序时溶液中磷含量需降低到35ppm以下，以减小磷对后续沉钒工序钒收率和产品质量的影响[3]。

2　高磷含钒浸出液除磷实验

2.1　实验原料及仪器（表 2）

表 2　实验原料及仪器表

名称	规格	厂家
高磷含钒浸出液	/	/
氯化镁	分析纯	成都市科隆化学品有限公司
硫酸铵	分析纯	成都市科隆化学品有限公司
氯化钙	分析纯	天津市致远化学试剂有限公司
氯化铝	分析纯	广东光华科技股份有限公司
纯水	18MΩ	自产
恒温搅拌仪	0~100℃	金坛区水北科普实验仪器厂
抽滤瓶	500mL、2000mL	/
烧杯	200mL、2000mL	/
电感耦合等离子体光谱仪	Prodigy	美国利曼仪器有限公司

2.2　除杂剂种类对除磷效果的影响

为从氯化镁、氯化钙、氯化铝、氯化镁+氯化铵复合盐、氯化钙+氯化铝复合盐中找出最佳除磷剂，采取对比试验，取 50mL 高磷钒溶液，调节反应液酸碱度至 pH=9，称取 2 倍理论加入量镁盐 11.64g（对比实验不同除磷剂分别为氯化钙、氯化铝、氯化镁+氯化铵复合盐、氯化钙+氯化铝复合盐），配制成含除磷剂 20%的除磷溶液待用。利用恒温水浴搅拌锅水浴加热，反应温度 60℃，搅拌速度为 400r/min。待高磷钒溶液恒温 60℃后，缓慢滴加除磷溶液，滴加结束后继续搅拌 60min。待充分反应后关闭搅拌，静置 60min，再进行后续过滤洗涤，检测洗涤后液体内磷含量。

不同除磷剂除磷效果如图 1 所示：氯化镁、氯化镁+氯化铵复合除磷剂除磷效果较好；氯化钙、氯化铝、氯化镁+氯化铝钒复合除磷剂作为除磷剂时钒回收率低，氯化镁、使用氯化镁+氯化铵复合除磷剂作为除磷剂时钒回收率较好。综合考虑，氯化镁、氯化镁+氯化铵复合除磷剂能够作为除磷剂，考虑成本更低，采用氯化镁作为除磷剂进行后续实验。

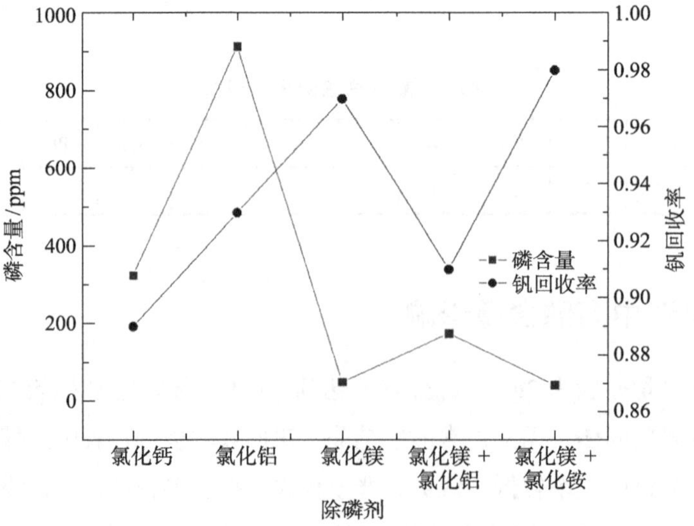

图 1　除磷剂种类与磷含量、钒回收率关系图

2.3　除磷剂加入量对除磷效果的影响

为确定最佳的除磷剂加入量与该高磷钒溶液配比，同样取 50mL 钼钒溶液调节反应液 pH=9，60℃恒温水浴加热，搅拌速度设置为 400r/min。称取 2 倍理论加入量（即 11.64g）镁盐，对比实验理论加入量镁盐分别设置为 1 倍、1.5 倍、2.5 倍、3 倍、3.5 倍，配制成含镁盐 20%的除磷溶液待用。待钼钒溶液温度达到 60℃后，缓慢滴加除磷溶液，滴加结束后继续搅拌 60min。待充分反应后关闭搅拌，静置 60min，再进行后续过滤洗涤。

如图 2 所示，除磷后液磷含量随着除磷剂加入量增加而减小，钒回收率随着除磷剂加入量增大而减小。当除磷剂加入量达到 2.0 倍时，磷含量小于 35ppm，钒损失小于 3%，满足后续生产技术指标。继续增加除磷剂加入量，磷含量变化量较小，但钒回收率显著降低，钒损失增大。

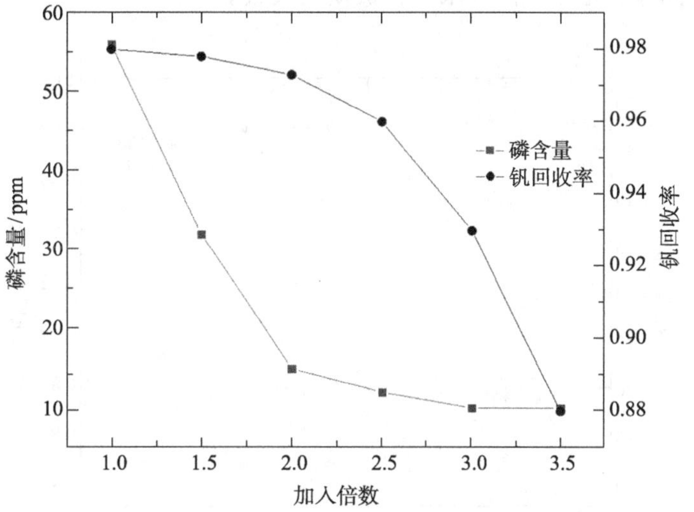

图 2　除磷剂加入量与磷含量、钒回收率关系图

2.4　反应温度对除磷效果的影响

为确定最佳的反应温度，与上述实验类似，确保其他实验参数不变，改变反应温度对比实验反应温度分别设置为 25℃、30℃、45℃、60℃、80℃。待溶液达到相应温度后，并同样进行后续操作。

如图 3 所示，除磷后液磷含量随着反应温度增加而减小，钒回收率随着搅拌速度增大而增大。当反

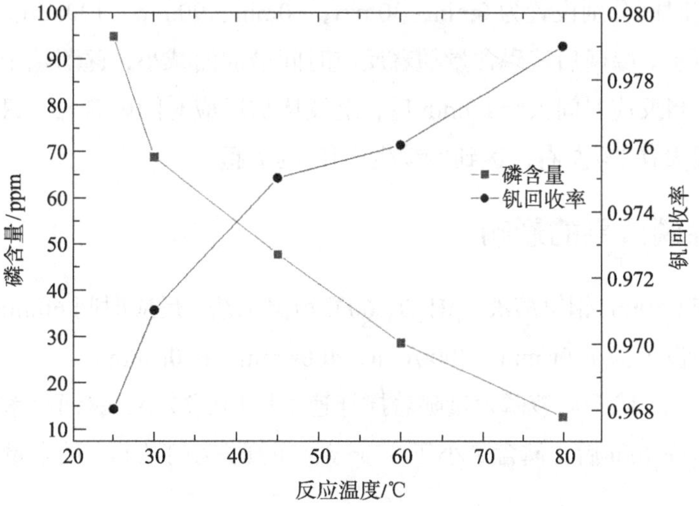

图 3　反应温度与磷含量、钒回收率关系图

应温度达到 60℃时，磷含量小于 35ppm，钒损失小于 3%，达到后续生产技术指标，继续增加反应温度，磷含量继续降低、钒回收率继续增大，反应耗能相应增加，生产成本增加。

2.5　反应 pH 值对除磷效果的影响

为确定最佳的酸碱度，确保其他参数不变，改变反应 pH 值，对比实验反应 pH 值分别设置为 8、8.5、9.5、10、10.5，同样恒温 60℃，加入 2 倍理论加入量镁盐。并同样进行后续操作。

如图 4 所示，除磷后液磷含量随着反应 pH 值增加而减小，钒回收率随着搅拌速度增大而增大。当 9<反应 pH 值<10 时，继续增加反应时间磷含量、钒回收率无明显变化，磷含量小于 35ppm，钒损失在 3%左右，达到后续生产技术指标。反应 pH 值大于 10 时，由于反应液碱性较大，镁盐加入后首先与氢氧根离子形成氢氧化镁固体，导致除磷效果差，钒损失较大。

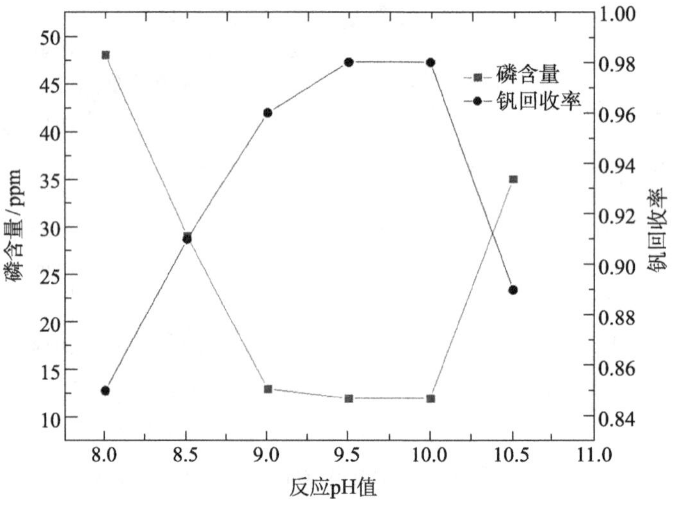

图 4　反应 pH 值与磷含量、钒回收率关系图

2.6　反应时间对除磷效果的影响

其他反应条件不变（50mL 钼钒溶液、pH=9、60℃恒温水浴、搅拌速度 400r/min、镁盐加入量 11.64g），配置成含对比实验反应时间分别设置为 0min、30min、60min、90min、120min。

实验结果如图 5 所示。除磷后液磷含量随着反应时间增加而减小，逐渐趋于固定值，钒回收率随着搅拌速度增大而增大。当反应时间大于 60min 后，继续增加反应时间磷含量、钒回收率无明显变化，磷含量小于 35ppm，钒损失在 3%左右，达到后续生产技术指标。

2.7　搅拌速度对除磷效果的影响

其他反应条件不变（50mL 钼钒溶液、pH=9、60℃恒温水浴、反应时间 60min、镁盐加入量 11.64g），对比实验搅拌速度分别设置为 100r/min、200r/min、400r/min、600r/min。

实验结果如图 6 所示。除磷后液磷含量随着搅拌速度增加而减小，钒回收率随着搅拌速度增大而增大。当搅拌速度大于 400r/min 后，磷含量小于 35ppm，钒损失小于 3%，磷含量与钒损失均较小，达到后续生产技术指标。

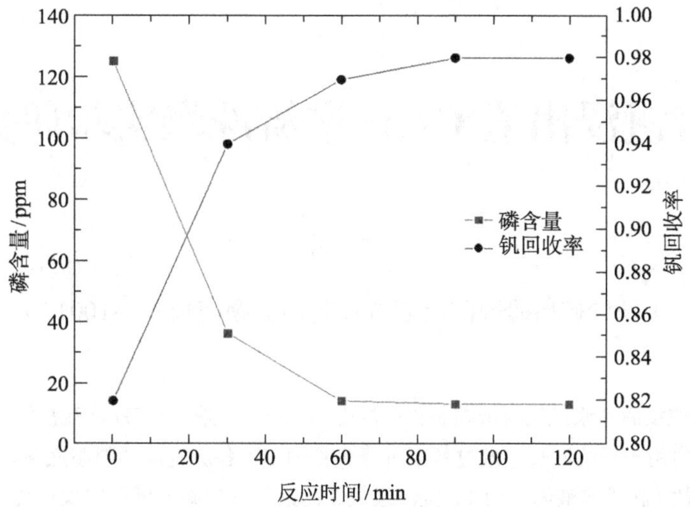

图 5　反应时间与磷含量、钒回收率关系图

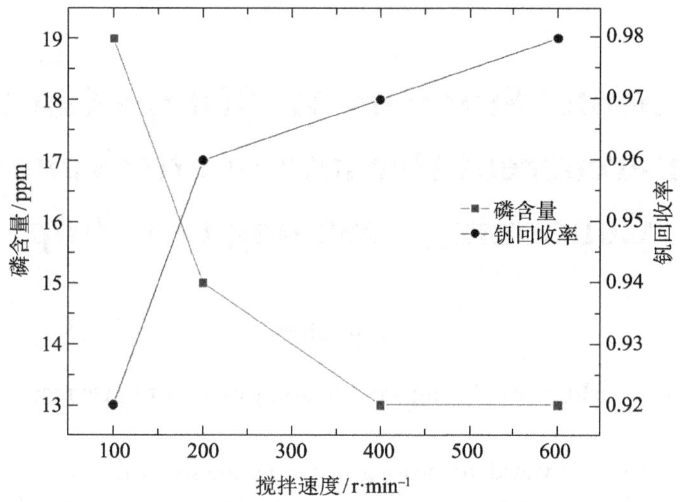

图 6　搅拌速度与磷含量、钒回收率关系图

3　结论

采用氯化镁除磷钒损失率较小，能够有效避免氯化钙除磷生成大量钒酸钙的现象，并且氯化镁成本较低。通过实验探究，选用氯化镁作为高磷钼钒溶液的除磷剂时，加入量为除杂理论计算值的 2 倍，除杂反应温度为 60℃，反应 pH 值为 10，搅拌速度为 400r/min，反应时间控制在 60min，除磷后液中磷含量不大于 35ppm，能够达到后续沉钒技术要求。

参考文献

[1]　赵秦生, 李中军. 钒冶金[M]. 长沙: 中南大学出版社, 2015.
[2]　杨紫成, 赵彬. 从含钒废弃物中钒资源回收研究进展[J]. 广州化工, 2015, 43(12): 39-40.
[3]　付自碧. 高钙高磷钒渣制备氧化钒工艺研究[D]. 北京: 中国科学院大学(中国科学院过程工程研究所), 2017.

含钒浸出渣 CCD 逆流洗涤实验研究

方 臣

（长沙矿冶研究院有限责任公司，湖南长沙 410012）

摘　要：某含钒钢渣酸浸后料浆经絮凝浓缩制得高浓度的浸出渣，采用 CCD 逆流洗涤工序将浸出渣料浆液相内钒离子洗脱至洗液内用于后续回收，通过絮凝沉降实验确定了各级洗涤的料浆底流浓度为 62%。采用方程组法理论计算洗涤参数，在洗涤液固比为 1，洗涤级数 5 的条件下理论上可以实现钒离子洗涤效率 97%。以理论计算出的洗涤参数进行实验验证，钒离子洗涤效率为 96.4%，与理论计算结果基本一致。

关键词：CCD 逆流洗涤；浓密机；洗涤效率

Experimental Study on Multistage Continuous Countercurrent Decantation for Vanadium Containing Leaching Ore Pulp

Fang Chen

(Changsha Research Institute of Mining and Metallurgy Co., Ltd., Changsha 410012, China)

Abstract: After acid leaching of vanadium bearing steel slag, the slurry is flocculated and concentrated to produce high concentration leached slag. For vanadium ions subsequent recovery, the multistage continuous countercurrent decantation is used to wash the leached residue. Through the flocculation sedimentation experiment, the underflow concentration of the slurry for each stage of washing is determined to be 62%. The washing parameters were calculated theoretically by the equation group method. Under the condition that the washing liquid solid ratio was 1 and the washing order was 5, the vanadium ion washing efficiency could be 97% theoretically. The vanadium ion washing efficiency is 96.4% in the experimentation research, which is basically consistent with the theoretical calculation results.

Key words: continuous countercurrent decantation; thickener; washing efficiency

1　引言

多级浓密连续逆流洗涤（CCD 逆流洗涤）通常用在浸出工艺之后，从浸出矿浆中分离出含可溶性组分的浸出液和排出经洗涤后的浸出渣，是湿法冶金的重要的工序。CCD 逆流洗涤工艺流程图如图 1 所示。原料为浸出渣浓缩后的底流，从一级洗涤（CCD1）进入，逐级洗涤并依次向后传递，最终从最后一级排出；洗水与原料反向，从最后一级进入，每级的溢流进入前一级作为洗涤水，最终从 CCD1 排出，完成洗涤过程[1,2]。浓密机是 CCD 逆流洗涤过程中的常见设备，主要用来控制和稳定进入后继作业的矿浆浓度。

作者简介：方臣，长沙矿冶研究院有限责任公司，中级工程师；长期从事选矿技术及矿冶设备研发工作；E-mail: fach_n@163.com。

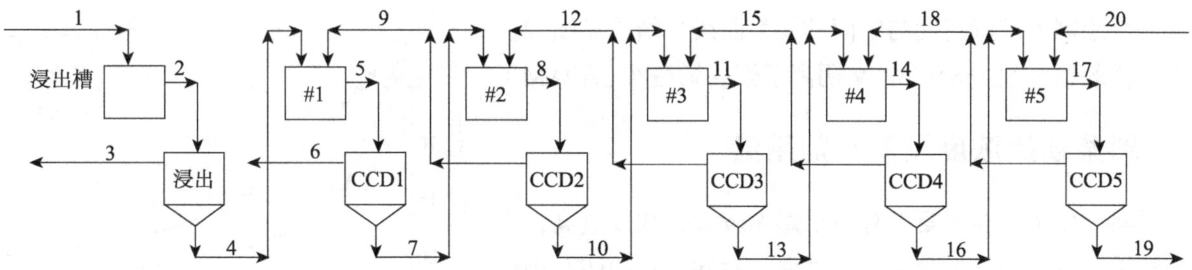

图 1 CCD 逆流洗涤浓密机流程示意图

CCD 逆流洗涤是将夹杂在底流中的液体，通过与溶液再混合沉降的方式，将其转移到洗液中。因此，考察 CCD 逆流洗涤的主要指标为洗涤效率。影响 CCD 逆流洗涤效果的因素有底流浓度、洗涤级数、洗水液固比及液固混合效率[3]。通常采用絮凝沉降浓密实验研究矿浆对絮凝剂的适应性，选出最优的絮凝剂、絮凝剂用量和最佳给料浓度，在最优条件下确定洗涤浓密机可达到的底流浓度。在絮凝沉降浓密实验完成后，通过以目标元素的洗涤效率为设定参数，提高理论计算或计算机模拟的方式来确定 CCD 逆流洗涤的洗水液固比及洗涤级数，计算方法可建立一元多次方程组或根据已有学者的公式进行推算。本文采用方程组法计算钒酸浸渣 CCD 逆流洗涤回收钒离子的洗涤参数，并通过实验验证计算值的准确性。

2 实验原料

实验原料为某含钒钢渣的酸浸渣，酸浸渣料浆浓度为 25%，液相中有价元素 V 含量为 2.06g/L。浸渣料浆中固体粒径 75μm 以下含量占 79.6%，37μm 以下占 63.4%。

3 絮凝沉降浓密实验

CCD 逆流洗涤浓密机内的絮凝沉降过程是通过添加具有桥架及多支链结构的有机高分子絮凝剂与料浆混合均匀，借助絮凝剂的桥联作用形成网状结构絮团，当絮团捕获连结足够多的固体微颗粒后在其自身重力作用下加速沉降，实现液固分离，制得较高浓度的浓密底流。一般认为，对 CCD 逆流洗涤工艺而言絮凝沉降速度越快，浓密底流浓度越高，则洗涤效果越好。因此在进行 CCD 逆流洗涤之前通常采用絮凝沉降浓密实验确定最优的沉降条件，主要包括絮凝剂的型号及用量、絮凝沉降料浆最佳初始浓度。

3.1 絮凝剂选型

CCD 逆流洗涤浓密机常用的絮凝剂为聚丙烯酰胺，聚丙烯酰胺是分子量从几百万至几千万的高分子水溶性有机聚合物。根据其水溶液中解离电性可分为阴离子型、阳离子型及非离子型；按照分子量由小到大可分为四种：低分子量（<100 万）PAM 主要用作黏合剂、油墨分散剂等，中等分子量（100 万~1000 万）PAM 主要用作造纸行业的纸张增强剂，高分子量（1000 万~1500 万）PAM 主要用作水处理絮凝剂，较高分子量（>1700 万）PAM 主要用于油田的三次采油。因 CCD 逆流洗涤的物料对絮凝剂有不同的适用性，因此需进行选型实验确定适用于该钒酸浸渣絮凝沉降的絮凝剂型号。具体实验方法如下：

配制质量浓度为 10%的浸出渣矿浆和 0.1%浓度的不同型号絮凝剂。在玻璃量筒内将相同量的絮凝剂加入矿浆中，混匀后观察对比矿浆沉降速度及上层溶液澄清情况[4]，初选出 3 种较适宜的絮凝剂。对初选出的 3 种絮凝剂，进行沉降速度对比实验，浸出渣矿浆在同条件下絮凝沉降，记录量筒内矿浆的泥层高度，绘制出沉降高度与时间的关系曲线，结果见图 2，确定最优的絮凝剂为 SNF625V 阴离子聚丙烯酰胺（APAM）。

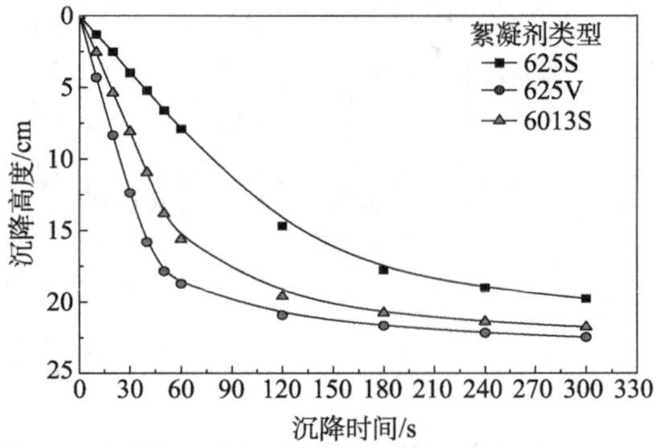

图 2 絮凝剂选型实验沉降高度与时间关系图

3.2 料浆初始浓度及絮凝剂用量

料浆初始浓度对絮凝沉降效果影响较大，浓度过高，固体颗粒大量分布会压缩絮凝剂支链成长空间，且絮团与固体颗粒易形成强度较大的网状结构，该网状结构能够抵抗物料沉降产生的压缩应力，从而导致沉降过程变得极其缓慢；浓度过低，固体微颗粒被桥联捕获的几率降低，且沉降固体量较低，浓密机单位面积处理量小，设备选型往往需要更大直径的浓密机，会增加建设成本，因此有必要研究絮凝沉降初始给料浓度。同时，在初始料浆浓度相同的条件下添加不同用量的 SNF 625V 型絮凝剂，可确定钒浸出渣 CCD 逆流洗涤中絮凝剂的最佳用量。

实验配制质量浓度为 6%、8%、10%、12%、14%的浸出渣矿浆，分别按 30g/t、40g/t、50g/t 的比例加入 SNF 625V 型絮凝剂，记录量筒内矿浆的泥层高度，实验结果见图 3。

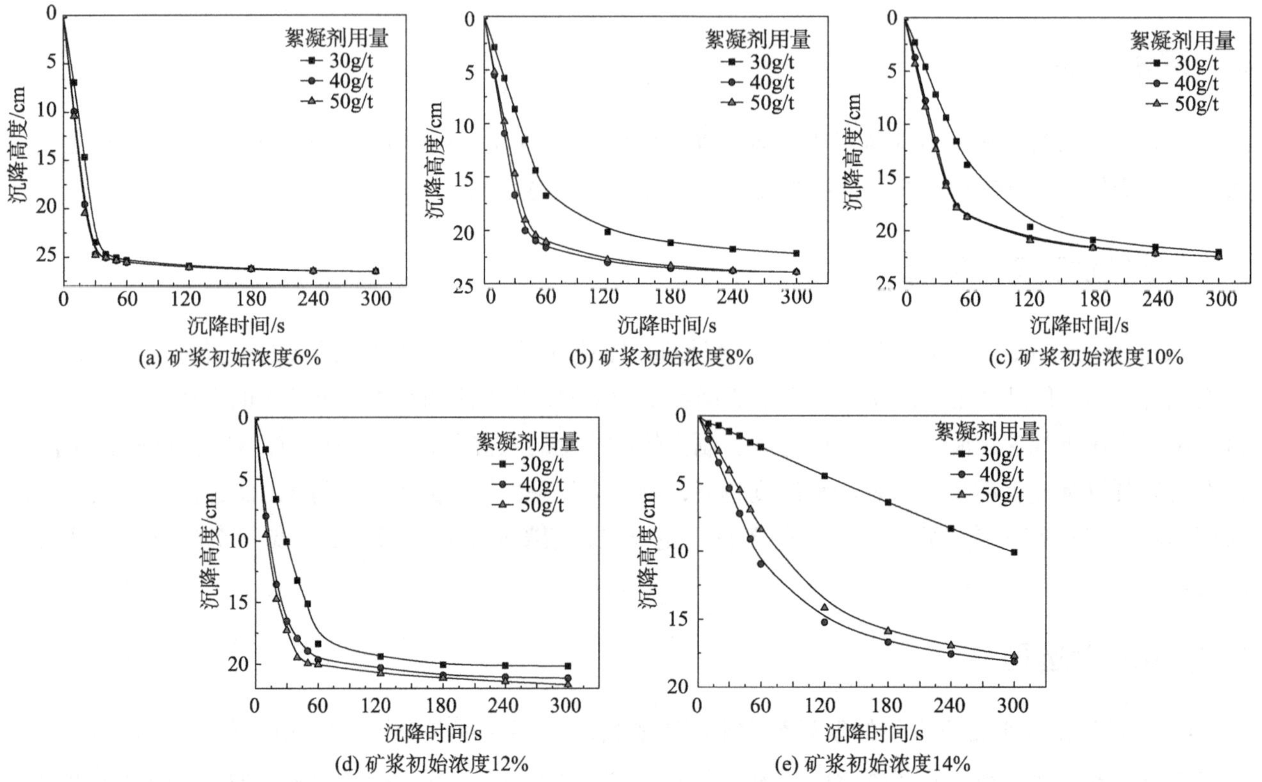

图 3 絮凝剂用量实验沉降高度与时间关系图

絮凝剂用量 40g/t，浸出渣矿浆初始浓度 6%、8%、10%、12%，在 1min 内可完成快速沉降过程，用量提高至 50g/t，沉降过程与用量 40g/t 基本一致。浸出渣矿浆初始浓度达到 14%，沉降速度明显放缓，在浓密机内浸出渣矿浆给料浓度应低于 14%，最佳给料浓度需根据絮凝沉降固体通量这一指标来衡量确定。固体通量的定义为单位时间内垂直通过单位面积所传递的某种固体物理量，通常用固体通量来计算浓密机的面积，固体通量值越大，浓密机选型面积越小。由于矿浆初始浓度越低，沉降速度越快，但单位体积沉降的固体量小，相反，浓度高，沉降速度慢，单位体积的固体含量高。因此固体通量在不同初始浓度的絮凝沉降条件下存在一个极大值，可用来衡量浓密机最佳给料浓度。絮凝剂用量实验中得到的沉降高度与时间数据可用来计算固体通量，固体通量计算结果见图 4。

从图 4 可以看出，浸出渣絮凝沉降最佳初始给料浓度为 10%。通过上述实验，确定含钒浸出渣矿浆 CCD 逆流洗涤中各单级的浓密工艺条件为：APAM 絮凝剂 SNF 625V，用量 40g/t，初始给料浓度 10%。

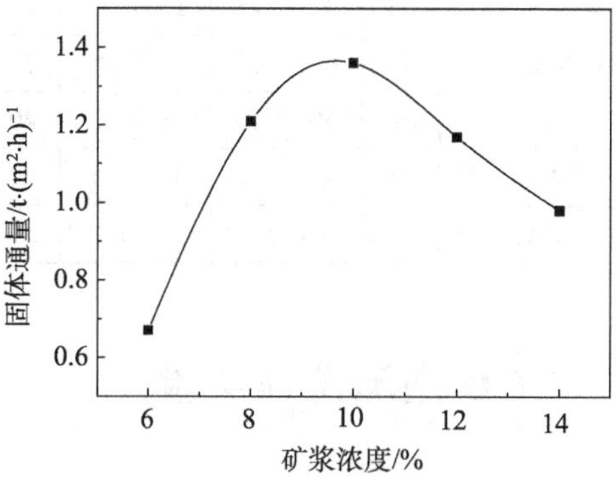

图 4 浸出渣絮凝沉降固体通量与浓度的关系

3.3 底流浓度

浓密机底流浓度是影响 CCD 逆流洗涤效果的关键因素。在上述最佳浓密条件下进行连续给料动态絮凝浓密实验，通过蠕动泵将浸出渣矿浆和絮凝剂送入实验装置的给料系统中，从装置底部泵出底流矿浆。动态浓密实验中，以上节计算的固体通量极大值和实验装置截面积换算出给料速度，连续给料排料使物料动态平衡，保持装置内泥层的高度稳定不变，对底流取样并测定其质量浓度。

实验表明，浸出渣矿浆动态浓密底流浓度为 56.3%，工业上应用的浓密机池体高度可根据底流浓度进行设计，使浓密后矿浆在池体内停留一定时间，依靠泥层自重对底流进行压缩，进一步提高底流浓度，在实验室内进行了底流压缩实验，确定实验结果见表 1。

表 1 浓密底流压缩浓度实验结果

压缩时间/min	底流浓度/wt %
40	58.70
60	60.25
195	64.40
300	65.00
315	65.26

由表 1 可知，浸出渣矿浆浓密底流压缩极限浓度可达到 65.3%，考虑到工程设计安全系数及浓密机池体过高会加大工程造价，尽量避免矿浆在池体内长时间停留，该钒浸出渣 CCD 逆流洗涤的浓密底流浓度确定为 62%。

4 CCD 逆流洗涤计算

絮凝沉降浓密实验确定了浸出矿浆初始给料浓度、底流浓度，影响 CCD 逆流洗涤的因素还有洗涤级数、洗水液固比及液固混合效率，通常在絮凝沉降浓密实验完成后，需进行动态模拟试验确定洗水液固比及洗涤级数，但由于实验变量因子较多且各因子可取值范围广，导致试验流程长，操作复杂。因此，本文利用洗涤过程目标元素 V 在各洗涤级的物料平衡的原理，即浓密机某级溶液中的总量为上一级底流溶液中的含量与下一级溢流液中同一组分含量的总和，列出多元一次方程组并求解[5]。

含钒钢渣酸浸得到的料浆浓度为 25%，经絮凝浓缩后浓度 62%的底流作为 CCD 逆流洗涤原料，按要求的洗涤液固比与洗水混合后，料浆浓度仍高于最佳初始浓度 10%，可在浓密机给料井内引流浓密机上层清液自稀释至 10%，不需加入外部清水稀释。要求经 CCD 逆流洗涤后有价元素钒洗涤效率达到 97%，混合效率按工程经验取 95%，为便于计算设浸出渣料浆总量为 100t，据此条件计算出洗涤液固比为 1，洗涤级数为 5，经 CCD 逆流洗涤后目标元素 V 在浸出渣料浆中含量可由 2.06g/L 降至 0.062g/L，计算数据见表 2。

表 2　CCD 逆流洗涤理论计算结果

项目	单位	浸出渣浓密			CCD1			CCD2			CCD3			CCD4			CCD5		洗涤后	
		进料	溢流	底流	进料	溢流	底流	进料	溢流	底流	进料	溢流	底流	进料	溢流	底流	进料	溢流	底流	洗涤清水
固体量	t	25	0	25	25	0	25	25	0	25	25	0	25	25	0	25	25	0	25	0
液体量	t	75	60	15	40	25	15	40	25	15	40	25	15	40	25	15	40	25	15	25
矿浆总量	t	100	60	40	65	25	40	65	25	40	65	25	40	65	25	40	65	25	40	25
固体浓度	%	25	0	62	38	0	62	0	0	62	38	0	62	38	0	62	38	0	62	0
钒金属浓度	g/L	2.060	2.060	2.060	2.060	1.059	1.059	1.059	0.606	0.606	0.606	0.332	0.332	0.332	0.163	0.163	0.163	0.062	0.062	0.0

5　CCD 逆流洗涤实验

5.1　实验方法

（1）按最优絮凝沉降条件进行浸出渣矿浆浓密，制备成底流浓度 62%的矿浆，作为 CCD 逆流洗涤实验的初始来料。

（2）各级洗涤水的制备：浸出母液中钒金属含量 2.06g/L，据表 2 中各级溢流水金属浓度按比例稀释母液制成洗水，下一级的溢流为本级的洗涤水。

（3）在 ϕ180mm 浓密机模型实验机内按洗涤液固比 1 将洗水与上级底流混合均匀，添加 APAM 絮凝剂 SNF 625V，用量 40g/t，充分混匀模拟洗涤过程，洗涤完成后静置絮凝沉降，得到的底流作为下一级洗涤原料，各级洗涤完成后在 ϕ180mm 浓密机模型机内的上清液作为洗液进行取样。

5.2　实验结果

CCD 逆流洗涤各级底流浓度见表 3。

表 3　CCD 逆流洗涤各级底流浓度　（%）

洗涤级别	CCD1	CCD2	CCD3	CCD4	CCD5
底流浓度	61.3	61.2	60.5	61.4	61.2

对 CCD5 溢流水中钒金属元素采用 ICP-MS 多元素定量分析，其含量为 74.2mg/L，计算洗涤效率为 96.4%。多元方程组法计算的 CCD 逆流洗涤参数是在理想状态下得到的，假定了各级浓密机内溶液密度和底流固体浓度均相同，且不考虑化学反应及环境温度的影响，实际中这种理想条件是很难达到的，但在本文中含钒浸出渣 CCD 逆流洗涤实验验证的洗涤效率与理论计算值基本一致，说明对浸出渣采用 CCD 逆流洗涤工艺回收钒元素，可采用多元方程组法高效、准确地计算出洗涤级数和洗涤液固比。

6　结论

本文以含钒钢渣的酸浸渣 CCD 逆流洗涤回收 V 元素为例，介绍了 CCD 逆流洗涤实验的方法，包括絮凝沉降浓密实验、CCD 逆流洗涤计算及实验验证。通过絮凝沉降浓密实验确定底流浓度和给料浓度，并作为常数用于 CCD 逆流洗涤计算的多元一次方程组求解，可根据洗涤效率的设定值计算出洗涤级数和洗涤液固比这两个重要的参数。在理论计算出的条件下进行 CCD 逆流洗涤实验，实际的洗涤效率与计算设定值基本一致，说明钒浸出渣采用 CCD 逆流洗涤工艺回收钒元素，洗涤级数和液固比通过方程组法计算是准确可靠的。

参考文献

[1] 殷书岩, 陆业大. CCD 逆流洗涤设备选型及计算方法[J]. 设备及自动化, 2010(5): 37-40.
[2] 黄利伟. 浸出矿浆多级连续逆流洗涤的计算方法[J]. 矿冶, 2009(18): 50-53.
[3] 蒋祖昭. 几种计算逆流倾析洗涤方法的应用和比较[J]. 有色金属, 1978(3): 53-56.
[4] 周兴龙. 量筒内进行矿浆沉降试验的方法[J]. 有色金属(选矿部分), 2005(5): 30-32.
[5] 翔云. 浓密机多效逆流洗涤的计算[J]. 有色金属, 1973(1): 62-66.

钒渣高效绿色提取氧化钒技术研究与应用

冯国晟

（河钢承钢钒钛事业部，河北承德 067002）

摘　要：为进一步实现钒渣氧化钠化焙烧提取氧化钒工艺的高效绿色生产，开发了可最大限度提取金属铁的高效精细钒渣指标工艺，采用短流程精细钒渣制备工艺实现吨渣电耗降低 22.3kWh 和钒渣中金属铁的高效提取回用；研究了大型回转窑钒渣氧化钠化焙烧提钒技术，实现大型回转窑钒渣氧化钠化提钒的高效生产，吨渣混合煤气消耗降低 41.56m^3；设计和应用了钒渣高温熟料急速冷却装置，实现余热回收及指标提升，吨钒可节省饱和蒸汽 0.11t，残渣全钒（去可钒）平均可降低 0.09 个百分点；含钒固废提钒技术的研究和应用实现钒液除杂钒泥以及其他含钒固废无污染回用，氧化钒产线的钒回收率可提高 0.03%；研究和应用了提钒废水在氧化钒产线循环利用工艺，日均可回用提钒废水 700t 以上，实现水资源的循环综合利用。

关键词：氧化钒；精细钒渣；大型回转窑；耐火材料；含钒固废；提钒废水

Research and Application of Efficient and Green Extraction Technology of Vanadium Oxide from Vanadium Slag

Feng Guosheng

(HBIS Group Chengsteel Company, Chengde 067002, China)

Abstract: In order to further realize the efficient and green production of vanadium slag sodium oxidation roasting to extract vanadium oxide technology, a high-efficiency fine vanadium slag index process that can extract metal iron to the maximum is developed, and a short-flow fine vanadium slag preparation process is adopted to reduce electricity consumption per ton of slag 22.3kWh and efficient extraction and reuse of metallic iron in vanadium slag; researched the technology of vanadium extraction by sodium oxidation and roasting of vanadium slag in large-scale rotary kiln, realizing the efficient production of vanadium extraction by sodium oxidation and vanadium slag in large-scale rotary kiln, and reducing the consumption of mixed gas per ton of slag 41.56m^3; design and application of vanadium slag high-temperature clinker rapid cooling device to achieve waste heat recovery and index improvement, ton of vanadium can save 0.11 tons of saturated steam, and the residual total vanadium (de-vanadium) can be reduced by an average of 0.09%. The research and application of waste vanadium extraction technology realizes the non-polluting reuse of vanadium sludge and other vanadium-containing solid wastes, and the vanadium recovery rate of the vanadium oxide production line can be increased by 0.03%; research and application of vanadium extraction wastewater in vanadium oxide production. The line recycling process can reuse more than 700 tons of vanadium extraction wastewater every day, realizing the comprehensive recycling and utilization of water resources.

Key words: vanadium oxide; fine vanadium slag; large-scale rotary kiln; refractory materials; vanadium-containing solid waste; vanadium extraction wastewater

作者简介：冯国晟，河钢承钢钒钛事业部，工程师，主要工作方向：钒钛化工冶金，E-mail: fengguosheng@hbisco.com。

1　引言

近年来随着国内制造业的长足发展，特别是航空航天、钒储能等新技术的不断进步，钒提取技术得到迅速发展，提钒新技术得到开发和应用，如钒高效提取-清洁分离-耦合纯化等核心技术的开发，形成了以高级氧化技术为核心的湿法冶金新理念，为我国高铬型钒钛磁铁矿的绿色高效利用提供技术支撑和解决方案。同时航空航天、储能以及军工等行业对钒铝合金、高纯五氧化二钒等高端钒产品需求量的不断攀升，氧化钒基础产能需要得到进一步提升和释放，那么在我国“碳达峰”“碳中和”的新发展理念的背景下，传统的钒渣氧化钠化-钒渣铝法除杂-酸性铵盐沉淀-三部法制取五氧化二钒的产线需要实现低耗能高效率生产。

本研究通过工艺优化改进、实验分析以及生产实践的方法对提取氧化钒工艺中影响钒高效绿色提取的环节进行工艺开发、升级改造，通过短流程精细钒渣的制备工艺技术及装备的开发，实现精细钒渣吨渣电耗低于 45kWh 和钒渣中金属铁的高效提取回用；通过对钒渣氧化钠化焙烧核心装备回转窑内衬材质以及砌筑方式的研究和实施，正常生产条件下回转窑外壁温度由 208℃左右降低至 185℃左右，吨渣混合煤气消耗降低 41.56m^3，减少二氧化碳排放；钒渣熟料急速冷却装置的设计及实施，实现钒渣熟料由传统工艺的间接冷却改进为直接冷却，同时浸出后钒液温度可达 85℃左右，可直接用于钒液净化除杂，吨钒可节省饱和蒸汽 0.11t；氧化钒产线含钒固废碳酸氢铵浸出提钒以及混渣焙烧技术的开发，实现含钒固废的高效回收利用和零排放；同时处理后合格含钒废水在物料加湿、钒渣熟料水洗以及产品水洗等工序的利用，日回用提钒废水 650t 以上，有效节省了水资源。通过工艺开发、应用和实施，氧化钒指标产线实现低耗能高效率绿色生产。

2　研究内容及技术思路

本研究的重点是在现工艺流程及控制参数基础上通过技术改进以及生产实践的方法对提取氧化钒工艺中影响钒高效绿色提取的环节进行工艺开发、改进，在实现提钒工艺短流程、工艺参数更加优化的基础上，降低工序电力、混合煤气以及水等能源介质的消耗，同时可提升工序提钒效率，即通过研究设计短流程高效率精细钒渣制备工艺可降低吨渣电力消耗，通过大型回转窑耐火材料材质、砌筑方式的改进以及建立大型回转窑热工制度可有效降低混合煤气消耗、提高钒渣氧化钠化焙烧技术指标，通过钒渣熟料急速冷却装置以及湿球磨蒸汽回收利用装置的设计及实施，可有效回收利用高温钒渣余热，同时通过氧化钒产线含钒固废碳酸氢铵浸出提钒以及钒泥混渣焙烧技术的开发，实现含钒固废的高效回收利用和零排放；利用深度处理后合格含钒废水在物料加湿、物料水洗以及产品水洗等工序的利用，可实现水资源循环利用。

3　钒渣高效绿色提取氧化钒工艺研究及效果分析

3.1　精细钒渣制备工艺的优化改进

针对传统精细钒渣制备工艺“两级球磨、两级风选、一次筛分、一次磁选”中存在吨渣电耗高于 67.5kWh、弥散铁带渣高于 11%、精渣含铁高于 7.4%，生产效率低等一系列实际问题，对精细钒渣制备工艺进行优化改进（图 1），采用“一级球磨、一级风选、两次筛分”工艺，采用两段式磨机，其一段仓采用球磨，二段仓采用锻磨，磨机隔仓箅子板以及出料箅子板均采用防堵塞箅子板，可实现磨机高效率粉磨，精细钒渣粒度–120 目可高于 85%以上；同时以粉磨后钒渣物料为原料，磨机末端安装筛孔为

ϕ3~5mm 的滚筒筛进行钒渣中豆铁的筛分，分离后的豆铁带渣量低于 1%；滚筒筛筛分后的钒渣进风选进行粗渣、细渣分离，粗渣进入双层圆筒筛（图 2）进行精细筛分，双层圆筒筛内层筛网为–20 目，外层筛网为–40 目，精细筛分后的弥散铁（图 3）含量低至 1.74%。精细钒渣制备工艺改进后粉磨产线小时产能由 15t 提高至 25t 以上，吨渣电耗降低至 43.87kWh。特别是采用双层滚筒筛代替双层直线振动筛以及磁选机，实现了工艺的简化和指标稳定，精渣金属铁含量降低至 3.5%以下，为回转窑系统提供低金属铁含量的优质精细钒渣。

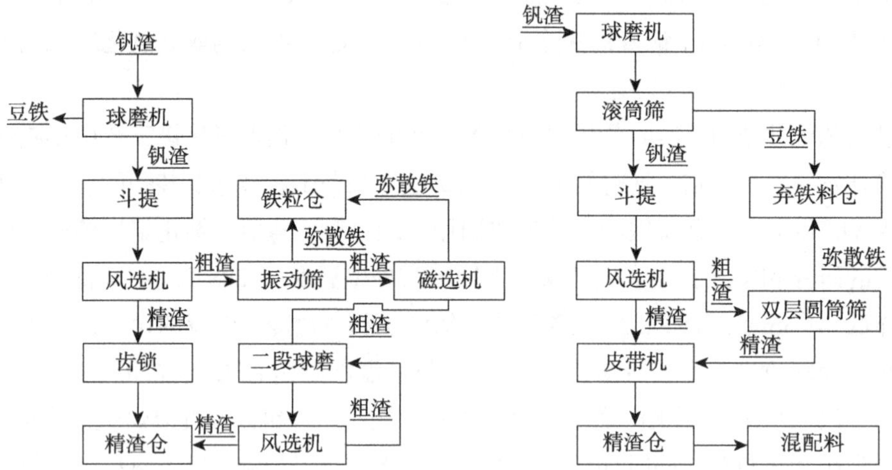

图 1 精细钒渣制备工艺流程改进前后对比

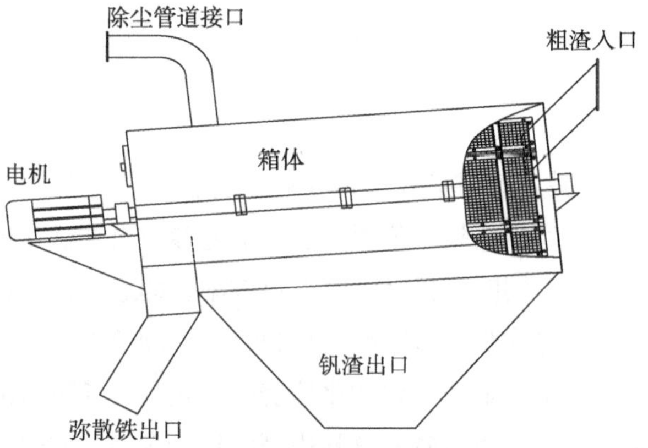

图 2 双层滚筒筛结构效果图

图 3 弥散铁实物

3.2 大型回转窑钒渣氧化钠化焙烧提钒技术

3.2.1 入窑混配料工艺改进

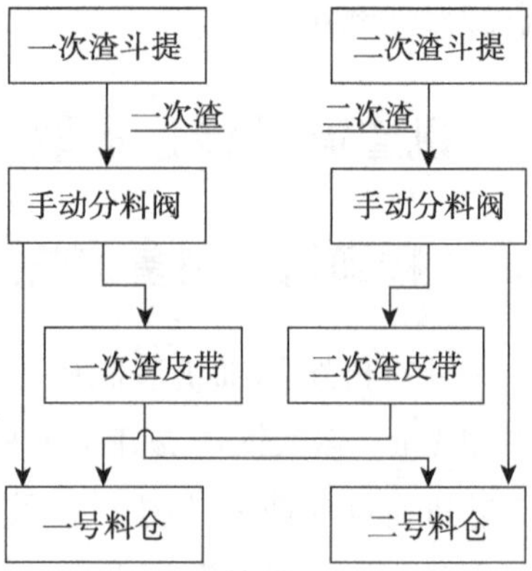

图 4 入窑混配料工艺

入窑混配料工艺见图 4，以精细钒渣（一次渣）为原料，根据精细钒渣全钒按一定比例配加纯碱、惰性附加剂后，再按一定重量比例混入二次渣或尾渣，不控制混配料全钒，将混匀的物料送入回转窑进行焙烧，回转窑使用混合煤气作为燃料，焙烧温度 830~870℃（高温成像温度 520~550℃），烟气温度 375~440℃，窑速 100s，焙烧时间 4.2~4.8h，混合物料经过氧化钠化焙烧形成高温熟料。试验结果发现，在回转窑焙烧热工制度不变的情况下，当焙烧一定比例二次渣或尾渣的混合物料时，窑况稳定，同样有利于焙烧操作，钒渣转化率及残渣指标均可符合工艺要求。

3.2.2 大型回转窑耐火材料砌筑技术研究

在料制、窑速以及焙烧热工制度基本不变的条件下，预热分解带采用黏土砖、烧成带及冷却带采用高铝砖进行钒渣焙烧，试验结果发现，烧成带物料高度约 1.6m，物料搅拌状态一般，耐火材料在升降温作业时与窑外壁“分层”，窑砖错位出现不良裂缝。窑外壁温度可达 204℃，偏高。

图 5 为大型钒渣焙烧回转窑耐火材料砌筑图。回转窑内衬耐火材料选用低水泥莫来石浇注料及预制块，浇注料和预制块沿回转窑轴向间隔砌筑，浇注料和预制块与窑体均使用拉锚焊接。烧成带设计长度为 30~35m、圆周均布 4~8 条扬料砖。在料制、窑速以及焙烧热工制度基本不变的条件下进行钒渣焙烧，烧成带物料扬起高度约 1.7~1.8m，物料搅拌良好，耐火材料在升降温作业时与窑外壁连接牢固，预制块与浇筑带存在间隙，窑砖不易断裂，扬料砖可强化物料搅拌。窑外壁温度降低至 185℃左右，节约能源。

图 5 大型钒渣焙烧回转窑耐火材料砌筑

3.2.3 大型回转窑钒渣焙烧热工制度建立

在料制、下料量、窑速、混合煤气热值以及其他参数基本保持不变的条件下，匹配引风量、鼓风量以及混合煤气使用量等参数，对预热分解带、烧成带及冷却带三个温度分布带的长度分配和温度范围进行调整。

尾温需要满足 380~500℃，低于 380℃预热分解带要完成的反应完成不了，就进入了烧成带，高于 500℃附加剂的早期液化和玻璃质的早期生成，将阻碍上述反应的进一步完成，钒的转化率下降。同时由于反应激烈，放热集中，尾部容易结圈，物料结球。故预热分解带需要保证反应温度和物料停留时间。最终形成尾温范围 420~450℃，预热分解带长度为窑长的 32~40m。

烧成带温度满足 830~890℃（高温成像温度 520~590℃），低于 830℃烧成带变短不能满足反应需要，高于 890℃温度过于集中，易出现过烧。最终形成烧成带温度范围 840~870℃（表 1），烧成带长度为窑长的 44~52m，炉料被窑体带起的高度比较高。烧成带扬料砖设置于烧成带入料端。

冷却带物料出窑温度不低于 550℃，低于 550℃将产生钒青铜，转化率降低。最终形成冷却带温度高于 570℃，冷却带长度为窑长的 12~20m，有利于出窑物料急速冷却及高温物料余热回收。

不同料制及钒渣品位的物料热工制度，在以上热工制度基础上进行调整，同样可达到最佳焙烧技术指标要求，满足产量提升需要。

表 1　大型回转窑钒渣焙烧温度分布

项目	预热分解带长度/m	尾部温度/℃	烧成带长度/m	烧成带温度/℃	冷却带长度/ m	冷却温度/℃
一次渣焙烧	32~40	420~450	44~52	840~870	12~20	≥560
混渣焙烧	43~54	420~450	35~47	840~870	12~20	≥565

根据回转窑残渣指标显示（表 2），大型回转窑钒渣焙烧热工制度有利于不同品位的钒渣氧化钠化充分反应，有利于指标提升和大批量物料生产。

表 2　大型回转窑钒渣焙烧指标

项目	熟料全钒/%	转化率/%	残渣全钒（去可钒）/%
一次渣焙烧	5.40	83.19	0.86
	3.84	83.18	0.67
混渣焙烧	2.74	78.46	0.60
	3.24	81.69	0.605

3.3　钒渣高温熟料余热利用与指标提升

钒渣氧化钠化焙烧提钒工艺中一般采用冷渣机、水冷回转窑以及水冷螺旋等设备对焙烧后的钒渣高温熟料进行间接冷却，但是实际生产中间接冷却设备对物料的适应性差，存在设备故障率高、工作环境恶劣、设备维修难度大等问题，同时钒渣高温熟料间接冷却过程较为缓慢，产生不可溶的钒青铜物质，钒转化率降低。

针对钒渣高温熟料间接冷却工艺中存在的一系列问题，本研究设计和应用了钒渣高温熟料急速冷却装置，采用直接冷却工艺进行钒渣高温熟料冷却。急速冷却装置结构效果图见图 6。熟料急速冷却装置采用高流速钒液冷却的方式，可实现高温物料直接急速冷却，同时解决高温物料与低温液体接触发生爆炸的问题。回转窑出窑高温物料垂直落入有高流速钒液的熟料急速冷却装置，高温物料每小时下料量 25~33t，每小时钒液流量为 105~130m^3，温度高于 570℃的高温物料被高速流动的钒液急速冷却，得到温度为 85℃左右的渣浆料，此温度有利于后序钒渣熟料过滤和钒液净化除杂，较钒渣熟料间接冷却工艺吨钒可节省饱和蒸汽 0.11t。同时残渣全钒（去可钒）平均可降低 0.09 个百分点（表 3）。

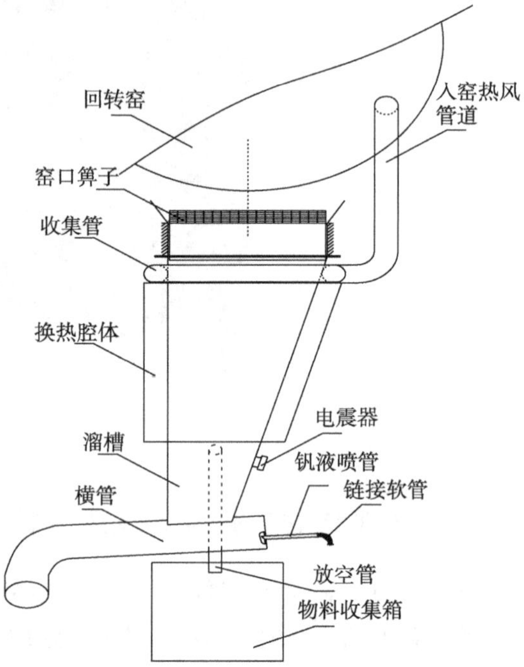

图 6　急速冷却装置结构效果图

表 3　钒渣熟料间接冷却与直接冷却残渣指标对比　　（%）

冷却方式	样品 1	样品 2	样品 3	样品 4	样品 5
间接冷却	1.03	0.97	1.15	0.83	0.76
直接冷却	0.92	0.90	1.04	0.76	0.70

3.4　含钒固废提钒技术研究与应用

钒渣提钒生产过程中所产生的除杂钒泥、钒酸铁泥以及铬泥等含钒固废中金属钒含量较高，其外售处理难度大，所以含钒固废在提钒系统中进行内部循环利用将十分必要，在解决固体废物处理问题的同时可提高系统回收率。

3.4.1 除杂钒泥碳酸氢铵溶液浸出提钒技术

实验步骤，取 20g 钒泥加入 100mL 碳酸氢铵（5%、10%、20%）水溶液中，90℃浸出 0.5h 后过滤，尾渣烘干称重测钒含量，滤液关键元素分析。

钒回收率见表 4。

表 4 不同浓度碳酸氢铵钒回收率比较

碳酸氢铵浓度/%	质量/g	含钒/%	含钒量/%	钒回收率/%
5	5.5	5.31	0.29	79.5
10	5.6	4.25	0.24	83
20	5.8	4.45	0.26	81.5

浸出液中主要元素分析见表 5。

表 5 浸出液中主要元素含量

碳酸氢铵浓度/%	$Na/mg\cdot L^{-1}$	$P/mg\cdot L^{-1}$	$Si/mg\cdot L^{-1}$	$V/mg\cdot L^{-1}$
5	5150	4.64	5.47	12400
10	5790	16.35	8.69	12806
20	6609	26.3	23.11	12906

经实验室研究，钒泥经碳酸钠溶液浸出，可实现钒回收率提升至 80%以上，同时，除杂钒泥中杂质溶出较少，该液杂质含量为偏钒酸铵溶液，且杂质较低，可冷却结晶纯度 99%偏钒酸铵，或将浸出钒液回用于浸出系统中。

3.4.2 含钒固废内部系统循环利用

将以上工艺中提钒后的尾渣按照 2%~7%的比例混合二次渣中再配入一定量的纯碱后送入回转窑进行焙烧，钒回收率将达到 45%以上。同时将水处理系统所产生的钒酸铁泥以及铬泥按照一定比例掺入尾渣后在炼铁系统进行掺混回用。实现钒液除杂钒泥以及其他含钒固废无污染回用，氧化钒产线的钒回收率可提高 0.03%。

3.5 提钒废水循环利用

表 6、表 7 分别为常规处理后水指标与可回用水指标。合格钒液经过酸性铵盐沉钒后的上清液使用聚合硫酸铁直接沉淀除钒、二氧化硫还原六价铬并加碱中和沉淀除铬后，再将低钒铬高氨废水通过蒸汽汽提脱氨，回收的氨气制备成硫酸铵溶液，处理后的废水氨氮含量达到间接排放标准。

表 6 常规处理后水指标

碳酸氢铵浓度/%	$V^{5+}/mg\cdot L^{-1}$	$Cr^{6+}/mg\cdot L^{-1}$	$NH_3\text{-}N/mg\cdot L^{-1}$	pH 值
5	0.95	0.045	35	8.2

表 7 可回用水指标

项目	pH 值	总碱度	总硬度	电导率	Cl^-	TDS	COD_{Cr}	$NH_3\text{-}N$	SO_4^{2-}	浊度	油
		$mgCaCO_3/L$	$mgCaCO_3/L$	μS/cm	mg/L	mg/L	mg/L	mg/L	mg/L	FTU	mg/L
指标	8.3	40.5	32.87	80.3	70.99	50	35	36	23	3	1.93

再将常规处理后的提钒废水进行深度除盐处理，水质达到可回用水质指标。

深度除盐后的合格污水可用于一次渣物料加湿、浸出后钒渣熟料的洗涤，同时可用于高纯粉剂钒生产中偏钒酸铵的洗涤以及钒酸铵的物料洗涤，日均可回用提钒废水 700t 以上，实现水资源的循环综合利用。

4 结论

（1）精细钒渣制备工艺可实现精细钒渣的高效生产和金属铁的回收利用，实现吨渣电耗降低 22.3kWh，钒渣中金属铁回收率提高 60%以上；

（2）大型回转窑钒渣氧化钠化焙烧提钒技术，实现大型回转窑钒渣氧化钠化提钒的高效生产，吨渣混合煤气消耗降低 41.56m^3；

（3）钒渣高温熟料急速冷却装置实现余热回收利用和指标提升，吨钒节省饱和蒸汽 0.11t，残渣全钒（去可钒）平均降低 0.09 个百分点；

（4）含钒固废提钒技术的研究和应用实现钒液除杂钒泥以及其他含钒固废无污染回用，氧化钒产线的钒回收率可提高 0.03%；

（5）提钒废水在氧化钒产线循环利用技术，日均可回用提钒废水 700t 以上，实现水资源的循环综合利用。

参考文献

[1] 邹建新, 李亮, 等. 钒钛产品生产工艺与设备[M]. 北京: 化学工业出版社, 2014.
[2] 王震宇, 冯国晟, 靳倩倩, 等. 钒液净化除杂研究[J]. 当代化工研究, 2018(7): 102-103.
[3] 张国杰, 关淑平. 絮凝助凝剂在钒液净化系统的应用研究[J]. 当代化工研究, 2018(6): 52-53.
[4] 朱军, 朱明明, 赵奇, 等. 高纯五氧化二钒制备及应用[J]. 中国有色冶金, 2016, 45(3): 47-50.
[5] 陈东辉, 石立新. 流态化“三步法”片剂五氧化二钒生产装置[J]. 铁合金, 2010, 41(3): 23-26.

钒渣冷渣与热渣成分检验对比研究

张国伟　高树峰　王　敏　戴宝爽

（河钢股份有限公司承德分公司，河北省钒钛工程技术研究中心，河北承德 067102）

摘　要：将钒渣样品压制成样片，应用基体匹配法建立工作曲线，通过 X 射线荧光光谱法对钒渣中的 V_2O_5、SiO_2、CaO 和 P 含量进行检测。研究了钒渣冷渣、热渣压片测定对比结果。结果表明，冷渣与热渣基体存在差异性，对 X 荧光压片检测具有一定影响，对钒渣冷渣、热渣分别建立工作曲线，检测结果准确度明显提高。

关键词：钒渣；冷渣；热渣；X 射线荧光光谱法；扫描电镜

1　引言

钒渣（vanadium bearing slag）是钒的初级产品，是指对含钒铁水在提钒过程中经氧化吹炼得到或含钒铁精矿经湿法提钒所得到的含氧化钒的渣子的统称，它是冶炼和制取金属钒和钒合金的原料。含钒铁水绝大部分由高炉冶炼，用含钒铁水生产钒渣的方法主要有氧气顶吹、转炉提钒、摇包提钒和雾化提钒等工艺。含钒铁水在提钒过程中经氧化吹炼过程中产生的炉渣，自然冷却得到的钒渣定义为热渣，经打水冷却得到的钒渣定义为冷渣。在提炼钒渣和化工提钒配料时，均需对钒渣主成分含量进行检测。传统的成分含量的测定主要采用湿法分析[1]，由于钒渣基体成分较复杂，湿法分析须经试样分解、分离等繁琐的操作手续，分析周期长且使用大量有毒害化学试剂。X 射线荧光光谱法（XRF）分析具有灵敏度高、准确度好、自动化程度高等特点[1-4]，目前对钒渣中主次成分的检验越来越多地采用 XRF 法测定。本文采用扫描电镜（SEM）来探讨冷渣、热渣的颗粒组微观结构，研究了粒度对粉末压片法的影响，通过 XRF 法对钒渣中的 V_2O_5、SiO_2、CaO 和 P 含量的准确检测，从而确定了适用于冷渣和热渣重复性好、操作简单，数据准确、稳定的测定方法。

2　实验部分

2.1　仪器与试剂

9900 型 X 射线荧光光谱，EVO18 扫描电镜与能谱扫描，GM-1 型振动磨样机，BP-1 型粉末压样机，玛瑙研钵，电子天平，精度 0.0001g，烘干箱，0~200℃，PVC 环，无水乙醇，分析纯。

2.2　仪器工作条件

X 射线荧光光谱仪管电压选择 40kV、管电流选择 70mA；探测器选择流气正比计数器；检测气体（P10 气）的出口压力调整为 0.025MPa。

2.3　试验方法

样品在 105~110℃条件下烘 2h 冷却后，经振动磨样机研磨后通过 200 目（0.074mm）。

作者联系方式：张国伟，Email: zhangguowei@hbisco.com.cn。

压片制备：将压片机压样模具用无水乙醇擦拭干净，待无水乙醇挥发后置 PVC 环于下模具中央处。使用药匙将试样均匀放于环内，盖上模具。在 40MPa 压力下，保压 45s 压制成片，用洗耳球将压片表面的残渣吹掉后贴上标识，待测。要求压片厚度 3~5mm。

工作曲线的绘制及测定：对冷渣和热渣中 V_2O_5、SiO_2、CaO 和 P 不同含量范围的钒渣自制样品进行化学法定值，确定曲线标准样品，样品尽可能多并覆盖各待测元素范围。在 X 射线荧光光谱仪上对各样品的中 V_2O_5、SiO_2、CaO 和 P 进行荧光强度检测，根据对应的化学值分别建立冷渣、热渣工作曲线，用工作曲线测定待测钒渣样品的中 V_2O_5、SiO_2、CaO 和 P 含量。

3 结果与讨论

3.1 钒渣样品粒度的确定

在 X 荧光压片分析方法中，钒渣样品的制样粒度对分析结果影响非常大，是分析结果准确与否的关键步骤[5-7]。通常 X 射线只能激发试样表面（约 20μm）的原子，即在 X 射线激发下的荧光辐射仅来自试样表面以下一定深度范围内的原子，因此在相同照射面积内不同颗粒度的试样对荧光强度的贡献也就不同。对钒渣 X 荧光压片分析而言，样品的粉末颗粒的形状、颗粒的大小及组成、内部结构、颗粒表面的微观形貌、组织等物理性能构成样品基体，在相同压力下由于样品的密度随样品颗粒大小变化，根据非均匀性函数的公式，荧光总强度与颗粒的等效直径、试样总的有效衰减、荧光化合物的有效衰减、试样物质总密度、荧光化合物的密度、元素化合物的体积分数、元素的有效衰减、元素的密度等基体组成有关[8-11]。颗粒的等效直径越小时，荧光强度越接近均匀性样品的荧光强度，荧光总强度也趋于稳定，所以当钒渣样品粒度研磨到某元素的 X 荧光强度趋于稳定时，这时颗粒效应基本消除了。因此克服颗粒度效应的有效方法是通过研磨，使试样的 X 射线荧光强度趋于稳定，这时就可以基本消除粒度的影响[12-13]。对粒度小于、等于和大于 0.074mm 样品中钒元素的荧光强度实验结果见表 1。表 1 是对同一钒渣样品进行 5 次测量粒度变化引起荧光强度改变的数据。试验结果表明，样品粒度等于或小于 0.074mm 时，荧光强度稳定。

表 1 钒渣不同粒度的钒元素荧光强度结果

样品粒度	样品中钒元素强度/kcps				
	1	2	3	4	5
0.154 mm	331.29	321.31	325.45	318.76	309. 83
0.109 mm	326.49	330.41	333.11	325.17	335.82
0.074 mm	337.21	340.13	337.43	336.97	336.83
0.062 mm	338.45	339.87	336.25	336.99	337.88

3.2 冷渣热渣的结构对比结果

在相同检测条件下对钒渣冷渣和热渣的荧光强度进行检测，二者的荧光强度存在一定差异。这种差异的存在主要是通过对钒渣的冷却处理过程不同造成的。采用 SEM 对钒渣冷渣和热渣粉末进行分析，结果如图 1 所示。并对其进行能谱扫描，结果如表 2、表 3 所示。由结果可知，钒渣冷渣与热渣结构明

热渣SEM图

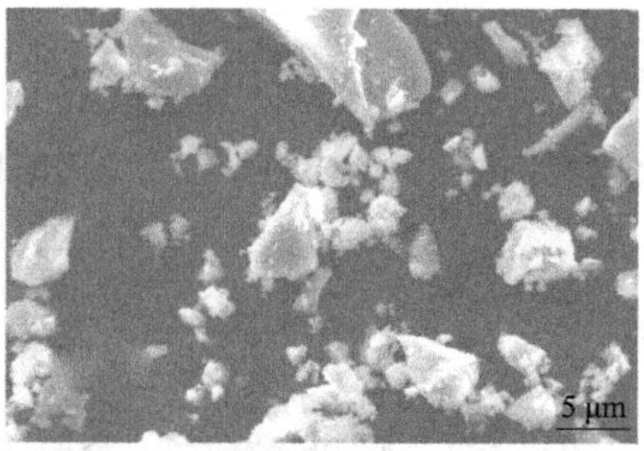

冷渣SEM图

图 1 热渣与冷渣对比 SEM 图

表 2　钒渣冷渣粉末能谱扫描数据

元素	质量比/%	原子比/%
C K	5.71	10.58
O K	46.39	64.53
Mg K	2.13	1.95
Si K	11.41	9.04
Ca K	0.80	0.45
Ti K	0.44	0.20
V K	0.68	0.30
Mn K	3.40	1.38
Fe K	29.04	11.57
Totals	100.00	

表 3　钒渣热渣粉末能谱扫描数据

元素	质量比/%	原子比/%
C K	20.60	41.58
O K	20.29	30.75
Mg K	0.32	0.31
Al K	0.42	0.38
Si K	1.24	1.07
Ti K	8.64	4.37
V K	8.97	4.27
Cr K	2.86	1.33
Mn K	2.87	1.27
Fe K	33.80	14.67
Totals	100.00	

显不同，钒渣冷渣氧含量明显高于热渣，判断热渣高温状态下盐类分解后主要以氧化物形式存在，而冷渣由于在高温状态下用水冷却使部分氧化物结合为盐类。

3.3　冷渣与热渣钒含量对比结果

对冷渣和热渣的钒元素进行了湿法定量分析，通过对同批次钒渣冷渣与热渣的钒含量对比实验，结果见表 4。同批次的钒渣冷渣钒含量均低于热渣钒含量，平均低于 0.16%左右，说明钒渣冷渣在喷水冷却过程中会降低钒含量。

表 4　钒渣冷渣与热渣钒含量检验结果的对比　　（%）

编标号	热渣	冷渣	差
411191112701	10.16	9.97	0.19
411191027701	11.23	11.09	0.14
411191030701	10.75	10.56	0.19
411191107701	12.21	12.13	0.08
411191110701	12.15	11.96	0.19
411191103701	11.56	11.25	0.31
411191011701	11.20	11.21	–0.01
411191108601	11.49	11.34	0.15
411191109601	12.54	12.33	0.21
411191110601	11.08	12.01	0.07
411191111601	12.51	12.23	0.28
411191112601	11.16	11.02	0.14
411191113601	10.16	10.07	0.09

3.4　准确度实验

通过对钒渣冷渣、热渣结构的分析和钒含量变化的实验，在稳定样品粒度在 0.074 mm 以下的条件下，对钒渣冷渣、热渣分别建立钒渣冷渣 X 荧光压片分析曲线和钒渣热渣 X 荧光压片分析曲线，对钒渣冷渣和热渣的 V_2O_5、SiO_2、CaO 和 P 含量分别进行检测，检测结果与化学值比较。结果表明用本方法测定值与化学法测定值的差值 V_2O_5 在 0.02%~0.20%范围，SiO_2 在 0.10%~0.25%范围、CaO 在 0.03%~0.7%范围、和 P 在 0.02%以内范围，可以实现冷渣、热渣 X 荧光压片分析的准确检验。

4　结论

在钒渣化学成分 X 荧光压片分析方法检验过程中，存在钒渣冷渣与热渣检验结果差异，这种差异主要是由于冷渣在喷水冷却过程中氧化物在高温下形成盐类所致，由于钒渣冷渣和热渣的冷却方式不同，造成基体结构的不同。从钒渣钒含量的降低和扫描电镜能谱分析氧含量的升高也证明钒渣冷渣盐类含量增加，这种变化在 X 荧光熔片分析和湿法化学分析中没有明显影响，但在 X 荧光压片分析过程中影响显著。为消除基体干扰的影响，通过控制样品粒度，分别建立钒渣冷渣和热渣 X 荧光压片分析工作曲线可以获得准确的检验结果。

参考文献

[1] 张乔, 田一光, 童晓民. X 射线荧光光谱法测定平炉渣中主成分[J]. 理化检验-化学分册, 2006, 42(9): 186.
[2] 苗壮, 刘竞艳, 常璐. 扫描电镜粉末样品的制备方法[J]. 钛工业进展, 2008, 25(4): 31-34.
[3] 高树峰, 张海岩, 张玉平, 等. X 射线荧光光谱法测定氮化钒铁中铁、钒、硅的含量[J]. 理化检验, 2014, 50(6): 681-684.
[4] 李国会, 樊守忠, 曹群仙. X 射线荧光光谱法直接测定碳酸盐岩石中主次痕量元素[J]. 岩矿测试, 1997, 16(1): 45.
[5] 李传启. 选择性滴定法测定钛合金及铝合金中钒[C]. 2008 年中国机械工程学会年会暨甘肃省学术年会文集, 2008.
[6] 吉林大学, 武汉大学, 南开大学. 无机化学[M]. 4 版. 北京: 高等教育出版社, 2019.
[7] 王彪. 颗粒效应对 X-射线衍射定量分析准确度的影响[J]. 石油大学学报(自然科学版), 1990, 14(4): 92-96.
[8] YB/T 547.1—2014. 钒渣 五氧化二钒测定 硫酸亚铁铵滴定法[S].
[9] YB/T 547.2—2014. 钒渣 二氧化硅含量的测定 高氯酸脱水重量法[S].
[10] YB/T 547.3—2014. 钒渣 氧化钙含量的测定 火焰原子吸收光谱法和 EDTA 滴定法[S].
[11] YB/T 547.4—2014. 钒渣 磷含量的测定 铋磷钼蓝分光光度法[S].
[12] 陈美芳, 黄光明, 江冶, 等. X 射线荧光光谱分析在我国铁矿石分析中的应用[J]. 地质学刊, 2012, 36(2): 206-211.
[13] 马兰, 杨绍利. 钒钛材料[M]. 北京: 冶金工业出版社, 2020.

含钒铁水钒损失量研究

刘多宇　高树峰　靳福才　任志稳　周子云

（河钢股份有限公司承德分公司，河北省钒钛工程技术研究中心，河北承德 067102）

摘　要：通过 $2500m^3$ 高炉与炼钢铁水包取样对比，确定了 $2500m^3$ 高炉铁水和炼钢铁水包的取样方法，利用 ARL4460 直读光谱仪对含钒铁水中钒元素进行检测，确定 $2500m^3$ 高炉含钒铁水从高炉铁水沟运输到炼钢铁水包的过程中钒元素损失量约为 0.020%。

关键词：含钒铁水；直读光谱仪；取样方法；钒损失量

1　引言

钒是高炉铁水中有益元素之一，钒的提取对钢铁企业的经济效益影响较大。目前采用的提钒工艺多为钒钛磁铁矿高炉冶炼—含钒铁水转炉提钒—钒渣破碎、焙烧、浸出、过滤即得到 V_2O_5。V_2O_5 作为钒钛冶炼钢铁企业的主要利润点，为此用 6 个月时间对 $2500m^3$ 高炉至转炉提钒的过程中的铁水含钒损失进行跟踪实验，旨在了解高炉冶炼出铁后至脱硫站中钒的损失情况，寻求减少钒损失、为多产 V_2O_5 提供数据。

2　试验条件及方法

2.1　仪器条件

ARL4460 直读光谱仪，MY-400 双盘磨样机（砂纸为 40 目），测量条件见表 1。

表 1　ARL4460 直读光谱仪测量条件

技术参数	测量条件	技术参数	测量条件
真空度	18.51Pa	Neg.100V	–99.89V
供电电源	218.06V	Neg.1KV	–1002.35V
仪器温度	37.86℃	氩气吹扫时间	3S
Neg.12V	–12.02V		

2.2　试验方法

铁水取样方式对钒元素含量检验具有一定的影响，在 $2500m^3$ 高炉铁水沟出铁的最佳时间取样与在炼钢铁水包的最佳位置取样，用 ARL4460 直读光谱仪对铁水样品中的钒含量进行检测和比对，从而得出高炉含钒铁水至炼钢钒元素损失量的方法。

2.3 仪器准确度和精密度

利用 ARL4460 直读光谱仪检测铁水标准样品（GBW01136a）连续测定 10 次[1]。铁水标准样品（GBW01136a）钒元素标准值 0.250%。由表 2 可以计算出利用 ARL4460 直读光谱仪测量标准样品 10 次的标准偏差 SD=0.12%，极差 0.004%。验证仪器的准确度与精密度符合铁水成分检测的要求。

表 2 测量标准样品结果

次数	测量结果/%	次数	测量结果/%
1	0.250	6	0.252
2	0.251	7	0.253
3	0.252	8	0.251
4	0.250	9	0.253
5	0.249	10	0.251

3 结果与讨论

3.1 2500m^3 高炉含钒铁水取样方法的确定

2500m^3 高炉取样位置在含钒铁水与高炉渣分离后的铁水沟处，用试样勺取出铁水导入特制模具中。自然冷却后，制备试样利用直读光谱仪进行分析。高炉每炉正常出铁约为 90min。高炉正常出铁 10min 之内，由于出铁量小或含钒铁水与高炉渣不能完全分离，取出的试样自然冷却后夹渣现象较严重，无法利用直读光谱仪进行分析[2-6]。高炉完成出铁前 10min 左右，出铁量较小，不易取试样。含钒铁水随着出铁时间的变化钒元素含量略有变化，频繁的取样可信度高，但是对人员和设备都增加工作量且不易实现。因此在取样的时间间隔上选择具有代表性的时间段进行研究。高炉出铁正常后 10min 抽取一块试样，每间隔 10min 抽取 1 块试样，每炉取 8 块试样进行钒元素含量检测对比，共试验 8 炉，结果见表 3。

表 3 抽取试样的间隔时间影响钒元素含量的变化

炉号	1	2	3	4	5	6	7	8
V 元素含量/%	0.225	0.236	0.225	0.227	0.228	0.233	0.226	0.241
	0.232	0.226	0.231	0.223	0.225	0.227	0.229	0.230
	0.233	0.228	0.233	0.232	0.234	0.232	0.234	0.236
	0.233	0.229	0.231	0.232	0.233	0.235	0.235	0.235
	0.233	0.230	0.231	0.234	0.235	0.233	0.236	0.235
	0.233	0.229	0.231	0.232	0.237	0.234	0.237	0.235
	0.233	0.226	0.228	0.236	0.236	0.235	0.237	0.235
	0.235	0.231	0.235	0.235	0.237	0.238	0.237	0.239

由表 3 可以看出：在表中看出中间时间段钒元素含量变化不大。因此确定 2500m^3 高炉铁水沟取样方法为：高炉出铁 10~20min 抽取第一块试样，以后每间隔 30min 取一块试样，总共抽取 3 块试样，计算每块试样钒元素含量的平均数作为本炉的钒元素含量，这样每炉铁水钒含量的结果更具代表性。

3.2 炼钢铁水包取样方法的确定

炼钢铁水包取样是利用铁水取样器浸入铁水中，待取样器充满铁水约 30s 后取出，自然冷却。在每包液面不同深度处取试样进行比对实验。共试验对应炉号的 8 包铁水，结果见表 4。

表 4 炼钢铁水包取样位置钒元素变化 (%)

铁水包取样位置	1	2	3	4	5	6	7	8
20	0.212	0.222	0.237	0.227	0.222	0.234	0.232	0.224
30	0.217	0.220	0.229	0.234	0.227	0.231	0.230	0.228
40	0.231	0.232	0.230	0.235	0.236	0.237	0.231	0.228
50	0.232	0.229	0.231	0.233	0.230	0.232	0.233	0.235
60	0.230	0.228	0.232	0.233	0.234	0.231	0.229	0.229

表 4 可以看出，炼钢铁水包液面 10cm 之内，试样受到液面上方的炉渣影响，试样的夹渣程度较大，无法进行直读光谱仪分析。当取样器深入液面 20cm、30cm 时的极差分别为 0.022%和 0.017%。差值较大。当取样器深入液面 40cm 以下时的极差小于 0.010%，差值较小，符合要求。因此将炼钢铁水包取样方法确定为取样器浸入液面 40cm 以下，30s 后取出，待试样自然冷却后用直读光谱仪检测成分，进行钒元素含量检测对比。

3.3 2500m^{3}高炉铁水沟与炼钢铁水包取样比对

在 2020 年 1 月至 6 月共抽取试样 275 批次，分别对每月抽取的 2500m^{3}高炉铁水的含钒量和炼钢铁水包取样的铁水含钒量的平均值进行比对，结果见表 5。

表 5 铁水比对结果

月份	取样数量	高炉铁水钒元素平均含量/%	炼钢铁水包钒元素平均含量/%	钒元素平均差值/%
1	45	0.254	0.235	0.019
2	38	0.264	0.242	0.022
3	48	0.261	0.242	0.019
4	50	0.258	0.244	0.014
5	52	0.264	0.238	0.026
6	42	0.252	0.230	0.022

通过表 5 中可以看出，每月抽取的含钒铁水钒元素的平均含量对比结果表明，含钒铁水在不同位置、不同时间取样的钒元素存在差异，高炉铁水抽取试样中的钒元素平均含量高于炼钢铁水包中钒元素的平均含量约为 0.020%左右。

4 结论

2500m^{3}高炉出铁 10~20min 抽取第一块试样，以后每间隔 30min 取一块试样，总共抽取 3 块试样。炼钢铁水包液面 40cm 以下取样器浸入 30s 后取样，利用直读光谱仪检测含钒铁水中钒元素的变化，试验表明 2500m^{3}高炉含钒铁水在高炉铁水沟运输到炼钢铁水包的过程中钒元素损失约为 0.020%。

参考文献

[1] GB/T 4336—2016 碳素钢和中低合金钢多元素含量的测定火花放电原子发射光谱法(常规法)[S].
[2] 杨素波，戈文荪，王建，等. 攀钢转炉提钒工艺流程中钒的走向分析[J]. 钢铁钒钛, 1998, 19(2): 20-27.
[3] 张文新. 攀钢高炉铁损调查[J]. 攀钢技术, 1999, 22(1): 49-51.
[4] 张文新，李真才，饶家庭，等. 影响攀钢高炉铁水含钒量的主要原因[J]. 钢铁钒钛, 1999, 20(3): 52-57.
[5] 张景宜. 含钒铁水炼钢应用研究[J]. 河南冶金, 2013, 21(3): 12-14.
[6] 余交辉. 高炉铁水取样问题的思考与研究[J]. 冶金标准化与质量, 2004(3): 32-33.

钒元素对高锰酸钾氧化法测定铁矿石 TFe 含量的影响研究

高树峰　王 敏　武 挺　任志稳

（河钢股份有限公司承德分公司，河北省钒钛工程技术研究中心，河北承德 067102）

摘　要： 采用高锰酸钾氧化法测定铁矿石中 TFe 含量，结果显示钒含量对于 TFe 含量的测定产生影响，对于 TFe (%)>20%的铁矿石，TFe 含量的测定极差均小于 0.4%，满足常规生产需求。对于 TFe (%)≤20%的铁矿石，TFe 含量的测定超出允许差。探究钒含量对 TFe 含量测定的影响。

关键词： 高锰酸钾氧化法；TFe 含量；钒含量

1　引言

铁矿石中 TFe 含量的测定现阶段大多数使用 $TiCl_3$-$SnCl_2$-$K_2Cr_2O_7$ 氧化分析法[1-2]，但由于近几年环保要求的提高，铬废液的处理形成一个难题[3-6]。探究无铬法测定铁矿石中 TFe 含量已成为现在的大趋势。采用高锰酸钾氧化法测定 TFe 含量[7-9]，无铬废液的产生，对环境友好性更高并降低检验成本。但是由于在 TFe (%)≤20%的铁矿石中钒含量严重影响 TFe 含量的测定，本文重点研究了钒含量对 TFe 含量影响的消除方式。

2　试验部分

2.1　实验原理

试样用盐酸-过氧化钠溶解，在酸性条件下，用氯化亚锡将溶液中铁离子还原成二价铁离子，用三氯化钛进一步还原完全，然后用高锰酸钾标准溶液将二价铁离子氧化成三价铁离子。根据高锰酸钾标准溶液消耗体积计算全铁含量。

试样用硫酸酸-过氧化钠溶解，在酸性条件下，用硫酸亚铁铵将溶液中钒离子还原成四价钒离子，用高锰酸钾溶液将四价钒离子全部氧化成五价钒离子。过量的高锰酸钾在尿素存在的环境下，使用亚硝酸钠还原。根据消耗硫酸亚铁铵标准溶液体积计算钒含量。

2.2　试验试剂

2.2.1　过氧化钠（固体）

2.2.2　盐酸（1.19g/mL）

2.2.3　氯化亚锡溶液（6%，6g 氯化亚锡溶于 20mL 盐酸（1.2.2）中，加入 80mL 水）

2.2.4　硫酸-磷酸混合酸（硫酸（1.84g/mL）：磷酸（1.69g/mL）：水=3：3：4）

2.2.5　钨酸钠溶液（25%：将 25g 钨酸钠溶于适量水中，加 5mL 磷酸（1.2.11），用水稀释至 100mL）

2.2.6　三氯化钛溶液（1.192g/mL）：取 2mL 三氯化钛浓溶液用盐酸（1+5）稀释至 30mL 混匀，贮

作者联系方式：高树峰，E-mail: gaoshufeng@hbisco.com.cn。

于棕色瓶中备用）

2.2.7　高锰酸钾标准溶液（C=0.011mol/L，使用前用草酸标定）

2.2.8　二苯胺磺酸钠指示剂溶液（2g/L）

2.2.9　硫酸亚铁标准溶液（C≈0.050mol/L）

2.2.10　硫酸（1.84g/mL）

2.2.11　磷酸（1.69g/mL）

2.2.12　草酸（分析纯）

2.2.13　苯代邻氨基苯甲酸（1%）

2.3　试验步骤

2.3.1　测定铁含量

将 0.2000g 试样置于盛有 3~4g 过氧化钠固体（1.2.1）的高铝坩埚中，覆盖 1~2g 过氧化钠固体（1.2.1），转移至 750~800℃马弗炉中熔融 10~15min。冷却后的样品，置于加有 100mL 蒸馏水的 400mL 烧杯中低温加热浸出熔块后，加入 20mL 盐酸（1.2.2），至熔块完全溶解保持溶液微沸状态，滴加氯化亚锡溶液（1.2.3）至溶液呈淡黄色，冷却至室温。

向溶液中加入蒸馏水至体积为 150mL 左右，滴加 1mL 钨酸钠溶液（1.2.5），再滴加三氯化钛溶液（1.2.6）至溶液呈浅蓝色不退，等待空气氧化至溶液蓝色消失，立即加入 10mL 硫酸-磷酸混合酸（1.2.4），使用高锰酸钾标准溶液（1.2.7）（使用草酸 1.2.12 标准溶液进行标定）滴定至溶液呈淡粉色时，加入两滴二苯胺磺酸钠指示剂（1.2.8），溶液变为紫色即为终点。

2.3.2　测定钒含量

将 0.5000g 试样置于盛有 3~4g 过氧化钠固体(1.2.1)的高铝坩埚中，覆盖 1~2g 过氧化钠固体(1.2.1)，转移至 750~800℃马弗炉中熔融 10~15min。冷却后的样品，置于加有 100mL 蒸馏水的 400mL 烧杯中低温加热浸出熔块后，加入 25mL 盐酸（1.2.10），至熔块完全溶解。

向溶液中加入 5mL 磷酸（1.2.11），10mL 硫酸亚铁铵（5%）静置 2min。滴加高锰酸钾溶液（1.2.7）至待测溶液呈稳定紫色，静置 5min。加入 10mL 尿素（10%），滴加亚硝酸钠（1%）至待测溶液变为无色过量 1~2 滴。滴加两滴苯代邻氨基苯甲酸（1.2.13）指示剂，使用硫酸亚铁铵标准溶液（1.2.9）（使用高锰酸钾标准溶液标定）滴定待测溶液变为黄绿色即为终点。

3　结果与讨论

3.1　方法准确度研究

对铁矿石标准样品用此方法进行全铁含量测定，测定结果见表 1。

表 1　TFe 含量标准样品准确度数据

名称	编号	标准值/%	测量值/%	误差/%
钒钛磁铁矿	YSBC19717—2005	52.76	52.98	−0.22
铁矿石	YSBC28790—2015	58.76	58.71	0.05
球团矿	W88307b	62.79	62.85	0.06
球团矿	W88307a	65.54	65.41	0.13
铁矿石	GSB03-1806—2005	65.87	66.02	−0.15
铁矿石	YSBC28753—95	66.84	67.01	−0.17

表 1 中 TFe 含量的检测数据误差极差均小于 0.4，表明对于 TFe (%)>20%的铁矿石样品采用高锰酸钾氧化法测定准确度能够满足常规检验需求。

3.2 钒含量影响研究

实验滴定过程中必须严格控制高锰酸钾的加入速度，否则会造成测定结果的不一致，特别是对于 TFe (%)≤20%的铁矿石，其测定结果会超出允许差。针对这一现象对 20 批铁矿石样品进行两种方法全铁含量检测对比，同时对钒含量进行检测试验，结果见表 2。

表 2　TFe 含量样品准确度数据

编号	铁含量/%			V 含量/%
	重铬酸滴定法	高锰酸钾滴定法	测定误差	
1	60.15	60.04	0.11	0.21
2	59.47	59.62	–0.15	0.05
3	66.01	65.63	0.38	0.30
4	64.37	64.72	–0.35	0.40
5	71.02	71.35	–0.33	0.56
6	51.10	51.10	0.00	0.15
7	50.98	51.24	–0.26	0.13
8	28.30	28.66	–0.36	0.25
9	19.83	20.72	–0.89	0.26
10	15.46	15.93	–0.47	0.32
11	17.49	18.23	–0.74	0.41
12	71.12	71.35	–0.23	0.68
13	40.56	40.41	0.15	0.32
14	30.78	31.10	–0.32	0.05
15	40.12	40.34	–0.22	0.21
16	50.12	50.41	–0.29	0.13
17	66.39	66.18	0.21	0.56
18	61.06	60.95	0.11	0.69
19	60.77	60.88	–0.11	0.36
20	16.33	16.89	–0.56	0.54

实验结果表明钒含量对于 TFe 含量的测量产生了一定的影响，对于 TFe (%)>20%的铁矿石，钒含量对于 TFe 含量的测定影响较小，对于 TFe (%)≤20%的铁矿石，钒含量对 TFe 含量的测定影响较大。

由于 Fe^{2+}的还原性强于 V^{4+}，而在酸性条件下高锰酸钾的氧化性更强。在高锰酸钾氧化法测定铁矿石中 TFe 含量过程中，足够量的高锰酸钾首先将 Fe^{2+}氧化至 Fe^{3+}，然后会将 V^{4+}氧化至 V^{5+}，这对于 TFe 含量的测量产生了一定的影响。对于 TFe (%)≤20%的铁矿石，钒含量对于 TFe 含量的测定影响较大，主要是含 TFe 量低的滴定溶液中 Fe^{2+}的浓度也低，过量的高锰酸钾氧化 Fe^{2+}的同时也会氧化 V^{4+}造成 TFe 含量检测准确度的影响。考虑到钒含量的影响，严格按滴定要求控制高锰酸钾的滴定速度，确保滴定过程中溶液中高锰酸钾不聚集，部分测定结果见表 3。

实验结果表明，检测结果稳定性和准确性明显提高，说明高锰酸钾氧化法测定铁矿石 TFe 含量，只要滴定过程中严格按滴定要求控制高锰酸钾的滴定速度，确保滴定过程中溶液中高锰酸钾不聚集，就能够消除部分钒含量对测定结果带来的影响。

表 3　按滴定要求严格控制高锰酸钾的滴定速度部分样品 5 次检测数据

编号	铁含量/%				
3	66.03	65.89	65.91	65.60	65.77
8	28.37	28.48	28.36	28.46	28.44
9	19.73	19.90	19.87	19.97	19.84
10	15.55	15.57	15.68	15.64	15.47
11	17.74	17.55	17.67	17.73	17.59
13	40.56	40.57	40.60	40.44	40.45
14	30.79	30.82	30.77	30.90	30.79
16	50.13	50.07	50.33	50.36	50.28
17	66.36	66.41	66.39	66.28	66.43
20	16.41	16.30	16.44	16.49	16.51

4　结论

采用高锰酸钾氧化法测定铁矿石 TFe 含量，只要在高锰酸钾滴定的过程中，严格控制高锰酸钾的加入速度，防止高锰酸钾加入过快将样品中 V^{4+}氧化至 V^{5+}造成结果偏差，检测结果准确度完全可以达到检测要求。

参考文献

[1] 周静, 王珏. 滴定分析法测定铁矿石中的铁含量[J]. 广州化工, 2016, 44(16): 122-124.
[2] 张洪波, 田鹏, 秦雨, 等. 滴定分析法测定铁矿石中铁含量[J]. 沈阳师范大学学报(自然科学版), 2011, 29(4): 546-548.
[3] 葛焕炳, 江成选. 无污染法测定铁矿石中的铁[J]. 甘肃冶金, 1995(3): 43-46.
[4] Kallmann S, Komarkova E, 王奥新. 无污染方法测定铁矿石中的铁[J]. 地质地球化学, 1983(11): 47-48.
[5] 崔喜春, 段树荣. 三氯化钛—重铬酸钾容量法快速测定铁矿石中全铁量[J]. 科学之友, 2010(24): 28-29.
[6] 付慧莉. 三氯化钛—重铬酸钾容量法快速测定铁矿石中全铁量[J]. 山东冶金, 2000(3): 59-60.
[7] 叶青, 欧阳晓庆. 氯化亚锡-三氯化钛-高锰酸钾无汞无铬滴定法测定铁[J]. 冶金分析, 2005(5): 99-100.
[8] 洪建和, 安黛宗, 田曙玲. 高锰酸钾滴定法测定常量铁实验的改进[J]. 实验室研究与探索, 2008(8): 47-48.
[9] 胡庆兰. 高锰酸钾法测定铁含量的半微量实验的改进[J]. 湖北第二师范学院学报, 2017, 34(8): 1-7.

$V_2Ti_{0.5}Cr_{0.5}NiLa_x$ (x=0.02~0.10)储氢合金结构及电化学性能

同艳维　霍红英　张雪峰

（攀枝花学院钒钛学院，四川攀枝花 617000）

摘　要：为了改善镍氢电池负极材料的性能，采用真空感应电弧熔炼炉制备了 $V_2Ti_{0.5}Cr_{0.5}NiLa_x$ (x=0.02, 0.04, 0.06, 0.08，0.10)储氢合金，分析了不同含量 La 的添加对合金电极的组织结构及电化学性能的影响。结果表明，储氢合金主要由 BCC 结构的 V 基固溶体主相和少量的 TiNi 第二相构成，随着合金中稀土元素 La 含量的增加，制备合金作为镍氢电池负极材料的放电容量先增大后降低，并且其循环稳定性能和电化学动力学性能先得到改善而后降低，合金电极的综合性能均在 x=0.06 时达到最好，放电容量为 332.5mAh/g。

关键词：储氢合金；循环稳定性；电化学性能；稀土 La

Electrochemical Properties and Structure of $V_2Ti_{0.5}Cr_{0.5}NiLa_x$ (x=0.02-0.10) Hydrogen Storage Alloys

Tong Yanwei　Huo Hongying　Zhang Xuefeng

(College of Vanadium and Titanium, Panzhihua University, Panzhihua 617000, China)

Abstract: In order to improve the cycle stability of Ni/MH battery, the $V_2Ti_{0.5}Cr_{0.5}NiLa_x$ (x=0.02, 0.04, 0.06, 0.08, 0.10) electrode alloys were prepared by arc-melting, and the effects of La content on the microstructure and electrochemical properties were investigated systematically. The results show that all of the electrode materials mainly consist of a V-based solid solution phase with a BCC structure and a TiNi-based secondary phase, and the TiNi secondary phase precipitates along the grain boundary of the BCC main phase. The electrochemical measurements indicate that the maximum discharge capacity of the alloy electrode increases firstly and then decreases with increasing x. The cycling stability and electrochemical kinetic response of the alloy electrodes are strengthened firstly and then weakened, and reach the best performance at x=0.06.

Key words: hydrogen storage alloys; cycle stability; electrochemical property; rare earth of La

1　引言

近年来，随着新能源产业的发展，新能源汽车研发和生产也越来越广泛，而作为新能源汽车的关键技术其实就是电池的研发技术。目前，新能源汽车采用的电池主要有铅酸蓄电池、镍氢蓄电池、锂离子电池、镍镉电池、钠硫蓄电池几种。其中，镍氢电池的研发主要集中在负极材料的制备上，电池负极材料主要有稀土 AB_5 系列储氢合金[1]、具有 Laves 相结构的 AB_2 系列储氢合金[2]、镁系储氢合金[3]和钒基固溶体储氢合金[4]等几种，其中，作为电池负极材料的 V 基储氢合金具有高的储氢容量（理论容量 1018mAh/g）、较高的体积储氢密度、室温环境下容易活化和无危害等优点[5]，因此，开发 V 基

作者简介：同艳维，攀枝花学院钒钛学院，副教授，长期从事钒钛新能源材料；E-mail: 317435736@qq.com。

储氢合金电极具有重要意义。研究人员针对 V 基储氢合金材料进行了多元合金化[6-8]，合金热处理[9-11]和电极表面改性[12]等研究，取得了一定成果。通过多元合金化的改性研究，合金的综合电化学性能有了很大的提高。考虑到稀土系列储氢合金作为电池负极材料有较好的循环稳定性，论文设计了不同含量 La 添加对 V 基储氢合金电极的组织结构及电化学性能的影响。

2 实验方法

2.1 储氢合金样品制备

$V_2Ti_{0.5}Cr_{0.5}NiLa_x$ (x=0.02, 0.04, 0.06, 0.08, 0.10)合金试样采用 V、Ti、Cr、Ni 和 La 为原料（其纯度为 99.9%），具体实验配方按照化学计量比称量，将称量好的配方原料放入真空感应电弧熔炼炉内，关闭炉门抽真空至炉内压力小于 10^{-3}Pa，通入氩气保护气氛，洗气 2 次，最后在氩气保护气氛，电弧熔炼，循环水冷却，熔炼所需储氢合金。为了保证熔炼钒基储氢合金的成分和组织形貌的均匀性，熔炼完一次，循环水冷却后，翻转一面重新熔炼，重复熔炼 4~5 次。

储氢合金粉的制备是将合金装入 PCT 装置的加热套中，用机器泵抽真空（30min），其次将反应装置内的氢气排除、抽真空、充氢气，保证装置内充入氢气的压力在 4MPa 左右，在 400℃保压 30min。充氢、抽真空循环 3~5 次，合金块氢化粉碎。

2.2 实验样品性能测试

将氢化粉碎的储氢合金粉进一步用玛瑙研钵研制，过筛粒度小于 48 μm。采用 DX-2700 型 X 射线衍射仪对储氢合金粉的晶体结构进行分析，设置扫描角度范围在 20º~90º，具体扫描速率选 0.04º/s。选择一部分熔炼储氢合金进行切割，表面进行抛光腐蚀（实验选择的腐蚀溶液体积百分比为 HF：HCl：C_2H_5OH=1：1：8），采用 SEM 分析储氢合金的显微组织形貌。

$V_2Ti_{0.5}Cr_{0.5}NiLa_x$ (x=0.00~0.10)储氢合金电极片的制作是称取 0.12g 研磨后的储氢合金粉与 0.48g 羟基镍粉进行充分混合，然后采用直径为 10mm 的模具，将合金粉压制在泡沫镍片之上，选择压力为 20MPa，作为负极材料，正极主要选择烧结后的 $Ni(OH)_2$/NiOOH，汞/氧化汞电极作为参比电极。实验中的电解液为 7mol/L 的氢氧化钾溶液，室温下进行电化学性能测试。本实验电池的充放电循环选用蓝电测试系统，实验过程充电流密度设置为 100mA/g，恒流条件下充电 7h，然后静置 5min，再以 60mA/g 的电流密度进行恒流放电，放电截至电压设置在–0.6V (*vs.*Hg/HgO)，放完电后再静置 5min。

3 实验结果及讨论

3.1 $V_2Ti_{0.5}Cr_{0.5}NiLa_x$($x$=0.02 ~ 0.10)合金的物相

图 1 是合金电极 $V_2Ti_{0.5}Cr_{0.5}NiLa_x$ (x=0.02~0.10)的 X 射线衍射图。从图中可以看出，合金电极具有 V 基固溶体相和 TiNi 二次相。随着 La 元素含量的增加，钒基固溶体相的峰位置向左小角度移动，TiNi 二次相的衍射峰强度逐渐增强。从 TiNi 二次相的衍射峰强度逐渐增强，可以得知 TiNi 二次相的面积在增大。

3.2 $V_2Ti_{0.5}Cr_{0.5}NiLa_x$($x$=0.02~0.10)合金的物相

图 2 是 $V_2Ti_{0.5}Cr_{0.5}NiLa_x$($x$=0.02，0.04，010)合金电极放大 2000 倍和放大 5000 倍的 SEM 照片。其中，图 2(a)(b)是 $V_2Ti_{0.5}Cr_{0.5}NiLa_{0.02}$ 放大 2000 倍和 5000 倍的 SEM 照片；图 2(c)(d)是 $V_2Ti_{0.5}Cr_{0.5}NiLa_{0.04}$ 放大 2000 倍和 5000 倍的 SEM 照片，图 2（e）(f) 是 $V_2Ti_{0.5}Cr_{0.5}NiLa_{0.10}$ 放大 2000 倍和 5000 倍的 SEM

照片，从图中可以看到合金主要由两相构成，分别是钒基固溶体相与 TiNi 二次相，并且 TiNi 二次相是围绕在钒基固溶体主相的周围。钒基固溶体相的作用是吸氢，TiNi 二次相的作用是电催化活性和导电集流体。随着稀土 La 元素的增加，TiNi 二次相组织变大了一些，并且在 TiNi 相中发现了富 La 相的存在。

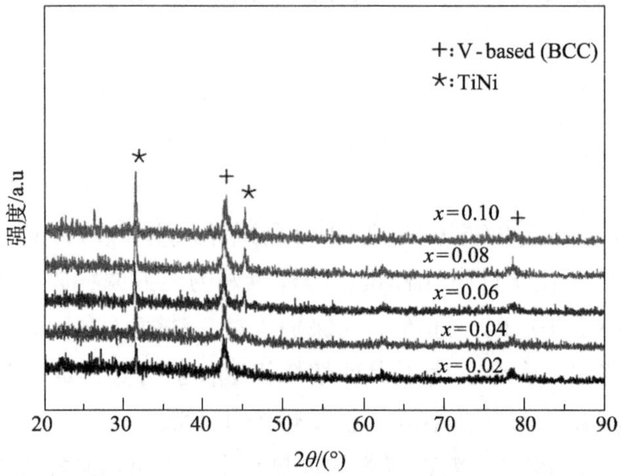

图 1　$V_2Ti_{0.5}Cr_{0.5}NiLa_x$($x$=0.02~0.10)合金电极的 XRD 图

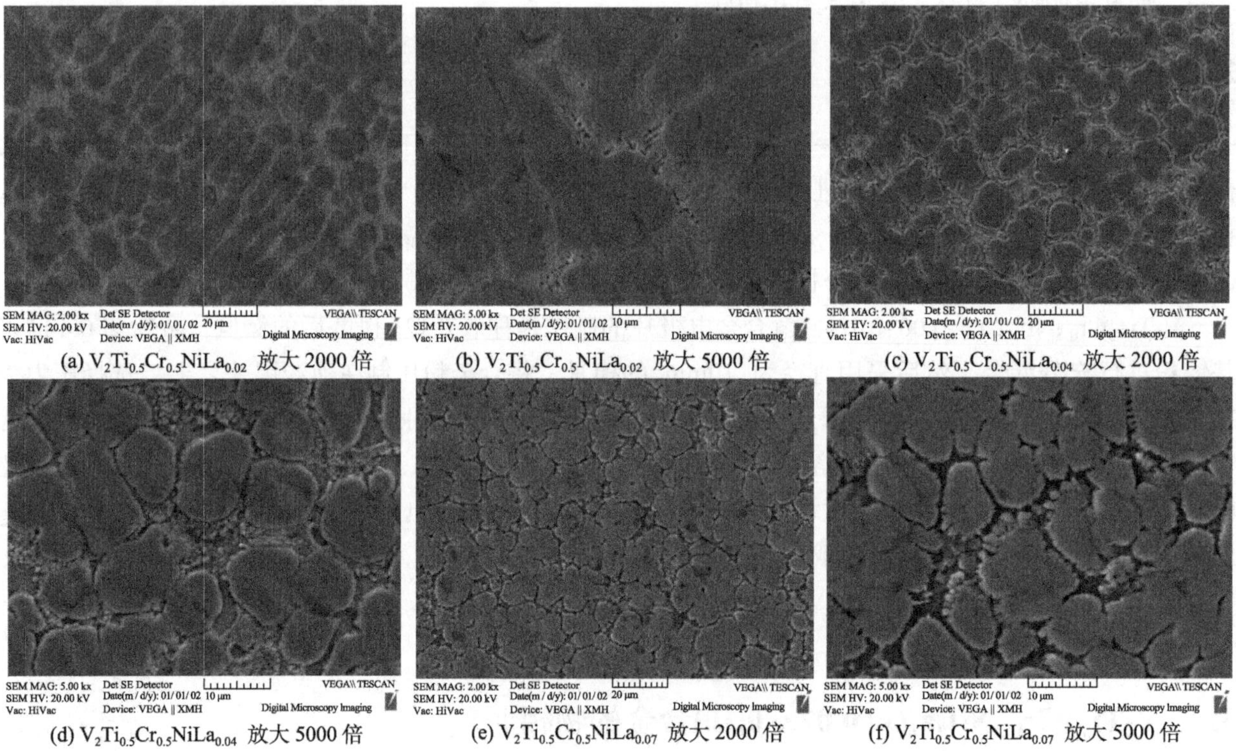

(a) $V_2Ti_{0.5}Cr_{0.5}NiLa_{0.02}$ 放大 2000 倍　(b) $V_2Ti_{0.5}Cr_{0.5}NiLa_{0.02}$ 放大 5000 倍　(c) $V_2Ti_{0.5}Cr_{0.5}NiLa_{0.04}$ 放大 2000 倍

(d) $V_2Ti_{0.5}Cr_{0.5}NiLa_{0.04}$ 放大 5000 倍　(e) $V_2Ti_{0.5}Cr_{0.5}NiLa_{0.07}$ 放大 2000 倍　(f) $V_2Ti_{0.5}Cr_{0.5}NiLa_{0.07}$ 放大 5000 倍

图 2　$V_2Ti_{0.5}Cr_{0.5}NiLa_x$($x$=0.02, 0.04, 0.10)合金的 SEM 图

3.3　$V_2Ti_{0.5}Cr_{0.5}NiLa_x$($x$=0.02~0.10)合金的电化学性能

3.3.1　合金电极的活化性能

合金电极在进行第一次充放电时，电池中的容量不能全部释放出来，必须要经过多次的充放电循环过程，才能达到电池的最大电化学容量，这个过程叫做活化过程。在恒定不变的充放电电流密度下，这个循环次数叫做合金的初始活化次数。图 3 是合金在 60 mA/g 充放电时的循环次数与放电容量之间的关

系。由图 3 显示，当稀土 La 的添加量 x=0.02 时，合金电极要经过 7 次活化才能够达到最大放电容量，表明合金电极的活化次数是 7，随着加入的稀土元素 La 的量增多，合金电极初期活化性能得到改善。当添加的稀土元素 La 的量 x=0.08 时，合金电极的活化次数是 3，而当添加的稀土元素 La 的量 x=0.10 时，合金第二次循环可以实现最大的放电容量，也就是合金电极的活化次数是 2。由此说明，稀土元素 La 的添加对储氢合金电极活化性能有明显提高。

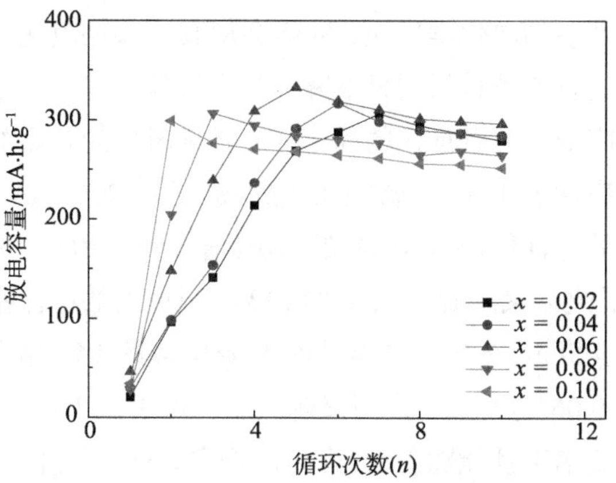

图 3 $V_2Ti_{0.5}Cr_{0.5}NiLa_x$(x=0.02~0.10)合金电极活化性能曲线

3.3.2 合金电极的循环稳定性能

合金电极的循环稳定性能的好坏是衡量合金电极使用性能的一个重要指标，循环性能越好，标志着电池的使用寿命越长。图 4 是电极在前 20 次充放电过程中的放电容量曲线图，并通过计算得出加入不同稀土 La 元素的合金电极经过 20 次充放电之后的容量保持率如表 1 所示。

表 1 $V_2Ti_{0.5}Cr_{0.5}NiLa_x$(x=0.02~0.10)合金电极的容量保持率

La	C_{20}/mA·h·g^{-1}	C_{max}/mA·h·g^{-1}	S_{20}/%
x=0.02	256.1	306.5	84
x=0.04	257.3	316.5	81
x=0.06	260.1	332.5	78
x=0.08	232.6	306.5	76
x=0.10	221	298.7	74

如表 1 所示，随着加入的稀土元素 La 含量的增加，电极的容量保持率逐渐下降，电极的循环的稳定性也有所下降。尽管合金具有很高的电化学容量，但是提高其循环稳定性，是现在研究必须解决的问题之一。储氢合金的循环稳定性对镍氢电池寿命有着十分重要的影响，可以说是镍氢电池寿命的决定因素。电池失效则是因为电池负极被破坏，与正极关系不大。当电池失效的时候，电池在高倍率充放电循环过程中的容量会减小，电池放电电压会降低，电池的容量会有明显的下降。从图 4 中还可以看出，随着 La 的增多，合金电极的最大放电容量先增后减，并且在 x=0.06 时最大，为 332.5mA·h/g。La 的添加使合金电极的最大放电容量升高了，但却使得合金电极的稳定性有所降低。

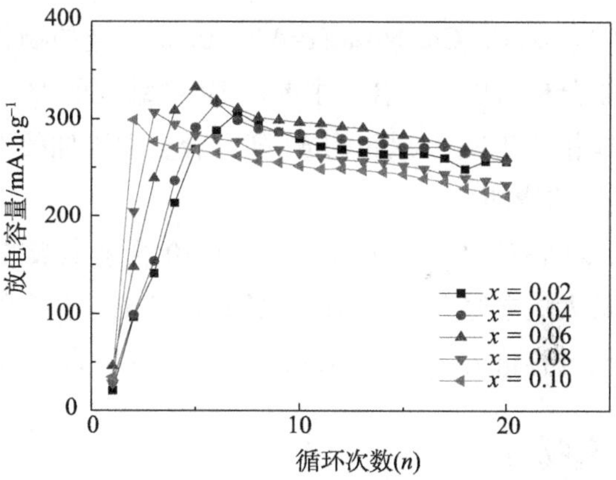

图 4 $V_2Ti_{0.5}Cr_{0.5}NiLa_x$(x=0.02~0.10)合金电极循环稳定性能曲线

3.3.3 合金电极的高倍率放电性能

镍氢电池的另一个重要指标是它的高倍率放电性能。图 5 所示是不同 La 元素含量的合金电极的高倍率放电性能。高倍率放电容量越大，电池的电化学动力学性能就越好。合金电极的高倍率放电性能可由公式 HRD=C_i/C_{max}×100%计算得出。式中，C_i 表示以放电电流密度为 i 时的电极的放电容量，C_{max} 为合金电极的最大放电容量。高倍率放电性能越好则说明电池在高电流密度条件下保持的放电容量越高即合金的电化学性能越好。实验测出的高倍率放电性能列在表 2。

从图 5 结合表 2 可以看出，所有合金电极的放电容量都随着放电电流密度的增加而降低。这主要是由于放电电流密度增大将使得氢原子从合金颗粒内部扩散到合金表面后，直接以氢分子的方式溢出而没来得及参加电化学反应，因而会使真正参加电化学过程的氢原子数量明显下降，放电性能下降，放电容量降低。并且加入的稀土 La 元素越多的合金的高倍率性能越差。当放电的电流密度为 200 mA/g 时，放电性能由 x=0.04 的 70%增大到 x=0.06 的 73%，之后又降到 x=0.10 的 61%。当放电的电流密度为 400 mA/g 时，放电性能由 x=0.04 的 64%增大到 x=0.06 的 69%，之后又降到 x=0.08 的 57%。合金的高倍率性能随着 La 含量的增多，先进行降低，不过当 La 的含量适量时，有小范围的增加。适量的 La 元素的添加有利于合金的高倍率放电性能。

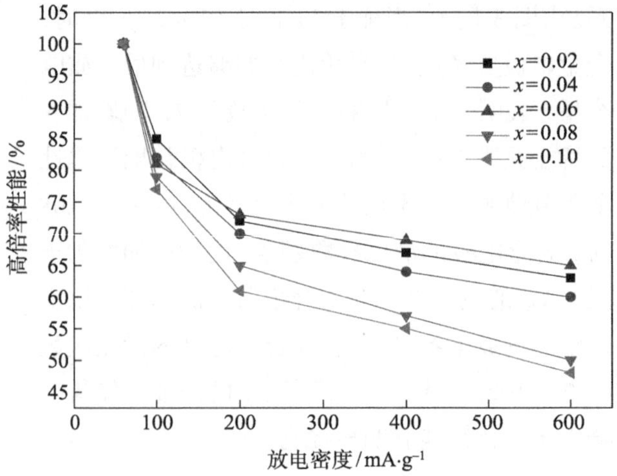

图 5　$V_2Ti_{0.5}Cr_{0.5}NiLa_x$($x$=0.02~0.10)合金电极的高倍率放电性能

表 2　$V_2Ti_{0.5}Cr_{0.5}NiLa_x$($x$=0.02~0.10)合金电极的高倍率（HRD）放电性能

样品（x 的取值）	HRD_{100}/%	HRD_{200}/%	HRD_{400}/%	HRD_{600}/%
x=0.02	85	72	67	63
x=0.04	82	70	64	60
x=0.06	81	73	69	65
x=0.08	79	65	57	50
x=0.10	77	61	55	48

4　结论

本文系统地研究了不同含量稀土元素 La 的添加对钒基储氢合金电极 $V_2Ti_{0.5}Cr_{0.5}NiLa_x$($x$=0.02~0.10)的结构和电化学性能的影响所得到的研究结果总结如下：

（1）$V_2Ti_{0.5}Cr_{0.5}NiLa_x$($x$=0.02~0.10)合金的物相及形貌分析可以看出合金主要由 BCC 结构的 V 基固溶体相和 TiNi 二次相构成，随着合金中添加稀土 La 含量的增加。

（2）$V_2Ti_{0.5}Cr_{0.5}NiLa_x$($x$=0.02~0.10)合金电极的电化学研究表明，随着加入的 La 元素的增加，合金电极的最大放电容量先增后减，当 x=0.06 时，合金的放电容量达到最大值为 332.5 mAh/g。在第 20 次循环时，放电容量为 260.1 mAh/g，容量保持率为 78%，并且高倍率性能和循环稳定性能也较好。

参考文献

[1] 张怀伟，郑鑫遥，刘洋，等. 稀土元素在储氢材料中的应用进展[J]. 中国稀土学报, 2016, 34(1): 1-10.

[2] Tsukahara M, Takahashi K, Mishima T, et al.Vanadium-based solid solution alloys with three-dimensional network structure for high capacity metal hydride electrodes[J]. Journal of Alloys Compounds, 2017: 583-586.

[3] 王语潇，任慧平，黄埔. 镍氢电池在电动汽车上的发展[J]. 包钢科技, 2019, 45(1): 95-98.

[4] Zhu Y F, Liu Y F, Hua F. Effect of Rapid Solidification on the Structural and Electrochemical Properties of the Ti-V-based Hydrogen Storage Electrode Alloy[J]. Journal of Alloys and Compounds, 2018, 463: 528-532.

[5] Hang Z M, Chen L X, Xiao X Z, et al. Microstructure and hydrogen storage properties of $Ti_{10+x}V_{80-x}Fe_6Zr_4$ (x=0~15) alloys [J]. International Journal of Hydrogen Energy, 2021, 46(54): 27622-27627.

[6] 李苗苗. 储氢合金基复合材料电化学性能的研究[D]. 长春：吉林大学, 2017.

[7] Ye H, Zhang H. Development of Hydrogen-storage Alloys for High-power Nickel-metal Hydride Batteries[J]. Advanced Engineering Materials, 2019(3): 481-485.

[8] 张征宇. 基于钒铁的钛钒基储氢电极合金的制备和其电化学性能研究[D]. 杭州：浙江大学, 2017.

[9] 陈云贵，周万海，朱丁. 先进镍氢电池及其关键电极材料[J]. 金属功能材料, 2017, 24(1):1-24.

[10] Wu Y F, Zhao W, Jiang L J, et al . Effect of Fe and Al on hydrogen storage properties of 75 V-Ti-Cr alloys[J]. Journal of Alloys & Compounds, 2021, 887.

[11] Wu R, Yuan H P, Liu Y R, et al. Effect of carbon coating on the electrochemical properties of La–Y–Ni-based hydrogen storage alloys[J]. International Journal of Hydrogen Energy, 2021, 46(55): 28191-28197.

[12] Tsukahara M, Takahashi K, Mishima T, et al.Vanadium-based solid solution alloys with three-dimensional network structure for high capacity metal hydride electrodes[J]. Journal of Alloys Compounds, 2017: 583-586.

全钒液流电池技术浅谈

乔　博

（承德建龙特殊钢有限公司，河北承德 067300）

摘　要： 全钒液流电池具有安全性好、输出功率和储能容量可独立设计、单体电堆功率高且均匀性好、储能系统设计灵活且易于扩展等特点，适合用于输出功率为数千瓦至数百兆瓦、储能容量为数百千瓦时至数百兆瓦时的储能范围。在电力系统固定式大规模储能应用领域，从储能系统的安全性、生命周期的性价比和环境负荷方面综合考虑，全钒液流电池储能技术在未来电网的发电侧、输配电侧可再生能源接入及分布式供电和微电网中有着重要的市场前景。

关键词： 电池电堆；电解液；电极；隔膜

Discussion on All Vanadium Flow Battery Technology

Qiao Bo

(Chengde Jianlong Special Steel Co., Ltd., Chengde 067300, China)

Abstract: The all vanadium liquid flow battery has the characteristics of good safety, independent design of output power and energy storage capacity, high and uniform power of single stack, flexible design and easy expansion of energy storage system, and is suitable for the energy storage range with output power of several kW to hundreds MW and energy storage capacity of hundreds kWh to hundreds MWh. In the application field of fixed large-scale energy storage in power system, considering the safety of energy storage system, cost performance ratio of life cycle and environmental load, all vanadium liquid flow battery energy storage technology has an important market prospect in the future generation side, transmission and distribution side renewable energy access, distributed power supply and micro grid.

Key words: battery stack; electrolyte; electrode; the diaphragm

1　引言

全钒液流电池概念是由澳大利亚新南威尔士大学（UNSW）M. Skyllas-Kazacos 教授于 1984 年提出。该研究团队在全钒液流电池电化学反应动力学机理、电极材料电化学活性改善、电解质溶液稳定性改善及制备、双极板材料开发等研究领域做出了大量研究工作，并于 1988 年取得全钒液流电池的美国专利，为全钒液流电池储能技术的发展做出了重大贡献。

2000 年以来，全钒液流电池技术在国内受到越来越广泛的重视。从事全钒液流电池储能技术研究和产业发展的机构主要包括中科院大连化物所、中科院金属所、清华大学、中南大学、大连理工大学、大连融科公司、上海电气、东方电气、北京普能世纪公司、武汉南瑞集团以及承德钢铁、攀枝花钢铁等。其中，中科院大连化物所和大连融科储能公司团队在全钒液流电池基础研发、产品设计、储能技术应用

作者简介：乔博，承德建龙特殊钢有限公司，安全员；研究方向：新能源全钒液流电池；E-mail: 215259961@qq.com。

及产业化进程方面走在了世界前列。

自从20世纪70年代液流电池概念提出以来，各国政府、学术界及产业界为促进液流电池技术开发及产业化付出了巨大努力。从技术应用层面来看，Fe/Cr和锌/溴液流电池技术目前处在示范阶段，还需要在关键材料开发、电堆优化及长期运行稳定性等方面进行改进和验证。新型液流电池技术目前还处于研究开发的初期阶段，大都还处在实验室小试阶段，甚至处于原理验证阶段。全钒液流电池技术随着近十余年在基础开发、产业化及技术应用等多方面的攻关，电池系统安全、寿命长、环保及可靠性已经得到初步验证，是目前最接近产业化和商业化应用的液流电池储能技术。从全球范围来看，相比锂电池和燃料电池行业，全钒液流电池行业从政府得到的资金规模及政策支持力度是远远不及的，且从事全钒液流电池技术的学术界及产业力量规模也具有较大差距。因此，全钒液流电池技术发展还有很大的潜力，需要通过加强基础研究、应用研究和技术转移转化，更好地整合相关资源，致力于全钒液流电池产品功率密度、能量密度、可靠性和长期运行稳定性能的进一步提高，致力于全钒液流电池储能系统产品性价比的进一步提升，同时要结合电力系统实际需求和电力系统市场机制构建，创新电池技术应用模式，促进全钒液流电池储能技术更好地满足电力系统实际应用。

2 全钒液流电池结构及工作原理

2.1 全钒液流电池结构

钒电池的结构可分成静致和流动两种类型，静态钒电池中溶液为静止的，向正负极室中通入惰性气体（一般为 N_2），在减小电解液的浓差极化的同时避免 V^{2+}被氧化。但是静态的钒电池自身具有两个弊端：一是静止的电解液易产生较大的浓差极化；二是电解液存储在体积有限的电极极室内，使得电池容量较小。动态钒电池除本身结构与静态电池基本相同外，在正极和负极分别增加了一个储液罐和泵，电池运行时，泵将储液罐中的电解液输送到正负半电池内部，使整个电池中的电解液持续保持流动状态。动态电池完美解决了静态电池浓差极化大和储能量有限的缺陷，不足是外接泵会消耗电池能量，大约占总体能量的2%~3%。钒电池主要由电解液、电极、选择性质子交换膜、双极板和集流体等组成。

2.2 全钒液流电池技术原理

全钒液流电池通过电解质溶液中不同价态钒离子在电极表面发生电化学氧化还原反应，完成电能和化学能的相互转化，实现电能的存储和释放。其正极采用 VO_2^+/VO^{2+}电对，负极采用 V^{3+}/V^{2+}电对，硫酸或混合酸为支撑电解质，水为溶剂。全钒液流电池工作原理如图1所示。

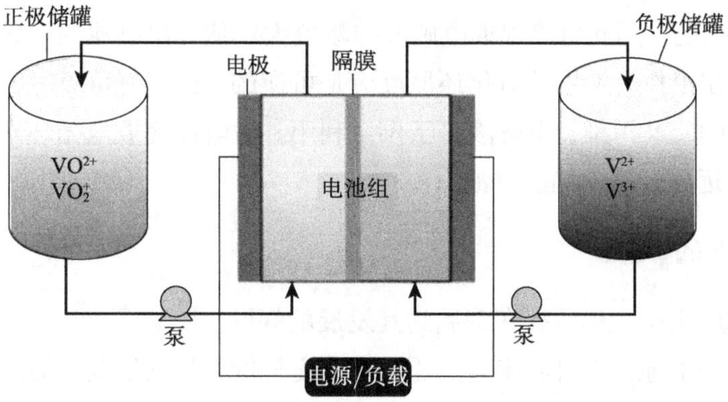

图1 钒电池基本原理图

正负极电解液分别储存在两个储液罐中，电池处于工作状态时，电解液是循环流动的，先通过泵被传送至电极隔层，在此发生氧化还原反应，再流回泵中。正负电极室由选择性质子交换膜隔开，电池内部通过 H^+导电，外部电子通过导线导电。全钒液流电池充放电时，正极和负极发生的氧化还原反应方程式以及总反应方程式如下：

正极反应：$VO^{2+} + H_2O - e^- \underset{放电}{\overset{充电}{\rightleftharpoons}} VO_2^+ + H^+ \quad \delta=1.004\ V$

负极反应：$V^{3+} + e^- \underset{放电}{\overset{充电}{\rightleftharpoons}} V^{2+} + H^+ \quad \delta=-0.255\ V$

总电极反应：$VO^{2+} + V^{3+} + H_2O \underset{放电}{\overset{充电}{\rightleftharpoons}} V^{2+} + VO_2^+ + 2H^+$

H^+通过质子交换膜从正极流入负极，以维持电解液呈中性。根据能斯特方程，电池电动势随着电解液中钒离子浓度增大而增大，因此实际开路电压大于 1.259 V。

2.3　全钒液流电池的特点

2.3.1　全钒液流电池的优点

虽然目前有很多化学物质作为电解质应用到液流电池中，但大多数物质在实际应用中会发生副反应。而全钒液流电池具有明显的优势，成为广泛应用的液流电池之一。与众多的储能电池相比较，全钒液流电池具有以下优势：

（1）电池系统易维护、升级。钒电池电堆是由多个荷电状态一致的单电池叠加形成的，通过加大储液罐的体积或增大电堆的大小即可实现升级，易于实现储能系统的集成和规模扩大。

（2）电池容量和功率相互独立。电池容量取决于钒离子浓度和电解液的体积，通过增加电解液的体积，可以增大电池的容量。功率大小取决于电极的尺寸和性能，可以通过增加单个电池的数量来增大功率。因此可以根据需求灵活调节电池的容量和功率。

（3）电解液中的活性物质均以离子形式存在，在电池充放电时不会发生相变，因此电池可以深度放电不伤害电池本身。

（4）不会发生永久性损坏。如果电解质意外混合，电池仍可以长时间持续充放电，无不良影响。

（5）响应速度快，自放电低，响应时间从几毫秒到几分钟，可实现瞬间充电。

（6）环境友好，安全性能高。钒电池在工作状态和静置时，都仅以不同价态的钒离子溶液存在，没有其他毒副物质产生。并且整个电池在室温下工作，处于全封闭状态，不会发生爆炸、燃烧等问题，因此电池系统十分安全。

（7）易于判断电池反应所处状态。不同价态的钒离子呈现不同的颜色，V^{2+}呈紫色，V^{3+}呈绿色，VO^{2+}（Ⅳ）呈蓝色，VO_2^+呈黄色。因此可以根据电解液的颜色大致估计出电池的充放电状态。

（8）寿命长。电池在工作时发生的氧化还原反应是可逆的，由于正负极电解液为不同价态的钒离子溶液，从而避免电解液的交叉污染，电解液易于再生利用。钒电池充放电循环寿命在 10000 次以上，使用寿命长达 20~30 年，远超过其他储能电池。

2.3.2　全钒液流电池的缺点

在钒电池的开发和应用中，仍然存在着制约其发展的问题。

（1）相较于标准储能电池，全钒液流电池的能量密度较低（第三代混合酸溶液制剂的能量密度为现在的 2 倍），不适合用于移动电源和动力电池。

（2）电池对密封和组装要求高，密封不好易使电解液泄露或让空气进入电池内部，引发副反应。

（3）电池用的选择性质子交换膜对钒离子的渗透性高，在长期运行中引发正、负极电解液发生交叉污染，从而减少电池寿命，另外常用的隔膜为 Nafion 系列膜，价格昂贵，增加生产成本。

（4）电池的运行温度受限，温度过高五价钒（VO_2^+）析出，温度过低二价钒不能稳定存在。

（5）钒电池巨大的体积和质量令其目前只能用于电网储能或被连接到发电厂和电网。

（6）高浓度钒电解液的制备，电极材料电化学活性的提高等问题也亟待解决。

2.4 全钒液流电池的应用

钒电池因具有安全性好，能量效率高，设计灵活，寿命长和无污染等突出优点，将在很多领域拥有巨大的发展前景和潜在市场，具体表现在以下几个方面：

（1）作为储能装置，用于偏远地区供电系统和可再生能源发电系统，解决发电的不连续性、不稳定性，提高电能质量，目前已具有兆瓦级储能系统。

（2）用于电网调峰，提高电力系统运行的稳定性，提高能量转换率，节约能源等。

（3）作为应急电源，用于政府、医院、社区等，解决用电高峰电力供应不足的问题。

（4）作为机载电源，用于电动汽车、工业卡车和潜艇上。

（5）作为供电系统，用于军事基地、电信通信基站、铁路信息指示等。

3 全钒液流电池技术发展展望

推进能源生产和消费转型，构建清洁低碳、安全高效的能源体系，实现能源清洁低碳转型是全球能源发展的必然趋势。以风电、光伏为代表的可再生能源因其清洁、无污染，在世界范围内受到高度重视。世界各国出台一系列激励风电、光伏等可再生能源发展的政策和措施，极大地促进了其产业发展。近年来，风电、光伏发电性价比获得显著提升，度电成本大幅下降，已经达到甚至低于传统火力发电成本，竞争力显著增强，其在电力系统中的装机比占比、发电量占比以及电能终端向主要能源的转换过程之中，在某些国家和区域，风电、光伏等可再生能源已经占据主导地位。

但不同于传统的火力发电，以风电、光伏为代表的新能源发电出力具有随机性、间接性和波动性的特点。随着新能源发电的大规模接入，其在总发电出力中占比越来越高，发电出力的随机性、间接性和波动性给电网安全、稳定、经济运行带来越来越多的不利影响，电力系统运行面临电网运行安全、新能源消纳和电力系统能效改善等一系列问题，也给电力系统发展规划带来新的挑战。

储能技术可以在电力系统中增加电能存储环节，使得需要电力实时平衡的“刚性”电力系统变得具有一定程度的“柔性”。通过对大规模储能系统的充放电调度，可有效平抑大规模新能源发电接入电网带来的波动性，有效促进电力系统运行中发电源和负荷的平衡，提高电网运行的安全性、经济性和灵活性。储能技术不仅是参与系统调峰，提高可再生能源大规模消纳水平的重要技术手段，同时也是分布式能源系统、智能电网的重要技术组成，在未来电力系统建设中具有举足轻重的地位。储能技术的应用和产业化对现代能源的生产、输送、分配和利用产生深远影响并带动相关产业发展，对社会经济的可持续发展具有重大战略意义。

经过数十年的研究与探索，液流电池技术体系不断发展和完善。特别是铁铬液流电池体系、全钒液流电池体系、锌溴液流电池体系等，在国内外受到广泛重视而取得了更加明显的进步，在储能技术示范应用、商业化及产业化方面也取得不同程度的进展。

在所有已经研究开发的液流电池技术中，全钒液流电池技术体系是相对最为成熟、商业化应用和产业化程度最高的。目前，全钒液流电池技术发展已处于商业化初期，在国内外电力系统发、输、配、用等各个环节均实现了示范和商业化应用，投运项目规模也达到数十 MW 级，百 MW 级规模的全钒液流电池储能电站项目也正在建设之中。

但需要清醒认识的是，全钒液流电池技术应用和市场推广仍面临着巨大的挑战和不确定性。一方面是目前全钒液流电池储能系统性价比同市场的需求和期望存在一定差距，另一方面是针对全钒液流电池技术特性的应用及运行模式还需要进一步探索、实践和丰富。针对上述问题和需求，全钒液流电池技术需要在以下几个方面给予重点关注：

（1）继续大力推进电池关键材料研究与开发，进一步提高电池关键材料性能、降低成本，为电池储能系统成本下降奠定物质基础。

（2）加大高能量密度、温度窗口适应性储能介质的研发，提高电池系统的能量密度，改善运行可靠性。

（3）强化电堆设计，进一步提高电堆工作电流密度，以利用更少的材料，实现更高的电堆功率输出，有效降低电堆成本。

（4）面向市场，结合用户需求，在产品开发和系统集成方面实现进一步优化和突破，使得全钒液流电池产品能够更好地满足不同用户需求。

（5）丰富和完善电池系统管理策略，降低系统辅助功耗，提升系统能量转换效率，提高系统运行稳定与可靠性。

在上述工作的基础上，加大集成创新、应用创新和实践，努力提高全钒液流电池储能系统的性价比，为电力系统大规模储能应用时代的来临做好充分准备。

总体而言，液流电池新体系技术均还处于发展的初级阶段，技术成熟度距离商业化应用还很遥远，仍然面临很多艰巨的挑战，还需要在机理研究、关键材料开发方面做扎扎实实的工作，在基础创新方面做出突破，主要包括对电解质进行更加系统的电化学及物理化学性质的研究，寻找新的电化学活性物质，或者对其进行合适的分子改性，开发出高导电性电解质和高浓度活性物质，切实提高新型液流电池技术体系的功率密度、能量密度和循环性能等。随着上述问题及挑战的解决，液流电池新体系在大规模储能方面才能展现出更好的应用前景。

4　结论

当前我国钒电池技术日渐成熟，千瓦级的产品已经进入产业化的生产阶段，但大多成果仅处在实验室阶段，还不能大量投入到实际生产运用中。不过随着研究的深入，当钒电池的技术难题被攻克后，全钒液流电池必将会在国内外得到广泛的应用。

参考文献

[1] 高峰, 彭清静, 华骏. 钒产业技术及应用[M]. 北京: 化学工业出版社, 2020.

[2] 刘宗浩, 邹毅, 高素军. 电力储能用液流电池技术[M]. 北京: 机械工业出版社, 2022.

全球钛白粉行业发展现状浅析

侯腾飞　吴优　李佳　何睿

（攀钢集团研究院有限公司，钒钛资源综合利用国家重点实验室，四川攀枝花 617000）

摘　要：阐述了全球钛白粉的供需现状，主要包括全球各地区的钛白产能和产量、主要生产企业的产能分布情况以及各地区钛白产品的消费、价格情况，并且对未来的发展趋势进行了预测；重点介绍了中国钛白粉行业的产能、产量、表观消费量、产品结构变化及进出口情况；分析了近期中国钛白粉价格的变化情况。

关键词：钛白粉；市场；供需；现状

1　引言

钛白粉（TiO_2）被认为是目前世界上性能最好的一种白色颜料，广泛应用于涂料、塑料、造纸、印刷油墨、橡胶、陶瓷、化妆品、化纤、食品、医药、电子工业和环保等行业。钛白粉与人民生活水平息息相关，是反映一个国家居民生活水平的重要标志。钛白粉是钛产业中供需最高的产品，近年来，规模一直呈增长趋势发展，钛白粉产量向发展中国家扩散，中国是钛白粉产量最具爆发力的发展中国家。

2　全球钛白行业供需现状

2.1　产能

2.1.1　按地区分布

近年全球各地区钛白粉产能及 2023 年产能预测见表 1，2021 年全球钛白粉产能约 899.1 万吨。钛白粉产能主要分布在亚太地区（包括中国和日本）、北美和欧洲。2021 年亚太地区（包括中国和日本）产

表 1　近年全球各地区钛白粉产能及 2022 年产能预测　　（万吨/年）

年份	2018	2019	2020	2021	2022f	2023f
亚太地区（除中国和日本）	62.6	62.3	63.8	63.8	63.8	64.8
中国	350	380	403.4	448.7	473	505
日本	29.3	29.3	28.4	28.4	28.4	26.8
中南美洲	41.8	42.0	42.0	42	42	42
欧洲中部	33.2	33.2	33.5	33.5	33.7	34.5
中东和非洲	18.0	18.0	18.0	18.0	18.0	20
北美	149.5	149.9	150.1	150.9	153.0	157.4
西欧	119.9	120.6	119.0	113.8	115.9	117.8
全球产能	804.3	835.3	858.2	899.1	927.8	968.3

注：f 为预测数据。

数据来源：TiO_2 Market Insight，2022 年 8 月，中国产能数据来自公开资料整理。

能为 540.9 万吨，占全球产能的 60.16%，其中，中国产能为 448.7 万吨，是产能占比最高的国家，占全球总产能的 49.91%。目前，国内钛白粉企业处于产能扩大和产能升级的阶段，预计未来全球钛白粉新增产能主要集中在中国，国外市场几乎没有新增产能。

2.1.2 按生产厂家分布

目前，全球主要钛白粉企业现有产能分布见表 2。全球主要的钛白粉厂家分布在中国、北美和西欧

表 2 全球主要钛白粉企业现有产能分布

公司	生产基地	产能/万吨·年$^{-1}$	工艺
科慕（Chemours）	美国密西西比州 DeLisle 厂	125	全部采用氯化法
	美国田纳西州新约翰逊维尔厂		
	墨西哥阿尔塔米拉厂		
	中国台湾观音厂		
特诺（Tronox）	美国密西西比州 Hamilton	22.5	氯化法
	澳大利亚 Kwinana	15	氯化法
	荷兰 Botlek	9	氯化法
	英国 Stallingborough	16.5	氯化法
	澳大利亚 Kemerton	11	氯化法
	沙特阿拉伯 Yanbu	20	氯化法
	巴西 Salvador	6	硫酸法
	中国江西添光	4.6	硫酸法
	法国 Thann	3.2	硫酸法
	合计	107.8	
泛能拓（Venator）	英国 Greatham	15	氯化法
	路易斯安那 Lake Charles	7.5	氯化法
	德国 Uerdingen	10.7	硫酸法
	德国 Duisburg	10	硫酸法
	西班牙 Huelva	8	硫酸法
	意大利 Scarlino	8	硫酸法
	马来西亚 Teluk Kalung	7.5	硫酸法
	合计	62.5	
康诺斯（Kronos）	德国 Leverkusen	55.7	氯化法 31%、硫酸法 2%
	德国 Nordenham		硫酸法 11%
	比利时 Langerbrugge		氯化法 16%
	挪威 Fredrikstad		硫酸法 7%
	加拿大 Varennes		氯化法 16%、硫酸法 3%
	美国 LakeCharles, LA		氯化法 14%
	合计		氯化法 77%、硫酸法 23%
龙蟒佰利	河南焦作（母公司）	25	硫酸法
	四川德阳	25	硫酸法
	湖北襄阳	15	硫酸法
	河南焦作新材料一期	10	氯化法
	河南焦作新材料二期	20	氯化法
	云南楚雄新立钛业	6	氯化法
	合计	101	
中核钛白	安徽马鞍山	15	硫酸法
	甘肃白银	10	硫酸法
	甘肃嘉峪关	8	硫酸法
	合计	33（粗品产能）	成品产能 40 万吨/年

数据来源：公开资料整理。

地区。由于2011~2016年全球钛白粉增产导致供给过剩，价格低迷，国际钛白粉巨头厂家产能持续收缩，在不断整合过程中，国外大型钛白企业数量逐渐减少，产能集中度不断提升，产能几乎全部掌握在跨国企业手中，国外较大的钛白粉厂商有科慕(Chemours)、特诺(Tronox)、泛能拓(Venator)和康诺斯(Krons)，这四家企业占国外钛白产能的77%，龙蟒佰利和中核钛白是国内钛白粉行业中的两个巨头，龙蟒佰利拥有钛白粉产能101万吨/年，规模居全球第三，国内第一，中核钛白拥有40万吨/年的金红石型钛白粉年生产能力，产能位列国内第二、全球第六位，龙蟒佰利的钛白产能扩张规划清晰，氯化法钛白粉占比不断提高，正处于战略扩张期，有望在短时间内成为全球产能最大的钛白粉企业。

2015年，科慕完成与杜邦公司的拆分工作，科慕钛白产能达到125万吨/年，一直位居全球钛白行业首位，2019年，科慕曾表示可能新建一套20万吨/年的氯化法钛白生产装置，但后续不了了之；2019年特诺完成对科斯特（Cristal）钛白业务的收购后，钛白产能提升至107.8万吨/年，极大地缩小了与科慕的产能差距，特诺主要业务的聚焦点在于和原科斯特的资产融合，原特诺和科斯特均具备钛原料配套设施，特诺收购科斯特后主要进行供应链的优化，该公司计划于2022年增产4万吨/年钛白粉以满足市场需求；泛能拓波兰Pori工厂火灾后，最初计划是迁址重建，后来考虑市场情况和投资回报决定放弃重建工作，据该公司2021年年报显示，预计泛能拓的芬兰波里工厂2022年停产，产能将减少2.5万吨/年；康诺斯暂无扩大产能的计划。由此可见，国外钛白市场供给集中，整体稳定。

2.2 产量

全球钛白粉产量及2023年产量预测见表3。2021年全球钛白粉产量为761.8万吨，亚太地区（包括中国和日本）是全球最大的钛白产区，占全球钛白粉产量的份额呈逐年增长态势，主要是因为中国地区钛白粉产量逐年增加。根据化工生产力促进中心钛白粉中心和钛白粉产业技术创新战略联盟秘书处统计的数据，2021年全国所有42家全流程型钛白粉生产企业的各类钛白粉及相关产品综合产量为379万吨，占全球钛白粉产量的49.63%。预计2023年全球钛白产量会随着市场需求的疲软而整体减少，由于市场需求下降及欧洲能源成本的升高，几家欧洲工厂预计将在2022年下半年降低开工率，预计北美地区的工厂将在未来一至两个季度保持较高的开工率。长期来看，目前还不能确定关闭或整合多少产能以抵消中国即将投入市场的产能，也不能确定中国是否会将新增的产能推向全球市场。

表3　全球钛白粉产量及2023年产量预测　（万吨）

年份	2018	2019	2020	2021	2022^f	2023^f
亚太地区（除中国和日本）	52.7	44.6	41.6	51.8	52.1	46.4
中国	295.4	318.1	351.2	379	405	425
日本	19.3	18.9	15.6	18.2	17.2	15.2
中南美洲	35.6	25.2	28.2	35.6	33.9	31.8
欧洲中部	24.4	24.1	24.2	24.8	20.0	23.5
中东和非洲	14.0	13.8	8.6	12.7	13.4	12.6
北美	136.0	117.7	123.3	139.9	134.5	123.7
西欧	100.4	99.7	92.3	99.8	95.9	84.8
全球产量	677.8	662.1	685	761.8	772	763.5

注：f为预测数据。

数据来源：TiO_2 Market Insight，2022年8月，中国数据来自公开资料整理。

2.3 需求

近年全球按地区统计的钛白粉需求量及2023年需求预测见表4。全球经济仍在受新冠肺炎疫情变化和俄乌战争的影响，特别是在美国和欧洲主要经济体，正在引发全球金融状况的收紧，在市场不确定性和全球经济增长低迷的情况下，对全球钛白需求增长的预期持续走低。国际货币基金组织下调了对2022年各国的GDP预测，原因是高通胀、新冠肺炎疫情和中国房地产市场低迷以及俄乌战争的影响导致金融收紧。由于新冠肺炎疫情封锁政策逐步放松，中国国内市场有所开放，但是市场需求仍疲软。欧洲地区能源价格成为不利因素，市场面临下行风险。美国市场目前对钛白粉的需求呈现阻力，最新数据表明已连续第二个季度出现需求负增长，通货膨胀率接近两位数水平，官方利率正在迅速攀升，所有这些表明，2022年三季度末和四季度钛白粉的销售应该会更加疲软。近几个月，中国钛白粉销售缓慢，欧洲在二季度也表现出放缓迹象，在2022年四季度，原料供应和运费上涨预计成为一些钛白粉生产企业的限制因素。全球范围内，钛白粉行业正显示出达到周期性高峰的迹象，TZMI对2022年中后期的峰值进行了建模，预计2023年将是需求的低谷年。

表4　全球钛白粉需求量及2023年需求预测　（万吨）

年份	2018	2019	2020	2021	2022^f	2023^f
亚太地区（除中国和日本）	90.1	89.8	96.9	115.8	118.1	108.3
中国	225.6	234.5	247.0	267.02	275	280
日本	18.6	18.4	16.3	17.5	17.8	18.0
中南美洲	44.1	43.6	43.3	53.7	52.8	47.4
欧洲中部	32.5	32.1	37.8	44.1	37.6	40.7
中东和非洲	41.0	40.7	34.9	40.8	39.5	37.3
北美	102.0	101.6	105.0	117.7	120.0	112.1
西欧	104.3	105.9	104.5	124.7	114.6	110.3
全球需求	656.97	666.7	685.7	781.32	775.4	754.1

注：f为预测数据。

数据来源：TiO_2 Market Insight，2022年8月，中国数据来自公开资料整理。

预计建筑行业和汽车行业仍是推动钛白粉需求的主要因素，涂料行业占钛白消费量的56%左右，其中消费量最大的国家是中国。据Artikol报告显示，钛白粉人均消费量最高的是德国，为4kg/人。美国人均消费量不到4kg/人，排名第二。意大利、西班牙、法国、韩国和澳大利亚等国家人均消费量在2~3kg/人。日本、英国和加拿大还没有达到2kg/人。巴西的人均消费量在0.9kg/人。俄罗斯人均消费量为0.6kg/人。印度人均消费量为0.2kg/人，但具有相当大的增长潜力。

3　中国钛白粉供需现状

3.1　产能

近年中国钛白粉产能统计情况见表5。

表5　近年中国钛白产能统计

年份	2018	2019	2020	2021
总产能/万吨·年$^{-1}$	350	380	403	448.7

从供给情况看，近年来中国钛白粉产能产量呈稳定增长态势。2021年，中国钛白粉产能448.7万吨/年，同比2020年增长11.34%，其中新增产能主要是集中在氯化法钛白产能。全球钛白粉产能增量主要来源于中国，2021年经建成投产的项目情况见表6，2021年新增产能有宜宾天原5万吨/年氯化法、山东金海10万吨/年硫酸法+6万吨/年氯化法、坤彩科技20万吨/年盐酸法和中信钛业6万吨/年氯化法，随着国内氯化法钛白技术成熟度的提升和环保政策的影响，新增产能以氯化法为主。

表 6　2021 年建成投产的项目统计

公司名称	地址	产能/万吨·年$^{-1}$	工艺	项目进度	投产时间	备注
中信钛业	辽宁锦州	6	氯化法	2019 年 9 月开工	2021 年 12 月建成投产	沸腾法。“十四五”期间规划 30 万吨/年氯化法，正在做前期准备
金海钛业	山东滨州	10	硫酸法	2019 年底开工	2021 年底建成投产	—
		6	氯化法	2019 年底开工	2021 年 12 月建成投产	沸腾法。正在规划二期 36 万吨/年
宜宾天原	四川宜宾	5	氯化法	2020 年 7 月开工	2021 年 9 月建成投产	沸腾法。“十四五”期间规划 40 万吨/年氯化法项目
坤彩科技	福建福州	20	盐酸萃取法	2019 年 8 月开工	2022 年 4 月建成投产	新工艺：盐酸萃取法。最终形成 50 万吨/年规模

数据来源：公开资料整理。

据不完全统计，扩建产能、新增产能超过百万吨，正在建设钛白粉产能见表 7。整体来看供应端新增产能较大，若继续开拓出口市场，将缓解产能增加的压力。值得注意的是如果新增产能全部实现量产，钛原料自给率将会成为企业竞争的一个关键因素。

表 7　正在建设的钛白粉项目统计

序号	产能/万吨·年$^{-1}$			项目进度	投产时间
	硫酸法	氯化法	盐酸法		
1		20		2020 年开工	预计 2022 年建成
2	20			2021 年 3 月开工	预计 2022 年底建成投产
3	6				预计 2022 年底前建成投产
4			2	2021 年 11 月 18 日正式开工	预计 2022 年建成
5	7				预计 2022 年建成
6		6		2022 年开工	预计 2023 年底建成投产
7		10		2021 年开工	预计 2022 年 10 月建成四氯化钛
8	10			2021 年 3 月开工	预计 2024 年建成投产
9		16		2021 年 3 月 11 日开工	2022 年三季度建成投产
10	20			2020 年开工	预计 2022 年初建成投产
合计	63	52	2		

数据来源：公开资料整理，不完全统计。

3.2　产量

近年中国钛白粉产量统计情况见表 8。

表 8　近年中国钛白粉产量

年份	2018	2019	2020	2021	2022 年 1~6 月
产量/万吨	295.4	318.1	351.2	379	206.52

随着新增产能的释放，产量大幅增长，2021 年中国钛白粉产量已达到 379 万吨，同比增长 8.0%，创历史新高。2021 年，我国钛白粉产量主要分布在四川、山东、安徽、河南、广西和江苏等地。其中，四川钛白粉产量占比约 22%，山东钛白粉产量约 15%，安徽钛白粉产量占比为 13%，河南钛白粉产量占比 12%，这四个省的钛白粉产量占总产量的 60%以上。

2021 年具有正常生产条件的全流程型钛白粉企业 42 家，年产量超过 10 万吨的有 11 家，5 万吨/年产能以下的钛白粉企业较多，行业集中度相对较低，整体供给格局稳定。2021 年中国产量超 10 万吨钛白粉企业产能及产量见表 9。

表 9　2021 年中国产量超 10 万吨钛白粉企业

序号	企业	产能/万吨·年$^{-1}$	2021 年产量/万吨	工艺
1	龙蟒佰利	101	900000	硫酸法、氯化法
2	中核钛白	33	324257	硫酸法
3	攀钢钒钛	23.5	243819	硫酸法、氯化法
4	金浦集团	23	204012	硫酸法
5	山东东佳集团	24	189105	硫酸法
6	中国化工集团	20	174478	硫酸法
7	山东金海钛业	31	157072	硫酸法
8	山东道恩钛业	14	123562	硫酸法
9	攀枝花钛海集团	10	114000	硫酸法
10	广西金茂钛业	12	112935	硫酸法
11	安徽安纳达钛业	10	102850	硫酸法

据统计，2022 年 1~6 月中国钛白粉产量约 206.52 万吨，较去年同期增长 8.29%，二季度，钛白市场受新冠肺炎疫情影响，多家生产企业减产停产，5~6 月产量才逐渐恢复正常。上半年由于新冠肺炎疫情和下游市场低迷的影响，国内钛白粉需求下滑，四川、山东等地钛白粉产量保持增长；上海、湖南等地产量基本持平；湖北、广西等地钛白粉产量下降。2022 年 7 月中国钛白粉产量 32.38 万吨，7 月国内钛白产量达年内新低，钛白价格持续大幅下滑，企业压力较大，企业产量也呈现不同幅度的下降。

根据国家化工行业生产力促进中心钛白粉中心的统计，2021 年，氯化法钛白粉产量为 37.6 万吨，氯化法钛白粉的产量占全国钛白粉总产量的 9.9%，占当年金红石型产品产量 12.0%，都较之上年有所增加。从生产工艺来看，目前我国仍以硫酸法为主，但近年来随着国家环保政策的收紧和氯化法钛白技术的突破，氯化法整体呈现较快上升趋势。但目前仅有少数几家企业如龙蟒佰利、锦州钛业等拥有氯化法生产技术，预计在国家政策的引导下，这些企业将会加速扩产并扩大市场份额。

近年中国钛白产品结构变化情况见表 10。从产品结构来看，国内钛白粉产品结构逐渐从锐钛型转变为金红石型为主，在 379 万吨钛白粉总产量中，金红石型产品为 312.6 万吨，占比 82.5%；锐钛型为 49.4 万吨，占比为 13.0%；非颜料级和其他类型产品为 17 万吨，占比为 4.5%；但国内金红石产品仍然以中低端为主，难以与国外大公司竞争。国内钛白粉 50%以上用于中低档涂料生产，而国外产品在国内主要用于高档涂料行业，如汽车面漆、建筑外墙用涂料等。国内外金红石型钛白粉销售价格也存在较大的差别，国内产品一般比进口产品低，主要原因是我国钛白粉行业虽然生产能力不断扩大，产量持续增加，但主要是量的增加，缺少质的提升。

表 10　近年中国钛白产品结构变化情况

年份	金红石型		锐钛型		非颜料及其他	
	产量/万吨	比例/%	产量/万吨	比例/%	产量/万吨	比例/%
2018	229.28	77.62	50.76	17.2	14.85	5.2
2019	254.53	79.87	51.83	16.30	11.79	3.7
2020	285.6	81.31	53.8	15.33	11.8	6.89
2021	312.6	82.5	49.4	13	17	4.5

3.3　表观消费量

钛白粉的需求与整个经济环境和国内外市场相关，需求增长与 GDP 增长基本同步，近年中国钛白表观消费量及人均消费量，见表 11。由表可以看出，在钛白粉应用相关行业的巨大需求的推动下，中国钛白表观消费量已从 2018 年的 225.63 万吨上升到 2021 年的 274.02 万吨，中国人均钛白年消费量从 2018 年的 1.61kg/人增加到 2021 年的 1.89kg/人。

表 11　近年中国钛白表观消费量及人均消费量

年份	2018	2019	2020	2021
表观消费量/万吨	224.34	234.47	246.62	267.02
人口数/万人	139538	140005	141212	141260
人均消费量/kg·人$^{-1}$	1.61	1.67	1.75	1.89

国内钛白粉行业经过多年的高速发展，行业的规模和产品的品质都得到了全面提升。钛白粉是一种多用途型的化工产品，其发展受原料、环保政策以及下游应用领域的影响，因此根据我国房地产、汽车行业等主要下游行业的发展前景看，稳中向好是国内钛白粉市场未来的发展趋势。预计 2021~2026 年我国钛白粉的市场会小幅度稳步增长，到 2026 年消费量增长约至 292 万吨/年。

3.4　进出口情况

近几年，国内钛白粉出口量增加明显，进口量相对平稳。2021 年，中国钛白粉出口量约 131.17 万吨，同比增长约 8.03%，2021 年我国钛白粉主要出口地有印度、巴西、韩国、土耳其、越南、印度尼西亚、阿联酋、马来西亚、法国和泰国等地区。其中，我国钛白粉出口到印度的量最多，出口量为 16.89 万吨，占比 12.88%。2022 年 1~6 月我国钛白粉出口量为 74.65 万吨，同比去年增 16.55%，上半年钛白粉出口形势较好，出口量排前三的国家及地区为印度 9.21 万吨、巴西 4.54 万吨、比利时 4.51 万吨，分别占上半年总出口量的 12.34%、6.08%和 6.04%。近年中国钛白粉进出口情况见图 1。

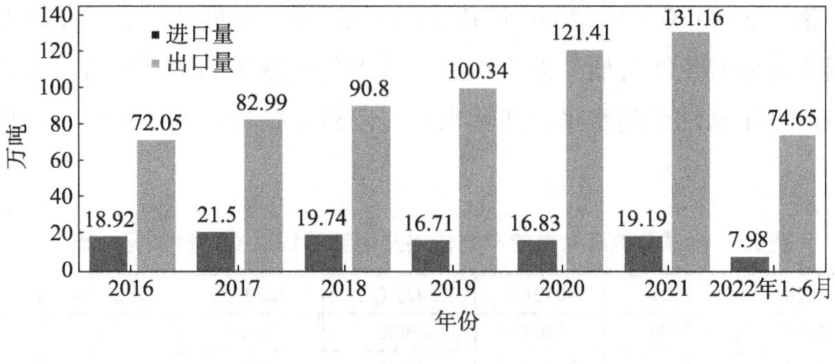

图 1　近年中国钛白粉进出口情况

2022 年前三季度中国钛白粉出口态势一直不错，目前欧洲能源危机的影响估计至少要等到 2022 年四季度才能显现，欧洲的能源危机可能会导致钛白产量的大幅下降，欧洲的主要市场份额需求向国内市场转移，但是值得注意的是欧洲钛白粉主要是氯化法钛白产品，产品的品质较高，用途和硫酸法产品不同，欧洲企业钛白产量的下降，国内硫酸法钛白企业能增加多少国外订单目前尚不能估计。

2021 年，中国钛白粉进口量约为 19.19 万吨，同比增长约 14.02%。2021 年中国钛白粉主要进口地有中国台湾、墨西哥、澳大利亚、美国、日本、德国、马来西亚、英国、西班牙和意大利。其中，从中国台湾进口的钛白粉量最多，进口量为 6.10 万吨，占进口总量的 31.79%。

2022 年 1~6 月我国钛白粉进口量为 7.98 万吨，同比减少 17.99%，进口量排前三的国家或地区为中国台湾 2.96 万吨、墨西哥 1.76 万吨和澳大利亚 0.85 万吨，分别占上半年总进口量的 37.09%、22.06%和 10.65%。

从钛白粉进出口单价上看（图 2），2021 年我国钛白粉进口均价为 3.072 美元/t，出口均价为 2.775

美元/t，进口均价高于出口均价，我国主要出口中低端产品，价格竞争能力小。2021 年受全球钛白粉供求下降，库存下降，钛白粉出口均价大幅度上升，达 2.775 美元/kg 左右。

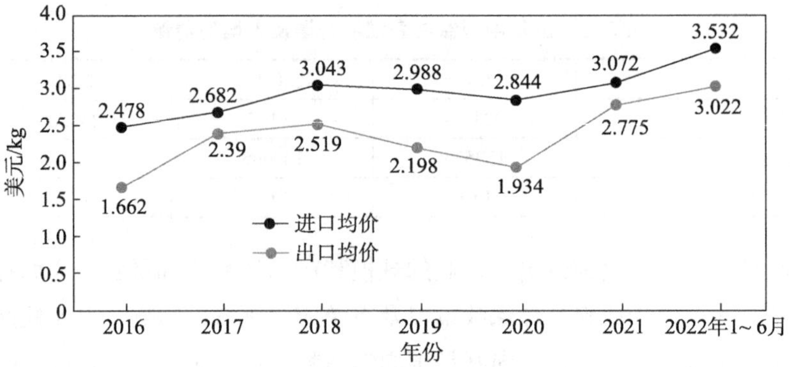

图 2 近年中国钛白粉进出口均价走势图

从钛白粉进出口数量分析，国内钛白粉进口量稳定在 15 万~22 万吨/年左右，而随着全球钛白粉需求的持续增长，中国已成为全球重要的钛白粉出口国之一。国内钛白粉出口总量快速增长的原因，一是由于国外钛白粉生产企业减少产量，导致部分订单转移至国内；二是由于印度等东南亚发展中国家经济的快速发展，基础设施的建设大幅增加了对钛白粉的需求；三是目前国内大多数企业生产硫酸法钛白产品，具有一定的价格优势，预计国内钛白粉企业后续仍将在国外市场保持一定的份额增长。

4 价格

全球各地区钛白粉平均价格及预测见表 12。2021 年全球钛白粉平均价格为 2968 美元/t，预计 2022 年全球钛白粉平均价格为 3180 美元/t。2020 年和 2021 年新冠肺炎疫情肆虐，全球对钛白粉生产的产品需求大幅飙升，各国政府为避免经济崩溃而再次注入巨大的刺激措施。在各方因素的加持下，钛白粉价格在 2022 年达到了近 10 年来的最高水平，实际来看，价格强劲走势还要持续一段时间，但已经显现出结束的迹象。

表 12 全球各地区钛白粉平均价格及预测（均以交付价美元/t 计）

年份	2020	2021	2022Q1	2022^{e}Q2	2022^{f}Q3	2022^{f}Q4	2022^f	2023^f
亚太	2039	2796	3009	2950	2710	2630	2828	2564
日本	2784	3179	3512	3502	3495	3481	3498	3331
其他亚太地区	2202	2859	3093	3154	3077	3061	3098	2958
中国-国内低质量	1655	2500	2707	2569	2208	2125	2404	2092
中国-国内高质量	2033	2984	3153	2952	2560	2497	2804	2470
中国-进口高质量	3092	3296	3528	3534	3434	3306	3447	3195
中南美洲	2480	3043	3350	3528	3479	3456	3453	3376
中东与非洲	2311	2921	3330	3347	3220	3204	3278	3164
北美	2888	3170	3512	3577	3638	3690	3603	3632
欧洲，美元	2571	3182	3502	3555	3518	3583	3539	3665
汇率	1.141	1.180	1.120	1.060	1.040	1.040	1.070	1.080
欧洲，欧元	2250	2692	3127	3353	3383	3445	3326	3395
全球	2333	2968	3237	3252	3252	3127	3180	3058
高质量	2842	3138	3471	/	/	/		/
低质量	1883	2798	3031	/	/	/		/

注：e 为估算数据；f 为预测数据。

数据来源：TiO_2 Market Insight，2022 年 8 月。

2021 年~2022 年 1~9 月国内钛白粉市场价格走势见图 3。2021 年国内钛白粉市场整体维持了强势行情，从 2020 年 7 月开始，价格一路高涨，创十年历史新高。钛白粉价格上涨的主要因素是原材料钛精矿和硫酸价格持续上涨以及紧张的现货供应。

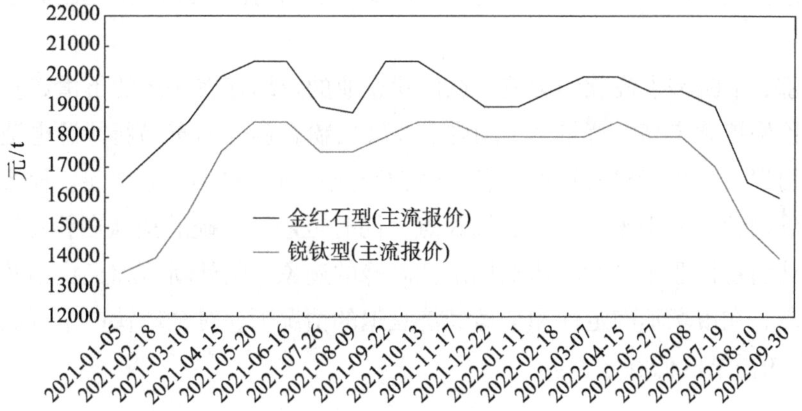

图 3　2021 年~2022 年 9 月国内钛白粉市场价格走势图

2021 年 1~3 月，国外疫情大暴发，国外工厂开工受影响，再加上国内工厂开工率较高，钛白粉出口订单暴增，6 月初，钛白粉市场价格涨至 10 年高点。高位震荡一个多月后，7 月是钛白市场的传统淡季，价格才开始回落，但受到成本居高不下的影响，钛白价格依旧处于较高位置。9 月国家发改委提出“双控”政策，能耗双控限电停产，多个钛白企业因碳排放超标被责令降负生产，部分牌号供应紧张，行业开工率从接近 80%降至 66%，9~10 月是钛白粉市场的传统旺季，钛白粉市场再迎涨价潮。11 月初，随着各地限气、限电结束，生产厂家恢复至常规水平，随着市场供应增加，同时需求疲软的情况下，两大原料钛矿、硫酸跌幅较大，钛白粉的成本降低，钛白粉市场价格下行。

2022 年 1~3 月，原油等国际大宗商品价格上涨，硫酸、氯气等基础材料价格涨幅明显，钛精矿价格一直处于高位，再加上物流以及能源等成本快速上升以及汇率贬值等因素，钛白粉价格在企业经营成本高位支撑下走高。二季度，受疫情影响，部分钛白粉厂家减产停产，下游行业也受到影响，6 月进入淡季，下游市场需求缩减，钛白粉价格连续下滑，进入“金九”传统旺季，但钛白粉价格却继续下跌，9 月初均价为 16352 元/t，由于下游房地产行业低迷，钛白粉需求减弱，预计四季度钛白价格可能继续下跌。整体来看，供给在大幅增长，需求在小幅稳定增长，未来预计国内钛白粉市场价格会面临考验。

5　小结

目前国外钛白粉市场供给集中，格局总体保持稳定，国外企业均无扩张意愿。我国钛白粉市场的发展还处在产能扩大和升级阶段，未来全球钛白粉自然增长的市场将主要来自我国。预计 2023 年以后，在能耗双控、环保趋严的大背景下，国内只生产硫酸法钛白的微小企业难以掌握氯化法等技术，这些企业逐步退出市场也会成为趋势。参考国外钛白粉行业的发展，国内龙头企业或许会持续兼并收购，进一步提高市场占有率。从需求端看，经历了 2021 年高景气周期之后，2022 年上半年钛白粉需求不振，国外市场受疫情以及俄乌战争的影响，钛白企业开工率低，在一定程度上刺激了国内钛白粉出口，产品出口量持续增加，在国内及东南亚等地区的高基建需求的带动下，钛白粉下游基建、地产等行业的恢复有望驱动国内钛白粉需求稳中向上。

从技术发展看，国外钛白粉企业多采用氯化法工艺，硫酸法钛白已经呈现退出趋势。国内钛白产能主要以硫酸法为主，由于氯化法钛白具有工艺流程短、易实现连续自动化、“三废”排放少、产品品质高等优点，氯化法是钛白粉生产工艺的主要发展方向。但就国内目前钛白粉行业的实际发展情况而言，氯化法的发展并不能完全替代硫酸法钛白的发展，未来一段时间内，在钛白企业做好环保及钛白副产物综合利用的前提下，硫酸法和氯化法或将保持共存发展的态势。近两年，随着坤彩科技盐酸法钛白产线的投产，盐酸法工艺被视为新兴技术，但产能提升需要一定的时间，还需关注盐酸法钛白工艺的技术发展。

受原料价格上涨，下游需求疲软的影响，钛白粉企业的业绩存在一定的下滑趋势，在锂电池行业不断向好，磷酸铁锂价格持续走高的背景下，国内多家钛白粉企业开始布局新能源电池材料，硫酸法钛白的副产品硫酸亚铁可以直接用于磷酸铁的制备，钛白企业具有原料端自给自足、降低生产成本的优势，布局新能源可以为钛白粉企业带来新的利润增长点，同时也避开了硫酸法钛白粉受限制的政策瓶颈。

全球范围内，钛白粉行业正显示出达到周期性高峰的迹象，国外新冠肺炎疫情政策逐步放松，但钛白市场需求仍然疲软，在市场不确定性和全球经济衰退的情况下，对全球钛白市场的预期持续走低，预计 2023 年将是钛白粉需求的低谷年。

近 20 年中国钛白粉市场变化及渠道服务变革

杨 涛 杨 逊 吴伟宏

（上海颜钛实业有限公司，上海 201700）

摘 要： 中国的发展翻天覆地，中国钛白粉行业近 20 年的变化也同样日新月异，用飞速发展证明着世界钛白粉生产重心东移的决心。政策端的鼓励、产业端的踏实落地，世界产能格局、技术创新突破、市场竞争格局、价格驱动因素、外贸出口空前、未来行业发展等，都在书写着历史。以上海颜钛实业有限公司为首的优秀渠道商，也在引领一场渠道服务飞跃式的变革。

关键词： 钛白粉；颜钛；氯化法、硫酸法；涂料

1 引言

钛白粉（titanium dioxide），是一种重要的无机化工颜料，主要成分为二氧化钛。钛白粉的生产工艺有硫酸法和氯化法两种工艺路线。在涂料、油墨、造纸、塑料橡胶、化纤、陶瓷等工业中有重要用途。

作为白色颜料之王，钛白粉因具有优良的光学性能和颜料性能所以备受青睐，众多业内外人士评价钛白粉的作用时都认为：钛白粉的人均消费代表着一个国家或地区的经济发展和发达水平，更代表一种文明程度。

中国钛白粉的发展之迅速，可以说是让人惊讶。钛白粉产品从无到有，交投市场从小到大，市场环境从不规范到逐步规范，话语权的逐步从西向东转移，以及未来制造业高效率、全球化的趋势，使中国钛白粉的全球化发展越来越惊艳。

2 近 20 年中国钛白粉市场变化

近 20 年是中国钛白粉市场变化最快的阶段，下面将从全球到中国的市场变化逐步细化、精准地定位，同时将影响钛白粉价格的驱动因素逐一分析。

2.1 全球、中国钛白粉产能、产量分析

近 20 年全球钛白粉产能见表 1。

从上述全球产能变化可以看出，近 20 年的产能几乎翻了一番，从 465 万吨增加 395.5 万吨，到 860.5 万吨，增幅为 85.05%。从 2002~2011 年这 10 年间，产能递增速度比较快，从 465 万吨增加 284 万吨，到 749 万吨，增幅为 61.08%。而 2012~2021 年这 10 年间，产能递增速度相对放缓，从 762.5 万吨增加 98 万吨，到 860.5 万吨，增幅为 12.85%。

近 20 年中国钛白粉产量见表 2。

作者简介：杨涛，上海颜钛实业有限公司董事长；杨逊，上海颜钛实业有限公司市场部部长。吴伟宏，上海颜钛实业有限公司总经理助理。

表 1　近 20 年全球钛白粉产能　（万吨）

年份	产能	年份	产能
2002	465	2012	762.5
2003	470	2013	779
2004	488	2014	790.5
2005	536	2015	814.5
2006	570	2016	801.5
2007	595	2017	807.5
2008	600	2018	817.5
2009	650	2019	831.3
2010	700	2020	851.2
2011	749	2021	901.2

数据来源：颜钛云商。

表 2　近 20 年中国钛白粉产量　（万吨）

年份	产量	年份	产量
2002	37	2012	189
2003	42	2013	215.5
2004	60	2014	243.5
2005	70	2015	232.3
2006	86	2016	259.7
2007	100	2017	286.95
2008	78.7	2018	295.38
2009	104.66	2019	318.1
2010	147.43	2020	351.2
2011	181.2	2021	379

数据来源：颜钛云商。

从中国的钛白粉实际产量情况来看，除 2008 年和 2015 年因金融危机和价格超低，导致全行业总产量下降，其他年份的产量整体保持高速增加的态势，全球钛白粉对中国的依存度也随之越来越高。

近些年，国外钛白粉生产商远没有国内活跃。相反最近 10 年，科慕、泛能拓、特诺、石原有关停操作，共涉及产能 40 万吨左右，国际巨头在做减法，扩产、加法的主战场还是在中国。随着国产钛白粉价格、品质等优势，世界市场占有率越来越高，基本形成了全球钛白粉看中国，中国也一跃成为钛白粉生产第一大国。

2.2　中国钛白粉行业竞争格局

从产业链的角度来看，上游与下游之间是不存在竞争的，只存在互相依存、互相依赖，只有行业内才存在竞争和内卷，而中国钛白粉行业主要竞争根据大致分为三大类：产品竞争、供应竞争和其他竞争。

产品竞争：锐钛型与金红石型的竞争；金红石型与金红石型的竞争；硫酸法与氯化法的竞争。

供应竞争：国内与国外的竞争；厂家与厂家的竞争；厂家与贸易商的竞争；贸易商与贸易商的竞争。

其他竞争：品牌的竞争；价格的竞争；量的竞争；信息的竞争；钛白粉与其“替代品”的竞争等。

2.3　中国钛白粉主要生产商及行业整合

中国钛白粉生产商基本形成“一超多强”发展格局。

随着产业及环保政策趋严，国家出台了钛白粉行业准入条件，对新建钛白粉企业年产量、生产工艺装置、生产工艺流程和相关技术指标等进行了明确规定。在 2021 年钛白粉市场份额占比中（按产量划分），龙佰集团以 24%的市场份额位居第一，中核钛白、攀钢钒钛、金浦钛业和安纳达市场份额分别为 9%、6%、4%和 3%。

近 10 年中国钛白粉行业整合情况见表 3。

表 3　近 10 年中国钛白粉行业整合情况

年份	收购方	被收购方	年份	收购方	被收购方
2014 年 10 月	中核钛白（002145）	无锡豪普钛业	2019 年 11 月	龙蟒佰利联（002601）	新立钛业
2014 年 10 月	科斯特（Cristal）	江西添光	2020 年 3 月	金浦钛业（000545）	江苏太白
2019 年 4 月	特诺（Tronox）	科斯特（Cristal）	2021 年 12 月	安徽超彩	攀枝花正源
2015 年 6 月	河南佰利联（002601）	四川龙蟒			

数据来源：颜钛云商。

综合实力相对较差的生产商被收购也算是找到一个好的归宿，而强强联合则有助于中国屹立于全球钛白粉行业的中坚力量，同时助推国内产业集中度的提高和低端产能的淘汰。

2.4　近年来中国钛白粉新增产能及分析

自 2015 年中国钛白粉行情跌入谷底以来，近年来价格市场持续处于高位，各生产商的毛利率均得到了很大提升，与此同时，中国钛白粉市场可以说迎来了新增产能的高峰期。

而早在 2011 年，国家发改委就在《产业结构调整指导目录（2011 年本）》中明确限制“新建硫酸法钛白粉”的产业政策，鼓励“单线产能 3 万吨/年及以上、并以二氧化钛含量不小于 90%的富钛料（人造金红石、天然金红石、高钛渣）为原料的氯化法钛白粉生产”。

颜钛钛行业分析师杨逊也从主要的新增产能及各生产商的情况，总结出两个主要特点：

（1）新增硫酸法新项目不一定批，有项目生产商的不一定投；

（2）自《钒钛资源综合利用和产业“十二五”规划》以来，氯化法钛白粉工艺遍地开花。

近年中国钛白粉行业新增产能统计见表 4。

表 4　近年中国钛白粉行业新增产能统计

序号	公司名称	工艺	新增产能/万吨	预计投产时间
1	山东东佳	硫酸法	6	2018 年 2 月
2	宜宾天原	氯化法	5	2019 年 3 月
3	龙佰集团	氯化法	30+20	2024 年
4	西陇化工	硫酸法	3	2019 年 10 月
5	贵州胜威	硫酸法	5+7.5+7.5	2023 年
6	宁波新福	硫酸法	10	2021 年 12 月
7	山东金海	硫酸法	10 硫+6 氯	2021~2022 年
8	内蒙古大地云天	硫酸法	10	2024 年
9	中核钛白	硫酸法	20+20	2022 年末
10	广西金茂	硫酸法	5	2021 年
11	坤彩科技	盐酸法	20+30	2022 年 4 月
12	中信钛业	氯化法	6	2021 年 12 月
13	天伦钛业	硫酸法	4	2021 年 Q4
14	龙腾钛业	硫酸法	10+15	2023 年
15	河北吉诚	氯化法	16+32	“十四五”末
16	中国建材凯盛	氯化法	8	–
17	广东鼎龙	氯化法	50	–
18	攀枝花全瑞	盐酸法	2+28	“十四五”期间
19	广东惠云	硫酸法	3	–
20	广西顺风	硫酸法	12	–
21	陕西中兴恒泰	盐酸法	12	–
22	湖南创大玉兔	硫酸法	10	–
23	潜江方圆	硫酸法	6	2022 年底
24	云南大互通	硫酸法	4	–
25	淮安市飞洋	氯化法	10	–
26	内蒙古国城资源	氯化法	20	–
27	江西添光	硫酸法	8	–
28	攀枝花海峰鑫	硫酸法	6	–
29	玉门静洋	硫酸法	3	–
30	攀钢钒钛	氯化法	6	2023 年底
31	仙桃中星	氯化法	10	–
32	山东祥海	氯化法	6	–

数据来源：颜钛云商。

2.5 氯化法和硫酸法工艺是否是更迭

从生产工艺看，全球钛白粉生产主要有硫酸法和氯化法两种工艺技术。其中氯化法钛白粉生产技术因具有工艺流程短、产能大、产品品质高、污染排放量小等显著优势而发展迅猛，在国际上已经是十分成熟的先进工艺。我国《钒钛资源综合利用和产业“十二五”规划》也明确提出培育高端市场。

氯化法技术拥有其自身的优势，但硫酸法技术不会被淘汰，当前来讲，氯化法只有优越性和完善性。硫酸法钛白粉因其具有更加广泛的应用途径和市场需求，将与氯化法钛白粉生产工艺长期共存。

2.6 与海外产品相比中国钛白粉的优势

国外钛白粉品牌在国际市场仍有很大的份额，一方面在于长期根深蒂固的历史和品牌效应，另一方面在于其地理和品质的优越性，另外在于其很多专用型钛白粉的无人匹敌（超耐候和导电产品）。而中国钛白粉依然依靠性价比等重要优势，连年创出口量新高。

2021 年中国钛白粉月度出口量及均价见图 1。

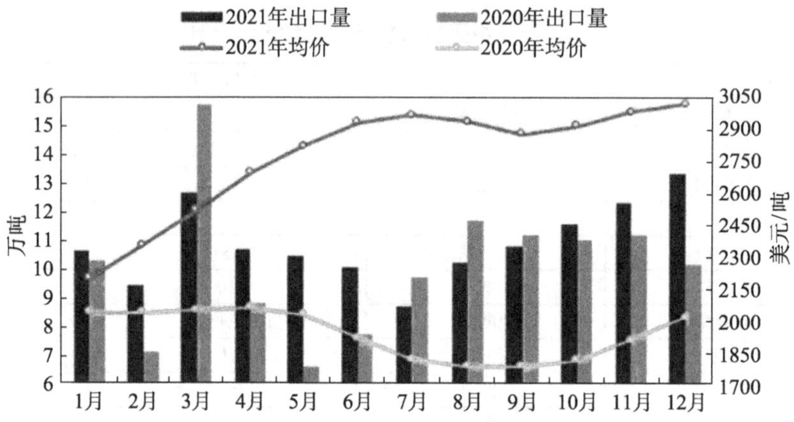

图 1　2021 年中国钛白粉月度出口量及均价

颜钛云商报道，根据海关总署提供统计数据，2021 年累计出口钛白粉约 131.17 万吨，同比 2020 年的 121.42 万吨增加了 9.75 万吨，同比增长 8.04%。

出口连年空前新高，颜钛钛行业分析师杨逊认为中国钛白粉的优势有四个：

（1）产品性价比高；

（2）品质提升速度快；

（3）生产商众多，可满足不同个性化需求；

（4）供应端优先级比较高。

2.7 在规范氯化法钛白粉产品上的动作

2.7.1 建议政策端鼓励

增加“氯化法钛白粉”税目。在国家发展和改革委员会印发的《产业结构调整指导目录 （2019 年本）》中，“单线产能 3 万吨/年及以上氯化法钛白粉生产”为鼓励类产业名录。在工业和信息化部印发的《工业绿色发展规划（2016~2020 年）》中，明确提出要加快传统产业绿色化改造关键技术研发，将氯化法钛白粉生产列为重点支持的生产工艺。但因与硫酸法钛白粉同税则号，产业经济鼓励政策长期受限。增列“氯化法钛白粉”税目，有利于促进氯化法钛白粉行业技术进步，提高国际竞争力。

2.7.2 项目严格新建准入、产品符合团体标准

根据《2021中国涂料工业年鉴》中所提，中国钛白粉行业面临的问题主要包括：资源消耗较高、面临产能过剩、行业发展问题、环保问题。对于产能过剩要防微杜渐。在限制新增产能，推进存量优化，淘汰落后产能的深化钛白粉行业供给侧结构性改革过程中，氯化法钛白粉也要严格新建准入标准，对于新入生产商做好原料、工艺、环保等细节审批，此举既是对生产商负责，更是对氯化法钛白粉行业负责。

由上海颜钛实业有限公司参与起草的《氯化法二氧化钛颜料》(T/CNCIA 01016—2021)团体标准，于2021年8月17日正式实施。对于现阶段已经工业化生产的生产商来说，保证出厂产品的质量优于该标准，尤其在TiO_2的质量分数、筛余物（45μm）的质量分数、TiO_2中金红石型的含量、干粉量、Fe的质量分数等综合指标上做好把关。

控制产能、提高质量，对于钛白粉行业规范化管理，有助于推进我国氯化法钛白粉行业健康有序发展。

2.8 近10年中国钛白粉价格“十大”驱动因素

2.8.1 疫情

由于疫情原因，部分钛白粉生产商的生产和销售都受到不同程度的影响，即便是在行情弱势区间，也有被迫停产而缺货的现象，一时间终端成交价格略有企稳和坚挺。

2.8.2 内需

国内需求的好坏是影响价格高低的最重要因素，根据经验判断基本是淡季走低、旺季走高，但最近几年仍会出现淡季不淡、旺季不旺的情形，价格市场也随之涨跌。

2.8.3 出口

2021年累计出口钛白粉约131.17万吨，同比增长8.04%，占全国总产量379万吨的34.61%。2022年1~8月钛白粉累计出口约97.65万吨，较2021年同期增加约14.59万吨，增长17.56%，预计2022年累计出口钛白粉150万吨。外贸出口一直是钛白粉重要的销售点，生产商和贸易商也格外重视海外市场且供应优先级也比较高，所以导致国内现货市场货紧价高。

2.8.4 环保/能源

近些年，随着钛白粉生产商的集中度越来越高，部分产业园区对于环保的督查也比较严格，受此影响，该地区生产商多限产、停产。加之季节性影响，电力、天然气等能源供应也有波动，各生产商也有不同程度的开工率下滑，现货供应量下滑，市场价格坚挺。

2.8.5 钛精矿/硫酸

钛精矿和硫酸是硫酸法钛白粉的两个重要原料，一般情况生产1t钛白粉需要用2.5t钛精矿和4.2t硫酸，其价格涨跌直接影响钛白粉生产商的成本。

2.8.6 物流

受众多综合因素影响，物流运费会随着特殊情况而波动，特别是敏感地区，收发货运费都比较高，且时效也有所降低。

2.8.7 大企引领

大型生产商的价格政策每次都会有一些行业价格走势的关键点起到示范作用，其他生产商会陆续跟进。

2.8.8 囤/备货

每到价格反弹拐点期间，贸易商和终端客户均有一些囤/备货操作，供应端持货商的库存会很快降低，更加坚定价格走势。

2.8.9 炒作

部分媒体和持货商会通过坊间传闻释放利多、利空信息，这些信息的真实性有待商榷，但他对价格市场的影响和暗示还是有一定刺激作用的。

2.8.10 共识

地域、行业比较集中的生产商有小范围共识的可能，对于该范围的价格走势往往需要另眼相看，有时候还会大面积影响走势。

2.9 未来五年中国钛白粉产品与行情发展预测

2.9.1 行情趋势

据颜钛云商数据统计，2012年我国硫酸法金红石型钛白粉均价为17350元/吨（含税），2022年，钛白粉的价格似乎应该有一个更合理定位。自2015年末钛白粉价格跌入谷底，近几年，随着国内外市场的综合利好，加之通货膨胀加持，预计上述情况或不会再有了，高位或成常态，价格市场或围绕一个供应端和需求端都舒服的价格上下波动。

2.9.2 产品趋势

我国钛白粉的生产始于20世纪50年代中期，1955年开始进行硫酸法钛白粉的研究，1956年在上海用硫酸法开始生产搪瓷和电焊条钛白粉材料。时至今日，在低碳环保的发展趋势下，为适应市场需求，氯化法工艺流程短、产能大和节能环保等优势，未来将迎来更大的发展机遇。此外，定制型产品、新领域应用及高端领域的替代也将成为未来5年钛白粉产品的发展趋势。

2.9.3 市场趋势

钛白粉两个最重要的特性：规范存储情况下可长期保存；暂无其他产品完全替代。所以这种循环式的需求将持续并越来越大。随着出口量连年空前，国产钛白粉越来越多地销往国外，所以竞争格局逐渐蔓延至全球，在这种形势下，供应端实力尤为重要。上海颜钛实业有限公司，作为“渠道龙企”，拥有管理优势、品牌优势、供应链优势、规模优势等，未来一定是“强者恒强”的硬实力天下。

3 钛白粉渠道服务的变革与未来发展空间

十年来，中国制造业增加值从2012年的16.98万亿元增加到2021年的31.4万亿元，占全球比重从22.5%提高到近30%，持续保持世界第一制造大国地位。中国在制造业取得辉煌的成绩，渠道、贸易、服务也随之取得了长足的进步，钛白粉行业的渠道服务变革也是有目共睹的。

3.1 渠道服务包括哪些内容

（1）产品服务。渠道服务中，产品服务是排在第一位的，随着渠道服务的发展，围绕产品的周边配套服务也越来越人性化，例如上海颜钛实业有限公司的产品服务主要包括：产品供应、质量把控、价格合理、库存预警、计划预留。

（2）信息服务。信息支持、行情分析、市场判断。例如上海颜钛实业有限公司会根据自身钛白粉、钛精矿等多产品产业模式获取的及时信息，反馈至大数据信息系统，然后为客户决策提供参考。

（3）技术支持。产品培训、配合研发。钛白粉选择时需考虑的因素包括白度、遮盖力、着色力、吸油量、耐光耐候性、光泽度、挥发分、分散性等，用户在使用钛白粉的时候，会根据自身生产的产品不同，做配方体系微调，包括新产品的研发，对于钛白粉的个性化定制要求。例如上海颜钛实业有限公司综合实验室可以提供技术支持、配方建议和个性化定制生产。

3.2 钛白粉渠道服务的变革

营销渠道是整个营销系统的重要组成部分，它对降低企业成本和提高企业竞争力具有重要意义。随着市场发展进入新阶段，企业的营销渠道不断发生新的变革，渠道的成本、控制、效率和效益之间的矛盾越来越不易协调，互联网、短视频等新兴载体的力量又增加了期间的变数。

（1）老。继续发挥传统渠道作用，即资源共担、专业化分工、信息传递与实物展示、区域关系资源、激励、税务成本优势等；

（2）新。模式调整快，时代节奏把握准，将互联网、短视频等新兴力量作为载体，实现低成本高效率销售。

新渠道的变化提供了一个渠道变革的选择机会，钛白粉行业的渠道已经在悄悄地变革，新老结合，选择渠道，顺势而为，是生产商间接创新营销渠道的大势所趋。

3.3 未来钛白粉渠道发展和供应链服务的空间

钛白粉是一个既有传统工业品的固有属性，又有新兴运维媒体的加持。在传统涂料、塑料、油墨、造纸等应用领域之外，化妆品级、电子级、催化剂级、医药级、食品级等领域正在逐渐兴起。自《钒钛资源综合利用和产业“十二五”规划》以来，氯化法生产工艺如雨后春笋般发展，包括盐酸法工艺的工业化突破，都为钛白粉传统的工业品的快速发展助力腾飞。

我国国家标准《物流术语》对供应链的定义为：“供应链是生产及流通过程中，涉及将产品或服务提供给最终用户活动的上游与下游企业，所形成的网链结构。”具体而言，供应链是围绕核心企业，通过对物流、商流、信息流、资金流的控制，从采购原材料开始，制成中间产品以及最终产品，最后由销售网络把产品送到消费者手中的将供应商、制造商、分销商、零售商、直到最终用户连成一个整体的功能网链结构模式。

钛白粉供应链服务的发展具有以下趋势：

（1）单纯的产品供应转向供应链协同。在数字化的大趋势下，渠道商需要与物流商、供应商和最终用户建立更加紧密的供应链协作关系，更好地响应客户需求的波动，降低供应链成本。

（2）定制化、服务化转型将成为钛白粉行业升级的大方向。中国已然是钛白粉生产大国，现在制造业要的不仅仅是效率，更重要的是精度，定制化、服务化转型，实际就是更精准、更高效地定位和开发用户的需求。

（3）数字化。大数据时代，客户需要钛白粉供应商能够提供非常全面的数据支持，形成流程化、规范化和制度化的管理机制，给客户提供整体的数据链，为企业客户的资源整合及运营协同提供决策依据。

参考文献

[1] 钛白粉百度百科 https://baike.baidu.com/item/%E9%92%9B%E7%99%BD%E7%B2%89/5133497?fr=aladdin.
[2] 张思楠. 我国制造业发展取得历史性成就[N]. 中国财经报, 2022-07-28(001).
[3] 陈朝华, 刘长河. 钛白粉生产及应用技术[M]. 北京: 化学工业出版社, 2006.
[4] 邓捷, 吴立峰. 钛白粉应用手册(修订版)[M]. 北京: 化学工业出版社, 2005.

低碳背景下硫酸法钛白工业发展路径

周明勇

（攀钢集团股份有限公司，四川省钒钛钢铁产业协会，四川攀枝花 617000）

摘　要：绿色、低碳、循环经济是国家统筹经济社会发展全局做出的战略决策，硫酸法钛白粉产业是比较适合我国钛资源特点的一个产业，目前产能已经接近全球钛白粉产能的50%，在低碳背景下硫酸法钛白企业必须依靠节能提升竞争力，走好低碳发展之路；积极推进环保减排，走稳绿色发展之路；创新思路变废为宝，走好循环经济之路；依靠科技强化攻关，走好质量强企之路。

关键词：低碳绿色；循环；提质发展；硫酸法钛白

1　引言

钛白粉因其优良的光学性能而成为最好的白色颜料，广泛用于涂料、塑料、造纸和油墨等国民经济的各个领域。钛白粉工业是指以钛精矿、酸溶性钛渣或富钛料等含钛物料为主要原料，用硫酸法或氯化法等工艺生产钛白粉的工业生产过程，我国已经成为世界第一大钛白粉生产国和应用国家，拥有接近全世界 60%的产能。按照 2021 年全国统计产量，硫酸法钛白粉产量约占全部产量的 90%，可以说，我国硫酸法钛白粉行业运行情况直接影响着世界钛白粉产业的状况；由于我国特殊的钛矿资源条件和行业企业结构特点，决定了短期内氯化法钛白粉还无法取代硫酸法钛白粉的主导地位，而硫酸法钛白工业本身在环保、能源和资源循环利用方面还有一定的进步空间，因此，在国家低碳政策背景下，硫酸法钛白粉工业如何发展是我们每一位钛白人需要认真思考的课题。

2　绿色、低碳、循环经济是国家统筹经济社会发展全局作出的战略决策

2020 年 9 月 22 日，习近平总书记在七十五届联合国大会一般性辩论上发表了“中国将提高国家自主贡献力度，采取更加有力的政策和措施，二氧化碳排放力争于 2030 年前达到峰值，努力争取 2060 年前实现碳中和”的重要讲话，从此，碳达峰碳中和的“双碳”概念进入我们大众视野。

2021 年 9 月 22 日，中共中央、国务院《关于完整准确全面贯彻新发展理念　做好碳达峰碳中和工作的意见》明确三个阶段的主要目标：到 2025 年，绿色低碳循环发展的经济体系初步形成，重点行业能源利用效率大幅度提升；到 2030 年，经济社会发展全面绿色转型取得显著成效，重点耗能行业能源利用效率达到国际先进水平；到 2060 年，绿色低碳循环发展的经济体系和清洁低碳安全高效的能源体系全面建立，能源利用效率达到国际先进水平。

2021 年 12 月 24 日，国务院发布《2030 年前碳达峰行动方案》，提出了“十大行动方案”。中共中央和国务院两个纲领性“双碳”文件为碳达峰碳中和工作指明了具体的工作方向，提出了明确的时间表。

同时，2021 年 2 月，国务院《关于加快建立健全绿色低碳循环发展经济体系的指导意见》要求，到 2025 年，我国能源资源配置更加合理，利用效率大幅度提高，主要污染物排放总量持续减少，碳排放强度明显降低，生态环境持续改善，绿色低碳循环发展的生产体系、流通体系、消费体系初步建成。可见，绿色、低碳、循环是国家统筹国际国内大局和经济社会发展全局作出的战略决策，钛白粉工业企业和产

业发展必须坚决落实国家的战略决策，走好绿色、低碳、循环发展之路。

3　我国硫酸法钛白产业现状及其困境

到 2022 年 8 月，我国共有钛白粉生产工厂 67 家（按照集团化管理统计口径，钛白粉生产企业共 53 家）。按照生产工艺情况分，硫酸法 59 家、盐酸法 2 家、氯化法 7 家；按照运行情况分，正常运行 63 家、停产（硫酸法钛白产能 6 万吨/年）1 家、新批在建 3 家；63 家正常生产运行工厂合计产能 509 万吨/年，其中，56 家硫酸法 403 万吨/年、1 家盐酸法 20 万吨/年、7 家氯化法 86 万吨/年。2021 年底和 2022 年新投产产能 63 万吨。

3.1　能源消耗、碳排放情况及其问题

根据抽样调研硫酸法钛白企业取得的数据，2021 年，硫酸法钛白生产能耗约 1000kgce/t 钛白左右，其中，金红石产品与锐钛、非颜料钛白的能耗水平各不相同；说明近几年来行业节能降耗工作取得一定成效。但是部分企业能耗水平还高于“绿色工厂”平均指标水平，也说明行业发展的不平衡，个别工厂节能降耗的任务还很重。

2021 年，硫酸法钛白工厂平均碳排放强度 3.0t CO_2/t 钛白，其中，因工艺差异，金红石产品与锐钛、非颜料钛白的碳排放水平也存在一定差异；由于在钛白废水中和处理过程中，部分企业要使用石灰石（粉）作为废水中和的原料，因此，要增加部分碳排放量，不使用石灰石粉做废水中和处理的原料，可以减少碳排放 20%左右。

从硫酸法钛白粉生产平均碳排放强度值要比同期钢铁产品碳排放强度值高出约 60%，说明目前硫酸法钛白粉生产的能耗是比较高的，还需要从节能降耗、寻找替代清洁能源上下功夫积极做好减碳工作。

3.2　固废资源循环利用情况及其问题

大部分硫酸法钛白粉企业生产要产生酸解渣、七水硫酸亚铁和工业石膏等三种主要固废，目前受新能源电池产业快速发展的带动，七水硫酸亚铁已经得到了较好的资源化循环利用，酸解渣通过再磁选钛矿后进行环保处理后堆存；因酸性废水中和产生的工业石膏或白石膏极少部分用作水泥缓凝剂或石膏建材得到资源化循环利用，个别企业用于回填矿山采空区；目前的生产工艺不仅使废水、废酸中的硫酸没有得到有效循环利用，还要消耗大量石灰或石灰石粉，直接或间接增加碳排放，而且 70%以上的工业石膏主要依靠固废渣场堆存，按照 2021 年硫酸法钛白粉产量，大约有 1500 万吨钛石膏没有得到循环利用而堆存在渣场，既造成资源浪费，也占用了大量的土地，还形成一定的环保风险，目前的循环利用水平与工业和信息化部《关于加快推动工业资源综合利用的实施方案》2025 年“工业副产石膏达到 73%”利用率的要求还相距甚远，工业石膏的资源化利用已是刻不容缓的课题，也是目前硫酸法钛白粉工业被社会重点关注的原因之一。

3.3　品质提升情况及其问题

近几年，我国硫酸法钛白粉生产水平有了比较大的进步，产品品质有了一定的提高，涌现出了像 R996、K95、R606、R2377 等众多的品牌美誉度比较好的品牌产品，产品出口近十年来增长了 2.4 倍。但是，从总体上看，我国硫酸法钛白粉产品品质还不尽如人意，在高端产品替代进口上进步不大，十年来，钛白粉进口量一直保持在 20 万吨/年左右，在表观消费量增长 60%的情况下，进口量占表观消费量的比例仅从 10%下降到近三年的 7%左右，2022 年 1~6 月钛白粉进、出口价格差始终保持在 400 美元/

吨左右，说明进口高端产品仍有极强的品质竞争力，进口高端产品一直牢牢占据着国内的高端市场。国内产品品质稳定性不好，分散、白度、亮度等指标差，应用性能参差不齐等是行业共性的质量问题。如何进一步提高产品质量，替代进口或进一步扩大出口不仅是缓解近两年行业快速扩张带来竞争压力的基本途径，也是钛白粉工业长期发展必须要抓紧解决的难题。

4　坚定不移走好绿色、低碳、循环经济发展之路

2021年10月，生态环境部发布《环境保护综合名录（2021年版）》，将“联产法硫酸法工艺钛白粉”排除在“高污染”产品名录之外；2022年7月，国家发改委在征求新的《产业结构调整指导目录》意见时，也将“联产法硫酸法钛白粉”排除在“限制类”目录之外，因此，国家是看到了近年来硫酸法钛白粉行业在节能减排上的进步，这些信息预示着硫酸法钛白特别是联产法硫酸法钛白粉将会有一个可期待的发展机遇，但是，如何发展却是考验行业经营者的一个难题。绿色、低碳、循环经济不仅是国家战略和社会发展的要求，也是低碳背景下硫酸法钛白粉企业生存发展的根本路径和不二选择，硫酸法钛白企业必须按照绿色、低碳、循环经济的要求走好发展之路。

（1）节能提升竞争能力，走好低碳发展之路。受能源价格持续上涨推动，能源成本已经占到硫酸法钛白粉生产成本的20%以上，天然气、煤炭等生物燃料价格继续上涨将会进一步推高能源成本，目前，大部分硫酸法钛白粉企业都达不到行业绿色工厂“能源低碳化”先进指标水平，因此，钛白粉生产节能降耗的任务还很重。其中重点是蒸汽、天然气和电耗的优化，目前个别硫酸法钛白企业金红石产品蒸汽消耗已经降到3t/t以内，但有的还要7t/t左右，差距巨大，钛白生产要加快改进酸解、钛液结晶与浓缩、水解、汽粉、废酸浓缩等生产工艺，引进先进技术，不断降低蒸汽消耗，同时，要加大对回转窑、酸解尾气、硫酸等生产工序不同梯度余热的回收利用，进一步减少对锅炉蒸汽或外购蒸汽的消耗。在天然气消耗上，个别企业回转窑生产金红石天然气单耗已经降到195m^3/t以内，但部分企业还需要240m/t甚至更高，钛白生产要加快淘汰小转窑，优化煅烧制度，提高窑前固含量，有效降低天然气消耗。

在减少CO_2排放方面，除了优化消耗之外要切实做好清洁能源的替代使用，要加大使用风电、光伏发电和生物质燃料等清洁能源的比例，减少化石能源用量；同时，做好钛白生产余热、余压的回收利用；目前，部分企业使用石灰石粉中和处理废水，产生的CO_2排放量要占总排放的1/4，要切实做好废酸、废水中硫酸的回收利用，减少使用石灰和石灰石粉的用量，是钛白生产减碳的重要途径。

（2）积极推进环保减排，走稳绿色发展之路。按照环评要求实现达标排放是行业已经完成的基本任务，在看到行业近五年来环保工作巨大进步的同时，必须看到国家建设绿色经济体系对硫酸法钛白生产的特别要求，未来绿色发展的任务会更加繁重。

一是要加大生产水循环利用力度，降低新水消耗，切实减少废水外排量，其实，钛白废水外排前的处理成本是比较高的，因此，提高生产水复用率也是企业降成本的重要途径之一；据调研企业平均水平，目前金红石生产外排废水量接近50t/t，达到了绿色工厂“生产洁净化”平均水平，但是还没有达到先进水平指标要求，而且，达到先进水平的企业不多，所以，要加大现场跑冒滴漏的管理力度，做好三洗水复用二洗、二洗水复用一洗的管控，切实减少废水外排量。

二是认真做好大气污染物治理工作。钛白企业周边关联方最关心的是大气污染物治理的效果，生产中烟尘颗粒物和硫酸雾的排放水平离绿色工厂“生产洁净化”先进指标还有一定差距，SO_2和氮氧化物的控制排放比照超低排放指标要求还有进一步优化空间，所以，硫酸法钛白生产期待更加先进的环保治理技术与装备的涌现。

（3）创新思路变废为宝，走好循环经济之路。为了有效去除钛精矿等原燃料带进生产过程的杂质，

硫酸成为最重要的硫酸法钛白粉生产“除杂”载体，由此产生了七水硫酸亚铁、废酸和酸性废水三种废弃物，为进一步解决废酸和废水中 SO_4^{2-} 出路，污水处理过程中加入石灰或石灰石粉或电石渣等碱性物质，由此产生约 6 t/t 的工业副产石膏，由于石膏中 SO_3 的含量低，所以，石膏利用又成了难以处理的难题，目前主要依靠堆存解决，占用大量土地甚至导致环保风险，其实，这是因为生产过程中回避了废硫酸“资源化利用”带来的问题，但是，产业发展走到今天，酸解渣、废酸、工业石膏甚至工业尾气中 SO_2 等的资源化循环利用已经是绕不过去的“坎”，必须重视并尽快加以解决。行业企业需要结合自身最有效资源条件和行业内外的成熟技术与装备，切实做好废水、废酸中硫酸的回收利用，既可以降低新酸消耗，更可以解决副产石膏的根本性难题。

（4）开展提质科技攻关，走好质量强企之路。品质是企业竞争力的体现，由于新建产能的释放，未来几年内钛白行业的竞争将是白热化的，提高产品品质，替代高端进口产品市场、扩大出口占领国外市场是解决新增规模释放、减轻竞争压力的基本途径。钛白企业要加大科技投入，联合下游用户瞄准未来发展趋势有针对性地开发新产品；着力解决产品高分散、高遮盖和抗老化的质量差距；切实加强生产过程管控，解决好生产及品质稳定性问题；要从用户需求出发解决好产品应用性能缺陷，提高产品应用性能检查能力，与用户一起做好钛白粉产品的应用方法选择，提高用户满意度。

复杂钪精矿与硫酸法钛白废液协同提钪新工艺

肖军辉[1,2,3]　钟楠岚[1]

（1. 西南科技大学 环境与资源学院，四川绵阳 621010；
2. 西南科技大学 固体废物处理与资源化利用教育部重点实验室，四川绵阳 621010；
3. 西南科技大学 四川省非金属矿粉体改性与高质化利用工程实验室，四川绵阳 621010）

摘　要：含钪钒钛磁铁尾矿经过分选富集至 0.006624%的钪精矿，含钪钛白废酸采集于四川德阳地区，其钪含量为 3.661mg/L。钪精矿采用焙烧改性预处理后，利用钛白废液中的游离酸，作为协同浸出分离钪的浸出剂。研究结果表明：在无盐焙烧、焙烧温度为 850℃、焙烧时间 2.0h、浸出温度 80℃、浸出时间 2.0h、浸出液固比 8、助剂为 NH_4F、助剂用量为 12%条件下浸出效果最佳，钪的浸出率可达到 83.90%，浸出渣钪含量下降到 0.00115%。钪精矿、焙烧矿和浸出渣的 SEM-EDS、XRD 及热重分析分析表征表明：钪精矿在焙烧时会有两次失重现象，辉石类、长石类矿物经过焙烧改性后，能够有效地分解释放出钪离子，为钛白废液浸出钪创造了有利条件，实现了协同强化浸出分离钪的目的。浸出过程中的热力学分析证明了反应的可行性。

关键词：钪；钛白废液；含钪钒钛磁铁矿尾矿；焙烧；协同浸出

New Process of Synergism Scandium Extraction from Complex Scandium Concentrate and Titanium Dioxide Wastewater

Xiao Junhui[1,2,3]　Zhong Nanlan[1]

(1. School of Environment and Resource, Southwest University of Science and Technology, Mianyang 621010, China;
2. Key Laboratory of Ministry of Education for Solid Waste Treatment and Resource Recycle, Southwest University of Science and Technology, Mianyang 621010, China;
3. Sichuan Provincial Engineering Lab of Nonmetallic Mineral Powder Modification and High-Value Utilization, Southwest University of Science and Technology, Mianyang 621010, China)

Abstract: Vanadium titanium magnet tailings containing scandium are sorted and enriched to 0.006624% scandium coarse concentrate, and titanium dioxide wastewater containing scandium is collected in Deyang, Sichuan province, its scandium content is 3.661mg/L. After roasting and modification pretreatment of scandium coarse concentrate, the free acid in titanium dioxide wastewater is used as leaching agent for the co-leaching of scandium. The results show that: Under the conditions of salt-free roasting, roasting temperature of 850℃, roasting time of 2.0h, leaching temperature of 80℃, leaching time of 2.0h, liquid-solid ratio of 8mL/g, leaching additive of NH_4F and leaching additive consumption of 12%, the leaching effect is the best. The leaching rate can reach 83.90% when the scandium content of leaching

基金项目：四川省科技计划资助项目(2022YFS0462, 2021YJ0057, 2021YFG0268)。
作者简介：肖军辉，工学博士，博士后，副教授，从事战略金属提取冶金研究；E-mail：xiaojunhui33@163.com。

residue is reduced to 0.00115%. The SEM-EDS, XRD and Thermogravimetric analysis of scandium coarse concentrate, roasted ore and leaching residue show that: There will be two weight-loss phenomena during roasting of scandium coarse concentrate. After roasting and modification, pyroxene and feldspar minerals can effectively decompose and release scandium ions, creating favorable conditions for the leaching of scandium with titanium dioxide wastewater, and realizing the purpose of synergic strengthening leaching and separation of scandium. Thermodynamic analysis during the leaching process proves the feasibility of the reaction.

Key words: scandium; scandium concentrate; titanium dioxide wastewater; roasting; leaching

1 引言

钪作为一种典型的稀散金属，在地壳中的含量极小且高度分散，绝大部分的钪分散伴生于其他矿物中。钪单质及其合金被广泛应用于照明行业，在电子、核工业方面也有很大前景，现阶段钪的应用主要受到产量的限制。自然界中钪主要存在于稀土矿、钒钛磁铁矿、红土矿渣中，现已知的含钪矿物有八百多种，主要以同构或吸附状态分布，成分复杂，分离和提取较为困难。我国钒钛磁铁矿主要分布于攀西地区，是一种复生型矿产资源，赋存于攀西钒钛磁铁矿中的钪绝大多数以离子替换形式存在，主要包含于钛普通辉石、钛铁矿和钛闪石中。尽管在钒钛磁铁尾矿中钪的含量较少，但针对数量庞大的尾矿对其展开提钪研究尤为重要。研究表明，在钛白废酸中也存在稀散金属元素钪。钛白废酸来自于硫酸法生产钛白粉时产生的废液，每生产 1t 钛白粉（TiO_2）不可避免地会产生 8~10t 废酸，大量废酸若不经处理直接排放，将会造成水体污染、生态环境恶化，并造成资源的损耗。在中国，每年产生的钛白废酸量高达 1200 万~1400 万吨，资源浪费量巨大[1-8]。

黄瀚等人以广西藤县钒钛磁铁矿为研究对象，在对尾矿进行炭粉还原焙烧后，采用冷冻结晶并且经过萃取达到分离钪、钒、钛、铁的目的。学者袁江涛通过对云南某公司的钛白废酸进行研究，发现在条件为萃取剂 P204：TBP：磺化煤油=15：5：8 时，钪的回收率可达到 92.86%。毛建军等人对攀西钒钛磁铁矿电选尾矿分别采用石灰焙烧-酸浸，钪的分解率达到 82.15%。黄雯孝等人通过研究分析攀西钒钛磁铁矿尾矿中钪在矿物中的分布规律及赋存状态，制定出“选矿预富集—碱性焙烧—酸浸—萃取与反萃取富集分离钪—制备氧化钪产品”的工艺路线，最终得到纯度为 60.40%氧化钪（Sc_2O_3）[9-18]。

此前的研究显示可以从钒钛磁铁矿中浸出提钪以及从钛白废液中萃取钪，但由于两种物料中的钪含量都较低，所以对于钪的回收都未达到良好的效果。虽然王录峰等人以钛白废酸和工业硫酸为混合浸出剂，采用酸法对钒钛磁铁矿进行直接浸出，但矿物中的钪并未浸出完全，最终钪浸出率仅有 72.68%，并未达到钪的回收标准[19-21]。本文作者利用这两种年产生量大的废弃物，同时考虑到攀西钒钛磁铁尾矿中钪的赋存状态以及物相分布，综合钛白废酸化学性质，决定采用“以废治废”的协同提钪新工艺，在对钒钛磁铁矿尾矿进行焙烧预处理后，利用含钪（Sc^{3+}）钛白废酸作为唯一浸出剂对其进行浸出，溶液中钪的含量增加更容易达到对钪综合回收的目的。

2 实验

2.1 试样性质

本研究采集攀西地区的含钪钒钛磁铁矿尾矿，采用磁选—浮选—重选联合分选工艺将该尾矿中的铁、钛进一步回收，同时获得了 Sc_2O_3 含量为 66.24g/t 的钪精矿，钪精矿的主要化学成分分析结果如表 1 所示。钪精矿中的主要化学成分为 SiO_2（46.63%）、Al_2O_3（14.29%）、CaO（12.89%）、Fe_2O_3 (9.50%)、

MgO（6.49%）以及含有 Sc_2O_3 66.24 g/t。图 1 试样的 XRD 测试结果分析，表明钪在钪精矿中的赋存状态比较分散，主要集中在辉石类、闪石类矿物中；EDS 图谱显示了各种金属元素的分布情况，同时也证明精矿中主要含有的金属矿为钛铁矿、磁铁矿、黄铁矿等[14]。采集于四川德阳地区采用硫酸法制备钛白粉过程中产生的钛白废液作为钪精矿浸出分离钪的浸出剂，钛白废液液中 Sc^{3+}浓度为 3.661mg/L，主要化学组成如表 2 所示。

表 1　钪精矿主要化学成分

Table 1　Main chemical composition of the scandium concentrate　(%)

成分	Al_2O_3	CaO	Fe_2O_3	MgO	Na_2O	TiO_2	P_2O_5	K_2O	MnO
含量	14.29	12.89	9.50	6.49	3.16	2.74	1.91	1.37	0.09
成分	SO_3	BaO	CuO	ZnO	Co_3O_4	Nb_2O_5	SiO_2	SrO	Sc_2O_3
含量	0.47	0.07	0.02	0.02	0.02	0.01	46.63	0.12	0.006624

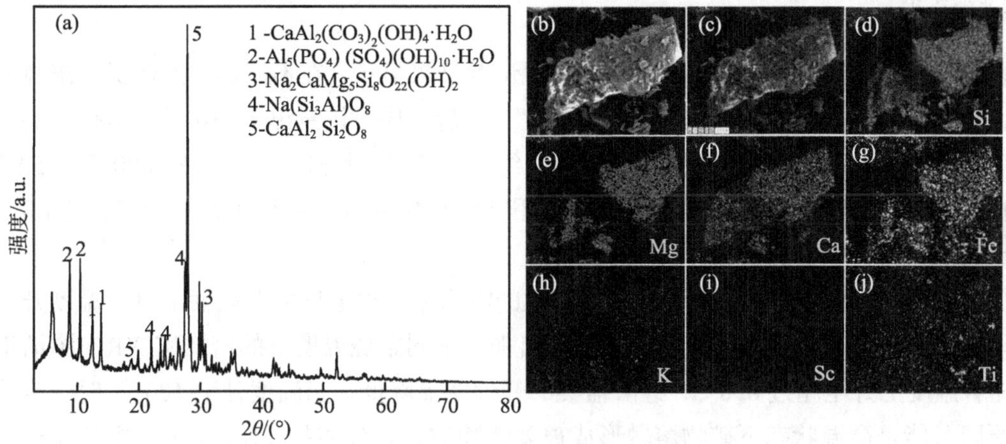

图 1　钪精矿 XRD 和 EDS 图谱

Fig.1　X-ray diffraction and energy dispersive spectroscopy of the scandium concentrate

表 2　钛白废液化学组成

Table 2　Chemical composition of titanium dioxide wastewater　(mg/L)

元素	Sc	Mg	Ti	Ca	Fe	Al	V
浓度	3.661	5844	3888	3871	22163	1893	77.828

2.2　试验方法

钪精矿中的钪主要赋存于辉石类和长石类矿物中，且赋存状态较为分散，若仅仅采用酸浸的方式很难将矿中的钪元素完全回收。本试验预先采用焙烧方法，利用高温对钪精矿进行活化焙烧，在高温条件下辉石类等矿物被破坏，存在于矿石内部的金属被释放出来，获得焙烧矿。再利用钛白废酸对焙烧矿进行浸出，最终得到溶解有钪、铁、钛等金属元素的浸出液。具体实验流程为：取一定量的钪精矿，在加有焙烧助剂或无焙烧助剂的情况下加水造粒，造粒后的精矿经过烘干后放入焙烧炉进行焙烧改性，得到的焙烧矿通过酸浸获得浸出液和浸出渣，然后通过电感耦合等离子体发射光谱（ICP-AES）测得浸出液中金属钪的含量，最后计算出钪的浸出率。钪的浸出率通过式（1）计算得出。

$$\eta = \frac{C_{vl} \times V - C \times M \times R}{C_{vs} \times M} \times 100\% \tag{1}$$

式中，η 为钪浸出率，%；C_{vl} 为浸出液中的钪含量，g/mL；C_{vs} 为钪精矿中钪的含量，g/t；C 为钛白废酸中钪含量，g/mL；V 为浸出液的体积，mL；M 为钪精矿的质量，g；R 为液固比。

2.3 分析与表征

利用扫描电子显微镜（SEM）的高分辨成像，能够清楚探究到原矿、焙烧矿、浸出渣的表面形貌，在能谱（EDS）的帮助下，可对不同阶段的矿物进行微区成分分析。利用 X 射线衍射分析（XRD）可对矿样进行物象分析，测试角度（2θ）范围为 3°~80°，扫描速度为 15°/min。由于每种元素都具有各自独特的特征光谱，电感耦合等离子体发射光谱仪（ICP-AES）通过检测钪元素在高温下发射的特征光谱，对金属钪元素进行定量分析。通过热重量分析（DTG-DSC）可以研究矿物材料的热稳定性和组分。

3 结果与讨论

3.1 焙烧工艺条件对钪浸出分离的影响

3.1.1 焙烧温度

通过添加硫酸盐、钙盐及无添加剂的焙烧对比试验结果显示，在不添加盐的情况下焙烧使得钪的浸出率更高，所以接下来本文作者将探究在不同温度下无盐焙烧对钪浸出率的影响。具体试验流程：称取一定量钪精矿加水造粒，烘干后进行焙烧。设置五组条件变量，焙烧温度为分别 400℃、550℃、700℃、850℃、1000℃，焙烧时间为 2.0h。焙烧矿磨细后用钛白废酸浸出，浸出温度为 80℃、浸出时间为 2.0h，浸出液固比为 6，结果见图 2（a）。

由图 2（a）可知，焙烧温度低于 850℃时，钪的浸出率随着温度的升高而上升，温度升高矿石被破坏，存在于钠长石、辉石等层间结构中的钪显露出来，不同焙烧温度下的焙烧矿 XRD 图谱正好展示了这一点，随着温度上升至超过 850℃，硅酸盐类的峰值明显降低。当温度升至 1000℃时，钪的浸出率反而下降，原因可能是高温状态下矿物熔融形成玻璃体物质，以硅酸盐（$Si_2O_8^{6-}$）为主的物料包覆在矿物表面，晶体性质稳定不利于钪的浸出。综合考虑，选择 850℃为最佳焙烧温度。

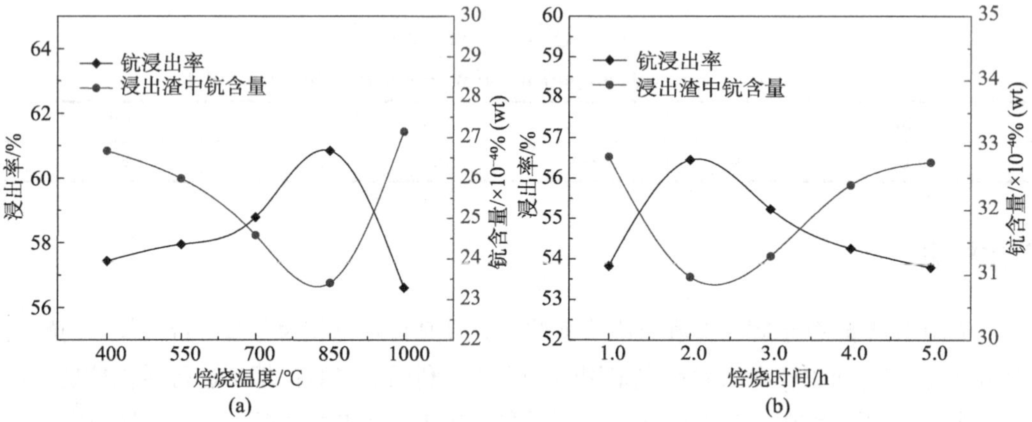

图 2　焙烧温度（a）和焙烧时间（b）对钪浸出率的影响

Fig.2　Effect of roasting temperature (a), roasting time (b) on scandium leaching efficiency

3.1.2 焙烧时间

确定最佳焙烧温度后，在试验条件为焙烧温度 850℃、浸出温度 80℃、浸出时间 2.0h、浸出液固比为 6 条件下探究焙烧时间对于钪浸出率的影响。焙烧时间设置 1.0h、2.0h、3.0h、4.0h、5.0h 五组，试验结果如图 2（b）所示。图 2（b）显示，焙烧时间对钪的浸出率影响显著，焙烧 2.0h 后达到最佳条件，钪浸出率为 56.45%，浸出渣中钪含量下降到 30.97%。随着焙烧时间的增加，钪浸出率急剧下降，浸出渣中钪的含量快速上升，说明矿物的熔融在 1~2h 内就基本完成。焙烧时间过长，矿物晶体结构发生变化，不利于钪的析出。所以选择最佳焙烧时间为 2.0h。

3.2 浸出工艺条件对钪分离的影响试验

3.2.1 浸出温度

在确定好焙烧温度 850℃和时间 2.0h 后，试验将从浸出温度入手，设置 40℃、50℃、60℃、70℃、80℃五个浸出温度变量，其余浸出条件为浸出时间 2.0h、液固比 6，具体试验结果见图 3（a）。如图 3（a）所示，钪浸出率与浸出温度呈正相关性，随着浸出温度从 40℃上升到 80℃，浸出率也随着从 51.0%显著提高到 61.85%。这与温度升高造成分子间活化能增加的影响密不可分，分子间碰撞增加加速钪的分离，随之浸出率上升。

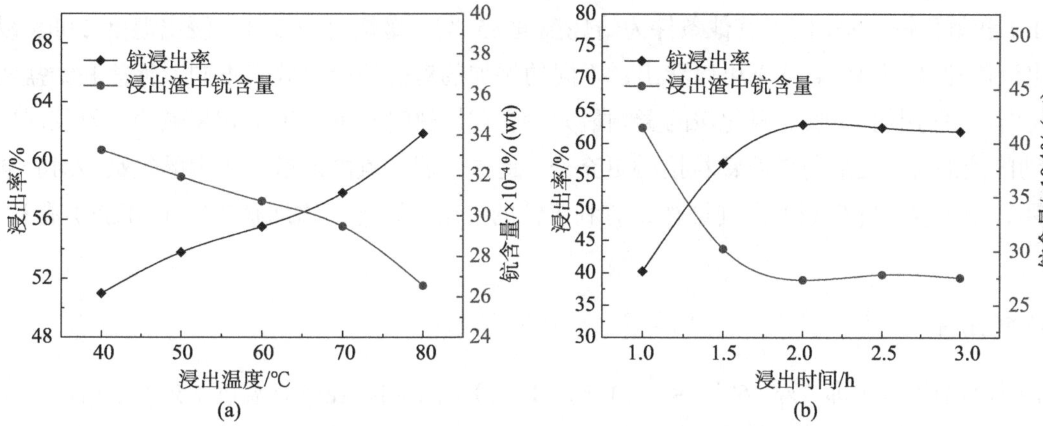

图 3　浸出温度（a）和浸出时间（b）对钪浸出率的影响

Fig.3　Effect of leaching temperature (a) and leaching time (b) on scandium leaching

3.2.2 浸出时间

在焙烧温度 850℃、焙烧时间 2.0h、浸出温度 80℃、液固比为 6 条件下，变量设置为浸出时间（即 1.0h、1.5h、2.0h、2.5h、3.0h）。如图 4（b）所示，钪浸出率从 40.24%上升到 62.91%，2.0h 后延长浸出时间浸出率基本不变，目标元素钪在 2.0h 内便能很好地浸出，这是由于经过高温焙烧矿物结构已变得疏松，比表面积有效变大，在搅拌状态下钛白废酸能更好地进入矿物内部。如果浸出时间过长，溶液整体酸度下降，浸出液浓度上升，浸出液中其他金属元素会增加钪的分离难度。因此，浸出时间在 2.0h 时浸出率最高。

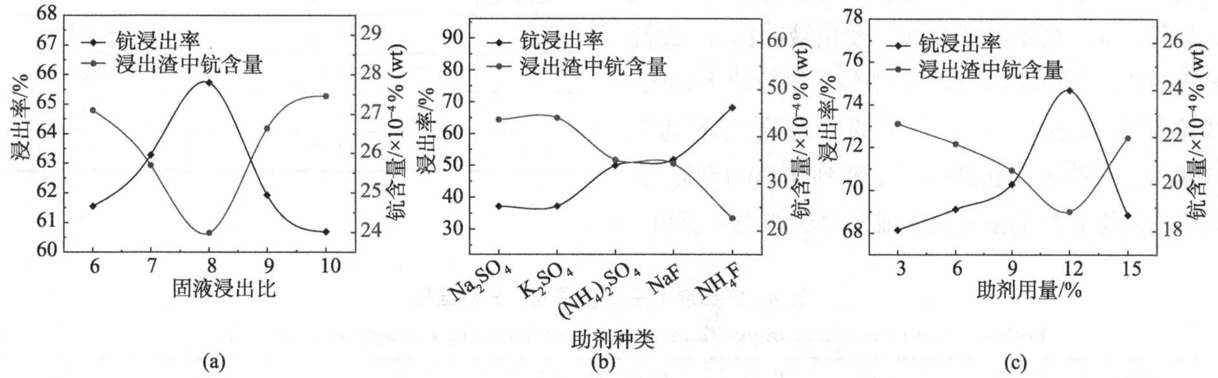

图 4　浸出液固比（a）、助剂种类（b）和助剂用量（c）对钪浸出的影响

Fig.4　Effects of leaching liquid-solid ratio (a), additive types (b) and consumption (c) on scandium extraction

3.2.3 液固比

在焙烧温度 850℃、焙烧时间 2.0h、浸出温度 2.0h、浸出时间 2.0h 的条件下，以 5 个不同的液固比(即 R=5mL/g、6mL/g、7mL/g、8mL/g、9mL/g、10mL/g)浸出 Sc。当 R 较低时，适当增加酸的量，可以使固液充分接触，在不完全浸出条件下，钪比其他离子更容易溶解。由图 4（a）可知，当液固比达到 8mL/g，Sc 的浸出率为 65.73%，浸出渣含量下降到 0.002399%。但是随着酸的用量增加，耗能也增加。在已知的浸出条件下，过高的液固比显示混合液需要吸收更多的热能来维持浸出需求。所以液固比大于 8mL/g 时，Sc 的浸出效率急剧下降。因此，选择液固比为 8mL/g 作为最佳条件。

3.2.4 浸出助剂

通过对焙烧—浸出条件的探索，钪浸出率明显提高，为进一步提高浸出率，浸出助剂的添加也被考虑在内。试验采用了五种添加剂，分别是硫酸钠（Na_2SO_4）、硫酸钾（K_2SO_4）、硫酸铵（NH_4）$_2SO_4$、氟化钠（NaF）和氟化铵（NH_4F），其他条件为焙烧温度 850℃，焙烧时间 2.0h，浸出温度 2.0h，浸出时间 2.0h，浸出液固比 8。从图 4（b）可以看出，不同的添加剂对钪的浸出效率不同，钾盐和钠盐两种添加剂的 Sc 浸出效率均小于 50%。氟化铵的影响最大，它在加热时分解产生氨和氢氟酸。氨从浸出系统中逸出，推动固液混合，使酸与矿石颗粒接触更充分，促进金属元素的溶解。产生的氢氟酸对硅酸盐矿石有腐蚀作用，更容易破坏矿石的层间结构，有利于钪的浸出。因此，添加氟化铵（NH_4F）有利于 Sc 的浸出。

3.2.5 助剂用量

探讨浸出助剂用量（即 3%、6%、9%、12%、15%）的影响将在焙烧温度 850℃、焙烧时间 2.0h、浸出温度 850℃、浸出时间 2.0h、浸出液固比 8、助剂氟化铵（NH_4F）的条件下进行。如图 4（c）所示，随着添加量从 3%增加到 12%，浸出率也从 68.15%增加到 74.68%，浸渣中的 Sc 含量由 0.002256%降至 0.001883%。提高助浸剂的消耗可以增加混合物的酸度，这有助于建立一个更有效的浸出体系，并削弱钪和其他金属元素之间的竞争反应。添加剂用量过大，会产生过多的氢氟酸，会对容器造成破坏，大量的氨也会对环境造成特别的危害。因此，选择添加剂用量 12%作为最合适的选择。

3.3 焙烧—浸出分离钪综合条件重复试验

鉴于钪浸出率比较低，综合本段前所探究的试验条件，焙烧消耗钪精矿 500g，浸出消耗焙烧矿 300g，在控制焙烧时间 2.0h、焙烧温度 850℃、浸出时间 2.0h、浸出温度 80℃、浸出液固比 8、助浸剂为 NH_4F、助剂用量 12%的条件下进行放大试验。试验结果如表 3 所示。钪的平均浸出率达到 83.90%，浸出渣中钪的品位下降到 0.00115%。三次浸出渣综合样的主要化学成分分析如表 4 所示。

表 3　综合条件重复试验结果

Table 3　Results of repeated test

重复次数	浸出渣中钪的品位/×10^{-4}%	钪的浸出率/%
1	12.32	83.04
2	10.89	84.81
3	11.27	83.86
平均	11.50	83.90

表 4　浸出渣的主要化学成分分析结果

Table 4　Main chemical compositions analysis results of the leaching residue　(%)

成分	Al_2O_3	CaO	Fe_2O_3	MgO	Na_2O	TiO_2	SO_3	SiO_2	Sc_2O_3
含量	13.54	10.72	12.06	5.19	4.23	5.85	1.46	46.92	0.001077

3.4　分析与表征

在氮气（N_2）气氛下对钪精矿进行热重分析，温度从100℃加热到1000℃，升温速率为10℃/min，结果如图5所示。图中DSC曲线在100~200℃出现上升，DSC曲线出现尖锐的吸热峰，分析是因为矿物中的残留水分汽化吸收热量。接着DSC曲线一直下降，可能是因为随着温度的上升，矿物逐渐形成玻璃体，放出热量。DSC曲线的分析结果说明，在1000℃高温条件下焙烧钪精矿的确会形成玻璃体物质。DTG曲线表征样品质量随温度或时间的变化速率，其峰值即为样品质量减小的最大速率。在图5中DTG曲线一共出现了两次失重峰值，大失重峰出现在100℃附近，另一次小的失重峰位于500~600℃区间。第一次峰值对应于自由水的蒸发，第二次峰值可能是矿物中碳酸盐类（Na_2CO_3、$MgCO_3$等）分解产生CO_2，使得矿物出现第二次失重峰。

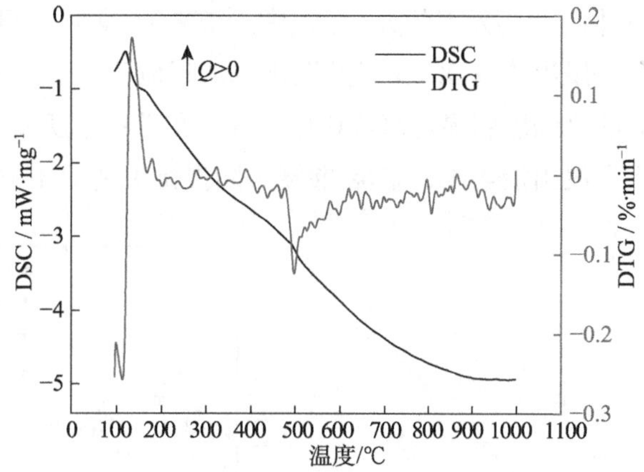

图5　钪精矿热重分析结果

Fig. 5　Result of thermogravimetric analysis of the scandium concentrate

对在最佳条件下进行浸出试验的钪精矿、焙烧矿、浸出渣进行扫描电镜和能谱（SEM-EDS）分析，结果如图6所示。对比分析两图可直观看出，图6（a）和图6（b）的钪精矿和钪焙烧矿表面较为光滑，

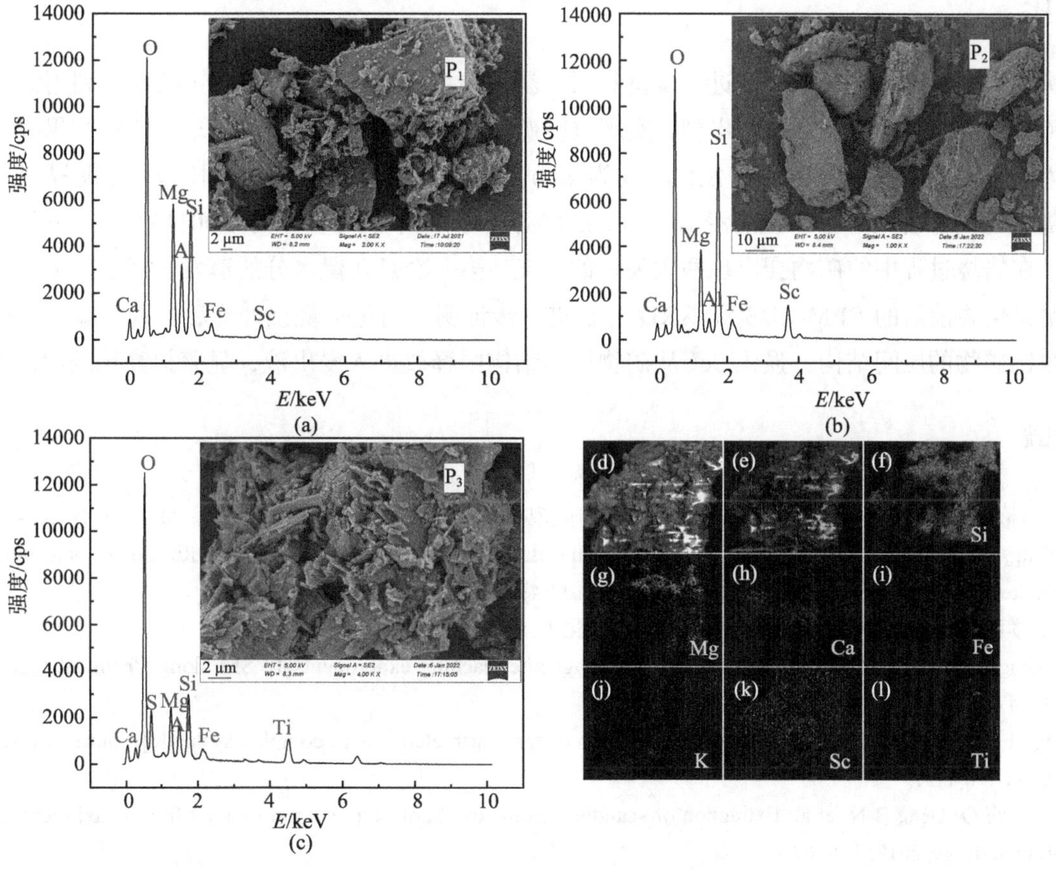

图6　钪精矿（a）、焙烧矿（b）、浸出渣（c）的SEM-EDS能谱图和浸出渣元素分布（d）~（l）

Fig.6　SEM-EDS images of (a) scandium coarse concentrate, (b) roasted ore, (c) leaching residue and leaching residue elements (d)-(l)

矿物断面较为平整，能谱图中明显含有钪元素；而图 6（c）的浸出渣表面颗粒较多，表面已经被酸严重侵蚀，能谱图中钪的峰显示不明显，证明钛白废酸侵入矿物内部，对矿物进行了有效的分解。图 6（d）~（l）中各金属元素的分布也较钪精矿有所减少，证明钪等金属元素很好地进入了浸出液中。图 7 中，焙烧矿与浸出渣的 XRD 对照图谱也清晰地反映了浸出前后矿物的状态。浸出渣中长石、角闪石、云母等物质的峰强度明显比焙烧矿中的高，在矿物中所占比例增加，说明经过酸浸，矿物中的金属元素有效地进入了浸出液当中，焙烧-酸浸协同提钪工艺对于钪的回收有效。

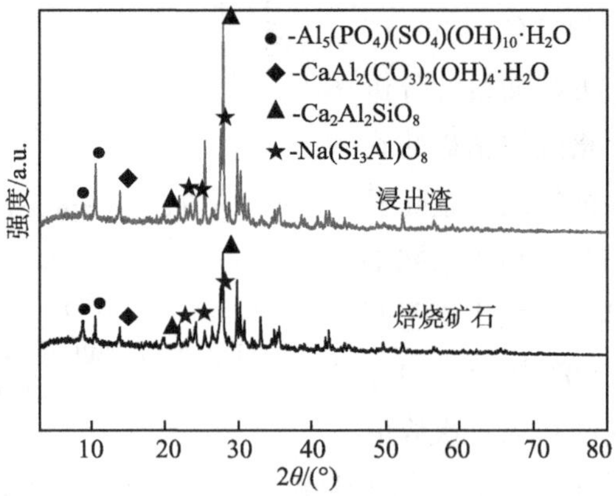

图 7 焙烧矿与浸出渣的 XRD 图谱

Fig.7 X-ray diffraction of the roasted ore and leaching residue

4 结论

含钪钒钛磁铁矿尾矿经过选矿进一步富集后，获得钪含量为 0.006624%的钪精矿，利用钛白废液中游离的硫酸作为钪精矿焙烧后的浸出剂，实现钪精矿与钛白废液中钪的协同提取。研究结果表明：在焙烧温度为 850℃、焙烧时间为 2.0h，浸出时间为 2.0h，浸出温度 80℃，浸出液固比为 8、助浸剂为 NH_4F、助剂用量 12%的综合条件下，钪的浸出率为 83.90%，浸出渣中钪的含量为 0.00115%。热重差热分析显示钪精矿在焙烧过程中的矿物会出现两次失重的情况，第一次是残留水分的蒸发、第二次是碳酸盐的分解。钪精矿焙烧前后的 SEM-EDS 和 XRD 分析进一步证明：通过焙烧预处理后有利于钛白废酸有效地进入了载钪矿物的层间结构，强化 Sc^{3+}从矿物层间结构中释放进入浸出液，显著提高钪的浸出率。

参考文献

[1] 欧杨，孙永升，余建文，等. 钒钛磁铁矿加工利用研究现状及发展趋势[J]. 钢铁研究学报, 2021, 33(4): 267-278.
Ou Yang, Sun Yongsheng, Yu Jianwen, et al. Research status and development prospect of utilization of vanaduim-titanium magnetite[J]. Journal of Iron and Steel Research, 2021,33(4): 267-278.

[2] 刘猛. 攀西钒钛磁铁矿中钪浸出实验研究[J]. 山东化工, 2017, 46(11): 47-48.
Liu Meng. Scandium in Panxi vanadium titanium magnetite leaching experiments[J]. Shandong Chemical Industry, 2017, 46(11): 47-48.

[3] Chang H T, Li M, Liu Z G, et al. Study on separation of rare earth elements in complex system[J]. Journal of Rare Earths, 2010, 28: 116-119.

[4] Li G H, Ye Q, Deng B N, et al. Extraction of scandium from scandium-rich material derived from bauxite ore residues[J]. Hydrometallurgy, 2018, 176: 62-68.

[5] Xiao J H, Peng Y, Ding W, et al. Recovering scandium from scandium rough concentrate using roasting-hydrolysis-leaching process[J]. Processes, 2020, 8(3): 365.

[6] 朱秀松, 肖骅昭, 肖绪琦, 等. 关于攀枝花、太和、红格钒钛磁铁矿中钪的赋存状态和选冶过程中的走向研究[J]. 化工冶金, 1981(02): 91-101.
Zhu Xiusong, Xiao Huazhao, Xiao Xuqi, et al. Study on the occurrence of scandium in Panzhihua, Taihe and Hongge vanadium titanium magnetite and the trend in the process of smelting[J]. Chemical Metallurgy, 1981(2): 91-101.
[7] 黄雯孝, 卢可可. 攀西钒钛磁铁矿尾矿中钪的提取工艺研究[J]. 矿产综合利用, 2020(2): 135-139.
Huang Xiaowen, Lu Keke. Study on scandium extraction technology for Panxi vanadium titanium magnetite tailings[J]. Multipurpose Utilization of Mineral Resources, 2020(2): 135-139.
[8] 黄瀚, 詹海鸿, 陈小雁, 等. 用钛白废酸浸取钒钛磁铁矿分离提取钪、钒、钛、铁的研究[J]. 大众科技, 2010(10): 146-147.
Huang Han, Zhan Haihong, Chen Xiaoyan, et al. Separation and extraction of scandium, vanadium, titanium and iron from vanadium titanomagnetite by leaching titanium dioxide waste acid[J]. Popular Science & Technology, 2010(10): 146-147.
[9] 许惠, 傅敏. 钛白废液的治理与综合利用研究进展[J]. 矿产综合利用, 2006(4): 34-37.
Xu Hui, Fu Min.Rearch progress in comprehensive utilization of spent acid and waste water in titanium dioxide production[J]. Comprehensive Utilization of Mineral Resources, 2006(4): 34-37.
[10] Zhang W G, Zhang T A, Li T T, et al. Basic research on the leaching behavior of vanadium-bearing steel slag with titanium white waste acid[J]. Journal of Environmental Chemical Engineering, 2021, 9(1): 104897.
[11] Peng X, Li L, Zhang M, et al. Preparation of ultra-high pure scandium oxide with crude product from titanium white waste acid[J]. Journal of Rare Earths, 2022.
[12] 袁江涛. 云南某公司钛白废酸提钪工艺研究[J]. 矿产与地质, 2017, 31(3): 636-640.
Yuan Jiangtao. Scandium extraction process of titanium white waste acid from a certain company in Yunnan[J]. Mineral Resources and Geology, 2017, 31(3): 636-640.
[13] 毛建军, 范剑琴, 佘宗华. 攀枝花选钛尾矿提钪工艺的研究[J]. 矿冶工程, 1996(4): 48-52.
Mao Jianjun, Fan Jianqin, She Zonghua. Scandium extraction from Panzhihua titanium tailing[J]. Mining and Metallurgical Engineering, 1996(4): 48-52.
[14] 王录锋, 张高庆, 闫月娥, 等. 攀西钒钛磁铁矿选钛尾矿中钪的浸出基础研究[J]. 稀土, 2021, 42(2): 94-101.
Wang Lufeng, Zhang Gaoqing, Yan Yuee, et al. Study on leaching scandium from Panxi vanadium titanium magneite tailings[J]. Chinese Rare Earths, 2021, 42(2): 94-101.
[15] 肖军辉, 彭杨, 陈涛, 等. 含钪钒钛磁铁矿尾矿焙烧-浸出提取分离钪[J]. 中国有色金属学报, 2021, 31(6): 1611-1620.
Xiao Junhui, Peng Yang, Chen Tao, et al. Extraction of scandium from Sc-bearing V-Ti magnetite tailings using roasting and leaching[J]. The Chinese Journal of Nonferrous Metals, 2021, 31(6): 1611-1620.
[16] 肖军辉, 施哲, 陈金花. 含钪钛矿石氯化焙烧—浸出分离钪研究[J]. 稀土, 2015, 36(2): 21-28.
Xiao Junhui, Shi Zhe, Chen Jinhua. Study on separation of scandium from scandium-containing titanium ore by chlorination roasting-leaching[J]. Chinese Rare Earths, 2015, 36(2): 21-28.
[17] Meng F Y, Li X S, Shi L, et al. Selective extraction of scandium from bauxite residue using ammonium sulfate roasting and leaching process[J]. Minerals Engineering, 2020, 157: 106561. https://doi.org/10.1016/j.mineng.2020.106561.
[18] Luo Y, Che X K, Cui X L, et al. Selective leaching of vanadium from V-Ti magnetite concentrates by pellet calcification roasting-H_2SO_4 leaching process[J]. International Journal of Mining Science and Technology, 2021, 31(3): 507-513.
[19] Peng H, Guo J, Lv L P, et al. Recovery of chromium by calcium-roasting, sodium-roasting, acidic leaching, alkaline leaching and sub-molten technology: A review[J]. Environmental Chemistry Letters, 2021, 19(2): 1383-1393.
[20] 丁威. 低铁含钪赤泥离析焙烧强化铁、钪分离提取新工艺及机理研究[D]. 绵阳: 西南科技大学, 2021.
Ding Wei. Study on New Process and Mechanism of Enhancing Separation and Extraction of Iron and Scandium by Segregation Roasting from Low Iron Sc-Bearing Red Mud[D]. Mianyang: Southwest University of Science and Technology,2021.
[21] 郝帅, 李诚, 席艺慧, 等. 拜耳法赤泥中钪的两步盐酸浸出工艺[J]. 环境工程, 2021, 39(1): 136-141+200.
Hao Shuai, Li Cheng, Xi Yihui, et al. Two-step hydrochloric acid leaching of scandium from red mud from Bayer process[J]. Environmental Engineering, 2021, 39(1): 136-141+200.

钛石膏中硫钙资源循环利用的技术创新

龚家竹[1] 吴宁兰[1] 王炜林[1] 谯光芹[1] 肖 勇[2]
张 跃[2] 巩蒙之[2] 刘世文[2]

（1. 成都千砺金科技创新有限公司，四川成都 610000；
2. 中车环境科技有限公司，北京 100071）

摘 要： 随着清洁能源和动力电池储能材料磷酸铁锂（LFP）和磷酸铁锰锂（LMnFP）的井喷式发展，钛铁矿中的铁元素较之钢铁冶炼行业及其他领域所产的铁元素，在全生命周期中能耗更低、更经济，作为伴生资源将是电池储能材料铁元素的最佳选项；尤其是硫酸法钛白副产硫酸亚铁（铁矾），也为硫酸法钛白粉生产原料钛铁矿中的“钛铁双资源利用”注入了强大的生命力和市场竞争力。然而，硫酸法稀酸处理副产钛石膏也将随之倍增，传统领域利用率低下，被动堆放处置的环保与经济问题还没有根本解决，将带来更大钛石膏固体废物处置和落伍堆放环保与社会问题。本文站在资源化利用与循环利用绿色、低碳、可持续基础上，提出钛石膏预处理半还原化学分解生产循环使用石灰和循环硫酸的创新工艺技术；可注入硫酸法钛白粉生产装置资源循环、绿色、低碳、可持续发展的市场竞争力和社会发展的存续力量。

关键词： 钛石膏；硫酸；石灰；资源

Technological Innovation of the Recycling of Calcium and Sulfur Resources in Titanium Gypsum

Gong Jiazhu[1] Wu Ninglan[1] Wang Weilin[1] Qiao Guangqin[1] Xiao Yong[2]
Zhang Yue[2] Gong Mengzhi[2] Liu Shiwen[2]

(1. Chengdu Qianli jin Technology Innovation Co., Ltd., Chengdu 610000, China;
2. CRRC Environmental Technology Co., Ltd., Beijing 100071, China)

Abstract: With the blowout development of clean energy and power battery energy storage materials lithium iron phosphate (LFP) and lithium iron manganese phosphate (LMnFP), the iron element in ilmenite is compared with the iron element produced in the steel smelting industry and other fields. In the whole life cycle, energy consumption is lower, more economical, as a companion resource will be the best option for battery energy storage material iron element; especially to producted byproduct ferrous sulfat in sulfures process of titanium dioxide pigment, it has also injected strong vitality and market competitiveness into the "titanium and iron element " in ilmenite, the "titanium iron double resource utilization". However, the sulfuric acid treatment of titanium gypsum will also double, the utilization rate of traditional fields is low, and the environmental protection and economic problems of passive stacking and disposal have not been fundamentally solved, which will bring more titanium gypsum solid waste auxiliary disposal and outdated stacking of environmental protection and social problems. Based on the basis of green resource utilization, low carbon and sustainable, this paper proposes the innovative technology of titanium gypsum

作者简介：龚家竹，成都千砺金科技创新有限公司，总经理，高级工程师；中国涂料工业协会钛白粉专家组专家，中国化工学会无机酸碱盐专业委员会副主任委员、磷酸盐专家组组长；作为第一完成人的“20kt/a 晶相控制、清洁生产金红石型钛白粉生产装置”获四川省科技进步奖一等奖，两项发明专利先后获国家知识产权局优秀专利奖，获得中国发明专利 32 项，美国和日本发明专利 1 项；E-mail: Jiazhugong@ 163.com。

pretreatment semi-reducing chemical decomposition production of lime and circulating sulfuric acid, and the titanium dioxide resource circulation, green, low carbon and sustainable development and social development.

Key words: titanium gypsum; sulphuric acid; lime; resources

1 钛石膏来源与工业副产石膏的地位

钛石膏来源于硫酸法钛白粉废酸与污水石灰中和处理工序[1-11]。硫酸法钛白粉生产中废硫酸产生的主要来源可包含为五类：一类是水解偏钛酸过滤时排出的滤液；二类是一类水解偏钛酸过滤后对偏钛酸滤饼进行洗涤后的洗涤液；三类是进行偏钛酸漂白时加入的硫酸以维持漂白还原高价金属离子的溶液酸度，在过滤时产生的滤液；四类是三类漂白过滤后滤饼的涤洗液；五类是生产装置中的酸性工艺废水如带沫冷凝液、尾气吸收液、泄漏地坪水等产生的组织收集液。

第一类作为水解偏钛酸过滤的滤液，其吨钛白粉的产生量即依赖于所选取生产工艺要求，比如酸钛比 F 值的高低（用矿种类、生产习惯），又依赖于所选用工艺生产的过滤设备，又比如是压滤机、还是摩尔过滤机等的过滤效率。通常其硫酸浓度在 20%~23%之间，每吨钛白粉产生量为 5~8t，占废酸总量的 60%~70%。通常所述的浓缩与循环返用的钛白废酸，仅是指此部分废硫酸[12-16]。

第二类作为水解偏钛酸过滤后的滤饼洗涤液，其产生量与第一类一样也取决于生产工艺的 F 值、过滤设备以及洗涤效率，硫酸浓度约在 1%~2%，每吨钛白生产量 20~30t，目前技术条件下没有经济的回收价值。

第三类因用矿种类、工艺优劣以及产品质量而定，硫酸浓度约在 4%~6%，每吨钛白粉产生量约在 2~3t，同样没有经济的回收价值。

第四类因用矿种类和产品质量而定，硫酸浓度约在 0.2%~0.3%，每吨钛白粉产生量约在 15~25t，同样没有经济的回收价值，而作为较先进的工艺是将其用作第二类洗液的进水。

第五类依赖于生产装置与技术管理的先进性而定，其产生的量和浓度不确定，更没有经济的回收价值。

因此，除了第一类 20%左右的浓废酸可浓缩除杂循环和耦合其他需要硫酸作为原料生产外（也有自身钛白装置水平衡局限，作为废水中和处理），其余四类因硫酸含量低均作为酸性废水进行处理[1-3,15-16]。目前技术条件下，污水中和处理，最实用经济的还是采用石灰石和石灰联合使用除去污水中的稀硫酸含量和大部分硫酸根；因此，不得不产生大量的中和副产石膏。由于中和处理工艺技术和设备的优劣，产生的石膏量也存在差异；如没有浓废酸浓缩回用与耦合其他用途的生产装置，吨钛白粉副产钛石膏量高达十多吨[15]。据不完全统计，2021 年全国硫酸法钛白粉产量 342.3 万吨，副产钛石膏实物（含大量游离水）近 3000 万吨。

作为硫酸法钛白粉污水中和处理产生的石膏，又称之为钛石膏；在工业副产石膏大家族中排列第三位，2020 年全国副产石膏与利用率见表 1。尽管石膏作为建筑胶凝材料具有广阔的应用市场；但是，由于环保要求处理燃煤尾气和磷化工生产所副产石膏是目前的技术条件下的经济选择，造成庞大的石膏固体废物几乎靠堆放处置；其本身的市场容量有限，造成石膏作为建材的应用市场捉襟见肘，杯水车薪。靠堆放处置的环境压力越来越大，不仅石膏中硫钙资源未得到利用，而且占用土地、污染水体。磷石膏综合利用率不到 40%，尽管不少企业与政府呼吁和要求“以渣定产”，因磷石膏环保问题环保巡视组每年曝光点名。脱硫石膏产生量与利用率因其相对优势较好也仅有 70%的利用率，仍然还有 30%进行堆存处置。仅 2020 年就有近 7000 万~8000 万吨磷石膏和脱硫石膏不能利用，需要被动地进行堆存处置，占据大量的土地[15-19]。因此，创新完全适应市场的工业副产石膏利用与循环利用新技术，满足社会与生态文明和可持续发展的需要，势在必行。而钛石膏作为硫酸法钛白粉的固体废副加工与利用，必须要站在“广义资源”的立场上进行生产技术与市场进行创新定位，不仅要满足所在区域的条件市场需要，更要结合自身钛白粉生产现实条件，从根本上解决钛石膏资源化利用的课题。

表 1 工业副产石膏量与利用率表

序号	名称与来源	年产量/万吨	利用率/%	备注
1	磷石膏	8500	39.78	来自磷肥工业
2	脱硫石膏	8150	71.6	来自热电厂
3	钛石膏	2600	35	硫酸法钛白粉
4	废陶模石膏	495	99	
5	芒硝石膏	380	40	
6	氟石膏	269	48	
7	盐石膏	258	21	
8	柠檬酸石膏	128	29	
9	合计	20780		

2 钛石膏的利用与窘境

钛石膏的利用有多种途径，但是，一是受市场制约，如与庞大的脱硫石膏竞争，毫无优势；二是区域的广义资源优势，因含水量与杂质，加工烘干脱水能耗高。

2.1 水泥缓凝剂

将硫酸法钛白粉直接中和副产的石膏经过适当的烘干去除其中 60%的游离水分，总游离水分低于15%后，用于生产水泥缓凝剂，可为目前具有就近水泥厂和水泥厂周边又无工艺副产石膏的硫酸法钛白粉生产装置的权宜之策。但是，需要双方生产能力的匹配，通常水泥缓凝剂的添加量在 5%~7%；5 万吨钛白粉生产需要 1000 万吨水泥匹配。不过，由于价值太低（仅在 100 元/吨之下），受市场运输半径与附近是否拥有磷石膏和脱硫石膏等工业副产石膏竞争的“广义资源”制约，需要“一地一策”全市场方位权衡。

2.2 建筑石膏利用

因钛石膏中含有大量的氢氧化铁，生产时进行空气爆气氧化成氢氧化高铁，通常钛石膏的另一个俗名称之为“红石膏”。除烘干作为水泥缓凝剂使用外，直接用于建筑石膏粉、纸面石膏板、石膏砌块和墙体等石膏胶凝材料领域均不能使用；因此，在中和沉淀石膏的污水处理时，进行分级沉淀生成“红”“白”两种石膏[15-16]。早期欧美硫酸法钛白粉快速发展时期，采用分段中和副产不含氢氧化铁的石膏（白石膏）和含氢氧化铁的石膏（红石膏）扩大中和污水副产石膏的应用市场领域；国内也有不少企业按此工艺生成红白石膏，因对沉淀机理（石膏结晶）认识不足，加之其中影响应用质量的杂质研究不深入，一是生产效率低，二是产品质量难以满足建筑石膏的要求，三是加工能耗高，四是成本高。如图 1 所示，2019 年石膏用量除水泥缓凝剂外，建筑石膏用量为近 4500 万吨，也没有钛石膏的市场踪影。

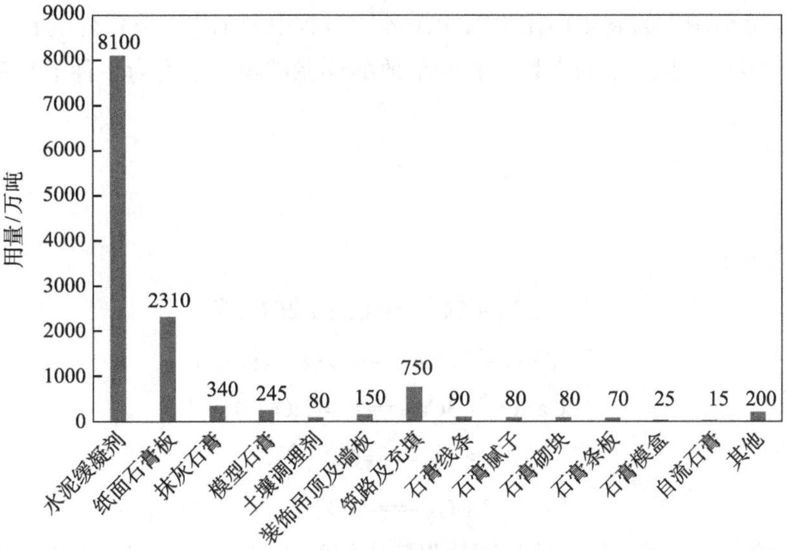

图 1　2019 年国内建筑石膏消耗量

再就是分离白石膏后的红石膏的市场开发与应用几乎为空白，日本石原开发的红石膏产品如下[15-16,19]：

（1）污水重金属吸附剂。因生产的红石膏中含有大量水合氧化铁能吸附水中的重金属含量。日本石原生产的红石膏，其产品名称为 Fix-All-heave，用于吸附和固定水合土壤中的重金属含量。其采用污水中含有的重金属各自为 20ppm，加入 200g/L 红石膏，搅拌 2h，进行过滤分离分析滤液中的重金属，吸附滤饼上的重金属 100mg/kg，试验结果见表 2，所有重金属含量下降到 0.01ppm。因此，红石膏不仅作为污水中除去重金属的吸附剂，也可以作为重金属污染严重的土壤修复剂和吸附剂，减少土壤中重金属涌入农作物的谷物中，减少镉大米等对人体的损害。

表 2　重金属吸附处理结果

重金属名称	砷（As）	硒（Se）	镉（Cd）	铅（Pb）
处理前/$mg \cdot L^{-1}$	20	20	20	20
处理后/$mg \cdot L^{-1}$	<0.01	<0.01	<0.01	<0.01

（2）有机挥发物分解剂。将一段中和分离白石膏后的滤液，加入氢氧化钠进行中和沉淀出水合氧化铁生成铁基氧化铁有机挥发物 VOCs（Volatile Organic Compounds）分解剂，滤液作为稀硫酸钠溶液用于污水循环利用与全资源利用工艺中。日本石原有机挥发物分解剂，其商品名为 MTV-Ⅲ，分解不同的有机挥发物的速率见表 3。

表 3　不同 VOCs 的分解速率

序号	VOCs 的被分解物质	分解速率常数/h^{-1}
1	四氯化碳	1.1×10^{-1}
2	1,1-二氯乙烷	1.7×10^{-2}
3	顺式-1，2-二氯乙烷	2.7×10^{-2}
4	四氯乙烯	1.5×10^{-2}
5	1,1,1-三氯乙烷	7.6×10^{-2}
6	1，1，2-三氯乙烷	3.5×10^{-2}
7	三氯乙烯	2.3×10^{-2}

综上所述，钛石膏产生量大，因其价值低，且受区域市场局限，传统的利用杯水车薪。发改环资〔2021〕381 号文《关于“十四五”大宗固体废弃物综合利用的指导意见》要求，化工固体废物综合利用率要达到 60%，钛石膏开辟新的利用技术与市场迫在眉睫，需要站在循环资源的角度，对以硫酸钙为主的钛石膏中钙硫两个资源进行深度循环利用。

3　钛石膏中硫钙资源循环利用技术

将钛石膏中的硫酸钙经过化学分解产生二氧化硫气体用于生产硫酸循环回钛铁矿酸解工序，减少钛白粉生产硫酸用量，分离剩下的氧化钙作为石灰循环回污水中和工序，取代外购石灰原料量，减少大量因生产稀硫酸和酸性污水中和产生的大量钛石膏堆放的环保难题，不失为一种节约资源、绿色、循环、可持续的创新方法。

3.1 生产原理

其主要化学反应如下：

$$CaSO_4 + 2C = CaS + 2CO_2\uparrow \quad (1)$$

$$3CaSO_4 + CaS = 4CaO + 4SO_2\uparrow \quad (2)$$

$$CaSO_4 + 3CaS = 4CaO + 4S \quad (3)$$

$$C + O_2 = CO_2\uparrow \quad (4)$$

$$S + O_2 = SO_2\uparrow \quad (5)$$

钛石膏半还原分解反应，由于是固体与固体界面之间的还原与半还原反应，化学反应过程分为三步：

第一步还原剂碳与硫酸钙进行深度还原反应生成硫化钙，反应式（1）；

第二步硫化钙再与硫酸钙进行半还原和半氧化反应生成二氧化硫气体和氧化钙，反应式（2）。二氧化硫气体经过净化、干燥、转化成三氧化硫，再吸收产出硫酸，循环回酸解工序；反应得到的固体即为氧化钙（石灰），循环回污水处理工序，取代外购石灰的量；

第三步反应式（3）与（4），为化学分解时，不需要产生的副反应；反应式（5）为还原分解提供热量反应，若还原剂碳产生此反应则也是不需要的副反应。这些副反应不仅消耗更多的碳，同时还要消耗更多的氧，结果是煤耗与空气量用量大。

3.2 生产技术发展

3.2.1 一代技术

1916 年德国拜耳在天然石膏中加入还原剂焦末，按石灰胶凝材进行配料，采用中空回转窑进行还原分解产出二氧化硫气体，经过气体净化用于硫酸生产，分解移走气体后的固体继续矿化反应生成石灰胶凝材料，这就是 100 多年前的一代石膏生成硫酸和石灰胶凝材料工艺技术[16-17]。

那时开发此工艺是为了寻求硫资源，而不是解决工业副产石膏固废环保问题。同样在 1970 年代，我国为了开发硫资源满足化学工业的发展，各科研机构及工厂也进行了大量的从石膏中寻求硫资源技术开发工作，如山西太原、湖北应城采用天然石膏，四川自贡、山东无棣采用盐石膏为原料。

缺点：一是单吨投资大，二是能耗高。

3.2.2 二代技术

1968 年奥地利林茨化学公司，使用一代技术，并采用磷石膏代替天然石膏在日产 200t 的硫酸装置上运行成功[16-17]。为了降低能源消耗，仿水泥工业的窑外预热工艺，于 1972 年在回转窑尾部增加立筒预热器，收到了很好的节能效果，可降低热耗 10%~15%。

国内采用二代技术有四家共四地。两家采用磷石膏，解决自身磷化工副产；两家采用天然石膏，因自身有石膏矿和石灰胶凝材料市场。

缺点：同样因投资大，能耗高，能量利用率仅有 30%。

3.2.3 三代技术

国内授权多项发明专利[16-22]，在掌握化学反应机理上将石膏半还原分解过程中弱氧化气氛与石灰生产强氧化气氛清除硫化物还原物质的两个反应分开，提高了装置生产效率和热利用率，减少了投资费用和大幅度地节约了能耗，投入的生产装置显示较之第二代石膏分解技术，投资费用减少三分之一，能耗节约 40%。

3.2.3.1　工艺流程

生产工艺流程如图 2 所示。

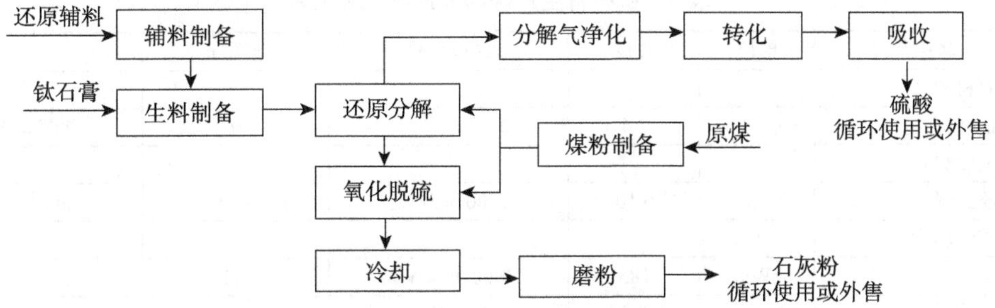

图 2　钛石膏分解生成循环硫酸和循环使用石灰流程

3.2.3.2　流程叙述

钛石膏与制备的辅料（还原剂）经过配料制成进料原料，制成的原料送入半还原化学分解转窑，在低氧含量气氛下将钛石膏的硫酸钙进行半还原分解；分解生成的氧化硫气体由窑尾排除送入硫酸系统。经过除尘、动力波洗涤、电雾净化后，气体进行干燥，干燥气体进入转化器转化，转化后的气体再经过吸收生产出硫酸，作为商品硫酸外供或钛白粉生产循环自用。

钛石膏分解移走气体后的固体，因含有少量的硫化物，再进入氧化脱硫转窑在高氧含量气氛下全部转化生成的氧化钙固体，经过冷却、磨粉后，送入石灰产品仓外卖和循环到钛白粉污水站自用。

3.3　装置项目建设

3.3.1　装置项目内容

全年钛石膏处理量 20 万~25 万吨，每天 600~800t，视现有污水站优化改造套用。

全年硫酸产量 10 万吨，日产硫酸 300~330t，循环自用。

全年石灰产量 8 万吨（按 75%~80%CaO 计），日产生石灰 240~260t，循环自用。

3.3.2　装置占地

视现有硫酸法钛白粉生产装置及钛石膏产生与储存及运输方式可否耦合利用（办公、配电）。大约占地 40~50 亩。

3.3.3　估算投资

3.3.3.1　石灰系统生产装置

含辅料、煤磨、配料、分解窑、烧成窑、粉末等工序装置（不包括现污水站优化改造），投资估算 3200 万元（2022 年 9 月行情）。

3.3.3.2　硫酸生产装置

含窑气热回收、净化、干燥、转化、吸收、尾气处理，投资 3600 万元（2022 年 9 月行情）。

3.3.3.3 投资合计

投资合计：6800 万元（不含土地费）。

3.3.4 生产成本

生产成本（以吨硫酸计算），见表 4。

表 4 钛石膏生产硫酸联产石灰总成本

序号	名称	单位	数量	含税单价	金额/元	备注
一、	原材料					
1	钛石膏	t	2.4	0	0	含游离水 20%
二、	辅助材料					
1	还原煤	t	0.10	1500 元/吨	150	高硫煤（无烟）
三、	燃料动力					
1	电	kW·h	185	0.60 元/kW·h	111	
2	工业用水	t	0.5	2.0 元/吨	1.0	
3	燃烧煤	t	0.25	1300 元/吨	325	高硫煤（价格更低)
四、	工资及附加				60	
五、	制造费用					
1	折旧费				60.0	
2	大修费				24.0	
3	机物料消耗				6.0	
六、	总成本	t			737.0	

3.3.5 经济效益

3.3.5.1 年产值

石灰按 500 元/吨计算,硫酸价格按 450 元/吨计算，年销售收入为：

$$10\times 450+8\times 500=8500\text{万元}$$

3.3.5.2 直接经济效益

石灰按 500 元/吨计算，硫酸按 450 元/吨计算，每年获得的直接经济效益为：

$$(10\times 450+8\times 500)-(10\times 737)=1130\text{万元}$$

3.3.5.3 间接经济效益

每吨钛石膏堆存与管理（包括土地租用）费用平均为 20 元，不包含新增的固体物排放税及现有政府鼓励政策，其间接效益为：

$$25\times 20=500\text{万元}$$

3.3.5.4 经济评价

将钛石膏还原分解制取循环硫酸和循环使用石灰，投资 6800 万元，每年消除 25 万吨钛石膏固废的堆放，可产生 8500 万元的生产产值和 1130 万元的直接经济效益。

4 结论

国家《“十四五”大宗固体废物综合利用指导意见》提出，在“十四五”期末，到 2025 年，煤矸石、粉煤灰、尾矿（共伴生矿）、冶炼渣、工业副产石膏、建筑垃圾、农作物秸秆等大宗固废的综合利用能力显著提升，利用规模不断扩大，新增大宗固废综合利用率达到 60%。钛石膏作为工业副产石膏，其资源利用是国家的战略性新兴产业，是“十四五”建设生态工厂的重要任务。钛白粉工业中，硫酸是举足轻重的原料，也是硫资源的主要消耗领域，占总量的 30%。我国是一个硫资源不足的国家，每年需要进口大量的硫磺以满足国内磷化工、钛化工生产需要。2021 年我国钛白粉产量 380 万吨，硫酸法 340 万吨，需要硫酸 1500 万吨，2021 年我国进口硫磺 930 万吨，占全球硫磺贸易的 30%左右，因此国际硫磺价格一直较高，稳居不下，有时甚至大幅飙升。2022 年上半年国际硫磺价格曾经飙升，进口硫磺达到 3600 人民币元/吨，导致硫酸价格涨到 1150 元/吨，严重影响我国硫酸使用企业的经济效益。

在“双碳”背景下，水电、光电和风电这些清洁能源的储能电池材料磷酸铁锂、磷酸铁锰锂发展暴增，需要大量具有经济竞争力的来自硫酸法钛白粉生产硫酸亚铁，但钛石膏的增量将带来更大的环保问题，需要创新技术与理念去解决。

据悉，以色列已研发出汽车专用蓄电池，定名“闪电”，充电 5 分钟，续航 460 公里。较之三元锂电池轻。政府由此宣布在 2025 年前，停止使用目前的汽、柴油车，拖拉机，工程机械等车辆，全部使用电动汽车。美国也宣布到 2028 年内，在全境停止使用以汽柴油为动力的汽车，拖拉机、收割机，工程机械用车，全部更换为电动智能车和电动农用、工程机械用车；美孚、埃索石油公司等宣布，撤销撤除在全美境内 47%的石化炼油厂设备，加油站大幅裁员，将加油站改为充电站。随着燃油车退出市场，炼油厂关闭，来自石油副产硫资源减少，高效低耗的钛石膏还原分解制取硫酸联产石灰技术将迎来一个钛化工行业新模式的光明前景。

总之，技术项目的建设符合国家产业政策和生态文明建设的需要，是《国家“十四五”战略性新产业规划》中，政策鼓励开发目录项目，也是“十四五”大宗固体废弃物综合利用的重要任务之一。项目建成后将形成硫资源在生产中循环利用，而钛石膏中的钙资源取代石灰生产的石灰石矿（原生资源）的资源节约优势，实现了“一废两用”的钛化工绿色发展，提高企业市场竞争力，其资源经济效益和社会效益显著。

参考文献

[1] 龚家竹. 论中国钛白粉生产技术绿色可持续发展之趋势与机会[C]//首届中国钛白粉行业节能绿色制造论坛会刊, 龙口: 中国涂料工业协会钛白粉行业分会, 2017: 78-106.

[2] 龚家竹. 中国钛白粉绿色生产发展前景[C]//第 37 届中国化工学会无机酸碱盐学术与技术交流大会论文汇编, 大连: 中国化工学会无机酸碱盐专委会, 2017: 14-23.

[3] 龚家竹, 吴宁兰, 陆祥芳, 等. 钛白粉废硫酸利用技术研究开发进展[C]//第三十九届中国硫酸技术年会论文集, 兰州: 全国硫与硫酸工业信息总站, 2019: 36-48.

[4] 龚家竹. 硫酸法钛白生产废硫酸循环利用技术回顾与展望[J]. 硫酸工业, 2016(1): 67-72.

[5] 龚家竹, 李欣. 硫酸法钛白粉生产技术面临循环经济促进法存在的问题与解决办法[J]. 无机盐工业, 2009, 41(8): 15-17.

[6] 龚家竹. 化解钛白粉产能的技术创新途径[C]//2016 全国钛白粉行业年会论文集, 德州: 中国涂料工业协会钛白粉行业分会, 2016: 59-78.

[7] Wolf D Griebler, Klaus Schulte, Jorg Hocken. Sulfate route TiO_2 heading for the next millennium[J]. European Coatings Journal, 1998(1-2): 34-39.

[8] 龚家竹, 江秀英, 袁风波. 硫酸法钛白废酸浓缩技术研究现状与发展方向[J]. 无机盐工业, 2008, 40(8): 1-3.

[9] 龚家竹. 钛白粉生产工艺技术进展[J]. 无机盐工业, 2012, 44(8): 1-4.

[10] 龚家竹. 硫酸法钛白粉酸解工艺技术的回顾与展望[J]. 无机盐工业, 2014, 46(7): 4-7.

[11] 龚家竹. 钛、磷、氯耦合原料生产钛白粉项目前瞻[C]//第三届中国钛氯化技术与原料应用研讨会论文集, 焦作: 中国涂料工业协会钛白粉行业分会, 2015: 153-189.

[12] 龚家竹. 硫酸法钛白废酸浓缩技术存在的问题与解决办法[C]//第二届（2010 年）中国钛白粉制造及应用论坛论文集,

龙口: 中国化工信息中心, 2010: 1-6.
[13] 龚家竹, 江秀英. 硫酸法生产钛白粉过程中稀硫酸的浓缩除杂方法[P]. ZL 200810045143.3.
[14] 龚家竹, 池济亨, 郝虎, 等. 一种稀硫酸的浓缩除杂方法[P]. ZL 02113704.8.
[15] 杨绍利. 钒钛磁铁矿综合利用技术手册[M]. 北京: 冶金工业出版社, 2021.
[16] 龚家竹. 钛白粉生产技术[M]. 北京: 化学工业出版社, 2022.
[17] 龚家竹. 饲料磷酸盐生产技术[M]. 北京: 化学工业出版社, 2016.
[18] 张跃, 王秀萍, 龚家竹. 磷石膏环保问题及资源利用的科技创新[J]. 无机盐工业, 2013, 45(5): 8-10.
[19] 龚家竹. 钛石膏与磷石膏固废耦合资源化利用技术进展[J]. 无机盐工业, 2019, 51(1): 4-8.
[20] 龚家竹. 一种石膏生产水泥联产硫酸的生产方法[P]. ZL 201310437466.3.
[21] 龚家竹. 节能降耗的石膏生产水泥联产硫酸的方法[P]. ZL 2014100704620.0.
[22] 龚家竹, 陆祥芳, 吴宁兰, 等. 自拟合纳米二氧化钛催化污水处理剂的研究与开发[J]. 无机盐工业, 2020, 51(5): 58-64.

硫酸法钛白酸解固相物的研究

汪　宇　李晓雷　王贵川　周显富

（攀枝花东方钛业有限公司，四川攀枝花 617000）

摘　要： 本文从酸解固相物特点入手，研究了硫酸法钛白粉酸解固相物的控制方法，确定了酸解和浸取过程最佳工艺参数，矿粉 325 目筛余，矿粉温度小于 45℃，硫酸浓度 90.5%~91.5%，主反应压空压力 0.37~0.39MPa，浸取压空流量 1500~2000m^3/h，浸取钛液温度 70℃。本研究对硫酸法钛白酸解生产有一定的指导意义。

关键词： 钛白；酸解；固相物

1　引言

酸解固相物是钛精矿与硫酸反应后生成的一种固体形态的物质，再通过水的浸取将其溶解后得到钛液，但是在浸取的过程中往往由于一些因素，使得固相物不能完全溶解，剩余的固相物残留在酸解锅中。剩余固相物多会造成后期投矿量减少，每增加 2 方固相物，就会减少 1t 投矿量，严重影响酸解产量。固相物增加还会造成浸取困难，这样恶性循环，难溶固相物最终只有通过煮锅方式除掉，这样会造成二氧化钛的浪费。为了减少浪费和提高酸解的投矿量，进行工业实验降低酸解固相物的介绍。

2　试验部分

2.1　实验原理

固相物是否容易被浸取，注意是看酸解主反应的好坏，钛精矿的酸解是通过酸解反应将矿物中的钛和铁及其他成分溶解反应成可溶性硫酸盐。硫酸与钛精矿发生的主要化学反应如下：

$$TiO_2(s)+H_2SO_4(l)=\!=\!=TiOSO_4(s)+H_2O(l) \quad (1)$$

$$TiO_2(s)+2H_2SO_4(l)=\!=\!=Ti(SO_4)_2(s)+2H_2O(l) \quad (2)$$

$$FeO(s)+H_2SO_4(l)=\!=\!=FeSO_4(s)+H_2O(l) \quad (3)$$

$$Fe_2O_3(s)+3H_2SO_4(l)=\!=\!=Fe_2(SO_4)_3(s)+3H_2O(l) \quad (4)$$

影响酸解主反应的矿粉筛余、矿粉温度、硫酸浓度、主反应压空压力、浸取压空流量、浸取钛液温度等成为本文研究的重要指标。

2.2　实验方案

由于固相物在酸解锅内无法实际测量其体积，我们用投矿量来计算固相物的变化情况（投矿量越大说明固相物越少）。通过对上述主反应的重要指标优化，来改善固相物的质量，从而达到减少固相物的目的。

作者简介：汪宇，攀枝花东方钛业有限公司，曾担任车间担任技术员，现在东方钛业采购部；E-mail: 125248065@qq.com。

2.3 实验方法

2.3.1 改善前能力分析（即现状分析）

2021 年 12 月投矿量的数据分析见图 1。

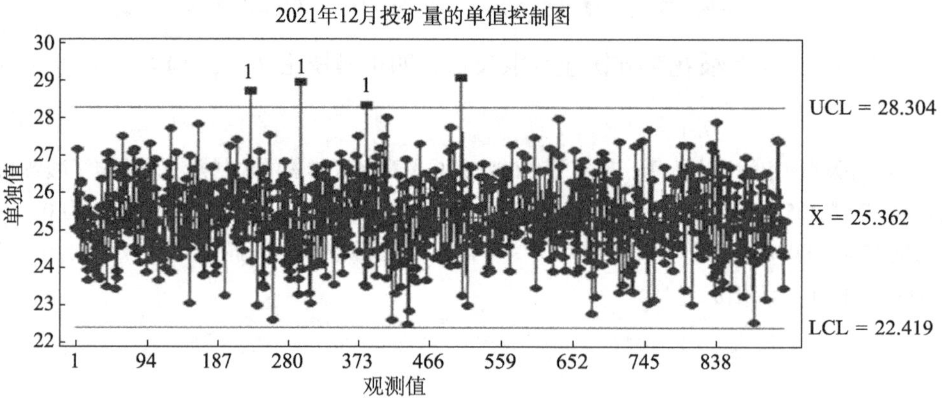

图 1　2021 年 12 月投矿量的数据分析

从控制图（图 2）可以看到，2021 年 12 月投矿量的平均值在 25.362t/锅，而酸解锅设计投矿量是 25~30t。

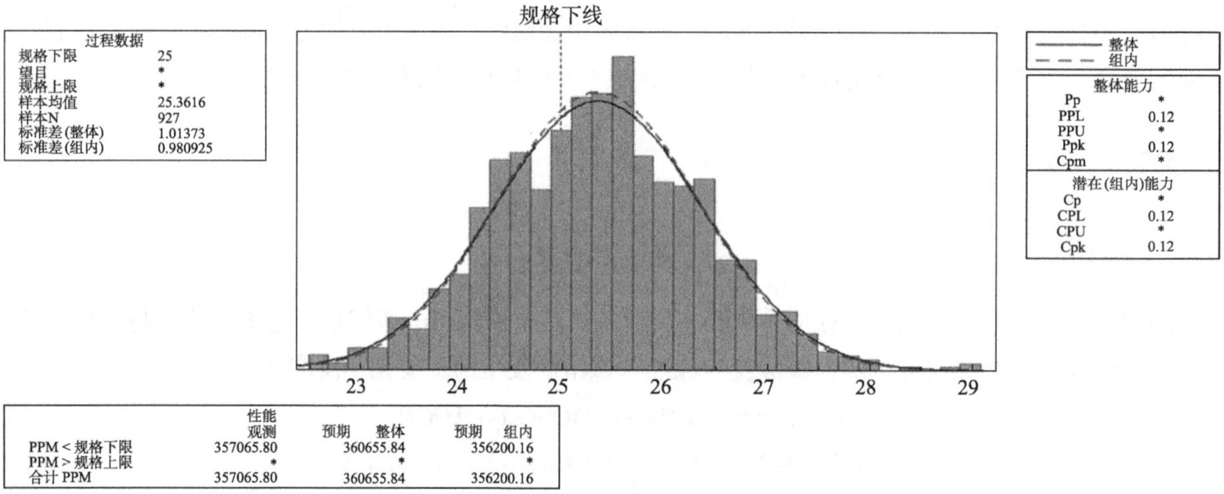

图 2　2021 年 12 月投矿量的过程能力报告

从过程能力看 Cp 值和 Cpk 值都小于 1，说明整个系统能力不足，需要进行改善。

2.3.2 改善主反应重要指标

2.3.2.1 矿粉

对矿粉进行 325 目筛余控制实验，验证筛余对投矿量的影响，实验设计两个区间段 8%~10%和 10%~12%。矿粉不宜太细，否则会使酸解主反应过快，使得固相物过于紧实，容易发生冒锅现象。太粗又会使得反应不完全，影响酸解率。筛余对投矿量的影响数据见表 1。

数据正态且过程稳定，进行假设分析，看矿粉筛余对投矿量是否有影响（图 3、图 4）。

单因子方差分析：矿粉筛余 10%~12%投矿量，矿粉筛余 8%~10%投矿量。

表 1　筛余对投矿量的影响数据

矿粉筛余 8%~10%/%	矿粉筛余 8%~10%投矿量/t	矿粉筛余 8%~10%/%	矿粉筛余 8%~10%投矿量/t	矿粉筛余 10%~12%/%	矿粉筛余 10%~12%投矿量/t	矿粉筛余 10%~12%/%	矿粉筛余 10%~12%投矿量/t
9.39	26.41	8.68	26.17	11.03	23.91	10.34	25.42
8.85	25.91	8.24	24.76	11.69	24.76	10.6	26.29
8.1	25.77	9.27	25.77	10.37	26.3	10.97	24.68
8.81	26.22	8.84	26.13	10.77	25.21	10.25	25.05
8.89	25.82	8.68	24.96	11.13	25.67	11.08	25.93
8.64	26.52	8.35	26.2	11.21	25.3	10.91	25.34
9.41	25.43	9.53	25.81	11.55	24.94	9.99	26.64
9.78	24.66	9.08	25.83	11.14	25.55	11.51	25.25
8.52	25.7	8.3	26.24	10.81	25.66	10.84	25.56
9.04	24.9	9.03	25.34	10.9	23.96	11.67	25.35
8.49	25.7	8.51	25.79	11.16	25.1	10.31	26.04
9.86	24.91	8.89	26.03	10.72	26.13	10.21	26.08
9.26	25.93	9.16	26.14	11.79	24.49	11.2	25.19
8.55	25.53	8.6	26.08	10.53	25.23	10.79	25.22
9.03	25.58	9.43	26.43	10.88	25.15	11.06	25.45
9.5	26.14	8.64	25.56	11.83	25.07	10.55	25.21
9.31	25.66	9.46	26.04	10.42	24.71	10.74	24.61
9.06	25.79	9.19	25.06	10.44	26.01	10.77	25.79
9.06	25.89	9.38	24.68	11.03	25.21	11.08	24.87
8.64	26.15	8.45	25.83	10.62	25.85	10.79	25.05
8.66	25.49	8.92	26.49	11.4	24.73	10.44	24.38
9.93	26.06	8.78	25.17	10.89	24.81	11	24.93
9.45	25.38	9.09	26.66	10.4	25.84	11.51	26.03
8.96	25.22	9.18	25.36	11.04	24.42	11.8	26.01
8.88	25.56	8.56	26.7	11.41	25.08	10.51	24.41

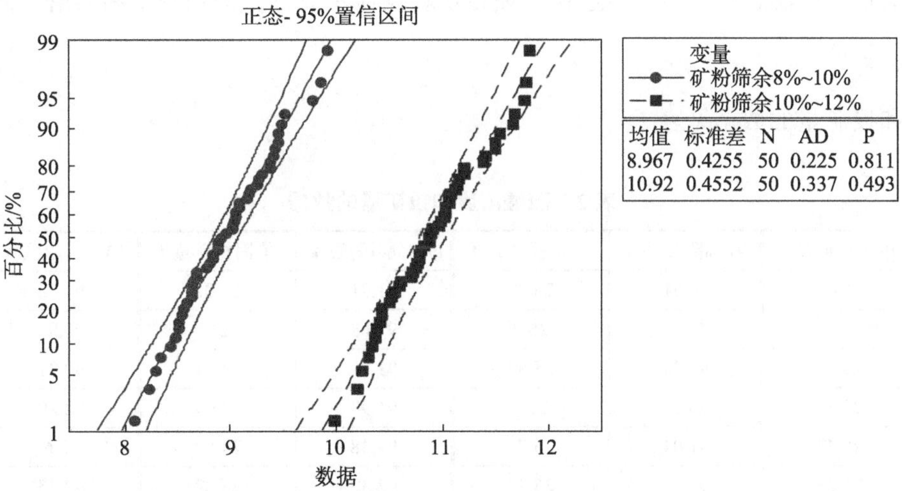

图 3　矿粉筛余 8%~10%，矿粉筛余 10%~12%的概率图

来源	自由度	Adj SS	Adj MS	F 值	P 值
因子	1	5.612	5.6120	17.54	0.000
误差	98	31.357	0.3200		

合计　99　36.969

模型汇总

S	R-sq	R-sq（调整）	R-sq（预测）
0.565662	15.18%	14.31%	11.68%

均值

因子	N	均值	标准差	95% 置信区间
矿粉筛余 10%~12%投矿量	50	25.2774	0.6138	(25.1186, 25.4361)
矿粉筛余 8%~10%投矿量	50	25.7511	0.5131	(25.5924, 25.9099)

合并标准差 = 0.565662

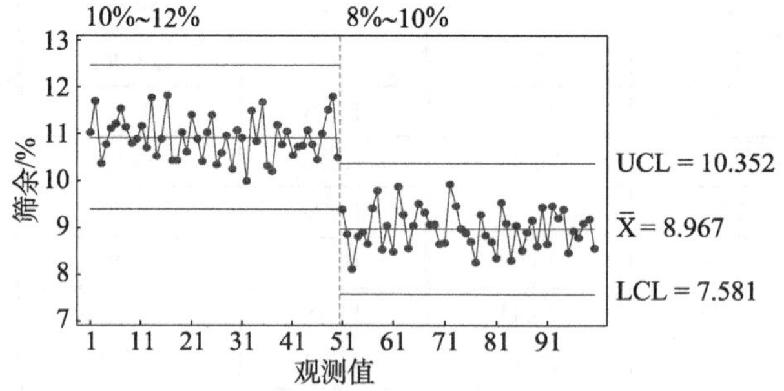

图 4　矿粉筛余按细度的单值控制图

通过单因子方差分析，P≤0.05，说明矿粉筛余对单锅投矿量有影响。325 目筛余从控制在 8%~10% 之间比控制在 10%~12%单锅投矿量要高，主要原因是矿粉细度较细时，主反应较为充分，生成的固相物空隙较大，易于溶解，酸解锅内固相物相对较少，提高了单锅投矿量。

2.3.2.2　矿粉温度

按照矿粉中间仓与磨后仓交替送矿，在保证正常生产的前提下，保证矿温较低（＜45℃）。因为磨后仓连续送矿会造成矿温过高，主反应过快，使得矿粉反应不充分，固相物不易溶解，固相物上涨。

2.3.2.3　硫酸浓度

硫酸浓度和投矿量的数据见表 2。

表 2　硫酸浓度和投矿量的数据

91%酸浓度/%	单锅投矿量/t	91%酸浓度/%	单锅投矿量/t	91%酸浓度/%	单锅投矿量/t	91%酸浓度/%	单锅投矿量/t
91.46	26.48	90.51	25.07	91.91	25.02	91.86	25.81
90.81	25.4	91.09	26.2	91.68	24	91.96	25.99
91	25.96	91.25	25.57	91.77	24.65	92.31	24.66
90.87	25.72	90.59	25.5	91.93	25.09	92.29	26.49
90.31	25.43	91.04	25.71	92.48	24.59	92.6	26.17
91.07	26.26	90.75	25.22	92.32	25.02	92.25	25.49
90.79	26.66	91.12	25.46	91.85	26.01	91.85	24.21
91.36	25.15	90.93	24.91	91.64	24.42	92.11	25.37
91.08	25.67	91.12	27.37	91.67	25.38	92.66	25.03
90.66	24.72	91.18	24.95	91.95	25.5	92.23	25.09
90.83	26.38	90.93	26.01	91.71	25.64	92.71	25.16

续表 2

91%酸浓度/%	单锅投矿量/t	91%酸浓度/%	单锅投矿量/t	91%酸浓度/%	单锅投矿量/t	91%酸浓度/%	单锅投矿量/t
90.77	26.45	90.53	25.67	92.08	24.18	92.16	25.62
90.93	25.1	91.14	24.1	91.75	24.8	92.03	24.04
90.7	24.67	90.44	25.47	92.54	24.54	91.41	25.32
90.73	26.18	91.23	26.17	91.75	25.03	91.89	26.29
91.52	26.03	90.85	25.26	92.05	24.82	91.98	23.48
91.25	25.67	90.7	25.37	92.48	25.27	92.02	24.63
91.69	25.08	90.84	25.36	92.05	26.63	91.75	24.78
91.36	27.18	91.3	26.78	92.11	24.62	92.01	24.96
91.7	24.46	91.23	26.12	91.81	24.97	91.78	25.97
91.14	26	90.82	24.23	92.3	26.23	91.69	24.61
91.63	25.32	90.53	26.01	92.24	24.26	91.95	26.69
90.9	26.26	91.39	25.78	91.97	25.61	91.9	26.5
90.97	24.47	91.64	27.23	92.18	26.12	92.42	25.43
91.2	24.84	91.08	25.83	91.41	24.34	91.98	23.33

从图 5 看出，将硫酸浓度控制在 90.5%~91.5%，投矿量较高。硫酸浓度较低时，反应不充分，不溶钛较多，造成固相物难以溶解。硫酸浓度较高时，会使得主反应温度过高，使得生成固相物较为板实，也会造成固相物难以溶解。

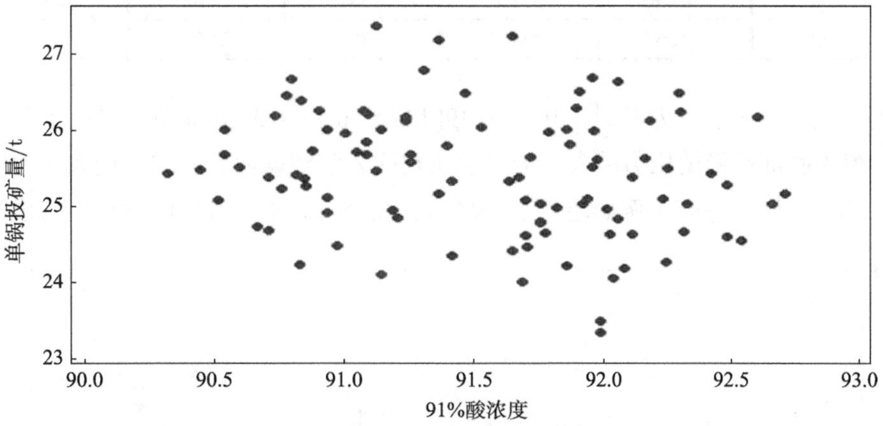

图 5　单锅投矿量(t)与 91%酸浓度的散点图

2.3.2.4　主反应压空压力

反应压空压力和投矿量数据见表 3。

表 3　反应压空压力和投矿量数据

主反应压空压力/MPa	单锅投矿量/t	主反应压空压力/MPa	单锅投矿量/t	主反应压空压力/MPa	单锅投矿量/t	主反应压空压力/MPa	单锅投矿量/t
0.351	23.59	0.355	25.29	0.371	25.58	0.386	24.48
0.366	25.75	0.354	24.85	0.388	26.34	0.377	25.06
0.364	26.07	0.348	23.41	0.382	24.78	0.371	25.15
0.349	23.08	0.349	25.41	0.37	25.42	0.389	25.33
0.357	24.38	0.366	23.7	0.374	26	0.386	26.16

续表 3

主反应压空压力/MPa	单锅投矿量/t	主反应压空压力/MPa	单锅投矿量/t	主反应压空压力/MPa	单锅投矿量/t	主反应压空压力/MPa	单锅投矿量/t
0.355	23.12	0.355	24.1	0.371	26.24	0.378	24.24
0.344	25.62	0.36	24.46	0.388	26.61	0.384	24.52
0.361	25.24	0.367	24.35	0.366	25.71	0.388	24.83
0.365	24.25	0.358	23.87	0.389	25.11	0.376	27.5
0.359	25.67	0.354	23.72	0.378	23.89	0.373	26.28
0.349	24.83	0.365	25.14	0.397	25.67	0.384	26.74
0.355	24.7	0.353	25.69	0.373	25.83	0.383	24.87
0.365	24.22	0.345	25.16	0.398	25.97	0.385	24.57
0.363	24.71	0.378	24.03	0.38	25.98	0.375	25.41
0.361	23.1	0.357	24.86	0.388	25.14	0.39	24.94
0.358	24.64	0.351	25.08	0.378	26.31	0.395	23.99
0.352	25.3	0.369	24.51	0.377	26.57	0.383	25.51
0.353	25.41	0.342	24.18	0.375	25.3	0.388	25.47
0.354	24.86	0.352	24.86	0.383	26.03	0.378	25.71
0.365	25.37	0.354	24.18	0.38	24.57	0.386	25.18
0.36	24.06	0.36	25.65	0.381	25.38	0.373	26.1
0.37	24.48	0.356	24.73	0.373	24.91	0.388	24.53
0.365	24.54	0.353	23.11	0.377	25.97	0.377	26.63
0.351	25.02	0.348	23.49	0.384	24.42	0.38	25.27
0.355	25.66	0.36	24.41	0.388	25.93	0.383	25.88

从图 6 看出，主反应压空压力控制在 0.37~0.39MPa 比 0.35~0.37MPa 单锅投矿量要高，主要原因是投矿量越多，酸解锅底部承受的压力越大，为了使压空吹入酸解锅内，就需要更大压力的压空。但并非压空压力无限大越好，压力过高（例如超过 0.40MPa）就会将固相物吹出酸解锅，造成浪费。

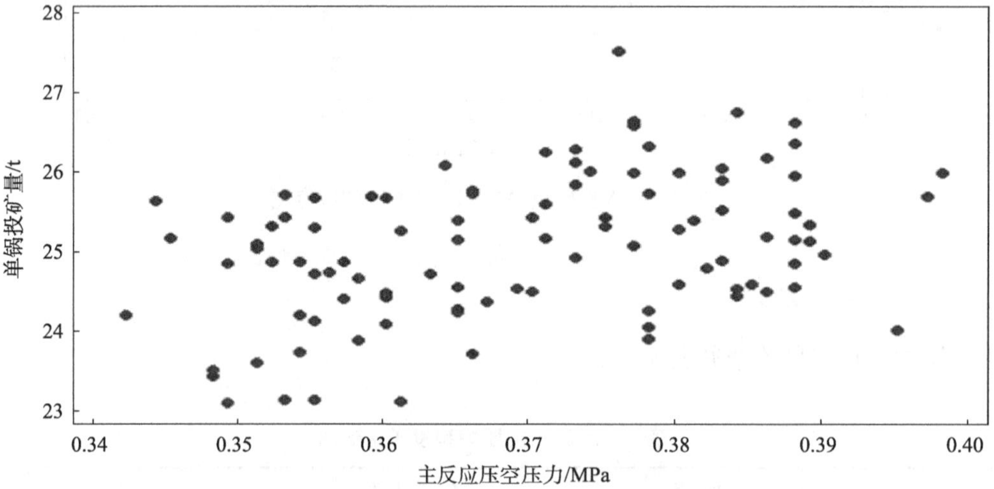

图 6　单锅投矿量(t)与主反应压空压力(MPa)的散点图

2.3.2.5　浸取压空流量

浸取压空流量和投矿量数据见表 4。

表 4 浸取压空流量和投矿量数据

浸取压空流量范围	单锅投矿量/t		浸取压空流量范围	单锅投矿量/t	
1000~1500m³/h	26.83	24.7	1500~2000m³/h	24.85	24.55
	23.39	23.51		26.59	25.4
	25.79	24.43		26.07	24.93
	24.72	23.84		25.1	26.35
	25.01	24.66		26.48	25.54
	24.69	24.94		25.81	26.84
	25.21	25.34		25.71	26.08
	24.19	24.47		24.03	26.07
	25.07	26.78		26.1	25.03
	25.68	24.6		26.37	24.6
	25.44	24.54		24.79	25.36
	26.07	23.55		25.85	25.73
	24.13	25.43		26.73	25.95
	26.47	25.09		25.16	26.4
	24.6	24.78		24.94	26.61
	24.95	24.64		25.47	25.39
	24.51	24.26		26.03	26.82
	25.88	25.68		25	26.38
	25.5	23.86		25.59	25.45
	25.23	24.19		26.14	25.33
	25.23	24.95		25.66	25.64
	25.7	24.71		25.96	25.02
	23.91	23.32		25.18	26.18
	23.16	24.58		25.63	25.87
	26.08	25.21		25.88	24.61

数据正态且过程稳定，进行假设分析，看浸取压空流量对投矿量是否有影响（图 7、图 8）。

单因子方差分析: 单锅投矿量与浸取压空流量范围

方法

原假设	所有均值都相等
备择假设	至少有一个均值不同
显著性水平	$\alpha = 0.05$

已针对此分析假定了相等方差。

因子信息

因子	水平数	值
浸取压空流量范围 m³/h	2	1000~1500, 1500~2000

方差分析

来源	自由度	Adj SS	Adj MS	F 值	P 值
浸取压空流量范围 m³/h	1	15.80	15.8006	27.27	0.000
误差	98	56.79	0.5795		
合计	99	72.59			

模型汇总

S	R-sq	R-sq（调整）	R-sq（预测）
0.761217	21.77%	20.97%	18.54%

均值

浸取压空流

量范围 m^3/h	N	均值	标准差	95% 置信区间
1000~1500	50	24.870	0.853	(24.656, 25.084)
1500~2000	50	25.6650	0.6562	(25.4514, 25.8786)

合并标准差 ＝0.761217

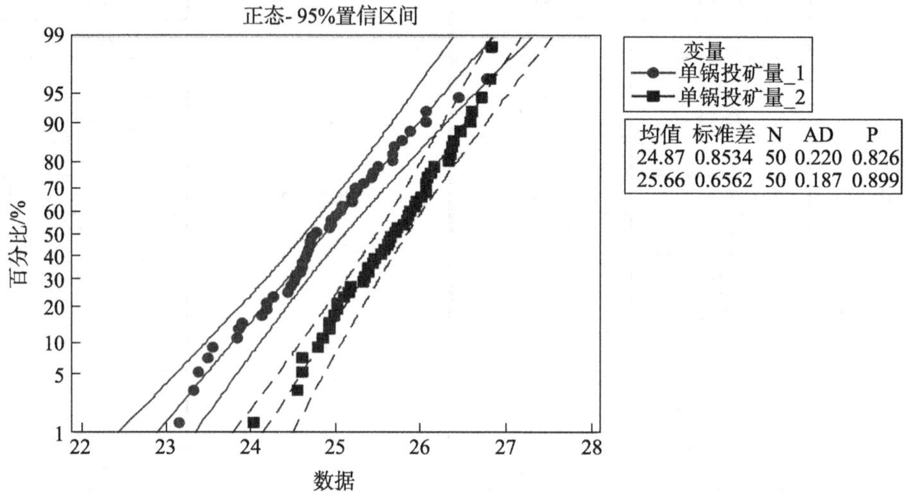

图 7　单锅投矿量_1，单锅投矿量_2 的概率图

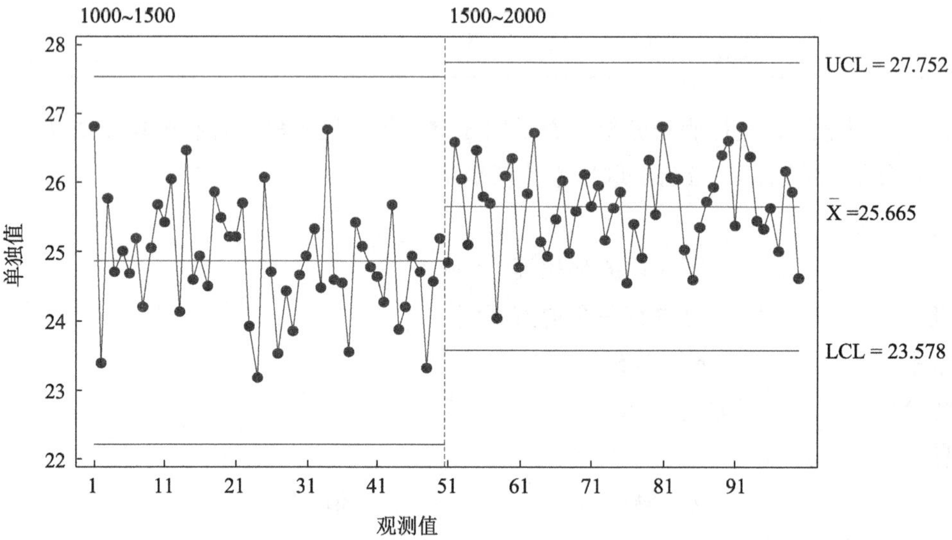

图 8　单锅投矿量按浸取压空流量范围(m^3/h)的单值控制图

通过单因子方差分析，P≤0.05，说明浸取压空流量对单锅投矿量有影响。浸取压空流量控制在 1500~2000m^3/h 比 1000~1500m^3/h 单锅投矿量要高，主要原因是压空流量越大时，酸解锅内的浸取水流动速度越快，水动能越大，对固相物的冲击越厉害，加速了固相物的溶解速度，使得固相物减少，增加了投矿量。

2.3.2.6　浸取钛液温度

从表 5 看出，70℃投矿量较高，75℃以上时钛液会出现水解。

表 5　不同浸取温度对投矿量的影响

序号	浸取温度/℃	投矿量/t	水解现象
1	60	24.9	无水解
2	65	26.1	无水解
3	70	27.3	无水解
4	75	27.5	出现水解现象

固钛液温度低于 60℃时，利用蒸汽加热，蒸汽阀门开度小于等于 15%，压空阀门开度大于等于 30%，加热温度不得超过 70℃。钛液温度在 70~75℃时，开大浸取压空阀门 40%~50%，利用压空助冷。钛液温度在 75℃以上时，立即补充 5~10m^3 水，并开大浸取压空阀门 40%~50%，利用水和压空助冷。

3　试验结果与讨论

本实验根据东方钛业实际生产经验，酸解重要指标最佳参数为：矿粉 325 目筛余，矿粉温度小于 45℃，硫酸浓度 90.5%~91.5%，主反应压空压力 0.37~0.39MPa，浸取压空流量 1500~2000m^3/h，浸取钛液温度 70℃。

4　结论

控制固相物的关键是主反应的效果，主反应效果好，固相物就会很疏松多孔，利于浸取。在主反应较好的基础上，注意浸取的压空、温度和时间。将几个重要指标控制为：

（1）矿粉 325 目筛余 8%~10%；

（2）矿粉温度小于 45℃；

（3）硫酸浓度 90.5%~91.5%；

（4）主反应压空压力 0.37~0.39MPa；

（5）浸取压空流量 1500~2000m^3/h；

（6）浸取钛液温度 70℃。

降低硫酸法钛白酸解渣不溶钛研究

钟培文　王贵川　李晓雷　刘汉勇　杨金源

（攀枝花东方钛业有限公司，四川攀枝花 617000）

摘　要：本文对硫酸法钛白生产酸解渣不溶钛主要影响因素进行了实验研究，主要研究了间歇性酸解钛精矿细度、反应酸浓、91%酸酸浓、预混时间、预混温度、熟化时间等因素对酸解渣不溶钛的影响。结果表明，硫酸法钛白生产矿粉细度、反应酸浓度、91%酸酸浓度、预混时间、预混温度、熟化时间等在酸解过程均会影响酸解反应效果，对酸解渣不溶钛造成影响，根据大量实验验证，最终确定降低硫酸法钛白生产过程中酸解渣不溶钛含量最佳控制参数：矿粉细度 325 目筛余 7%~9%，预混时间 40min，反应酸浓度 84%~85.5%，91%酸浓度 93%左右，主反应熟化时间 150~180min，本研究对硫酸法钛白间歇酸解酸解渣不溶钛控制生产有较大的指导意义。

关键词：钛白；酸解；不溶钛

1　引言

钛白粉（TiO_2）是目前世界上已知的性能最佳的白色颜料，因其具有折射率高、消色力强、光泽度和白度好等优点被广泛应用于涂料、塑料、造纸、油墨、橡胶、化纤等工业。目前，国内钛白主要以硫酸法钛白为主，硫酸法钛白在生产过程中会使用大量的硫酸和新鲜水，每生产 1t 钛白粉将消耗 2.4t 左右 47%品位的钛精矿，作为攀西地区矿源品位相对较高，杂质含量较低，一般酸解率在 95.5%以上，但随着行业的发展以及环保废水处理的要求，降低酸解渣中不溶钛含量，无论从环保、成本和经济性考虑，已成为各硫酸法钛白生产企业研究的重要课题。

目前常规的硫酸法钛白生产[1]酸解工艺有间歇性酸解和连续性酸解，本文所涉及的主要为间歇性酸解工艺，将配酸岗位配制合格的 91%酸通过 91 酸泵送至酸解 91%酸计量槽，溢流酸经溢流管回至 91%酸贮槽。计量好的硫酸与细度、水分、温度合格的磨后矿粉在预混槽中预混合后；放入酸解锅中，在压空的搅拌下加入引发液进行主反应；主反应结束后，调整压空开始熟化；熟化结束后补加浸取酸，再加入水开始浸取；浸取结束后，在放料前 2h 取样检测还原前钛液指标情况。加入铁粉进行还原；钛液料浆取样合格后送料到沉降槽进行沉降分离，合格黑钛液直接送入下工序，泥酸解经压滤后加水打浆，对酸解渣中不溶钛进行检测。所以酸解渣中不溶钛含量既是体现酸解的反应效果，也是提高生产产能及降低生产成本的关键。

主要化学反应方程式：

$$TiO_2 + H_2SO_4 = TiOSO_4 + H_2O$$
$$FeO + H_2SO_4 = FeSO_4 + H_2O$$
$$Fe_2O_3 + 3H_2SO_4 = Fe_2(SO_4)_3 + 3H_2O$$
$$Fe_2(SO_4)_3 + Fe = 3FeSO_4$$
$$2TiOSO_4 + Fe + 2H_2SO_4 = Ti_2(SO_4)_3 + FeSO_4 + 2H_2O$$

作者简介：钟培文，攀枝花东方钛业有限公司，工程师；从事硫酸法钛白生产工艺研究、质量管理工作，熟悉硫酸法钛白生产现场工艺技术，具有丰富的硫酸法钛白现场生产经验；E-mail: 1171499759@qq.com。

2 试验部分

2.1 实验原料

钛精矿：325 目筛余 7%、8%、9%、10%、12%五个水平；

91%硫酸浓度：使用工业 98%硫酸与 55%硫酸配制 91%、92%、93%、94%、94.5%不同浓度的硫酸；

预混时间：工艺要求的预混温度≤52℃，在预混槽中采用机械搅拌将 91%硫酸与钛精矿进行混合 10min、20min、30min、40min、60min；

反应酸浓度：反应酸浓度按照 83.0%、83.5%、84.5%、85.5%、86.0%；

主反应熟化时间：分别控制 90min、120min、150min、180min、210min；

实验各因子水平如表 1 所示。

表 1　酸解实验各因子水平

实验参数	1	2	3	4	5
325 目标准筛余/%	7	8	9	10	12
91%酸浓度/%	91	92	93	94	94.5
预混时间/min	10	20	30	40	60
反应酸浓/%	83.0	83.5	84.5	85.5	86.0
主反应熟化时间/min	90	120	150	180	210

2.2 实验过程及检测方法

将合格的计量好的 91%硫酸与细度、水分、温度合格的磨后矿粉在预混槽中预混合后；放入酸解锅中，在压空的搅拌下加入引发液进行主反应；主反应结束后，调整压空开始熟化；熟化结束后经浸取、还原放入沉降槽，沉降后清液送下工序，酸解渣经压滤机进行固液分离，酸解渣打浆后检测不溶钛指标对酸解渣中不溶钛含量进行检，检测标准按照钛白行业检测方法及标准执行。

3 试验结果及分析

3.1 325 目筛余对酸解渣不溶钛影响

固定 91%酸浓度、预混时间、反应酸浓、主反应熟化时间四个影响因素，调整矿粉细度，按 325 目筛余分别控制为 7%、8%、9%、10%、12%不同筛余等级的钛精矿，对比酸解反应后酸解渣不溶钛含量，见表 2。

表 2　矿细度对酸解渣不溶钛的影响

实验参数	实验 1	实验 2	实验 3	实验 4	实验 5
325 目筛余	7%	8%	9%	10%	12%
酸解渣不溶钛	16.77%	17.34%	17.63%	18.12%	18.65%

由图 1 可知，酸解渣不溶钛随矿粉筛余增加而降增加，实验未进行筛余量≤7%的实验，因酸解过程急剧放热，矿粉细度过细，易造成安全风险。从实验情况来看，反应条件一致情况下，矿粉越细，酸解渣中不溶钛越低。

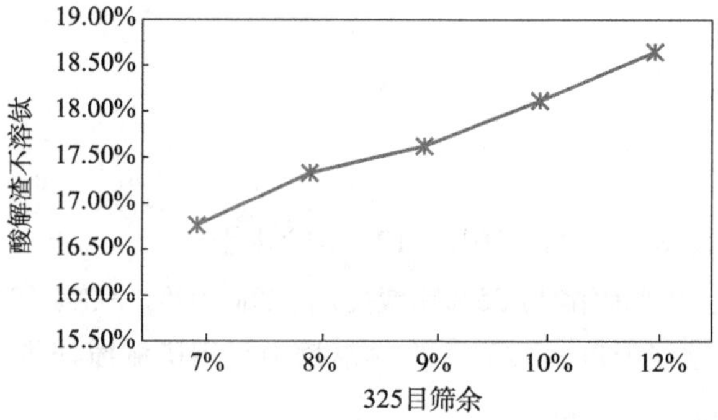

图 1　矿细度对酸解渣不溶钛的影响

3.2　91%硫酸浓度对酸解渣不溶钛影响

在固定其他参数相同的情况下，使用工业 98%硫酸与 55%硫酸配制 91%、92%、93%、94%、94.5%不同浓度的硫酸，对比反应后酸解渣不溶钛，结果见表 3。

表 3　91%硫酸浓度对酸解渣不溶钛影响

实验参数	实验 1	实验 2	实验 3	实验 4	实验 5
91%硫酸浓度	91%	92%	93%	94%	94.5%
酸解渣不溶钛	19.36%	18.34%	17.71%	18.02%	18.35%

由图 2 可知，随 91%浓度提升酸解渣不溶钛先呈下降趋势后略微有所上升，实验未进行≥95%硫酸浓度，因酸浓过高，发热量过大，易造成安全风险，未进行＜91%酸浓实验，钛白行业经长期验证酸浓过低，放热量不足，无法充分带动酸解反应，存在二次反应风险，经试验 91%硫酸浓度在 93%左右较适宜。

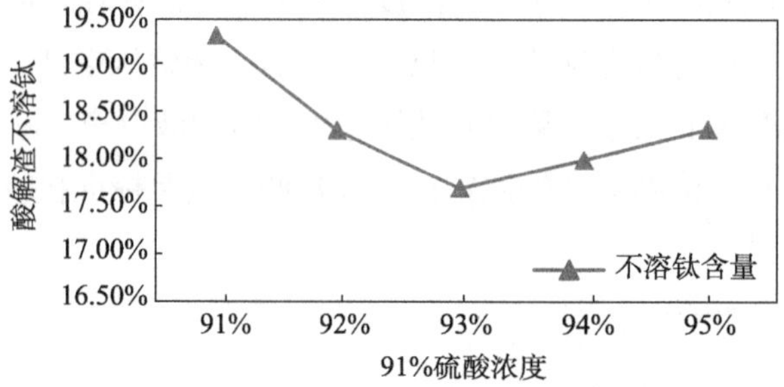

图 2　91%硫酸浓度对酸解渣不溶钛影响

3.3　预混时间对酸解渣不溶钛影响

在固定其他参数相同的情况下，在预混槽中采用机械搅拌将 91%硫酸与钛精矿进行混合，预混温度按照工艺要求的≤52℃内控制，分别预混 10min、20min、30min、40min、60min，对比反应后酸解渣不溶钛，结果见表 4。

表 4　预混时间对酸解渣不溶钛影响

实验参数	实验 1	实验 2	实验 3	实验 4	实验 5
预混时间	10min	20min	30min	40min	60min
酸解渣不溶钛	20.28%	19.24%	18.35%	17.62%	18.31%

由图 3 可知，酸解渣不溶钛随预混时间的延长先下降后上升趋势，预混时间 60min，预混槽内有稠化现象，预混时间越长易产生固相物，预混时间过长影响生产周期且存在安全风险；相同条件下，预混时间短预混不充分，酸解反应效果差，酸解渣中不溶钛高，经实验预混时间控制在 40min 为最佳。

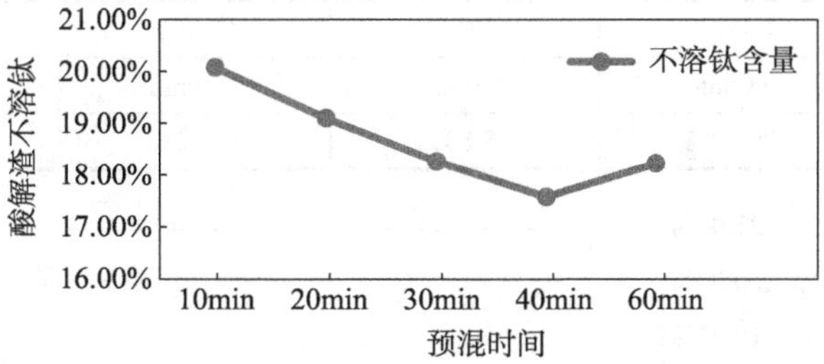

图 3　预混时间对酸解渣不溶钛影响

3.4　反应酸浓度对酸解率及酸解渣不溶钛影响

在固定其他参数相同的情况下，引发液加入量即是反应酸浓度，引发液加入量及 91%硫酸浓度决定主反应放热量的多少，反应酸浓度分别控制 83.0%、83.5%、84.5%、85.5%、86.0%，对比反应后酸解渣不溶钛，结果见表 5。

表 5　反应酸浓度对酸解渣不溶钛影响

实验参数	实验 1	实验 2	实验 3	实验 4	实验 5
反应酸浓度	83%	83.5%	84.5%	85.5%	86%
酸解渣不溶钛	21.4%	19.89%	18.15%	17.82%	18.51%

由图 4 可知，随着反应酸浓度增加，酸解渣不溶钛呈现上升后下降趋势。实验未开展反应酸浓≤83%实验，反应酸浓度过低发热量不足，造成反应不完全，浓度过高放热速率慢，不能集中发热，也会造成反应不完全，经实验来看反应酸浓度控制 84%~85.5%为宜。

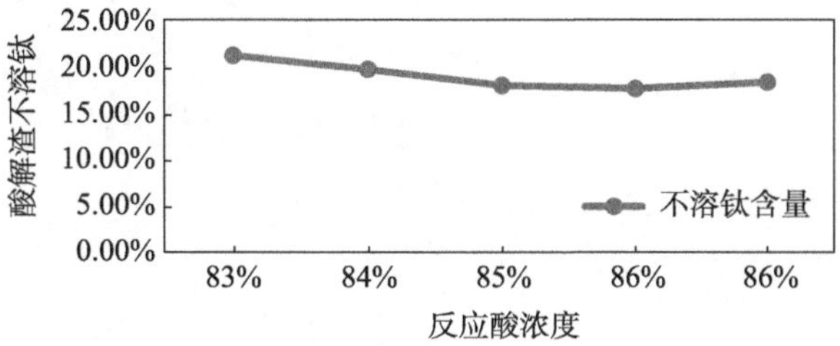

图 4　预混时间对酸解渣不溶钛影响

3.5　主反应熟化时间对酸解渣不溶钛影响

在固定其他参数相同的情况下，将酸解主反应后熟化时间分别控制 90min、120min、150min、180min、210min，对比酸解反应后酸解渣不溶钛含量，结果见表 6。

由图 5 可知，随着主反应熟化时间延长，酸解渣不溶钛呈下降趋势，但不是无限增长，达到极限后不再变化。主反应结束熟化时间过短，会造成浸取温度高，黑钛液易发生早期水解，物料稳定性差；主反应熟化时间延长对酸解率兵无明显改善，延长熟化时间后易造成固相物温度低，不易浸取，锅内控制不当易造成固相物急剧增长，造成投料条件不稳定。在考虑质量稳定、生产周期及生产成本下，主反应熟化时间控制在 150~180min 为宜。

表 6　主反应熟化时间对酸解渣不溶钛影响

实验参数	实验 1	实验 2	实验 3	实验 4	实验 5
主反应熟化时间	90min	120min	150min	180min	210min
酸解渣不溶钛	20.62%	18.83%	18.12%	18.04%	18.09%

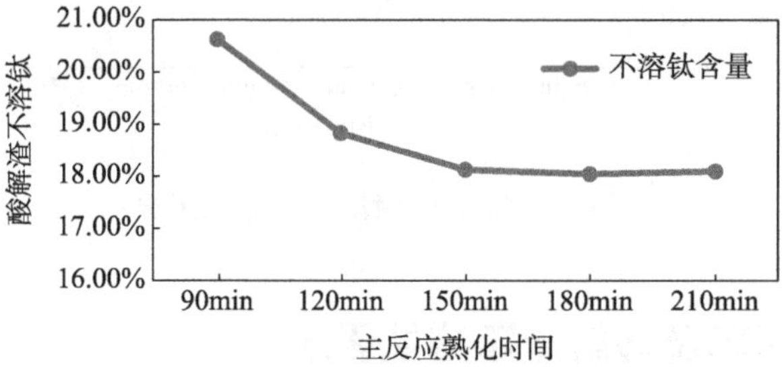

图 5　主反应熟化时间对酸解渣不溶钛影响

4　结论

本文通过对硫酸法钛白间歇性酸解影响酸解渣不溶钛主要因素研究，最终确定降低酸解渣不溶钛的最佳控制参数：矿粉筛余 7%~9%，预混时间 40min，反应酸浓度 84%~85.5%，91%酸浓度 93%左右，熟化时间 150~180min。

参考文献

[1]　张益都. 硫酸法钛白粉生产技术创新[M]. 北京. 化学工业出版社, 2010: 291-294.

含钛碱浸渣制备钛白粉的研究

刘向辉[1,2]　徐东耀[1]　何发泉[2]

（1. 中国矿业大学（北京）化学与环境工程学院，北京 100083；
2. 国能龙源环保有限公司，北京 100039）

摘　要：含钛碱浸渣作为钛白粉制备原料，在最佳酸洗条件下（酸洗溶液 pH 值为 2，反应时间为 60min，酸种类为盐酸，反应温度为 60℃），酸洗产品的二氧化钛纯度为 96.65%。再经过进一步处理和焙烧，最终产品为锐钛矿二氧化钛产品，纯度可以达到 96.74%。产品的比表面积可以达到 64.55m^2/g，同时具有较好的白度（94.25%）和吸油值（3.08mL/g），同时部分有害金属元素已经不能被检出，表明碱浸渣可以用于制备锐钛矿钛白粉。

关键词：碱激渣；酸洗；钛白粉

Study on Preparation of Titanium Dioxide from Alkaline Leaching Residue with Titanium

Liu Xianghui[1,2]　Xu Dongyao[1]　He Faquan[2]

(1. School of Chemical and Environmental Engineering; China University of Mining and Technology, Beijing 100083, China;
2. China Energy Longyuan Envrionmental Protection Co., Ltd., Beijing 100039, China)

Abstract: Titanium-containing alkali leaching residue was the raw material for the preparation of titanium dioxide. The purity of the titanium dioxide of the pickling product reached 96.65% under the optimal pickling conditions (the pH of the pickling solution 2, the reaction time 60min, hydrochloric acid, and the reaction temperature 60℃). After further processing and roasting, the final product is anatase titanium dioxide product with a TiO_2 purity of 96.74%. The specific surface area of the product can reach 64.55m^2/g, and it has good whiteness (94.25%) and oil absorption value (3.08mL/g). At the same time, there was no harmful metal elements in the product, indicating that the alkali leaching residue can be used for anatase titanium dioxide.

Key words: alkali leaching residue; pickling; titanium dioxide

1　引言

钛白粉，又叫二氧化钛，其销售额和使用量在无机化工产品中占比巨大，广泛应用在各行各业。通常纯度高和散射力高的钛白粉是十分优良的白色颜料，其具有超高的着色力和遮盖力，不同品质的钛白粉，可以

作者简介：刘向辉，国能龙源环保有限公司-中国矿业大学（北京），工程师/博士后；长期从事固废资源化利用和大气污染控制研究，参与国家重点专项“废弃环保金属回收和载体再用技术研发及工业示范”，在废弃脱硝催化剂中有关钒钛回收做了较为深入的研究；E-mail: liuliuxianghui@163.com。

广泛应用于涂料、造纸、油墨、化妆品、塑料、陶瓷、焊条、化纤、搪瓷、玻璃、合金和催化等各个领域[1-3]。传统钛白粉制备采用钛精矿生产，工艺流程较长，硫酸法和氯化法均带来一系列的环境问题[4,5]。与此同时，不少含钛废弃物面临处理的难题，部分含钛废料钛品位较高，有着较高的应用价值[6-10]。

2 实验仪器与方法

2.1 实验原料

选取某催化剂碱浸处理后的含钛渣充分搅拌混合，使得碱浸渣成分均匀，并对其进行充分烘干后进行分析。碱浸后钛渣主要成分为 TiO_2，含量为 74.38%。

2.2 实验方法与仪器

称量一定量碱浸钛渣，将钛渣与特定体积的去离子水充分搅拌混合，并向混合液加入酸对溶液的 pH 值进行调节，之后在特定条件下反应一段时间后，冷却至室温，并用水过滤冲洗至过滤液为中性。过滤后的钛渣于 105℃烘干至恒重，并对滤液定容收集，对烘干的钛渣进行 XRF 测试，并计算钛渣中钛的纯度和钛的收率。对得到纯度较高的产品进一步采取洗涤焙烧等手段提升钛白粉的综合能力。XRF 采用采用美国 ARL Perform’X Sequential XRF 光谱仪测试。白度采用杭州高新自动化仪表公司的 DN-B2 白度仪测定。

3 结果和讨论

3.1 钛纯度提升

首先，通过加入盐酸溶液，调节二氧化钛悬浮溶液的 pH 值，之后在一定反应温度反应一段时间，对混合液进行充分过滤洗涤，并将滤渣烘干，具体实验结果如图 1 所示，主要考察酸洗溶液的 pH 值、反应温度、反应时间和酸种类对提纯的影响。可以看出溶液的酸性反应环境有助于提升二氧化钛纯度，在混合液 pH 值为 2 时，滤渣中二氧化钛纯度为 94.64%，此时二氧化钛收率仍维持在较高水平（97.53%）。当溶液 pH 值过高，钛渣中碱性较高，无法将钛渣中碱性去除。通过使用不同酸对碱浸渣进行调节处理，可以看不同种类酸对二氧化钛的回收率和纯度影响变化不大，可以看出酸中 H^+在对碱性杂质去除起着主要作用。同时可以看出，硫酸对二氧化钛的回收率相对较低，主要归因于硫酸根在一定条件下与二氧化钛发生了一系列的化学反应，部分二氧化钛反应生成可溶性的硫酸氧钛，从而导致少量二氧化钛收率降低。同时考虑到，盐酸成本较低，因此采用盐酸为反应溶剂。不同反应时间对二氧化钛浸出率和收率的影响状况，可以看出时间过短导致碱浸渣中杂质不能有效反应，从而无法被去除，钛的纯度较低。反应时间达到 60min 后，二氧化钛纯度较高，且收率维持在较高水平，继续延长时间，纯度变化不大，收率有所降低。综合考虑，选择反应时间为 60min。反应温度对酸液与碱浸渣中杂质反应有着重要的作用，可以看出过低的反应温度不利于杂质的充分去除，反应温度低于 60℃时，二氧化钛纯度提升较慢，温度提升有助于盐酸和杂质的快速反应。但与此同时，温度提升对二氧化钛收率具有一定的副作用，可能由于部分钛酸盐与盐酸发生了复杂的反应，有些钛酸盐甚至二氧化钛发生了溶解，导致部分钛溶解到盐酸溶液中，温度超过 60℃后，酸浸温度的提高对杂质去除率改变不大。综合考虑选择 60℃为最佳反应温度。

综上，碱浸钛渣最佳提纯条件为：溶液 pH 值为 2，反应时间为 60min，酸种类为盐酸，反应温度为 60℃。该条件下钛渣中二氧化钛纯度已经达到了 96.65%。通过酸液的精制处理，可以有效地将碱浸渣中附着的碱性物质和部分其他杂质去除，使得杂质含量降低，钛渣中 TiO_2 纯度提高。

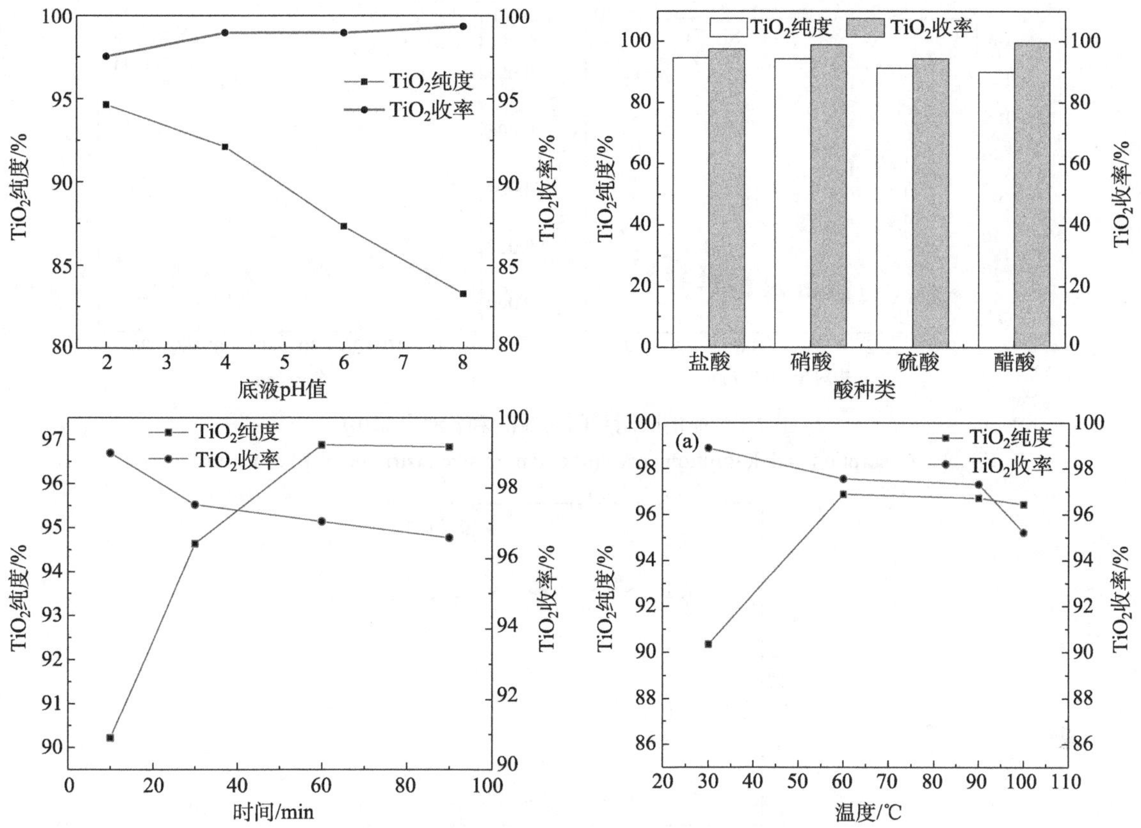

图 1 不同条件对 TiO_2 收率和纯度以及杂质去除率的影响

Fig. 1 The effects of different reaction conditions on the purity of titanium slag, recovery rate of TiO_2 and the removal efficiency of impurities

3.2 产品性能分析

钛渣经过处理纯度有所提高，但良好的钛白粉还需要具备一系列优越的指标，因此需要对产品的其他性能进行考察，并进一步优化产品性能。经过酸洗处理的样品中可能有钛酸存在，同样品的晶型较差，为了提升产品晶型并减少样品中水的存在，需要对钛渣进行焙烧处理。此外，为了提升样品的整体性能，需要对产品进行湿磨和表面处理后。因此，对产品进行表面处理、焙烧得到最终产品，并与原料和酸洗精制渣焙烧后进行对比。为了方便区分，碱浸渣、酸洗后产品和最终产品分别标记为 TN、TS 和 TZ。和 TZ 的主要成分如表 1 所示。可以看出，TS 和 TZ 纯度分别为 96.65%和 96.74%，表明经过酸洗处理和焙烧后，产品的 TiO_2 纯度有所提升。

表 1 钛白粉产品的成分

Table 1 The composition of the product

样品名称	氧化物含量/%			
	TiO_2	SiO_2	CaO	Al_2O_3
SJ-Ti/%	96.65	1.88	0.31	0.10
SZ-Ti/%	96.74	1.81	0.30	0.11

TN 和 TZ 的孔径分布和氮气吸附脱附曲线如图 2 所示，并通过 BET 计算 TN 和 TZ 的比表面积分别为 21.28 m^2/g 和 64.55 m^2/g。从图 2 可以看出，碱浸渣的吸附脱附曲线闭环面积狭小，只存在部分较小孔，总体孔含量较低，总体比表面积较小。经过酸洗精制以及进一步处理后和焙烧后的二氧化钛产品，孔径范围变大，总体孔变多，比表面积也有了相应的增加，表明酸洗和焙烧等处理手段可以有效提升产品的比表面积。

TS 和 TZ 的 XRD 如图 3 所示。可以看到，最终产品的晶型明显，峰值变得更尖锐，且没有其他杂质的峰，表明得到的最终产品晶型单一，为晶型良好的锐钛矿二氧化钛。锐钛矿钛白粉具有很广的应用范围，产品具有良好的晶型结构可以有效扩大其应用范围。

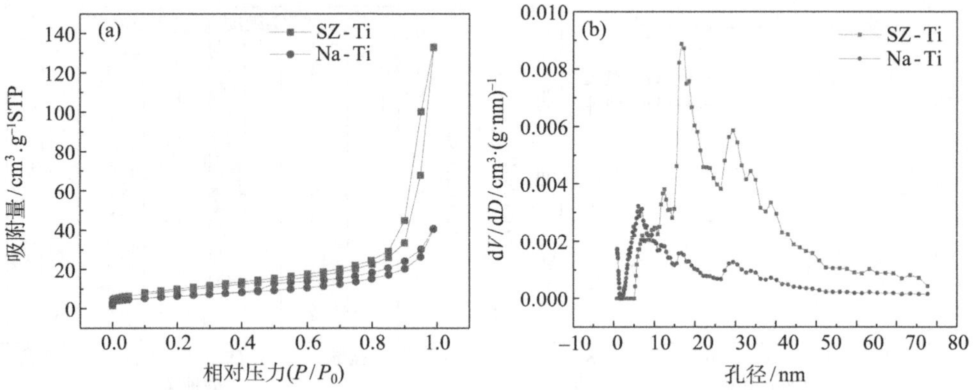

图 2　产品的吸附脱附曲线(a)和孔径分布(b)

Fig. 2　Adsorption and desorption curve (a) and pore size distribution (b) of the products

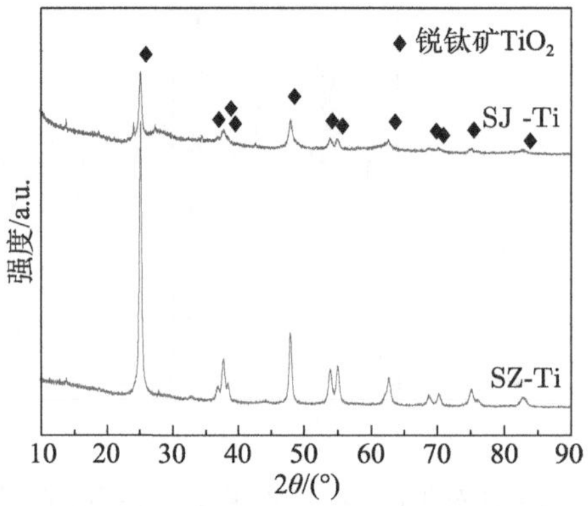

图 3　钛产品的 XRD 图

Fig. 3　The XRD pattern of titanium products

TZ 的电镜照片如图 4 所示。从图 4 可以看出，钛渣表面棒状纤维结构大幅度降低，进一步表明碱浸过程中大部分硅铝被溶解浸出，同时发现微观形貌下，钛白粉呈现较为均匀的颗粒状。

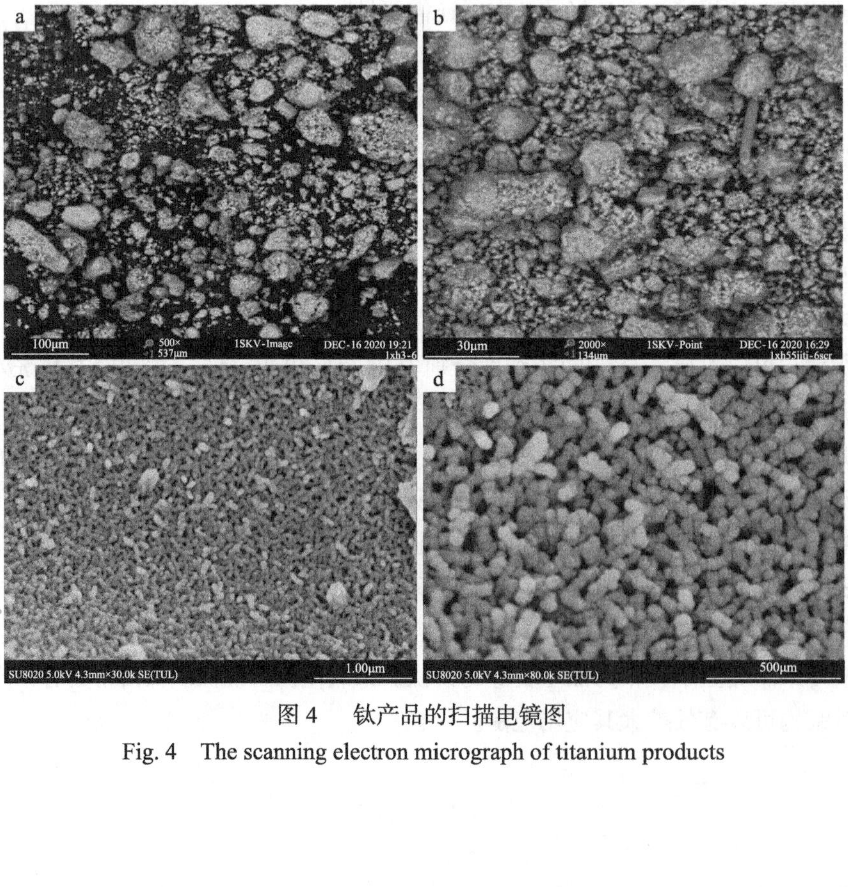

图 4　钛产品的扫描电镜图

Fig. 4　The scanning electron micrograph of titanium products

此外，对产品的其他指标进行分析，从表 2 可以看出，钛白粉产品的挥发量和灼烧减量较低，且具有一定的 DBP 吸油量(3.08mL/g)等特性，且钛白粉白度可以达到 94.25%，同时产品中有毒重金属 Zn、Pb、Cr 和 Mg 等金属已经低于检出限，从而有望应用于化工、催化、吸附等领域。

表 2　钛白粉产品的指标分析

Table 2　The index analysis of titanium dioxide products

名称	白度 /%	105℃挥发物 /%	灼烧减量 /%	水溶物 /%	水悬浮液 pH 值	筛余物（45μm 筛）/%	吸油量 /mL·g^{-1}	水分散性
TN	64.13	≤0.5	≤0.5	≤0.5	11.33	≤0.5	1.11	一般
TS	86.74	≤0.5%	≤0.5	≤0.5	5.0~7.5	≤0.1	2.42	良好
TZ	94.25	≤0.1	≤0.1	≤0.5	6.5~7.5	≤0.1	3.08	较好

4　结论

碱浸钛渣经过酸洗提纯，在最佳酸洗条件下（酸洗溶液 pH 值为 2，反应时间为 60min，酸种类为盐酸，反应温度为 60℃）。该条件下钛渣中二氧化钛纯度已经达到了 96.65%。再经过进一步处理和焙烧，产品纯度可以达到 96.74%。最终产品为晶型良好的锐钛矿二氧化钛，且均匀性较好，比表面积可以达到 64.55m^2/g，产品的白度和吸油值分别可以达到 94.25%和 3.08mL/g，同时产品有害金属元素已经不能被检出，进一步表明碱浸渣用于制备钛白粉的可行性。从而有望应用于化工、催化、吸附等领域。

参考文献

[1] Song Yongwei, Wang Heru, Wang Rui, et al. Novel approach for high-efficiency recovery of titanium dioxide, hydrochloric acid, and organic solvents from titanium white waste acid[J]. Journal of Cleaner Production, 2021, 315: 128105.

[2] Li Xin, Lin Jing, Zhang Di, et al. Material flow analysis of titanium dioxide and sustainable policy suggestion in China[J]. Resources Policy, 2020, 67: 101685.

[3] Li Yuhua, Li Qinggang, Zhang Guiqing, et al. Separation and recovery of scandium and titanium from spent sulfuric acid solution from the titanium dioxide production process[J]. Hydrometallurgy, 2018, 178: 1-6.

[4] Jin Liuyang, Su Xin, Dong Fen, et al. The generation and pollution characteristics of titanium dioxide industry wastes from different technologies[J]. Modern Chemical Industry, 2016, 36(3): 121-124.
(靳留洋，栗歆，董芬，等. 钛白粉行业不同工艺废渣产生特性和污染特性的研究[J]. 现代化工, 2016, 36(3): 121-124.)

[5] Wang Chunhua, Wang Hongtao, Xiao Dingquan, et al. Life cycle assessment study on production of titanium white[J]. Inorganic Chemicals Industry, 2006(11): 6-9.
(王春华，王洪涛，肖定全，等. 钛白粉生产过程的生命周期评价[J]. 无机盐工业, 2006(11): 6-9.)

[6] Liu Songliang, Sun Lin, Wang Jinjun, et al. Preparation of TiO_2 from Panzhihua titanium slag by NaOH decomposing-HCl leaching[J]. Iron Steel Vanadium Titanium, 2019, 40(3): 1-6.
(刘松良，孙林，王进军，等. 攀枝花钛渣 NaOH 分解-HCl 浸出制备 TiO_2 的工艺研究[J]. 钢铁钒钛, 2019, 40(3): 1-6.)

[7] Feng Ailing, Jiang Xunxiong, Zhao Lei. Study on new process to prepare titanium dioxide with DRI titanium slag[J]. Nonferrous Metals (Extractive Metallurgy), 2018(10): 13-17.
(冯爱玲，蒋训雄，赵磊. DRI 钛渣制备钛白粉新工艺研究[J]. 有色金属(冶炼部分), 2018(10): 13-17.)

[8] Zheng Fuqiang, Guo Yufeng, Qiu Guanzhou, et al. A novel process for preparation of titanium dioxide from Ti-bearing electric furnace slag: NH_4HF_2-HF leaching and hydrolyzing process[J]. Journal of Hazardous Materials, 2018, 344.

[9] 黑月，孙雪，付雅君，等. 由高钛渣制备钛白粉的研究进展[J]. 化工管理, 2016(13): 167.

[10] Zhang Fengping. Study of the preparation technology of titanium dioxide by leaching acid-soluble titanium slag with waste hydrochloric acid [D]. Gui Yang: Guizhou University, 2015.
(张风平. 废盐酸浸出酸溶性钛渣制备钛白粉工艺研究[D]. 贵阳: 贵州大学, 2015.)

钛白粉对 PVC 型材色变的研究

周 俊

（攀钢集团重庆钒钛科技有限公司，重庆 401338）

摘　要：本文主要研究一种白色无机颜料，钛白粉对 PVC 型材或管材色变的影响因素。主要通过钛白粉的粒径大小与分布、不同无机包膜工艺、不同有机包膜剂类型、不同钛白粉晶型和不同钛白粉加量等 5 组试验方案与 PP（聚丙烯）树脂直接进行混合、注塑试验，有效排除了 PVC 型材配方中填料、分散剂、稳定剂、增塑剂等对检测结果的影响。经综合分析得知，钛白粉易诱发 PVC 型材或管材色变的主要因素有 4 个：钛白粉小粒径占比、钛白粉晶型、无机包膜工艺和有机包膜剂选型。因此，控制好钛白粉粒径大小与分布，将其集中在 0.2~0.4μm，尽可能避免小于 0.1μm 的钛白粉粒子产生。同时选择金红石型钛白，锆铝无机包膜工艺和改性有机硅有机包膜剂，便能较好地减少钛白粉对 PVC 型材或管材的色相稳定性影响。

关键词：钛白粉；粒径大小；包膜工艺；体系加量；PVC 色变

Study on Color Change of PVC Profile by Titanium Dioxide

Zhou Jun

(Chongqing Vanadium Titanium Technology Co., Ltd., Chongqing 401338, China)

Abstract: This paper mainly studies a kind of white inorganic pigment, titanium dioxide on PVC profile or pipe color change factors. Mainly by the particle size and distribution of titanium dioxide, different inorganic membrane technology, organic package requests types, different type titanium white crystal and titanium dioxide added amount 5 groups such as testing scheme directly mixed with PP (polypropylene) resin, injection test, effectively ruled out the PVC profile formula of filler, dispersing agent, stabilizer, plasticizer and other effects on test results. Through comprehensive analysis, it is found that there are four main factors that titanium dioxide can easily induce color change of PVC profile or pipe: proportion of titanium dioxide particle size, titanium dioxide crystal type, inorganic coating process and selection of organic coating agent. Therefore, control the size and distribution of titanium dioxide particle size, concentrate it between 0.2μm and 0.4μm, as far as possible to avoid < 0.1μm titanium dioxide particles. At the same time, the rutile titanium dioxide, zirconium aluminum inorganic coating process and modified silicone organic coating agent can better reduce the influence of titanium dioxide on the phase stability of PVC profile or pipe.

Key words: titanium dioxide; particle size; coating process; system addition; PVC color change

作者简介：周俊，攀钢集团重庆钒钛科技有限公司检测中心，主管工程师；主要负责钛白粉应用研究和检测工作，负责建立了攀钢钛白粉应用检测标准，参与了《氯化法二氧化钛》团体标准（中国涂料工业协会）的制定；作为第一发明人，获得 5 项钛白粉应用和检测相关专利授权；E-mail: 466207149@qq.com。

1 引言

聚氯乙烯[1]，英文简称PVC(Polyvinyl chloride)，是氯乙烯单体在过氧化物、偶氮化合物等引发剂或在光、热作用下按自由基聚合反应机理聚合而成的聚合物。PVC因其优良的耐化学腐蚀性、电绝缘性、阻燃性、质量轻、强度高、易于加工等优点，被广泛应用于工业、农业、建筑、电力、电子、汽车等领域，成为应用领域最广的塑料品种，在国民经济中占据重要的地位。

我国PVC行业发展可分为四个阶段：第一个阶段1953~1957年，实验研究阶段；第二个阶段1958~1980年，行业发展阶段，全国拥有了几家千吨规模级的PVC企业；第三个阶段1980~2000年，行业加速阶段，不断从国外引进生产装置和技术，国内总产能和产量达到百万吨；2000年至今，产能升级阶段，2004年以后摆脱了进口依赖，产能和产量达到千万吨级别，特种PVC产能和产量达到百万吨级别。

PVC制品[2]分为软制品和硬制品。一般的软制品是利用挤出机挤成的软管、电缆、电线等，还有利用注射成型机配合各种模具制成的塑料凉鞋、鞋底、拖鞋、玩具、汽车配件等。硬制品主要是PVC型材、异型材，主要用于制作门窗和节能材料，是PVC最大的消费领域，目前其用量在全国范围内仍有较大幅度增长。

随着经济的发展和人民生活水平的提高，高端领域对高性能化、功能化PVC树脂的需求逐步增大。从20世纪80年代起，国外PVC树脂发展注重高附加值化，开发了大量新品种，而国内专用树脂研究起步较晚，专用化程度较低，没有形成成熟的系列化产品，因此国家化学工业“十五”规划及氯碱化工行业“十一五”“十二五”发展规划中明确提出要实现PVC树脂品种系列化、差别化、功能化和高性能化。

随着国家对保护资源、节约能源、环境保护等工作的日益重视，发展新型化学建材，包括PVC门窗，逐渐被提到议事日程[3]。2005年7月1日随着我国第一部公共建筑节能设计的综合性国家标准《公共建筑节能设计标准》的颁布实施，标志着我国建筑节能工作在民用建筑领域的全面铺开。在节能、绿色、环保的政策引导下，PVC型材以其耐候性、耐腐蚀性、保温隔热性以及气密性和水密性好等优点，在建筑门窗领域有着广泛应用。目前我国门窗用PVC型材主要有白色型材、彩色型材和胶塑型材3种。2000年以来，彩铝门窗兴起，对单一白色的PVC型材市场形成了强烈挤压，彩色PVC型材由此产生[4]。

白色PVC型材在彩铝门窗和彩色PVC型材的双重挤压下，必须最大化提升其应用性能，克服白色PVC易变色的缺点，才能在建筑市场中保留一定的市场份额。而影响PVC色变的因素有很多，主要包括稳定剂、颜料、填料、助剂、存放或使用环境等。北京工商大学材料科学与工程系王佩璋等[5]曾通过对PVC型材配方中几种颜料和助剂的正交实验对比分析出，钛白粉的缺少对PVC型材的白度和耐紫外线能力（耐色变性能）影响最大，在相同配方中，随着钛白粉含量的增加，或钛白粉纯度的增加，PVC型材抗衰减能力增强。

因此，本文主要针对PVC生产配方中的颜料钛白粉对PVC型材色变的5个主要影响因素进行了验证和分析，最终论证出影响钛白粉在PVC中耐色变性能的4大因素分别是：钛白粉小粒径占比、钛白粉晶型、无机包膜工艺和有机包膜剂选型。当钛白粉粒度集中控制在0.2~0.4μm，尽可能避免或减少小于0.1μm的钛白粉粒子产生，同时选择金红石型钛白，锆铝无机包膜工艺和改性有机硅有机包膜剂，便能较好地减少钛白粉对PVC型材或管材的色相稳定性影响。

2 试验部分

钛白粉是一种重要的无机化工颜料，主要成分为二氧化钛，分子式：TiO_2，分子量：79.87。其生产工艺主要有硫酸法和氯化法两种，主要应用于涂料、油墨、塑料、造纸等工业生产领域。

钛白粉作为白色 PVC 塑钢门窗中的白色颜料，对其门窗的色相（白度）、加工性能、耐候性等，均有一定的影响。本文将主要通过以下 5 个方面展开钛白粉对 PVC 型材或管材色变影响的论证。

（1）不同钛白粉粒径大小与分布耐色变对比试验。

（2）可用于生产的两种钛白粉晶型（锐钛型和金红石型）耐色变对比试验。

（3）塑料用钛白产品主流无机包膜方式（锆铝和单铝）耐色变对比试验。

（4）市场上主流有机包膜剂（醇类、烷类、改性有机硅、共聚物、不含硅化合物）耐色变对比试验。

（5）以在 PVC 体系配方中的最大钛白粉加量为上限，制定不同钛白粉加量耐色变对比试验。

2.1　试验仪器及设备

本节试验仪器及设备包括钛白粉无机包膜、有机包膜、干燥、研磨、气粉、粒度检测、金红石含量检测、制作 PP 板、QUV（紫外光）极速老化试验、颜色的检测等试验步骤。主要检测仪器和设备详见表 1。

表 1　试验仪器及设备

序号	设备名称	规格/型号	生产厂家
1	电子天平	ME104/02	梅特勒-托利多（上海）有限公司
2	电子天平	ME3002/02	梅特勒-托利多（上海）有限公司
3	注塑机	BP-8180-A	宝品精密仪器有限公司
4	QUV 极速老化试验机	QUV/Spray	Q-Lab（美国）
5	纯水机	UPOKE-20L	四川优普超纯科技有限公司
6	分光测色仪	800V	Datacolor

2.2　试验用化学品

本节试验用化学品见表 2，包括钛白粉无机包膜、有机包膜、制作 PP 板等试验环节。由于试验方案的不同，在不同钛白粉粒径和不同钛白粉加量对比试验中会使用到钛白粉成品；在不同钛白粉晶型对比试验中会使用到锐钛型钛白粉初品和金红石型钛白粉初品；在不同无机包膜工艺和不同有机包膜剂选型对比试验中会使用到砂磨后浆料进行包膜（表面处理）后再进行后续耐候性对比试验。

表 2　试验用化学品

序号	化学品名称	备注
1	钛白粉	锐钛型初品；金红石型初品；砂磨后浆料；包膜后成品
2	无机包膜剂	$Zr(SO_4)_2·4H_2O$；$NaAlO_2$
3	pH 调节剂	10%硫酸或 10%碱液
4	有机处理剂	醇类 A、烷类 B、改性有机硅 C、共聚 D、不含硅化合物 E
5	PP 树脂	注塑级聚丙烯树脂

无机包膜工艺主要采用塑料用钛白产品普遍使用的锆铝或单铝包膜方式，无机包膜剂主要采用硫酸锆 $Zr(SO_4)_2·4H_2O$ 和偏铝 $NaAlO_2$，pH 调节剂也采用行业内通用的 10%硫酸或 10%碱液，有机处理剂根据行业内主流有机处理剂进行收集和验证。

2.3　试样的制备

本文主要讨论钛白粉对 PVC 型材或管材色变的影响，故不对钛白粉试验样试制步骤作过多叙述，只针对钛白粉在塑料体系中的应用，试制塑料样板的相关参数进行叙述。由于 PVC 型材配方中，除了 PVC 树脂和钛白粉以外，还有填料（如碳酸钙、滑湿粉等）、分散剂（硬脂酸、钛酸酯偶联剂、铝酸酯偶联剂等）、稳定剂（钙锌复合分散剂、单体铅盐稳定剂、铅盐复合稳定剂等）、增塑剂（邻苯二甲酸酯、脂肪族二元酸酯、磷脂酯等）等，对 PVC 型材或管材的色相稳定性均有着不同程度的影响，特别是稳定剂影响明显。因此，为了避免其他填料和助剂干扰对钛白粉在 PVC 型材中是否造成色变的影响因素研究，而采用了钛白粉与 PP（聚丙烯）树脂直接混合、注塑的方式进行试验。

将 PP 树脂和钛白粉按一定比例依次称入无色 PE 自封袋中，充入空气，将自封袋封口捏合，用手摇的方式将钛白粉与 PP 树脂进行混合，约 10min 后以目视混料袋内颜色均匀，且呈透明状态时即视为混匀。然后将混合料倒入注塑机中，在 180℃左右的温度下熔融、混炼，在 200℃的温度下注射成 109mm× 75mm× 2.5mm 的 PP 片材备用。PP 板试制相关参数，见表 3。

表 3 PP 板试制相关参数

方案编号	化学品名称	加量/份	试制温度/℃
1	钛白粉	0.4	200
	PP 树脂	100	
2	钛白粉	1.0	
	PP 树脂	100	
3	钛白粉	2.5	
	PP 树脂	100	
4	钛白粉	4.0	
	PP 树脂	100	

2.4 试验方案

2.4.1 不同钛白粉粒径分析

为了避免无机包膜和有机包膜对不同钛白粉粒径耐候性（耐色变性能）检测结果带来干扰，试验样品采用同一生产线上生产的同一牌号金红型钛白产品，通过对该金红石型钛白产品的粒度检测结果进行筛选，选择 6 个不同粒度分布和粒子大小，且差异性较大的样品进行 PP 注塑。并用分光测色仪检测 PP 注塑板的初始 Lab 值，再将检测后的 PP 注塑板放入 QUV（紫外）极速老化试验机中进行 500h 老化试验。试验完毕后，将 PP 注塑板避光放置 24h 后再检测一次 Lab 值，通过老化前后的总色差 ΔE 和 Δb（黄蓝相：检测值越大，越接近于黄相，检测值越小，越接近于蓝相）分析钛白粉粒径大小和粒径分布对 PP 注塑板耐候性（耐色变性能）的影响力。

$$\Delta E = \sqrt[2]{(\text{老化后}L - \text{老化前}L)^2 + (\text{老化后}a - \text{老化前}a)^2 + (\text{老化后}b - \text{老化前}b)^2} \tag{1}$$

式中 ΔE——样板老化前后的总色差，差值越大，说明耐候性越差；

老化后 L——样板老化后的明暗度，L 值越大，亮度越高；

老化前 L——样板老化前的明暗度，L 值越大，亮度越高；

老化后 a——样板老化后的红绿相，正值趋向于红色，负值趋向于绿色；

老化前 a——样板老化前的红绿相，正值趋向于红色，负值趋向于绿色；

老化后 b——样板老化后的黄蓝相，正值趋向于黄相，负值趋向于蓝相；

老化前 b——样板老化前的黄蓝相，正值趋向于黄相，负值趋向于蓝相。

$$\Delta b = \text{老化后}b - \text{老化前}b \tag{2}$$

式中 Δb——样板老化后与老化前的色差，差值越小，说明耐黄变性能越好；

老化后 b——样板老化后的黄蓝相，正值趋向于黄相，负值趋向于蓝相；

老化前 b——样板老化前的黄蓝相，正值趋向于黄相，负值趋向于蓝相。

不同钛白粉粒径对比试验（样板的试制）见表 4，不同钛白粉粒径对比试验（耐候性测试）见表 5。

表 4　不同钛白粉粒径对比试验（样板的试制）

样品编号	马尔文粒径/μm			PP 板试制方案
	d (0.1)	*d* (0.5)	*d* (0.9)	
R1	0.172	0.276	0.423	按表 3 中方案 4 执行
R2	0.246	0.450	1.123	
R3	0.209	0.333	0.509	
R4	0.228	0.273	0.616	
R5	0.269	0.493	0.919	
R6	0.301	0.471	0.716	

表 5　不同钛白粉粒径对比试验（耐候性测试）

试验步骤	试验条件
颜色检测	用分光测色仪检测 PP 注塑板的初始 Lab 值
QUV 老化	（1）老化执行标准：ASTM G154 CYCLE； （2）程序 1：0.89W/m^2，60℃,8h；程序 2：0.00W/m^2，50℃，4h；程序 3：返回程序 1； （3）换板频次：1 次/天，当换板时发现样板有明显色变，即中止老化
颜色检测	将样板避光放置 24h 后，检测 PP 注塑板老化后的 Lab 值，并计算老化前后的色差（ΔE、Δb），色差越大，耐色变性能越差

2.4.2　不同钛白粉晶型分析

为了避免无机包膜和有机包膜对不同钛白粉晶型耐候性对比结果的影响，特采用均未进行表面处理的金红石型钛白粉初品和锐钛型钛白粉初品进行对比试验。由于钛白粉初品粒子团聚现象严重，且颗粒较大，在试验前需用三头玛瑙研磨仪进行研磨、粉碎后再进行 PP 注塑。并用分光测色仪检测 PP 注塑板的初始 Lab 值，再将检测后的 PP 注塑板放入 QUV（紫外）极速老化试验机中进行 500h 老化试验。试验完毕后，将 PP 注塑板避光放置 24h 后再检测一次 Lab 值，通过老化前后的总色差 ΔE 和 Δb（黄蓝相：检测值越大，越接近于黄相，检测值越小，越接近于蓝相）分析不同钛白粉晶型对 PP 注塑板耐候性（耐色变性能）的影响力。由于钛白粉初品的体系相容性较差，所以按表 3 中钛白粉加量最少的方案 1 开展对比试验。样板的其他试制要求见表 6，QUV 耐候性测试参见表 5。

表 6　不同钛白粉晶型对比试验（样板的试制）

样品编号	钛白粉初品种类	*R*/%	研磨时间/min	PP 板试制方案
A1	锐钛型	—	20	按表 2.3 中方案 1 执行
R2	金红石型	≥96		

2.4.3　不同无机包膜工艺分析

为了避免不同钛白粉粒径大小及分布对不同无机包膜工艺耐候性（耐色变性）对比检测结果带来干扰，所以本组试验均采用同一批砂磨后的钛白粉浆料分别进行湿法锆铝和单铝包膜，并经干燥、研磨、气流粉碎后按表 7 制板，按表 5 进行 QUV 耐候性测试。

表 7　不同无机包膜工艺对比试验（样板的试制）

样品编号	包膜工艺	PP 板试制方案
R1	锆铝	按表 3 中方案 4 执行
R2	单铝	

2.4.4 不同有机包膜剂分析

为了避免不同钛白粉粒径大小和分布，以及不同无机包膜工艺对不同有机包膜剂耐候性（耐色变性）对比检测结果带来干扰，所以本组试验均采用同一批砂磨后的钛白粉浆料进行同一方案的无机包膜，再按照表 8 进行有机包膜，按表 7 制板，最后按照表 5 进行 QUV 耐候性测试。

表 8 不同有机包膜剂对比试验（样板的试制）

样品编号	包膜剂种类	包膜剂加量/%	PP 板试制方案
R1	醇类	0.3	按表 2.3 中方案 4 执行
R2	烷类	0.3	
R3	改性有机硅	0.3	
R4	共聚物	0.3	
R5	不含硅化合物	0.3	

2.4.5 不同钛白粉加量分析

采用硫酸法金红石型塑料专用钛白产品和塑料通用钛白产品样品各 1 个，按表 3 同时开展方案 1、方案 2、方案 3、方案 4 的 PP 注塑板试制，按照表 5 进行 QUV 耐候性测试。

3 试验结果与讨论

3.1 不同钛白粉粒径检测结果分析

根据国内外主流钛白产品扫描电镜（SEM）照片粒径统计分析可知，钛白粉的平均粒径大多在 180~300nm，因为应用体系不同而有所差异。应用于塑料领域中的钛白粉平均粒径大多在 200nm±20nm 左右，应用于涂料领域中的钛白粉粒径相对要偏大些，大多在 260nm±20nm 左右。

当钛白粉粒径小于 100nm 时，将失去颜料性能，呈透明状态。在钛白粉粒径大于 100nm 的前提下同比，钛白粉粒径越小，可以获得更显蓝相的底色，使人的眼观白度更白、更亮。在一定程度上起到把树脂原料自带的浅黄色和其他原料所带的黄色遮蔽的作用。

当钛白粉平均粒径为 0.2 nm 时，其遮盖力最大[6]。当钛白粉平均粒径小于可见光波长（380~780nm）一半时（190nm），由于晶粒对光的透明性，其遮盖力随之下降。

钛白粉粒径与比表面积成反比，随着钛白粉粒径变小，比表面积增大，能被光照射的面积增大，可以吸收到更多的紫外光，光化学活性相对更强，耐候性随之下降。

当钛白粉粒径大于 500nm 时，就会降低颗粒对光的散射能力，降低白度。并对其加工性能和下游产品表观平整性、光洁度有较大的影响。

由图 1 和图 2 可知，钛白粉小粒子占比 $d(0.1)$与 PP 板 QUV（紫外）老化 500h 后的总色差 ΔE 和 Δb(黄蓝相)有显著正相关性，而中值粒径 $d(0.5)$和 $d(0.9)$与 PP 板 QUV（紫外）老化 500h 后的总色差 ΔE 和 Δb(黄蓝相)没有相关性。充分验证了钛白粉粒径与比表面积成反比，随着钛白粉粒径变小，比表面积增大，能被光照射的面积增大，可以吸收到更多的紫外光，光化学活性相对更强，耐候性（耐色变性能）随之下降。同时，因为 ΔE 和 Δb 之间有明显的正相关性，所以 3.2~3.5 将不再单独讨论 Δb，只讨论 ΔE。

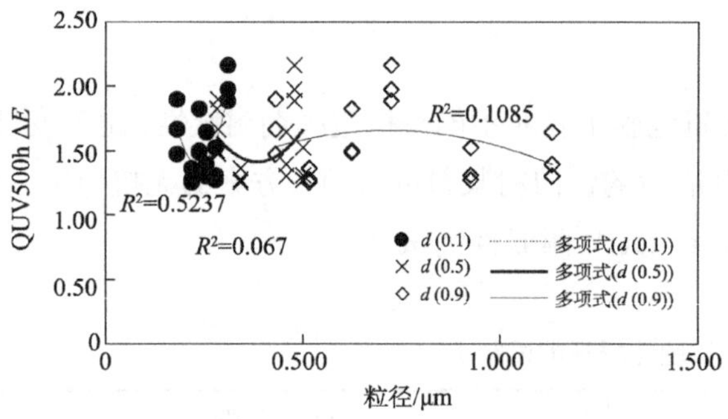

图 1 粒径与 ΔE 对比分析

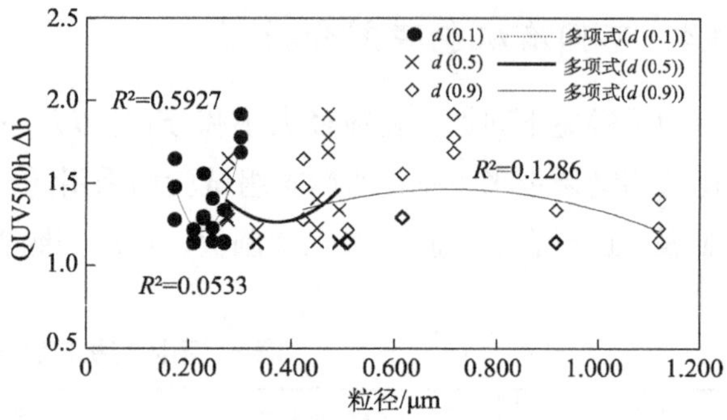

图 2 粒径与 Δb 对比分析

3.2 不同钛白粉晶型检测结果分析

钛白粉的主要成分是二氧化钛，根据其杂质含量和包膜含量不同最高可达 98%以上。二氧化钛的性质与其晶粒的结构、粒径和表面形貌有着密切的联系[7]。二氧化钛有三种晶型，分别为锐钛型、金红石型和板钛型，其中前两种晶型属于四方晶系，后者属于斜方晶系。两种晶型的晶胞中心都有一个钛原子，钛原子周围有 6 个氧原子，氧原子周围有 3 个钛原子。两种晶型的差别在于八面体的畸变程度和连接方式。二氧化钛的晶型结构和表面包膜是影响其紫外屏蔽性能的重要因素。和锐钛型二氧化钛比，金红石型二氧化钛的物理化学性质更稳定，有更高的硬度、密度、介电常数和折射率，并且能够较好地吸收小于 410nm 的光波，吸收光波的范围大于锐钛型二氧化钛（<350nm）。同时，因为金红石型二氧化钛的禁带宽度是 3.2eV，锐钛型二氧化钛的禁带宽度是 3.0eV，所以金红石型二氧化钛的光催化活性比锐钛型二氧化钛低，耐候性更好。

钛白粉产品主要分为锐钛型和金红石型，由于其应用性能和生产成本不同，而用于不同的生产领域。

3.2.1 锐钛型钛白粉的优劣势

锐钛型钛白粉的白度较高对产品增白有较好效果；锐钛型钛白粉的粒子硬度相对较软，其莫氏硬度低于金红石型钛白粉 0.5 左右[8]，在化纤消光工序中为避免磨损喷丝孔而多采用锐钛型钛白粉；锐钛型钛白粉的比表面积大于金红石型钛白粉，表面氧的化学吸附作用是金红石钛白粉表面的 2 倍，所以更容易受潮，吸水性更强，不利于高浓度色母的生产，耐候性能相对较差。

3.2.2 金红石型钛白粉的优劣势

金红石型钛白粉的折光系数为 2.71，高于锐钛型钛白粉的折光系数 2.52，因此前者的遮盖力和光泽度均优于后者。金红石型钛白粉的晶体结构致密，光化学活性小，因此比锐钛型钛白粉的耐候性好。

从图 3 可知，在相同条件下，金红石型钛白粉样品试制的 PP 板在 338h QUV 老化后，其总色差 ΔE 整体低于锐钛型钛白粉样品试制的 PP 板。由此可证，金红石型钛白粉的晶体结构致密，光化学活性小，因此比锐钛型钛白粉的耐候性（耐色变性）好。

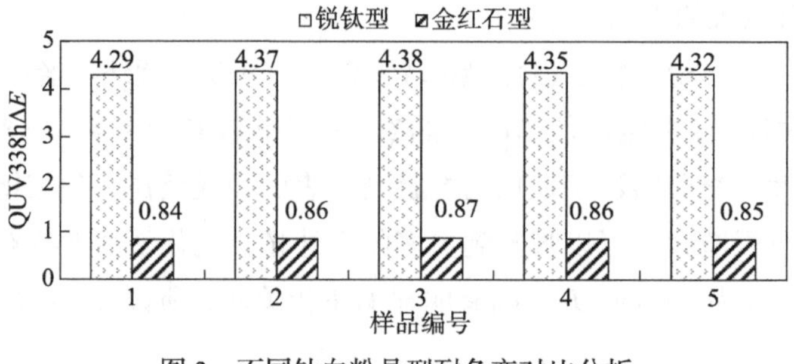

图 3 不同钛白粉晶型耐色变对比分析

3.3　不同无机包膜工艺检测结果分析

由于二氧化钛粒子本身存在一定的光化学活性，同时为了提高二氧化钛颗粒在溶剂中的分散性，以便充分发挥其各项颜料应用性能，钛白粉生产厂家会根据产品设计需求，选择不同的表面处理方案（包括无机包膜和有机包膜），研制出可适用于不同应用领域的钛白粉产品。而处于包膜最底层的无机包膜主要承担屏蔽二氧化钛粒子光化学活性点，在二氧化钛粒子表面形成一层保护膜，降低二氧化钛的光催化作用，提高其耐候性的作用[9]。

无机包膜按其生产工艺不同，可分为湿法和干法两种。

湿法的介质为水，可分为煮沸法、中和法和碳化法。煮沸法是在加热条件下，表面处理剂热水解并沉积在二氧化钛颗粒上的一种表面包覆方法。中和法则分为两类：一类是加碱到酸性浆液中，使处理剂沉淀下来，常用的碱性沉淀剂有氨水、氢氧化钠、碳酸钠等；另一类是加酸到碱性浆液中，使处理剂沉淀下来，酸性沉淀剂包括磷酸、硫酸、硝酸、盐酸。碳化法是在含包覆剂的碱性二氧化钛浆液中通入二氧化碳，使包覆剂沉淀并包覆在二氧化钛颗粒上的一种表面包覆法。

干法包膜则是在气流的带动下，采用喷雾法使二氧化钛颗粒表面吸附一种金属卤化物，再在氧化气氛中焙烧，使其氧化。或者在过热蒸气等含水气氛中使其水解。该法也叫化学气相沉积法，多用于有机包膜。

塑料用钛白粉的无机包膜方式主要有单铝、硅铝、锆铝三大类。包覆的二氧化硅和二氧化锆容易生成致密膜，致密膜可抑制钛白粉的光化学活性，提高耐候性；而包覆的氧化铝易生成疏松网状膜，有利于改善钛白粉在应用体系中的分散性。其中，锆铝包膜多用于型材、管材等对耐候性要求较高的塑料专用钛白产品，而软塑包装类钛白产品则多采用单铝包膜，以确保食品安全。

从图4可知，在相同条件下，用锆铝包膜钛白粉样品试制的PP板在500h QUV老化后，其总色差ΔE整体低于用单铝包膜钛白粉样品试制的PP板。由此可证，锆铝包膜的钛白粉较单铝包膜的钛白粉耐候性（耐色变性）好。

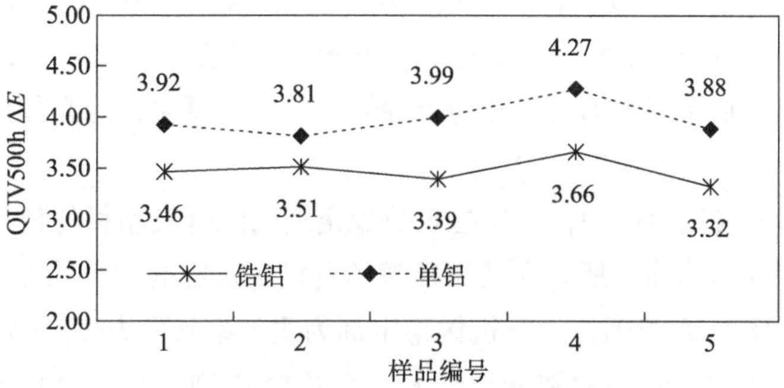

图4　不同无机包膜工艺耐色变对比分析

3.4　不同有机包膜剂检测结果分析

有机包膜处于二氧化钛粒子最外层，主要是通过改变二氧化钛粒子表面电荷，提高钛白粉与其应用体系的相容性，呈现出较好的分散性。

二氧化钛通过有机包膜主要是为了提高二氧化钛粒子与其应用体系的相容性。但是，由于塑料制品的生产和加工往往伴随着高温（150~330℃），所以塑料用钛白粉的有机处理剂选型还必须考虑其耐温性。

钛白粉行业常用有机处理剂主要有[10]TMP（三羟甲基丙烷）、TME（三羟甲基乙烷）、NPG（新戊二醇）、有机硅（硅烷偶联剂、硅油和有机改性硅油等）等。其中，有机硅的综合应用性能最佳，它不仅可以改善钛白粉在各种应用体系中的相容性，还可以增加钛白粉的光泽度和耐候性，降低吸油量，同时具有大于 300℃的耐高温抗黄变性能。被国内各大钛白粉制造企业作为一种提高钛白粉品质，增强产品竞争力的核心技术。

而占有较大市场份额的 TMP，因为可以帮助钛白粉改善在乙烯类树脂中的相容性，价格相对便宜，所以被广泛用于中低端通用型钛白粉有机包膜处理。与有机硅比，TMP 的主要缺陷：一是耐高温抗黄变性能差，容易在使用过程中因高温而产生黄变；二是吸湿性较强，处理后的钛白粉流动性较差，颗粒在受到挤压时容易结块。

从图 5 可知，在相同条件下，用 GGL（改性有机硅类）的钛白粉样品试制的 PP 板在 500h QUV 老化后，其总色差 ΔE 同比最小。由此可证，在同比的这 5 类有机处理剂中，GGL 的耐候性（耐色变性）最好。

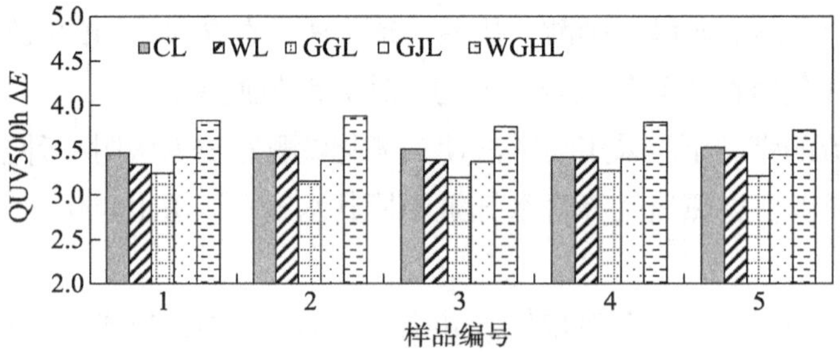

图 5　不同有机包膜剂耐色变对比分析

3.5　不同钛白粉加量检测结果分析

白色 PVC 型材抗紫外线破坏的最有效手段就是加入高耐候规格的金红石型钛白粉[9]。钛白粉在 PVC 型材配方中既是白色颜料，也是重要的光屏蔽剂。钛白粉对 PVC 型材耐候性（耐色变性能）的作用可以概括为三个方面[11]：第一，可通过吸收紫外光（波长范围：400~10nm），来降低型材内部树脂发生光老化和氧老化，而导致色变的机率；第二，通过对可见光（波长范围：390~780nm）的散射和折射作用，可以对 PVC 的变色产生屏蔽作用；第三，作为半导体材料，二氧化钛的光催化作用会导致型材发生失光、粉化和铅灰等副作用。

钛白粉在 PVC 体系的使用过程中，应考虑与热稳定剂的配合及型材的使用条件[12-14]。比如硫醇类有机锡稳定剂提供的光稳定性有限，所以在使用硫醇类有机锡稳定剂为主的配方体系中，钛白粉的用量须高于其他稳定剂配方体系。在美国，以有机锡稳定剂为主的型材配方中，钛白粉的一般用量在 8~10 份；在干热气候条件下，PVC 变色的趋势同比较大，所以 PVC 型材配方中的钛白粉用量应相对增大。

综上所述，PVC 型材配方中的钛白粉加量与其 PVC 耐色变性能并非呈正相关性。从钛白粉可吸收紫外光，屏蔽可见光，从而减缓周边树脂老化的速度看，当钛白粉呈致密、均匀包覆状态时，随着钛白粉加量的增多，所制得的 PVC 型材耐候性越好，越不容易产生色变。从钛白粉具有较强的光化学活性，会因晶格缺陷，在光照、催化剂或溶剂的作用下，将钛白粉中的 Ti^{4+}还原为 Ti^{3+}，释放出初生态氧。因初生态氧具有极强反应活性，可以使漆基的有机物被氧化，其高分子链因此断裂或降解，破坏涂层的连续性，形成可溶性或易挥发性的物质看，当钛白粉存在晶格缺陷，包覆不致密，不均匀时，随着钛白粉的增加，所制得的 PVC 型材耐候性越差，越容易产生变色。

从图 6 可知，2 组不同类型钛白粉在相同 PVC 配方中的不同加量对比试验数据可知，2 组数据的 R^2 均小于 0.3，由此可证，钛白粉加量与 PP 板的耐候性（耐色变性）没有相关性。也由此可证影响钛白粉在 PVC 配方中耐候性（耐色变性能）的影响因素较多，钛白粉的加入对其色相稳定性并不一定是积极的，也有可能是负面的。

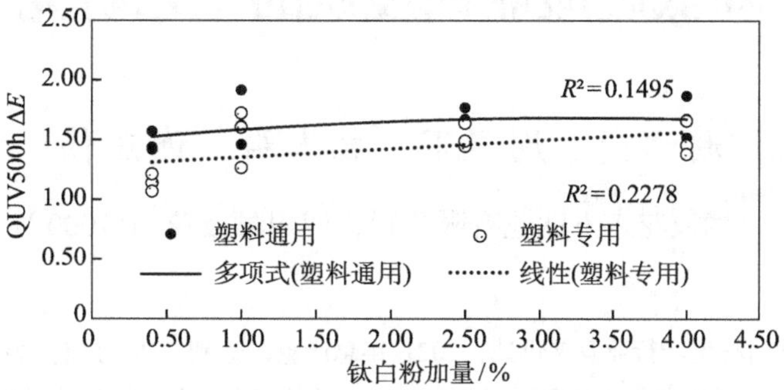

图 6　不同钛白粉加量耐色变对比分析

4　结论

综合图 1~图 5 可知，从钛白粉的角度进行分析，易诱发 PVC 型材或管材色变的主要因素有 4 个，分别是钛白粉小粒径占比、钛白粉晶型、无机包膜工艺和有机包膜剂选型。因此，控制好钛白粉粒径大小与分布，将其集中在 0.2~0.4μm，尽可能避免小于 0.1μm 的钛白粉粒子产生。同时选择金红石型钛白，锆铝无机包膜工艺和改性有机硅有机包膜剂，便能较好地减少钛白粉对 PVC 型材或管材的色相稳定性影响。

致谢

感谢重庆科技学院刘火安教授和攀钢集团重庆钒钛科技有限公司主任工程师景建林对本文的指导和帮助。

参考文献

[1] 前瞻产业研究院. 中国 PVC 行业产销需求与投资预测分析报告[DB/OL]. [2022-04-05]. https://new.qq.com/omn/20211229/20211229A058E600.html.
[2] 申洪泽, 孙娜娜, 等. 浅谈国内 PVC 行业的发展趋势[J]. 聚氯乙烯, 2017, 45(7): 1-3.
[3] 徐敢权, 韩林. PVC 型材行业的发展趋势及应对措施[J]. 聚氯乙烯, 2011, 39(5): 9-15.
[4] 吴海旭, 谭世奇, 等. 我国门窗用 PVC 型材的种类及发展趋势[J]. 聚氯乙烯, 2013, 41(7): 8-9.
[5] 王佩璋, 张成龙, 等. 影响 PVC 型材变色因素的研究[J]. 中国塑料, 2004, 18(4): 76-79.
[6] 聂少姬, 扈廷勇. PVC–U 制品用钛白粉的选择与控制[J]. 聚氯乙烯, 2015, 43(2): 28-31.
[7] 王靓. 金红石型二氧化钛的制备及其表面包覆研究[D]. 重庆: 重庆大学, 2020.
[8] 百度文库. 浅谈金红石型钛白粉与锐钛型钛白粉之间的区别[DB/OL]. [2022-04-05]. https://wenku.baidu.com/view/c8485f472b160b4e767fcf27?channel=aggregation&fr=tag&word=.
[9] 刘兵, 杜剑桥. 二氧化钛无机表面处理研究进展[J]. 四川有色金属, 2013, 3(1): 17-22.
[10] 张小兵. 低成本通用型钛白粉有机硅包膜剂的开发[J]. 中国高新技术企业, 2014, 29: 19-20.
[11] 刘亮. 金红石钛白粉对白色 PVC 型材红变的影响探析[J]. 四川冶金, 2016, 38(4): 90-94.
[12] 高翔, 陆明兰, 周逸平. 影响 PVC 型材变色的因素[J]. 聚氯乙烯, 2008, 36(4): 21-26.
[13] 杨忠久, 李生德. 功能类助剂在 PVC 塑料异型材挤出中的正确应用[J]. 新型建筑材料, 2005(2): 16-19.
[14] 杨忠久. PVC 型材配方调试方向、依据及基准[J]. 聚氯乙烯, 2011, 39(2): 26-29.

降低硫酸亚铁残钛的工艺研究

赵远岗 周显富 杨本群 谢燕伟

（攀枝花东方钛业有限公司，四川攀枝花 617000）

摘 要：近年，国内钛白粉生产行业发展迅速，2021年总产量已达到379万吨，2022年预计总产量将超过400万吨；其中硫酸法钛白粉生产工艺占据了行业的90%，随着国家绿色、低碳发展战略的规划及市场竞争的日益激烈，降低硫酸法钛白粉的单位消耗及提升钛白粉收率将成为企业降低生产成本的主要手段之一；为此，国内各硫酸法钛白企业均在不断优化工艺降低成本，其中在收率提升上目前部分钛白企业已提升到89%以上。本文就影响收率提升的关键因素硫酸亚铁残钛的控制工艺进行了分析研究，以求合理控制残钛。

关键词：硫酸亚铁；残钛；圆盘过滤机；离心机；粒径；真空度

1 引言

目前国内钛白粉生产过程以硫酸法为主，其中80%硫酸法钛白粉生产过程均由钛精矿与硫酸反应制备黑色的硫酸氧钛溶液，俗称“黑钛液”，黑钛液中含有大量的硫酸亚铁。含有 Fe^{2+}黑钛液在后期水解偏钛酸时，会对偏钛酸的粒度分布、平均粒径、过滤性能、洗涤效果等有较大影响，故需要通过亚铁结晶后将钛液中的多余亚铁分离，将钛液中亚铁含量控制在一个合理的范围内（一般铁钛比控制在0.28%~0.33%）。

在亚铁分离工艺中，国内硫酸法钛白粉主要采用圆盘过滤机分离、离心机分离工艺，分离后的亚铁中带有大量硫酸氧钛，近年各企业通过不断地优化与发展，部分企业已将亚铁残钛控制在0.3%以下，由于吨钛白产生七水硫酸亚铁在3.0~3.5t；在该数据支撑下亚铁残钛损失在钛白收率系统中约占0.6%~1.1%；在整个收率系统损失中占比6.0%~10.0%，是硫酸法钛白收率系统中除酸解及水解工序外损失最高的工序；为此，降低硫酸亚铁残钛，将能有效提升钛白收率。

为有效降低硫酸亚铁分离后亚铁中的残钛含量，提升硫酸法钛白生产收率、降低企业生产成本，本文对硫酸法亚铁残钛控制工艺进行了分析研究，分别从亚铁结晶工艺粒径控制、亚铁分离工艺控制等方面进行分析。

2 硫酸亚铁结晶工艺对亚铁残钛的影响

2.1 结晶技术的发展

目前钛白行业运用的结晶工艺技术有冷冻结晶工艺、蒸汽闪蒸结晶工艺、等梯度结晶工艺、冷阱耦合真空结晶工艺、SSC真空结晶工艺、VCE结晶工艺、闪蒸+冷冻结晶工艺等多种工艺技术；其中冷冻结晶技术属于早期工艺技术，因结晶时间长、结垢严重、温度控制低、运行成本高等因素，自2007年以后基本不再使用，而采用了效率更高的蒸汽闪蒸真空结晶技术，但因其使用蒸汽作为真空动力，能耗

作者简介：赵远岗，攀枝花东方钛业有限公司，工程师，负责公司技改项目相关工作；E-mail: 510831641@qq.com。

较高，故 2016 年开始等梯度结晶工艺、冷阱耦合真空结晶、SSC 真空结晶等技术因在适当增加电耗的条件下不消耗蒸汽，能有效降低结晶能耗，在钛白行业得到发展，部分钛白企业已进行了升级改造；但因其为间歇结晶技术，在操作及控制上存在一定短板；故在 2020 年后出现了以 VCE 结晶技术、闪蒸加冷冻结晶技术等连续结晶新技术，该类技术在等梯度结晶、SSC 真空结晶等不消耗蒸汽的结晶技术基础上实现了连续结晶功能；同时操作效率、自动化程度更高。针对钛白行业的发展更加适用。

随着国家节能环保及工业自动化的规划发展提出的要求不断提升，连续结晶工艺将成为未来钛白行业发展的趋势。

2.2　结晶工艺对亚铁粒径的控制

在结晶后的钛液中，硫酸亚铁是以 $FeSO_4 \cdot 7H_2O$ 的形式存在的；硫酸亚铁的析出根据亚铁在钛液中的溶解度的不同，从原理上可分为冷冻降温结晶工艺及真空蒸发结晶工艺；其中传统的冷冻降温结晶降温速度较慢，晶体成长时间长，搅拌强度低，硫酸亚铁颗粒为 500~1500μm，甚至更大；而真空蒸发结晶由于降温速度快，晶体成长时间短，搅拌强度大，硫酸亚铁颗粒粒度较小，一般为 50~500μm；在硫酸亚铁粒径控制上，相对于真空蒸发结晶工艺，采用冷冻结晶工艺可通过对结晶时间及搅拌强度的改变控制硫酸亚铁向大粒径控制；单两种工艺条件下，亚铁离子粒径的分布范围均较宽。

目前就钛白行业几种结晶工艺比较，闪蒸加冷冻结晶工艺结合了真空蒸发结晶及冷冻结晶的优势，可以在缩短结晶周期的前提下，通过冷冻结晶控制硫酸亚铁粒向大粒径发展。

2.3　亚铁粒径对分离效果及残钛的影响

钛液结晶后对钛液中结晶的硫酸亚铁进行分离，在确认分离设备滤布型号后，亚铁粒径将成为分离设备的关键因素；通过模拟生产（以圆盘过滤机为例）对不同亚铁粒径进行实验。实验数据表明，亚铁粒径越大，过滤效果越好，残钛含量越低，详见表 1。

同时发现不同硫酸亚铁粒径的分布也对分离效果有较大影响。实验数据表明，粒径分布越宽，过滤效果越差，残钛含量越高，特别是小粒子对过滤效果的影响较大，详见表 2。

表 1　不同硫酸亚铁粒径下过滤亚铁残钛含量

粒径范围/μm	硫酸亚铁残钛含量/%
50~80	0.55
80~150	0.40
150~300	0.35
300 及以上	0.34

表 2　不同硫酸亚铁粒径范围下过滤亚铁残钛

粒径范围/μm	硫酸亚铁残钛含量/%
50~500	0.56
100~300	0.40
100~150	0.35

3　分离装置对亚铁残钛的影响

3.1　分离工艺的发展

钛白行业中主要采用真空抽滤、圆盘过滤机及离心机对硫酸亚铁进行分离；真空抽滤的工艺比较古老，因其效率低、成本高，现钛白企业已基本全部淘汰；随后离心机工艺成为钛白企业的常用工艺，但受钛液腐蚀性较强的影响，离心机设备故障高、维修费用高，故 2007 年后随着真空结晶工艺的发展，真空圆盘过滤机也紧随成为硫酸法钛白亚铁分离装置的主流工艺装备；经过其过滤后亚铁残钛一般在 0.5%以下；随着各钛白企业对收率不断提升的要求及硫酸亚铁水含量的要求，仅用圆盘过滤机已不能满足亚铁分离要求，故在 2010 年后各钛白企业在圆盘过滤机的基础上，随着离心机材质的不断优化，又逐步引入了推料离心机，进行两级分离，目前圆盘过滤机加离心机两级过滤已成为亚铁分离的主流工艺。

3.2 圆盘过滤机的控制工艺

圆盘真空过滤机是由调速电机通过减速器及开式齿轮传动来驱动圆盘转动，料浆进入圆盘后，随着物料的过滤圆盘滤扇处在过滤吸附区时，借助于真空泵负压在过滤介质两侧形成压力差，使固体物料吸附在滤布上并形成滤饼，而滤液则经滤液管排出，随着圆盘在转动，物料将先后经过进料区、过滤器、洗涤区、卸料区、反吹区，整个作业过程连续不断地循环进行。

在圆盘过滤过程中除硫酸亚铁本身物料特性影响外，滤布的选型、滤饼的厚度、真空度、洗涤水量、滤布反吹再生、圆盘的转速等均是影响硫酸亚铁过滤效果的直接因素，几个因素相辅相成。通过大量生产试验，圆盘过滤机的主要控制参数见表 3，可将亚铁残钛控制在 0.5%以下。

在生产实际中，随着真空度的逐渐下降，亚铁残钛明显增高，详见表 4。相对于其他影响因素，真空度的保持尤为重要；通常情况下影响真空度的主要原因为错气盘的磨损、真空系统管网的堵塞及泄漏等，在实际生产中应重点关注。

表 3　圆盘真空过滤机主要控制参数

影响因素	控制参数
真空度	0.035~0.04MPa
滤饼正常厚度	30~40mm
洗水总用量	0.5~0.6t/t $_{钛白}$
反吹压力	0.06~0.12MPa
滤盘转速	0.2~0.6r/min

表 4　不同真空度下亚铁残钛

真空度/MPa	硫酸亚铁残钛含量/%
0.04	0.38
0.035	0.40
0.03	0.55
0.025	0.80

3.3 离心的控制工艺

目前钛白企业与圆盘过滤机串联使用的离心机主要为推料离心机，离心机的使用可将亚铁残钛从圆盘过滤后的 0.5%降低到 0.3%以内，为进一步降低亚铁残钛，在亚铁进入离心机前添加少量洗水，可将亚铁残钛降低到 0.25%以下，由于增加洗水后，回收离心机钛液（一般控制钛含量在 40~50g/L）会导致钛液浓度降低，同时伴随着部分亚铁溶解，导致钛液中铁钛比升高。为此，将离心机分离钛液作为小度水返回酸解作为浸取补水，既不影响钛液质量，同时又确保了系统收率。

4 硫酸亚铁残钛的综合控制工艺

经过研究发现闪蒸加冷冻结晶工艺，在前段闪蒸过程中能将多余水分蒸发，使硫酸亚铁在钛液中达到饱和状态，初步形成晶种，后段在冷冻结晶过程通过控制冷冻结晶时间及降温速度，使硫酸亚铁粒子不断长大；为防止晶体过大造成系统结垢及堵塞，工艺采用了循环泵使整个物料系统呈缓慢流动状态，既保证了晶体的成长，同时又解决了冷冻结晶易结垢的问题，目前，该工艺已在钛白行业成熟应用，结晶完成后 80%以上的硫酸亚铁粒径均在 100~150μm，经过圆盘过滤机分离后亚铁残钛可控制在 0.40%以下；经过圆盘过滤机过滤后的硫酸亚铁水水含量在 10%左右，介质的腐蚀系数较钛液大大降低，再采用材质优化后的推料离心机，其使用寿命可达 5~8 年，通过离心机后最终可将亚铁残钛控制在 0.2%以下。

5 结论

（1）从结晶工艺上来看，选用闪蒸加冷冻连续结晶工艺能有效控制硫酸亚铁粒径，目前已使用的钛白企业能将 80%以上的钛液粒径控制在 100~150μm。

（2）硫酸亚铁分离工艺采用圆盘真空过滤机加推料离心机两级过滤能有效降低亚铁残钛，为提升系统收率，可通过离心机添加洗水的方式进一步降低残钛。

（3）结合两种工艺，可将亚铁残钛控制在 0.2%以内。

参考文献

[1] 张益都. 硫酸法钛折粉生产技术创新[M]. 北京: 化学工业出版社, 2010.

空气萃取蒸发技术在废酸资源化回收利用方面的应用

茆亮凯[1]　张　强[2]　曲　扬[1]　孙　权[1]　王小江[2]
叶顺利[1]　张　宇[1]　范　兵[2]

（1. 隆润新技术发展有限公司，北京 100076；
2. 攀枝花东方钛业有限公司，四川攀枝花 617000）

摘　要：采用“预冷冻结晶—空气萃取蒸发&冷冻结晶—两效蒸发结晶系统”相结合的三段式蒸发结晶工艺，在硫酸法钛白废酸的资源化回收利用方面有较好的实际应用意义。可稳定获得浓度大于 55%的硫酸，且浓度 20%以上的废硫酸可全部得到有效处理，不产生钛石膏，资源化综合利用率不低于 90%。

本技术以降低/消除结晶、结垢物质的过饱和度为主旨措施，降低了硫酸盐的结垢速率与概率，即可稳定拿掉废硫酸中的硫酸亚铁盐（纯度 90%左右，占废酸总质量的 22%~24%左右）以减少总蒸发耗水量，降低能耗，又因减少了蒸发浓缩单元循环液中的硫酸盐含量，大幅延长了系统堵塞周期，提高了装置运行的稳定性、连续性，有效解决了钛白废硫酸浓缩过程中的结垢、易堵难题。同时可大幅降低设备整体投资和运行成本，是实现废酸绿色低碳资源化回收利用的首选。通过常压、低温、自动化控制等手段，既降低了劳动强度，提升操作便捷度，又强化了能耗的精细控制，大幅降低了运行成本（每吨钛白粉废硫酸直接运行成本仅为 96.8 元）。

关键词：钛白粉；硫酸法；废酸；资源化回收利用；空气萃取蒸发技术

1　引言

1.1　背景

硫酸法制钛白每生产 1t 钛白，将产生 5 ~ 8t 含量在 20% ~ 22%左右的废硫酸，一般采取石灰中和形成钛石膏，再送堆场做废弃物处理，仅此攀枝花每年副产钛白废酸约 380 万吨、硫酸亚铁约 80 万吨，含水量小于 50%钛石膏约 230 余万吨，造成了资源的极大浪费并对环境造成极大压力，影响了钛白行业绿色低碳与高质量发展。在攀枝花市“十四五”生态环境保护规划强化固废污染防治中明确要求“动态掌握底数和加强源头减量”。在市重点整治任务清单中《危险废物等安全整治》也明确指出，做好废酸综合利用类企业的引进与建设，提升废酸综合利用率；鼓励企业自建处置利用设施，提升危险废物就近安全处置能力。

鉴于此，2022 年 2 月，攀枝花市生态环境局组织召开了多段式空气萃取蒸发结晶技术在钒钛行业废硫酸减量化处理领域应用的研讨会。根据会议精神，攀钢集团安排攀枝花东方钛业公司与隆润新技术发展有限公司紧密配合，就此项技术的应用开展相关工作。

1.2　现状及痛点问题

以硫酸法钛白粉生产工艺为应用实例，在日常生产过程中其钛白废酸主要来源于水解工序产生的废硫酸和偏钛酸一次水洗工序产生的废硫酸。钛白废酸主要成分见表 1。

作者简介：茆亮凯，隆润新技术发展有限公司，技术副总兼研发中心主任；主导空气萃取蒸发技术的研发及应用，先后研发设计并实施了近十个工业废液处理、蒸发结晶工程，涉及新能源、钛白废酸、电镀、医药化工、精细化工、金属制品等行业；E-mail: maoliangkai@163.com。

表 1　钛白废酸主要成分　(g/L)

硫酸浓度	亚铁离子	二氧化钛	铝离子	二氧化硅	钙离子	镁离子	钒、铜、锌等
20%～22%	25～30	2～5	2.2～2.7	0.01～0.03	0.3～0.35	5～8	少量

目前行业内普遍采用的是废硫酸处理的双效或多效石墨蒸发浓缩系统，设备正常开机率在 70%～80%，连续开机时长不足半个月，设备开机不足。造成设备运行周期短、开机率低的主要原因有：

（1）因硫酸盐引起的结晶结垢堵塞，且组分复杂，难清洗，污堵周期短；

（2）设备、管道、机泵等密封损坏，造成漏液，设备频繁维护、检修；

（3）清洗频繁、停工停产、水电流失较大，运行能耗高，综合处理费用高。

1.3　目的

针对上述问题，制定了切实可行的应用目标，并开展了为期 51 天的实地测试，目标如下：

（1）验证空气萃取蒸发技术应用于钛白废酸浓缩处理项目中的可行性，并检验其核心设备的运行状况（尤其是设备抗污堵能力）是否符合实际操作要求。

（2）连续监测钛白废酸处理过程中的成分变化：包括且不限于硫酸浓度、硫酸盐的含量及变化趋势等，确定是否符合生产要求。

（3）将钛白废酸浓缩至 55%的浓度，分析回收硫酸及结晶盐品质，验证性能情况。

（4）归纳、提炼装置在应用层面的特点及优势，以及工艺的技术、经济可行性。

2　技术原理

2.1　空气萃取蒸发技术

2.1.1　空气萃取蒸发技术原理

空气萃取蒸发技术的主要特点是不直接蒸发水分，而是利用水分子在不同温度下在空气中的饱和蒸气压差异作为传质动力来实现水分蒸发。由于空气自身可以在温度较高时携带相当比例的水蒸气，水蒸气可以在低于当前正常的沸点并进入到气体中，当这部分气体温度降低时，气体携湿能力下降，水蒸气转化为产水。空气萃取蒸发技术原理见图 1。

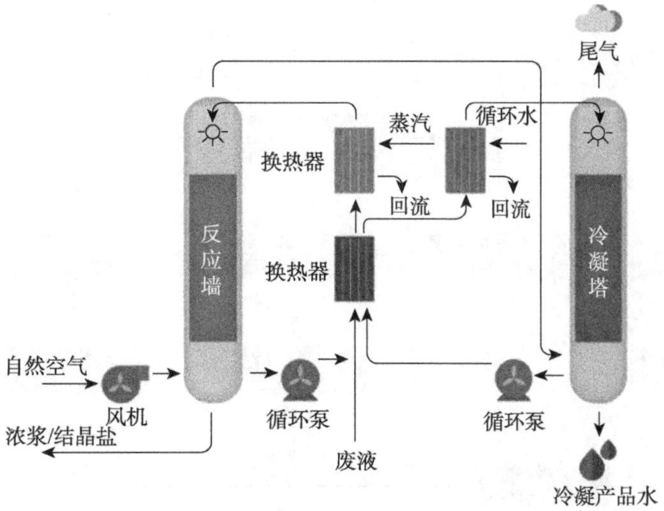

图 1　空气萃取蒸发技术原理

2.1.2 空气萃取蒸发的优势

（1）传热与相变界面是分离，在相变位置的结构并不影响系统的蒸发效率。因此，系统对结垢有极高的容忍力，可以极大地降低预处理药剂的费用与固废处置费用。

（2）运行温度低相变界面无传热需求，分离设备的相变界面可以采用耐腐蚀 PP、PPH 及 FRP 等非金属材料而不需要使用传统蒸发技术中的昂贵金属材料和石墨材质，提高了装置的适用性。

（3）采用空气作为水蒸气的提取介质，整个工艺蒸发和冷凝的过程都在常压下进行，不需要使用高规格的密封材质和结构件，大大提高系统的可靠性。

（4）提供实时监测、控制相关参数，提供实时数据的显示，可实现自动化控制。

空气萃取蒸发技术现场情况见图 2、图 3。

图 2 空气萃取蒸发处理含氟废液

图 3 空气萃取蒸发处理有机废液

2.2 两效蒸发结晶技术

本装置二效负压蒸发系统整套系统充分地利用了湿、潜热，节约了生蒸汽消耗量，降低了运行成本。本装置二效负压蒸发结晶系统总耗汽量是普通蒸发设备的 1/2，运行总功率是传统蒸发设备的 1/2。整套系统设计理念既环保、科学，又高效、节能，符合国家制定的“节能法”之规定。

3 应用过程

3.1 装置及流程

装置工艺流程图见图 4。

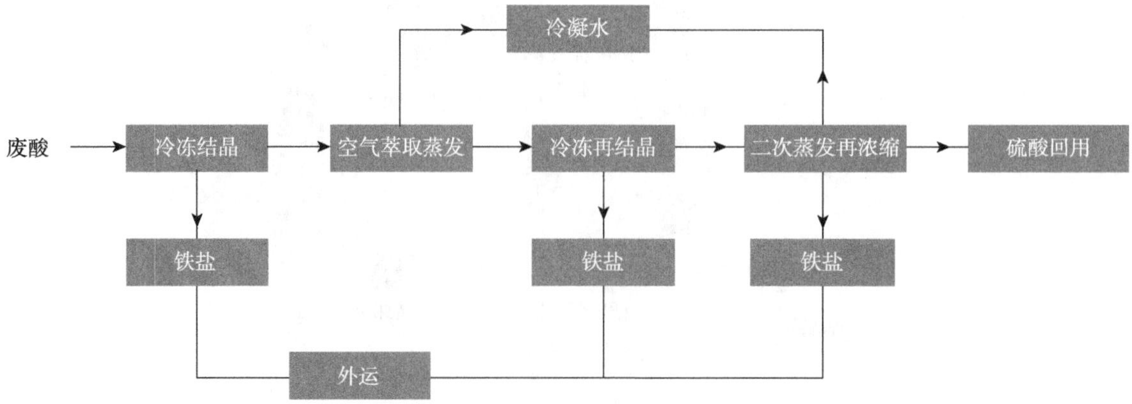

图 4 装置工艺流程图

（1）废硫酸通过预冷冻处理除盐、除杂后，进入系统。

（2）进入空气萃取蒸发预浓缩系统，母液经冷冻结晶进一步析出七水硫酸亚铁，经离心机固液分离后，母液进入二次蒸发再浓缩系统，冷凝液进入产水收集罐排放。

（3）二次蒸发再浓缩后，进行冷却及离心分离，滤液即为55%～60%的硫酸回用，结晶盐装袋储存，冷凝液打入收集罐。

空气萃取蒸发-负压蒸发结晶法，由冷冻结晶系统（图5）、空气萃取蒸发及结晶系统（图6）、二效负压蒸馏结晶系统（图7）三个独立操作单元组合成一套完整的蒸发结晶工艺。

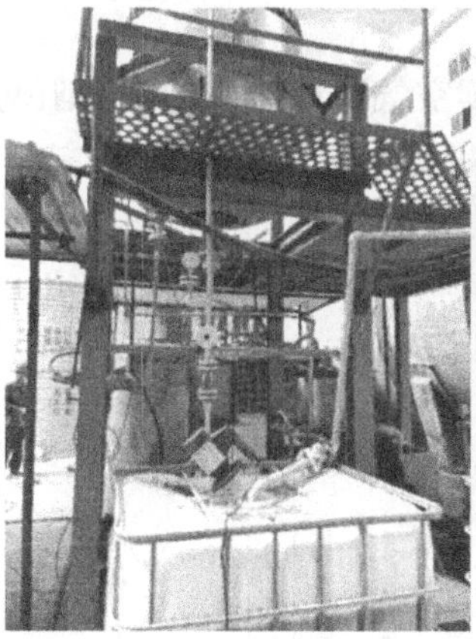
图5　冷冻结晶单元

图6　空气萃取蒸发及结晶单元

图7　二效负压蒸馏结晶单元

3.2　应用过程

应用过程表见表2。

表2　应用过程表

时间	内容	亮点工作
2022年7月12日	设备进厂，卸货至业主指定场所	
2022年7月13~14日	办理入厂手续，三级安全教育学习，二次转运及吊装就位	协调厂级、车间级、班组级安全教育时间，尽可能避免时间上的冲突
2022年7月15日	吊装检查冷却釜、反应釜及其搪玻搅拌器	避免反应釜内胆、搅拌器主体因物流运输引起的破损，影响试验效果
2022年7月16~27日	各介质管线对接、各撬块安装，点动联动，设备试车	5条介质管线充分与业主方沟通，一次对接成功。试验装置各组件无重大问题
2022年7月28~31日	各撬块进料调试，摸索各撬块及联动运行状况、参数调控	反应时间、浓度/密度变化情况、蒸发温度控制范围、排液频次等优先摸索到位后，为后序的连续运行提供基础参数
2022年8月1~9日	进料连续运行，配合进行化检验，成品酸稳定60%~65%	成品酸达到60%的浓度，试验效果符合预期
2022年8月16~22日	装置开启运行，着重进行空气萃取蒸发段的性能测试	进行钙盐的流向统计，做好结垢情况分析

3.3　应用结果

3.3.1　预冷冻结晶单元

预冷冻析出盐曲线柱状图见图8。

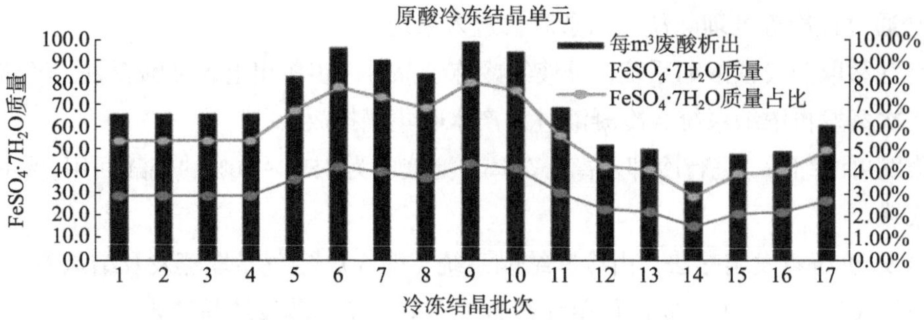

图 8　预冷冻析出盐曲线柱状图

通过冷冻结晶，可有效去除废酸中的硫酸盐杂质，净化硫酸，避免后续空气萃取蒸发的结垢阻塞，起到均化进酸水质的作用，更有利于后续空气萃取蒸发的进行。

3.3.2　空气萃取蒸发单元

空气萃取蒸发浓缩液酸浓度柱状图见图 9。

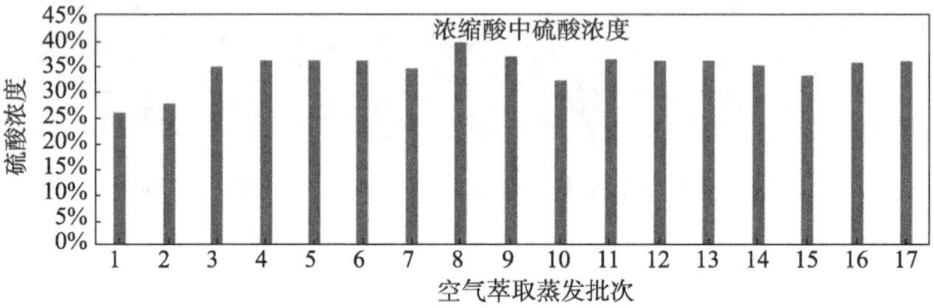

图 9　空气萃取蒸发浓缩液酸浓度柱状图

空气萃取蒸发过程中，根据浓缩液密度、硫酸浓度的差异，适时调整蒸发浓缩倍数，确保浓度符合目标要求，并最大限度地保证空气萃取蒸发系统的蒸发量。

在应用过程中，我们主要关注料液在浓缩过程中的颗粒物析出结垢状况，并对空气萃取蒸发塔塔顶填料及哈氏合金换热器挂片进行详细检查（图 10、图 11），未发现填料中有夹带颗粒物。空气萃取蒸发钙盐析出情况及酸浓度统计表见表 3。

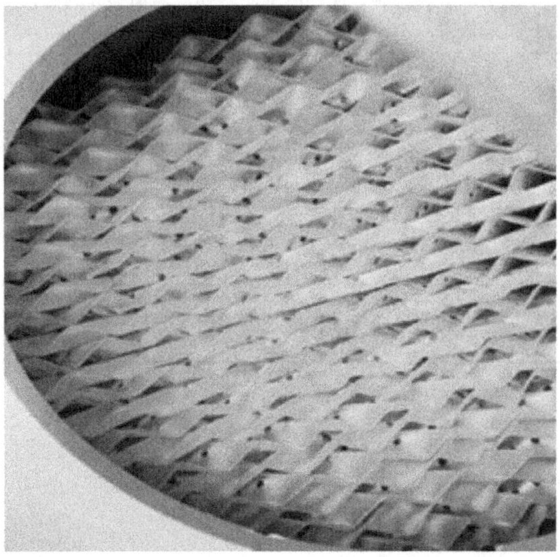

图 10　空气萃取蒸发器填料表面清洁平整

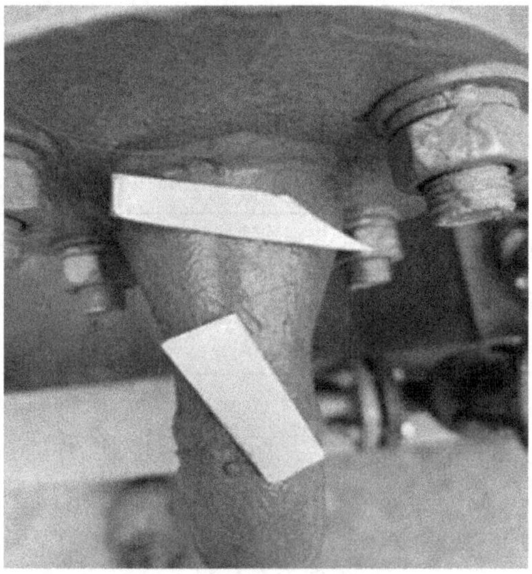

图 11　哈氏合金挂片表观

表 3　空气萃取蒸发钙盐析出情况及酸浓度统计表

样号	酸液浓度/%	酸液中钙盐含量/g·L^{-1}		析出率/%
	原始酸：20.6	空气萃取蒸发进液	空气萃取蒸发出液	
1号	28	0.33	0.57	3.60
2号	35.2	0.37	0.71	5.53
3号	35.4	0.41	0.75	9.90
4号	32.7	0.35	0.69	4.40
5号	33.9	0.36	0.60	5.47
6号	34.3	0.42	0.69	6.82

3.3.3　浓缩酸冷冻结晶单元

浓缩液二次冷冻结晶盐析出情况图见图 12。

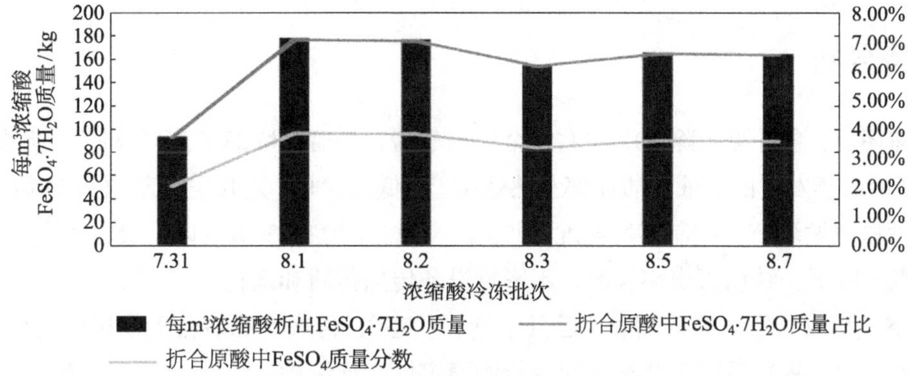

图 12　浓缩液二次冷冻结晶盐析出情况图

二次冷冻结晶析出的七水硫酸亚铁吨产量较预冷冻的产量更大，同时产生的硫酸盐均是带有较高结晶水的结晶物，固液分离提取硫酸盐后，离心液中的硫酸浓度会继续小幅提高，从而也导致离心液中的硫酸盐浓度更低。两次冷却结晶累计去除钙盐 50%～75%。废酸中的硫酸盐杂质进一步被净化，可避免后续二级蒸发结晶段的结垢阻塞。

3.3.4　蒸发结晶单元

采用单效釜负压浓缩-冷却结晶的方式来模拟两效蒸发结晶的过程，成品酸浓度稳定达到 60%以上。二级蒸发浓缩后酸浓度情况图见图 13。

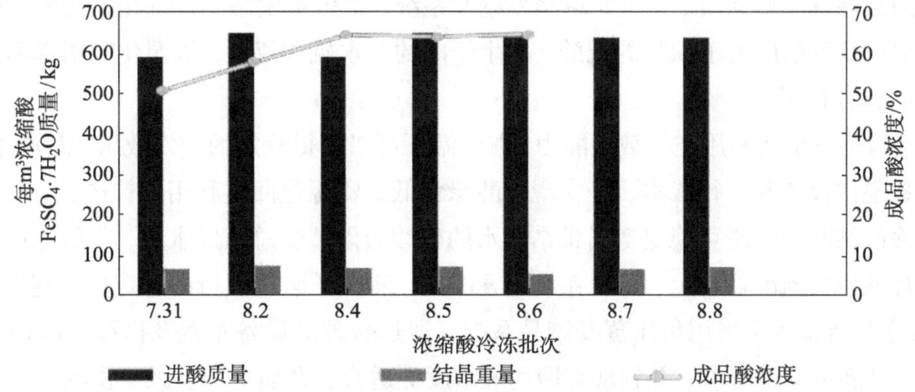

图 13　二级蒸发浓缩后酸浓度情况图

蒸发结晶后得到的回收硫酸浓度在55%以上，可满足生产回用的要求，但是由于采用真空抽滤的方式进行固液分离，回收硫酸中含有少量硫酸盐晶体。

3.4 污堵问题的有效解决

（1）预冷冻阶段，可有效去除废酸中的硫酸盐杂质，净化硫酸。同时，去除杂质后可降低废酸黏度、减少杂质的吸热量带来的损失，降低结垢可能性，提高蒸发热效率，避免后续空气萃取蒸发的结垢阻塞等。

（2）空气萃取蒸发阶段，大流量废硫酸自上而下冲刷填料表面，气液紊流剧烈，有效避免了静态传质结垢、污堵带来的连锁性问题，且内附规整波纹板填料，更有效避免了结垢因子在填料上的附着，大大延长了系统连续稳定操作的时间。

（3）浓缩液再冷冻阶段，随着硫酸亚铁结晶盐的析出，也同步结晶析出了钙盐。两次冷冻结晶后，50%～75%以上的钙盐被有效去除，且钙盐析出率控制在极低范围内。

4 技术优势分析

（1）预冷冻环节，预计可去除30%左右的金属硫酸盐，为后序浓缩工艺“减负”，提高废酸流动性、降低粘度、提高萃取蒸发时的固液传质速率和热效率、降低固含量、延长空气萃取蒸发系统的工作时长。

（2）空气萃取蒸发环节，控制蒸发温度在75℃、产酸浓度在34%以内，最大限度地使钙盐在饱和溶解度（临界点）以下，结垢析出率极低，不影响设备传热传质和运行。

（3）经过空气萃取蒸发后的浓缩液（已处于饱和状态），再次冷冻后会大幅析出钙盐及亚铁盐，可进一步去除致垢因素，提高后续工艺长时间运行的稳定性、连续性。

（4）在常压、低温空气萃取蒸发、冷冻结晶等一系列优势的协同耦合作用下，大幅节约投资及运行成本。

（5）系统设计采用顺流两效蒸发结晶工艺，一效蒸发单元中硫酸和金属离子浓度稍低，操作温度较低，可以有效地缓解了硫酸盐的氧化水解，二效蒸发单元中硫酸和金属离子浓度较高，沸点升较高，较高的真空度可有效控制浓缩过程中的沸点升高，保证装置的蒸发浓缩系统稳定运行。

（6）专属自动化设计，一键启动、一键清洗、一键停车等也可实现远程控制，大幅改善现有劳动强度及操作便捷度的同时，充分体现节能、高效、连续运行优势。

5 结论

（1）采用原液冷冻结晶系统、空气萃取蒸发结晶系统、两效蒸发结晶系统相结合的三段式负压蒸发结晶工艺，可稳定获得浓度大于55%的硫酸，产生干净的七水硫酸亚铁，资源化利用率不低于90%，可实现废弃资源的综合利用。

（2）空气萃取蒸发单元利用空气载湿能力，在低温下可以获得稳定的蒸发效果，大幅降低结垢产生，可有效降低设备整体投资和运行成本，是实现废酸绿色低碳资源化回收利用的首选。

（3）采用冷冻结晶模式既可稳定产出带结晶水的硫酸盐以减少总蒸发水量，降低能耗，又可降低蒸发浓缩单元循环液中的硫酸盐含量，延长系统堵塞时间，提高了装置运行的稳定性、连续性。

（4）两效蒸发结晶系统采用负压蒸发结晶系统，通过合理的设备布置及搭配，可稳定地生产浓度55%回用硫酸，可满足生产需求，并较现有回用酸浓度更适合、杂质更少、减少富集、蒸发装置内污堵情况大幅降低。

（5）以 10t/h 处理量为例，考虑设备折旧期 8 年，每吨钛白粉废硫酸直接运行成本约 96.8 元，年收益约 480 万 ~ 1570 万元（按照折旧硫酸价格 350.00~1100.00 元/吨）。

（6）试验过程以降低或者消除结晶结垢物的过饱和度为主旨，降低了硫酸盐结垢速率与结垢几率，并有效解决了钛白粉废硫酸浓缩过程中的换热器结垢、易堵难题。

参考文献

[1] 龚家竹. 钛白粉生产技术[M]. 北京: 化学工业出版社, 2020.

[2] 邓捷, 吴立峰. 钛白粉应用手册[M]. 北京: 化学工业出版社, 2003.

[3] Jochen Winkler.Titanium Dioxide[M]. Hannover: Vincentz, 2003.

[4] 龚家竹. 钛白粉生产工艺技术进展[J]. 无机盐工业, 2003, 35(6): 5-7.

[5] 龚家竹. 钛白粉生产工艺技术进展[J]. 无机盐工业, 2012, 44(8): 1-4

[6] 龚家竹. 中国钛白粉行业三十年发展大记事[C]//2010 中国无机盐行业学术与技术年会论文汇编, 2010: 83-95.

[7] 龚家竹. 论中国钛白粉生产技术绿色可持续发展之趋势与机会[C]//中国涂料工业协会钛白粉行业分会. 首届中国钛白粉行业节能绿色制造论坛, 2017.

高频振动斜板浓密机的应用与优化

孟长春　彭雪清　李　锴

（扬州新中瑞环保工程有限公司，江苏扬州 225621）

摘　要：随着矿业的快速发展，矿物浓缩应用技术日新月异，更多高效节能的浓缩设备得到广泛的应用，对比原有的高效浓密机其优点：结构简单、占地面积小、浓缩效率高、维修量少、节能环保等。

关键词：占地面积小；浓缩效率高；节能环保

1　引言

高频振动斜板浓密机是由扬州新中瑞环保工程有限公司与昆明理工大学通过产学研合作，引进昆明理工大学的技术，以同流向斜板工作原理研发的分级沉降设备。并获得多项发明专利。公司在原有技术的基础上不断收集用户使用信息，根据客户要求不断提升产品性能，结合行业特点优化设备参数和结构，更好地服务客户。

2　斜板浓密机优化技术

扬州新中瑞公司环保工程有限公司针对矿石性质和工艺要求的不同，开发了方形、圆形、多锥斗排料、单锥斗排料、带耙架排料等多种类型的斜板浓密机，满足客户需求。依据不同矿物性质、使用环境及作业条件对现有设备进行优化升级，下面就优化升级的部分内容进行简述。

2.1　矿浆分配槽优化

斜板浓缩通道的集成模式。每个沉降通道具有相同的进料、分级浓缩、排砂和溢流功能，结构尺寸相同，保证各分级浓缩通道作业的稳定性和同一性。这个特点需要其矿浆分配均衡，公司在浓密机的矿浆分配装置中做了一些改进，优化矿浆分配过程的均衡能力。根据矿浆处理能力的大小矿浆分配器可分为四分、五分、八分等，示意图见图 1。矿浆由中心圆桶给入，快速通过竖型槽给入分浆槽进入沉降池，

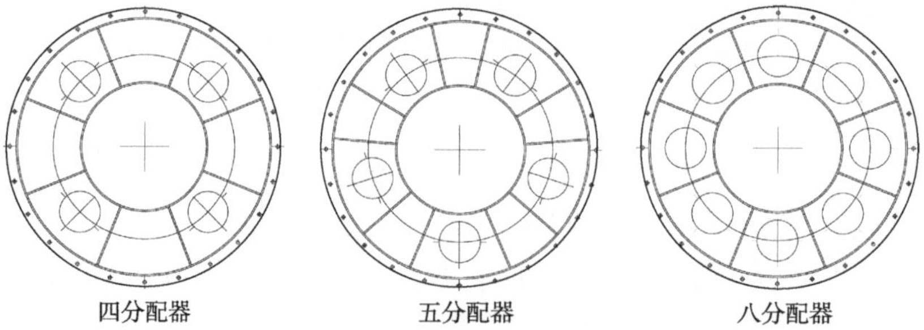

图 1　矿浆分配器示意图

作者简介：彭雪清，选矿高级工程师；从事选矿工程设计 30 余年，获奖工程设计项目 20 余项，授权专利 12 项，其中发明专利 4 项；E-mail: 858220985@qq.com。

避免原有分配槽过大，矿浆在分配槽存留时间长，产生沉淀和堵管的问题。

2.2　高频振动浓密机斜板组模块化

由相同的斜板组模块（图 2）进行组合与集成，来形成所需要的设备总沉降面积，能简单实现设备的大型化，缩短供货时间。

根据目前的市场需求公司设计有 3 种模块，$50m^3$ 组、$25m^3$ 组、$10m^3$ 组。也可根据客户特殊情况编制不同的模块。

斜板采用耐磨损、抗静电能力强的高分子塑料材料为基料加工的斜板（图 2），具有表面光滑疏水、抗静电、耐磨损的特殊效果，细泥物料不易在斜板板面黏结和堆积。

Q235

316L

图 2　斜板组模块

2.3　溢流出水槽的优化

浓缩过程在各个独立的斜板通道内分别完成，细粒溢流或清水从各通道溢流面横向直接排出，缩短了溢流排出路径，有效解决溢流排出过程的细粒短路和循环问题。根据矿浆的溢流量大小，设备配有不同形式的溢流出水槽，见图 3。使设备获得较高的分级效率。

2.4　斜板组模块间歇式高频微振

根据矿物粘连性，对斜板组模块进行定期自动清洗，使斜板上的物料有序下滑，保证斜板板面上不堆积物料，板间不堵塞，从而保证设备长期稳定的工作效能。斜板组模块间歇式高频微振现场图见图 4。

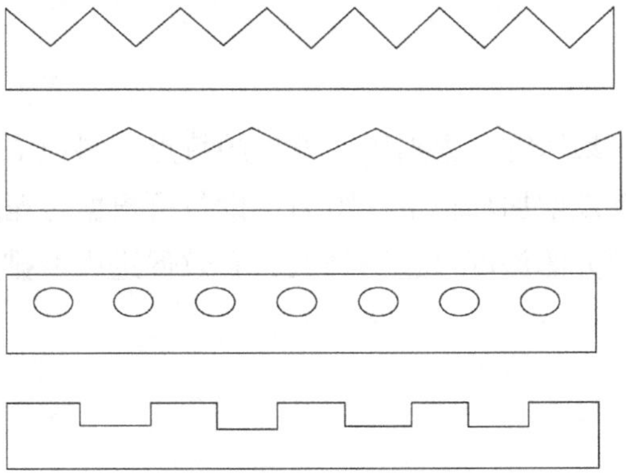

图 3　不同形式的溢流出水槽

图 4　斜板组模块间歇式高频微振现场图

2.5　深锥斜板浓缩

根据不同物料浓度需求，要求高浓度矿浆底流设计增大压缩层容积，有效提高底流浓度，降低下段作业能耗。公司研发了圆形深锥斜板浓密机和圆形深锥高效斜板浓密机，增加了高压防堵装置和搅拌装置，见图 5、图 6。解决高浓度矿浆易堵料的问题。根据用户的需要实现高浓度底流强制排矿，底流浓度不小于 70%，满足尾矿干排、干堆的要求。

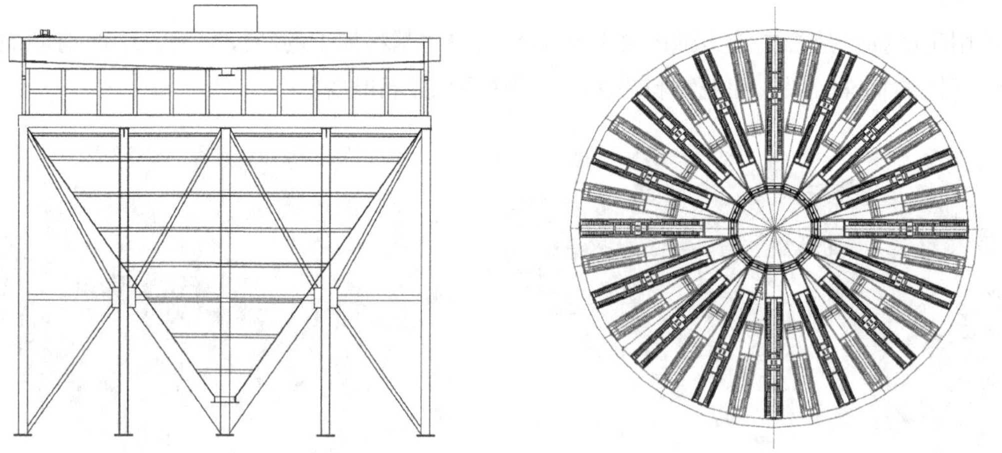

图 5　高压防堵装置

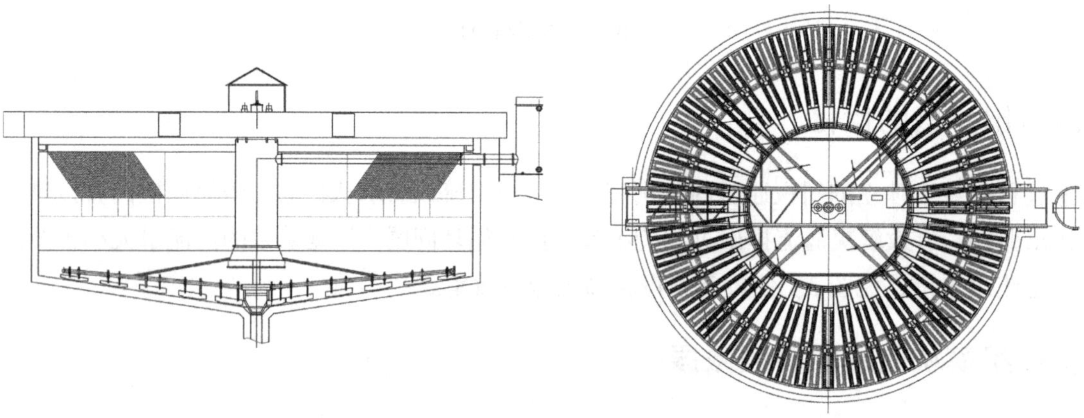

图 6　搅拌装置

3　斜板浓密机在废水处理中的应用

目前废水处理普遍应用斜管沉降，但是斜管行程短、易堵管。根据废水处理的特点对斜板浓密机的进水分配器进行调整，调整斜板角度、增加斜板长度有效增加颗粒上浮阻力，设备可根据污泥的性质增设振动防堵设施。废水处理过程含泥量不大，锥斗部分的深度可适当降低，有效促进底泥排放。见图 7。

4　高效浓密机与斜板浓密机对比

高效浓密机与斜板浓密机比较表见表 1。

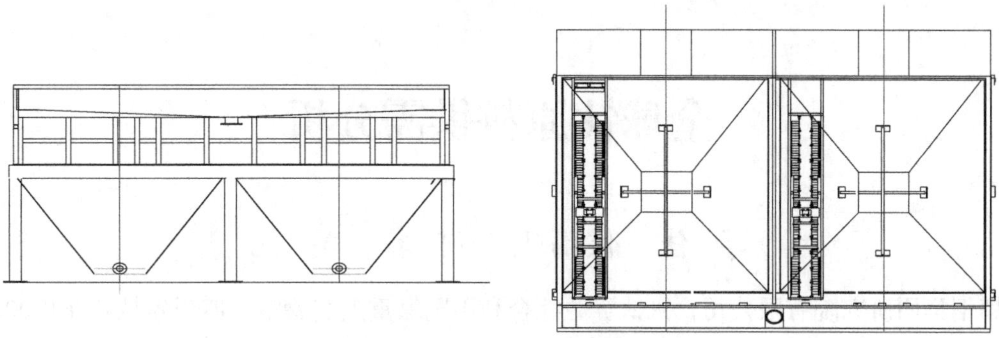

图 7　斜板浓密机废水处理过程

表 1　高效浓密机与斜板浓密机比较表

普通高效浓密机		高频振动斜板浓密机		电耗差/kW·h^{-1}（不包括提升电机荷载）
型号	装机功率电耗/kW·h^{-1}	浓缩面积/m^2	装机功率电耗/kW·h^{-1}	
ϕ30m	7.5+3（7.5）	800	5.92（0.2）	7.3
ϕ50m	15+4（15）	2000	14.8（0.5）	14.5
ϕ80m	30+7.5（30）	8000	59.2（2.0）	28

普通高效浓密机		高频振动斜板浓密机		差值	处理能力/m^3·h^{-1}
型号	浓缩面积/m^2	浓缩面积/m^2	占地面积/m^2	占地面积差/m^2（基础处理费用/万元）	
ϕ30m	706	800	138	568（102）	1200~1600
ϕ50m	1963	2000	339	1624（292）	3500~5000
ϕ80m	5026	6000	1017	3646（656）	8500~11400

5　结论

高频振动斜板浓密机因其独特的优势在矿业和环保领域应用越来越广泛。其主要优点在于：占地面积小，仅是普通浓密机的 1/5~1/8，投资费用低；能耗低，是普通浓密设备的 1/10~1/5，操作简单，浓缩效率高，可实现自动化控制。

全球钛原料供需分析

李 佳 侯腾飞 何 睿 吴 优

（攀钢集团研究院有限公司，钒钛资源综合利用国家重点实验室，四川攀枝花 617000）

摘 要：调研了全球钛原料的供需概况及发展趋势，分析了钛白、海绵钛、电焊条等对钛原料的需求及预测，介绍了氯化法和硫酸法钛白原料的供需平衡并对后期全球钛原料供需进行了预测分析，同时对近年来全球钛原料的价格进行了分析。

关键词：钛原料；供需；价格

1 引言

钛由于具有轻质、高强、耐蚀、耐热等一系列优良性能以及形状记忆、超导、储氢以及生物相容性等独特功能，广泛应用于航空航天、核能、舰船、兵器等国防工业及化工、石油、冶金、电力等众多民用工业。钛原料作为影响下游钛产品产量和质量的关键因素，需要得到持续关注。

本文对近几年全球钛原料需求、供应情况进行了分析，并对国内外主要钛原料市场的供需发展趋势进行了预测。

2 全球钛原料需求分析

钛原料主要用于生产钛白粉和海绵钛。近年来全球钛原料按最终用途的需求见图 1。由图可见，钛

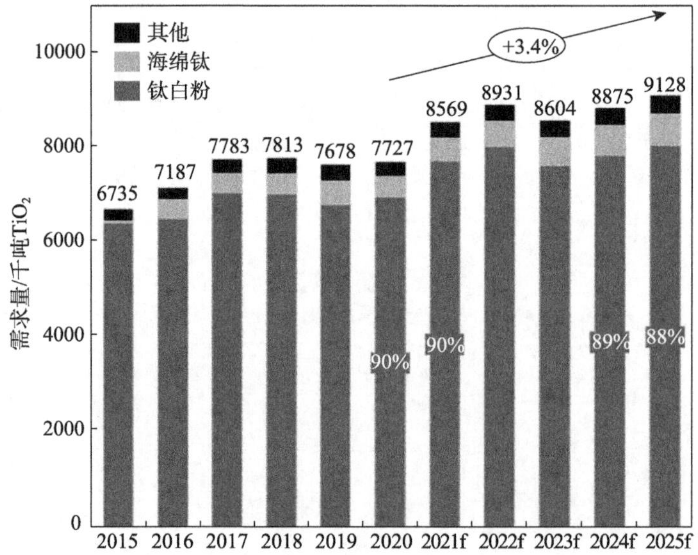

图 1 近年钛原料按最终用途的需求量（f 为预测值）

数据来源：TZMI，Titanium feedstock supply/demand November 2021

原料全球需求以钛白粉生产为主，2020 年全球钛原料用于钛白粉生产的量占总需求量的 90%，略高于上一年；约 6%用于海绵钛生产略低于上一年；约 4%用于焊条、陶瓷、催化剂等其他用途。

近年按钛原料种类统计的钛原料消耗量见图 2。2020 年钛原料需求量约为 773 万吨 TiO_2，与 2019 年相比增加了 1%，白钛石、UGS、氯化用钛矿、酸溶性钛渣和酸溶性钛矿的需求量均有所增长，氯化用钛矿增长幅度最大，较 2019 年增加了 11.2 万吨 TiO_2。TZMI 预计，2020～2025 年钛原料需求量将以 3.4%的年复合增长率增长。

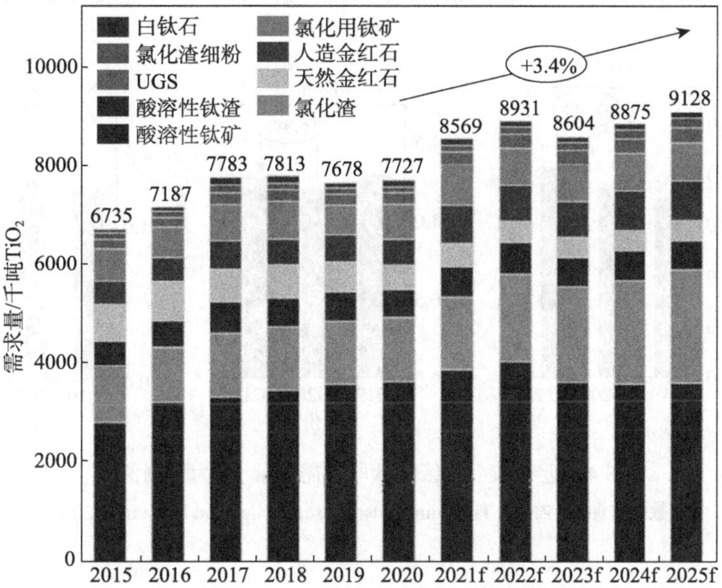

图 2　近年各种钛原料的需求量（f 为预测值）

数据来源：TZMI，Titanium feedstock supply/demand November 2021

2.1　全球主要区域需求动态

近年按国家/地区统计的钛原料需求量见图 3。由图可见，中国对钛原料需求量最大，约占全球总需求量的 50%；北美和欧洲是第二大需求区，2020 年需求量分别占全球总需求量的 16.8%和 15.7%；亚太地区（不包括中国）2020 年需求量次之，约占全球总需求量的 7.1%。

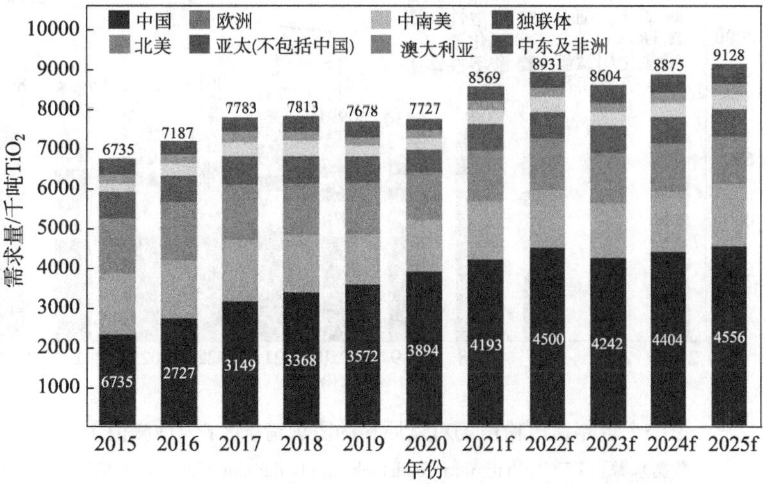

图 3　近年按国家/地区统计的钛原料需求量（f 为预测值）

数据来源：TZMI，Titanium feedstock supply/demand November 2021

据 TZMI 统计，2020 年中国钛原料的需求量为 389 万吨 TiO_2，由于钛白粉和海绵钛产量增加，2021 年钛原料的需求量随之增加，预计需求量为 419 万吨 TiO_2，与 2020 年相比增长了 7.7%（该需求估算不包括用于选矿的钛铁矿需求）。

欧洲地区 2020 年钛原料需求量为 121 万吨 TiO_2，2021 年需求量同比增长 6.3%，达 129 万吨 TiO_2。钛白粉对钛原料的需求占该地区总需求的 98%，其余 2%为焊条和其他用途。

2020 年北美洲钛原料的需求量为 130 万吨 TiO_2，2021 年需求量达到 147 万吨 TiO_2，同比增长 12.6%，其中，氯化用钛矿、UGS 和人造金红石的需求同比增长最强劲。全球主要地区钛原料需求量见图 4。

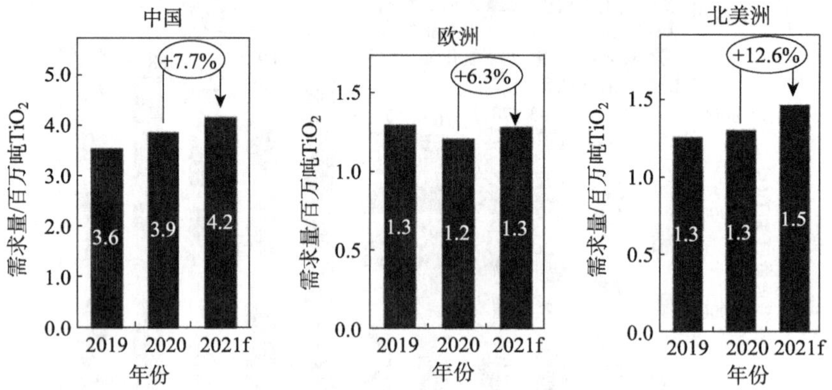

图 4 近年来主要区域钛原料需求量（f 为预测值）

数据来源：TZMI，Titanium feedstock supply/demand November 2021

2.2 下游市场对钛原料的需求

2.2.1 钛白粉对钛原料的需求

近年钛白粉市场对钛原料的需求情况见图 5。由图可见，2020 年用于钛白粉生产的钛原料需求量与 2019 年比增加了 15.7 万吨 TiO_2，预计，钛白粉市场恢复势头将持续从 2021 年持续到 2022 年，尽管 2023 年可能会出现周期性放缓，但 2021~2025 年，年复合增长率约为 2.9%，钛白粉对钛原料需求量的总体增长约为 108 万吨 TiO_2。预计未来五年氯化渣和人造金红石的需求增长将表现强劲。

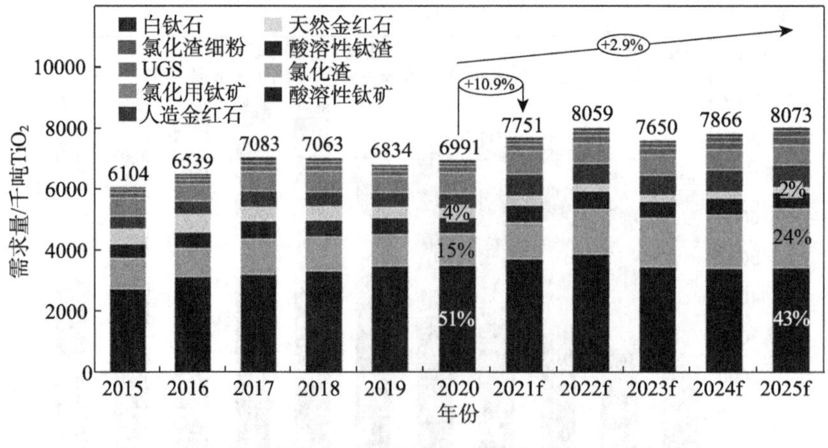

图 5 近年钛白粉市场对钛原料的需求情况（f 为预测值）

数据来源：TZMI，Titanium feedstock supply/demand November 2021

主要钛白粉生产商对钛原料的需求见图 6。由图可见，在钛白粉市场中，2020 年中国对钛原料的需求量最大，约占总需求量的 50%，其次为科慕公司约占总量的 13%，预计未来 5 年中国和科慕公司对钛原料的需求增长量将持续增长，约占总需求增长的 64%（约 516 万吨 TiO_2）。

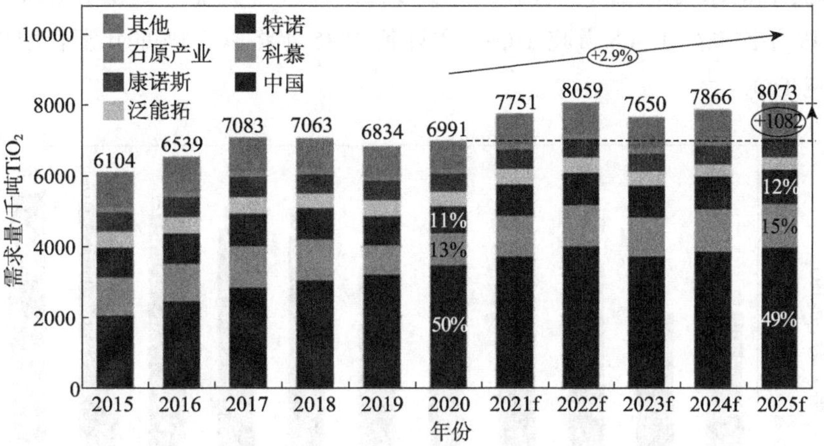

图 6 主要钛白粉生产商对钛原料的需求（f 为预测值）

数据来源：TZMI，Titanium feedstock supply/demand November 2021

2.2.2 海绵钛对钛原料的需求

近年海绵钛市场对钛原料的需求情况见图 7。由图可见，2020 年海绵钛市场对钛原料的需求量为 42.6 万吨 TiO_2，与 2019 年相比下降了 6 万吨 TiO_2，预计到 2025 年，海绵钛对钛原料的需求量将以 9%的年复合增长率增长，到 2025 年钛原料需求量将达到 65.7 万吨 TiO_2。主要是由于中国海绵钛企业产能增加，几个新的海绵钛项目正在建设中。海绵钛市场对氯化渣的需求量最大，其次是人造金红石。

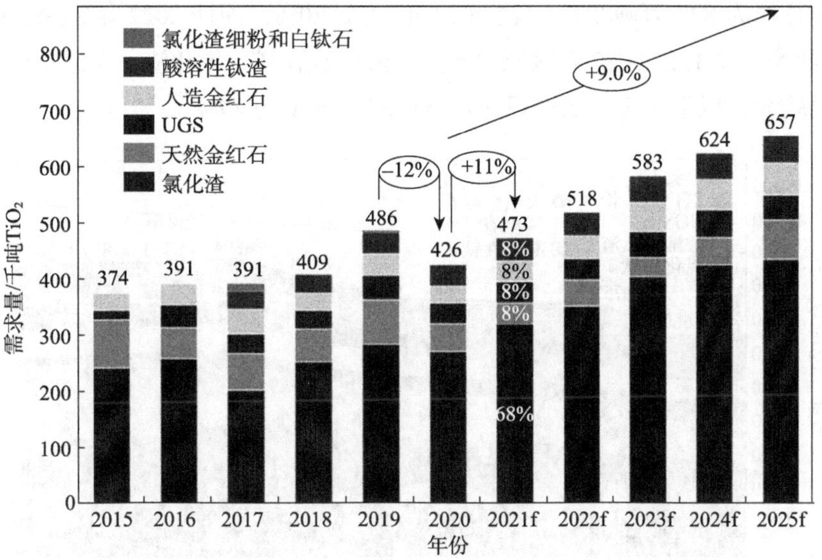

图 7 近年用于海绵钛生产的钛原料需求情况（f 为预测值）

数据来源：TZMI，Titanium feedstock supply/demand November 2021

2.2.3 其他用途对钛原料的需求

钛原料除了用于生产钛白粉和海绵钛以外，还可用于生产电焊条和其他领域，这也是天然金红石和白钛石的重要市场。尽管由于白钛石的化学成分不稳定，一些电极生产商不喜欢使用，但是在电焊条领域，天然金红石和二氧化钛含量高的白钛石仍然是最主要的钛原料。在某些情况下，人造金红石和钛铁矿也可用作天然金红石的低价替代品。

其他用途的钛原料需求情况见图 8。由图可见，2015~2019 年的需求量逐年增加，到 2019 年达到峰值，2020 年与 2019 年比减少了 4.8 万吨 TiO_2，预计到 2025 年将以 5.1%的年复合增长率增长，到 2025 年上升到 39.8 万吨 TiO_2。

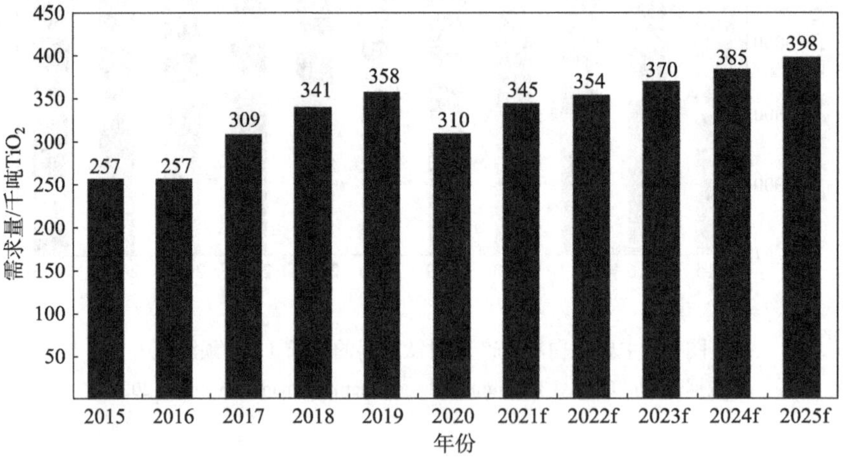

图 8 近年用于其他用途生产的钛原料需求情况（f 为预测值）

数据来源：TZMI，Titanium feedstock supply/demand November 2021

3 全球钛原料供应分析

近年各种钛原料产量情况见图 9。由图可见，2020 年全球钛原料供应量在 774 万吨 TiO_2，估算 2021 年全球钛原料供应量约为 829 万吨 TiO_2，较 2020 年增长 7.0%，预计 2022 年钛原料供应量约为 889 万吨 TiO_2，比 2021 年增长 7.3%。2020 年钛原料产量中酸溶性钛矿、氯化渣、人造金红石、氯化用钛矿和酸溶性钛渣的产量较大，以上 5 类产品产量约占钛原料总产量的 87%。

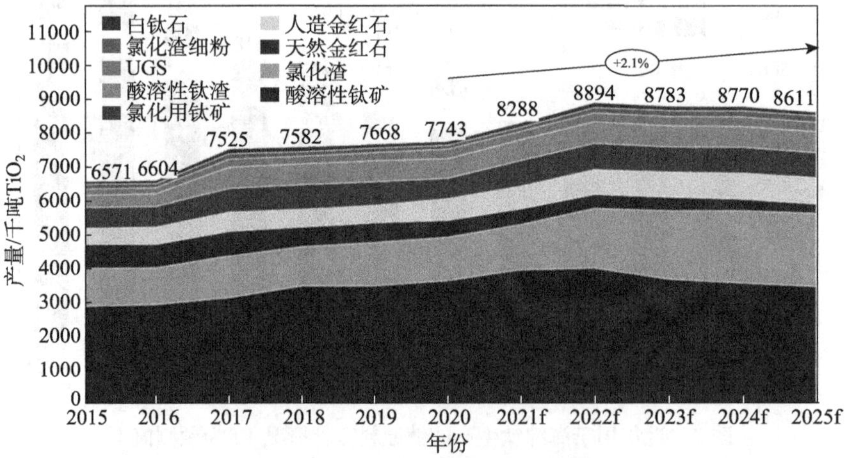

图 9 近年各种钛原料产量情况（f 为预测值）

数据来源：TZMI，Titanium feedstock supply/demand November 2021

TZMI 预测从 2020 年至 2025 年，钛原料供应复合年增长率为 2.1%。预测期内虽然天然金红石和氯化用钛矿供应减少，但氯化渣、USG 以及人造金红石的供应量呈增长趋势。

近年按国家/地区统计的钛原料产量情况见图 10。由图可见，2020 年全球钛原料产量排名前 4 的国家有中国、南非、澳大利亚、加拿大，上述国家的年产量总和达 547.8 万吨 TiO_2，约占全球总产量的 70.7%。

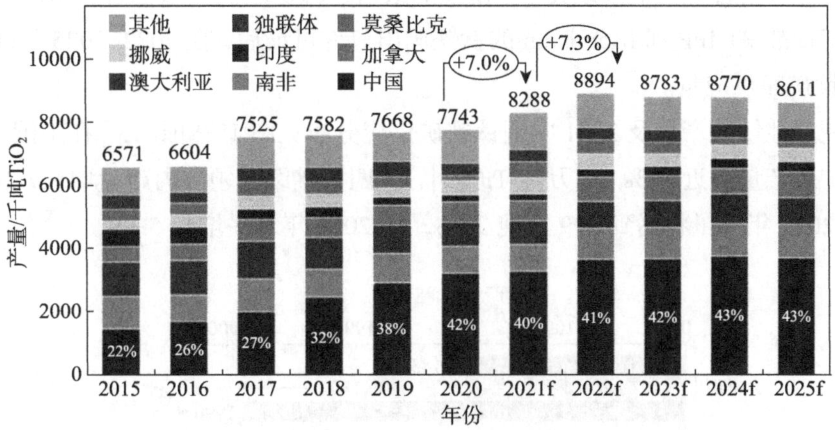

图 10　近年按国家/地区统计的钛原料产量情况（f 为预测值）

数据来源：TZMI，Titanium feedstock supply/demand November 2021

TZMI 预计，中国在未来 5 年将继续主导全球钛原料产量增长，主要由于中国矿山钛铁矿产量的增加和氯化渣产量的增加。未来 5 年中国作为全球钛原料主要供应国的份额将保持在 41%~43%。

3.1　酸溶性钛原料供应

2015~2025 年酸溶性钛矿供应见图 11。由图可见，2020 年，全球酸溶性钛矿供应量为 363.1 万吨 TiO_2，占全球钛原料供应总量的 46.9%。其中中国酸溶性钛矿供应量占比最大，约占总量的 52%。2021 年供应量较 2020 年增加 8.7%，达到 395 万吨 TiO_2，增长主要归因于肯梅尔公司 Moma 钛矿的三个增长项目中的湿式选矿厂（WCP）搬迁项目完成，产量增加。

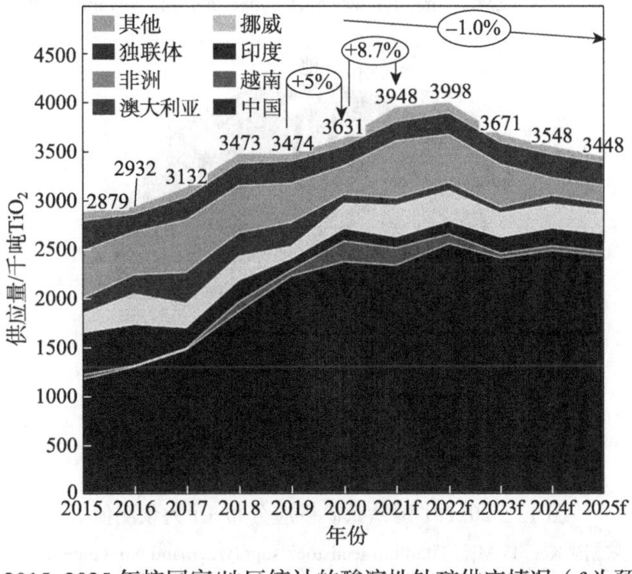

图 11　2015~2025 年按国家/地区统计的酸溶性钛矿供应情况（f 为预测值）

数据来源：TZMI，Titanium feedstock supply/demand November 2021

（注：供应概况仅反映现有业务，而非未经批准的新项目。根据钛铁矿生产商和矿渣生产商之间的承购关系，给定区域的净供应可能过高或过低。）

在 2022 年达到 400 万吨 TiO_2 的峰值后，酸溶性钛矿净供应量将逐渐下降，到 2025 年将达到 350 万吨 TiO_2 左右。主要归因于 Base 资源公司的 Kwale 矿山的资源枯竭以及在中国、沙特阿拉伯、南非和加拿大越来越多地使用钛铁矿原料进行选矿等原因。

由于中国市场对酸溶性钛矿的强劲需求，挪威的酸溶性钛矿净供应量也有所增加（同比增长 27%），在印度尼西亚政府批准 PT IPP 和 Monokem 的钛铁矿出口许可证后，在 2022~2025 年间将新增约 3 万吨 TiO_2/年的酸溶性钛矿净供应量。

近年来中国酸溶性钛矿产量及 2021 中国钛铁矿供应分布见图 12 和图 13。在中国，前五大生产省份占国内酸溶性钛矿总产量的近 98%（以万吨 TiO_2 计），四川继续引领国内产量增长，2020 年产量为 189 万吨 TiO_2，预计 2021 年产量将达到 199 万吨 TiO_2，比 2020 年水平增长 5.1%。

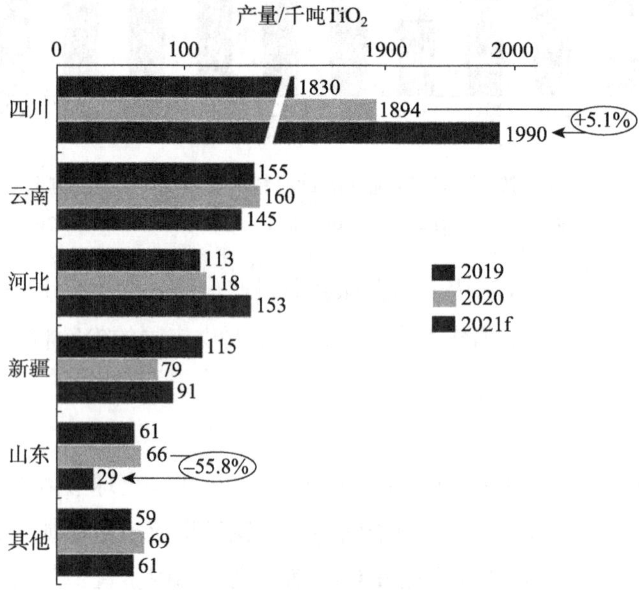

图 12 近年来中国酸溶性钛矿产量（f 为预测值）

数据来源：TZMI，Titanium feedstock supply/demand November 2021

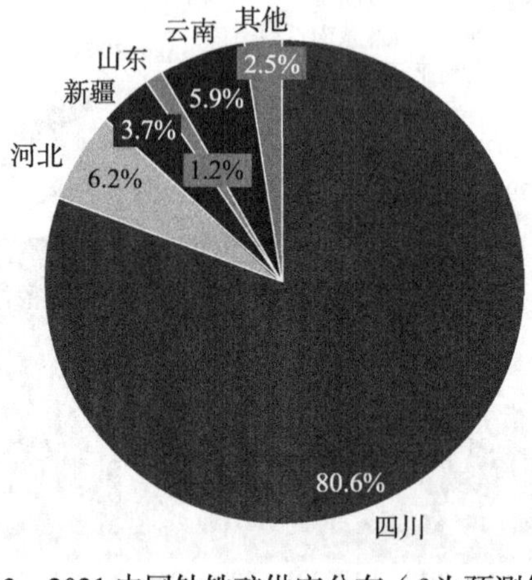

图 13 2021 中国钛铁矿供应分布（f 为预测值）

数据来源：TZMI，Titanium feedstock supply/demand November 2021

2015~2025 年全球酸溶性钛渣和氯化渣细粉供应见图 14。由图可见，2020 年酸溶性钛渣和氯化渣细粉供应量为 70 万吨 TiO_2，比 2019 年供应量 75.9 万吨 TiO_2 降低 8%，2021 年供应量将增长 5%，达到 73.5 万吨 TiO_2。五年复合年增长率预计为 2.9%，2025 年的产量预计将达到 81 万吨 TiO_2。

近年中国酸溶性钛渣产量见图 15。由图可见，2020 年中国酸溶性钛渣产量为 43.6 万吨，2021 的酸溶性钛渣产量达到 49.8 万吨，同比增长 14.3%。供应增长的关键来自四川省。由于攀枝花地区的钛白粉生产商主要依赖酸溶性钛渣作为硫酸法钛白粉生产的原料，因此，攀枝花地区强大的钛白粉厂开工率是酸溶性钛渣产量较高的主要驱动因素。

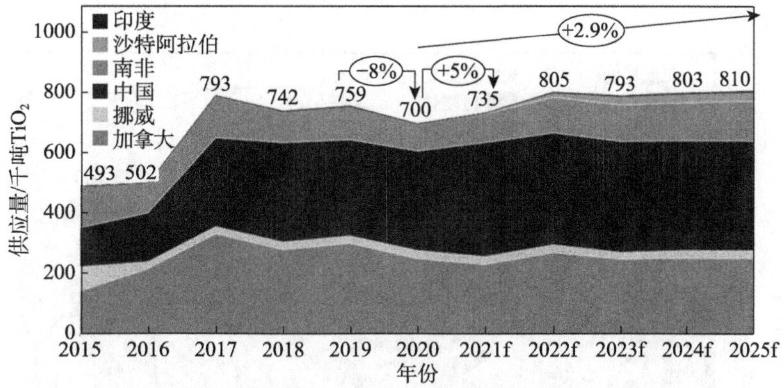

图 14　2015~2025 年全球酸溶性钛渣和氯化渣细粉供应情况（f 为预测值）

数据来源：TZMI，Titanium feedstock supply/demand November 2021

另外，龙佰集团升级后的攀枝花钛渣厂使用攀枝花钛矿于 2021 年 7 月生产了 3000t 钛渣，估计当年酸溶性钛渣产量为 2 万吨；另一家隶属于新疆湘晟的新冶炼厂于 2021 年第三季度投产，月产量估计约为 4000t。

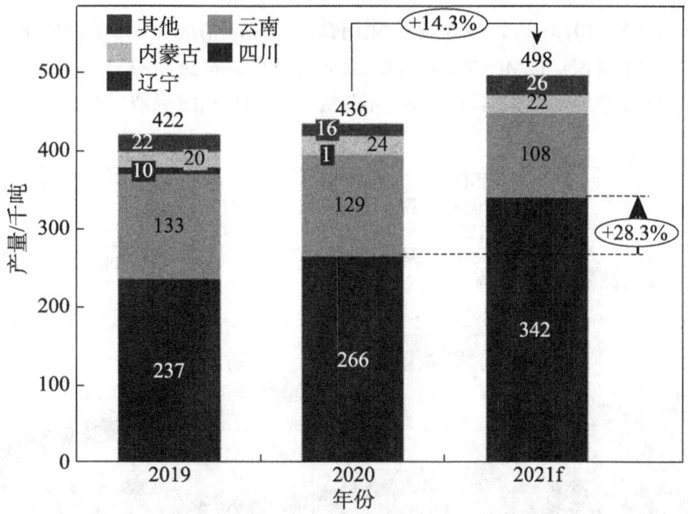

图 15　近年中国酸溶性钛渣产量（f 为预测值）

数据来源：TZMI，Titanium feedstock supply/demand November 2021

3.2　氯化用钛原料供应

2015~2025 年全球氯化用钛矿净供应见图 16。由图可见，全球氯化用钛矿的主要供应国有马达加斯加、独联体、美国和澳大利亚等国。2020 年全球氯化用钛矿净供应量（扣除选矿后）为 59.6 万吨 TiO_2，2021 年氯化用钛矿的净供应量预计将同比增长 26%，达到 75.3 万吨 TiO_2。从 2021 年至 2025 年年复合增长率预计为–0.6%。主要由于选矿需求增加，导致钛白粉最终用途的氯化用钛矿净供应量将略有下降。

2015~2025 年全球天然金红石供应见图 17。由图可见，全球主要供应国家有塞拉利昂、南非、澳大利亚等国，2020 年全球金红石供应量为 50.3 万吨 TiO_2，TZMI 预测，到 2025 年，全球天然金红石的供应量将迅速下降至 27.6 万吨 TiO_2，较 2020 年相比下降 45%，复合年增长率为–11.3%。2020 年主要供应国为澳大利亚、南非、塞拉利昂和肯尼亚。由于部分矿区资源枯竭，预计到 2025 年，主要供应国为澳大利亚和南非。

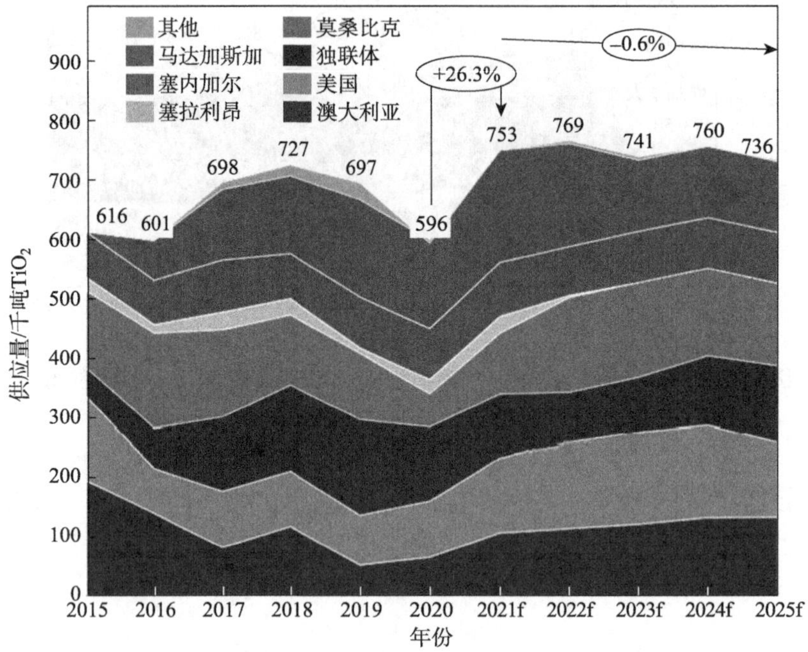

图 16　2015~2025 年全球氯化用钛矿净供应情况（f 为预测值）

数据来源：TZMI，Titanium feedstock supply/demand November 2021

（注：供应概况仅反映现有运营情况。净氯钛铁矿供应不包括专属来源和用于钛渣、人造金红石制造的氯化用钛矿。）

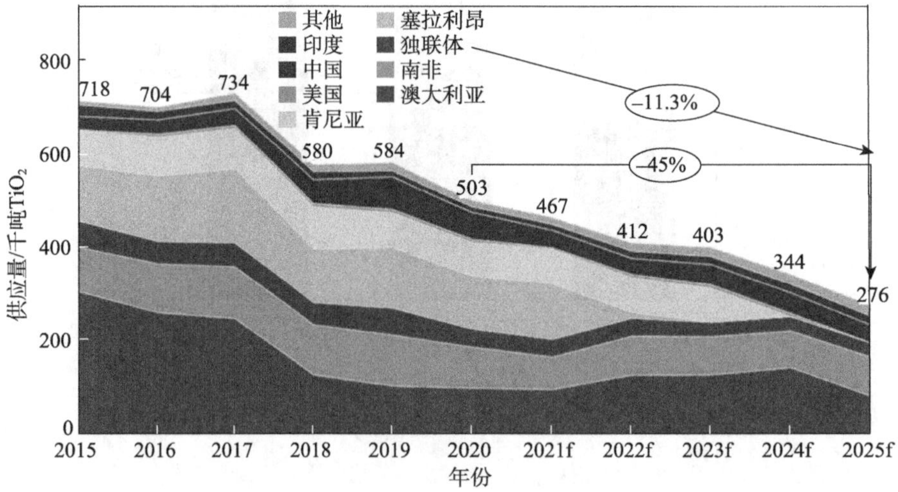

图 17　2015~2025 年全球天然金红石供应情况（f 为预测值）

数据来源：TZMI，Titanium feedstock supply/demand November 2021

2015~2025 年全球人造金红石供应见图 18。由图可见，2020 年全球人造金红石供应量为 63.7 万吨 TiO_2，2021 的全球人造金红石供应将达到 67.1 万吨 TiO_2，比 2020 年增长 5%。到 2025 年，全球人造金红石供应将以 4%的复合年增长率增长，达到 77.4 万吨 TiO_2。从 2020 年起，中国人造金红石供应量增加，2020 年人造金红石主要供应国为澳大利亚、中国和印度。爱绿卡已计划重启人造金红石 1 号窑，预计将从 2023 年起全球人造金红石供应每年增加 9.3 万吨 TiO_2。

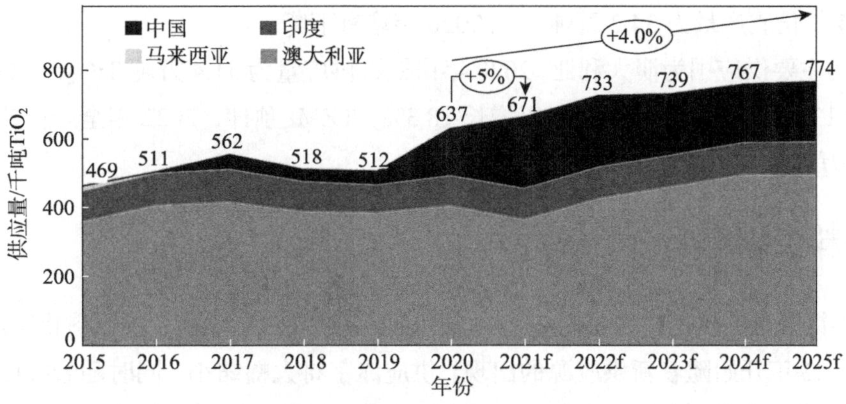

图 18　2015~2025 年全球人造金红石供应情况（f 为预测值）

数据来源：TZMI，Titanium feedstock supply/demand November 2021

2015~2025 年全球氯化渣和 UGS 供应见图 19。由图可见，全球氯化渣供应国主要在南非，2020 年氯化渣和 UGS 供应量为 156.1 万吨 TiO_2，其中氯化渣供应量为 128.5 万吨 TiO_2，UGS 供应量为 27.6 万吨 TiO_2。2021 年氯化渣和 UGS 的供应量比 2020 年增长 1.2%，为 157.9 万吨 TiO_2。

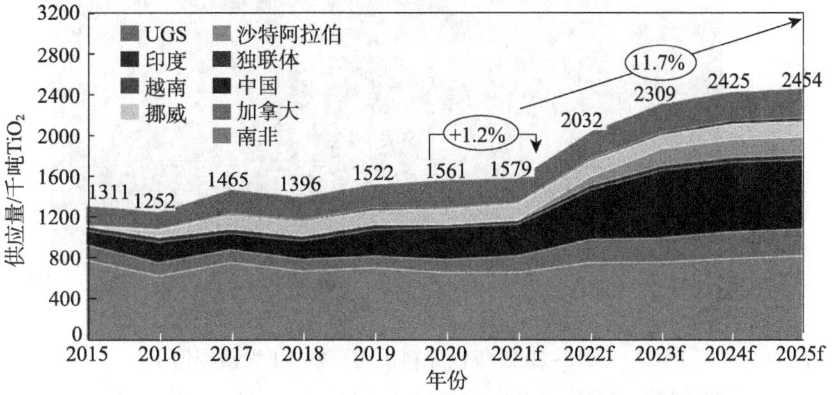

图 19　2015~2025 年全球氯化渣和 UGS 供应情况（f 为预测值）

数据来源：TZMI，Titanium feedstock supply/demand November 2021

据 TZMI 预测 2021~2025 年期间，全球氯化渣和 UGS 供应将以 12%的年复合增长率增长，到 2025 年达到 245 万吨 TiO_2，中国、南非和中东的氯化渣供应增长将是预测期内的主要增长来源。

近年中国氯化渣供应见图 20。由图可见，2020 年中国氯化渣产量为 34.7 万吨，比 2019 年增长

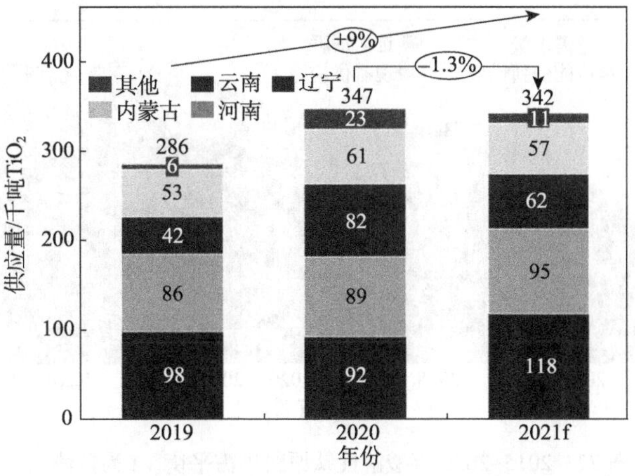

图 20　近年中国氯化渣供应情况（f 为预测值）

数据来源：TZMI，Titanium feedstock supply/demand November 2021

6.1 万吨，2021 年氯化渣产量为 34.2 万吨，比 2020 年略有下降。

全球白钛石的主要供应国为澳大利亚，2020 年白钛石供应量为 11.4 万吨 TiO_2，比 2019 年略微下降，2021 年供应量为 13.5 万吨 TiO_2，比 2020 年增长 18.3%，TZMI 预计，2022 年全球白钛石供应量将达到峰值，达到 14.5 万吨 TiO_2，然后逐步下降。

4　全球钛原料供需平衡分析

2015~2025 年钛原料的供需平衡见图 21。由图可见，在 2020 年之前，钛原料供不应求，在 2020 年基本达到平衡，2022 年开始随着新供应源的出现，供应赤字将大幅缩小，同时随着钛白粉行业进入周期性衰退期，需求放缓，钛原料市场将在 2023 年恢复盈余，随着后期强劲需求库存很快消耗，加之供应减少，出现供不应求局面。

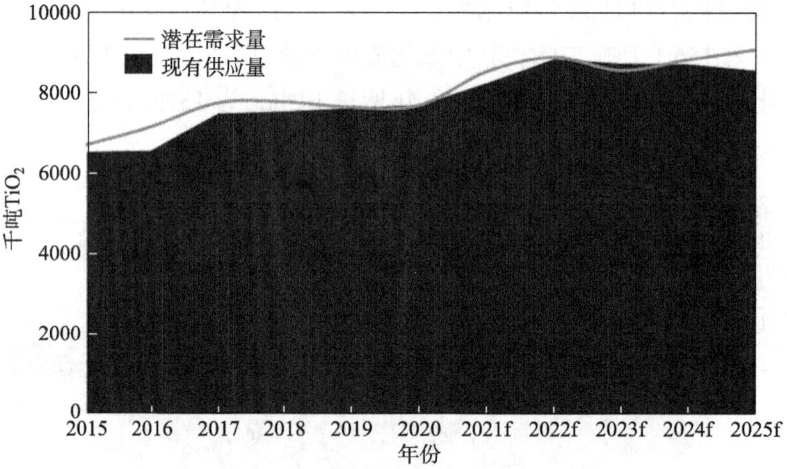

图 21　2015~2025 年钛原料供需平衡（f 为预测值）

数据来源：TZMI，Titanium feedstock supply/demand November 2021

4.1　酸溶性钛原料供需平衡分析

2015~2025 年酸溶性钛原料供需平衡见图 22。由图可见，2015~2017 年酸溶性钛原料处于供不应求的局面，到 2018 年达到平衡，预计后期总体市场将处于相对平衡状态。

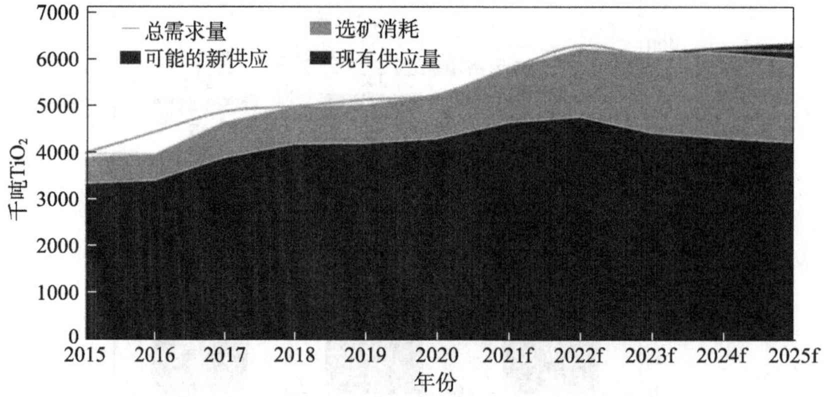

图 22　2015~2025 年酸溶性钛原料供需平衡（f 为预测值）

数据来源：TZMI，Titanium feedstock supply/demand November 2021

2015~2025 年酸溶性钛矿供需平衡情况见图 23。由图可见，酸溶性钛矿的前景仍然乐观。由于高品位原料供应短缺，西方的一些氯化法钛白粉厂正在使用酸溶性钛矿。用于选矿的硫酸钛铁矿需求将继续增加，抵消了硫酸法钛白粉生产需求的下降。预计从 2024 年开始由于资源枯竭，一些现有业务退出，供应开始减少。

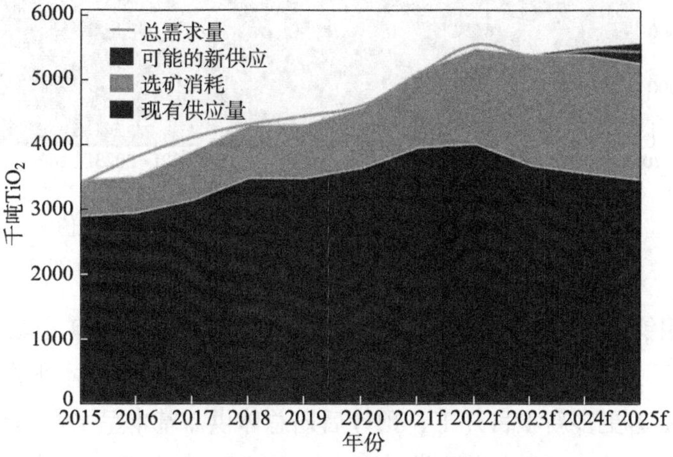

图 23　2015~2025 年酸溶性钛矿供需平衡（f 为预测值）

数据来源：TZMI，Titanium feedstock supply/demand November 2021

2015~2025 年酸溶性钛渣和氯化渣细粉供需平衡情况见图 24。由图可见，2017 年之前，市场处于供不应求阶段，到 2017 年市场达到平衡，后期整个市场处于基本平衡局面。预计后期钛白粉行业的周期性放缓，将影响硫酸渣和氯化物细粉的需求随之波动。预计西方硫酸法钛白粉产量将保持较高水平，而中国硫酸法钛白粉也将继续增长，该行业的近期前景仍然乐观。

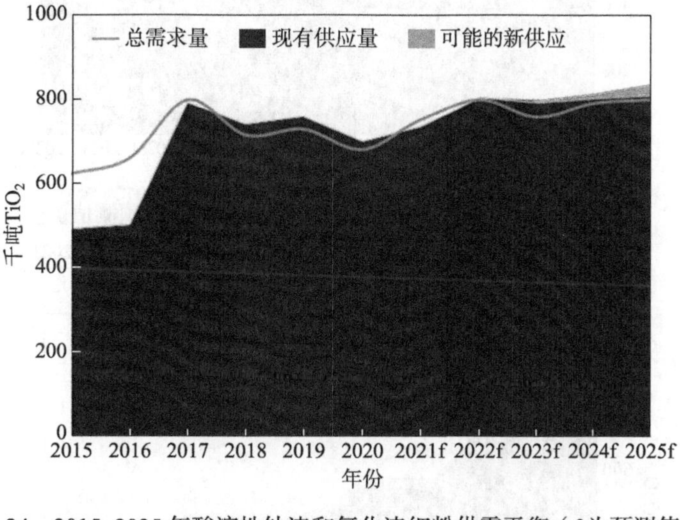

图 24　2015~2025 年酸溶性钛渣和氯化渣细粉供需平衡（f 为预测值）

数据来源：TZMI，Titanium feedstock supply/demand November 2021

4.2　氯化用钛原料供需平衡分析

2015~2025 年氯化用钛原料供需平衡见图 25。由图可见，在 2018 年和 2021 年氯化用钛原料市场呈现供不应求局面，2023 年预计会出现临时盈余，但在预测期内供应紧张将持续，盈余会迅速耗尽。其余年份的供应量基本与需求量保持匹配。

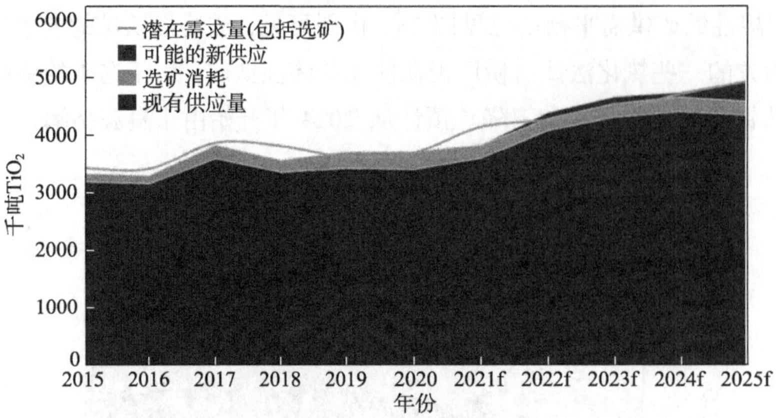

图 25　2015~2025 年氯化用钛原料供需平衡（f 为预测值）

数据来源：TZMI，Titanium feedstock supply/demand November 2021

2015~2025 年氯化用钛矿供需平衡情况见图 26。由图可见，氯化用钛矿市场波动较大，2015 年、2017 年、2020 年市场呈现供不应求的局面，在 2016 年和 2018 年市场达到基本平衡状态，2019 年市场出现短期供大于求的局面，随着更多新项目开工，预计后期总体供需基本呈平衡态势。

2015~2025 年天然金红石和人造金红石供需平衡情况见图 27 和图 28。由图可见，天然金红石市场

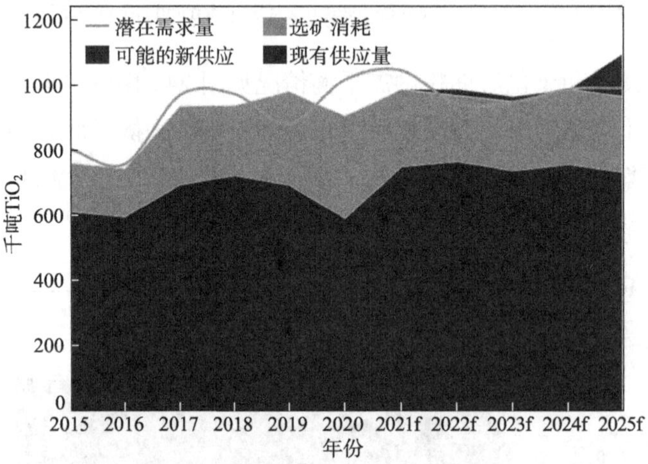

图 26　2015~2025 年氯化用钛矿供需平衡（f 为预测值）

数据来源：TZMI，Titanium feedstock supply/demand November 2021

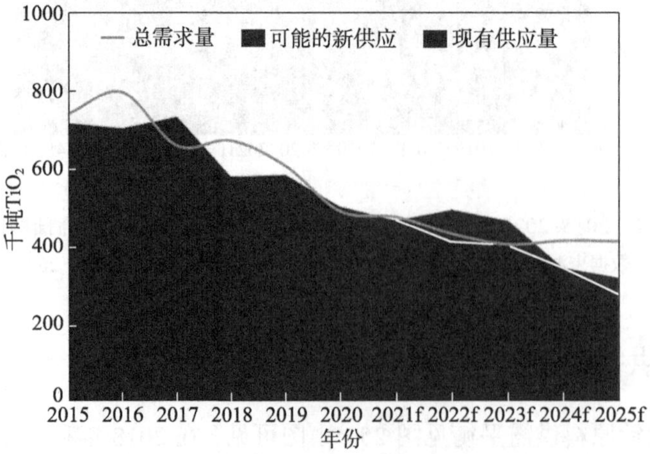

图 27　2015~2025 年天然金红石供需平衡（f 为预测值）

数据来源：TZMI，Titanium feedstock supply/demand November 2021

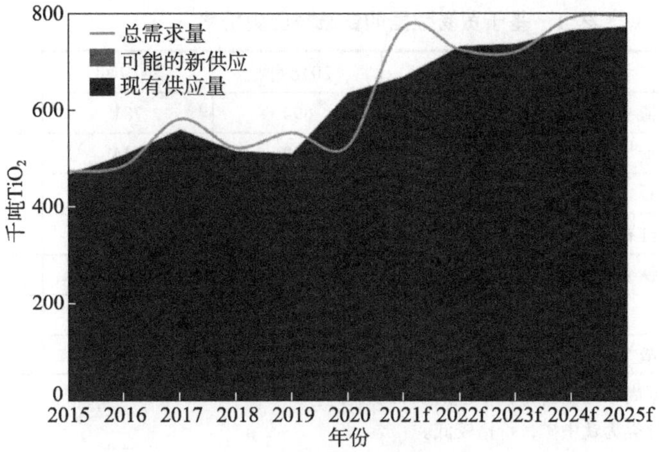

图 28 2015~2025 年人造金红石供需平衡（f 为预测值）

数据来源：TZMI，Titanium feedstock supply/demand November 2021

总体呈下降趋势，随着 2024 年 Base 资源 Kwale 矿山的资源枯竭，全球天然金红石市场预计从 2024 年开始出现严重的供应短缺。人造金红石市场则呈现上升趋势，主要由于天然金红石供应减少，以及氯化用钛原料短缺，可能会在近期推动人造金红石需求上涨。

2015~2025 年氯化渣和 UGS 供需平衡情况见图 29。由图可见，氯化渣和 UGS 的需求仍呈增长趋势，主要由于中国氯化法钛白粉产量的增长（氯化渣是首选原料）以及其他氯化用钛原料短缺。预计 2021 年，全球供应短缺量在 12.3 万吨 TiO_2。到 2023 年，随着全球氯化钛白粉产量的放缓，市场将恢复适度顺差状态，实现周期性增长，到 2025 年，预计将出现 14.3 万吨 TiO_2 的市场缺口，中国规划了几个新的氯化渣项目，但与之配套的技术发展是一个关键挑战。

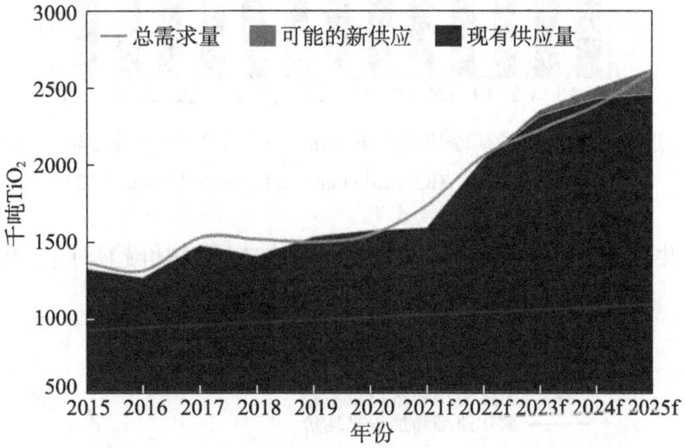

图 29 2015~2025 年氯化渣和 UGS 供需平衡（f 为预测值）

数据来源：TZMI，Titanium feedstock supply/demand November 2021

白钛石市场供需波动较大，到 2021 年达到平衡，后期由于对白钛石的需求可转向替代性氯化用钛原料产品，将导致后期对白钛石的需求逐步降低。

5 全球钛原料价格

近年来钛原料历史价格见表 1。由表可见，酸溶性钛矿价格呈稳步上升趋势；氯化渣、金红石和酸溶性钛渣的价格总体上虽呈上升趋势，但 2021 年都呈现了小幅下降。

表1 基于贸易数据的钛原料历史价格 （离岸价，美元/t）

钛原料	2017年	2018年	2019年	2020年	2021年
南非出口到美国的氯化渣	621	694	781	813	765
南非出口到欧洲的氯化渣①	613	682	744	765	757
出口到欧洲的散装金红石	—	—	1121	1217	1188
澳大利亚出口的散装金红石	767	877	1124	1198	1348
来自莫桑比克的酸溶性钛矿	—	—	170	211	277
越南的酸溶性钛矿②	164	183	171	226	301
出口到欧洲的酸溶性钛渣①	481	605	623	606	582

①此时间段在欧洲进口数据尚未完全公布，不包括在表格中；
②由于某些钛矿产品重新分类为钛中矿，价格较低。
数据来源：TMI，TiO_2 market insight Issue 95 February 2022。

图30为近三年酸溶性钛矿进口量和加权平均价趋势图。由图可见，酸溶性钛矿价格一直呈上升趋势，进口量呈波动趋势。2021年四季度离岸价为301美元/t，环比上涨14%；进口量为77.22万吨，环比减少10%。

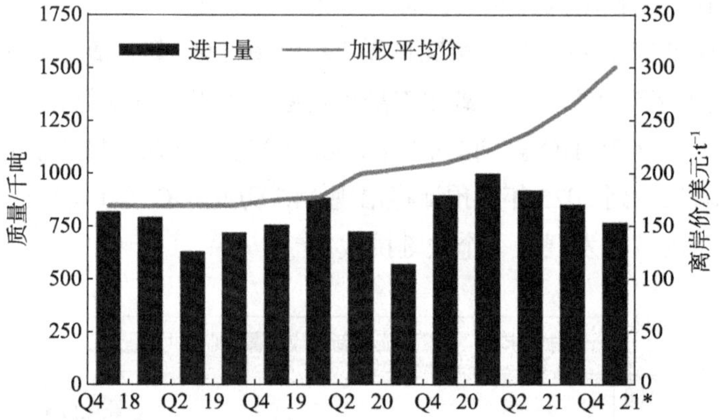

图30 近3年酸溶性钛矿季度进口量和加权平均价（*该季度数据不完整）
数据来源：TMI，TiO_2 market insight Issue 95 February 2022

图31为近三年酸溶性钛渣和氯化渣细粉的进口量和加权平均价趋势图。由图可见，2021年四季度

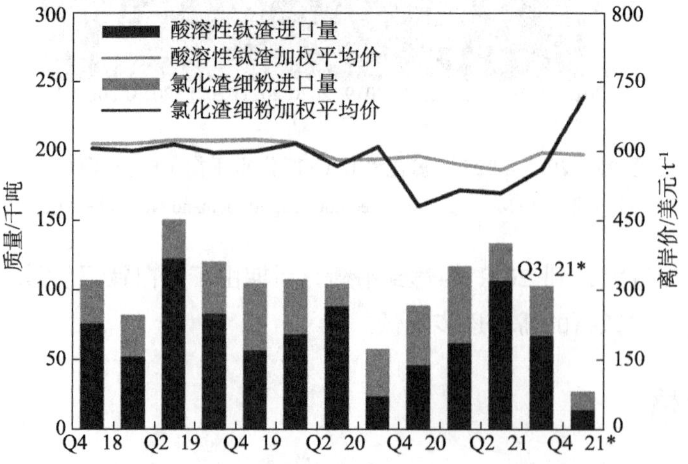

图31 近3年酸溶性钛渣和氯化渣细粉季度进口量和加权平均价
（*该季度数据不完整）
数据来源：TMI，TiO_2 market insight Issue 95 February 2022

酸溶性钛渣进口量为 25.4 万吨，比 2020 年全年增长 12%，离岸均价在 590～600 美元/t 波动；2021 年四季度氯化渣细粉加权平均价环比上涨 24%，进口量仅为 5000 t。

图 32 为近三年金红石和人造金红石的进口量和加权平均价趋势图。由图可见，天然金红石价格呈平稳上升趋势，加权平均离岸价在 1208 美元/t 附近波动；人造金红石加权平均离岸价波动较大，2021 年四季度离岸价约为 1135 美元/t，环比上涨 4.6%。

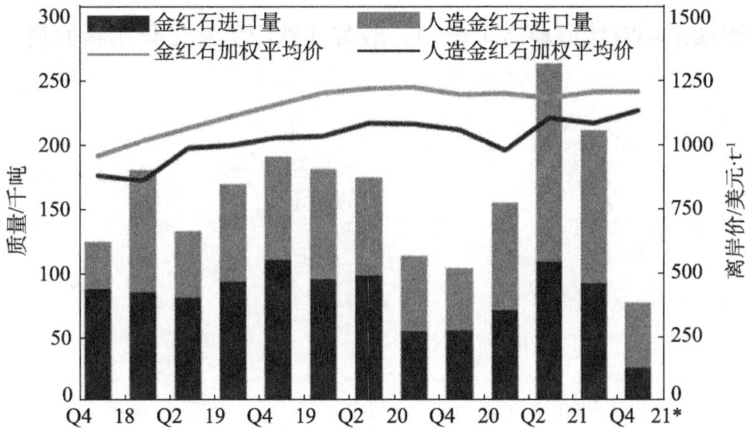

图 32　近 3 年金红石和人造金红石季度进口量和加权平均价

（*该季度数据不完整）

数据来源：TMI，TiO_2 market insight Issue 94 January 2022

图 33 为近三年氯化渣的进口量和加权平均价趋势图。由图可见，2021 年四季度，加权平均离岸价为 811 美元/t，比上一季度上涨 1.1%。

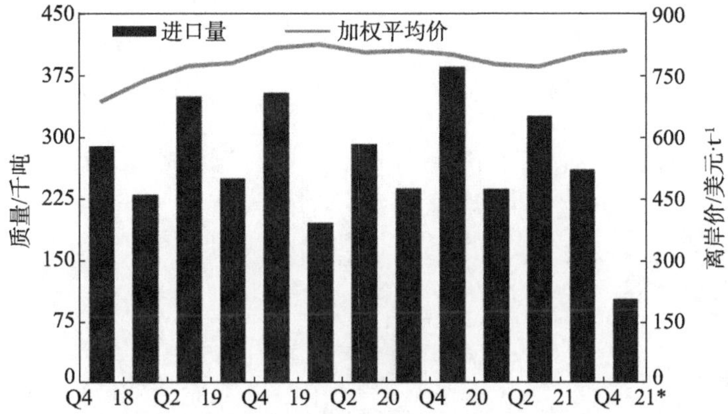

图 33　近 3 年氯化渣季度进口量和加权平均价

（*该季度数据不完整）

数据来源：TMI，TiO_2 market insight Issue 94 January 2022

6　结论

6.1　对钛原料的强劲需求将继续

由于 2019 年新冠肺炎疫情的影响，钛白粉行业需求低迷，钛原料市场的整体需求呈现下降趋势，但随着钛白粉市场的逐步恢复，后期对钛原料市场的需求也开始转暖，钛原料的销量增加，价格上涨，尤其是高档原料。预计 2022 年对钛原料的需求将保持强劲，2022 年全球钛白粉产量同比将增长 3.9%，至 760 万吨（高于 2021 水平的 28.5 万吨），硫酸法钛白粉产量将以更大的幅度增长，酸溶性钛原料是其生产的关键原料，因此会随之增长；氯化法钛白粉产量和海绵钛市场对钛原料的需求也将保持增长趋势，对氯化法钛原料的需求量随之增长。

6.2 钛原料价格总体呈增长趋势

钛白粉市场和海绵钛市场对钛原料需求强劲，酸溶性钛原料和氯化用钛原料的价格均呈增长趋势。

国外主要钛渣生产企业概况

侯腾飞　李 佳　吴 优

（攀钢集团研究院有限公司，钒钛资源综合利用国家重点实验室，四川攀枝花 617000 ）

摘　要：介绍了国外主要钛渣生产企业力拓、特诺、Tizir公司的钛矿资源、钛渣的生产工艺及设备、钛渣生产能力及钛渣化学成分、生产经营、财务状况、知识产权及副产品铁利用情况等。

关键词：钛渣生产；TiZir；力拓；特诺

1　力拓集团（Rio Tinto）

1.1　集团简介

力拓集团（Rio Tinto）于1873年在西班牙成立，Rio Tinto是西班牙文，意为黄色的河流。1954年，公司出售了大部分西班牙业务，1962~1997年，该公司兼并了数家全球有影响力的矿业公司，并在2000年成功收购了澳大利亚北方矿业公司，成为在勘探、开采和加工矿产资源方面的全球佼佼者，2007年收购加拿大铝业（Alcan），2011年，力拓以40亿美元成功控股澳大利亚焦煤企业Riversdale Mining Ltd.。

1973年，力拓是最早向中国市场供应铁矿石的外国企业之一。1983年，在北京建立了第一个中国代表处。如今，力拓在中国有员工180多人，总部位于上海，并在北京设有一家分公司。在苏州工业园区还有一家金属粉末退火工厂——力拓钛铁（苏州）有限公司。力拓先后与中钢、宝钢、中铝、五矿等中国大型国有企业在世界范围内成立了多家合资企业，包括澳大利亚恰那铁矿合营公司、宝瑞吉合营公司、几内亚西芒杜铁矿石项目，并在中国境内与五矿携手进行勘探合作。

2020年在全球500强企业中力拓集团（Rio Tinto）排名280名，是全球三大铁矿石供应商之一，同时也是全球最大的钛原料供应商。集团总部设在英国，在伦敦、纽约和澳大利亚证券交易所上市。该集团在全球6大洲36个国家有业务，但主要集中在澳大利亚和北美，业务范围包括探矿、采矿、选矿。主要产品有铝、铁矿石、铜、钻石、能源（煤及铀）、金、工业矿物（硼砂、钛矿、盐、滑石粉）。

集团通过旗下的力拓铁钛公司Rio Tinto Iron and Titanium（RTIT）开展钛原料业务，RTIT包括位于加拿大魁北克的全资子公司Rio Tinto Fer et Titane（RTFT，以前称QIT）、南非理查兹湾矿物公司（RBM，持有74%股份）以及QIT马达加斯加矿物公司（QMM，持有80%股份）。力拓集团的业务范围见图1。

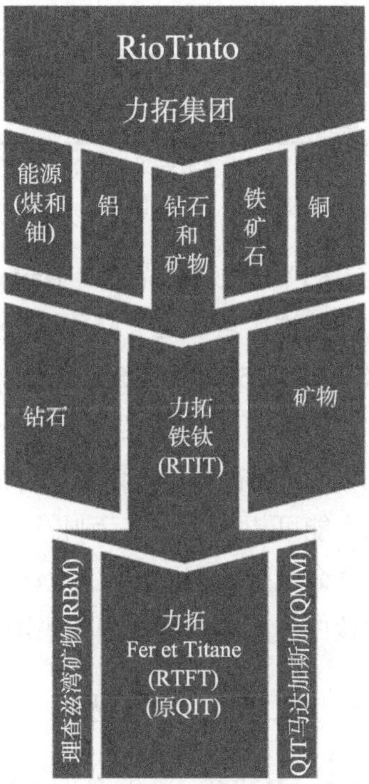

图1　力拓集团的业务范围

1.2　钛矿资源及生产情况

力拓集团目前的钛矿资源包括在加拿大、南非、马达加斯加三个国家的三大矿床，分别由加拿大的RTFT公司、马达加斯加的QMM公司、南非的RBM公司负责，主要生产品位为80%～90%的钛渣。近年力拓集团的钛资源概况见表1，截至2020年的储量见表2。

表1　力拓集团近年钛资源概况

权益	地区	运营公司	矿山类型	指标	2016年	2017年	2018年	2019年	2020年
100%	加拿大魁北克	RTFT (Lac Tio矿) (Rio Tinto Fer et Titane)	O/P	资源量/百万吨	19	19	19	27	27
				资源量品位	84.6%	84.6%	84.6%	81.6%	81.6%
				储量/百万吨	128	120	119	149	152
				储量品位	83.1%	83.2%	83.2%	80.3%	80.1%
80%（另外20%为马达加斯加政府）	马达加斯加（Anosy地区）	QMM (QIT Madagascar Minerals)	D/O	资源量/百万吨	1435	1413	1427	1427	1427
				资源量品位	4.2%	4.2%	4.1%	4.1%	4.1%
				储量/百万吨	449	447	405	382	358
				储量品位	3.5%	3.5%	3.5%	3.5%	3.5%
74%（Blue Horizon持有24%，其余为员工持股）	南非（KwaZulu Natal社区）	RBM (Richards Bay Minerals) 理查兹湾矿物公司	D/O+O/P	资源量/百万吨	16	15	15	13	11
				资源量品位	14.8%	14.6%	13.8%	13.3%	12.3%
				储量/百万吨	1801	1686	1584	1500	1426
				储量品位	2.2%	2.3%	2.4%	2.4%	2.4%

注：O/P为露天开采矿，D/O为挖掘开采矿。

数据来源：力拓集团年报。

表2　力拓集团经营矿山的钛矿储量

公司	矿山类型	截至2020年末的储量/万吨					可销售的产品/万吨
		已探明	品位	推测	品位	合计	
RTFT	O/P	—		15200	80.1%	15200	4820
QMM	D/O	34600	3.5%	1200	3.4%	35800	490
RBM	D/O+O/P	93100	2.3%	49500	2.6%	142600	1130
合计	—	—		—		193600	6440

注：O/P为露天开采矿，D/O为挖掘开采矿，可销售产品的数据为扣除采矿与加工过程中损失的钛后可得到的钛渣量。

数据来源：力拓集团年报。

RTFT在魁北克北岸Havre-Saint-Pierre附近经运一个露天开采的钛铁矿岩矿，该座矿床是世界上最大的钛铁矿岩矿之一，预计至少还有35年的开采寿命。开采的矿物经破碎后运输到RTFT位于蒙特利尔东北部75km外的Sorel-Tracy选冶厂进行加工，该厂每年接收约300万吨钛铁矿，其中20%来自QMM。

RBM开采的是位于Zululand海岸Zulti北部的海滨砂矿，预计能开采到2030年。

QMM在马达加斯加南部的Fort-Dauphin地区开采钛铁矿，初期设计产能为75万吨/年钛铁矿，未来产能可望达到200万吨/年，力拓持有矿山80%的股份，其余20%为马达加斯加政府持有，矿山的开采寿命至少还有20年。钛铁矿中含60%TiO_2，运往加拿大进一步加工成含90%TiO_2的钛渣，用作氯化法钛白生产的原料。力拓集团三家钛矿子公司生产情况见图2。

1.3　钛渣生产情况

1.3.1　RTFT公司（原QIT公司）

目前，RTFT公司钛渣生产能力为130万吨/年，主要技术经济指标及设备见表3，该公司各种产品的生产流程见图 3。

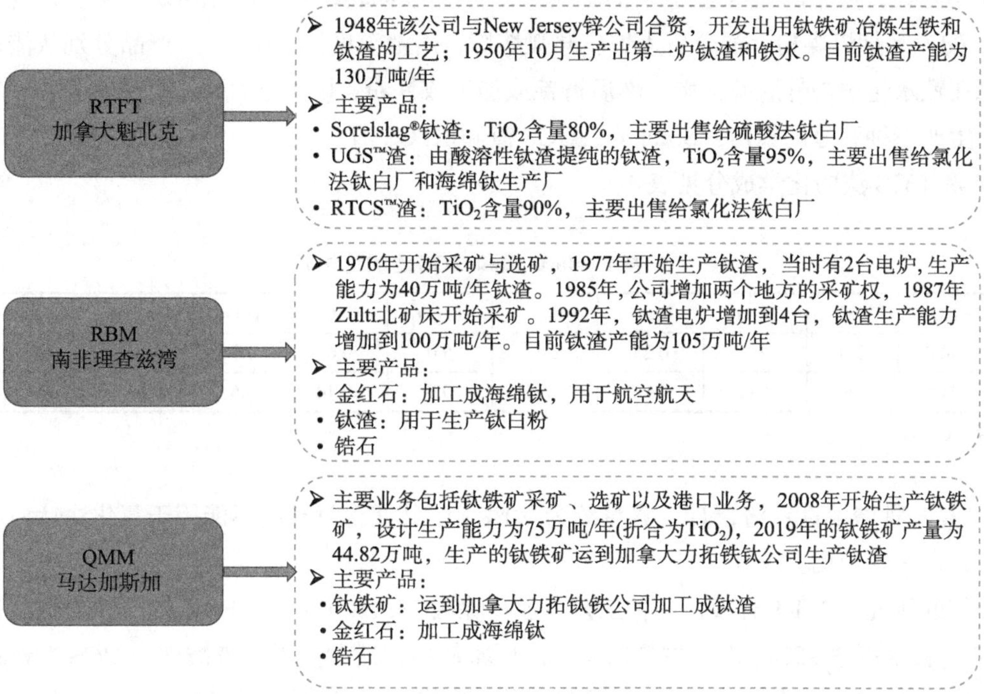

图 2　力拓集团三家钛矿子公司生产情况

表 3　RTFT 公司主要技术经济指标及设备

项目	具体内容
主要技术经济指标	还原剂（无烟煤）：0.13～0.14 t/t 钛矿
	石墨电极：15～20 kg/t 渣
	电：2200～2400 kW·h/t 渣
	精矿：≤2.33 t/t 渣
	副产品生铁：0.71～0.74 t/t 渣
主要设备	矩形电弧熔炼炉：20 MVA 电炉 2 台，36 MVA 电炉 4 台，45 MVA 电炉 2 台，60 MVA 电炉 1 台

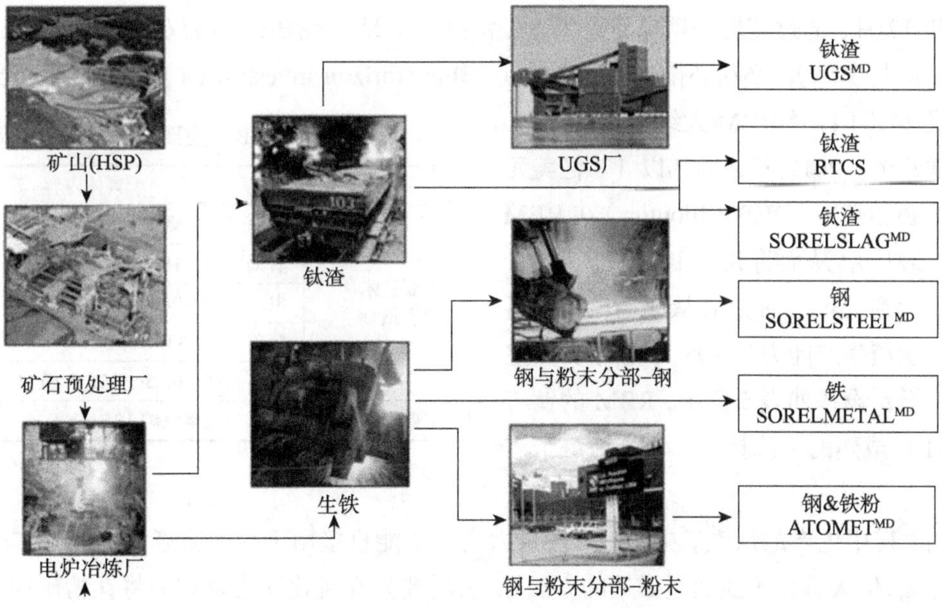

图 3　RTFT 公司各种产品的生产流程

该公司使用岩矿，进行电弧炉熔炼生产钛渣，经选矿后的精矿，其含硫较高。采用密闭式矿热炉，粉料连续加料方式，将原矿经重选得到 TiO_2 精矿，然后在回转窑中预氧化焙烧，磁选处理，提高精矿 TiO_2 品位，配入无烟煤煤粉，混合后入炉。开弧熔炼，熔池温度约 1650℃，产品分别从渣口和铁水口排出。铁水在铁水包中炉外脱硫渗碳，然后铸锭或加工成铁粉，电炉烟气全部回收利用。

该公司生产三种牌号的钛渣：Sorel 渣、UGS 渣和 RTCS 渣。

Sorel 渣和 UGS 渣的化学成分见表 4。

表 4　Sorel 渣和 UGS 渣的化学成分　（%）

产品	TiO_2	FeO	Fe_2O_3	MnO	SiO_2	MgO	CaO	Al_2O_3	Cr_2O_3	V_2O_5	U+Th
Sorel 渣	80.0	9.0	—	0.25	2.4	5.0	0.6	2.9	0.17	0.56	—
UGS 渣	94.5	—	1.17	0.05	1.95	0.6	0.14	0.6	0.03	0.46	＜0.0002

数据来源：CNKI。

Sorel 渣是一种酸溶性钛渣，TiO_2 含量约为 80%，因其镁含量较高不能用于氯化法钛白原料，主要供给硫酸法钛白工厂使用。

经过多年的研究，RTFT 开发出一种工艺，通过除去 MgO、CaO 及 Fe 来提高钛渣的品位，生产出来的钛渣 TiO_2 含量可达 95%左右，主要供氯化法厂家使用，这种高级钛渣被称为 UGS（upgraded slag）渣。1996 年初，RTFT 宣布投资 2.6 亿美元在索雷尔建将常规索雷尔渣转化为 UGS 渣的生产厂。UGS 渣最初的生产能力为 20 万吨/年，于 1997 年三季度投产，1999 年二季度 RTFT 的 UGS 渣就达到了 20 万吨/年的生产能力。此后进一步扩能，目前达到了 40 万吨/年的生产能力。

RTCS（Rio Tinto chloride slag）渣是使用 QMM 生产的钛铁矿冶炼出来的一种氯化法钛渣，TiO_2 含量达到约 90%。QMM 钛铁矿的设计生产能力为 75 万吨/年。

RTFT 公司 90%的产品用于出口，销往 40 多个国家，主要出口到欧美市场。RTFT 钛渣生产的副产物包括高纯铁（产能为 100 万吨/年）、金属粉末、锆石及金红石。

1.3.2　南非 RBM 公司

南非是全球钛渣的生产大国，RBM 是全球生产成本较低的钛渣生产商，原来由力拓和必拓各占 50%股份，2009 年 12 月，通过签署一项广泛性黑人经济授权交易（BBBEE）协议，对原有矿权进行了改组，成立由力拓（持股 37%），必和必拓（持股 37%），Blue Horizon Investments（由投资商和当地社区组成的公司，持股 24%）以及 RBM 大约 1700 名永久员工组成的联营体。2012 年，力拓以 17 亿美元的代价收购了必和必拓（BHP Billionton）在 RBM 的全部股份（37%），从而将其在 RBM 所持股份提高了一倍，达到 74%，而后者从此退出钛原料领域。目前，钛渣生产能力为 105 万吨/年，其主要技术经济指标及设备如表 5 所示，RBM 的钛渣冶炼采用 RTFT 成熟的冶炼技术，钛渣冶炼工艺流程见图 4。

表 5　南非 RBM 主要技术经济指标及设备

项目	具体内容
主要技术经济指标	还原剂（无烟煤）：0.14～0.16 t/t 钛矿
	石墨电极：18～22 kg/t 渣
	电：2400～2600 kW·h/t 渣
	精矿：≤2.335 t/t 渣
	副产品铁：0.25～0.75 t/t 渣
主要设备	矩形电弧熔炼炉 105 MVA

由于 RBM 矿山生产的钛铁矿中 Cr_2O_3 含量太高，不能直接用于冶炼钛渣。一部分 Cr_2O_3 可以在矿山通过磁选除去，但大部分不能通过磁选的方法除去，需要先在流化床焙烧炉中将钛精矿加热到 730~800 ℃进行氧化焙烧，改变钛铁矿的磁性，而含有 Cr_2O_3 的矿物的磁性不变，使其适合于磁选分离，从而减

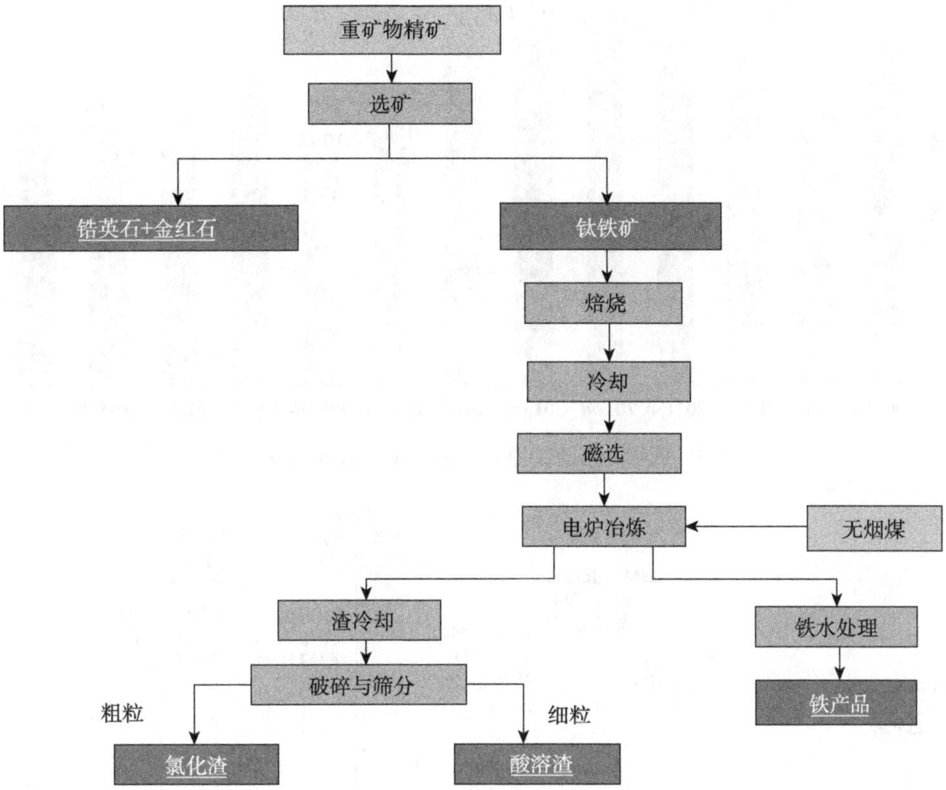

图 4 RBM 的钛渣冶炼工艺流程

少钛铁矿精矿中的 Cr_2O_3 含量。RBM 的流化床焙烧炉为三步式，有两座焙烧炉。钛精矿经过焙烧和磁选后，在大型密闭电炉中进行钛渣冶炼，所生产的钛渣含 TiO_2 85%。冶炼采用密闭矩形电炉，电炉长 18m，宽 8m。电极呈三相六电极直线排列，钛渣冶炼过程中，每对电极配有一个 35MVA 的变压器，电炉的总功率为 105MVA。电炉功率由电极调整器控制以获得需要的功率参数。每根电极的电弧长度需严格控制以维持电极功率的平衡。冶炼工艺是先将钛精矿预氧化焙烧处理后再入炉冶炼，冶炼中连续加入炉料，在开弧熔池中进行熔炼操作，周期排放钛渣和铁水，钛渣与铁水各自有排出口，位于电炉的同一面。RBM 每个电炉配有 2 个出渣口和 4 个出铁口。熔融渣或铁一次只能从一个口排出。电炉给料分配系统由电脑控制，能保持炉料均匀供给。还原剂采用进口无烟煤。从电炉出来的钛渣温度大约为 1700℃，熔融钛渣从电炉中放出后，经过冷却、凝固，然后进行破碎、筛分，粗料作为氯化法工艺的原料，细料作为硫酸法工艺的原料。铁水经喷吹处理后浇铸成生铁出售。

该公司所生产的钛渣含 TiO_2 85%，既可作酸溶渣，又可作氯化渣，其中，氯化渣占钛渣总产量的 90%，钛原料和钛渣化学成分见表 6。除生产钛渣外，RBM 还可生产金红石和高纯度生铁。

表 6 南非 RBM 钛原料和钛渣化学成分 （%）

项目	ΣTiO_2	Ti_2O_3	FeO	Fe_2O_3	Fe	SiO_2	Al_2O_3	MgO	CaO	MnO	Cr_2O_3	V_2O_5	C
钛精矿	47	—	34.4	12.4	—	2.3	0.96	0.8	0.3	1.3	0.3	0.27	
焙烧精矿	46.4	—	22.4	25.0	—	2.3	0.95	0.8	0.3	1.3	0.3	0.27	
磁选精矿	49.5	—	22.5	25.0	—	0.6	0.73	0.6	0.05	1.2	0.09	0.27	
钛渣	85.5	25.0	9.4		0.2	1.5	2.0	0.9	0.14	1.4	0.22	0.4	0.07

近年力拓的钛原料产量见图 5，力拓高品位钛原料的发展历程及趋势见图 6。

据 TZMI 报告显示，2019 年力拓集团的钛原料生产量占全球市场份额的 19%（按含有的 TiO_2 计）。

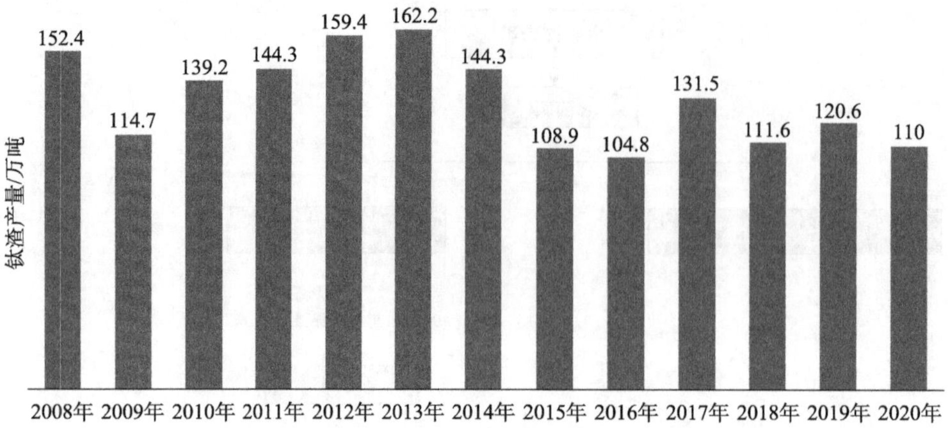

图 5　近年力拓的钛原料产量（按含有的 TiO_2 计）

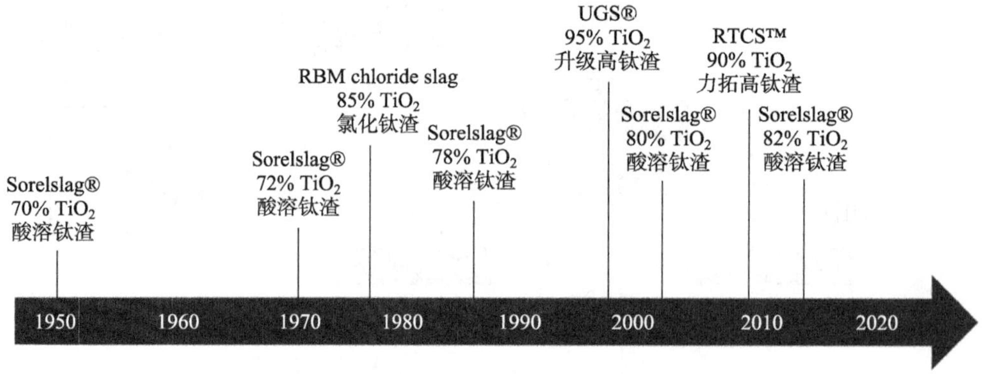

图 6　力拓高品位钛原料的发展历程及趋势

2020 年的高钛渣产量为 110 万吨，较 2019 年减少了 7%，下降的主要原因是加拿大魁北克省和南非政府因新冠肺炎疫情采取的限制措施、市场需求下降以及理查兹湾矿业公司（RBM）的运营中断，该公司 2021 年高钛渣的目标产量是 110 万~130 万吨。由图可见，近年来力拓钛渣产量整体呈下滑趋势，主要由于南非理查兹湾的 Zulti North 矿山品位下降，资源出现枯竭现象。为了提升 RBM 的产能并延长矿山寿命，2019 年 4 月 RBM 投资 4.63 亿美元用于 Zulti South 项目，力拓出资 3.43 亿美元。Zulti South 项目将来主要提供钛铁矿和锆石，原计划项目于 2019 年中旬开始建设、2021 年底投产，但是受 2019 年下半年南非暴力活动影响，该项目目前正在重新进行评估。

1.4　经营情况

力拓铁钛（RTIT）公司近年的财务数据见表 7。力拓 2020 年钛产业资本开支为 1.44 亿美元，较 2019 年的 2.49 亿美元有所下降。受新冠肺炎疫情影响，为保证现金流稳定经营，部分资本开支将于 2021 ~ 2022 年投入，公司整体上在钛矿业务投入资本较少。

表 7　力拓铁钛（RTIT）公司近年经营情况

年份	2011	2012	2013	2014	2015	2016	2017	2018	2019	2020
销售总额/亿美元	15.81	22.32	22.51	21.68	15.71	14.19	17.63	17.82	19.38	16.51
EBITDA/亿美元	3.45	7.93	7.28	6.89	4.35	3.70	5.46	5.10	6.11	4.76
净利润/亿美元	1.51	4.09	2.64	2.48	1.16	0.86	2.01	1.74	2.54	2.16
资本开支/亿美元	1.44	2.74	2.74	1.85	1.50	0.97	1.19	1.69	2.49	1.44
折旧与分期偿还/亿美元	1.55	2.05	2.64	2.33	1.94	1.89	2.19	2.01	1.93	1.73
营业资产/亿美元	29.3	53.0	48.59	44.24	35.54	36.62	38.81	33.90	35.07	33.90

数据来源：力拓集团年报。

1.5 需求分析

力拓集团没有钛白、海绵钛等钛制品企业，所生产的钛原料全部外卖，与多家公司签有长期供应协议，如与 Kronos 公司签订的氯化法钛渣供应合同的终止日期为 2020 年底，合同每两年更新一次，UGS 渣的合同终止日期为 2021 年底。

1.6 知识产权

力拓铁钛公司的钛渣生产技术最初由加拿大魁北克铁钛公司（QIT）与新泽西 New Jersey 锌公司合作开发，是世界上申请的第一个钛渣生产技术专利，也是世界上第一家生产钛渣的企业。第一个专利于 1947 年 8 月 19 日申请，1949 年 7 月美国专利局公开（专利号：US2476453）、1950 年 5 月加拿大专利局公开（专利号：CA465010）。由于该公司技术保密，有关钛渣生产的专利和技术文献公开发表的都很少，该公司管理层不准科技人员发表论文。与钛渣生产有关的专利只有两个：用于生产二氧化钛的含钛原料（titaniferous material for producing titanium dioxide，专利号：US2476453，CA465010），钛渣精矿的浇铸（casting of titanium slag concentrate，专利号：US2749667）。另外，还有几个由索雷尔钛渣生产人造金红石既 UGS 渣的专利。

1.7 副产品铁利用情况

力拓的生铁生产能力大约为 156.6 万吨/年，其中力拓铁钛（原 QIT）100 万吨/年，RBM 56.5 万吨/年。力拓将生铁加工成 Sorelmetal®高纯生铁、Sorelsteel®方坯以及 ATOMET™铁粉和钢粉。

Sorelmetal®高纯生铁是一种锰、磷、硫以及其他杂质含量非常低的高纯生铁，用于生产球墨铸铁铸件。由于这种生铁非常纯并且化学成分均匀，使其成为生产要求力学性能优异的零件的首选材料。这种生铁的堆密度为 4000kg/m^3，大约是废钢的 3 倍。

Sorelsteel®方坯是采用钛铁矿冶炼钛渣时的副产品优质铁水通过连铸生产的，具有成分均匀、杂质元素含量低的特点，适合于生产优质棒线材。用这种方坯生产的线材质量最好，能够用于生产冷镦、轮胎帘布、钢琴线、弹簧以及焊接电极。方坯的尺寸为 160mm×160mm，最大长度为 16m。也生产直径为 215mm 的圆坯，最大长度为 13m。可用于生产无缝管，这种无缝管可用于石油与天然气勘探。

ATOMET™铁粉和钢粉主要用于生产精密机械零件，这是由于粉末能够生产形状精确且复杂的零件，需求量最大的行业是汽车工业。

RBM 钛铁矿冶炼钛渣的副产品铁水主要用于生产高纯生铁，其生产能力为 56.5 万吨/年。从出铁口出来的铁水装入铁水包中，通过风口吹入氮气，并将铁水包倾斜，直到铁水没入风口。在铁水中加入细焦粉增碳，加入碳化钙脱硫，加入少量的硅铁脱氧，如果要求生产高硅铁，则加入较多量的硅铁。完成喷吹后，用双流铸机将铁铸成灰铸铁，生产几种牌号的铁。

2 特诺有限公司(Tronox)

2.1 公司简介

特诺有限公司（Tronox Limited）是一家在澳大利亚西澳大利亚州的法律下登记的公司，以 TROX 符号在纽约证券交易所上市，2019 年 3 月 27 日，该公司在英国重新注册交易，Tronox Limited 也成为 Tronox Holdings plc 的全资子公司。Tronox 是一家集钛矿采矿、选矿、富钛料加工、钛白粉生产为一体的跨国企业，特诺公司的钛产业链见图 7。

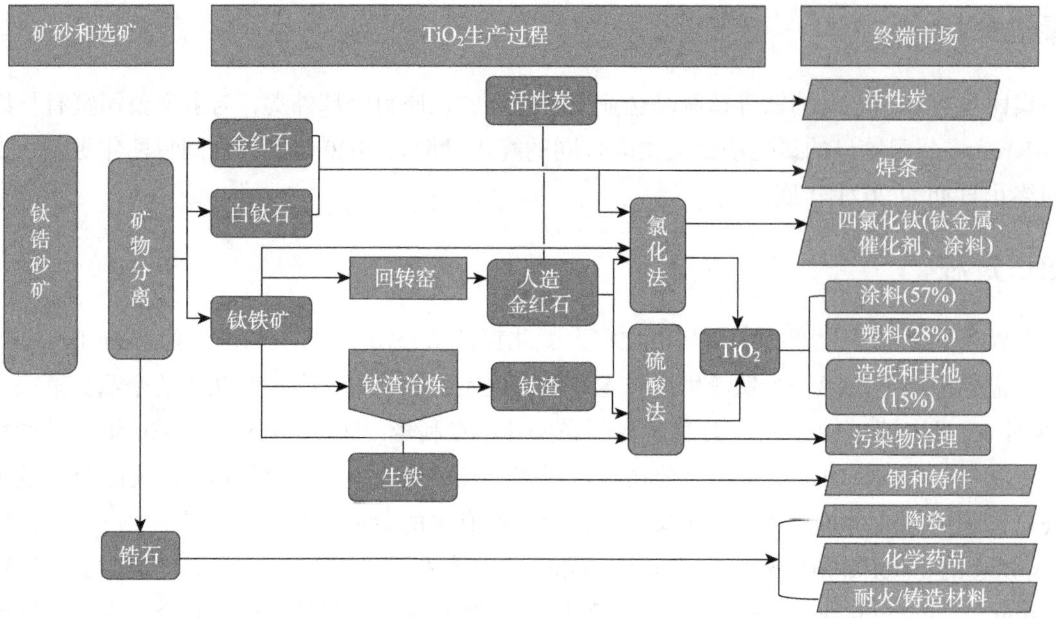

图 7　特诺公司的钛产业链

数据来源：特诺公司网站

Tronox 是全球第二大高品位钛原料供应商，据 TZMI 报告显示，2019 年生产的钛原料占市场份额的 10%（按含有的 TiO_2 计），是全球第二大锆石生产商。2019 年 4 月，Tronox 完成对钛白生产商科斯特的收购，成为全球第二大钛白粉生产商，有美国密西西比 Hamilton、澳大利亚西澳大利亚州 Kwinana、荷兰 Botlek、英国 Stallingborough、澳大利亚 Bunbury、沙特阿拉伯 Yanbu、巴西 Salvador、法国 Thann 以及中国的江西添光 9 个钛白厂。Tronox 拥有并运营着 5 个矿山及矿物加工供应链，每个供应链都包括一个或多个重矿物矿山，以供一家专门的选矿厂使用，在南非有 2 个矿山，分别是 KwaZulu-Natal (“KZN”) Sands 和 Namakwa Sands；澳大利亚有 3 个矿山，分别是西澳大利亚州北部 Cooljarloo、南部 Wonnerup，东部 Ginkgo-Crayfish-Snapper。该公司在世界范围的业务分布见图 8。

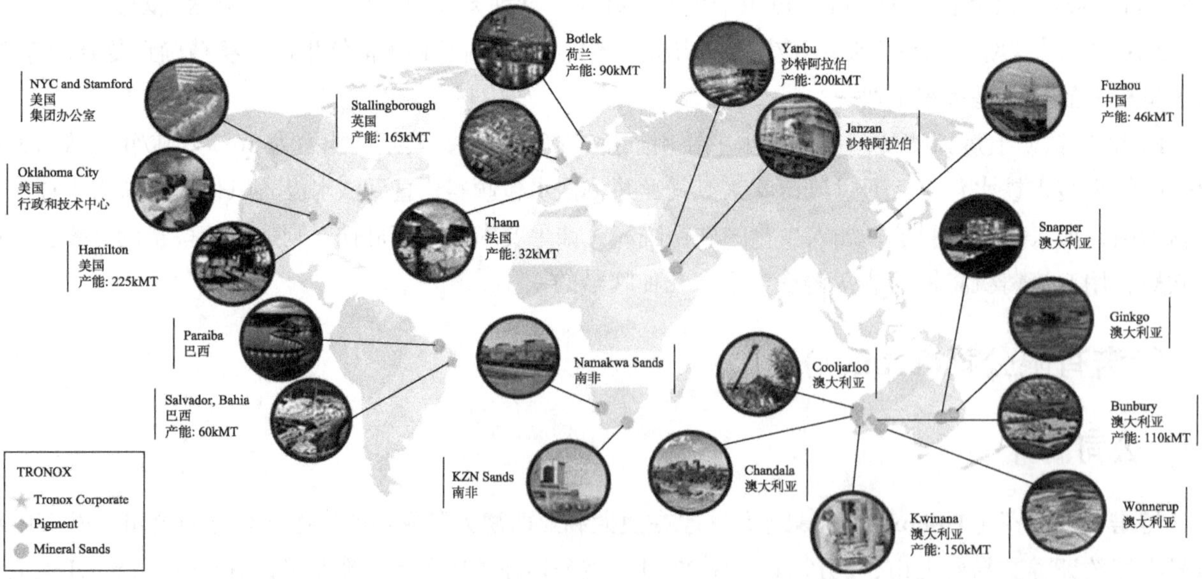

图 8　特诺公司在世界范围的业务分布

数据来源：特诺公司网站

2.2 钛矿资源及生产情况

特诺目前拥有 5 个钛矿生产项目（不包含巴西的 Paraiba 矿山，因其 2019 年已枯竭），分别是位于南非的 Namakwa 和 KZN 项目、位于澳大利亚西海岸的北部项目 Cooljarloo、从 Cristal 收购来的澳大利亚西海岸的 Wonnerup、位于新南威尔士州的 Murray 盆地的东部项目 Snapper 和 Ginkgo（2 个矿山均面临枯竭），Snapper 2009 年开采，预计 2021 年枯竭，Ginkgo 2006 年开采，预计 2020 年枯竭。公司目前有 6 个在产矿山，其中 2 个面临枯竭，除此之外还有 2 个待投产矿山，分别是：（1）西澳大利亚北部项目中的 Dongara 矿山经过多年的可行性研究，已获得环评报告书；（2）Murray 盆地东部项目中的 Atlas-Campasp 矿山 2018 年开始建设，预计 2020 年投产（但截至目前未公布投产信息）。Tronox 钛资源概况见表 8。

表 8　特诺钛资源概况

国家	地区	权益	矿山名称	储量/百万吨	重矿物品位/%	重矿物量 THM/百万吨	VHM(占 THM 的百分比)	
							钛铁矿	金红石和白钛石
南非	Western Cape	74%（另外26%为Exarro）	Namakwa Sands	727	6. 0%	43.9	48.2%	10.2%
	KwaZulu-Natal		KZN Sands（Fairbreeze mine）	255	5.60%	12.6	61.4%	7.2%
澳大利亚	Northern Operations,W	100%	Cooljarloo-Dredge Mine	361	1.80%	6.5	61.3%	8.1%
			Dongara Planned Dry Mine（未投产）	68	5.10%	3.4	49.5%	8.9%
	Southern Operations,W		Wonnerup Dry Mine	19	5.40%	1.0	72.2%	16.7%
	Eastern Operations,W		Ginkgo-Crayfish-Snapper Mines（待枯竭）	57	2.10%	1.5	41.5%	29.2%
			Atlas-Campaspe Projects（未投产）	88	6.50%	5.7	56.1%	16.0%
南非合计				982		56.5		
Northern Operations, W.Australia				429	2.30%	9.9	57.2%	8.4%
Southern Operations,W.Australia				19	5.40%	1.0	72.2%	16.7%
Eastern Operations,W.Australia				145	4.80%	7.0	53.5%	18.3%
合计				1545	4.80%	74.4	52.5%	10.3%

注：THM 为重矿物总量，密度大于 2.85g/cm^3，不计其商业价值；VHM 为有价值的重矿物，包括钛铁矿，金红石，白钛石和锆石。
数据来源：特诺公司年报。

Namakwa 矿砂项目位于南非西海岸，1994 年投入运营，使用干法采矿技术，拥有 2 个露天矿厂，露天矿场和选矿厂都位于开普敦市以北 385km 处，矿砂经精选后形成钛铁矿、金红石和锆石，精选后的产品通过铁路运至 270km 外的 Saldanha Bay，钛铁矿在 Saldanha Bay 的钛渣冶炼厂冶炼成钛渣和生铁，可售产品在 Saldanha Bay 出口。据公司 2020 年年报显示，该项目产能为钛渣 19 万吨/年、金红石 3.0 万吨/年、锆石 12.5 万吨/年和生铁 10 万吨/年。

KZN 矿砂项目位于南非东海岸理查兹湾附近，拥有 Fairbreeze 露天矿山，Fairbreeze 矿山位于南非 Mtunzini 南部，2015 年该矿山投入运营，结合使用履带推土机和液压采矿技术进行开采，高压喷水将细粒砂分解成泥浆，然后将其泵送到初级湿法工厂中以生产重矿物精矿（HMC），重矿物精矿通过公路运输到 45km 外的 Empangeni 矿物分离厂，分离出的产品有钛铁矿、金红石和锆石，钛铁矿在 Empangeni 钛渣冶炼厂的 2 个 36MW 电弧炉中冶炼成钛渣和生铁，除了当地消耗的部分生铁外，其余可售产品均从理查兹湾出港。据公司 2020 年年报显示，该项目产能为钛渣 22 万吨/年、金红石 2.5 万吨/年、锆石 5.5 万吨/年和生铁 12 万吨/年。

西澳大利亚州北部业务主要是从西澳大利亚州中西部地区的 Cooljarloo 矿山获得原料，该矿山于 1989 年开始生产，挖泥船将矿浆送入浮选厂，生产重矿物砂（HMC），重矿物砂由公路运送至 Chandala 冶金综合厂，分离出钛铁矿，金红石、白钛石和锆石，钛铁矿用 Becher 法生产人造金红石，约 70%人造金红石作为特诺西澳大利亚州 Kwinana 钛白粉厂的原料，其他部分外售，该项目产能为金红石 3.5 万吨/年、人造金红石 23 万吨/年、锆石 4 万吨/年。Dongara 项目经过 15 年的可行性研究，通过钻探和干法开采优化确定了 5 处矿床的平均品位为 5.1%，总矿石储量为 6800 万吨，目前已获得采矿和环境方面的批准。

特诺 2019 年收购了 Cristal，获得了科斯特在西澳大利亚州南部的矿产 Wonnerup 和澳大利亚新南威尔士州默里盆地东部的矿产 Ginkgo-Snapper。

2.3 钛渣生产情况

2.3.1 钛渣生产工艺及设备

Namakwa Sands 的钛渣冶炼采用直流电炉，该工艺于 1992 年与 Mintek 公司合作开发，于 1992~1994 年期间进行中试，第一台电炉为 25 MW 直流电炉，于 1995 年 6 月投产，1999 年建设了第二台 35MW 直流电炉，利用中空石墨电极，原料为 TiO_2 含量为 49%的砂矿，采用连续进料间断出料的冶炼方式，钛渣 TiO_2 平均含量为 86%。Namakwa Sands 的钛渣生产流程图见图 9。

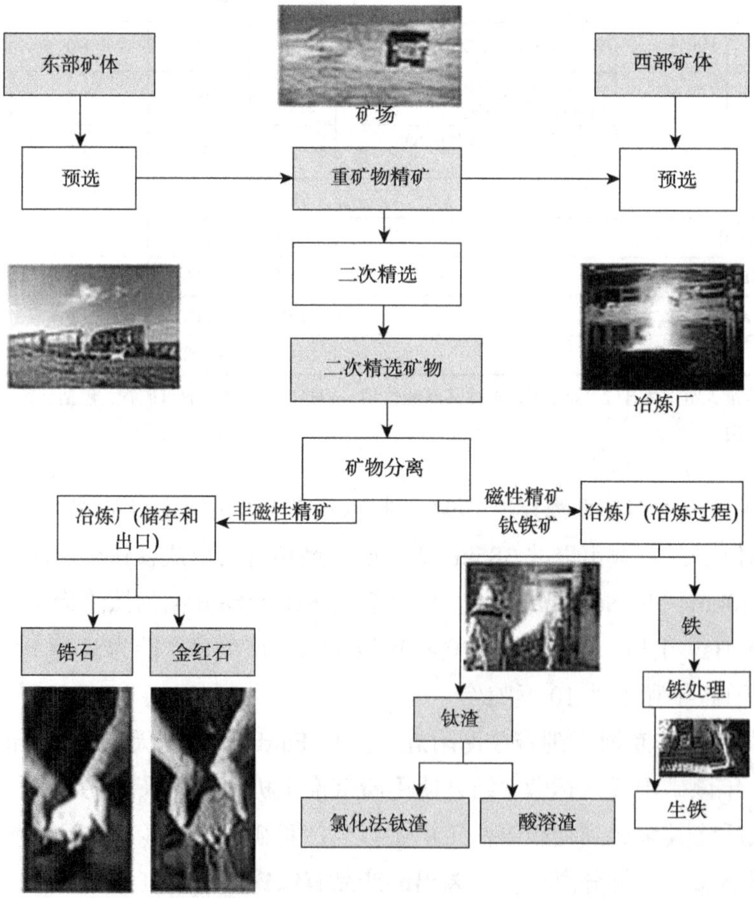

图 9　Namakwa Sands 的钛渣生产流程图

Namakwa Sands 的钛渣冶炼电炉示意图见图 10。钛铁矿和无烟煤通过空心电极加入到电炉中，钛铁矿在电炉中发生吸热还原反应，钛渣的化学成分可通过以下参数控制：钛铁矿与电耗的比值、无烟煤与

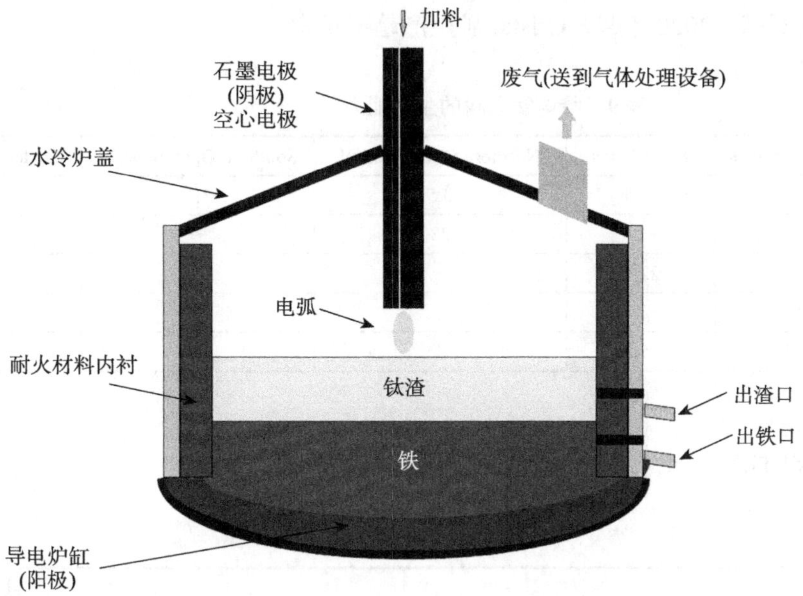

图 10 Namakwa Sands 的钛渣冶炼电炉示意图

钛铁矿的比值、电弧长度、渣与铁的总量。

电炉的耐火材料内衬采用 MgO 耐火材料，炉盖面板、尾气管道以及外壳采用水冷却，炉缸采用空气冷却。导电炉缸由不锈钢包覆的耐火砖、一层高碳耐火材料以及铜板组成。

钛铁矿和无烟煤通过空心电极加入，原料能够直接进入等离子电弧接触区域，从而能够充分有效地利用电弧的能量，达到节能目的。

从电炉中排出的钛渣和铁水的温度分别为 1750℃和 1450℃，圆形炉有 2 个出渣口和 2 个出铁口，有 2 台泥炮，用于钻开和堵塞出口。

从电炉中出来的钛渣输送到渣罐中，渣罐容量为 25t，在渣罐中空冷大约 4h，然后送到一次冷却，在渣罐侧面喷水冷却。一次冷却两天后，将渣罐运到二次冷却区，将渣球倾翻倒入二次冷却区域，向渣球喷水。冷却后的钛渣先破碎到 300mm，然后用颚式粉碎机磨到小于 50mm。干燥破碎后的钛渣，并通过 1 个 Hummer 筛子和 3 个 Rotex 筛子筛分，颗粒过大部分送到 Loesche 磨机。Rotex 筛子筛下部分送到分级设备将钛渣分为氯化法钛渣（106~850μm）和酸溶性钛渣（75~106μm）。

从电炉中出来的铁水排放到铁水罐中，铁水罐容量为 32t，内衬耐火材料，送到喷吹站进行增碳和脱硫处理。在喷吹站向铁水喷吹碳，以增加铁水的碳含量，从 2.5%增加到 4.1%。喷吹碳化钙，以使铁水的硫含量降低到 0.012%，也可加入硅铁到铁水中，以增加硅含量。然后将铁水送到铸锭机中铸成灰铸铁。尾气除尘后用于预热钛铁矿以及干燥无烟煤。

KZN 矿砂公司的钛渣冶炼方法与 Namakwa Sands 相同，有两座钛渣冶炼电炉，生产能力为 22 万吨/年，两台钛渣冶炼电炉分别于 2003 年 3 月和 10 月投产。

2.3.2 钛渣产能产量

目前，特诺金红石和白钛石的生产能力为 17 万吨/年、人造金红石为 22 万吨/年、钛渣为 41 万吨/年、生铁为 22 万吨/年和锆石 29.4 万吨/年，各种产品的生产能力见表 9。

KZN Sands 厂的钛渣含 TiO_2 大约为 85%，FeO 大约为 10%，此外还含有 SiO_2、Al_2O_3、MgO、MnO、CaO、Cr_2O_3、V_2O_5、ZrO_2 杂质。

该公司近年各矿区产量见表 10，由表可见，2019 年，特诺金红石产量提升 118%，主要来自 4 月份收购的 Cristal 矿的贡献。2020 年起，Cristal 矿生产趋于正常。

表 9　特诺钛原料的生产能力　　（万吨/年）

产品	Namakwa Sands	KZN Sands	Northern Operations,W	Southern Operations,W	Eastern Operations,W	合计
金红石①	3	2.5	3.5	1.2	8	18.2
人造金红石	—	—	23	—	—	23
钛渣	19	22	—	—	—	41
生铁	10	12	—	—	—	22
锆石②	12.5	5.5	4	1.2	6.5	29.7

①包括天然金红石和白钛石；

②包括多个品位的锆石。

数据来源：2020 年特诺公司年报。

表 10　特诺近年各矿区产量

国家	地区	矿山名称	产品	产量/万吨		
				2017 年	2018 年	2019 年
南非	Western Cape	Namakwa Sands	金红石	3	3.2	3
			钛渣	18	18.1	19
	KwaZulu-Natal	KZN Sands（Fairbreeze mine）	金红石	1.9	2.2	2.5
			钛渣	17.9	19.4	22
澳大利亚	Northern Operations,W	Cooljarloo-Dredge Mine	金红石	2.8	2.4	3.5
			人造金红石	24.3	21.1	22
		Dongara Planned Dry Mine	未投产			
	Southern Operations,W	Wonnerup Dry Mine	金红石			1
	Eastern Operations,W	Ginkgo-Snapper Mines（待枯竭）	金红石			7
		Atlas-Campaspe Projects（未投产）	金红石	（19 年报表明预计 2020 投产，但暂未投产，原因不明）		
金红石总产量				7.7	7.8	17
钛渣总产量				35.9	37.5	41
人造金红石总产量				24.3	21.1	22

Namakwa Sands 的钛渣化学成分和粒度分布分别见表 11 和表 12。由表可见，Namakwa Sands 的钛渣中氧化钙和氧化镁的含量很低，两者之和小于 1%，氯化法钛渣的粒度较好，只有 2%小于 75μm。

表 11　Namakwa Sands 的钛渣化学成分　　（%）

项目	ΣTiO_2	Ti_2O_3	ΣFeO	Fe	SiO_2	Al_2O_3	MgO	CaO	MnO
氯化法钛渣	86.5	26.0	10.0	0.20	2.0	1.25	0.68	0.16	1.85
酸溶渣	82.0	20.0	10.5	0.10	3.2	1.40	0.65	0.30	1.90

表 12　Namakwa Sands 的钛渣粒度分布

粒度	+850μm	+106μm	−106μm	−75μm
氯化法钛渣	10%	—	5%	2%
酸溶渣	—	20%	80%	55%

2.4　经营情况

截至 2020 年 12 月 31 日，特诺公司产品销售收入比例见图 11。

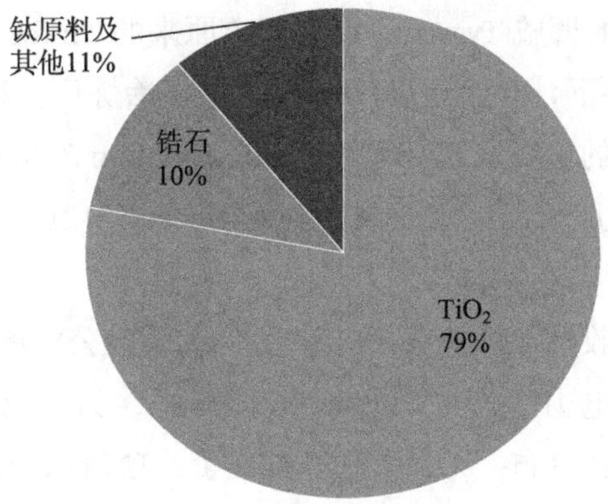

图 11　特诺公司产品销售收入比例

2020 年特诺公司的净销售额为 27.58 亿美元，较 2019 年的 26.42 亿美元增长了 4%。近两年特诺公司各产品销售额见表 13。

表 13　近两年特诺公司各产品销售额

年份	2018	2019	2020
TiO_2 销售额/亿美元	12.30	20.94	21.76
锆石销售额/亿美元	2.93	2.90	2.83
钛原料及其他产品销售额/亿美元	2.59	3.03	2.99
电解产品销售额/亿美元	0.37	—	—
净销总额/亿美元	18.19	26.42	27.58

数据来源：特诺公司年报。

2.5　需求分析

特诺生产的钛渣大部分用于内部公司生产钛白粉，少部分外卖，与钛白厂签有长期供应合同。

2.6　知识产权

特诺的钛渣技术是与 Mintek 公司合作开发的，是世界上第一家采用直流电炉冶炼钛渣的公司。该项技术 Mintek 公司于 1993 年 7 月申请了专利，专利号为 AU657427、ZA1993/05072 等。

2.7　副产品铁利用情况

KZN Sands 矿区的牛铁生产能力为 12 万吨/年，Namakwa Sands 厂的生铁生产能力为 10 万吨/年。

从电炉中出来的铁水排放到铁水罐中，铁水罐容量为 32t，内衬耐火材料，送到喷吹站进行增碳和脱硫处理。在喷吹站向铁水喷吹碳，以增加铁水的碳含量，从 2.5%增加到 4.1%。喷吹碳化钙，以使铁水的硫含量降低到 0.012%，也可加入硅铁到铁水中，以增加硅含量。然后将铁水送到铸锭机中铸成灰铸铁。

3　TiZir 公司（原 Tinfos 钛渣厂）

3.1　公司简介

TiZir 公司是 Mineral Deposits（在澳大利亚证券交易所上市，公司符号为 MDL）与 Eramet Titanium & Iron 各占 50%股份的合资企业，成立于 2011 年，位于英国。该公司包括塞内加尔 Grand Côte 矿砂项目（简称 GCO）和 Eramet 经营的挪威 Tyssedal 钛渣厂（原来的 Tinfos 钛渣厂）。

1983 年，在挪威政府的倡导下，开始建设 Tinfos 钛铁矿冶炼厂。1987 年投产，1988 年，Tinfos 成为了 KS Iliminittsmelteverket AS 的主要股东，即为 Tinfos Titanium & Iron（TTI）公司，从 1995 年到 2001 年，必和必拓持有 TTI 公司少数股份，采用西澳大利亚 Beenup 矿山的原料生产氯化法钛渣，这种关系直到矿山关闭才结束。

2008 年 7 月 30 日，Eramet 收购 TTI 公司 56%的股份，掌控公司的业务和资产。由此，TTI 划分为 2 个子公司，一部分资产从事电力生产（Tinfos-Notodden），另一部分资产从事锰合金及钛渣生产（Eralloys）。2009 年 3 月，Eramet 宣布，董事会已经批准了一项新的协议，根据该协议，公司对 Eralloys 的股份从 56%增持到 94.3%，在 Tinfos-Notodden 的股份从 56%减少到 34%。2009 年 12 月，Eramet 宣布，已签订协议，通过 Eralloy 公司，将其在 Tinfos 国际公司的全部股份出售给 Holta Invest AS。

Tinfos 国际公司是 Tinfos Nizi SA 的母公司整合了之前由 Tinfos 所有的全部贸易业务。Eramet 宣布，Tinfos Nizi 此后继续销售由 Tinfos Titanium & Iron（Eramet 的子公司）生产的高纯度生铁。2010 年 2 月，Tinfos Titanium & Iron 宣布改名为 Eramet Titanium & Iron（ETI）。

2011 年 10 月，Eramet 和 Mineral Deposits（MDL）宣布完成双方的合资交易，整合 ETI 和 MDL 位于塞内加尔的 Grand Côte 矿砂项目。合资企业于 2011 年 10 月 1 日生效，Eramet 和 MDL 各持有合资公司 50%的股份，合资公司并入 TiZir 有限公司的名下。Eramet 以其在 ETI 的 100%的股份和 3000 万美元现金入股 TiZir，MDL 以其在 Grand Côte 矿砂项目中的 90%股份（其他 10%由塞内加尔共和国持有）入股，2018 年，Eramet 收购了 TiZir 100%的股份。2020 年 5 月 Eramet 宣布向特诺出售其挪威拥有的钛铁冶炼业务，交易对价约 3 亿美元，值得注意的是特诺此次仅购买冶炼设施，配套的塞内加尔 Grand Côte 钛矿仍属于 Eramet，但此交易遭到英国竞争和市场管理局（CMA）的否决，目前特诺的收购协议已终止。TiZir 公司的组织机构见图 12。

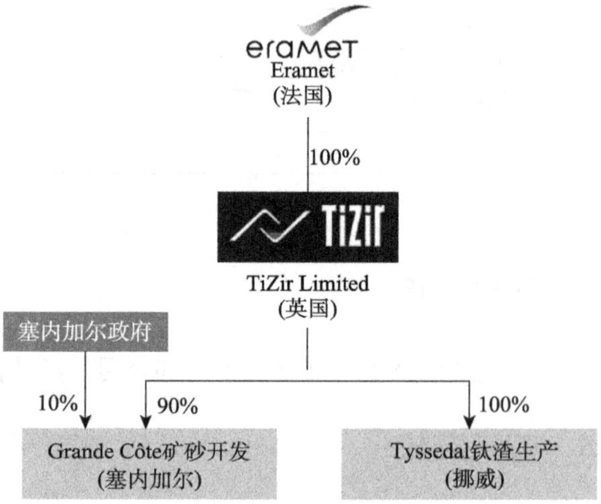

图 12　TiZir 公司的组织机构

Grand Côte 矿砂项目于 2014 年 3 月开始生产钛铁矿。钛渣冶炼厂位于挪威 Tyssedal，靠近 Hardangerfjord 的尽头，距 Bergen 东部 180 km，项目配有挖泥船、重矿物选矿设备、运营的铁路运输线以及发电厂等。

3.2　钛矿资源及生产情况

Grand Côte 矿砂项目处于海岸沙丘地带，沿着海岸线延伸 100 km，占地面积约 446 km^2。矿物中矿泥含量低，几乎没有表土层，该矿体主要包含锆石、钛铁矿、金红石和白钛石，目前该矿山的寿命至少还有 25 年。

根据 2018 年 TiZir 公司更新的 Grand Côte 矿砂项目资源量报告，Grand Côte 矿砂项目资源量 18.47 亿吨，重矿物含量 2620 万吨；储量 17.65 亿吨，重矿物含量 2470 万吨，资源量和储量的重矿物中的钛铁矿品位均为 72%，金红石品位均为 2.5%。Grand Côte 矿砂项目的钛矿资源量和储量见表 14 和表 15。

表 14 Grand Côte 矿砂项目的钛矿资源量以及主要矿物含量

资源类型	资源量/万吨		矿石中重矿物含量/%	重矿物中钛矿物含量/%			
	矿石	重矿物		钛铁矿	金红石	白钛石	锆石
测定	145600	2090	1.4	72	2.5	3.2	10.7
指示	35000	480	1.4	72	2.5	3.2	10.7
推断	4100	50	1.2	72	2.5	3.2	10.7
合计	184700	2620	1.4	72	2.5	3.2	10.7

数据来源：2018 Grande Côte Mineral Resource and Ore Reserve Update。

表 15 Grand Côte 矿砂项目的钛矿储量以及主要矿物含量

储量类型	储量/万吨		矿石中重矿物含量/%	重矿物中钛矿物含量/%			
	矿石	重矿物		钛铁矿	金红石	白钛石	锆石
探明	139200	2020	1.5	72	2.5	3.2	10.7
推定	37300	450	1.2	72	2.5	3.2	10.7
合计	176500	2470	1.4	72	2.5	3.2	10.7

数据来源：2018 Grande Côte Mineral Resource and Ore Reserve Update。

Grand Côte 矿砂项目主要生产品位为 54%～58%的钛铁矿。Grand Côte 矿砂项目生产流程见图 13，近年钛矿产量及销量见表 16。过去 4 年，Grand Côte 矿砂项目钛铁矿产量稳定在 50 万吨左右、金红石

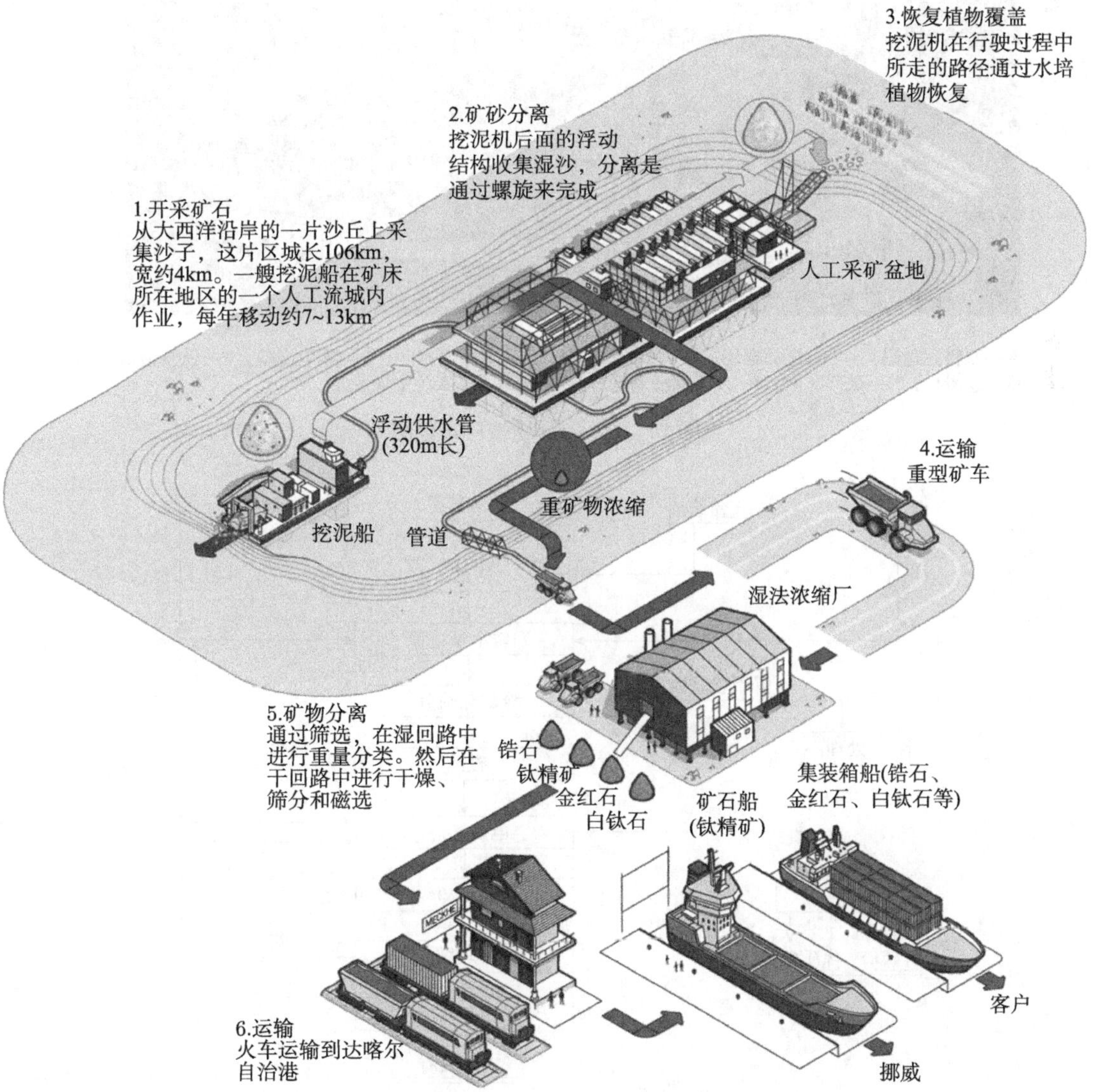

图 13 Grand Côte 矿砂项目生产流程图

表 16 Grand Côte 矿砂项目近年钛矿产量与销售量

产品	产量/t				销量/t			
	2017 年	2018 年	2019 年	2020H1	2017 年	2018 年	2019 年	2020H1
钛铁矿	492441	506938	491602	252248	463876	530693	502202	239004
天然金红石和白钛石	9975	9605	10130	4762	10258	10703	10300	4700

数据来源:TiZir 公司年报。

和白钛石产量稳定在 1 万吨左右，钛铁矿主要运输到挪威的 Tyssedal 钛渣厂生产钛渣，部分用散装船运输到市场上出售。

3.3 钛渣生产情况

3.3.1 钛渣生产工艺

该公司采用“预还原-电炉熔炼”的方法，使用圆形密闭电炉生产酸溶性钛渣，是世界上首家采用“两段法”工艺生产钛渣的工厂，其工厂布置图见图 14，工艺流程见图 15。用皮带运输机将钛铁矿运到钛铁矿贮仓，将钛铁矿制成球团，在回转窑中预还原，预还原后的钛铁矿球团在三相电炉中冶炼，电炉的功率为 33 MVA，铁水沉在电炉底部，钛渣浮在铁水的上面，钛渣从电炉中放出后破碎并筛分，将

A—原料到达码头；B—煤储存场；C—钛铁矿贮仓；D—预还原车间；E—除尘设备；F—钛渣冶炼车间；G—连铸机；H—破碎车间；I—成品钛渣筒仓；J—钛渣装船；K—生铁装船

图 14 Tyssedal 钛渣厂布置图

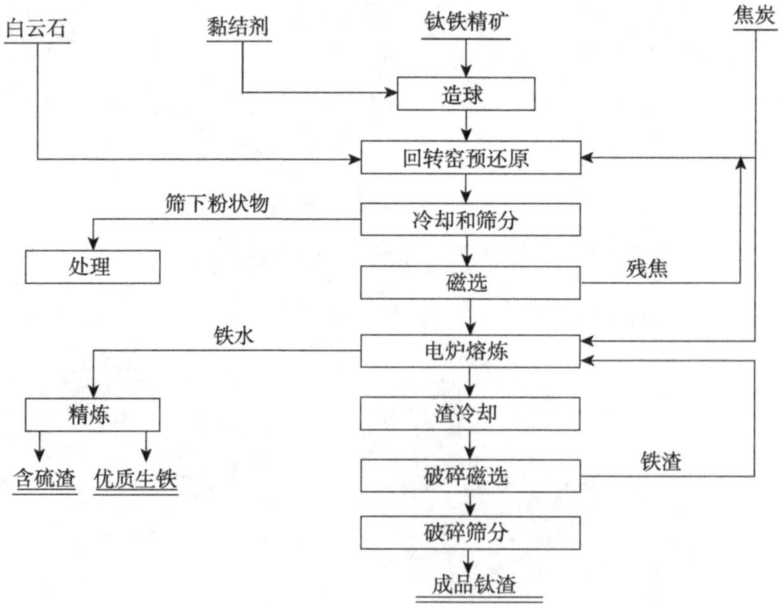

图 15 Tyssedal 钛渣厂工艺流程

成品钛渣储存在5个混凝土筒仓中，筒仓的总容量为43000t，最后销售给硫酸法钛白生产厂。从电炉放出的铁水装入80t铁水包中，精炼后铸成锭。

3.3.2　钛渣产销情况

Tyssedal冶炼钛铁矿生产钛渣，于1986年开始生产，钛渣的TiO_2含量约为80%，目前钛渣生产能力为20万吨/年，生铁生产能力为11万吨/年，该公司近年钛渣和生铁的产量见表17。由表可见，近年公司的钛渣和生铁产量基本保持稳定。

表17　TiZir公司近年钛渣和生铁生产销量　（万吨）

产品	2016年		2017年		2018年		2019年		2020H1	
	产量	销量	产量	销量	产量	销量	产量	销量	产量	销量
钛渣	10.36	12.18	18.12	15.97	18.93	20.14	18.87	17.98	9.81	10.0
高纯生铁	4.25	4.73	7.37	6.55	7.75	7.63	7.42	7.44	4.0	4.83

数据来源：TiZir公司年年报。

3.4　经营情况

TiZir公司的经营收入来自于钛渣和高纯生铁的销售，TiZir公司近年的财务数据对比见表18，由表可见，2014年的销售总额、利润与2013年相比都大幅下降，经营利润下降幅度达到218%。这主要是由于钛渣价格下降，塞内加尔Grand Côte矿砂项目刚投产，采矿及选矿都亏损。2019年TiZir公司的钛渣产量为18.87 万吨，钛渣销售量为17.98万吨。

表18　TiZir公司近年经营情况

年份	2016年	2017年	2018年	2019年	2020H1
销售总额/万美元	16060	22460	32090	31940	15329.9
EBITDA/万美元	2410	6250	10510	11780	4890.8
经营利润/万美元	–1700	2460	5510	6650	2262.9
钛渣销量/万吨	12.18	15.97	20.14	17.98	10.0
高纯生铁销量/万吨	4.73	6.55	7.63	7.44	4.83

数据来源：TiZir公司年报。

3.5　需求分析

Grand Côte矿砂项目品位为54%（TiO_2含量）的钛铁矿供应给挪威的Tyssedal冶炼厂生产钛渣，58%的钛铁矿直接出售给钛白生产厂；挪威冶炼厂生产的钛渣主要销售给欧洲的钛白厂。

3.6　知识产权

TiZir公司的钛渣生产为该公司独创的技术，是世界上首家采用“两段法”工艺生产钛渣的工厂，该公司采用“预还原-电炉熔炼”的方法，使用圆形密闭电炉生产酸溶性钛渣。

3.7　副产品铁的利用情况

从电炉放出的铁水装入80t铁水包中，经过脱硫、脱磷精炼处理后铸成铸铁。生产的铸铁具有硫、磷含量低的特点，用于制造具有高弹性和高拉伸强度的球墨铸件，如风力涡轮机和汽车零件等。

低品位钛渣氯化反应热力学分析

李　亮[1]　李开华[1,2]　朱福兴[1]　邓　攀[3]　盛　卓[1]
马占山[1]　马尚润[1,3]　程晓哲[1]

（1. 攀钢集团研究院有限公司，钒钛资源综合利用国家重点实验室，四川攀枝花 617000；
2. 四川大学材料科学与工程学院，四川成都 610065；
3. 昆明理工大学真空冶金国家工程实验室，云南昆明 650093）

摘　要：碳热氯化法是高钙镁低品位钛资源中提钛的最主要方法之一，为进一步明确在实际应用过程中无碳与有碳的不同条件下对钛的选择性氯化影响，本文以低品位高钙镁钛渣为研究对象，通过计算 M-O-Cl（M= Ti、Fe、Ca、Mg、Si、Al、V 等）体系直接氯化及碳热氯化可能发生的反应热力学，考察在不同条件下钛渣中各组分的行为。结果表明：在 400~1400℃温度范围内，TiO_2 无法与 Cl_2 直接发生反应生成对应 $TiCl_x$(x=2、3、4) 产物；与钛渣中钛组分相比，钙、铁、镁、锰、钒组分碳热氯化反应发生的趋势更大，铝硅杂质更难氯化，实际生产应用中需加入过量的碳，以确保钛组分的高效氯化提取分离和资源化利用效率。

关键词：钛渣；碳热氯化；直接氯化；热力学

Thermodynamic Analysis on Chlorination of Low Grade Titanium Slag

Li Liang[1]　Li Kaihua[1,2]　Zhu Fuxing[1]　Deng Pan[3]　Sheng Zhuo[1]
Ma Zhanshan[1]　Ma Shangrun[1,3]　Cheng Xiaozhe[1]

(1. Pangang Group Research Institute Co., Ltd., State Key Laboratory of Vanadium and Titanium Comprehensive Utilization, Panzhihua 617000, China;
2. College of Materials Science and Engineering, Sichuan University, Chengdu 610065, China;
3. National Engineering Laboratory for Vacuum Metallurgy, Kunming University of Science and Technology, Kunming 650093, China)

Abstract: The carbochlorination is one of the most important methods for titanium extraction from low-grade titanium resources with high calcium and magnesium content. In order to further clarify the influence of different conditions of carbon free and carbon on the selective chlorination of titanium in the actual application process, the thermodynamics analysis of direct chlorination and carbochlorination of M-O-Cl (M= Ti, Fe, Ca, Mg, Si, Al, V, etc.) system were investigated. The results showed that TiO_2 could not react directly with Cl_2 to form corresponding $TiCl_x$(x=2, 3, 4) products in the temperature range of 400~1400 ℃. Compared with titanium components in titanium slag, calcium, iron, magnesium, manganese and vanadium components have a greater tendency of carbochlorination, and aluminum and silicon impurities are more difficult to be chlorinated. Excessive carbon must be added in actual production and application to ensure extraction efficiency of titanium components.

Key words: titanium slag; carbochlorination; direct chlorination; thermodynamics

基金项目：国家自然科学基金资助项目（51874156）。
作者简介：李亮，博士；主要研究方向为：钛提取冶金、钒钛资源综合利用；E-mail: 254324378@qq.com。

1 引言

我国是世界钛资源储量大国，其钛资源探明储量约为世界的 25%，而攀西地区钛资源占全国的 90.5%，因此攀西地区钛资源的高效开发利用对我国钛工业发展意义重大[1]。但攀西地区钛原料中钙镁杂质含量较高，若采用沸腾氯化工艺生产四氯化钛过程易生产沸点高、黏度大的 $MgCl_2$、$CaCl_2$ 副产物，使得流化床发生黏结，破坏反应床[2-4]，因此攀西低品位高钙镁钛渣难以适用于沸腾氯化工艺要求。熔盐氯化法以 NaCl 作为主要反应介质，可大大削弱了 $MgCl_2$、$CaCl_2$ 等高黏度氯化物的不利影响，因而熔盐氯化法成为目前处理高钙镁钛渣的较佳选择。同时在熔盐氯化过程中 NaCl 介质的存在极大地改善了体系的传热效率和热利用率，强化氯化反应过程的进行。但在实际应用过程中易出现熔盐体系欠碳、熔盐黏稠起泡等异常控制技术难题。为了明确其原因并确立优化控制方向，有必要结合钛渣物料的特性进行各组分的选择性氯化趋势及规律研究。

诸多学者对钛渣碳热氯化 Ti-C-O-Cl 体系进行了热力学研究。牛丽萍[5-6]对肯尼亚天然金红石的碳热氯化过程热力学进行了研究，结果表明 C 在固相中过量、体系处于平衡态时，仅有 $TiCl_4$ 和 CO 两个稳定产物。李文兵[7]等对金红石碳热氯化的热力学进行了计算，发现金红石碳热氯化反应随着温度的升高和配碳量的增加，体系中 CO/CO_2 摩尔比值增大。居殿春[8]考察了高钛渣各组分中氧化物碳热氯化反应热力学，发现从热力学角度不能进一步有效降低 SiO_2 的氯化率而减少 $TiCl_4$ 中 Si 含量。邹建新[9]对热氯化过程中各组分的宏观热力学行为进行了计算，建立了不同氧化物在钛渣中的热氯化顺序。然而对于攀西低品位高钙镁钛渣的 M-O-Cl（M= Ti、Fe、Ca、Mg、Si、Al、V 等）、M-C-O-Cl 复杂体系尚无完善的热力学研究报道。本文通过直接氯化与碳热氯化热力学分析，旨在探明低品位钛渣氯化过程中合理配碳的必要性，从而为生产实践提供参考与借鉴。

2 原料的组分及物相

本研究采用我国攀西地区 TiO_2 含量约为 74%的高钙镁钛渣作为研究对象。其组成如表 1 所示。

表 1 低品位高钙镁钛渣的化学成分

Table 1 Chemical composition of titanium slag with high calcium and magnesium from Panxi area

(wt.%)

组分	TiO_2	FeO	SiO_2	MnO	V_2O_5	MgO	CaO	MFe	Al_2O_3	水分
含量/wt.%	73.80	9.01	4.51	1.50	0.12	7.25	1.34	0.76	1.61	0.10

化学组成分析表明：所使用的攀枝花低品位高钙镁钛渣的主要特征在于多金属氧化物共存、TiO_2 含量低（73.8%）、钙镁氧化物杂质含量高（MgO+CaO: 8.56%）；铁氧化物 FeO 含量也偏高（9.01%）；SiO_2、Al_2O_3、MnO 含量分别为 4.51%、1.61%、1.5%，V_2O_5 杂质含量相对较少（0.12%）。图 1 为其物相及微观形貌检测结果。

图 1 所示的 XRD 结果显示：由于杂质钙镁含量较高，钛渣主要物相为黑钛石相（M_3O_5）、金红石 TiO_2。渣中 M_3O_5 型黑钛石主要以铁黑钛石和镁黑钛石存在（$Fe_xTi_yO_5$（$x+y=3$）、$Mg_xTi_yO_5$（$x+y=3$）)，其化学稳定性高[10-11]；且钛、铁氧化物在该体系中存在变价构成。SEM 检测结果显示该类钛渣结晶粒度细，颗粒形貌不规则，且结构极其致密，单体解离困难。基于其组分的复杂性，此类高钙镁含量的钛渣目前在工业上通常将其作为硫酸法钛白的主要原料，作为四氯化钛生产用原料时需特别考虑规避杂质对钛组分的选择性氯化影响。

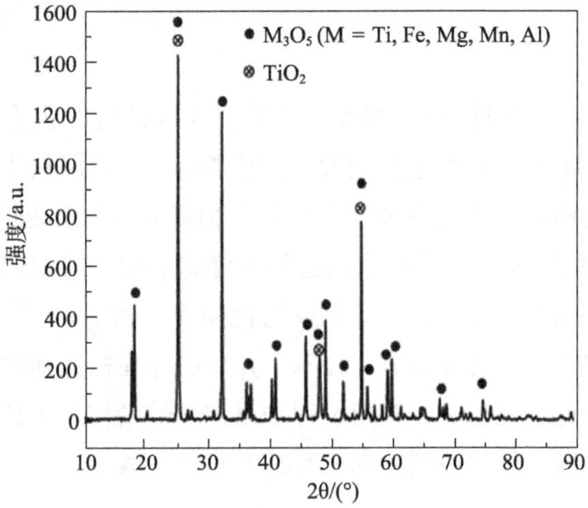

图 1　高钙镁钛渣的 XRD、SEM 图谱

Fig. 1　XRD patterns and SEM image of original titanium slag

3　热力学分析计算方法

欲使钛渣的碳热氯化化学反应顺利进行，首先必须满足热力学这一根本条件。本研究过程中采用物质“吉布斯自由能函数法”，分别考虑在不配碳及配碳条件下，对 M-O-Cl(M=Ti、Fe、Ca、Mg、Si、Al、V 等)体系、M-O-C-C 体系中，钛渣各组分可能发生的反应进行条件热力学研究。

反应吉布斯自由能：

$$\Delta G=\Delta H-T\Delta S=\sum_{B} v_B G_B^{\ominus}\ (\text{生成物})-\sum_{B} v_B G_B^{\ominus}\ (\text{反应物}) \qquad (1)$$

式中，G 是吉布斯自由能，单位为 kJ/mol；H 是焓，单位为 kJ/mol；T 是绝对温度，单位为 K；S 是熵，单位为 J/(mol·K)。

通过比较计算不同反应的标准吉布斯自由能值大小确立反应进行及不同产物存在的可能性。

4　结果与讨论

4.1　低品位钛渣直接氯化反应热力学

低品位钛渣中钛、铁、钙、镁、硅、铝等主要以氧化物及其镶嵌共生的固溶体的形式存在。结合低品位钛渣的特性同时考虑热力学计算所需相关基础数据的实际，M (M=Ti、Fe、Ca、Mg、Si、Al、V)-O-Cl 体系在没有添加还原剂 C 的前提下，钛渣中氧化物与氯气直接发生的 31 个可能反应如表 2 所示。

在 400~1400℃的温度范围内计算各反应过程的 Gibbs 自由能值随温度的变化。计算过程中假设所涉及的反应体系相互独立，反应过程以消耗 1mol Cl_2 为基准进行对比分析。计算所得的标准吉布斯自由能与温度间的变化关系如图 2~图 5 所示。其中图 2 所示计算结果主要汇集考察 TiO_2(s)、Ti_4O_7(s)、Ti_3O_5(s)、Ti_2O_3(s)、TiO(s)直接与 1molCl_2 反应生成 $TiCl_4$(g)、$TiCl_3$(g)、$TiCl_2$(g)的可能性。图 3 所示计算结果主要汇集考察 Fe_2TiO_5、$MgTiO_3$、CaO·TiO_2 等黑钛石中含钛固溶体的直接氯化可能性。图 4 所示计算结果主要考察 Fe_2O_3、Fe_3O_4、FeO、Fe 的直接氯化行为。图 5 所示计算结果主要考察 CaO、MgO、SiO_2、Al_2O_3、MnO、V_2O_5 的直接氯化反应发生的可能性。

表 2　M (M=Ti、Fe、Ca、Mg、Si、Al、V)-O-Cl 体系可能化学反应

Table 2　Possible chemical reactions of M (M=Ti, Fe, Ca, Mg, Si, Al, V)-O-Cl system

化学反应	序号	化学反应	序号
$1/2TiO_2+Cl_2(g) = 1/2TiCl_4(g) +1/2O_2(g)$	R-1	$FeTi_2O_5 + Cl_2(g) = FeCl_2(l) + 2TiO_2 + 1/2O_2(g)$	R-17
$1/8Ti_4O_7+Cl_2(g) =1/2TiCl_4(g) +7/16O_2(g)$	R-2	$MgTiO_3 + Cl_2(g) = MgCl_2(l) + TiO_2 + 1/2O_2(g)$	R-18
$1/6Ti_3O_5+Cl_2(g) =1/2TiCl_4(g) +5/12O_2(g)$	R-3	$CaO{\cdot}TiO_2 + Cl_2(g) = CaCl_2(l) + TiO_2 + 1/2O_2(g)$	R-19
$1/4Ti_2O_3+Cl_2(g) =1/2TiCl_4(g) +3/8O_2(g)$	R-4	$1/3Fe_2O_3+Cl_2(g)= 2/3FeCl_3(g)+1/2O_2(g)$	R-20
$1/2TiO+Cl_2(g) =1/2TiCl_4(g) +1/4O_2(g)$	R-5	$2/9Fe_3O_4+ Cl_2(g)= 2/3FeCl_3(g)+ 4/9O_2(g)$	R-21
$Ti_4O_7 + Cl_2(g) = 1/2TiCl_4(g) + 7/2TiO_2$	R-6	$1/3Fe_3O_4+ Cl_2(g)= FeCl_2(l)+ 2/3O_2(g)$	R-22
$Ti_3O_5+Cl_2(g) =1/2TiCl_4(g)+5/2TiO_2$	R-7	$FeO+ Cl_2(g)= FeCl_2(l)+1/2O_2(g)$	R-23
$Ti_2O_3+Cl_2(g) =1/2TiCl_4(g)+3/2TiO_2$	R-8	$Fe+ Cl_2(g)= FeCl_2(l)$	R-24
$TiO+Cl_2(g) =1/2TiCl_4(g)+1/2TiO_2$	R-9	$CaO+Cl_2(g) = CaCl_2(l) +1/2O_2(g)$	R-25
$2/3TiO_2 + Cl_2(g) = 2/3TiCl_3(g) + 2/3O_2(g)$	R-10	$MgO+Cl_2(g) = MgCl_2(l) +1/2O_2(g)$	R-26
$1/2TiO_2+Cl_2(g) = 1/2TiCl_2(g) +1/2O_2(g)$	R-11	$1/2SiO_2 +Cl_2(g) = 1/2SiCl_4(l) +1/2O_2(g)$	R-27
$1/3Fe_2TiO_5 + Cl_2(g) = 2/3FeCl_3(g) + 1/3TiO_2 + 1/2O_2(g)$	R-12	$1/3Al_2O_3+Cl_2(g)=2/3AlCl_3(g)+1/2O_2(g)$	R-28
$1/2Fe_2TiO_5 + Cl_2(g) = FeCl_2(l) + 1/2TiO_2 + 3/4O_2(g)$	R-13	$MnO+Cl_2(g)=MnCl_2(g)+1/2O_2(g)$	R-29
$2/3FeTiO_3 + Cl_2(g) = 2/3FeCl_3(g) + 2/3TiO_2 + 1/3O_2(g)$	R-14	$1/3V_2O_5+Cl_2(g)=2/3VOCl_3(g)+1/2O_2(g)$	R-30
$2/3FeTi_2O_5 + Cl_2(g) = 2/3FeCl_3(g) + 4/3TiO_2 + 1/3O_2(g)$	R-15	$1/4V_2O_5+Cl_2(g)=1/2VCl_4(g)+5/8O_2(g)$	R-31
$FeTiO_3 + Cl_2(g) = FeCl_2(l) + TiO_2 + 1/2O_2(g)$	R-16		

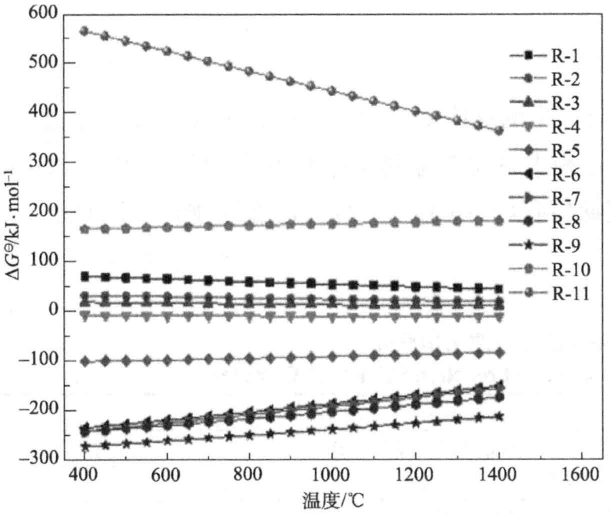

图 2　反应 R-1~ R-11 标准吉布斯自由能

Fig. 2　$\Delta G^{\ominus}$ of Reactions R-1~R-11

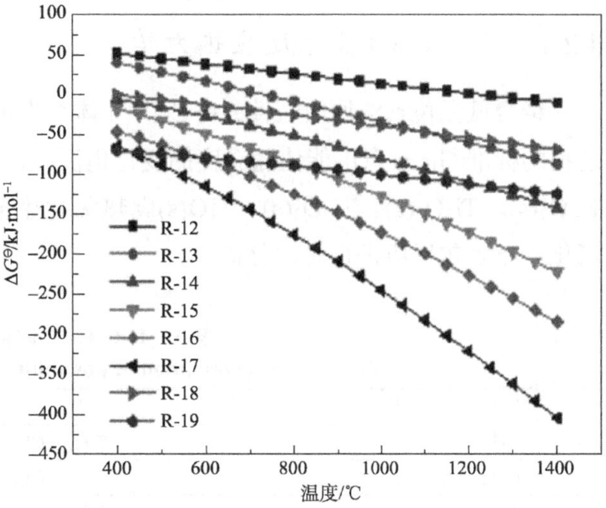

图 3　反应 R-12~ R-19 标准吉布斯自由能

Fig. 3　$\Delta G^{\ominus}$ of Reactions R-12~R-19

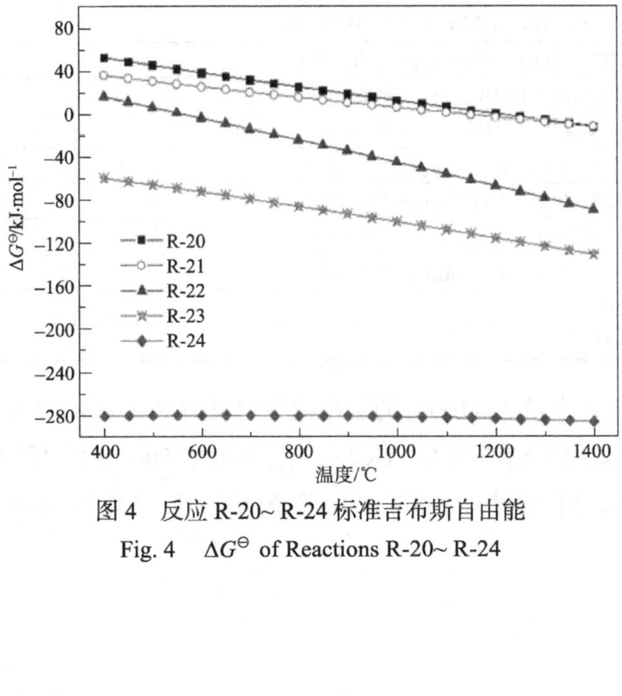

图 4　反应 R-20~ R-24 标准吉布斯自由能

Fig. 4　$\Delta G^{\ominus}$ of Reactions R-20~ R-24

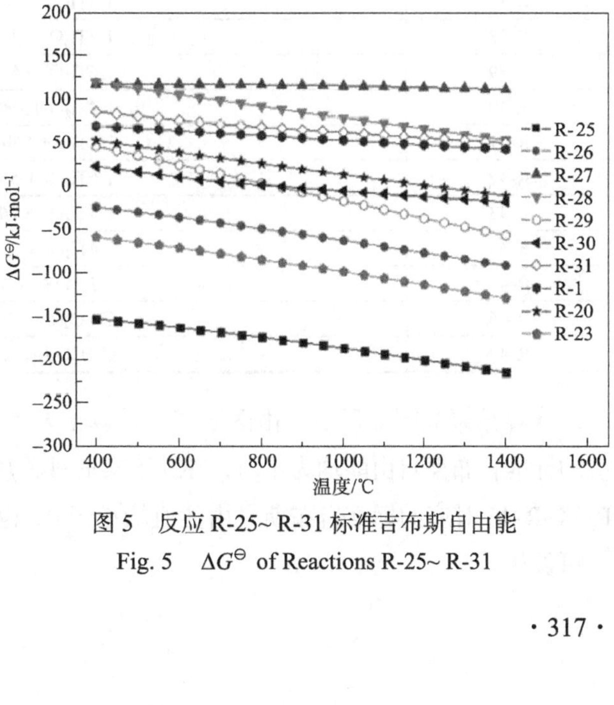

图 5　反应 R-25~ R-31 标准吉布斯自由能

Fig. 5　$\Delta G^{\ominus}$ of Reactions R-25~ R-31

结果显示，在体系无碳条件下，当温度为 400~1400℃，TiO_2 与 Cl_2 直接氯化反应生成 $TiCl_4$ 的标准吉布斯自由能值为 70.2~42.9kJ/mol，表明 TiO_2 无法与 Cl_2 发生反应生成对应 $TiCl_x$(x=2、3、4)产物。但随着钛氧化物中钛的价态逐步降低，低价态的钛氧化物 Ti_4O_7(s)、Ti_2O_3(s)、TiO(s)可直接与氯气反应生成 $TiCl_4$(g)的趋势增大，反应顺序为 TiO>Ti_2O_3>Ti_3O_5>Ti_4O_7，然而副产物中仍有 TiO_2 生成；因此，仍不能达到直接氯化制备 $TiCl_4$ 的目的。

与此同时，$FeTi_2O_5$、$MgTiO_3$、CaO·TiO_2 与 Cl_2 直接反应时能够将其组分中的非钛组元进行氯化生成对应的 $FeCl_3$、$FeCl_2$、$MgCl_2$、$CaCl_2$ 氯化物，但钛组分仍以产物 TiO_2 形式存在，该结果预示了 Cl_2 可以直接将黑钛石中的 Fe、Ca、Mg 组分优先氯化，且其氯化顺序为 $FeTi_2O_5$>$FeTiO_3$>CaO·TiO_2>$MgTiO_3$。Fe_2O_3 不能直接被氯化，但 Fe_3O_4、FeO、Fe 均能与 Cl_2 直接发生反应生成 $FeCl_2$，然而却无法反应生成 $FeCl_3$，其中氯化反应发生的趋势为 Fe>FeO>Fe_3O_4。CaO、MgO 能够在选定的实验温度条件下进行氯化生成对应的 $CaCl_2$、$MgCl_2$ 产物，且 CaO 的直接氯化趋势更大；SiO_2、Al_2O_3、MnO、V_2O_5 则无法与 Cl_2 直接发生反应。

4.2 低品位钛渣加碳氯化反应热力学

4.2.1 Ti-C-O-Cl 体系反应热力学

结合低品位钛渣原料特性，Ti-C-O-Cl 体系中可能发生的反应 R-32~R-47 见表 3，计算碳热氯化反应过程的标准 Gibbs 自由能值随温度的变化情况。计算过程中主要考虑金红石 TiO_2、低价钛氧化物 TiO_2(s)、Ti_4O_7(s)、Ti_3O_5(s)、Ti_2O_3(s)、TiO(s)碳热氯化生成钛氯化物 $TiCl_4$(g)、$TiCl_2$(g)的可能性，同时与 C 的氧化、布多尔反应进行对比分析。

表 3 Ti-C-O-Cl 体系中可能发生的化学反应

Table 3 Determination of possibility of chemical reaction in Ti-C-O-Cl system

序号	化学反应
R-32	$TiO_2 + Cl_2(g) + 1/2C = TiCl_2O(g) + 1/2CO_2(g)$
R-33	$TiO_2 + Cl_2(g) + C = TiCl_2(g) + CO_2(g)$
R-34	$2TiO_2 + Cl_2(g) + C = 2TiClO + CO_2(g)$
R-35	$2/3TiO_2 + Cl_2(g) + 2/3C = 2/3TiCl_3(g) + 2/3CO_2(g)$
R-36	$1/2TiO_2 + Cl_2(g) + C = 1/2TiCl_4 + CO(g)$
R-37	$1/2TiO_2 + Cl_2(g) + C = 1/2TiCl_4(g) + CO_2(g)$
R-38	$1/8Ti_4O_7 + 7/16C + Cl_2(g) = 1/2TiCl_4(g) + 7/16CO_2(g)$
R-39	$1/6Ti_3O_5 + 5/12C + Cl_2(g) = 1/2TiCl_4(g) + 5/12CO_2(g)$
R-40	$1/4Ti_2O_3+3/8C+Cl_2(g) = 1/2TiCl_4(g) + 3/8CO_2(g)$
R-41	$1/2TiO + 1/4C + Cl_2(g) = 1/2TiCl_4(g) +1/4CO_2(g)$
R-42	$1/6Ti_3O_5 + 5/6C + Cl_2(g) = 1/2TiCl_4(g) + 5/6CO(g)$
R-43	$1/8Ti_4O_7 + 7/8C + Cl_2(g) = 1/2TiCl_4(g) + 7/8CO(g)$
R-44	$1/4Ti_2O_3 + 3/4C +Cl_2(g) = 1/2TiCl_4(g) + 3/4CO(g)$
R-45	$1/2TiO + 1/2C + Cl_2(g) = 1/2TiCl_4(g) +1/2 CO(g)$
R-46	$C +O_2(g)= CO_2(g)$
R-47	$C +CO_2(g)= 2CO(g)$

计算结果如图 6 所示。由图 6 所示计算结果可知，在低于 1100℃的温度范围内反应 R-32、R-33 对应的标准吉布斯自由能均为正值，TiO_2 不会通过碳热氯化生成 $TiOCl_2$、$TiCl_2$；当温度低于 800℃时，反应 R-34~R-46 对应的标准吉布斯自由能值均小于 0，也即在温度小于 800℃的实验条件下，反应 R-34~R-46 均可发生。

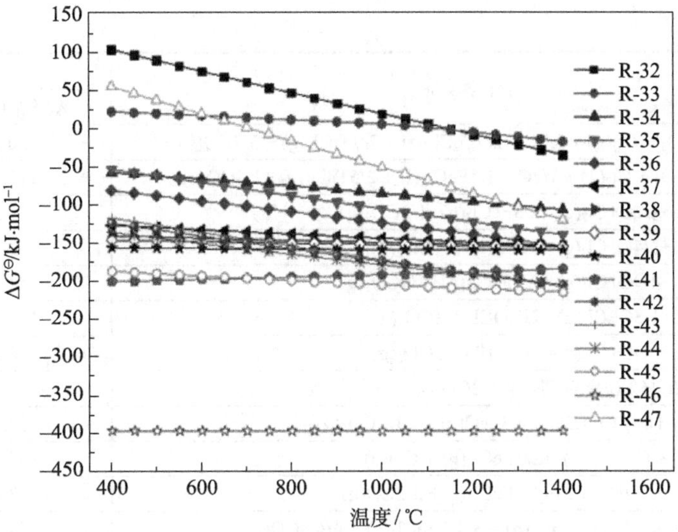

图 6　反应 R-32~ R-47 标准吉布斯自由能

Fig. 6　$\Delta G^{\ominus}$ of Reactions R-32~ R-47

但值得注意的是，随着温度的升高各反应对应的$\Delta G^{\ominus}$值呈降低趋势，表明升高温度有利于钛氧化物的碳热氯化反应进行。在有碳的情况下，钛的低价氧化物将优先发生氯化，其顺序为：TiO>Ti_2O_3>Ti_3O_5>Ti_4O_7>TiO_2，对应的生成产物为 $TiCl_4$、CO_2、CO、TiClO、$TiCl_3$，且 TiO_2 在低于 800℃时更易生成 CO_2，Ti_3O_5、Ti_4O_7 碳热氯化生成 CO_2、CO 趋势相当，但 C 与产物 CO_2 继续反应生成 CO 的趋势并不明显，因此体系中主要以 CO_2 而非 CO 产物为主；当温度大于 1000℃时，体系中受布多尔反应的影响，CO_2 几乎全部转化为 CO。因此，Ti-C-O-Cl 体系中主要发生的化学反应为 R-37、R-46。且碳燃烧反应的趋势大于钛氧化物的碳热氯化趋势，在实际应用过程入炉氯气中含有部分氧气，因此需考虑适度增加配碳系数，避免体系欠碳操作。

4.2.2　Fe-Ti-C-O-Cl 体系反应热力学

表 4 列出了黑钛石中 Fe-Ti-C-O-Cl 体系可能发生的化学反应，依据所列碳热氯化反应，同时选择常规熔盐氯化体系操控温度 700~800℃进行热力学计算所得$\Delta G^{\ominus}$结果对比。

表 4　Fe-Ti-C-O-Cl 体系中可能发生的化学反应

Table 4　Determination of possibility of chemical reaction in Fe-Ti-C-O-Cl system

序号	化学反应	700℃ $\Delta G^{\ominus}$/kJ·mol^{-1}	800℃ $\Delta G^{\ominus}$/kJ·mol^{-1}
R-48	$1/3Fe_2TiO_5 + Cl_2(g) + 1/2C = 2/3FeCl_3(g) + 1/3TiO_2 + 1/2CO_2(g)$	–164.887	–171.244
R-49	$2/3FeTiO_3 + Cl_2(g) + 1/3C = 2/3FeCl_3(g) + 2/3TiO_2 + 1/3CO_2(g)$	–169.864	–182.652
R-50	$2/3FeTi_2O_5 + Cl_2(g) + 1/3C = 2/3FeCl_3(g) + 4/3TiO_2 + 1/3CO_2(g)$	–197.605	–216.656
R-51	$1/2Fe_2TiO_5 + Cl_2(g) + 3/4C = FeCl_2(l) + 1/2TiO_2 + 3/4CO_2(g)$	–292.006	–304.550
R-52	$FeTiO_3 + Cl_2(g) + 1/2C = FeCl_2(l) + TiO_2 + 1/2CO_2(g)$	–299.471	–321.661
R-53	$FeTi_2O_5 + Cl_2(g) + 1/2C = FeCl_2(l) + 2TiO_2 + 1/2CO_2(g)$	–341.083	–372.667
R-54	$1/5Fe_2TiO_5 + Cl_2(g) + 1/2C = 2/5FeCl_3(g) + 1/5TiCl_4(g) + 1/2CO_2(g)$	–153.457	–158.407
R-55	$2/7FeTiO_3 + Cl_2(g) + 3/7C = 2/7FeCl_3(g) + 2/7TiCl_4(g) + 3/7CO_2(g)$	–150.690	–157.795
R-56	$2/11FeTi_2O_5+Cl_2(g)+5/11C = 2/11FeCl_3(g)+4/11TiCl_4(g)+5/11CO_2(g)$	–153.027	–160.289
R-57	$1/5FeTi_2O_5 + Cl_2(g) + 1/2C = 1/5FeCl_2(l) + 2/5TiCl_4(g) + 1/2CO_2(g)$	–177.265	–185.855
R-58	$1/3FeTiO_3 + Cl_2(g) + 1/2C = 1/3FeCl_2(l) + 1/3TiCl_4(g) + 1/2CO_2(g)$	–190.697	–199.988
R-59	$1/4Fe_2TiO_5 + Cl_2(g) + 5/8C = 1/2FeCl_2(l) + 1/4TiCl_4(g) + 5/8CO_2(g)$	–214.159	–221.851
R-60	$1/2Fe_2TiO_5 + Cl_2(g) + 3/2C = FeCl_2(l) + 1/2TiO_2 + 3/2CO(g)$	–292.018	–317.695
R-61	$1/4Fe_2TiO_5 + Cl_2(g) + 5/4C = 1/2FeCl_2(l) + 1/4TiCl_4(g) + 5/4CO(g)$	–214.168	–232.805

续表 4

序号	化学反应	700℃	800℃
		$\Delta G^{\ominus}$/kJ·mol^{-1}	$\Delta G^{\ominus}$/kJ·mol^{-1}
R-62	$2/7FeTiO_3 + Cl_2(g) + 3/7C = 2/7FeCl_3(g) + 2/7TiCl_4(g) + 3/7CO(g)$	–150.697	–165.306
R-63	$1/5FeTi_2O_5 + Cl_2(g) + 1/2C = 1/5FeCl_2(l) + 2/5TiCl_4(g) + 1/2CO(g)$	–177.273	–194.618
R-64	$1/3Fe_2O_3+1/2C+Cl_2(g)= 2/3FeCl_3(g)+1/2CO_2(g)$	–165.313	–171.838
R-65	$1/2Fe_2O_3+3/4C+Cl_2(g)= FeCl_2(l)+3/4CO_2(g)$	–292.645	–305.441
R-66	$2/9Fe_3O_4+4/9C+Cl_2(g)= 2/3FeCl_3(g)+4/9CO_2(g)$	–154.711	–159.577
R-67	$2/3Fe_3O_4+1/3C+Cl_2(g)= 2FeOCl+1/3CO_2(g)$	–121.147	–112.849
R-68	$1/3Fe_3O_4+2/3C+Cl_2(g)= FeCl_2(l)+2/3CO_2(g)$	–276.742	–287.048
R-69	$FeO+1/2C+Cl_2(g)= FeCl_2(l)+1/2CO_2(g)$	–275.824	–282.779
R-70	$2/3FeO + Cl_2(g) + 1/3C = 2/3FeCl_3(g) + 1/3CO_2(g)$	–154.099	–156.730
R-71	$1/3Fe_2O_3 + C + Cl_2(g) = 2/3FeCl_3(g) + CO(g)$	–165.320	–180.602
R-72	$1/2Fe_2O_3 + 3/2C + Cl_2(g) = FeCl_2(l) + 3/2CO(g)$	–292.656	–318.586
R-73	$1/4.5Fe_3O_4 + 4/4.5C + Cl_2(g) = 3/4.5FeCl_3(g) + 4/4.5CO(g)$	–154.718	–167.366
R-74	$1/3Fe_3O_4 + 4/3C + Cl_2(g) = FeCl_2(l) + 4/3CO(g)$	–276.752	–298.733
R-75	$FeO + C + Cl_2(g) = FeCl_2(l) + CO(g)$	–275.832	–291.542
R-76	$FeO+1/2C+Cl_2(g)= FeCl_3(l)+1/2CO(g)$	–196.368	–205.333

对比发现，除反应 R-67 不易发生外，铁氧化物将优先 TiO_2 发生碳热氯化反应，铁的变价氧化物在加碳情况下均能被氯化生成 $FeCl_3$、$FeCl_2$ 产物，在 700~800℃范围内其反应次序为：Fe_2O_3>Fe_3O_4>FeO>TiO_2；同时，在 700℃前，Fe-Ti-C-O-Cl 体系中在铁氧化物碳热氯化后生成 CO_2 的趋势明显强于 CO，但当反应温度升高至 800℃以后，体系中则以 CO 为主。在实际应用过程中，黑钛石固溶体中的钛、铁氧化物组分在反应前期将同时发生氯化反应，但由于钛氧化物组分含量远高于铁氧化物组分含量，在反应后期，铁氧化物组分氯化完后产生的 TiO_2 继续氯化生成 $TiCl_4$。因此，反应以 R-51、R-53、R-56、R-59、R-60、R-61 为主，采用低品位钛渣进行碳热氯化时，若想要获得较纯净的 $TiCl_4$ 产品，需考虑 $FeCl_3$、$FeCl_2$ 杂质副产物的分离问题。

4.2.3 Mg-Ti-C-O-Cl 体系反应热力学

表 5 所示为配碳时，Mg-Ti-C-O-Cl 体系中可能发生的化学反应与标准吉布斯自由能计算结果。结合表 5 所列结果，随着温度的增加，含镁氧化物的碳热氯化趋势逐步增大，且优先于 TiO_2 发生碳热氯化，MgO 较 $MgTi_2O_5$、$MgTiO_3$ 更易氯化生成 $MgCl_2$。考虑低品位钛渣中镁杂质主要赋存在黑钛石 M_3O_5 中，含镁杂质氧化物主要以 $MgTi_2O_5$ 形式存在，700~800℃区间内主要发生的反应为 R-77、R-78、R-83、R-84；然而，在对钛渣中钛组分选择性氯化的同时，镁氧化物组分将同时且优先被氯化。因此，在实际应用过程中需要重点考虑 $MgCl_2$ 杂质副产物的走向与分离问题。

表 5　Mg-Ti-C-O-Cl 体系中可能发生的化学反应
Table 5　Determination of possibility of chemical reaction in Mg-Ti-C-O-Cl system

序号	化学反应	700℃	800℃
		$\Delta G^{\ominus}$/kJ·mol^{-1}	$\Delta G^{\ominus}$/kJ·mol^{-1}
R-77	$1/5MgTi_2O_5 +Cl_2(g) + C =1/5MgCl_2(l) + 2/5TiCl_4(g) + CO(g)$	–152.063	–164.291
R-78	$1/5MgTi_2O_5 + Cl_2(g) + 1/2C = 1/5MgCl_2(l) + 2/5TiCl_4(g) + 1/2CO_2(g)$	–152.055	–155.528
R-79	$1/3MgTiO_3 + Cl_2(g) + C = 1/3MgCl_2(l) + 1/3TiCl_4(g) + CO(g)$	–162.914	–175.815
R-80	$MgTiO_3 + Cl_2(g) + C = MgCl_2(l) + TiO_2 + CO(g)$	–216.104	–231.615
R-81	$1/3MgTiO_3 + Cl_2(g) + 1/2C = 1/3MgCl_2(l) + 1/3TiCl_4(g) + 1/2CO_2(g)$	–162.906	–167.052
R-82	$MgTiO_3 + Cl_2(g) + 1/2C = MgCl_2(l) + TiO_2 + 1/2CO_2(g)$	–216.096	–222.852
R-83	$MgO+C+Cl_2(g)=MgCl_2(l) +CO(g)$	–240.077	–255.502
R-84	$MgO+1/2C+Cl_2(g) = MgCl_2(l) +1/2CO_2(g)$	–240.070	–246.739
R-85	$MgO+CO(g)+Cl_2(g)=MgCl_2(l) +CO_2(g)$	–240.062	–237.976

4.2.4 Ca-Ti-C-O-Cl 体系反应热力学

表 6 所示为配碳条件下 Ca-Ti-C-O-Cl 体系中可能发生的化学反应及对应的标准吉布斯自由能计算结果。结合表 6 所列结果，低品位钛渣中的钙氧化物将优先于 TiO_2 发生碳热氯化反应生成 $CaCl_2$，反应趋势为：CaO>$CaTiO_3$ ($CaO\cdot TiO_2$)>TiO_2；且在温度大于 700℃条件下，CaO 碳热反应产物中生成 CO 的趋势大于生成 CO_2 的趋势。由于低品位钛渣中 Ca 组元主要集中在黑钛石和玻璃相中，因此在实际氯化过程中反应 R-86~R-91 均会发生，但以 R-86、R-87 为主。

表 6 Ca-Ti-C-O-Cl 体系中可能发生的化学反应

Table 6 Determination of possibility of chemical reaction in Ca-Ti-C-O-Cl system

序号	化学反应	700℃	800℃
		$\Delta G^{\ominus}$/kJ·mol^{-1}	$\Delta G^{\ominus}$/kJ·mol^{-1}
R-86	$1/3CaO\cdot TiO_2 + Cl_2(g) + C = 1/3CaCl_2(l) + 1/3TiCl_4(g) + CO(g)$	–184.442	–196.846
R-87	$1/3CaO\cdot TiO_2 + Cl_2(g) + 1/2C = 1/3CaCl_2(l) + 1/3TiCl_4(g) + 1/2CO_2(g)$	–184.434	–188.083
R-88	$CaO\cdot TiO_2 + Cl_2(g) + C = CaCl_2(l) + TiO_2 + CO(g)$	–280.688	–294.707
R-89	$CaO\cdot TiO_2 + Cl_2(g) + 1/2C = CaCl_2(l) + TiO_2 + 1/2CO_2(g)$	–280.681	–285.944
R-90	$CaO + Cl_2(g) + C = CaCl_2(l) + CO(g)$	–366.990	–381.650
R-91	$CaO + Cl_2(g) + C = CaCl_2(l) + CO_2(g)$	–366.982	–372.887

4.2.5 Al-Si-C-O-Cl 体系反应热力学

表 7 所示为 Al-Si-C-O-Cl 体系中可能发生的化学反应及其对应的吉布斯自由计算结果。结果显示：在 800℃时 SiO_2 碳热氯化反应 R-93 对应的 $\Delta G^{\ominus}$值（–108.742kJ/mol）仍低于 TiO_2 碳热氯化反应 R-36 的 $\Delta G^{\ominus}$值（–110.098kJ/mol），TiO_2 优先于 SiO_2 氯化；Al-Si-C-O-Cl 体系在碳热氯化过程中主要发生的反应为 R-92、R-93、R-100、R-101，反应后产物主要为 $AlCl_3$、$SiCl_4$、CO_2 与 CO。

表 7 Al-Si-C-O-Cl 体系中可能发生的化学反应

Table 7 Determination of possibility of chemical reaction in Al-Si-C-O-Cl system

序号	化学反应	700℃	800℃
		$\Delta G^{\ominus}$/kJ·mol^{-1}	$\Delta G^{\ominus}$/kJ·mol^{-1}
R-92	$1/2SiO_2 + Cl_2(g) + 1/2C = 1/2SiCl_4(g) + 1/2CO_2(g)$	–97.575	–99.979
R-93	$1/2SiO_2+Cl_2(g)+C=1/2SiCl_4(g) +CO(g)$	–97.583	–108.742
R-94	$1/3Al_2O_3\cdot SiO_2+ Cl_2(g) + C(g) = 1/3SiO_2 + 2/3AlCl_3(g) + CO(g)$	–631.661	–631.729
R-95	$1/3Al_2O_3\cdot SiO_2+ Cl_2(g)+ 1/2C=1/3SiO_2 +2/3AlCl_3(g) + 1/2CO_2(g)$	–66.725	–73.917
R-96	$1/5Al_2O_3\cdot SiO_2+ Cl_2(g)+ C=1/5SiCl_4(g) +2/5AlCl_3(g)+CO(g)$	–79.073	–93.105
R-97	$1/5Al_2O_3\cdot SiO_2+ Cl_2(g)+1/2C= 1/5SiCl_4(g) +2/5AlCl_3(g)+1/2CO_2(g)$	–79.065	–84.342
R-98	$Al_2O_3 + Cl_2(g) + 3C = 2AlCl(g) + 3CO(g)$	511.597	438.948
R-99	$1/2Al_2O_3 + Cl_2(g) + 3/2C =AlCl_2(g) + 3/2CO(g)$	74.936	43.517
R-100	$1/3Al_2O_3+ Cl_2(g)+C= 2/3AlCl_3(g) +CO(g)$	–98.130	–113.705
R-101	$1/3Al_2O_3+Cl_2(g)+1/2C= 2/3AlCl_3(g) +1/2CO_2(g)$	–98.123	–104.942
R-102	$Al_2O_3 + Cl_2(g) + C = 2AlClO + CO(g)$	–48.111	–49.004
R-103	$Al_2O_3 + Cl_2(g) + 1/2C = 2AlClO + 1/2CO_2(g)$	–48.104	–40.241
R-104	$AlOCl +Cl_2(g) + 1/2C = AlCl_3 + 1/2CO_2(g)$	–95.840	–100.033
R-105	$AlClO + Cl_2(g) + C = AlCl_3(g) + CO (g)$	–123.140	–146.056

4.2.6 Mn/V-C-O-Cl 体系反应热力学

表 8 所列为 Mn/V-C-O-Cl 体系中可能发生的化学反应，及其在 700~800℃条件下其对应的标准吉布斯自由能。结果表明低品位钛渣中存在的少量锰、钒氧化物杂质在加碳情况下氯化趋势较大，对应生成的氯化物分别为 $MnCl_2$、$VOCl_2$、$VOCl_3$、VCl_4。而对比 TiO_2 碳热氯化反应（R-36、R-37）可知，反应 R-106~R-112 对应的 $\Delta G^{\ominus}$ 值均更负，表明 MnO、V_2O_5 均优先于 TiO_2 而氯化，粗四氯化钛中的钒杂质主要以呈黄色的 $VOCl_3$ 形式存在。

表 8 Mn/V-C-O-Cl 体系中可能发生的化学反应

Table 8 Determination of possibility of chemical reaction in Mn/V-C-O-Cl system

序号	化学反应	700℃	800℃
		$\Delta G^{\ominus}$/kJ·mol^{-1}	$\Delta G^{\ominus}$/kJ·mol^{-1}
R-106	$MnO + Cl_2(g) + 1/2C = MnCl_2 + 1/2CO_2(g)$	–183.616	–194.169
R-107	$MnO + Cl_2(g) + C = MnCl_2 + 1/2CO(g)$	–183.623	–202.932
R-108	$1/2V_2O_5 + Cl_2(g) + 3/4C = VOCl_2 + 3/4CO_2(g)$	–233.775	–246.664
R-109	$1/3V_2O_5 + Cl_2(g) + C = 2/3VOCl_3(g) + 1/2CO_2(g)$	–192.685	–196.382
R-110	$1/4V_2O_5 + Cl_2(g) + C = 1/2VCl_4(g) + 5/8CO_2(g)$	–175.357	–178.746
R-111	$1/3V_2O_5 + Cl_2(g) + C = 2/3VOCl_3(g) + 1/2CO(g)$	–192.693	–205.145
R-112	$1/4V_2O_5 + Cl_2(g) + C = 1/2VCl_4(g) + 5/8CO(g)$	–175.367	–189.700

4.3 低品位钛渣碳热氯化产物的判断

综合 Ti-C-O-Cl 体系、Fe-Ti-C-O-Cl 体系、Mg-Ti-C-O-Cl 体系、Ca-Ti-C-O-Cl 体系、Al-Si-C-O-Cl 体系、Mn/V-C-O-Cl 体系中可能发生的化学反应，以及对应的标准吉布斯自由能与温度关系计算结果的对比分析，可确立 M-O-Cl (M= Ti、Fe、Ca、Mg、Si、Al、V)体系发生的主要反应，结果列于表 9 中，各反应在 700℃对应的反应顺序及 lg*K* 值也一并列于表 9 中。

表 9 M-C-O-Cl 体系主要化学反应及产物

Table 9 Main chemical reactions and products in M-C-O-Cl system

700℃-反应顺序	反应编号	反应物	主体产物	700℃-lg*K*	700℃-反应顺序	反应编号	反应物	主体产物	700℃-lg*K*
1	R-46	C、O_2	CO_2	21.2	14	R-109	V_2O_5	$VOCl_3$、CO_2	10.3
2	R-90	CaO	$CaCl_2$、CO	19.7	15	R-86	CaO·TiO_2	$CaCl_2$、$TiCl_4$、 CO	9.9
3	R-91	CaO	$CaCl_2$、CO_2	19.7	16	R-87	CaO·TiO_2	$CaCl_2$、$TiCl_4$、CO_2	9.9
4	R-53	$FeTi_2O_5$	$FeCl_2$、TiO_2、CO_2	18.3	17	R-107	MnO	$MnCl_2$、CO	9.9
5	R-72	Fe_2O_3	$FeCl_2$、CO	15.7	18	R-106	MnO	$MnCl_2$、CO_2	9.9
6	R-60	Fe_2TiO_5	$FeCl_2$、TiO_2、CO	15.7	19	R-56	$FeTi_2O_5$	$FeCl_3$、$TiCl_4$、CO_2	8.2
7	R-74	Fe_3O_4	$FeCl_2$、CO	14.9	20	R-77	$MgTi_2O_5$	$MgCl_2$、$TiCl_4$、CO	8.2
8	R-69	FeO	$FeCl_2$、CO_2	14.8	21	R-78	$MgTi_2O_5$	$MgCl_2$、$TiCl_4$、CO_2	8.2
9	R-83	MgO	$MgCl_2$、CO	12.9	22	R-36	TiO_2	$TiCl_4$、CO	5.5
10	R-84	MgO	$MgCl_2$、CO_2	12.9	23	R-100	Al_2O_3	$AlCl_3$、CO	5.3
11	R-61	Fe_2TiO_5	$FeCl_2$、$TiCl_4$、CO	11.5	24	R-101	Al_2O_3	$AlCl_3$、CO_2	5.3
12	R-59	Fe_2TiO_5	$FeCl_2$、$TiCl_4$、CO_2	11.5	25	R-93	SiO_2	$SiCl_4$、CO	5.2
13	R-111	V_2O_5	$VOCl_3$、CO	10.3	26	R-92	SiO_2	$SiCl_4$、CO_2	5.2

表 9 所示结果表明：考虑反应后生成物仅有氯化物($CaCl_2$、$FeCl_2$、$MgCl_2$、$VOCl_3$、$TiCl_4$、$FeCl_3$、$AlCl_3$、$SiCl_4$)及碳氧化物（CO、CO_2），则钛渣中各组分的碳热氯化趋势大致为：CaO>Fe_2O_3>Fe_3O_4>FeO>

$MgO>Fe_2TiO_5>V_2O_5>CaO·TiO_2>MnO>FeTi_2O_5>MgTi_2O_5>TiO_2>Al_2O_3>SiO_2$。为了控制 Al_2O_3、SiO_2 氯化程度尽可能低，操作温度不宜过高；为了确保钛的选择性氯化效率，实际应用过程需配给过量焦炭，以削弱低品位钛渣中杂质组分对碳消耗带来的不利影响。

5 结论

（1）在无碳存在的条件下，体系中除仅有 Fe、FeO、Fe_3O_4、CaO、MgO，以及少量 TiO 与 Ti_2O_3 可直接氯化直接生成 $FeCl_2$、$CaCl_2$、$MgCl_2$ 与 $TiCl_4$ 氯化物外，其余低价钛氧化物、铁镁钙钛化合物在直接氯化过程中均生成 TiO_2 产物，虽然部分铁、镁、钙杂质可被氯化，但无法实现采用低品位钛渣直接氯化获得 $TiCl_4$ 主体氯化产物的目标。

（2）在 M-O-C-Cl (M= Ti、Fe、Ca、Mg、Mn、Al、V 等)体系中有碳存在的条件下，主要发生的反应有 26 个，各组分的碳热氯化趋势为：$CaO>Fe_2O_3>Fe_3O_4>FeO>MgO>Fe_2TiO_5>V_2O_5>CaO·TiO_2>MnO>FeTi_2O_5>MgTi_2O_5>TiO_2>Al_2O_3>SiO_2$。为了控制 Al_2O_3、SiO_2 氯化程度尽可能低，操作温度不宜偏高，可控制在 700~800℃之间；低品位钛渣选择熔盐氯化工艺时，实际应用中需配给过量的炭，以保障钛组分的选择性提取分离效果。

参考文献

[1] USGS.www.usgs.gov/centers/nmic/commodity-statistics-and-information.

[2] Yuan Z, Zhu Y, Liang X I, et al. Preparation of $TiCl_4$ with multistage series combined fluidized bed[J]. Transactions of Nonferrous Metals Society of China, 2013, 23(1): 283-288.

[3] Bordbar H, Yousefi A A, Abedini H. Production of titanium tetrachloride ($TiCl_4$) from titanium ores: A review[J]. Polyolefins Journal, 2017, 4(2): 149-173.

[4] Xiong S F. Preparation and purification of $TiCl_4$ by chlorination[D]. 2010.
(熊绍锋. 氯化制备 $TiCl_4$ 及其精制的应用研究[D]. 2010.)

[5] Niu L P, Zhang T A, Ni P Y, Lv G Z, Ouyang K. Fluidized-bed chlorination thermodynamics and kinetics of Kenya natural rutile ore[J]. Transactions of Nonferrous Metals Society of China, 2013, 23(11): 3448-3455.

[6] Niu L P, Ni P Y, Zhang T A, Lv G Z, Zhou A P, Liang X B, Meng D L. Mechanism of fluidized chlorination reaction of Kenya natural rutile ore[J]. Rare Metals, 2014, 33(4): 485-492.

[7] Li Wenbing, Yuan Zhangfu, Liu Jianxun, Xu Cong, Wei Qingsong. Thermodynamic analysis of chlorination of titaniferous minerals with carbon[J]. Chinese Journal of Process Engineering, 2004(5): 15-28.
(李文兵, 袁章福, 刘建勋, 徐聪, 魏青松. 含钛矿物加碳氯化反应的热力学分析[J]. 过程工程学报, 2004(5): 15-28.)

[8] Ju Dianchun, Yan Dingliu, Li Xiangyang, Ma Enquan, Zang Yingbo, Li Junqiang. Application of Thermodynamics in chlorination of high Titanium Slag with carbon in Molten salt[J]. Iron and steel vanadium titanium, 2010, 31(2): 32-36.
(居殿春, 严定鎏, 李向阳, 马恩权, 臧颖波, 李俊强. 高钛渣加碳氯化反应热力学在熔盐氯化中的应用[J]. 钢铁钒钛 2010, 31(2): 32-36.)

[9] Zou Jianxin. Progress in thermodynamics and kinetics of preparation of $TiCl_4$ from titanium-rich materials with carbochlorination [J]. Light Metals, 2017(7): 36-40.
(邹建新. 富钛料加碳氯化制取 $TiCl_4$ 的热力学和动力学研究进展[J]. 轻金属, 2017(7): 36-40.)

[10] Zhang L, Li G Q, Zhang W. Synthesis of rutile from high titania slag by pyrometallurgical route[J]. Transactions of Nonferrous Metals Society of China, 2011, 21(10): 2317-2322.

[11] Li Liang, Li Kaihua, Liu Dachun, et al. Carbochlorination of Low-Grade Titanium Slag to Titanium Tetrachloride in Molten Salt[M]//Extraction 2018. Springer, Cham, 2018: 753-762.

含钛高炉渣铝热还原提钛

丁满堂

（攀枝花学院钒钛学院，四川攀枝花 617000）

摘 要：研究了在氩气保护下，用铝还原含钛高炉渣制得钛硅铝合金过程。实验结果显示：在 1500℃，氩气保护下，铝粉占高炉渣的 30%~40%时，还原得到的合金主要为钛硅相、铝硅相、钛铝、硅相；合金中钛、硅、铝的含量分别为 34%~55%、24%~33%、21%~29%。

关键词：钛高炉渣；铝热还原；提钛；钛硅铝合金

Extraction Titanium from Titanium-Bearing Blast Furnace by Aluminothermic Reduction

Ding Mantang

(College of Vanadium and Titanium, Panzhihua University, Panzhihua 617000, China)

Abstract: Under the protection of argon gas, the process of preparing titanium-silicon-aluminum alloy by reducing titanium-containing blast furnace slag with aluminum was studied. The experiment result shows: at 1500℃, under the protection of argon gas, when aluminum powder accounts for 30%-40% of blast furnace slag, the alloys obtained by reduction are mainly titanium-silicon phase, aluminum-silicon phase, titanium-aluminum, and silicon phases; in the alloy, the content of titanium, silicon, aluminum were 34%-55%, 24%-33%, 21%-29%.

Key words: titanium-bearing blast furnace slag; extraction titanium; aluminothermic reduction; titanium-silicon-aluminum alloy

1 前言

攀枝花钛资源占全国钛资源的 90%，而攀枝花高钛高炉渣中的钛资源又占攀枝花钛资源的 50%左右。攀枝花每年产生 600 万~700 万吨含 20%~24% TiO_2 的含钛高炉渣。加上攀枝花 1970 年高炉出铁以来，历史积存的含钛高炉渣有 1 亿~2 亿吨。攀枝花含二氧化钛量高的高钛型高炉渣，是宝贵的战略资源和二次资源。因此，尽可能地综合利用攀枝花高钛型高炉渣，是未来的发展方向。攀枝花高钛型高炉渣主要化学成分见表 1。

表 1 攀枝花高钛型高炉渣成分 (%)

TiO_2	CaO	MgO	SiO_2	Al_2O_3	TFe	MFe	V_2O_5	MnO_2
20~24	20~30	8.0~8.9	17~19	14~16	3.0~4.2	1~3	0.2~0.25	0.3~0.5

作者简介：丁满堂，攀枝花学院钒钛学院，副教授、高工，主要从事钒钛磁铁矿冶金与教学；E-mail: dmtpglgc@126.com。

当前处理含钛高炉渣的工艺主要有两种思路，第一种是不提钛，通过使用含钛高炉渣来制作光催化原料、道路水泥、微晶玻璃、彩瓷、建筑材料、卫生瓷板、混凝土骨料等[1-2]。这种思路能够在现阶段有效的缓解含钛高炉渣堆积的压力，但缺点是造成钛资源的损失不可回收。钛作为不可再生资源，这种思路是不理智的。第二种思路是提取含钛高炉渣中的有价组分。关于含钛高炉渣有价组分提取的研究工作从 20 世纪 60 年代便展开，在这几十年来，主要有以下几种工艺方法：选择性析出与解离、酸浸提钛[3-4]、碱处理提钛、盐处理提钛、高温碳化-低温选择性氯化提钛[5-6]、制取钛合金[7-8]等。第二种思路现均未进行大规模工业化应用。本文采用铝热还原含钛高炉渣制取钛硅铝合金方法提钛。

2　工艺路线、实验原理

实验工艺路线：

含钛高炉渣→粉碎、磨矿→配料→造球→烘干→氩气保护下铝还原→冷却→渣、合金分离→钛硅铝合金

实验反应原理：

$$3CaTiO_3 + 4Al \xlongequal{} 3CaO + 4Ti + 2Al_2O_3$$

$$3TiO_2 + 4Al \xlongequal{} 3Ti + 2Al_2O_3$$

通过 HSC6.0 与 Factsage5.0 等热力学软件数据库计算得知，在铝热反应的过程中，伴随的副反应有：

$$3SiO_2 + 4Al \xlongequal{} 3Si + 2Al_2O_3$$

$$3SiO_2 + 2Al \xlongequal{} 3SiO\uparrow + Al_2O_3$$

铝热反应的标准自由能-温度关系见图 1、图 2。

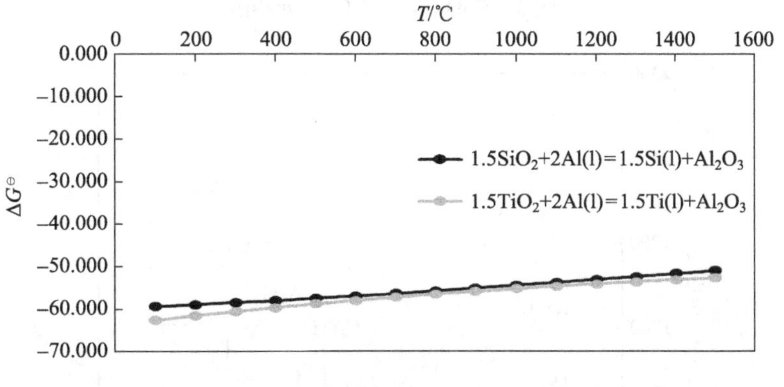

图 1　含钛高炉渣铝热反应生成 Ti、Si 的 $\Delta G^{\ominus}-T$ 图

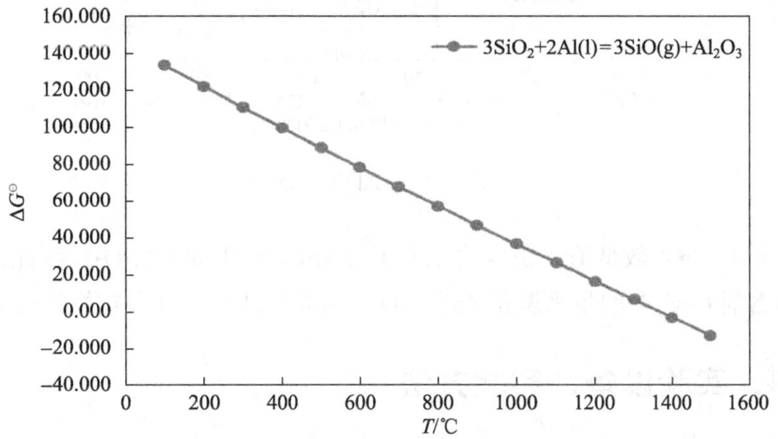

图 2　含钛高炉渣铝热反应生成 SiO 的 $\Delta G^{\ominus}-T$ 图

从图 1、图 2 可知：（1）只要是液态的铝就能与含钛高炉渣的二氧化钛 TiO_2、二氧化硅 SiO_2 反应生成 Ti、Si。（2）在 1371℃，液态的铝就能与含钛高炉渣的二氧化硅 SiO_2 反应生成 SiO（g），以气体逸出对合金没有影响。（3）反应生成的 Ti、Si 与反应物中剩余的 Al 一起生成钛硅铝合金。（4）反应生成的钛硅铝合金与原渣相、新生成的渣相 Al_2O_3 等通过液态渣、液态合金密度悬殊差异实现渣金分离，得到钛硅铝合金。

$CaO-SiO_2-Al_2O_3$ 三元相图见图 3，$CaO-Al_2O_3$ 相图见图 4。

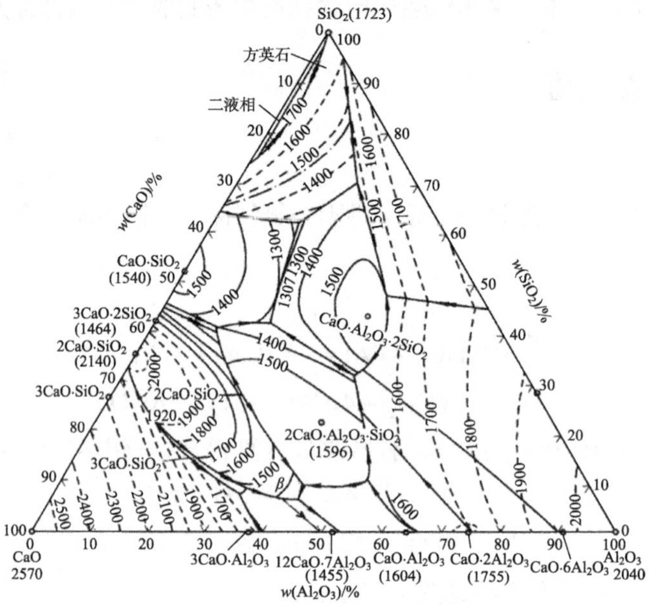

图 3　$CaO-SiO_2-Al_2O_3$ 三元相图

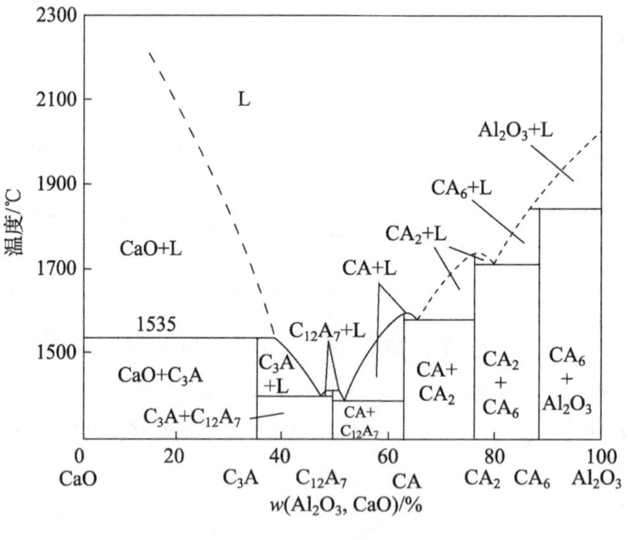

图 4　$CaO-Al_2O_3$ 相图

从图 3、图 4 可知，熔点较低渣系组成为 $12CaO \cdot 7Al_2O_3$ 与 $3CaO \cdot Al_2O_3$，因此，可通过调整渣系中的造渣剂 CaO 与助熔剂 CaF_2 等的量来调整渣的熔点，从而实现渣、合金较好的分离。

3　实验原材料、实验设备、实验方法

实验原材料主要有：含钛高炉渣、铝粉、石灰、萤石。

实验设备主要有：高温气氛加热炉。

实验方法、步骤：（1）将含钛高炉渣、铝粉、石灰、萤石粉碎至粒度不超过 0.5mm；（2）将粉碎后固态含钛高炉渣、铝粉、石灰、萤石粉混合均匀；（3）将混合均匀物料放入氩气保护的还原反应装置中，进行还原冶金反应；（4）反应完毕，将反应产物隔绝空气冷却至室温后，经破碎、渣合金分离，得到钛硅铝合金。铝热反应装置示意图见图 5。

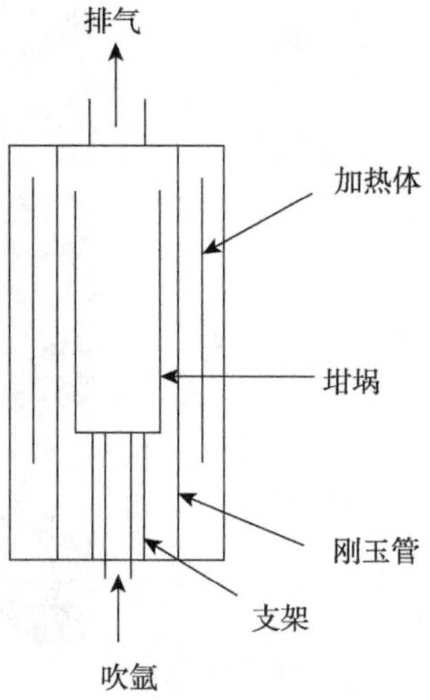

图 5　铝热反应装置示意图

4　实验结果分析讨论

4.1　渣、合金分离

渣、合金分离效果见图 6、图 7。

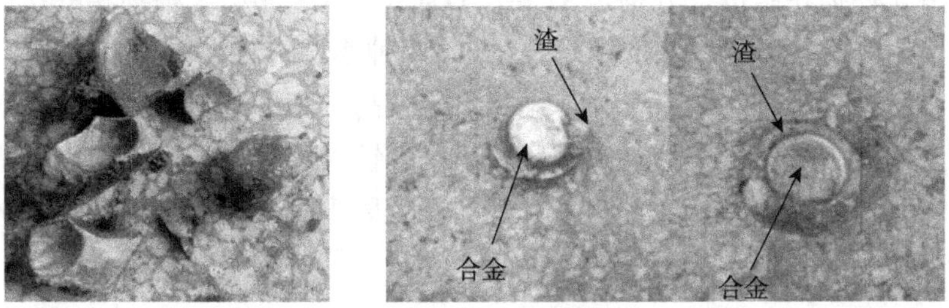

图 6　渣、合金分离效果

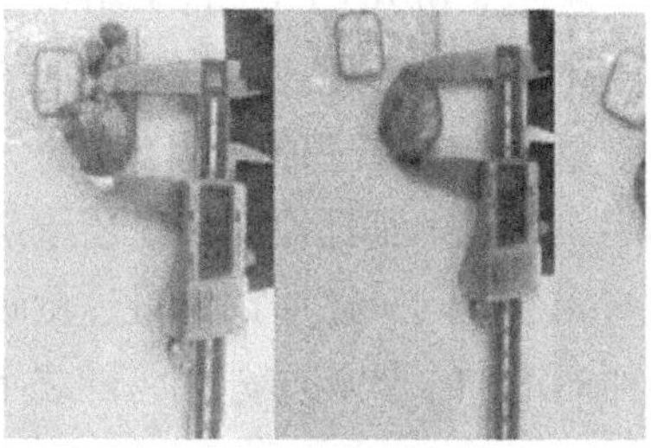
图 7　合金

从图 6、图 7 可知，整个过程渣、合金整体分离效果较好。但在渣中也存在少量微小合金金属球形颗粒物。

4.2　数据分析

实验条件见表 2。

表 2　实验原始数据

序号	含钛高炉渣/g	铝粉/g	石灰/g	萤石/g	还原温度/℃	还原保温时间/min	合金				
							Ti/%	Si/%	Al/%	Fe/%	质量/g
1	100	30	25	5	1530	30					71.2
2	100	30	10	5	1530	30					47.6
3	100	45	15	15	1500	30	34.74	33.49	29.53	2.24	38.7
4	100	40	20	5	1500	30	43.83	27.13	29.04		40.4
5	100	40	5	5	1500	30	52.98	24.36	21.53	1.13	27.2

从表 2 可知：

（1）石灰含量在 10~25g、萤石在 5g 时，合金产率较好，最高达 71.2g。这主要是采用低熔点的 $3CaO\cdot Al_2O_3$ 与 $7CaO\cdot 12\cdot Al_2O_3$ 渣系，渣与合金分离良好的缘故。

（2）随配铝量的增加，合金中铝含量增加。配铝量应控制在含钛高炉渣量的 30%~40%为宜。

4.3　合金相组成

合金产品的 SEM 图见图 8 所示。

图 8　合金组织 SEM 图

1—Ti; 2—TiSi; 3—AlSi

从图 8 可知：（1）合金组织主要由 3 种物相组成，分别是 Ti 相、TiSi 相、AlSi 相。3 种物相的比例是变化的。其变化规律与还原剂的用量相关联。当铝还原剂用量合适时，3 种物相组成为钛高，硅适中，铝含量低。（2）还原剂量不足时，钛含量相对不高，铝量很少，硅相对量较高。高炉渣中的钛还原相对不足，硅基本都还原。（3）还原剂铝量合适，高炉渣中硅基本都还原出来，钛大部分也被还原出来，铝的量较少。（4）还原剂铝量过量较大时，当大部分是钛相，硅基本都已经还原出来。铝相将随用铝量的增加而增加，钛相与硅相将随之下降。

5　结论

（1）在 1500℃左右铝能还原含钛高炉渣获得钛硅铝合金。

（2）在铝还原含钛高炉渣制取钛硅铝合金过程中，较佳的配铝量为含钛高炉渣的 30%~40%。

（3）应选用 $12CaO·7Al_2O_3$ 或 $3CaO·Al_2O_3$ 渣系组成，其有利于渣合金分离，降低合金损失，减少合金中的带渣量，提高合金收得率。

（4）钛硅铝合金中的相组成为 Ti 相、TiSi 相、AlSi 相。

（5）合金中钛、硅、铝的含量为 34%~55%、24%~33%、21%~29%。

（6）还原剂铝不宜过多，否则会增大合金中铝的相对含量，减少钛、硅的相对含量。

参考文献

[1] 赵青娥, 张继东, 杨仰军, 等. 快速还原熔炼含钛炉渣的方法[P]. 中国专利 201510711318.5.

[2] 王勋, 韩跃新, 李艳军, 等. 钒钛磁铁矿综合利用研究现状[J]. 金属矿山, 2019(6): 33-37.

[3] Sui L, Zhai Y. Reaction kinetics of roasting high-titanium slag with concentrated sulfuric acid[J]. Transactions of Nonferrous Metals Society of China, 2014, 24(3): 848-853.

[4] 曹洪杨, 付念新, 康常波, 等. 改性含钛高炉渣的盐酸加压浸出[J]. 矿产综合利用, 2008(4): 11-13.

[5] 龙雨, 张新建, 李书兰, 等. 含钛高炉渣高温碳化制备 TiC 影响因素研究[J]. 重庆理工大学学报, 2017, 31(8): 93-97.

[6] 张利凡, 丁满堂, 何翠萍, 等. 含钛高炉渣火法提钛研究[J]. 中国资源综合利用, 2020, 38(10): 94-96.

[7] 丁满堂. 含钛高炉渣真空减压碳化还原提钛研究[J]. 中国资源综合利用, 2020, 38(1): 39-41.

[8] 郝百川, 李子越, 贾东方, 等. 含钛高炉渣的综合利用[J]. 矿产综合利用, 2020(6): 1-6.

中国海绵钛的发展、挑战及路径选择

胡馨怡　罗凡杰　李　新

（成都理工大学管理科学学院，四川成都 610059）

摘　要：钛因其独特的物化特征和广泛的应用领域备受世界关注，海绵钛是制造钛合金及其相关产品的原材料，研究海绵钛的现状对我国钛产业的发展有重要的战略意义。本文从海绵钛全生命周期、贸易、政策环境出发，回顾总结近年来中国海绵钛的变化特征，分析其面临的现实困难和挑战。结合当前国际形势，我国应加强国内钛矿资源的综合利用；提升工艺技术创新，扩大高端钛业市场；构建钛矿资源供应安全风险机制；鼓励企业长期合作，抵御市场波动，为促进我国海绵钛产业健康可持续发展提供最优路径。

关键词：海绵钛；钛资源；产业链；路径选择

Development, Challenge and Path Selection of Titanium Sponge in China

Hu Xinyi　Luo Fanjie　Li Xin

(College of Management Science, Chengdu University of Technology, Chengdu 610059, China)

Abstract: Titanium has attracted worldwide attention due to its unique physical and chemical characteristics and wide range of applications. Sponge titanium is the raw material for the manufacture of titanium alloys and related products. The study of the current situation of titanium sponge has important strategic significance for the development of titanium industry in China. From the whole life cycle of titanium sponge, trade, and policy environment, we review and summarize the changing characteristics of titanium sponge in China in recent years, and analyze the difficulties and challenges it faces in this paper. Combining with the current international situation, China should strengthen the comprehensive utilization of domestic titanium ore resources; enhance technological innovation, expand the high-end titanium market; establish a security risk mechanism for the supply of titanium ore resources; encourage long-term cooperation between enterprises, resist market fluctuations, and provide an optimal path to promote the healthy and sustainable development of China's sponge titanium industry.

Key words: titanium sponge; titanium resources; industry chain; path selection

1　中国海绵钛概述

钛在地壳中的含量按元素丰度和广度位于第九位[1]，是现代高精尖领域首选材料，被美誉为“太空金属”，广泛应用于化工、航空航天、船舶、电力、海洋工程、军事、医疗、体育休闲等领域[2,3]。我国已成为钛资源大国，钛储量位居世界第一[4]，但钛矿品位低，整体品质较差，导致钛矿对外依存度较大。

作者联系方式：胡馨怡，E-mail: huxinyi@stu.cdut.edu.cn。

海绵钛是多孔和海绵状的外观，处于产业链中游，主要用于制备钛及其合金。海绵钛生产是钛工业的基础环节，目前全球生产海绵钛主要有美国、日本和中国等国家，均采用镁还原-蒸馏联合法工艺[5,6]。随着近年来海绵钛市场的需求强力刺激，我国海绵钛产业快速扩张，但与国外海绵钛发展相比[7]，我国海绵钛生产存在技术和设备水平仍然较低，产品质量不高等严重的问题和挑战[8,9]。本文从中国有色金属工业协会钛锆铪分会、中华人民共和国海关总署、UN Comtrade Database、美国地质勘探局、上海有色金属网等权威数据来看，以海绵钛产业链为出发点，分析近年来海绵钛的发展现状，探索适合中国海绵钛发展的最优路径，力求提高中国海绵钛的国际竞争力。

2 中国海绵钛的发展

2.1 全生命周期分析

海绵钛产业链如图 1 所示，全生命周期评估包含海绵钛生产、加工制造、使用消费、废物管理四个阶段[10]。

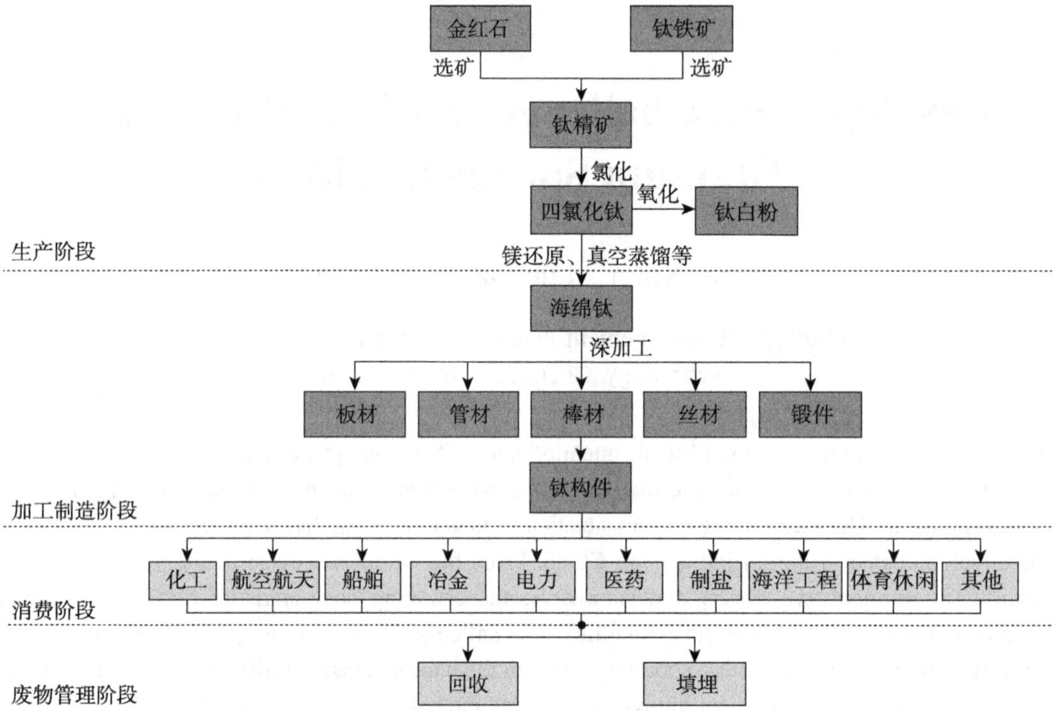

图 1 海绵钛全生命周期

Fig. 1 The full life cycle of sponge titanium

2.1.1 生产阶段

在生产阶段，从岩石圈中钛铁矿和金红石选、采矿，经过熔炼、氯化、蒸馏提纯、镁还原，除去还原中的副产品，制备海绵钛[11-14]，其中采矿过程钛的平均回收率为 90%[15]，早期尾矿中钛资源的综合回收主要通过磁选预选和浮选分离相结合来实现[16]。数据统计显示，仅 5%的钛铁矿用于提纯人造金红石，制成海绵钛[17]。钛精矿经过熔炼后得到高钛渣，可采用钛矿预还原和熔体分离方式回收钛渣作为含钛原料[18]，用于生产海绵钛和钛白粉。金红石矿主要生产高端海绵钛和高端钛白粉。2019 年全球钛铁矿和金红石的储量分布见表 1。中国探明钛矿储量为 8.5 亿吨，约占世界总储量的 24%[19]，国内海绵钛主产区为辽宁、四川、河南、贵州等地，2020 年产能是 17.7 万吨，产量高达 12.3 万吨。

2.1.2　加工制造阶段

海绵钛呈疏松的多孔海绵状，外表面积大，极易氧化，短期储存成本较高，长期储存存在风险，通常企业储存海绵钛不能超过一年。而通过高温熔炼后制成的钛锭为致密状且适宜储存，可进一步锻造、轧制和加工处理成钛材。钛锭和钛材是连接上游钛资源和下游钛行业应用的桥梁，其产量反映了深加工能力。钛材按产品形态可分为板材、棒材、管材、丝材、锻件等。2020 年钛锭和钛材产量分别为 12 万吨、9.8 万吨。

2.1.3　使用消费阶段

2.1.3.1　消费领域

作为钛材的原材料，钛材的终端应用体现了海绵钛的应用。我国在工业用钛方面以传统领域为主，新兴领域应用较少，2020 年中国钛材应用领域以化工和航空航天为主，占比为 51%和 18%（表 2、图 2）[2]。

2.1.3.2　消费市场

自 2011 年以来，海绵钛和钛材的产量与消费量持续增加（图 3）。2020 年的新冠肺炎疫情强力冲击了航空航天行业，在严格管控下，2020 年海绵钛消费量达到 11.4 万吨，且在化工、海洋工程和体育休闲等为主的行业需求拉动下，我国的钛行业需求量加速增长，2020 年海绵钛和钛材的产量和销售量均达到最高值，其中钛材产量达到全球产量的 50%以上。

表 1　2019 年全球钛铁矿和金红石的储量

Table 1　Global ilmenite and rutile reserves in 2019

国家或地区	钛铁矿储量/万吨
澳大利亚	25000
中国	23000
印度	8500
巴西	4300
挪威	3700
南非	3500
加拿大	3100
莫桑比克	1400
马达加斯加	860
乌克兰	590
美国	200
越南	160
肯尼亚	85
其他	2600
国家或地区	金红石储量/万吨
澳大利亚	2900
印度	740
南非	610
乌克兰	250
莫桑比克	88
塞拉利昂	49
肯尼亚	38
其他	40

表 2　钛材终端应用领域

Table 2　Terminal application fields of titanium

领域	应用
化工	PTA、氯碱、纯碱、无机盐和真空制盐
航空航天	飞机、航空发动机
船舶	舰船、深潜器
冶金	冶炼管道、泵、阀
电力	凝汽器、涡轮叶片
医疗	医疗器械、人工植牙
海洋工程	海洋石油钻探用泵、阀
体育休闲	高尔夫球、手表、球拍

2.1.3.3　价格

2020 年国外市场因疫情依赖国内产品供给，海绵钛的出口量逐渐低迷；2021 年原材料市场呈现全面紧张局面，国内的企业加大采购，建立库存，四氯化钛和镁锭等原材料资源供不应求，原材料价格持续上涨；产业链下游化工领域的需求持续上升。因此，海绵钛价格上涨。近期原材料价格上涨情况见表 3，近年来海绵钛价格也不断波动（图 4）。其中，2020 年 12 月 31 日海绵钛报价 6.4 万元/吨，2021 年 9 月 20 日海绵钛报价 6.9 万元/吨。

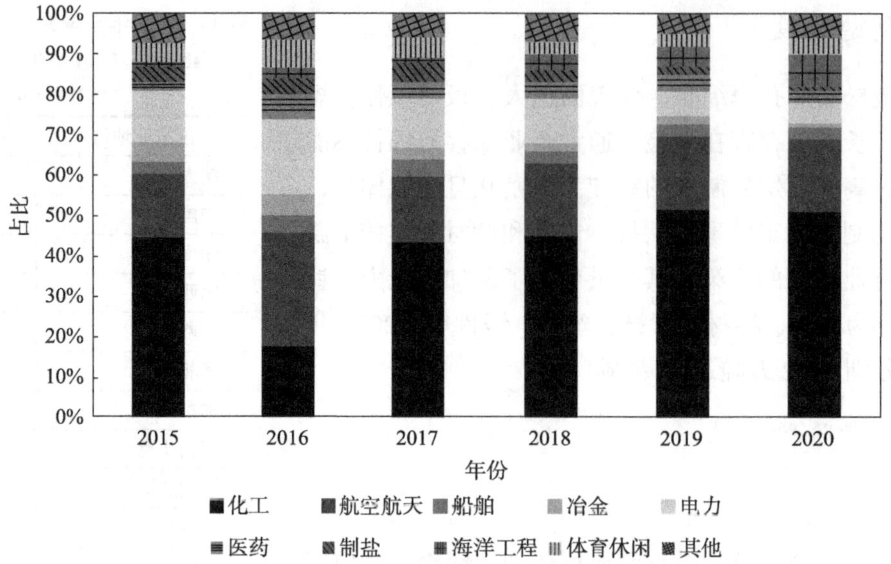

图 2　中国各应用领域钛材使用量所占比例

Fig. 2　Proportion of titanium usage in various application fields in China

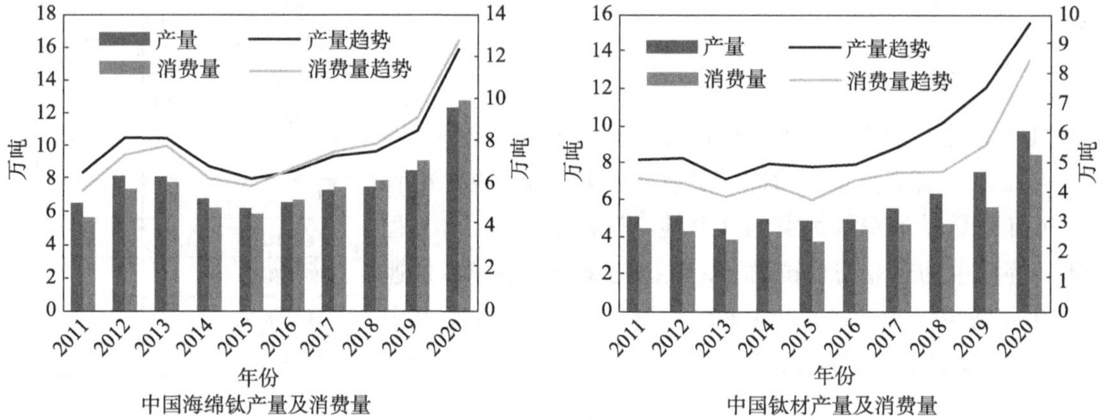

图 3　中国海绵钛、钛材的产量、消费量

Fig. 3　Production and consumption of titanium sponge and titanium materials in China

表 3　原材料价格上涨情况

Table 3　The price increase of raw materials

原材料	价格（2020-12-31）	价格（2021-09-20）	涨幅
四氯化钛	6500~7000 元/吨	7800~7900 元/吨	1300~1400 元/吨
镁	1.55 万~1.56 万元/吨	6.24 万~6.25 万元/吨	4 倍以上

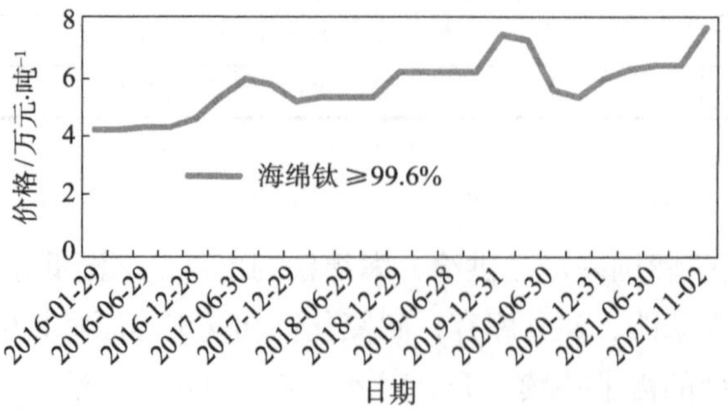

图 4　海绵钛价格

Fig. 4　Price of Sponge Titanium

2.1.4 废物管理阶段

废物管理包括从废物产生到最终处理所需的活动和行动。消费使用后的钛产品和残钛可回收重熔或填埋。残钛回收生产线可采用相关技术，将废钛料回收再利用到生产制造等阶段，用作熔炼钛锭钛材的原料，其余残钛可制成钛块替代钛铁，降低成本。

2.2 贸易分析

海绵钛进口国家主要有哈萨克斯坦、乌克兰、日本等，海绵钛出口国家主要有韩国、瑞典、荷兰等。中华人民共和国海关总署数据显示：2011~2020 年中国海绵钛和钛材进出口量具体数据如图 5 所示，海绵钛进出口总体呈先升后降趋势，钛材进口总体呈先升后降趋势，出口呈先降后升趋势。因化工行业的固定资产投资上涨，2016 年海绵钛进口量涨幅最大；由于航空航天业逐渐走出金融危机的阴影，2011 年海绵钛出口量达到峰值，进出口量相差最大。钛材进口量近十年内基本持平，2019 年出口量最大，2020 年受疫情影响，出口量下降。

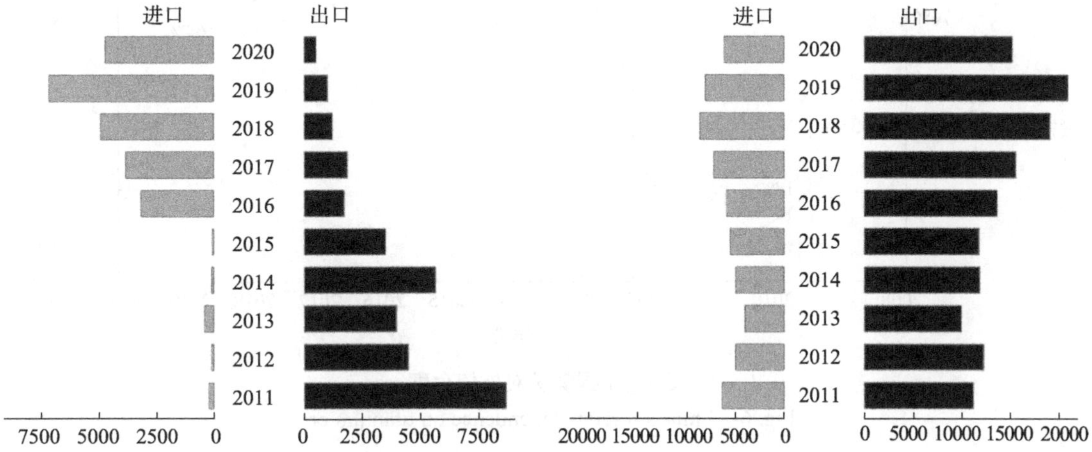

图 5 中国海绵钛（左）和钛材（右）进出口量

Fig. 5 China's import and export volume of titanium sponge (left) and titanium materials (right)

2.3 政策环境分析

国外的全球货币政策持续宽松，美国等国家大规模超发货币的情况下，全球原材料价格被推高，全球关税上涨，钛矿价格受到强烈影响进而上涨。

为初步实现我国从材料大国向材料强国的战略性转变，国内近几年颁布了与钛相关的政策（表 4），旨在实现海洋工程及航空用钛合金等稳定供给，强调大力发展航空航天用钛合金棒材和锻件高性能轻合

表 4 近年国内钛相关政策

Table 4 Domestic titanium-related policies in recent years

发布日期	国内政策
2015 年 5 月	《中国制造 2025》
2016 年 9 月	《有色金属工业发展规划（2016—2020 年）》
2016 年 11 月	《“十三五”国家战略性新兴产业发展规划》
2016 年 12 月	《新材料产业发展指南》
2018 年 3 月	《新材料标准领航行动计划（2018—2020 年）》
2019 年 4 月	《2019 年产业结构调整目录》
2020 年 9 月	《关于扩大战略性新兴产业投资培育壮大新增长点增长极的指导意见》

金材料、低模量钛合金材料、记忆合金等生物医用材料、耐腐蚀热交换器用钛合金材料及钛固件等。

3　中国海绵钛面临的挑战

3.1　钛矿对外依存度大

中国是海绵钛和钛材的第一生产大国，原生钛铁矿储量约占钛矿总量的 94%，但我国钛矿多为共伴生矿，选矿难度较大，品位不高，钛铁矿开发集约度明显较弱，钛精矿产量较低，且钛资源的综合回收率不到 30%。因此，我国海绵钛生产原料依赖于进口钛矿或者金红石，钛矿对外依存度是指钛矿资源年净进口量/本国年消费量[20]，中国钛矿对外依存度总体呈上升趋势，表明钛矿高度依赖国际市场。受国际钛业的影响，2011 年最低为 15%，2015 年上升到 84%（图 6）。当前国际疫情下，进口国会对进口量采取限制措施，钛矿依赖进口是较大的障碍。

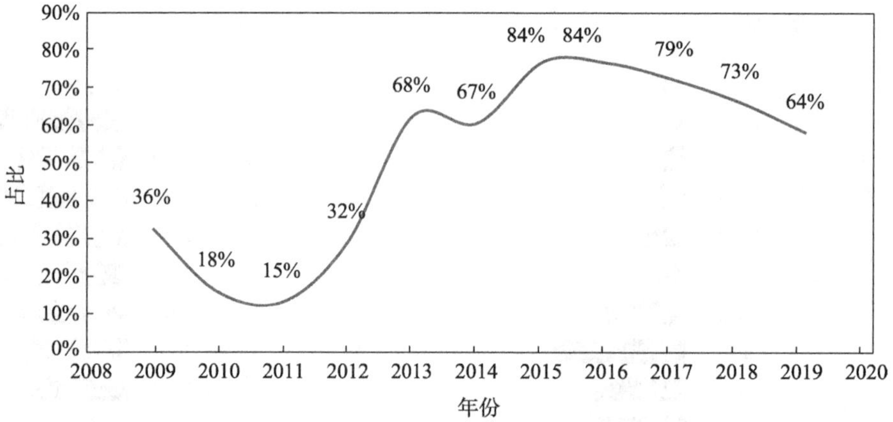

图 6　中国钛矿对外依存度

Fig. 6　China's foreign dependence on titanium ore

3.2　钛材生产损耗大

钛材由海绵钛熔炼制成钛锭，并加工处理后制成，容易储存，能提升材料性能。中国海绵钛的消费量与钛材产量比例大约为 1.32 倍，如图 7 所示。通常生产 1t 钛材大约需 1.7t 海绵钛，生产钛材过程中

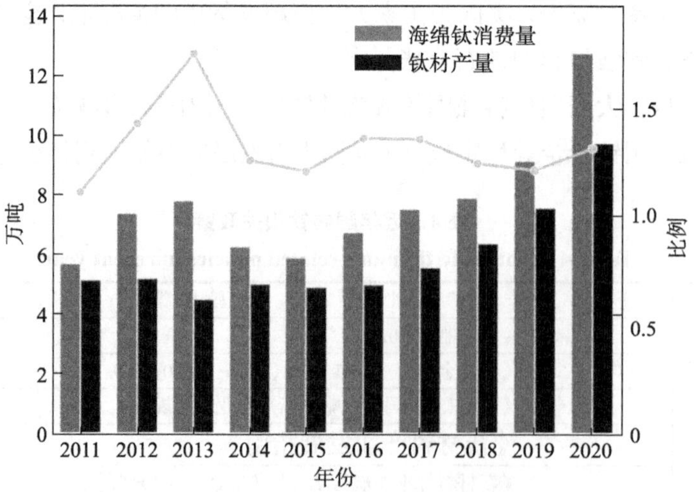

图 7　海绵钛的消费量与钛材产量情况

Fig. 7　Sponge titanium consumption and titanium output

存在相关的缺陷和杂质、生产技术工艺损失材料等问题，会遗留各种钛残料和钛废屑，需进行资源回收，提高资源利用率[21]。因此，生产钛材损耗较大、成本较高是海绵钛目前面临的挑战。

3.3 海绵钛供求结构矛盾突出

在供给上，我国钛原料多而不精，国内生产海绵钛的零级品率与国外相比有较大差距，且国外疫情导致海绵钛和钛材的进出口量减少，导致海绵钛和钛材原料价格上涨，生产成本较高。

在需求上，随着企业去库存及下游需求提升，我国近 5 年海绵钛及钛材市场逐渐回暖（图 8），高端市场用钛需求明显，军工市场、医疗、民用钛材市场等需求增加。

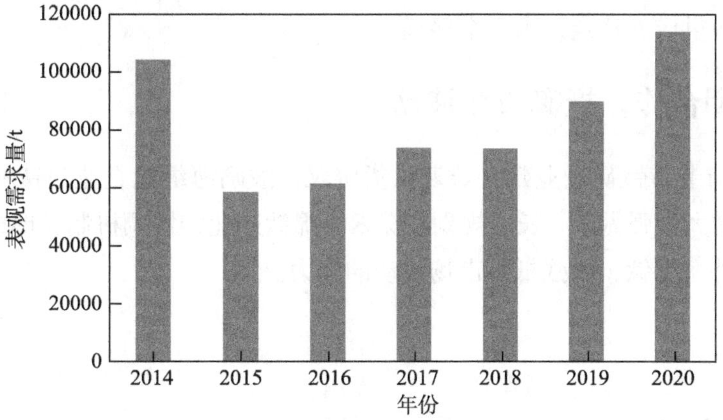

图 8　海绵钛表观消费量

Fig. 8　Apparent consumption of sponge titanium

从供应结构来看，由于我国钛矿对外依存度较高，钛精矿、海绵钛、钛锭、钛材、钛废料等均需进出口，低端钛矿供大于求，高端钛矿高度依赖于进口[22]。当前国外新冠肺炎疫情及经济发展形势严峻，2020 年海绵钛供不应求格局明显，上游原材料供给保持收缩局面，下游需求维持稳定增长。海绵钛供求结构矛盾突出，钛材生产有较大压力。

3.4 海绵钛市场波动大

海绵钛市场主要受原材料、消费领域、消费情况及价格等因素影响。近 4 年化工领域在海绵钛消费领域占比最高，近 5 年海绵钛和钛材的产量与消费量持续上升，近年来海绵钛原材料和价格也不断在波动。下游市场存在大幅波动，直接导致海绵钛市场波动。经过近 10 年来的发展，钛行业已形成以宝钛集团、西部超导材料、攀钢钒钛等大型企业为代表的一线龙头企业。2020 年国内海绵钛企业整体开工率达到 70%以上，海绵钛产量实现连续 6 年增长，但新冠肺炎疫情常态化下，未来海绵钛市场也将持续波动，对各大海绵钛生产企业及相关企业冲击较大。

4 中国海绵钛的路径选择

4.1 加强国内钛矿资源的综合利用

首先，我国应贯彻优矿优用的原则，提高选矿采矿技术，优化钛矿开发技术，强化钛矿产能储备能力；其次，钛矿企业加强对低品位钛矿的开采利用，降低对外集中度，拓宽新的钛矿来源地，合理控制钛矿对外依存度；最后，完善回收处理钛矿渣时的高效回收工艺，落实好节能减排，实现国内钛矿资源的综合利用。

4.2 提升工艺技术创新，扩大高端钛业市场

应积极引进国外先进生产技术，加强钛产品的创新开发，提升钛产品质量，开拓海绵钛的运用新领域，扩大高端市场应用消费比例；加大高新技术投入，降低在熔炼锻造、加工处理等方面的能耗，减少海绵钛的消耗和废料的产生，减少钛材的生产成本，实现海绵钛的经济价值和技术进步。

4.3 构建钛矿资源供应安全风险机制

应以"一带一路"建设为重点，加强全球钛矿资源开发合作；建立以需求为导向的原材料与终端产品企业间联系的产业链，减少对进口钛高端产品的依赖；积极研发生产工艺技术，增强国内钛矿生产利用的能力，确保钛资源供应，稳定供求安全格局。

4.4 鼓励企业长期合作，抵御市场波动

建议海绵钛企业与上游钛矿企业建立长期供货协议，鼓励海绵钛企业与钛材企业建立投资参股协议，支持上下游重组做大做强做久，长远规划；探索海绵钛产业链协调机制，形成海绵钛稳定的产销渠道；尽量减少进口国外海绵钛，增强抵御市场波动的能力。

参考文献

[1] Liu Yuqin, Ding Hao, Xie Di. China's titanium resources and the environmental effects of sponge titanium processing[J]. Frontiers of Earth Science, 2014, 21(5): 281-293.
(刘玉芹，丁浩，谢迪. 中国钛资源与海绵钛加工环境效应[J]. 地学前缘, 2014, 21(5): 281-293.)

[2] Jia Hong, Lu Fusheng, Hao Bin. China titanium industry development report 2020[J]. Iron and Steel Vanadium and Titanium, 2021, 42(3): 1-9.
(贾翃，逯福生，郝斌. 2020 年中国钛工业发展报告[J]. 钢铁钒钛, 2021, 42(3): 1-9.)

[3] Yang D P, Gao F, Sun B X, et al. Materials flow analysis of metallic titanium in China[J]. Materials Science Forum, 2017, 898: 2446-2454.

[4] Sun Renbin, Wang Qiushu, Yuan Chunhua, et al. Global titanium resource situation analysis[J]. China's Mining Industry, 2019, 28(6): 1-6.
(孙仁斌，王秋舒，元春华，等. 全球钛资源形势分析[J]. 中国矿业, 2019, 28(6): 1-6.)

[5] Nakamura K, Iida T, Nakamura N, et al. Titanium sponge production method by Kroll process at OTC[J]. Materials Transactions, 2017, 58(3): 319-321.

[6] Platacis E, Kaldre I, Blumbergs E, et al. Titanium production by magnesium thermal reduction in the electroslag process[J]. Sci. Rep., 2019, 9(1): 17566.

[7] Yan Shouyi. Try to talk about the optimization approach of China's sponge titanium production process[J]. Light Metal, 2016(6): 35-39.
(阎守义. 试谈我国海绵钛生产工艺的优化途径[J]. 轻金属, 2016(6): 35-39.)

[8] Wu Jingrong, Wang Jianping, Xu Yu, et al. China's titanium resources development and utilization status and existing problems and countermeasures[J]. Mining Research and Development, 2014, 34(1): 108-112.
(吴景荣，王建平，徐昱，等. 中国钛资源开发利用现状和存在的问题及对策[J]. 矿业研究与开发，2014，34(1): 108-112.)

[9] He Pingzhi, Huang Shumei, Guo Wei, et al. Current status of world titanium sponge industry and thoughts on China's future development[J]. Progress of Titanium Industry, 2017, 34(4): 1-4.
(和平志，黄淑梅，郭薇，等. 世界海绵钛工业的现状及对我国未来发展的思考[J]. 钛工业进展, 2017, 34(4): 1-4.)

[10] Nie Z R, Gao F, Gong X Z, et al. Recent progress and application of materials life cycle assessment in China[J]. Progress in Natural Science: Materials International, 2011, 21(1): 1-11.

[11] Li Liang, Liu Dachun, Wan Heli, et al. Removal of chloride impurities from titanium sponge by vacuum distillation[J]. Vacuum, 2018, 152: 166-172.

[12] Li W, Wu F, Jin H, et al. Analysis of Fe and Mn impurities in Chinese sponge titanium enterprise using an input-output model[J]. Metallurgical Research & Technology, 2020, 117(4).

[13] Li Kaihua. Development status of titanium sponge production technology by magnesia thermal method[J]. Material Guide, 2011, 25(S2): 225-228.
(李开华. 镁热法生产海绵钛技术发展现状[J]. 材料导报, 2011, 25(S2): 225-228.)

[14] Gao F, Nie Z, Yang D, et al. Environmental impacts analysis of titanium sponge production using Kroll process in China[J]. Journal of Cleaner Production, 2018, 174: 771-779.

[15] Roux R N, Van der Lingen E, Botha A P, et al. The fragmented nature of the titanium metal value chain[J]. Journal of the Southern African Institute of Mining and Metallurgy, 2020, 120(11).

[16] Zhai J, Wang H, Chen P, et al. Recycling of iron and titanium resources from early tailings: From fundamental work to industrial application[J]. Chemosphere, 2020, 242: 125178.

[17] Bolzoni L, Ruiz-Navas E M, Gordo E. Quantifying the properties of low-cost powder metallurgy titanium alloys[J]. Materials Science and Engineering: A, 2017, 687: 47-53.

[18] Wang Z, Zhang J, Zhao B, et al. Extraction of titanium resources from the titanium-containing waste slag: Thermodynamic analysis and experimental verification[J]. Calphad, 2020, 71.

[19] Li Z, Chen C. Development status of global titanium resource industry[J]. Acta Geosciences, 2021, 42(2): 245-250.
(李政, 陈从喜. 全球钛资源行业发展现状[J]. 地球学报, 2021, 42(2): 245-250.)

[20] Zhu Yuzhu, Chen Xiaojin. Dependence of China's mineral resources [J]. China Mining, 2015, 24(S2): 47-51.
(朱玉柱, 陈孝劲. 中国矿产资源对外依存度研究[J]. 中国矿业, 2015, 24(S2): 47-51.)

[21] Kang J, Moon G, Kim M-S, et al. Production of high-grade titanium dioxide directly from titanium ore using titanium scrap and iron chloride waste[J]. Metals and Materials International, 2018, 25(1): 257-267.

[22] Li Xuelan. Market development trend of titanium sponge industry in China[J]. Non-ferrous Metal Engineering, 2012, 2(6): 20-22.
(李雪兰. 中国海绵钛行业市场发展态势[J]. 有色金属工程, 2012, 2(6): 20-22.)

Y_2O_3弥散强化 Ti6Al4V 粉末及其激光熔覆组织性能研究

张成阳[1,2] 何思逸[1,2] 郭双全[3] 王 宁[4,5] 徐 轶[1,2]

（1. 西南交通大学 材料科学与工程学院，四川成都 610031；
2. 西南交通大学 材料先进技术教育部重点实验室，四川成都 610031；
3. 成都天翔动力技术研究院有限公司，四川成都 610095；
4. 四川海泰普科技有限公司，四川成都 610095；
5. 四川六合锻造股份有限公司，四川绵阳 621700）

摘 要：激光熔覆修复技术可用于修复损伤的 Ti6Al4V 合金构件，与锻造件相比，熔覆件存在氧含量偏高和强度偏低的问题。本研究采用等离子旋转电极法制备了 Ti6Al4V-*x*Y（*x*=0，0.1，0.3，0.5）的预合金粉末，并采用该粉末通过激光熔覆修复 Ti6Al4V 合金构件。结果表明，在钇（Y）引入后，产生的弥散体 Y_2O_3 均匀分布在粉末上，随着 Y 含量的增加，粉末的显微维氏硬度增加。在 Ti6Al4V-*x*Y 熔覆层中，Ti6Al4V-*x*Y 熔覆层的显微维氏硬度随着 Y 含量的增加而增加。对 Y 含量的调控，有利于提升熔覆层的抗拉强度。

关键词：稀土元素；氧化物弥散强化；等离子旋转电极；钛合金粉末；激光熔覆

Research on Y_2O_3 Dispersion Strengthened Ti6Al4V Powder and Its Laser Cladding Microstructure

Zhang Chengyang[1,2] He Siyi[1,2] Guo Shuangquan[3] Wang Ning[4,5] Xu Yi[1,2]

(1. School of Materials Science and Engineering, Southwest Jiaotong University, Chengdu 610031, China; 2. Key Laboratory of Advanced Materials Technology, Ministry of Education, Southwest Jiaotong University, Chengdu 610031, China; 3. Chengdu Tianxiang Power Technology Research Institute Co., Ltd., Chengdu 610095, China; 4. Sichuan Hitaipu Technology Co., Ltd., Chengdu 610095, China; 5. Sichuan Liuhe Forging Co., Ltd., Mianyang 621700, China)

Abstract: Laser cladding repairing technology can be used to repair damaged Ti6Al4V alloy components, compared with forged components, cladding components have the problems of high oxygen content and low strength. In this study, Ti6Al4V-*x*Y (*x* = 0, 0.1, 0.3, 0.5) prealloyed powder is prepared by plasma rotating electrode process, and the Ti6Al4V alloy components are laser cladding repaired with the powder. The results indicate that the introduction of yttrium (Y) results dispersion Y_2O_3 evenly distributed on the powder, as the Y content increases, Micro Vickers hardness of the powder increases. In the Ti6Al4V-*x*Y cladding layer, the Micro Vickers hardness of the Ti6Al4V-*x*Y cladding layer increases with the increase of Y content. The regulation of Y content is conducive to improving the tensile strength of the cladding layer.

Key words: rare earth elements; oxide dispersion-strengthened; PREP; titanium alloy powder; laser cladding

作者联系方式：徐轶，E-mail: xybwbj@swjtu.cn。

1　引言

钛合金，特别是 Ti6Al4V 合金，由于其具有高强度、低重量、耐腐蚀性、生物相容性和高温热稳定性的特点，被广泛用于汽车、航空航天和医疗行业[1-3]。当 Ti6Al4V 钛合金制成的工件发生损伤时，考虑到生产成本和钛合金加工的难度，采用激光熔覆技术对 Ti6Al4V 合金工件进行修复，能够降低生产成本，然而如何进一步提高修复后 Ti6Al4V 钛合金的性能，一直是国内外研究者的研究重点[4]。除了优化激光加工的参数来提高激光熔覆工件的性能外，获得具有良好性能的激光熔覆粉末也是一种重要方法[5]。当用熔覆粉末在 Ti6Al4V 基体上进行激光熔覆修复时，若熔覆粉末与 Ti6Al4V 合金之间的相容性不太好，激光熔覆层中容易会出现裂纹和孔隙，因此应同时考虑熔覆层与基体材料之间的润湿性和相容性，而选择相同材质的 Ti6Al4V 钛合金粉末可以减少熔覆层与基体之间黏结不良的现象，然而相对于传统锻件，仍会存在熔覆层的氧含量高以及强度低的问题[6,7]。

Y 是一种典型的稀土元素，可用作弥散体在优化合金微观组织和改善熔覆层摩擦学等性能方面发挥着重要作用，但是通过传统铸造在钛合金中引入弥散体，不可避免地会加速弥散体的粗化，进而降低弥散强化的效果[8]。在目前已经提出的在钛合金内获得弥散强化效果弥散体的方法中，我们尝试选择通过快速凝固过程（例如旋转电极的过程）产生氧化物弥散体的方法。快速凝固可产生分散的细小 Y_2O_3 颗粒，Y_2O_3 可以使得 Ti6Al4V 合金组织得到显著细化，表明了由激光熔覆制备的 Ti6Al4V 合金力学性能有提升的空间。激光熔覆过程也提供了快速凝固条件，这同样有利于细小 Y_2O_3 颗粒的分散来强化合金的性能。到目前为止，一些研究表明，将稀土元素引入传统制造的钛合金内，钛合金能表现出拉伸强度和伸长率之间的良好平衡[9]。试验表明，稀土元素通常保持在 1.0wt.%以下，通过形成稀土氧化物（REOs）表现出弥散强化作用[10]，并呈现出良好的拉伸强度和伸长率[11-13]。此外，粉末制备方法的选择也非常关键，传统的钛合金粉末是通过 EIGA 无坩埚电极感应熔融气体雾化法制备的[14]，而等离子旋转电极雾化制粉法（PREP）不同于传统雾化制粉方法，由于不是通过高速运动的惰性气体撞击使金属液体雾化制粉，而是在雾化过程中依靠离心力使熔化液滴细化，并在惰性气体环境中依靠表面张力作用球化凝固形成粉末。因此与气体雾化相比，PREP 制备的粉末具有更好的球形度和更小的空心球，适合用于制备高性能熔覆层[15,16]。

目前的研究报告主要集中在稀土 Y 和钛合金的混合粉末对激光熔覆层的影响上，然而混合粉末法容易导致在熔覆层中 Y 元素的不均匀地分布。Gao 等人[17]表明，添加的 Y_2O_3 在 Ti6Al4V 沉积层中分散不够充分，导致团聚，随着 Y_2O_3 含量的增加，伸长率、区域收缩率和拉伸强度的总体变化趋势下降。Weng 等人[10]将 Y 引入到 TNZMY 钛合金中，不均匀分布的 Y 在 TNZMY 的晶界和内部区域沉淀，合金拉伸强度和延展性并没有明显提高。因此我们认为，Y_2O_3 的引入方式、含量以及分布特征，将直接影响构件性能。

本研究设计并采用 PREP 法制备了不同 Y 含量的 Ti6Al4V 的预合金粉末，之后使用预合金粉末对 Ti6Al4V 合金基板进行激光熔覆修复，进一步研究了 Y 的添加对预合金粉末以及对激光熔覆修复层的微观组织形貌，力学性能的影响。

2　材料和方法

2.1　粉末制备

按照元素配比进行配料，由真空自耗电弧炉熔炼标称成分分别为 Ti6Al4V、Ti6Al4V-0.1Y、

Ti6Al4V-0.3Y 和 Ti6Al4V-0.5Y 的钛合金锭，真空熔炼的次数为 3 次，确保合金锭中的元素分布尽可能均匀。图 1 为等离子旋转电极雾化设备（a）；钛合金铸锭（b）；钛合金棒料（c）；钛合金粉末（d）。

图 1　等离子旋转电极雾化设备（a）；钛合金铸锭（b）；钛合金棒料（c）；钛合金粉末（d）

Fig.1　(a) Plasma rotating electrode atomization equipment; (b) Titanium alloy ingots; (c) Titanium alloy bar stock; (d) Titanium alloy powder

将锻造轧制的合金块锭进行机械加工，加工成满足等离子旋转电极设备尺寸要求的合金棒料。棒料长度为 160mm，直径为 29.2mm，表面粗糙度 R_a 为 1.6μm 的合金棒料。

采用 PREP 法制备纳米氧化钇弥散强化钛合金粉末。将棒材固定在等离子雾化制粉设备内的旋转送料装置上，将雾化室内抽真空至真空度 8.6×10^{-3}Pa，填充惰性气体氩气使雾化室内的气压达到 1.7×10^{5}Pa，以确保雾化室中的氧含量不大于 100ppm，控制雾化室中惰性气体的温度在 200~280℃。雾化制粉设备参数为：合金棒料的转速为 30000r/min，合金棒料的进给速度为 1.5mm/s，等离子枪功率为 100kW，设备的具体工作参数如表 1 所示。在合金棒和等离子枪之间激发具有高温度的等离子弧来熔化合金棒料，棒料溶液在离心力和表面张力的共同作用下，最后冷却凝固成球形 Y 增强钛合金粉末。粉末完全冷却后，将粉末收集装置中的粉末真空封装并储存，最终获得 Ti6Al4V、Ti6Al4V-0.1Y、Ti6Al4V-0.3Y 和 Ti6Al4V-0.5Y 的增强合金粉末。

表 1　等离子旋转电极雾化设备运行参数

Table 1　Operating parameters of PREP

参数	工作电流/A	主轴电流/A	进给速度/mm·s^{-1}	转速/r·min^{-1}
数值	100	600	1.5	30000

2.2　激光熔覆修复

采用等离子旋转电极雾化制备的增强钛合金粉末，通过气相送粉法对 Ti6Al4V 合金零件进行激光熔覆修复。图 2 为激光熔覆设备组件示意图。

图 3 为激光熔覆过程示意图（a）；Ti6Al4V 基板（b）；激光熔覆后形貌图（c）；熔覆过程图解（d）。首先对基板进行抛光和超声波清洗，然后将基体和合金粉末预热至 300℃，此外，因为钛合金在高温下化学性质比较活泼，在熔覆过程中将纯度为 99.99%的氩气用作保护气体来隔绝氧气，以防止熔覆层被氧化而影响性能。再在基体上进行多道次粉末激光熔覆过程。通过激光熔覆设备，分别在通过四种雾化钛合金粉末对基体进行熔覆。

激光熔覆的具体流程及参数如下。在熔覆前进行 Ti6Al4V 合金零件的预热操作，预热温度为 300℃；熔覆过程中采用惰性气体氩气作为保护气体，保护气体的送气速率为 5L/min；激光器的功率为 1200W，激光器的孔径为 4mm；熔覆粉末的送粉速率为 2.3g/min，熔覆过程中激光喷嘴的进给速率为 150mm/min；多道熔覆层的搭接率为 45%。

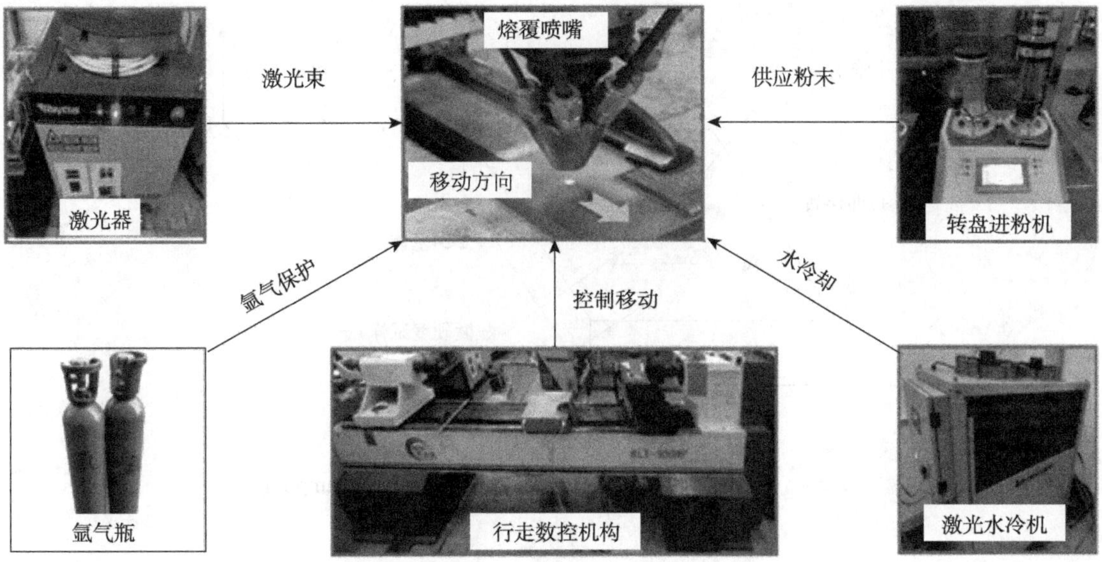

图 2　激光熔覆设备组件示意图

Fig.2　Schematic diagram of laser cladding equipment components

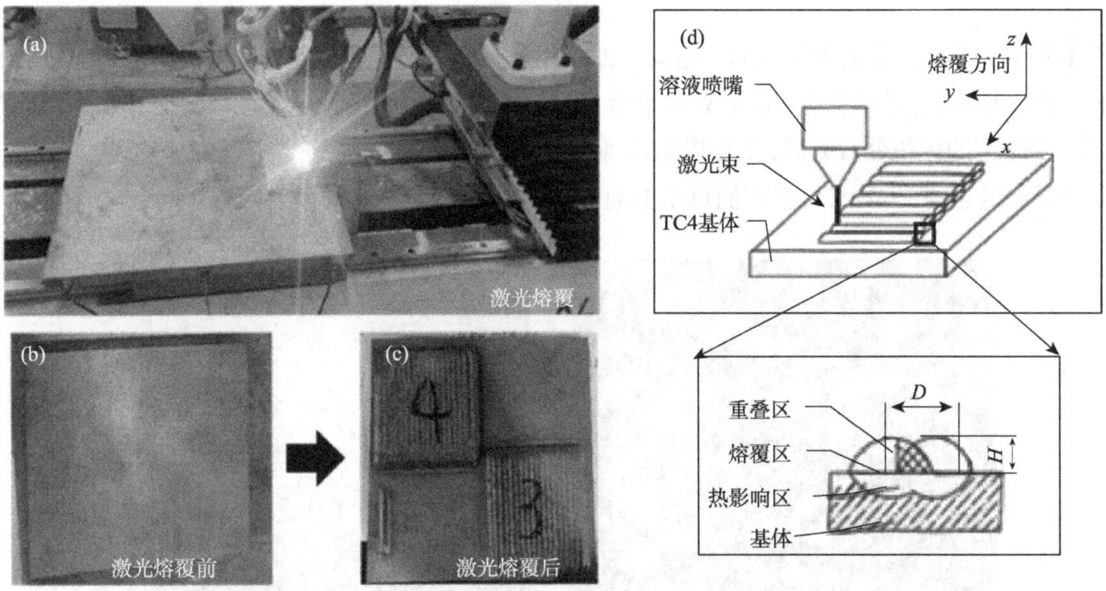

图 3　激光熔覆过程示意图（a）；Ti6Al4V 基板（b）；激光熔覆后形貌图（c）；熔覆过程图解（d）

Fig.3　(a) Schematic diagram of the laser cladding process; (b) Ti6Al4V substrate; (c) Laser cladding topography; (d) Illustration of the cladding process

2.3　试样表征

通过冷镶嵌树脂粉进行合金粉末的镶嵌，然后粉末镶嵌样品和激光熔覆合金通过抛光机进行打磨抛光，并用 Kroll 溶液（10mL HF，30mL HNO_3 和 130mL H_2O）腐蚀 5s。通过倒置金相显微镜来观察粉末镶嵌样和激光熔覆样的组织形貌，使用扫描电子显微镜观察粉末和熔覆样的微观结构。采用显微维氏硬度仪器对合金粉末和熔覆样的力学性能进行了评价，负载为 200g，并在压力保持 10s 后卸载。从熔覆层上切下狗骨拉伸标本，厚度长度为 10mm，平行截面的横截面积为 2mm×2mm，以 1mm/min 的标称速度进行位移控制拉伸试验，并用扫描电子显微镜观察拉伸样品的断裂。图 4 为激光熔覆样品取样示意图。

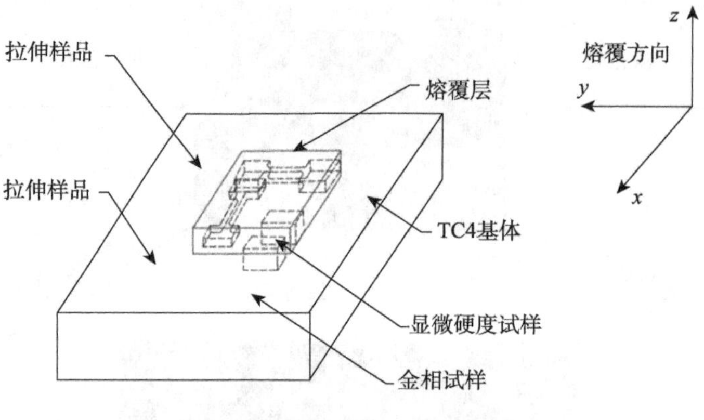

图 4 激光熔覆样品取样示意图

Fig.4 Schematic diagram of laser cladding sample sampling

3 结果和讨论

3.1 氧化钇弥散强化 Ti6Al4V 粉末的形貌和性能

图 5 为 Ti6Al4V 合金粉末颗粒的横截面。β-Ti 相从马氏体转变温度迅速冷却，并进行非扩散转变，得到细针状 α′相马氏体组织[18]。引入 Y 元素后，合金的组织没有变化，主要是 α-Ti 相和少量残余 β-Ti 相。合金中 Y_2O_3 的体积分数太低，不足以用 X 射线衍射仪检测。Wang 等[19]也报告了发现：尽管 Ti6Al4V 合金中的添加量达到 2.0wt.%，但它们也不能通过 XRD 检测到 Y_2O_3 的衍射峰。

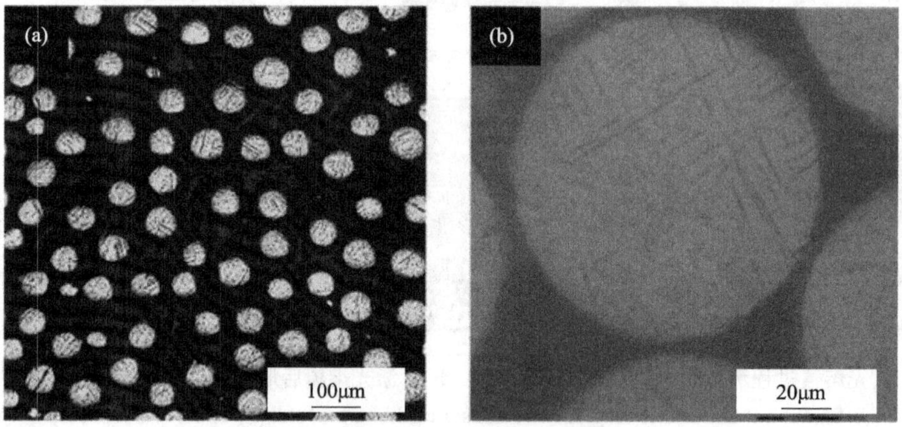

图 5 Ti6Al4V 合金粉末颗粒的横截面

Fig.5 Cross-section of Ti6Al4V alloy powder

图 6 为 Ti6Al4V-xY（x=0，0.1，0.3，0.5）粉末表面形貌的扫描电镜图。通过 PREP 制备的粉末颗粒具有光滑的表面和良好的球形度，可以观察到粉末表面存在大量的白色弥散体，并且随着钛合金中 Y 的质量分数从 0.1%增加到 0.3%、0.5%，弥散体的数量也明显增加。图 7 为 Ti6Al4V-0.5Y 粉末表面形貌的能谱仪图。弥散体的平均尺寸为数百纳米，形状呈现为花瓣状，这是由于纳米颗粒具有体积小、比表面积大、表面能高等特点，因此纳米颗粒处于不稳定的能量状态，并倾向于聚集以增大其粒径以获得较低的自由能，小尺寸分散的颗粒更容易团聚成花瓣状[17]。由于通过 PREP 制备合金粉末属于快速冷却过程，弥散体在凝固之前尚未粗化长大到一定尺寸，所以平均尺寸相对较小。Weng 等人[20]发现 Y_2O_3 颗粒首先分解成 Y 和 O 原子并进入 Ti6Al4V 的熔池，然后，球形 Y_2O_3 颗粒随着熔池的凝固而形成。表 2 为

Ti6Al4V-0.5Y 粉末表面分散相和基体 EDS 点分析素含量表。因此，结合 EDS 点分析发现分散相中的 Y 和 O 元素比基体更高，定性分析判断分散相为 Y_2O_3。

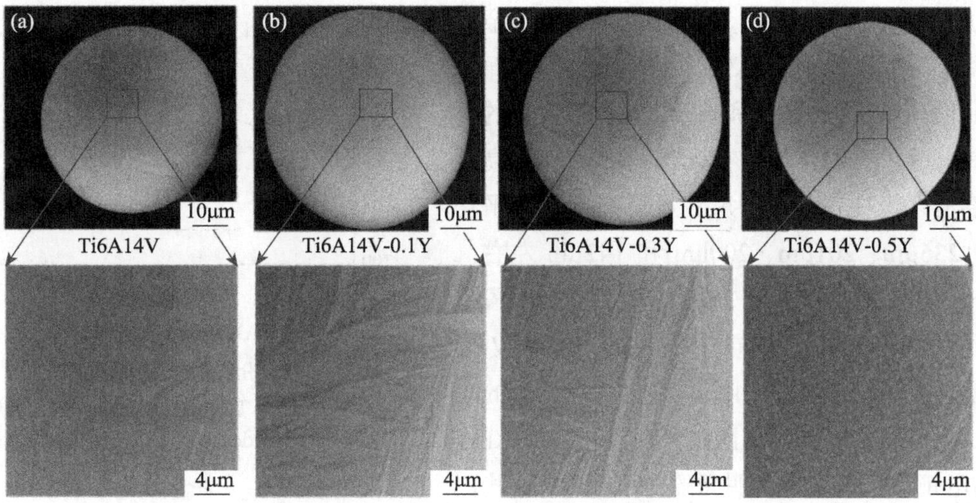

图 6　Ti6Al4V-xY（x= 0，0.1，0.3，0.5）粉末表面形貌的扫描电镜图

Fig.6　SEM of the Ti6Al4V- xY (x=0,0.1,0.3,0.5) surface topography

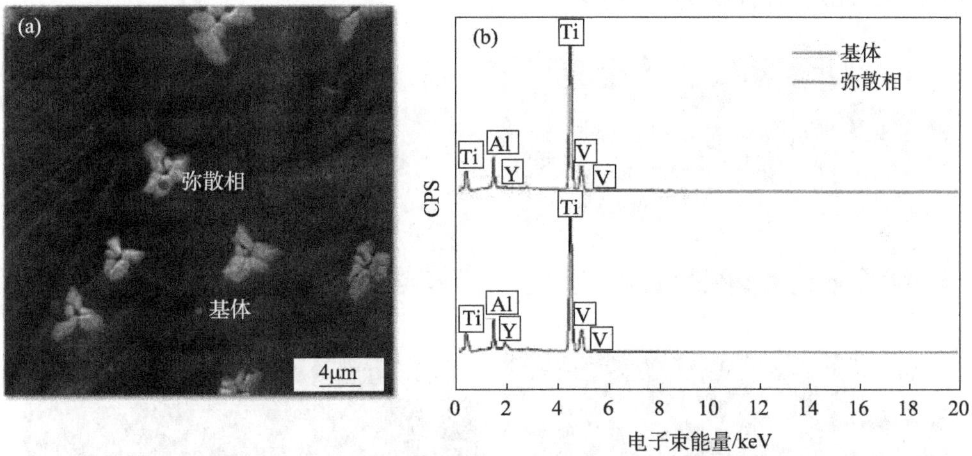

图 7　Ti6Al4V-0.5Y 粉末表面形貌的能谱仪图

Fig.7　(a), (b) EDS of the Ti6Al4V-0.5Y powder surface topography

Y 的氧化物 Y_2O_3 比 Ti 的氧化物 TiO_2 更稳定，Y 可以与基质中的任何可用氧反应生成 Y_2O_3[9]。2410℃时的熔点明显高于 1668℃时的 Ti 熔点，冷却过程中熔池中液相→β 相转化，基体中 Y 与 O 容易结合凝固析出形成 Y_2O_3[21]，析出的 Y_2O_3 在离心力的作用下更均匀地分布在熔池中，不易出现弥散体团聚和氧化钇颗粒粗化快速生长。图 8 为 Ti6Al4V-xY（x=0，0.1，0.3，0.5）粉末显微维氏硬度曲线。合金粉末中含有 Y 元素含量，随着 Y 含量的增加，粉末的显微硬度明显增加。由于粉末中均匀分布的弥散体产生弥散强化，因此粉末的显微硬度得到提高。

表 2　Ti6Al4V-0.5Y 粉末表面分散相和基体 EDS 点分析元素含量表

Table 2　Table of elements content of dispersion and matrix EDS point analysis on Ti6Al4V-0.5Y powder

元素	原子百分比/%	
	弥散相	基体
Al	8.32	9.70
Ti	69.43	82.23
V	2.60	3.60
O	18.18	4.25
Y	1.47	0.22
总量	100.00	100.00

3.2 氧化钇弥散强化 Ti6Al4V 粉末激光熔覆组织形貌和性能

图 9 为 Ti6Al4V-xY（x=0，0.1，0.3，0.5）合金熔覆层的光镜图。由于 Y 的加入会限制晶粒生长从而细化晶粒，因此柱状晶体的宽度和长度随着 Y 含量的增加而显著减小。随着 Y 含量从 0wt.%、0.1wt.%提高到 0.5wt.%，熔覆区粗柱状晶体的尺寸显著减小，其平均尺寸分别为 235μm、201μm、200μm 和 142μm 左右。图 10 为 Ti6Al4V-xY（x=0，0.1，0.3，0.5）合金熔覆层的扫描电镜图（a）~（d）。不同 Y 含量的 Ti6Al4V 熔覆层的形貌均主要呈现为魏氏组织，随着 Y 含量的增加，条状 α 相的尺寸减小，并且在含有 Y 的 Ti6Al4V 粉末的扫描电镜中可以观察到明亮的白色颗粒。这些白色颗粒的尺寸从几十纳米到几百纳米不等，并均匀分散在整个基体中。图 10（e）为 Ti6Al4V-0.5Y 合金熔覆层的能谱仪图。Ti6Al4V-0.5Y 合金的 EDS 表明白色颗粒中存在富集的 Y 元素和 O 元素，其他元素的分布相对均匀，因此判断白色颗粒为 Y_2O_3。

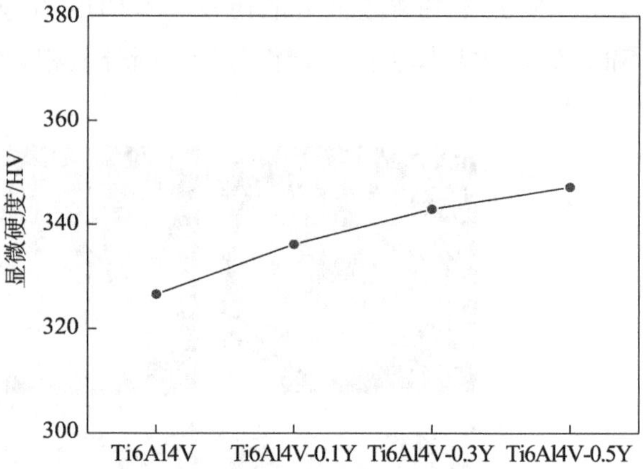

图 8 Ti6Al4V-xY（x=0，0.1，0.3，0.5）粉末显微维氏硬度曲线

Fig.8 Ti6Al4V-xY (x=0,0.1,0.3,0.5) powder micro Vickers hardness

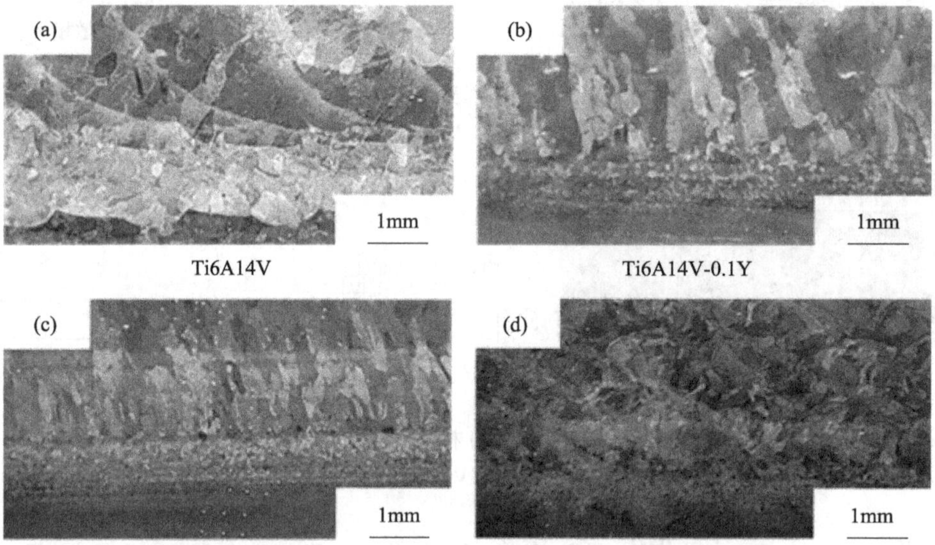

图 9 Ti6Al4V-xY（x=0，0.1，0.3，0.5）合金熔覆层的光镜图

Fig. 9 OM of Ti6Al4V-xY (x=0,0.1,0.3,0.5) alloy cladding layer

图 11（a）为 Ti6Al4V-xY（x= 0，0.1，0.3，0.5）合金的显微维氏硬度。Ti6Al4V 熔覆层的平均显微硬度约为HV348，而0.1% Y、0.3% Y 和0.5%Y 的熔覆层平均显微硬度分别约为HV346、HV356和HV359。结果表明，Y 的加入可以显著提高熔覆层的硬度，添加量越大，熔覆层的显微硬度越高。此外，从图中可以看出，无论是否加入 Y 元素，热影响区的界面硬度最高，而熔覆层区和基体的硬度一般都比较接近。因为后续堆垛层的热量对前缘堆垛层具有循环热处理的作用。前一层的顶部被重熔并进一步细化以形成等轴晶粒。Wang 等[22]认为增材制造过程中的大量热量积聚也会诱发再结晶的形成。细晶强化和弥散强化相结合，提高了熔覆层的硬度，因此硬度与锻造后的 Ti6Al4V 基体的相近。

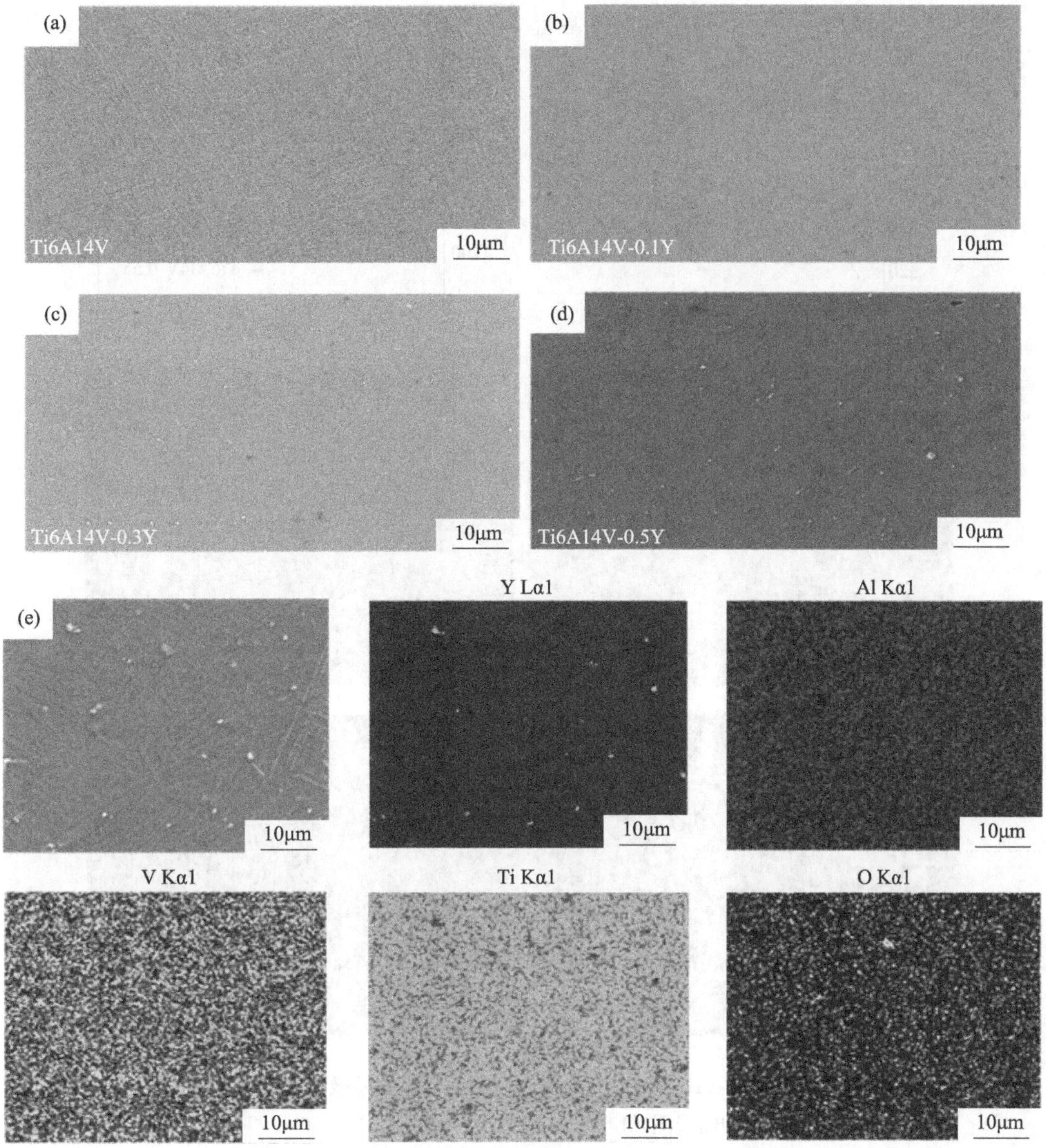

图 10　Ti6Al4V-*x*Y（*x*=0，0.1，0.3，0.5）合金熔覆层的扫描电镜图（a）~（d）和 Ti6Al4V-0.5Y 合金熔覆层的能谱仪图（e）

Fig.10　(a)-(d) SEM of Ti6Al4V-*x*Y (*x*=0,0.1,0.3,0.5) alloy cladding layer; (e) EDS of Ti6Al4V-0.5Y alloy cladding layer

图 11（b）为 Ti6Al4V-*x*Y（*x*= 0，0.1，0.3，0.5）合金的拉伸曲线图。随着 Y 含量的增加，合金的抗拉强度先增加后减小，而伸长率先减小后略有上升。当 Y 含量为 0.3wt.%时，合金的抗拉强度增加约 8%，而相应的伸长率降低约 29%（与纯 Ti6Al4V 相比）。

图 11（c）~（f）为 Ti6Al4V-*x*Y（*x*=0，0.1，0.3，0.5）合金的拉伸断口形貌图。在 Ti6Al4V 熔覆层的断裂处发现了许多撕裂脊和大尺寸的韧窝，其微观形态特征显示为塑形断裂。加入 Y_2O_3 后，熔覆层的拉伸断裂处有许多大面积平坦的区域。通过放大这些平坦区域，观察到密集分布的小尺寸韧窝，Y_2O_3 颗粒出现在韧窝的底部。与 Ti6Al4V-0.3Y 合金相比，Ti6Al4V-0.5Y 合金韧窝中 Y_2O_3 的含量更高，因此更倾向于形成团聚并表现为长条状。最重要的是，Ti6Al4V-0.5Y 合金熔覆层的拉伸断裂，受到具有裂解和延展性断裂特征的混合断裂。韧窝大小与晶粒尺寸有关，因为晶界充当裂纹成核的位置来控制韧窝尺寸，这也表明，Y_2O_3 颗粒可以细化 α-Ti 晶粒。

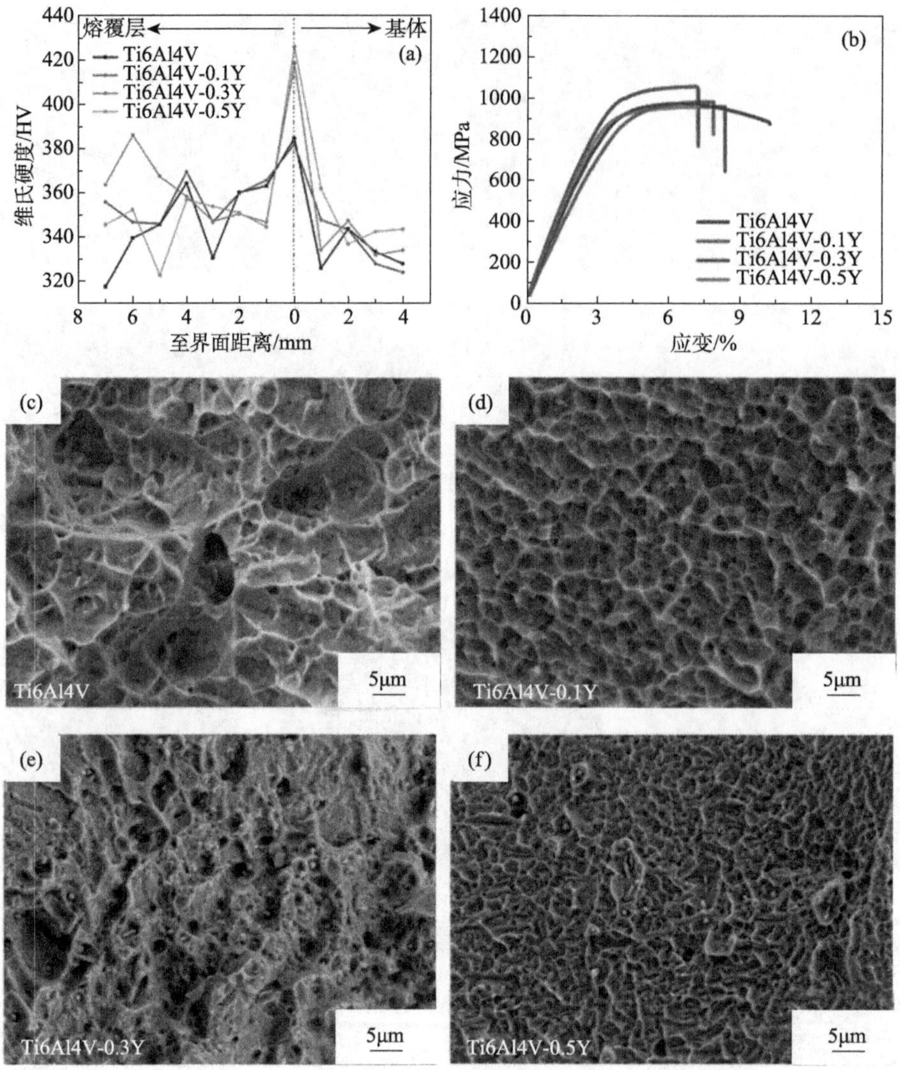

图 11　Ti6Al4V-*x*Y（*x*= 0，0.1，0.3，0.5）合金的显微维氏硬度（a）、拉伸曲线图（b）和拉伸断口形貌图（c）~（f）

Fig. 11　(a) Micro Vickers hardness of Ti6Al4V-*x*Y (*x*= 0,0.1,0.3,0.5) alloy; (b) Tensile Stress-strain curve of Ti6Al4V-*x*Y (*x*= 0,0.1,0.3,0.5) alloy; (c)-(f) Tensile fracture topography of Ti6Al4V-*x*Y (*x*= 0,0.1,0.3,0.5) alloy

4　结论

（1）通过 PREP 制备的球形 Ti6Al4V-*x*Y（*x*=0，0.1，0.3，0.5）合金粉末具有优异的粉末特性，可以明显观察到粉末上弥散体 Y_2O_3 呈现均匀分布。随着 Y 含量的增加，合金粉末的显微硬度明显提高，Ti6Al4V-0.5Y 合金粉末的平均硬度达到 HV 359。

（2）Y 添加后 Y_2O_3 颗粒的形成，激光熔覆修复层的微观结构明显细化。随着弥散相的析出，Y_2O_3 的含量及分布特征，对于熔覆层的拉伸强度和延伸率具有重要影响，添加 0.3% Y 的熔覆层具有最佳的综合力学性能。

参考文献

[1]　Li Yong, Wang Qiulin, Zhou Qing, et al. Research status and prospect of laser cladding technology on titanium alloy surfaces[J]. Journal of Chengdu Aviation Vocational and Technical College, 2021, 37(2): 63-65.

(李勇, 王秋林, 周青, 等. 钛合金表面激光熔覆技术研究现状与展望[J]. 成都航空职业技术学院学报, 2021, 37(2): 63-65.)

[2] Xie Faqin, He Peng, Wu Xiangqing, et al. Research and prospect of laser cladding technology for titanium alloy surfaces[J]. Rare Metal Materials and Engineering, 2022, 51(4): 1514-1524.
(谢发勤, 何鹏, 吴向清, 等. 钛合金表面激光熔覆技术的研究及展望[J]. 稀有金属材料与工程, 2022, 51(4): 1514-1524.)

[3] Zhang Leitao, Liu Dexin, Zhang Weiqiang, et al. Research progress of laser cladding coatings on titanium alloy surfaces[J]. Surface Technology, 2020, 49(8): 97-104.
(张蕾涛, 刘德鑫, 张伟樯, 等. 钛合金表面激光熔覆涂层的研究进展[J]. 表面技术, 2020, 49(8): 97-104.)

[4] Zhang Deqiang, Liu Xiande, Zhang Wenbo, et al. Experimental study on TC4 titanium alloy laser cladding[J]. Hot Working Technology: 1-4[2022-10-21]. DOI: 10. 14158/j. cnki. 1001-3814. 20152462.
(张德强, 刘贤德, 张文博, 等. TC4 钛合金激光熔覆实验研究[J/OL]. 热加工工艺: 1-4[2022-10-21]. DOI: 10. 14158/j. cnki. 1001-3814. 20152462.)

[5] Ju J, Zhao C L, Kang M D, et al. Effect of heat treatment on microstructure and tribological behavior of Ti-6Al-4V alloys fabricated by selective laser melting[J]. Tribol. Int. , 2021, 159: 106966.

[6] Zhao Z, Chen J, Tan H, et al. Microstructure and mechanical properties of laser repaired TC4 titanium alloy[J]. Rare Metal Mat. Eng. , 2017, 46(7): 1792-1797.

[7] Quazi M M, Fazal M A, Haseeb A S M A, et al. Effect of rare earth elements and their oxides on tribo-mechanical performance of laser claddings: A review[J]. J Rare Earth, 2016, 34(6): 549-564.

[8] Pilchak A L, Williams J C. Effect of yttrium on the fatigue behavior of investment-cast and wrought Ti-6Al-4V[J]. Metall. Mater. Trans. A, 2009, 40a(11): 2603-2615.

[9] Kim D K, Kim Y I, Kim Y D, et al. Comparative study for microstructural characterisations and properties of Ti-Y powders produced by vacuum induction gas atomization cold crucible process[J]. Powder Metall, 2021, 64(5): 396-403.

[10] Weng W J, Biesiekierski A, Lin J X, et al. Impact of the rare earth elements scandium and yttrium on beta-type Ti-24Nb-38Zr-2Mo-base alloys for orthopedic applications[J]. Materialia, 2020(9): 100586-100597.

[11] Yang Y F, Luo S D, Schaffer G B, et al. Impurity scavenging, microstructural refinement and mechanical properties of powder metallurgy titanium and titanium alloys by a small addition of cerium silicide[J]. Mat. Sci. Eng. a-Struct. , 2013, 573: 166-174.

[12] Li A, Ma S, Yang Y J, et al. Microstructure and mechanical properties of Y_2O_3 reinforced Ti6Al4V composites fabricated by spark plasma sintering[J]. J. Alloy Compd., 2019, 768: 49-56.

[13] Zhang D Y, Qiu D, Gibson M A, et al. Refining prior-I3 grains of Ti-6Al-4V alloy through yttrium addition[J]. J. Alloy Compd. , 2020, 841: 155733-155740.

[14] He W W, Liu Y, Tang H P, et al. Microstructural characteristics and densification behavior of high-Nb TiAl powder produced by plasma rotating electrode process[J]. Mater. Design, 2017, 132: 275-282.

[15] Yamanoglu R, German R M, Karagoz S, et al. Microstructural investigation of as cast and PREP atomised Ti-6Al-4V alloy[J]. Powder Metall. , 2011: 54(5): 604-607.

[16] Yin J O, Chen G, Zhao S Y, et al. Microstructural characterization and properties of Ti-28Ta at.% powders produced by plasma rotating electrode process[J]. J. Alloy Compd. , 2017, 713: 222-228.

[17] Gao Z N, Bu H C, Feng Y, et al. Strengthening mechanism of Y_2O_3 nanoparticles on microstructure and mechanical properties of the laser additive manufacturing joint for large thickness TC4 titanium alloy[J]. J. Manuf. Process, 2021, 71: 37-55.

[18] Song X, Niinomi M, Nakai M, et al. Improvement in fatigue strength while keeping low Young's modulus of a beta-type titanium alloy through yttrium oxide dispersion[J]. Mat. Sci. Eng. C-Mater. , 2012, 32(3): 542-549.

[19] Wang L X, Yang L J, Huang Y M, et al. Effects of Y_2O_3 addition on the microstructure and wear-resistant performance of TiN/TiB-reinforced Ti-based laser-clad coatings on Ti-6Al-4V alloys[J]. Mater. Today Commun. , 2021, 29: 102752-102764.

[20] Weng F, Yu H J, Chen C Z, et al. Microstructures and properties of TiN reinforced Co-based composite coatings modified with Y_2O_3 by laser cladding on Ti-6Al-4V alloy[J]. J. Alloy Compd. , 2015, 650: 178-184.

[21] Wang X, Zhang L J, Ning J, et al. Effect of addition of micron-sized lanthanum oxide particles on morphologies, microstructures and properties of the wire laser additively manufactured Ti-6Al-4V alloy[J]. Mat. Sci. Eng. a-Struct. , 2021, 803 : 140475.

[22] Wang J, Lin X, Li J Q, et al. Effects of deposition strategies on macro/microstructure and mechanical properties of wire and arc additive manufactured Ti-6Al-4V[J]. Mat. Sci. Eng. , a-Struct. , 2019, 754: 735-749.

增材制造技术在钛及钛合金中的应用

张 倩[1] 杨绍利[2] 马 兰[2]

（1. 成都理工大学材料与化学化工学院，四川成都 610000；
2. 钒钛资源综合利用四川省重点实验室，四川攀枝花 617000）

摘 要：钛及钛合金由于在锻造过程中的温度和区域狭小、变形抵抗能力强、高温易吸氧吸氢等特点，使得我们在用来设计和制备大型结构件时存在诸多困难。而增材制造技术克服了传统制造技术工序繁杂、规模小等问题，采用“自下而上”的制造方法大大缩短了钛合金的加工和生产周期，增加了原材料的综合利用率，降低成本，并且可以满足各种钛合金产品的制造工艺和性能要求，其新颖的工件成形设计理念为现代工业工程制造技术提供了新的发展方向，因而在行业内得到广泛应用。本文主要通过对目前国内外各种用于钛及钛合金的应用增材材料生产工艺技术的基本研究和发展综述，对钛及其合金的增材制造生产工艺技术的基本研究和发展趋势问题进行了深入分析。

关键词：钛；钛合金；增材制造

Summary of Additive Manufacturing of Titanium and Titanium Alloy

Zhang Qian[1] Yang Shaoli[2] Ma Lan[2]

(1.College of Materials and Chemistry & Chemical Engineering, Chengdu University of Technology, Chengdu 610000, China; 2.Vanadium and Titanium Resource Comprehensive Utilization Key Laboratory of Sichuan Province, Panzhihua 617000, China)

Abstract: Titanium and titanium alloys have many difficulties in the design and preparation of large structural parts due to the narrow temperature and area in the forging process, strong deformation resistance, high temperature oxygen and hydrogen absorption, etc. Additive manufacturing technology overcomes the problems of complicated process and small scale of traditional manufacturing technology. Manufactured "bottom-up" method has greatly shortened the processing of titanium alloy and production cycle, increase the comprehensive utilization ratio of raw materials, reduce cost, and can satisfy all kinds of titanium products manufacturing technology and performance requirements, its novel workpiece forming design concept for the development of modern industrial engineering technology provides a new direction, and therefore is widely applied in the industry. In this paper, through summarizing the basic research and development of various additive materials production technology used in titanium and titanium alloy at home and abroad, the basic research and development trend of additive manufacturing technology for titanium and titanium alloy are analyzed in depth.

Key words: titanium; titanium alloy; additive manufacturing

通讯作者：杨绍利，教授，长期从事钒钛资源综合利用研究；E-mail: yangslsl@163.com。

1 引言

钛及钛合金制品具有较高的机械强度、抗压和腐蚀性良好、抗热性高，稳定性好和适合低温工作环境等优点，因而目前在我国船舶造船、汽车车辆制造、航空航天飞行等众多大型工业和民用领域产品中都已经具有广阔的技术应用发展前景[1]。钛合金材料是目前应用最为广泛的一种新型钛金属材料。其优于传统材料的性能大大提高了产品的质量，满足了工业发展对新材料、新工艺的需求,从而促进了现代工业的发展。随着钛合金工艺和技术的不断改善，钛合金逐步发展成为工业生产中的第三种金属[2]。然而，钛及钛合金的品种繁多、产品结构复杂、批量少并对其性能有很大的要求。而这些产品对于工艺的要求更是传统生产和制造工艺所不能达到的。增材加工制造技术特点是能够实现个性化定制、不需要模具、生产成本低、利用率接近 100%、生产周期短等。特别适用于复杂形状、短流程快速的个性化定制产品。近几十年来，增材制造技术发展迅速，逐渐成为工业领域的研究热点，并在现代工业的许多领域取得了快速发展[3]。

2 钛及钛合金增材制造技术

自 20 世纪 50 年代发展以来,钛合金因其无毒、无磁性、可焊性好等优良综合性能而被广泛应用于各个领域，这导致各领域对钛合金的质量提出了更高的要求。增材制造（Additive Manufacturing，AM）技术，又称 3D 打印技术，是一种以 3D 模型数据为驱动、原理为离散叠加的制造方法。通过电子计算机和数控系统把专用的金属以及其他非金属材料加工，按“挤压、烧结、熔化”等方法逐层进行堆积，形成一体，制造并提供各种实体零部件的自动化制造技术。钛合金增材制造工艺技术不仅解决了精密构件的加工问题，而且进一步拓宽了钛合金在各个领域的应用范围[4]。

根据增材所需要的加工和热源以及冷轧钛金属原料体的形状及其形态的不同，增材的产品制造生产技术大致可以分为激光增材制造、电子束增材制、电弧增材制造固态焊增材制造几大类。国内外许多专家和技术学者通过不同的技术方法手段来探索改进和发展增材制造工艺的新手段，优化工艺方法，稳定增材制造过程，减少或避免增材制造结构缺陷产生，使钛合高等金增材制造技术朝着绿色、高效、稳定的方向继续发展。

2.1 激光增材制造

近年来，激光增材（3D 打印）技术（Laser additive manufacturing，LAM）掀起了制造革命的新浪潮。该技术是利用高能量密度的激光束同步熔化金属粉末，形成熔池，然后快速凝固，通过逐点、逐道、逐层堆积实现金属构件的最终成形。在我国航空和太阳能发电等领域发展潜力巨大[5]。

2.1.1 激光选区熔融成形技术

激光选区熔融技术（Selective Laser Melting，SLM）是利用高能激光束的热效应，对金属粉末材料选择性地熔化和黏结，形成薄层，然后一层层叠加得到三维实体部件，如图 1 所示。与传统的铸锻工艺相比，SLM 工艺具有成形速度快、成形精度高、周期短、结构减重收益明显、质量稳定性好、材料利用率高等优点。对于一些特殊的复杂结构（如蒙皮晶格结构、带内流道结构、功能集成结构），无需模具即可实现一体化成形，能够满足个性化定制需求，可以实现传统加工无法实现的结构形式。因此，与其他技术相比，激光选择性熔体成形技术是工业化应用最广泛的技术，适用于生产传统制造技术无法实现的结构复杂、表面质量要求高的零件。

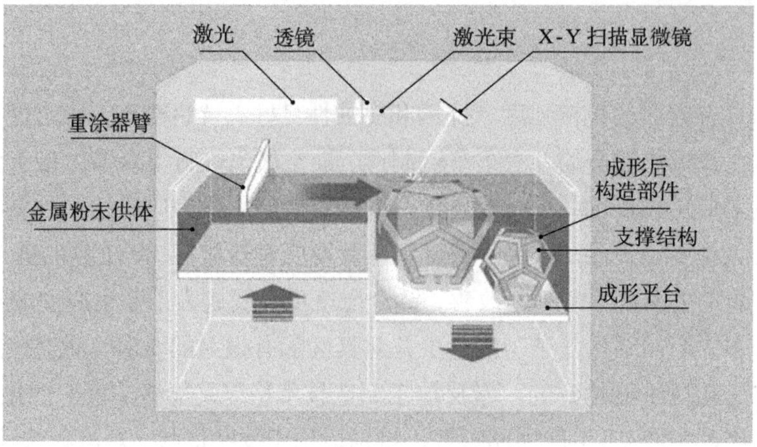

图 1　SLM 工作原理图

Fig.1　SLM working principle diagram

但是 SLM 存在一些缺陷：SLM 工艺由于激光束光斑的尺寸较小，支撑结构容易在粉末床中成形，表面的精度不高，使得成形的构件后续处理的工序极其复杂。SLM 制造的零件尺寸小，粉末熔融球化，在 SLM 制造的零件中不可避免地出现一些小孔，在液滴凝固过程中，气体难以避免地会留在粉末孔洞中，并被带入打印件中[6]，在一定程度上会影响部件的疲劳性能。热输入量不足导致无法产生足够的熔融金属液，使熔融金属流动困难，局部间隙不能有效填补，导致未熔透的孔洞。在打印过程中，由于温度梯度产生的残余应力和材料内部相变产生内应力累积，超过材料屈服强度而产生裂纹。

此外，SLM 成形工艺的要求严格，因此适合此工艺的原材料少；并且大型构件的 SLM 成形，粉末层内部温度场不均匀，如何有效地控制应力的分布与构件的变形是关键；而如何改善和提高粉末在生产中的有效使用率与再利用率，也成为当前必须研究和解决的重点课题。

2.1.2　激光熔化沉积技术

激光熔化沉积技术（Laser Metal Deposition，LMD）是使用高功率的激光将同步提供给金属粉末的部分熔化,并且使用一个特殊的喷嘴将部分物体在沉淀的基板上逐层地堆积。LMD 工艺的关键是准确、连续地供粉，能够控制粉料的熔炼和凝固过程，并且保证熔池尺寸小而稳定，固液界面连续一致。LMD 工艺材料利用率高，因此不必覆盖整个工作表面；其喷嘴能够大范围移动，适用于大型米级结构件，也可实现不同组分、比例梯度材料快速地直接成形。形成过程如图 2 所示[7]。

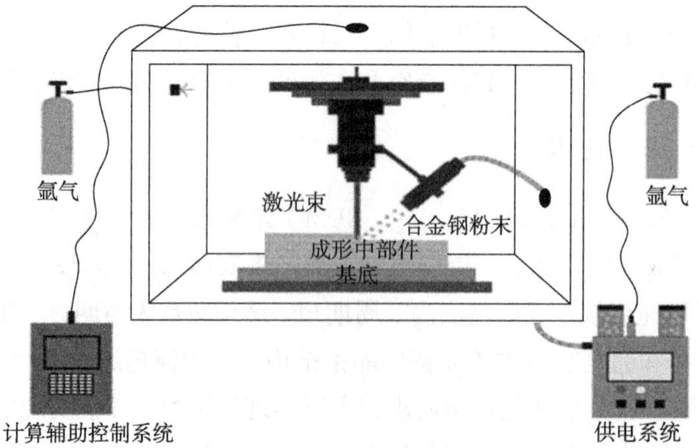

图 2　激光熔化沉积成形工艺原理

Fig.2　Principle of laser melting deposition process

基于激光直接沉积制造技术，先后推出了伞形支架、钛合金斜槽法兰底部框架和钛合金等材料制造技术应用主体轴承结构、全尺寸产品开发、力学试验和空间环境，推动 LDM 成形技术在工程上的应用模式，开发周期明显缩短。

然而，激光材料熔化沉积成形存在多个物理场相互耦合的现象，会导致不稳定因素存在于形成的过程中。由于温度波动变化激烈,熔池的凝集速率相对较大，因而易发生屈曲变形、熔融不良、零件大小和尺寸的精确度不高、开裂等缺陷，而内部易发生气孔、掺杂、裂纹等缺陷[8-11]。这些技术缺陷的发生将会严重影响零件的质量和性能，甚至可能导致对零件造成损害和失效，特别是对航空航天工业等性能要求较高的领域，即便有细微缺陷也可能带来很多安全风险，甚至可能造成危险的重大事故。众多研究结果表明，激光熔化后经过沉淀和塑造而成形的零件虽然可以实现强度等力学性能比锻件的强很多，但是有缺陷的存在导致零件的疲劳强度比锻件要差很多[12]。

2.1.3　激光立体成形技术

激光立体成形技术（Laser Solid Forming，LSF）的主要特点是金属材料的同步给进。它是一种将激光熔覆技术、增材制造技术、数字化加工技术和新材料技术有机结合在一起，利用 CAD 和数字化模型迅速准确地将各种金属材料加工组装成三维实体零部件，从而真正达到“自由制造”的新技术。其加工过程如图 3[13]所示。首先在电子计算机中合成部件的三维 CAD 模型，然后对其按照设计标准或要求进行切片和分层。换言之，就是将部件的三维形态信息转化为一系列二维形态和轮廓信息。采用了同步输送粉末激光熔覆的工艺，将各种金属粉末材料按一定的填充途径，在一定的基体上进行逐点加以填补形式，重复此操作过程，逐层加以堆积形成三维固体元件。

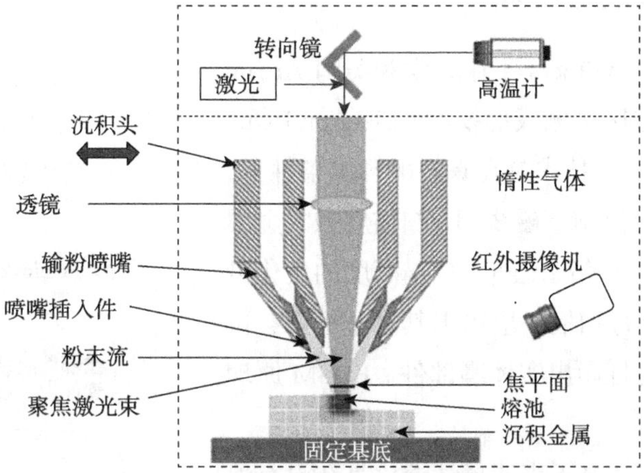

图 3　激光立体成形工艺流程示意图

Fig.3　Schematic diagram of laser solid forming process

这种激光立体成形技术相对于传统加工模具生产方式来说，拥有更短的工艺周期以及较低的工艺生产费用，生产过程中的软化水平程度更高，而且可以提供的能量和密度更高，从而可以使得各种零件都具备优异的机械动力学性能和良好的化学性能。不仅强度高，而且可塑性很强，并且具有突出的抗氧化和防锈性能。原料的金属粉末在高能激光作用下、快速熔化和凝固的过程中直接完成部件的固态和成形，制造后所需要完成的零部件几乎都是完全致密，并且整个微观结构的分布均匀、没有传统的铸件和精炼器所存在的宏观结构缺陷。同时，这种厚实结构可以大幅提高材料的强度、可塑性以及耐腐蚀性。

目前，LSF 技术在许多材料发展中，以钛合金 LSF 技术最为成熟，其他材料中 LSF 技术的成熟率远远落后于普通钛合金。然而，TC4 钛合金强度高、塑性低，在外延生长过程中，产生的厚 β 柱状晶会使制得的零部件力学性能呈各向异性，严重影响了它的实际应用。此外，合金中所含的 V 元素价格高昂，导致合金制备成本较高。

虽然 LSF 成形效率高，但是由于这种成形件的整体外观粗陋，需要进一步进行修整和加工。此外，LSF 铸造工艺一般不需要具备整体支撑式的结构，使用的大型激光束体所发射出的光斑结构尺寸很大，因此其整体成形工艺复杂性和铸造精度与传统铸造的工艺相比也往往存在着一定的程度的偏差。尤其特别是对于大型金属构件的制造，LSF 如何有效率地控制内部热反应力量的分布和内部变形被普遍认为是目前我国企业迫切需要研究解决的一个问题。此外，国内外对 LSF 技术的研究主要集中在粉体输送方式上，存在粉体利用率低（20%~30%）、粉体污染、粉体成本高等问题。

2.2　电子束增材制造

电子束增材制造（EBAM）是一种利用热源电子束在 CAD 中根据三维模型分层变换的二维加工路径图对粉/丝材料进行移动和熔化，使原料逐层堆积固化形成实体零部件的“近净”制造技术[14]。在电子束增材制造过程中，电子束、线材和基体相互作用，增材熔化池中发生复杂的物理化学变化[15-17]。生成的实体零部件的成形体、成形形态、缺陷和组织与电子束增材制造技术的工艺参数息息相关。王宁宁等人[18]选取试验中的几个主要影响因素，采用正交试验方法，分析其对 TC11 钛合金成形质量的影响规律，以提高该类合金增材制造的工艺经验和理论基础[19-21]。该技术可在现有锻件的基础上以优化的工艺参数成形部分，特别适用于短周期、低成本制造钛合金等大型复杂结构零件。这对电子束快速成形生产钛合金具有重要意义。

2.2.1　电子束选区熔融成形技术

20 世纪末，德国瑞典 Chalmers 工业大学和美国 Arcam 公司共同开发出了电子束选区熔融成形技术（Electron Beam Selective Melting，EBSM）。该技术是在真空的环境条件下，利用电子束的加速运动从而控制下磁线圈，扫描熔融的金属粉末需要提前铺设，工作空间的高度随着扫描高度的变化可逐级增加又逐级下降，并且每扫描一层粉末其涂布机都会再重新上粉，如此反复，最终打印出实体零部件。EBSM 原理如图 4 所示[22]。

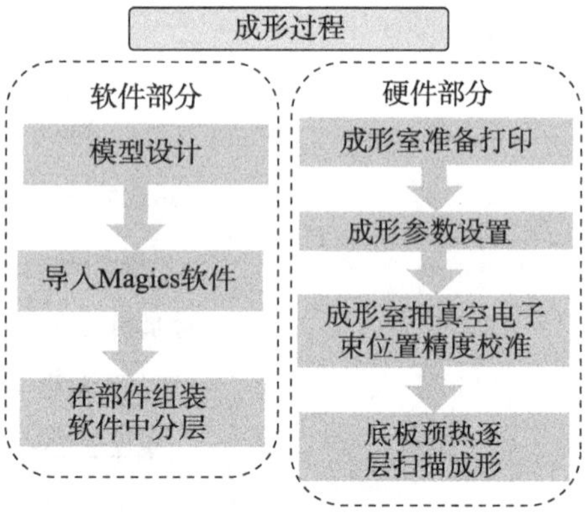

图 4　EBSM 原理示意图

Fig.4　Schematic diagram of EBSM principle

与激光选择性熔化不同，电子束选择性熔化是在没有保护气体的高真空环境下进行的，可以严格避免空气杂质进入打印件，降低成本；电子束选择性熔化扫描速度快，可达 60 cm^3/h；它的预热温度高（可达 1100℃），温度控制好，可以直接用于金属零件的制造，尤其适用于印刷 Ti/Al 等金属间化合物，通过调节梁参数可以控制零件表面温度，从而减少缺陷和变形[23]，因此技术广泛应用于航空航天和医疗等领域。

电子束选择性熔合钛合金材料与激光选择性熔合钛合金材料相似，都会产生孔隙和匙孔缺陷。其一，原材料粉末带入的空心粉；其二，由于电子束的冲击影响，金属蒸气和液体的表面张力平衡，属于深穿透电子束的固有特征。因此，为了减少气孔或匙孔的产生，可以优化其工艺参数、选择低空心粉率的等离子体旋转电极粉末，以减少能量输入。选择电子束熔炼是在高真空环境下进行的，合金元素的蒸气压随真空度和温度的升高而增大，导致合金元素在真空中燃烧损失。

2.2.2 电子束熔丝增材制造技术

电子束熔丝增材制造技术（Electron Beam Free Form Fabrication，EBF^3）由 V. R. Dave 等人[24]率先提出。电子束熔丝增材制造技术是在高真空环境中，用高能量密度的电子束流来撞击金属表面形成熔池，送丝装置将金属丝材送进熔池并将其熔化；当热源远离时，熔池按照预先规划的路径运动，使得熔池内金属逐层凝固堆积，从而制造出金属零部件。EBF^3 原理如图 5 所示。

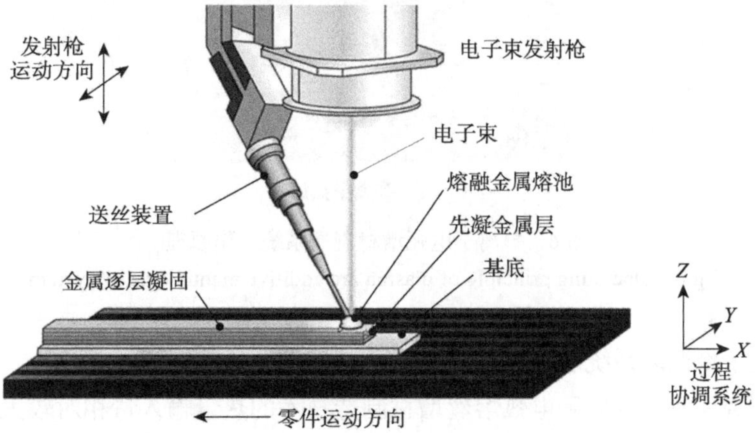

图 5 EBF^3 原理

Fig.5 Principle of EBF^3

电子束熔丝增材件的制造工艺技术沉淀速率相对较高（最大可达 15 kg/h）；在 $1\times10^{-3}5$ Pa 的真空环境中对其进行处理能够有效地减少和避免杂质性气体混入；内部环境良好，能够消除熔池之间未完全融合的现象；原材料利用率 100%，可实现大尺寸结构件的近净成形以及多功能加工，以实现最大效益。

2.3 电弧增材制造

电弧增材制造（Wire and Arc Additive Manufacturing，WAAM）是一种以熔化极惰性气体保护焊[25-26]、钨极惰性气体保护焊[27-28]以及等离子体焊接电源为热源，对利用计算机模拟构建的 CAD 模型进行分层、切片，再通过送丝系统、逐步沉积，采用“自下而上”的成形路径来制造所需零部件的新型数字化制造技术。电弧增材制造技术与激光和电子束增材制造技术相比，成本较低、设备操作更简单、沉积效率更高、后续加工量更少。

电弧增材制造成形环境简单，能够个性化定制构件尺寸、适宜制造大型金属零部件，如飞机的复杂部件。电弧增材制造技术选择更易加工和制备且生产周期短、种类多成本低的金属丝材为原材料，加工出的零部件对激光反射率高。与传统制造技术相比，电弧增材制造可以缩短 40%~60%的成形周期，材料的利用率更高，可节约 78%左右的原材料成本[29]，后处理加工可缩短 15%~20%[30]。

目前，电弧增材制造工艺还不够成熟，需对其设备搭建、工艺参数优化、路径规划、在线监控与反馈、显微组织、残余应力与构件变形等[31]方面进行深入探究，才能使此技术更加稳定可靠、形成的零部件精度更高。

2.3.1 等离子电弧熔丝增材制造技术

等离子电弧熔丝增材制造（Plasma Arc Weld，PAW）是以等离子电弧为热源，将侧向送进的金属丝材同步熔融，再经过一层一层的熔敷，最终形成所需的金属部件的技术，其原理如图 6 所示。其具体过程为：通过 PLC（Programmable Logic Controller）等离子弧焊过程控制系统来控制焊接电源启动、送丝

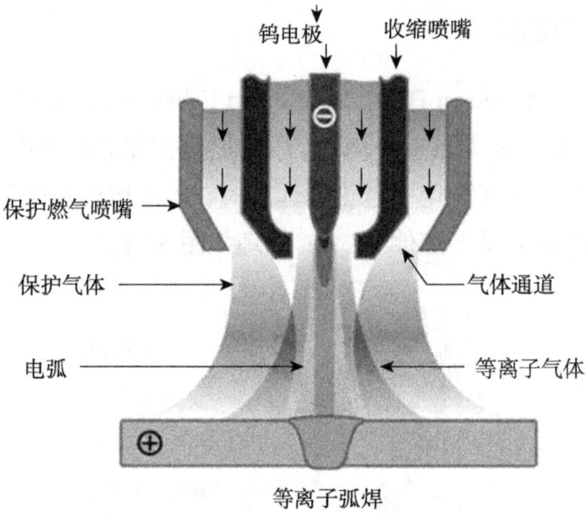

图 6 等离子电弧增材制造系统工作原理

Fig.6 Operating principle of plasma arc additive manufacturing system

机同步送丝，再经过水冷循环系统、编程控制系统及其工作台最终生成零部件。

王福德等人[32]研究发现，等离子电弧熔丝增材制造技术的热量输入量相对较大、冷却速度慢，使得钛合金的沉积态分解成为内部有网篮组织和大量魏氏体组织的粗大柱状晶，这种粗大柱状晶会造成钛合金静态力学性能各向异性，为解决这种性能各向异性，Stewart Williams[33]提出采用碾压的方式抑制柱状晶生长。研究证明，当碾压力为 75 kN 时可提高材料性能。王福德团队采用超声冲击的方法在一定程度上也使柱状晶向等轴晶转变。

等离子电弧熔丝增材制造大型钛合金结构件中的应力控制与变形，是目前影响该技术在大型承力结构件中使用的主要问题[34]。

2.3.2 CMT 电弧增材制造

冷金属电弧增材过渡焊接（Cold Metal Transfer，CMT）作为新型的电弧增材生产制造技术，其特点是焊接速度快、低热输入量、焊缝均匀且熔深一致并且没有飞溅，因此对电弧增材制造中的焊接过程有更加精准的数字化把控。CMT 冷却式金属焊接过渡钢丝焊接控制技术主要采用在数字控制焊接模式下的短热源电弧及连接焊丝头的换向信号输出以及送入焊丝的温度监测，以 70 Hz 的传动频率控制送动熔丝的横向运动量和速度纵向变化过程为设计基础，用闭环控制熔滴的纵向流动速度过渡，实现“送丝-回抽”，如图 7 所示[35]。

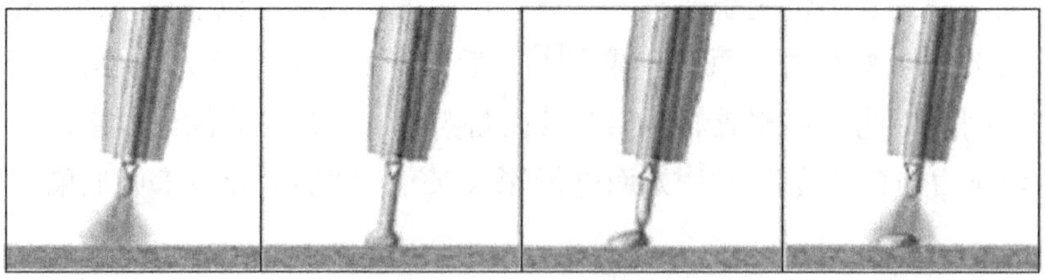

(a) 电弧送丝　(b) 送丝切换　(c) 回抽过液　(d) 电弧送丝

图 7 CMT 熔滴过渡过程

Fig. 7 CMT droplet transition process

CMT 技术在数字化焊接控制系统的监控下的送丝运动以及短路熔滴过渡的过程中，电流、电压几乎为零，热量的输入大幅度降低，从而能够确保熔滴温度在焊接过程中始终维持在较低的水平。焊丝来回抽送，保证了熔滴材料的正常脱落，从而实现焊接技术真正意义上的无飞溅[35]，使得 CMT 增材技术焊后熔渣清理量更少。

2.3.3　复合电弧增材制造

复合电弧增材制造技术是集硬件产品设计、软件过程控制以及电弧增材部件制造于一体的新型增材制造技术。其装置如图 8 所示。

电弧复合增材的制造工艺主要是将激光增材制造及电弧增材制造技术特征相结合而进行设计。 Nasstrom 等人[36]对激光及电弧增材在熔池中所产生的影响进行了深入地研究，经其研究证实，激光能够使平均值波动至少降低 35%，从而稳定熔池外部表面的轮廓。Pardal 等人[37]利用激光与 CMT 复合焊接增材制造技术生产 Ti6Al4V 的零部件时发现，以激光为热源辅助焊接的电弧增材制造技术使得焊接过程更加稳定并且能够减少焊接飞溅，改善电弧漂移的情况、单层以及多层堆积的焊缝形状，并能够将 Ti6Al4V 增材制造的沉积速率从 1.7 kg/h 提高到 2.0 kg/h。

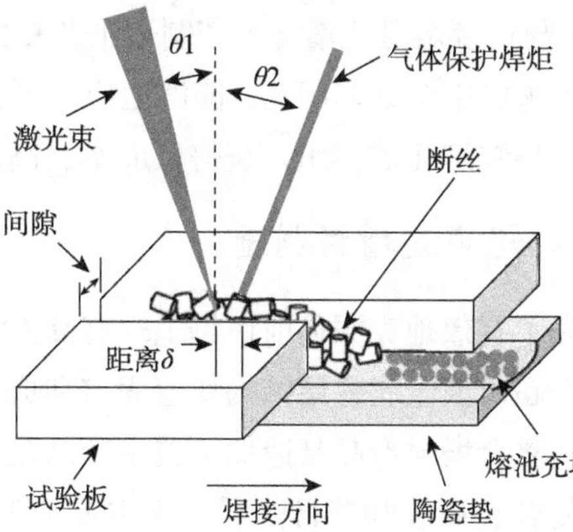

图 8　复合增材制造装置

Fig.8　Composite additive manufacturing device

综上所述，多采用 CMT、等离子等高效熔丝工艺与其他热源辅助焊接的复合增材制造工艺，对钛合金进行增材制造。混合激光电弧复合增材制造的方法不仅仅提高了生产率和机械性能，也解决了电弧增材制造焊接的不稳定性。因此，熔焊钛合金增材制造若想多领域全方位发展，应朝开拓研究制备钛合金功能性材料的方向努力，其中，复合热源的稳定增材方法将会成为熔焊增材的热门研究方向。

2.4　固态焊增材制造

固态焊增材的制造主要是一种利用机械动力（如摩擦）和热源，进行非线性摩擦焊、搅拌式摩擦焊等固态加工连接，实现将块体加工零件直接在一个固态加工成形的技术。

2.4.1　搅拌摩擦增材制造

搅拌摩擦增材制造工艺（Friction Stir Additive Manufacturing，FSAM）是一种将传统的搅拌摩擦加工和焊接技术有机结合起来形成的新型固态焊增材制造技术。FSAM 主要分为两大类、三种典型模式。两大类即损耗型搅拌针和非损耗型搅拌针，三种典型模式即为损耗堆积式、以板材及以粉末为进料模式的 FSAM。这三种典型模式经过摩擦搅拌过程都能够得到不仅能实现良好机械性能的本质而且体现搅拌摩擦增材制造技术本质上优势的性能良好的细晶组织（微观结构）。FSAM 的显著特点是逐层重复搅拌摩擦成形，其制造过程如图 9 所示[38]。

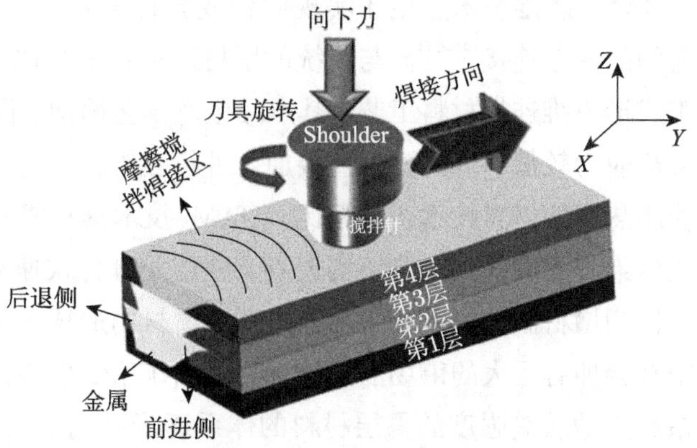

图 9　摩擦增材制造过程

Fig. 9 Friction additive manufacturing process

在强烈的流动变形、热力耦合作用下，进入的原材料与搅拌针摩擦产生热量，随后发生塑性软化，然后再将两者进行挤压，母材晶粒逐层破碎细化，形成新的再结晶组织，最终形成增材成形构件。在此过程中，材料一直保持固态，不发生熔化与凝集，在增材制造过程中对材料挤压，最后“铸造”出的细晶组织不仅机械性能、疲劳性能良好，而且还能够改善材料延展性。

搅拌摩擦增材制造工艺的本质，就是利用搅拌机械零部件所采用的搅拌式摩擦工艺,达到多层厚度的薄板进行积聚和焊接成形的主要目的，最终可以实现专门构型的增材。FSAM 增材工艺效率高、制备费用少；与传统熔融式增材生产制造工艺相比,在熔融增材过程中几乎没有任何金属熔化或凝固，可以避免熔池带来的冶金缺陷问题，能够适应大型构件对热变形的控制[39-40]；同时搅拌摩擦过程中塑性变形还可以起到晶粒细化的作用，获得低成本、高质量增材产品，因此具有重要的研究价值。

2.4.2 超声波增材制造

为了有效地克服目前市场上现有高能束金属快速成形和制造技术的局限性，近年来我国开发出了一种用于超声波金属叠层结构快速固定和成形制造的新型技术（Ultrasonic Additive Manufacturing, UAM）。超声波复合增材产品制造加工技术产品是一种采用先进的大型低功率高频超声波增材加工技术产量，以优质复合金属膜和箔材薄层作为主要加工原材料，在基体室温或者更高的靠近基体室温的环境条件下（较低的声波加工能量温度下就会直接使得这种复合材料产品能够通过快速利用已经嵌入在材料基体内部薄膜中的高度回复预应变纤维形状材料来产生记忆合金（SMA）金属纤维作用产生的高度回复热应力），利用优质金属箔薄层与材料基体内部薄膜之间的高速震荡和高度摩擦应力快速产生回应热，使得复合材料能够处于基体局部高度开裂膨胀状态。强烈的力学可塑性使其形变，从而又同时将声波固结成形增材的全过程自动化生产过程和自动数控加工铣削等固结减材制造工艺有机地结合融入其中，实现了一种超声波固结成形和增材制造工艺一体化的现代超声波固结增材成形制造工艺技术。而且它还促进了金属界面之间的其他金属物理原子相互作用扩散和融合形成金属物理的和冶金的相互结合，从而达到了快速地逐层叠加增材和材料的立体成形。其原理如图 10 所示。

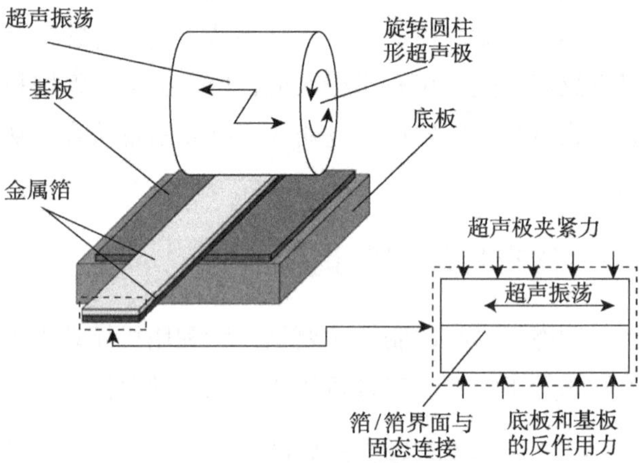

图 10　UAM 原理示意图

Fig.10　Schematic diagram of UAM

UAM 连接技术适用于实现同种或异种金属材料间的固态连接[41-43]。与传统的增材制造技术相比，UAM 连接技术主要特点是用于一种新型的快速加工成形三维连接材料工艺，其产品生产工艺简便、固态三维连接构件成形加工精度高且对建筑材料的连接热应力较低，因此可以直接加工进行三维连接建筑主体构件；与三维激光、电子束、电弧束等为主要使用热源的增材技术产品相比，UAM 技术具有成形温度低、速率快、产生的形变小、能耗小、不受环境污染等几大优势，能够实现复杂叠层零部件快速成形、加工以及安装的一体化。

作为增材制造技术的一种，超声波增材制造技术具有许多技术上的优势，可以预测到它将在许多领域中都会拥有巨大的市场前景。UAM 技术广泛地应用于制造诸如 Ti/Al[44-45]等异种金属叠层复合材料的体系和其他较高强度的叠层材料的体系逐步受到了人们的关注,但是超声波增材生产和制造的技术还是存在一些缺陷，例如目前的超声波增材功率仅仅能够对厚度小于 0.4mm 的铝箔材料进行快速凝结，对于铝箔中的钛合金材料可以直接实施凝结的厚度则更小。这主要是因为现代超声波固结技术在加载系统中广泛地应用于厚度较大的金属板材上，需要极大地提高超声波换能器的输入功率，给加载系统的声学设计和生产过程中带来了一系列困难且无法得到解决的问题。所以，如何扩大超声波增材制造技术的生产工艺范围和增强加工性能，满足增材厚度大和强度高的金属板材，也是关键。

由于我国对新型超声波固体增材制造关键技术的应用研究起步较晚，在引进超声波固体增材制造技术设备和其他工业相关先进设备技术开发方面又长期受制于各发达国家，因此国内正在大力开展的新型超声波固体烧结成形点焊机理技术。目前我国采用的是一种低制造功率型的超声波增材换能器作点焊机[46]，超声波增材换能器中制造功率不足的技术瓶颈长久以来未能被突破。近些年来，随着目前国内各种超声波技术焊接换能技术的发展应用越发广泛，国内已有多家具有不断创新开拓精神的焊接企业设计和自主制造生产超声波焊接换能器，在技术上、焊接产品的研发设计以及生产制造加工能力上，都已经不断取得了巨大的技术进步。双声波换能器推-挽（push-pull）焊接技术和使用寿命长的电焊头等各种焊接关键零部件的设计制造技术能够得到比较高质量和可靠度的技术实现。超声波增材制造设备已经逐渐变成了一种新的发展可能，欧美等发达国家对我国的技术封锁随即打破。

3 工艺对比

对于各增材制造工艺进行了对比，如表 1 所示。对于表 1 的结果进行了如下分析：

（1）激光立体成形新技术目前还没有专用的新型金属粉末。科研人员根据激光立体成形技术的独特性而特别设计了各种专用激光合金，这种具有广阔发展空间的专用激光合金粉末不仅大大改善了合金部件的流体力学性能，还提高了材料的化学物理品质。

（2）采用激光选区熔融技术经过多次加工制造而成形的金属材料不仅精度高、表面质量高、动力学性能优良、机械稳定性好、抗腐蚀能力强，而且能够直接制造，不需要中间步骤，在加工过程中的金属粉末可以重复使用，从而节约了成本。但是激光选区熔融技术需使用高功率的激光器和高质量的光学设备才能保证成形零部件的质量，这大大提高了制造成本；SLM 技术在加工零部件的过程中容易出现球化和翘曲的现象，使得成形零部件表面粗糙，需要进行大量的后处理。

（3）激光熔化沉积技术的主要优势在于它能够直接制作大型零部件，原则上不受尺寸限制，同时所生产制作的大型零部件还具有较高的动力学性能，并且优于大型锻造机械的标准、在材料的选择上也更加灵活方便。工艺缺点在于设备的造价较为昂贵，在成形过程中容易产生较大的内应力，尚未研发出边打印边退火的方法；此外，该技术打印的部件在尺寸精度与表面质量方面不佳，后续需要较多的加工。

（4）电子束选区熔化技术前期无需预热，因此热量就只能通过辐射才能散失，能够长时间保温；在真空环境中形成零部件不需要消耗保护气，隔离了外界的干扰，使成形件不掺杂质且组织致密。但是 EBSM 技术在成形前往往需要经过长一段的时间来吸入真空，使得它们的成形准备工作持续时间相对较长；且抽真空所消耗的电能相当多，而在总机的功耗中，主要的功耗来自于抽真空；成形精度及成形效率不高；并且电子束选区熔融技术的设备系统成本高、工艺调试繁杂。

（5）等离子电弧增材制造技术虽具有热输入低且热源温度高,送丝速度快、沉积速率高、成形精度高等优势，但在实际应用中，堆敷层高度会发生变化，同时弧长以及工艺参数不恒定，由此会导致增材制造过程的稳定性不高。

（6）需要对电弧增材的稳定性过程进行探索，尤其是新型复合电弧增材制造的稳定性研究。

（7）搅拌摩擦增材制造的起步跟其他技术相比较晚，目前还处于实验室研究阶段，未来进行多金属材料的复合结构增材制造，实现特定结构的特种性能，将是该技术的一个研究方向。

（8）超声波增材制造技术作为一种新型的节能环保、低温的新型工艺，虽然不及其他几种高能束增材制造技术完善，但不难由此预测它们在未来几年会被广泛地应用于许多工业领域，如大型复杂的金属薄壁纤维板状塑料零部件、连续性金属纤维轻质新型金属夹芯预制带材、金属纤维泡沫式新型蜂窝夹芯预制板材、智能化新型复合材料与新型主体结构、复合材料行业中的新型叠层电极等快速件的生产和研发制备。超声波增材制造技术势必将会成为现代先进机械制造设备工艺中一个不可替代的重要技术分支。

表1 钛合金增材制造工艺对比

Table 1 Titanium alloy additive manufacturing process comparison

增材制造技术	环境	原材料状态	零件尺寸	复杂程度	表面质量	制造效率	成形精度	后续加工	成本
LSF	Ar/N_2	金属粉末	大和中等	复杂	正常	高	中	少量加工	高
LSM	Ar/N_2	金属粉末	小和中等	非常复杂	极好	低	高	零加工	高
LMD	Ar/N_2	金属粉末	大和中等	非常复杂	好	高	高	零加工	高
EBSM	真空	金属粉末	小和中等	非常复杂	好	中	高	零加工	高
EBF^3	真空	金属丝	大和中等	复杂	差	高	中	少量加工	高
PAW	Ar/N_2	金属丝	大和中等	非常复杂	正常	高	中	少量加工	低
CMT	Ar/N_2	金属丝	大和中等	复杂	正常	高	中	少量加工	低
复合电弧添加剂制造	Ar/N_2	金属丝	大和中等	复杂	好	高	高	少量加工	低
FSAM	RT	金属板	大和中等	复杂	极好	高	中	少量加工	低
UAM	RT	金属箔	小和中等	复杂	极好	高	高	少量加工	低

4 结语

随着我国现代机械工业的迅猛发展，轻量化设计将是未来结构件的一个重要发展趋势，各个行业领域对结构件的性能与质量要求都将变得越来越严格，因此新一代增材加工技术的出现使得新一代合金增材加工制造技术已经在材料的各个方面广泛的应用。由于钛合金增材加工制备技术较于传统的加工制备方法具有不可取代的巨大优越性，随着电子科学技术的发展和进步，钛合金材料的研究和应用范围将不再只是单纯地停留在了航空飞行、国防和医疗健康等方面。然而新一代钛合金增材加工制备技术还是存在许多新的技术需要改进和发展。钛合金增材生产制造技术未来势必会朝着生产更多样化、精密度高、大型化和绿色环保、降低成本等方向前进。同时，增材制造的新一代技术也将在各种行业和领域都能够得到广泛的应用，实现制造品生产的迅猛发展，促进我国制造业的迅猛发展，大力提高我国经济增长速度和国际地位。

（1）从发展工艺完整性来看，目前阶段激光/电子束增材制造工艺相对较为成熟，对于激光增材制造技术，一方面要做到从实际生产中的提高装配精度到加强生产制造中的工艺优化，进而减少生产成本，提高它的经济适用性，为钛合金增材制造结构件大面积的生产应用打下基础；另一方面，为了能够大力发展激光增材制造技术，实现零部件的大规模工业化生产，研究当前制约我国激光增材制造技术发展的缺陷问题产生的原因及其调控方法是关键。而对于电子束增材制造，由于电子束设备复杂的构造和高技术门槛，因此此类设备造价均很高，一套设备价格可达上千万，降低成本是当务之急。

（2）从经济、稳定的发展方向来看，电弧增材制造能够克服以激光、电子束作为热源的传统增材制造装置的设备和运营成本高昂的现实问题，成为我国新型金属增材制造技术的一个主要研究领域和发展趋势。然而，目前电弧增材制造中仍有诸如构件的主动成形控制、显微组织及力学性能主动控制、残余应力及变形控制等问题，这些仍需要进一步深入地研究探讨。

（3）从绿色发展方向来看，固相增材制造独特的技术特点以及产品较高的成形精度，必将引领一股风潮、实现多领域发展，但由于其技术起步较晚，目前还处于试验阶段，因此还需进一步研究。

参考文献

[1] 陈国琳, 吴鹏炜 ,冷文军, 等. 钛合金的发展现状及应用前景[J]. 舰船科学技术, 2009, 31(12): 110-113.

[2] 何阳, 屈孝和, 王越, 等. 钛合金的发展及应用综述[J]. 装备制造技术, 2014(10): 160-161.

[3] 潘龙威, 董红刚. 焊接增材制造研究新进展[J]. 焊接, 2016, (4):27-32.

[4] 李萌蘖, 李闯, 李绍宏. TC4 合金增材制造的研究现状[J]. 昆明理工大学学报(自然科学版), 2018, 43(6): 20-27.

[5] 黄卫东.材料 3D 打印技术的研究进展[J].新型工业化,2016,6(3):53-70.

[6] Aboulkhair N T, Everitt N M, Ashcroft I, et al. Reducing porosity in $AlSi_{10}Mg$ parts processed by selective laser melting[J]. Additive Manufacturing, 2014(1-4): 77-86.

[7] 崔雪, 张松, 张春华, 等. 高性能梯度功能材料激光增材制造研究现状及展望[J]. 材料工程, 2020, 48(9): 13-23.

[8] Buchbinder D, Meiners W, Pirch N, et al. Investigation on reducing distortion by preheating during manufacture of aluminum components using selective laser melting[J]. Journal of Laser Applications, 2014, 26(1): 012004.

[9] Kempen K, Vrancken B, Humbeeck J V, et al.Selective laser melting of crack-free high density M2 high speed steel parts by baseplate preheating[J]. Journal of Manufacturing Science & Engineering, 2014, 136(6): 061026.

[10] Liu Q C, Elambasseril J, Sun S J, et al. The effect of manufacturing defects on the fatigue behaviour of Ti-6Al-4V specimens fabricated using selective laser melting[J]. Advanced Materials Research, 2014, 891: 1519.

[11] 黄卫东, 林鑫. 激光立体成形高性能金属零件研究进展[J]. 中国材料进展, 2010, 29(6): 12-27.

[12] Shamsaei N, Yadollahi A, Bian L, et al. An overview of direct laser deposition for additive manufacturing; partⅡ: Mechanical behavior, process parameter optimization and control[J]. Additive Manufacturing, 2015(8): 12.

[13] 梅敏. 激光立体成形 Ti-6Al-xMo 合金的成分优化及组织调控[D]. 西安: 长安大学, 2019.

[14] 陈国庆, 树西, 张秉刚, 等. 国内外电子束熔丝沉积增材制造技术发展现状[J]. 焊接学报, 2018, 39(8): 123-128.

[15] Liu W Y, Zhu Y K, Lin Y H, et al. The influence of multi heat-treatment on microstructure and mechanical properties of TC4 alloy[J]. Materials Review B:Research Part, 2013, 27(9): 108-111.

[16] Bush R W, Brice C A. Elevated temperature characterization of electron beam freeform fabricated Ti-6Al-4V and dispersion strengthened Ti-8Al-1Er[J]. Materials Science and Engineering: A, 2012, 554: 12-21.

[17] 黄张洪, 曲恒磊, 邓超, 等. 航空用钛及钛合金的发展及应用[J]. 材料导报, 2011, 25(1): 102-107.

[18] 王宁宁, 韩冬, 吴军, 等. TC11 钛合金电子束熔丝增材复合制造工艺研究[J]. 航天制造技术, 2020(3): 24-28.

[19] 雷霆.钛及钛合金[M]. 北京: 冶金工业出版社, 2018.

[20] Lutjering G, Williams J C. Titanium[M]. New York: Springer Science and Business Media, 2007

[21] 吴崇周, 王善宝, 温国华, 等. 航空用钛及钛合金锻件规范[S]. GJB 2744A—2007.

[22] 贾亮, 樊永霞, 刘楠, 等. 电子束 3D 打印极小曲面多孔 TC4 钛合金及其性能研究[J]. 钛工业进展, 2020, 37(4): 18-22.

[23] 巩水利, 锁红波, 李怀学. 金属增材制造技术在航空领域的发展与应用[J]. 航空制造技术, 2013(13): 66-71.

[24] Dave V R, Matzj J E, Eagarj T W. Electron beam solid freeform fabrication of metal parts[J]. International Solid Freeform Fabrication Symposium, 1995: 64-71.

[25] Zhan X H, Zhang D, Wei Y H, et al. Research on the microstructure and properties of laser-MIG hybrid welded joint of Invar alloy[J]. Optics&Laser Technology, 2017, 97: 124-136.

[26] Lcc S H, Kim E S, Park J Y, ct al. Numcrical analysis of thermal deformation and residual stress in automotive muffler by MIG welding[J]. Journal of Computational Design and Engineering, 2018, 5(4): 382-390.

[27] Chen C, Wei X Q, Zhao Y, et al. Effects of helium gas flow rate on arc shape, molten pool behavior and penetration in aluminum alloy DCEN TIG welding[J]. Journal of Materials Processing Technology, 2018, 255: 696-702.

[28] Wu C B, Kim J W. Analysis of welding residual stress formation behavior during circumferential TIG welding of a pipe[J]. Thin-Walled Structures, 2018, 132: 421-430.

[29] Williams S W, Martina F, Addison A C, et al. Wire+arc additive manufacturing[J]. Materials Science and Technology, 2016, 32(7): 641-647.

[30] Wu B T, Pan Z X, Ding D H, et al. A review of the wire arc additive manufacturing of metals: Properties, defects and quality improvement[J]. Journal of Manufacturing Processes, 2018, 35: 127-139.

[31] Hnning J R, Colegrove P A, Ganguly S, et al. Control of residual stress and distortion in aluminium wire+arc additive manufacture with rolling[J]. Additive Manufacturing, 2018, 22: 775-783.

[32] Wang F D, Williams S, Rush M. Morphology investigation on direct current pulsed gas tungsten arc welded additive layer

manufactured Ti6Al4V alloy[J]. The International Journal of Advanced Manufacturing Technology, 2011, 57(5-8): 597-603.

[33] Martina F, Mehnen J, Williams S W, et al. Investigation of the benefits of plasma deposition for the additive layer manufacture of Ti-6Al-4V[J]. Journal of Materials Processing Technology 2016, 212: 1377-1386.

[34] 何智. 超声冲击电弧增材制造钛合金零件的组织性能研究[D]. 武汉：华中科技大学, 2016.

[35] 杨修荣. 超薄板的 CMT 冷金属过渡技术[J]. 焊接, 2005(12): 52-54.

[36] Näsström J, Brückner F,Kaplan A F H.Measuring the effects of a laser beam on melt pool fluctuation in arc additive manufacturing[J]. Rapid Prototyping Journal, 2019, 25(3): 488-495.

[37] Goncalo P, Filomeno M, Stewart W. Lasers tabilization of GMAW additive manufacturing of Ti-6Al-4V components[J]. Journal of Materials Processing Technology, 2019, 272: 1-8.

[38] Palanivel S, Sidhar H, Mishra P S. Friction stir additive manufacturing:Route to high structural performance[J]. JOM, 2015, 67(3): 616-621.

[39] 王忻凯. 铝合金搅拌摩擦增材制造工艺研究[D]. 南昌：南昌航空大学, 2015: 1-72.

[40] Srivastava M Rathees,Maheshwari S Siddiquee A N, Kundra T K. A review on recent progress in solid state friction based metal additive manufacturing:friction stir additive techniques[J]. Critical Reviews in Solid State and Material Sciences, 2019, 44(5): 345-377.

[41] 刘晓涛, 张延安, 崔建忠. 层状金属复合材料生产工艺及其新进展.[J]. 材料导报, 2002, 16(7): 41-50.

[42] 徐涛. 金属层状复合材料的发展与应用[J]. 轻合金加工技术, 2012, 40(6): 7-10.

[43] 马志新, 胡捷, 李德富, 等. 层状金属复合板的研究和生产现状[J]. 稀有金属, 2003, 27(6): 799-803.

[44] Sano T, Catalano J, Casem D, et al. Microstructural and mechanical behavior characterization of ultrasonically consolidated Titanium-Aluminum laminates[R]. USA.Army Research Lab Aberdeen Proving Ground Md Weapons And Materials Research Directorate, 2009.

[45] Hopkins C D, Dapino M J, Fernandez S A. Numerical modeling of mechanical properties of UAM reinforced aluminum hat sections for automotive applications[J]. Journal of Engineering Materials and Technology, 2010, 132(4): 041006-1-041006-9.

[46] 朱政强, 曾纯, 张义福, 等. 铝钛异质材料超声波焊接研究[J]. 金属铸锻焊技术, 2011, 40(7): 118-120.

多极镁电解槽生产液镁精炼技术研究

张盘龙 王 刚 尹世豪 刘正红

（洛阳双瑞万基钛业有限公司，河南洛阳 471000）

摘 要：多极镁电解槽生产的粗镁纯度比较高，但是存在硅、铝、铁杂质含量偏高的问题，这三种杂质主要是由于电解槽阴极以及耐火材料槽衬腐蚀所造成的。通过实验验证，皮江法所采用的二号熔剂对于多极槽生产的液镁，起不到精炼作用。钛粉可以起到精炼提纯作用，但是重复性较差，使用四氯化钛作为精炼剂可以起到精炼作用，且实验的重复性较好，最适合作为多极镁电解槽粗镁的精炼剂。

关键词：精炼；多极镁电解槽；液镁

Study on Magnesium Refining Technology of Multipole Magnesium Electrolyzer

Zhang Panlong Wang Gang Yin Shihao Liu Zhenghong

(Luoyang Sunrui Wanji Titanium Industry Co., Ltd., Luoyang 471000, China)

Abstract: The purity of crude magnesium produced by multipole magnesium electrolyzer is relatively high, but there is a problem of high content of silicon, aluminum and iron impurities, which are mainly caused by corrosion of cathode of electrolyzer and lining of refractory material. Experimental results show that No. 2 flux used in Pidgeonprocess cannot refine liquid magnesium produced by multipole magnesium electrolyzer. Titanium powder has the refining effect, but the reproducibility is poor. As a refining agent, titanium tetrachloride also has a refining effect, and the refining experiment has good repeatability. Therefore, titanium tetrachloride is the most suitable refining agent for crude magnesium in multipole magnesium electrolytic cell.

Key words: refine; multipole magnesium electrolyzer; liquid magnesium

1 引言

金属镁的生产方法分为氯化镁熔盐电解法和皮江法热还原法两大类，目前国内熔盐电解法生产镁的工艺主要应用在全流程海绵钛生产企业中，在全流程海绵钛的生产过程中，镁电解工段是其中的一个重要环节，镁电解工段所生产的液镁对于后续还原蒸馏环节生产的海绵钛的质量和成本有着重要的影响。目前国内全流程海绵钛企业的镁电解技术主要有：110kA 无隔板镁电解槽技术；乌克兰 175kA 无隔板镁电解槽技术以及日本多极镁电解槽技术[1]。目前业界公认最为先进的镁电解技术是日本的多极镁电解槽技术，相对于其他镁电解技术具有能耗低，生产液镁以及氯气纯度高的优势，目前国内已有多家海绵钛企业采用这种技术。

作者简介：张盘龙，洛阳双瑞万基钛业有限公司，工程师；从事海绵钛生产工艺技术研究；E-mail: 373567837@qq.com。

电解法生产液镁也分为粗镁生产和粗镁精炼两个工序，电解工序生产得到的粗镁经过精炼后再送到还原蒸馏工序用于海绵钛的生产。在半流程海绵钛企业中生产所需的镁锭都是使用皮江法所生产的9995B 级别的镁锭，而多极镁电解槽所生产的粗镁纯度可以达到 99.95%左右，这一纯度已经接近于国标9995B 级别的镁锭，因此采用多极槽的海绵钛企业一般都是将电解所生产的粗镁，经过静置保温后作为海绵钛的原料直接使用，行业内针对于多极镁电解槽粗镁的精炼工艺研究较少。本文针对多极镁电解槽所生产液镁的特点进行了分析，并对多极槽电解粗镁的精炼工艺进行了探索研究。

2 多极槽生产液镁的特点

表 1 为我公司外购皮江法镁锭和多极槽自产电解液镁以及海绵钛的成分对比表。可以看到多极槽电解法生产的液镁相对于外购皮江镁锭而言，Si、Al、Fe 这三个元素的含量显著偏高。在生产海绵钛的过程中，镁与钛基本上是 1∶1 的比例关系，即消耗 1t 镁生产 1t 钛，因此镁中杂质元素通常会全部进入到钛中，Si、Al、Fe 对于海绵钛也是有害杂质，进入到海绵钛中，会导致海绵钛的杂质元素含量过高，影响海绵钛的产品等级，因此控制电解精镁 Si、Al、Fe 的含量极为重要。

表 1 皮江镁锭与电解精镁成分对比 (%)

试样	化学元素						
	Si	Al	Fe	Mn	Ni	Cu	Zn
皮江镁锭	0.0022	0.0076	0.0022	0.0106	<0.0001	0.0002	0.0055
电解液镁	0.0051	0.0306	0.0166	0.0004	0.0015	<0.0001	0.0011
海绵钛	0.0038	0.0225	0.0342	0.003	0.002	0.0045	<0.0001

图 1 为多极镁电解槽内部结构示意图，电解槽分为电解室与集镁室两部分，两者之间设置有一面挡墙，挡墙的上部通过阴极窗与集镁室连通，下部直接与集镁室连通。电解槽阴极为 Q235B 碳钢材质，槽衬使用的耐火材料主要有半硅砖、氧化铝砖，以及莫来石砖。电解槽中与电解质、液镁接触最多的耐火材料就是半硅砖、氧化铝砖，以及莫来石砖。

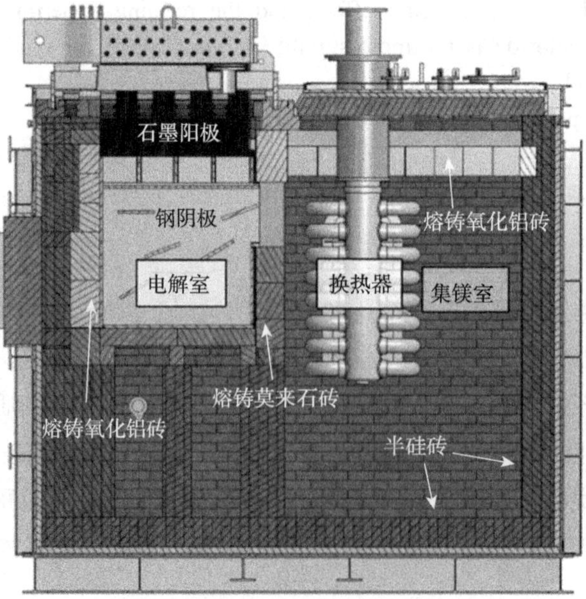

图 1 多极镁电解槽结构示意图

表 2 为半硅砖、氧化铝砖，以及莫来石砖的主要成分及其在电解槽中的使用量。电解槽运行时，温度处于 650~700℃，高温状态下电解槽的物料循环速度非常快，电解室与集镁室的液面处于持续涌动状态，根据国内外相关模拟研究，在电解槽内部局部物料流动速度可达 300~350mm/s[2]，在这种情况下高温电解质熔盐会对槽衬和阴极产生强烈的冲刷侵蚀，如图 2 所示。因此液镁中的 Fe、Al 杂质的主要来源为电解槽衬和阴极的冲刷腐蚀。

表 2　多极槽中耐火材料的主含量及质量

序号	成分及质量	半硅砖	熔铸莫来石砖	熔铸氧化铝砖
1	SiO_2/%	72.4	16.83	0.6
2	Al_2O_3/%	22.96	76.79	94.8
3	Fe_2O_3/%	1.27	1.93	0.4
4	质量/t	65.1	8.103	4.197

图 2　报废电解槽内部腐蚀情况

3　多极镁电解槽粗镁精炼实验

3.1　二号熔剂精炼实验

由于电解法粗镁自身纯度可以达到 99.95%，因此目前海绵钛行业针对电解粗镁的精炼工艺通常只是在精炼炉进行 700℃保温静置 2h，然后直接送至还蒸车间直接使用，这种静置精炼的方式不添加任何精炼剂，不会产生任何废气废渣，但是只能将液镁中的颗粒物杂质通过物理沉降的方式分离，无法对于融入液镁中的金属元素进行有效去除，因此对于镁的质量不会有本质上的提升。皮江法的粗镁精炼则是采用熔剂精炼法，通常采用二号溶剂作为精炼剂，二号熔剂成分见表 3，通过精炼剂吸附粗镁中的铁、硅、铝、钙等杂质元素形成沉淀渣来达到精炼提纯的目的。

表 3　二号熔剂主要成分

成分	含量/%
$MgCl_2$	38~46
KCl	32~40
$BaCl_2$	5~8
$NaCl+CaCl_2$	≤8
MgO	<1.5

对二号精炼剂是否适用多极槽电解镁进行了实验验证，通过在精炼炉中加入 20kg 二号熔剂，加入过程中对液镁进行氩气搅拌 15min，然后分别静置 1h 至 5h，每个小时取样一次检测 Mg、Si、Al、Fe 的含量，实验结果如表 4 所示。通过实验发现加入二号熔剂静置一段时间后，精镁中的 Fe、Al、Si 含量并没有得到改善。可以得出结论，二号熔剂对于皮江法粗镁有用，皮江粗镁杂质含量较多，颗粒物以及氧化物含量较多，二号熔剂能有效去除这些氧化物等非金属杂质，但是对于电解的粗镁起不到精炼作用。

表 4 二号熔剂精炼实验结果

实验日期	2020/3/10	加入 20kg 二号熔剂		
元素	Mg/%	Si/%	Al/%	Fe/%
加料前	99.9556	0.0026	0.0171	0.0152
1h	99.9563	0.0028	0.0160	0.0146
2h	99.9532	0.0035	0.0203	0.0141
3h	99.9592	0.0023	0.0180	0.0104
4h	99.9543	0.0034	0.0197	0.0110
5h	99.9529	0.0034	0.0213	0.0123

3.2 钛粉精炼实验

根据资料所示，钛粒作为镁精炼剂时对铁有良好的吸附作用，能够与液镁中的铁形成化合物沉淀，对液镁有较好的提纯作用。在加入量 0.05%时可将镁中的铁元素降至 0.003%，其主要除杂机理是钛对杂质铁元素有很强的吸附性，钛加入后会与铁生产密度较大的结合体进而在镁中沉降[3]。通过在精炼炉中加入 3kg 钛粉，钛粉粒度 200 目，然后分别静置 1h 至 5h，每个小时取样一次检测 Mg、Si、Al、Fe 的含量，实验结果如表 5 所示。

表 5 3kg 钛粉精炼实验结果

实验日期	2020/3/26	加入 3kg 钛粉		
元素	Mg/%	Si/%	Al/%	Fe/%
加料前	99.9396	0.0068	0.0284	0.0157
1h	99.9523	0.0042	0.0219	0.0136
2h	99.9560	0.0048	0.0168	0.0139
3h	99.9568	0.0046	0.0166	0.0136
4h	99.9603	0.0044	0.0151	0.0120
5h	99.9613	0.0042	0.0135	0.0133

可以看到钛粉对于精镁有一定的除杂作用，加入钛粉 1h 后精镁中的 Si、Al、Fe 的含量均出现了明显的下降，镁中的 Si 含量下降了 0.0026%，Al 含量下降了 0.0065%，Fe 含量下降了 0.0021%，精镁的纯度提升了 0.014%。在精制 1~5h 的时间里，精镁的纯度呈稳定提高的趋势，Si、Al、Fe 的含量均呈现出了稳定下降的趋势，在静止 5h 后，精镁的整体纯度由 99.9396%提升至 99.9613%，精镁纯度提升 0.0217%，提升效果非常可观。

上述实验结果中还可以看到，钛不但能去除精镁中的铁，同时对于硅和铝也有一定的净化作用，但是这种精炼方案存在可重复性较差的问题，表 6 为 3kg 钛粉精炼实验，在同样的工况下加入了 6kg 钛粒的实验，结果镁的纯度无显著改善，Si、Al、Fe 杂质的含量出现了轻微上升的现象。分析认为，出现这种结果是因为钛的比重较大，但是由于钛粒为固体颗粒，加入速度过快，经过氩气搅拌后仍不能在液镁中均匀扩散，所以其吸附净化效果受到限制，加入速度太慢，则会在加入过程中直接氧化燃烧变成氧化钛，起不到精炼作用，还会具有一定安全风险。

综上，可以看到钛粉对于多极槽液电解粗镁有一定的精炼作用，但是容易受到外界条件的影响，在实际工业生产过程中，对于钛粉的加料时间、液镁内部搅拌效果无法做到每次都完全一致，因此很难保证有效的精炼效果。

表 6　6kg 钛粉精炼实验结果

实验日期	2020/3/29	加入 6kg 钛粉		
元素	Mg/%	Si/%	Al/%	Fe/%
加料前	99.9356	0.0065	0.0249	0.0169
1h	99.9426	0.0061	0.0256	0.0152
2h	99.9358	0.0047	0.0277	0.0215
3h	99.9287	0.0049	0.0294	0.0226
4h	99.9287	0.0050	0.0298	0.0237
5h	99.9283	0.0051	0.0306	0.0241

3.3　四氯化钛精炼实验

从钛粉精炼实验的结果看，钛有除杂作用，由此提出了采用四氯化钛精炼实验方案。根据海绵钛还原反应的机理，当四氯化钛加入到液镁中时，由于液镁温度较高，相当一部分的四氯化钛没有直接接触到液镁，直接气化变为气态四氯化钛，气态四氯化钛会均匀地扩散覆盖整个液镁层的表面，气态的四氯化钛与镁在气液界面处发生反应，生成钛粒，初生的海绵钛颗粒会比较细小，受到表面张力的作用，浮在镁液表面，随着反应的进行，钛粒逐步长大，然后缓慢沉降到底部，在钛粒生长沉淀的这一过程中，可以有效地吸附精镁中的杂质元素。在此基础上，我们设计了四氯化钛精炼实验，通过在精炼炉中添加 15kg 四氯化钛，以观测四氯化钛的精炼效果。

表 7 为我公司进行的 3 次四氯化钛精炼实验结果。可以看到在精镁中添加四氯化钛后，粗镁纯度可以提升至 99.98%，Si、Al、Fe 杂质的含量出现了大幅度的降低，而且精炼实验可重复性较好，四氯化钛精炼的原理与钛粒精炼原理相同，但采用四氯化钛可以有效地避免直接添加钛粒时，钛粒在液镁中沉淀过快、分布不均匀的缺点，因此采用四氯化钛作为精炼剂较为合适。

表 7　四氯化钛精炼实验结果

试样批号	Mg/%	Si/%	Al/%	Fe/%
S200420-40	99.9876	0.0004	0.0028	0.0002
S200418	99.9885	0.0002	0.0002	0.0005
200420-78	99.9881	0.0000	0.0015	0.0001

4　结论

（1）多极槽电解镁与传统皮江法生产镁工艺相比，存在精镁中 Si、Al、Fe 杂质含量偏高的现象，Si、Al、Fe 杂质的主要来源为电解槽内部阴极以及耐火材料槽衬的冲刷腐蚀。

（2）皮江法精炼采用的二号熔剂精炼法对于多极槽电解粗镁不适用，没有精炼效果。

（3）钛粉精炼法可以提高多极槽电解粗镁的纯度，但是精炼工艺效果可重复性相对较差。

（4）使用四氯化钛精炼效果较好，且实验的可重复性较强，最适合多极槽电解粗镁。

参考文献

[1] 陈安波. 多级镁电解槽技术在全流程海绵钛生产中的应用[J]. 化学工程与装备, 2011(4): 53-55.

[2] 孙泽. 镁电解槽场研究进展[J]. 轻金属, 2011(7): 58-61.

[3] 徐日瑶. 金属镁生产工艺学[M]. 长沙: 中南大学出版社, 2003: 342.

大型匀料机在海绵钛生产中的应用

尹世豪　刘正红　张　杰

（洛阳双瑞万基钛业有限公司，河南洛阳 471000）

摘　要： 海绵钛经破碎、挑拣后形成 0.83~25.4mm 粒度钛块，为保证产品物料属性均匀，需采用匀料机进行混合，目前主要采用小型匀料机进行混合，为提高生产效率，采用大型匀料机进行匀料具有重大意义。本文以粒度在 0.83~25.4mm 海绵钛产品为原料，采用 15T 大型卧式匀料机进行匀料研究。研究了不同匀料方案及匀料时间对海绵钛产品混合均匀度的影响，使用检测杂质元素及 HB 硬度方法对匀料后产品混合均匀度进行表征，获得了最佳的匀料方案及匀料时间。研究结果表明：采用 15T 大型卧式匀料机，产品混合均匀度达到 90%以上。

关键词： 卧式匀料机；混合均匀度；HB 硬度；匀料时间

Large Mixer in the Application of Titanium Sponge Production

Yin Shihao　Liu Zhenghong　Zhang Jie

(Luoyang Shuangrui Wanji Titanium Industry Co., Ltd., Luoyang 471000, China)

Abstract: After being crushed and picked, titanium sponge transform into 0.83~25.4mm size. We use mixer in order to ensure the products attributes uniform. At present titanium sponge factory mainly adopts small mixer. It is significant for us to use large mixer to improve the efficiency of production. In this paper, 15t large horizontal type mixer was researched through 0.83~25.4mm size titanium sponge. Different mixing scheme and mixing time were studied in order to obtain the best mixing scheme and mixing time with the mixing uniformity which was characterized by determining impurities elements and HB hardness. Research results show that: using the 15t large mixer well machine, mixing uniformity of titanium sponge could come to more than 90%.

Key words: horizontal type mixer; mixing uniformity; HB hardness; mixing time

1　引言

目前各海绵钛生产企业多采用传统匀料系统进行匀料，传统匀料机普遍存在匀料物料少、结构复杂、匀料时需要吊车等缺点，同时对操作人员的技能要求较高。在使用过程中传统匀料机设备故障率高，生产效率低，设备维修及运行费用高，因此选用大型匀料机对成品海绵钛进行匀料具有重要的研究意义和价值，本研究采用 15T 大型卧式匀料机进行成品海绵钛物料匀料研究，大型卧式滚筒型匀料机是由桶体、传动装置、滚圈、齿圈、托轮装置、加料口及出料口等组成[1]，成品海绵钛通过加料口进入桶体，通过

作者简介：尹世豪，洛阳双瑞万基钛业有限公司，研发工程师；主要负责公司成品车间技术改造及新设备引进工作，同时负责公司能源管理工作；E-mail: ysh516@126.com。

桶体的旋转和桶体内绞龙的作用力物料不断搅动混合，混合均匀后，匀料机进行反转作业，通过出料口输送出来。

本研究采用15T大型卧式匀料机进行成品海绵钛匀料作业，研究了不同匀料方案及匀料时间对海绵钛产品混合均匀度的影响，获得了最佳的匀料方案及匀料时间。研究结果表明：采用15T大型卧式匀料机，产品平均混合均匀度达到90%以上。

2 研究部分

2.1 15T大型卧式匀料机的工作原理

成品海绵钛进入匀料机后，桶体进行正转操作，当混合桶体达到一定转速时，桶体的物料随着旋转的桶体被带到一定的高度随后沿着抛物线落下，同时桶体下部的物料沿着桶内相互交错排列的绞龙做穿插、推动运动，沿抛物线落下的物料被交错排列的绞龙做穿插、推动运动，桶体下部的物料随桶体做圆周运动，如此周而复始循环混合，最终使物料混合均匀，混合时间根据物料的多少而定，混合结束后通过混合桶体的反转，利用出料口的抄板结构使物料出料彻底。其中成品海绵钛上升和下落的量由桶体的转速及龙骨的高度决定。当桶体转速较小时，成品海绵钛受到的离心力和圆周力小，因此成品海绵钛的混合效率低。反之，易造成成品海绵钛在较高的位置落下，海绵钛摩擦严重，降低海绵钛质量同时会引起钛粉扬起过高，易于从入料口处漂移出去，造成物料损失[2]。因此合理的转速及龙骨高度对大型匀料机的性能具有重要的作用。

2.2 试验方案

通过四种匀料方案对比15T大型匀料机匀料均匀度，采用单次匀料成品海绵钛10t，分析混合后杂质元素及HB硬度，四种方案分别如下：

（1）方案编号1（下同）：按照匀料方向匀料2min，然后按照出料方向混1min后出料，出料时每次出料3桶（每桶250kg），然后匀料机按匀料方向转4圈后继续出料；

（2）方案编号2（下同）：按照匀料方向匀料6min，然后按照出料方向混3min后出料，出料时每次出料3桶（每桶250kg），然后匀料机按匀料方向转4圈后继续出料；

（3）方案编号3（下同）：按照匀料方向匀料12min，然后按照出料方向混6min后出料，出料时每次出料3桶（每桶250kg），然后匀料机按匀料方向转4圈后继续出料；

（4）方案编号4（下同）：按照匀料方向匀料24min，然后按照出料方向混12min后出料，出料时每次出料3桶（每桶250kg），然后匀料机按匀料方向转4圈后继续出料。

取样方法：每批料匀料完全后，每出5桶料取一个样品进行全分析。

2.3 匀料后海绵钛表征及性能检测

采用ICP电感耦合等离子体（Inductively Coupled Plasma）进行匀料后海绵钛全分析，采用洛氏硬度仪进行匀料后海绵钛硬度（HB）分析。通过分析各成分含量及硬度（HB）综合判定匀料后均匀度。

3 结果与讨论

3.1 理论分析

根据《搅拌与混合设备设计选用手册》[3]，对于旋转容器的混合设备，物料的混合度不仅取决于设备类型、设备规格，还取决于物料特性、混合时间等参数，其中旋转容器的混合设备最适合海绵钛的混合，其他搅拌式混合设备对物料的切割大，磨损大，易于造成海绵钛中杂质含量的升高，影响产品质量[4]。对粒度差大，密度差大的物料，混合度满足如图 1 和图 2 的混合曲线，海绵钛粒度范围 0.83~25.4mm，密度偏差大（其中疏松的爬壁钛密度为 0.9t/m^3，致密的海绵钛粒密度可达到 3.5t/ m^3），因此海绵钛物料的混合均匀度与混合时间的关系满足图 1 和图 2 所示。

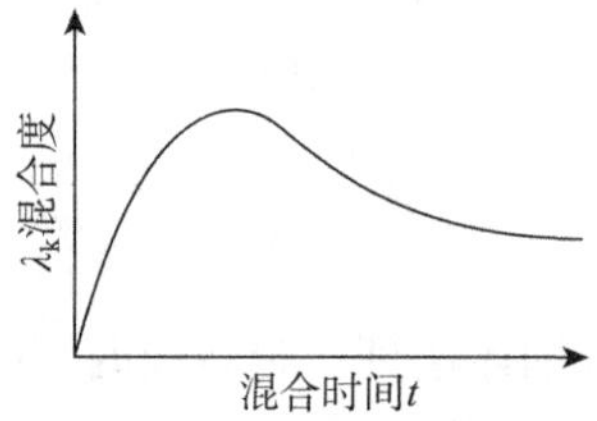

图 1　粒度差大，混合度与混合时间的关系

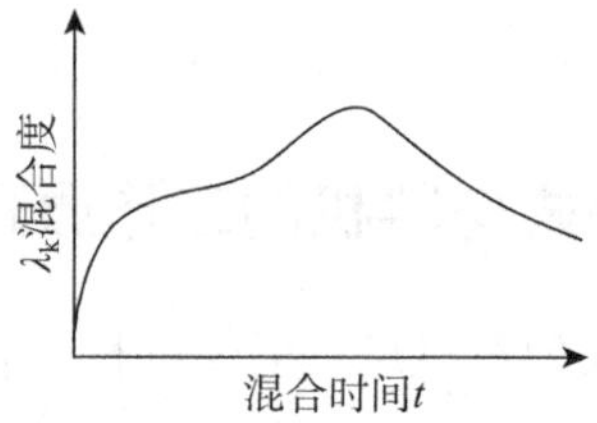

图 2　密度差大，混合度与混合时间的关系

由图 1 和图 2 可知，海绵钛存在粒度差大和密度差大两种特性，随着混合时间的增长，混合度不仅不会出现逐渐提高反而会出现一定的波动和下降，该部分主要原因为物料偏析分层。

3.2　四种方案混合均匀度对比

通过四种匀料方案对比 15T 大型匀料机匀料均匀度，采用单次匀料成品海绵钛 10t，每批料匀料完全后，每出 5 桶料取一个样品进行全分析，分析混合后杂质元素及 HB 硬度，四种方案结果如表 1 所示。

表 1　四种匀料方案混合均匀度对应表

不同组元 方案编号	O/%	N/%	C/%	Cl/%	Fe/%	Mg/%	Mn/%	HB/%
1	95.2	89.2	84.7	65.4	71.0	67.2	65.0	93.6
2	95.3	98.1	82.6	85.1	86.4	64.5	82.9	95.7
3	90.2	78.6	78.4	86.4	82.1	54.9	79.0	94.5
4	93.4	90.4	82.1	76.4	79.0	56.0	80.7	95.6

图 3 显示为按照表 1 数据中 4 种方案中 7 种不同元素和布氏硬度的混合度，图中显示为各方案中主要元素混合均匀度的变化曲线。

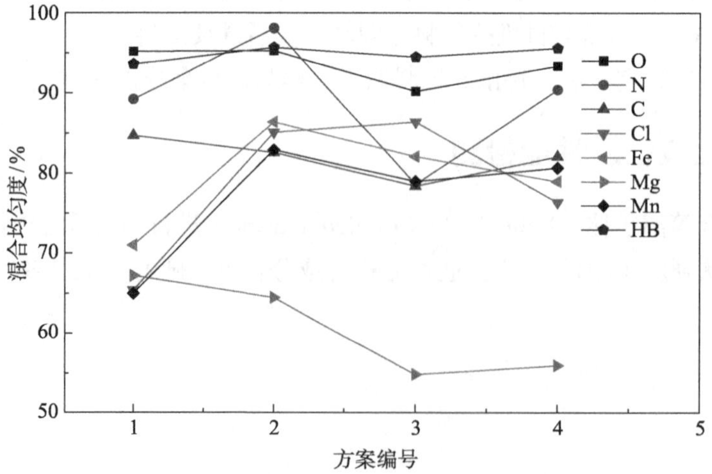

图 3　四种方案不同元素和布氏硬度的混合度对应图

由图 3 可知，随着混合时间的延长，不同元素混合度呈现一定的波动，其中 O、N、C、Fe、Cl 和布氏硬度的最大混合度可达到 95.3%、98.1%、84.7%、86.4%、86.4%、95.7%，7 种元素中 Mg 和 Mn 的波动最大，但海绵钛中 Mg、Mn 一般控制在 0.01%以下，且一般不超过国标 OA 级标准，因此对海绵钛定级基本无影响。对比试验图线规律可以看出，海绵钛物料的均匀度并没有随物料的混合时间延长而提高。匀料时间达到一定值后，增加匀料时间，反而引起匀料均匀度的降低，且各种元素的降低幅度并不呈现一致关系，这点与海绵钛物料中粒度差及密度差大的物料属性有关。综合 4 种方案，方案 2 效果最好。

表 2 为表 1 中四种方案除去 Mg、Mn 后 6 种元素及 HB 硬度混合均匀度的平均值。

表 2　四种匀料方案混合均匀度对应表

不同组元 / 方案编号	O/%	N/%	C/%	Cl/%	Fe/%	HB/%	平均混合均匀度/%
1	95.2	89.2	84.7	65.4	71.0	93.6	80.18
2	95.3	98.1	82.6	85.1	86.4	95.7	90.53
3	90.2	78.6	78.4	86.4	82.1	94.5	85.03
4	93.4	90.4	82.1	76.4	79.0	95.6	86.15

图 4 显示为表 1 中四种方案除去 Mg、Mn 后 6 种元素及 HB 硬度混合均匀度的平均值对应折线关系图。

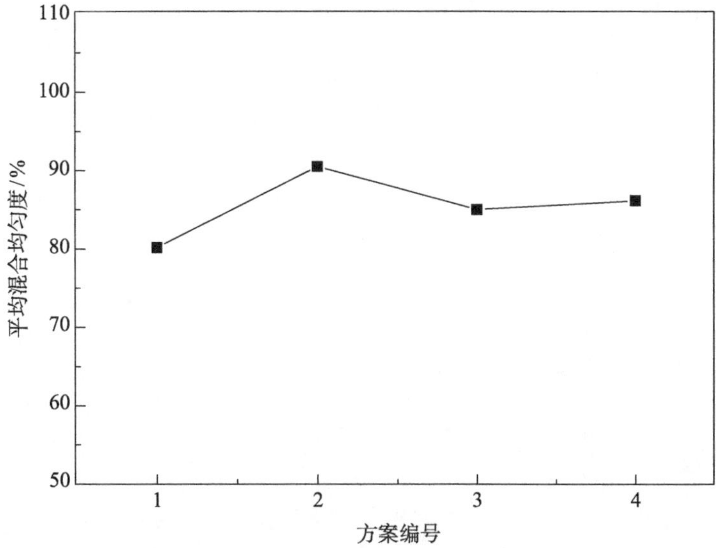

图 4　四种方案除去 Mg、Mn 元素后平均混合均匀度

图 4 显示的为四种方案中元素与布氏硬度混合度平均值曲线关系图，由图 4 可知，海绵钛的整体均匀度随混合时间的增长而增大，但随着混合时间的进一步延长，混合均匀度并没有呈现一直增长，甚至出现混合均匀度降低的趋势，这和前述物料混合的原理说明是一致的。因此，海绵钛物料的混合并不能一味地采用延长匀料时间的方法来提高均匀度，需采用合适的方案，使物料的均匀度达到最佳效果。

4　结论

（1）海绵钛粒度范围为 0.83~25.4mm，粒度范围大，海绵钛匀料过程中不可避免地产生偏析，而不是随着时间的延长越混越均匀，这与研究实际试验结论一致；

（2）O、N、C、Fe、Cl 和布氏硬度最大混合度可达到 95.3%、98.1%、84.7%、86.4%、86.4%、95.7%；

（3）Mg 和 Mn 的波动最大，但海绵钛中 Mg、Mn 一般控制在 0.01%以下，且一般不超过国标 OA 级标准，因此对海绵钛定级基本无影响；

（4）混合超过一定时间后，随着时间的延长平均混合度没有明显变化，对比四种试验方案，综合考虑，方案 2 的效果最好，其中 O、N、C 混合度分别为 95.3%、98.1%、82.6%，布氏硬度的混合度为 95.7%，产品混合均匀度达到 90%以上。

参考文献

[1] 历衡隆. 回转窑设计应用及维修[M]. 北京: 冶金工业出版社, 1998.

[2] 高志雄.螺旋旋转式混料机在铁合金生产中的应用[J]. 铁合金, 2012(3): 38-40.

[3] 陈志平, 章序文, 林兴华, 等. 搅拌与混合设备设计选用手册[M]. 北京: 化学工业出版社, 2004.

[4] 吴德荣. 化工工艺设计手册[M]. 北京: 化学工业出版社, 2009.

钛铁合金（70TiFe）产品研究开发

王 勇

（四川机电职业技术学院，四川攀枝花 617000）

摘　要：以天然金红石、铝质还原剂、氧化铁皮、石灰熔剂、氯酸钾催化助剂、冶金辅材和其他配对合金等为原料生产钛铁合金（70TiFe），通过铝热法合理供热制度和物料平衡测算，精准配料，严格控制铝热反应的热平衡和物料平衡，产品达到了钛铁合金（70TiFe）产品技术质量要求；经过优化工艺参数和严格操作制度，实现了稳定并降低钛铁合金（70TiFe）消耗水平的目标。

关键词：钛铁合金（70TiFe）；铝热法；物料平衡；供热制度

Study on Development of Ferro-Titanium（70TiFe）

Wang Yong

(Sichuan Institute of Mechanical and Electrical Technology, Panzhihua 617000, China)

Abstract: Ferro-titanium (70TiFe) were smelted by aluminothermics process, rich TiO_2 matterial, Al containing reducing agent, Fe containing matterial, lime, CaF_2, and corresponding alloy else used as matterial. Calculation of heat addition and proportioning were made accurately. Meanwhile the process was controled strictly. Ferro-titanium came up with standard of quality and technology. Consumption of Ferro-titanium is improved by optimization of parameter.

Key words: ferro-titanium(70TiFe); aluminothermics process; heat addition; proportioning

1　引言

攀枝花拥有100亿吨钒钛磁铁矿，钛矿物以钒钛磁铁矿的共生矿形式存在，钛氧化物储量约为8.73亿吨，世界钛资源总量的35%和中国90%以上的钛资源集中在攀枝花，钛资源储量居世界首位。随着技术进步和各类钒钛产品市场的拓展，利用攀枝花丰富的钒钛资源，生产优质钛白制品、钛合金、钒制品及系列钒钛产品，已经成为攀枝花经济社会发展的必然选择。钛铁合金 Ti 含量大于 25%，熔点 1450~1580℃，固态密度 6.0t/m^3，堆密度 2.7~3.5t/m^3，块度小于 200mm。铝热法钛铁生产的主要原料为钛精矿（或钛渣）、铝粒、铁矿（或铁鳞）、石灰和硅铁等，生产工艺多采用铝热法和电铝热法；合成钛铁生产的主要原料为海绵钛（废钛）、碳钢和铝粒，生产工艺采用真空熔炼法[1-3]；钛铁复合合金以钛铁为主要组元，复合元素根据用途和生产工艺包括硅以及铝等，应用于钢铁、铝和铜冶炼熔铸体系。钛铁主要用于钢铁生产的脱氧剂、合金化添加剂、铸造孕育剂和脱气剂等，在冶炼不锈钢和耐热钢时，钛与碳结合形成稳定的化合物，能防止碳化铬的生成，从而减少晶间腐蚀，提高铬镍不锈钢的焊接性能；用钛脱氧的产物易于上浮，镇静钢用钛脱氧可以减少钢锭上部偏析，改善钢锭质量，提高收得率；钛与溶解在钢水中的氮结合生成稳定的不溶于钢水的氮化钛；用钛铁合金化时，钛与碳形成碳化钛，可以提高钢的强度；钛铁还可用作钛钙型电焊条的涂料[4,5]。炼钢过程的 70TiFe 优质高效，比其他品牌钛铁用量少，容易保持炼钢体系的热平衡和物料平衡。本文主要研究以富钛料、还原剂、铁原料、熔剂、助剂、辅材和其他配对合金等为原料，采用铝热法工艺生产钛铁合金（70TiFe），通过合理供热制度和物料平衡测算，精准配料，严格控制铝热反应的物料平衡和热平衡，试验产品达到了钛铁合金（70TiFe）产品技术质量要求。

2 试验条件

铝热法是一种利用铝的还原性获得高熔点金属单质或者合金的方法。可简单认为是铝与某些金属氧化物（如二氧化钛、氧化亚铁、三氧化二铁、三氧化二铬、二氧化锰等）在高热条件下发生的反应。氯酸钾为催化剂和助燃剂。试验按照铝热法工艺进行条件配置。

2.1 试验原理

铝热法钛铁冶炼的冶金原理是用铝还原 TiO_2，部分 FeO、Fe_2O_3、MnO、SiO_2 和 V_2O_5 等被还原，同时放热、熔化、聚集和分离钛铁合金及渣，可以在热状态浇注钛铁，得到钛铁合金铸块，也可在冷却过程中自然分离。

铝热法制钛铁过程的主要反应方程式为：

$$TiO_2 + 4/3Al = Ti + 2/3Al_2O_3 \quad \Delta G_T^{\ominus} = -40000 + 2.9T \tag{1}$$

从热力学观点，在高温下铝能够还原 TiO_2，但实际上钛的氧化物是属于难还原的氧化物，炉料中有一部分 TiO_2 被铝还原成 TiO：

$$2TiO_2 + 4/3Al = 2TiO + 2/3Al_2O_3 \quad \Delta G_T^{\ominus} = -1081150 + 3.43T \tag{2}$$

TiO 是碱性氧化物，易与 Al_2O_3 和 SiO_2 生成复合化合物，可使 TiO_2 还原向生成 TiO 的方向进行，有利于 TiO 的生成，从而影响钛的回收率。为了阻止 TiO 生成反应的不断进行，必须在反应物料中配入比 TiO 碱性更强的 CaO，当有 CaO 存在时，还原过程便向 $TiO_2 \rightarrow Ti$ 的方向进行，化学反应式为：

$$TiO_2 + 4/3Al + 2/3CaO = Ti + 2/3(CaO \cdot Al_2O_3) \quad \Delta G_T^{\ominus} = -45575 + 2.9T \tag{3}$$

从以上反应式可见，反应物料中配入 CaO 后，反应的自发性和彻底性更强。

在冶炼过程中，除 Ti 的氧化物外，Fe、Mn 和 Si 的氧化物也要被铝还原，反应式如下：

$$3Fe_2O_3 + 2/3Al = 2Fe_3O_4 + 1/3Al_2O_3 \quad \Delta G_T^{\ominus} = -115700 + 14.85T \tag{4}$$

$$Fe_3O_4 + 2/3Al = 3FeO + 1/3\,Al_2O_3 \quad \Delta G_T^{\ominus} = -17000 - 29.25T \tag{5}$$

$$MnO + 2/3Al = Mn + 1/3\,Al_2O_3 \quad \Delta G_T^{\ominus} = -103495 - 4.5T \tag{6}$$

$$SiO_2 + 4/3Al = Si + 2/3\,Al_2O_3 \tag{7}$$

从以上反应式可见，Fe、Mn、Si 的氧化物还原更容易。

根据铝热法的冶炼特点和高钛铁的质量要求，高钛铁与普通钛铁的不同之处，在于合金中的含钛量高达 65%~75%，要增加合金中的钛含量，只有提高原料中的 TiO_2 含量，但原料中的 TiO_2 含量越高，需要的热量就更多，因而会影响炉料的单位热效应，致使反应不能自发进行。因此必须提高炉料的单位反应热，在炉料中加入氯酸钾、氯酸钠这类发热量高的物质，以补充不足部分的热量。采用氯酸钾作发热剂较合适，因其反应释放的热量大，1kg $KClO_3$ 被铝还原的发热量为 14040.82kJ/kg，反应产物 KCl 进入炉渣，不影响合金成分。其反应式为：

$$KClO_3 + 2Al = KCl + Al_2O_3 \quad \Delta H_{298K}^{\ominus} = -860kJ/mol\,Al \tag{8}$$

因为单位热效应是铝热法冶炼的关键，在试验过程中，必须通过每一个化学反应进行详细计算。各化学反应的单位热效应为：

$$TiO_2+4/3Al=Ti+2/3Al_2O_3 \quad 1720kJ/kg \tag{9}$$

$$2TiO_2+4/3Al=2TiO+2/3Al_2O_3 \quad 2105.5kJ/kg \tag{10}$$

$$3FeO+2Al=3Fe+Al_2O_3 \quad 3206kJ/kg \tag{11}$$

$$Fe_2O_3+2Al=3Fe+Al_2O_3 \quad 4014kJ/kg \tag{12}$$

$$3MnO+2Al=3Mn+Al_2O_3 \quad 1921kJ/kg \tag{13}$$

$$3/2SiO_2+2Al=3/2Si+Al_2O_3 \quad 2545kJ/kg \tag{14}$$

为使冶炼过程中渣-合金易于分离，炉料中还须配入能改善传质条件、降低炉渣熔点的添加剂，如氟化钙等。

生产过程中还原剂铝的作用，首先作为还原剂保证足够的能力还原以氧化物为基础的 Fe_2O_3、TiO_2、FeO 和 TiO，其次通过配置催化剂提供足够的基础热量。按照 2800kJ/kg 配置热量，在连续加料过程中取得基础反应热后，后续加料在一定程度上借助持续反应热，补充达到铝热反应的临界基础条件。

通过连续加料和持续反应创造过热反应条件，加速反应过程向有利于产物生产的方向进行，保证反应装置内部过热时间，促进反应物料的高温分离。

采用 CaF_2-CaC_2 脱除 S 和 P，具体反应如下：

$$2[P]+3Ca(\text{液体})=(Ca_3P_2) \tag{15}$$

$$[S]+Ca(\text{液体})=(CaS) \tag{16}$$

$$(CaC_2)=[Ca]+2[C] \tag{17}$$

$$(CaC_2)=[Ca]（\text{气或液}）+2[C] \tag{18}$$

$$(CaC_2)=[Ca]_{CaF_2}+2[C] \tag{19}$$

不同氧化物组分的转化率如下：

TiO_2—TiO	35%	TiO—Ti	65%
Fe_2O_3—FeO	10%	Fe_2O_3—Fe	99%
FeO—Fe	99%	SiO_2—Si	90%

富钛料作为主钛原料，铁皮为主铁原料，粒度控制≤1mm，铝粉为还原剂，0.1~2mm 的占 80%，石灰作为主要碱度调节剂，CaO≥85%，粒度≤2mm，C<1.0%，SiO_2<2%。

氯酸钾和过氧化钡为发热催化剂，发热量 14040kJ/kg，KC 需铝量 0.44kg/kg。

炉料预热每 100℃可以提高热效应 125kJ/kg。

2.2 试验原料

试验原料包括钛原料、铁原料、石灰助剂、发热催化剂和耐火材料，冶炼 70TiFe 要求钛原料的高品质，TiO_2 含量高，大于 90%，选择天然金红石；铁原料要求氧化态，一方面提高铁组分，另一方面强化还原放热，选择钢板热轧过程产生的氧化铁皮较好；钛原料和铁原料化学成分见表 1。

表 1　富钛料（天然金红石）和铁原料（氧化铁皮）化学成分　（%）

项目	TiO_2	TFe	FeO	CaO	MgO	SiO_2	MnO	Al_2O_3
铁原料（氧化铁皮）		73.56	49					
富钛料（天然金红石）	92		3.0	0.3	0.4	2.65	≤0.1	1.8

富钛料（天然金红石）94%小于 200 目。

铝质还原剂，粉状，粒度过 100 目筛，Al≥98%，Si≤0.2%。

石灰助剂，粉状，粒度过 100 目筛，CaO≥75%，具有活性。

发热催化剂，以硝酸盐和氯酸盐为主，有效成分大于 98%。

铁原料，主要为热轧铁鳞，也称作氧化铁皮，Fe＞72%，S＜0.5%，P＜0.6%，Si＜2%。

萤石，主要成分为 CaF_2，含量大于 93%。

电石，主要成分 CaC_2，20℃发气量大于 295L/kg。

燃料，主要为焦炭，要求热值＞33.47MJ/kg。

耐火材料，具有良好的黏结性能，耐火温度＞2000℃，攀钢冶金材料有限责任公司生产。

2.3 试验设备

冶金包式反应器，用钢板焊接成锥形筒，放置在底衬耐火材料的坚固平台上，用镁质耐火材料打结成型，火烤固化，表面温度保持约 100℃，冶金包式反应器见图 1。

物料加热回转窑，窑体为钢桶，可旋转，倾角 5%，直径 800mm，长度 4500 mm，窑内温度约 800℃。窑体下为槽式加热装置，设有 3 个风口，焦炭在槽内燃烧，烟气通过抽风集气罩进入收尘系统。

计量电子秤，60kg 精密电子台秤，TCS-300。

便携式测温枪，CEM 华盛昌高温红外线测温仪。

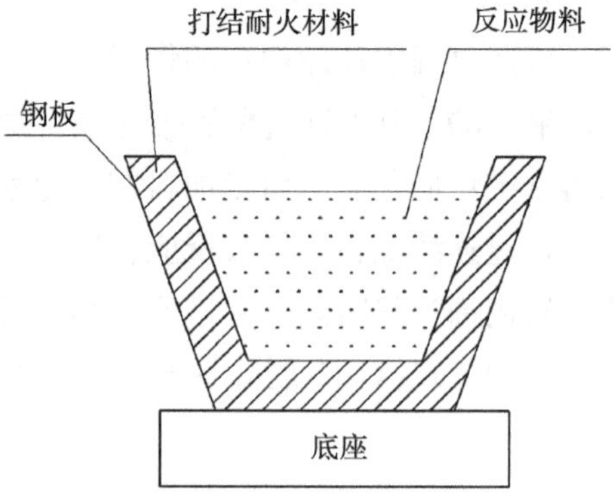

图 1 冶金包式反应器

2.4 工艺流程和试验方法

炼钢过程的 70TiFe 优质高效，比其他品牌钛铁用量少，容易保持炼钢体系的热平衡和物料平衡。

2.4.1 配料计算

高钛铁按照标准 70%Ti，5%Al，2%Si，1%其他，其余成分为 Fe。钛原料中各氧化物还原所需铝量的计算，设 100kg 钛原料可还原进入合金的 Ti 量为 x：

$$3TiO_2 + 4Al \rightarrow 3Ti + 2Al_2O_3 \qquad (20)$$

$$240 \qquad\qquad 144$$

$$0.65\times92 \qquad\qquad x$$

$$x=0.65\times92\times144/240=35.88\text{kg}$$

可得到 70%的高钛铁量=35.88/0.70=51.25kg。

Fe 组分 22%，Fe=51.25×22%=11.21kg。

用铁鳞补充 Fe，铁鳞=11.2/0.73=15.4kg。

铝需求计算：

$$3TiO_2+4Al\rightarrow3Ti+2Al_2O_3 \qquad (21)$$

$$3TiO_2+2Al\rightarrow3TiO+Al_2O_3 \qquad (22)$$

$$Fe_2O_3+2Al\rightarrow2Fe+Al_2O_3 \qquad (23)$$

$$3FeO+2Al\rightarrow3Fe+Al_2O_3 \qquad (24)$$

$$TiO_2\rightarrow Ti\ 92\times65\%\times104/240=25.91\text{kg}$$

$$TiO_2\rightarrow TiO\ 92\times35\%\times52/240=7.0\text{kg}$$

钛原料还原需铝量=25.91+7.0=32.91kg。

铁鳞铝需求：

$FeO \rightarrow Fe$　15.4×0.4934×99%×52/168=2.31kg

$Fe_2O_3 \rightarrow Fe$　15.4×（73.56–49.34）×0.01×99%×52/112=1.70kg

铁鳞还原需铝量=2.31+1.70=4.0kg。

还原需铝量=32.91+4.0=36.91kg

理论配铝量=36.91×1.03=38.01kg

石灰配量=38.01×0.22=8.36kg

入炉料量=100+16.4+38.01+8.36=162.81kg。

2.4.2 配热计算

$$3/2TiO_2+2Al \rightarrow 3/2Ti+Al_2O_3 \quad 1720kJ/kg \tag{25}$$

$$(27.6+98\times0.65)\times1720=157036kJ$$

$$3TiO_2+2Al \rightarrow 3TiO+Al_2O_3 \quad 2105.5kJ/kg \tag{26}$$

$$(7.4+98\times0.35)\times2105.5=87799.35kJ$$

$$Fe_2O_3+2Al \rightarrow 2Fe+Al_2O_3 \quad 4014\ kJ/kg \tag{27}$$

$$[(73.56-49.34)\times0.0099\times16.4\times1.4+1.82]\times4014=29403kJ$$

$$3FeO+2Al \rightarrow 3Fe+Al_2O_3 \quad 3206kJ/kg \tag{28}$$

$$(0.49\times16.4/56/72+2.47)\times3206=41043kJ$$

反应热=157036+87799+29403+41043=315281kJ

单位热效应=315281/165.81=1910kJ/kg

炉料预热每 100℃可以提高热效应 125kJ/kg，一般加热温度 200℃，1910+250=2160 kJ/kg。

按照补充热量 2800kJ/kg，需要再补充 700kJ/kg，700×165=115500kJ。

$KClO_3$ 需求=115500/14040=8.22kg

耗用铝粉=8.22×0.44=3.6kg

总铝需求=(39.29+3.6)×1.03=44.17kg。

石灰配入量的计算：

石灰配入量为铝配入量的 22%，则石灰配入量=(39.29+3.6)×22%×1.03=9.77kg。

石灰总入炉量=100+9.77+44.17+16.4+8.22=178kg。

实际配料单位热效应=165×2860/178=2651kJ/kg，修正为 150×178=26700kJ。

$KClO_3$ 需求=26700/14040=1.9kg

耗用铝粉=1.9×0.44=0.836kg

2.4.3 试验方法

首先用钢板和耐火材料打结制作不同用途的反应罐，见图 1。准备好各种原材料，用电子秤计量称重，设计不同系列钛铁合金产品的原料配比，平衡热效应，然后根据反应装置的生产能力确定生产原料需求，然后按照配比进行配置钛原料、铁原料、铝质还原剂、催化剂和辅助添加剂，实施热装，用便携式测温枪测温，依次进入混料搅拌机，充分搅拌至均匀，输送至反应装置内，引火激发反应，反应结束后冷却 20~40h，分离渣和合金，经过检验、精整和批量包装成为钛铁合金（70TiFe）产品，粒度控制 10~20mm。

2.4.4 工艺流程

钛铁生产工艺流程见图 2。

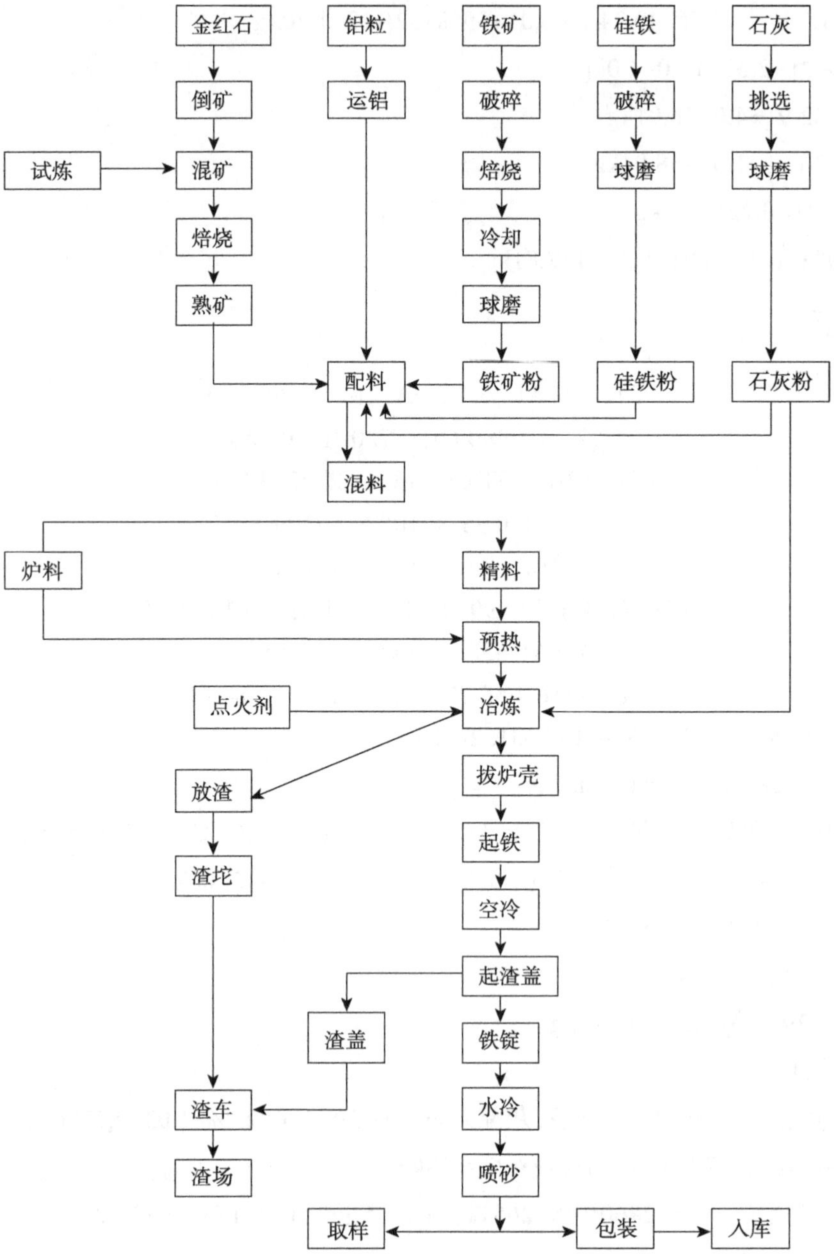

图 2　钛铁生产工艺流程

3　试验结果及分析

钛铁合金（70TiFe）产品试验从小规模试验入手，不断扩大试验规模，完善设备以及测试控制手段，根据产品技术质量需求和用户要求配置原料，优化技术经济参数，形成了完整的钛铁合金（70TiFe）生产技术。

3.1　试验结果

试验和试生产共完成 230 炉次，生产钛铁合金（70TiFe）80t，形成满足国家标准的 70TiFe 生产技术能力，200kg 级试验结果见表 2。还原剂消耗平均 836kg/t 优质高钛铁，富钛料消耗平均 1760kg/t 优质高钛铁，辅助材料消耗为 350kg/t 优质高钛铁左右，过程钛收率平均 69%，表 3 给出了钛铁合金（70TiFe）牌号和试验统计化学成分。

表 2　钛铁合金（70TiFe）200kg 级试验结果　（%）

炉号	Ti	Al	Si	P	S	C	Cu	Mn	Ti 回收率
T-1	68.31	8.0	4.5	0.05	0.03	0.10	/	/	71.6
T-2	65.21	7.7	3.3	0.04	0.02	0.05	/	/	69.3
T-3	65.33	6.7	3.2	0.03	0.02	0.04	/	/	70.5
T-4	67.23	6.5	3.6	0.04	0.02	0.06	/	/	70.2
T-5	66.31	6.9	4.1	0.03	0.03	0.05	/	/	66.3
T-6	69.10	6.4	3.5	0.03	0.03	0.05	/	/	68.5
T-7	70.10	6.5	4.5	0.03	0.03	0.05	/	/	69.3
T-8	68.51	5.9	4.4	0.05	0.03	0.04	/	/	70.9
T-9	65.84	6.3	3.2	0.03	0.03	0.05	/	/	70.3
T-10	69.31	6.2	3.6	0.04	0.02	0.05	/	/	70.3
T-11	70.05	6.9	3.3	0.05	0.02	0.05	/	/	69.8
T-12	68.30	6.3	3.2	0.02	0.02	0.03	/	/	68.8

表 3　钛铁合金（70TiFe）牌号和试验统计化学成分

牌号	化学成分/%							
	Ti	Al	Si	P	S	C	Cu	Mn
		≤						
FeTi70-A	65.0~75.0	8.0	4.5	0.05	0.03	0.10	0.40	2.5
波动值	64.5~71.24	5.6~11.1	0.9~1.2	0.02~0.06	0.01~0.05	0.05~0.11	0.01~0.05	0.01~0.40
平均值	66.52	10.2	1.08	0.05	0.04	0.09	0.03	0.33

3.2　影响因素分析

钛铁生产技术经济指标影响因素较多，在保证产品质量和工艺顺行的前提下要求主要技术条件经济、合理和可控。钛铁合金系列产品主要指标体系包括主金属 Ti 回收率、主金属 Ti 品位、Si 含量、Al 含量、杂质 P 和杂质 S 水平，原料结构、过程温度和操作方式等是主要的影响因素。

3.2.1　钛铁合金（70TiFe）品位与含钛原料中 TiO_2 含量的关系

钛铁合金（70TiFe）品位与含钛原料中 TiO_2 含量密切相关，用含 TiO_2 为大于 92%的钛原料生产的钛铁合金（70TiFe）含钛达 65%~75%的比例为 87.5%，而用含 TiO_2 为 87%的钛原料生产的钛铁合金（70TiFe）含钛 65%~75%的比例仅为 12.5%，由此可见，原料中 TiO_2 含量大于 92%是冶炼高钛铁合金（70TiFe）的首要条件。

3.2.2　铝加入量与钛铁合金（70TiFe）Al 含量的关系

铝的含量是钛铁合金（70TiFe）合金一个重要指标，不同的标准有不同的要求，钛铁合金（70TiFe）Al 含量与铝加入量密切相关，直接影响钛铁合金（70TiFe）中铝的残余量。200kg 级 70TiFe 试验中铝加入量与钛铁合金（70TiFe）Al 含量的关系图见图 3。从图 3 可见，生产钛铁合金（70TiFe）时，随着铝加入量的增加，合金 Al 含量经历一个由高-低-高的过程，说明当配铝量低于计算值时，反应不完全，铝溶解残留在钛铁合金（70TiFe）中显示高铝水平；配铝量等于计算值时反应完全，钛铁合金（70TiFe）铝含量在控制水平；配铝量大于标准时，反应完全，残铝引起钛铁合金（70TiFe）中的铝含量的上升。Al 的加入量必须根据物料组成详细计算确定，既要保证有足够的还原剂还原 TiO_2，又要确保标准要求的 Al 含量。

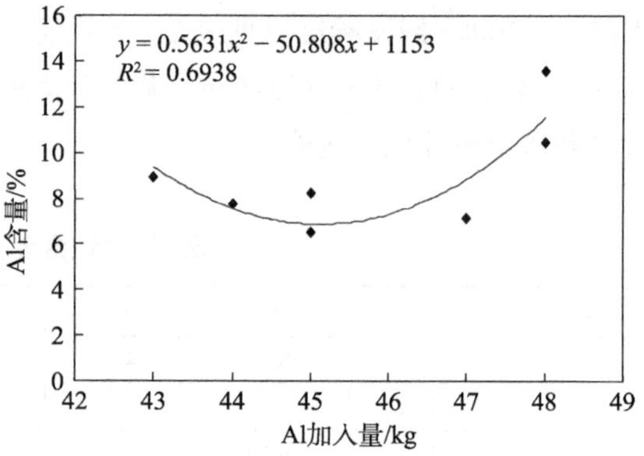

图 3　200kg 级铝加入量与钛铁合金（70TiFe）铝含量的关系

3.2.3　CaO 加入量与钛铁合金（70TiFe）P、S 含量间的关系

钛铁合金（70TiFe）冶炼过程有大量的 Al_2O_3 产生，Al_2O_3 和 CaO 结合形成 $Al_2O_3 \cdot CaO$，CaO 既调整渣的酸碱度平衡，同时，又增加炉渣的硫容和磷容，提高硫磷脱出能力，抑制逆反应发生，同时相关冶金辅材的 CaO 含量大于 75%，要求含 S 和 P 水平低。多炉次试验结果表明，钛铁合金（70TiFe）中 S 和 P 随 CaO 的增加有上升的趋势。CaO 加入量高于计算值，影响炉渣熔点，不利于 P 和 S 的传质，部分 CaO 原料还会带入少量 P 和 S。

4　结论

（1）以富钛料、还原剂、铁原料、熔剂、助剂、辅材和其他配对合金等为原料生产钛铁合金（70TiFe），通过铝热法合理供热制度和物料平衡测算，精准配料，严格控制铝热反应的热平衡，产品达到了钛铁合金（70TiFe）产品技术质量要求，技术是可行的。

（2）钛铁合金（70TiFe）是优质冶金炉料，也是高温冶金产物，需要严格管控 C、S、P、Si、Mn 和 Cu 含量水平以及控制合金相偏析，生产原料选择和配料需要前期控制和精确的配料计算设计。

（3）铝热还原过程贯穿热供应平衡需求，整个反应过程体现高温冶金特性，热释放迅速，反应周期短，必须对其外加热、铝氧化放热和电加热等热源主体进行平衡测算。

参考文献

[1] 莫畏, 邓国珠, 罗方承. 钛冶金[M]. 2 版. 北京：冶金工业出版社, 2007.
[2] 杨保祥, 胡鸿飞, 何金勇,等. 钛基材料制造[M]. 北京：冶金工业出版社，2015.
[3] 杨绍利, 盛继孚. 钛铁矿熔炼钛渣与生铁技术[M]. 北京：冶金工业出版社, 2006.
[4] 赵乃成, 张启轩. 铁合金生产实用手册[M]. 北京：冶金工业出版社，2010.
[5] 杨保祥, 何金勇, 张桂芳. 钒基材料制造[M]. 北京：冶金工业出版社，2014.

含钛高炉渣制备装配式隔墙板技术研究

蔡建利[1]　王杜槟[1]　汤春林[2]　曹立荣[1]
蔡　翔[1]　刘　承[1]　周晓龙[1]

（1. 四川省劲腾环保建材有限公司，四川内江 642469；
2. 成渝钒钛科技有限公司，四川内江 642469）

摘　要：简介了含钛高炉渣的处理方式，开展了利用含钛高炉渣生产膨化渣的技术研究和以膨化渣为主要原料制备装配式隔墙板的技术研究，完成了成果转化，建成了生产装置，实现了良好的经济、环保和社会效益

关键词：含钛高炉渣；膨化渣；装配式隔墙板；生产装置

Technical Studies on Prefabricated Panel Manufactured with Titaniferous Blast Furnace Slag

Cai Jianli[1]　Wang Dubin[1]　Tang Chunlin[2]　Cao Lirong[1]
Cai Xiang[1]　Liu Cheng[1]　Zhou Xiaolong[1]

(1.Sichuan Jinteng Environmental Protection Building Materials Co., Ltd., Neijiang 642469, China;
2.Chengyu Vanadium & Titanium Technology Co., Ltd., Neijiang 642469, China)

Abstract: Introduced process way of titaniferious blast furnace slag, conducted technical studies on the production of expanded slag with titaniferious blast furnace slag and on manufacturing prefabricated panel with expanded slag as the main raw material, completed the transformation of scientific and technological achievements, built the production devices, and achieved good economic, environmental and social benefits.

Key words: titaniferous blast furnace slag; expanded slag; prefabricated panel; production device

1　引言

我国西南攀西地区蕴藏着极其丰富的钒钛磁铁矿，探明储量超过 100 亿吨、保有储量约 34 亿吨，是国内仅次于鞍钢地区的重要铁矿资源。更为重要的是，该矿是世界闻名的复合共生矿，Fe 储量占我国的 20%，TiO_2储量占我国的 90%以上，V_2O_5储量占我国的 80%以上[1,2]。

含钛高炉渣是以钒钛磁铁矿为主要原料，经过高炉冶炼提取铁水后副产的固体废弃物，根据铁矿石品位的不同渣铁比为 0.4~0.6（即生产 1t 铁，大约副产 0.4~0.6t 含钛高炉渣）。长期以来，含钛高炉渣作为高炉冶炼的固体废物，其使用价值受其后续制品的局限，除了少量用作水泥掺混料外，一直没有找

作者简介：蔡建利，四川省劲腾环保建材有限公司，教授级高级工程师，从事建筑材料和装配式建筑研究。

到经济价值高、消耗量大的废物处理和综合利用方式。大量的含钛高炉渣，经过长途转运，占用耕地或山沟来进行堆放，不仅污染环境造成隐患，而且增加炼铁成本。

推广应用新型节能环保墙材是以保护耕地、环境和节约能源为目的，是促进经济社会可持续发展、适应城镇现代化建设和住宅产业现代化发展的需要。随着国家大力发展装配式建筑，尤其在国家住建部发布的《“十三五”装配式建筑行动方案》确定了“2020 年全国装配式建筑占新建建筑的比例达到 15% 以上”的目标，作为与装配式钢结构、装配式混凝土结构、装配式木结构及由该三种结构不同组合形成的装配式混合结构配套的装配式隔墙板，由于其自重轻、抗震性好、保温性好、安装施工方便快捷、增加室内使用面积、降低工人劳动强度、减少施工现场粉尘等诸多优点，越来越受到建筑企业喜爱和选用，全国各地应用比例大幅度提高，市场前景极其广阔。

为保护环境、节约成本，笔者组成的研发团队自 2015 年开始进行含钛高炉渣的综合利用技术研究，开发了新型建材原料膨化渣。随后，结合国家大力发展装配式建筑、市场对装配式隔墙板的需求越来越大的良机，基于企业转型发展、建设和完善装配式建筑技术体系和产品体系、提升生产装备自动化和智能化水平以及满足市场持续的需求，进一步以膨化渣为主要原料自主开发了一种节能环保、绿色低碳的新型灰渣混凝土空心隔墙板——适用于装配式建筑的新型装配式隔墙板，研究了全自动生产工艺。同时，研究开发了膨化渣生产装置、新型装配式隔墙板全自动生产装置。

2 利用含钛高炉渣生产膨化渣技术研究

通常的高炉渣处理工艺有急冷工艺、慢冷工艺和半急冷工艺。急冷工艺采用水淬方式，包括炉前水冲渣法、池式法、大沉淀池法等，其中炉前水冲渣法（从高炉内出来温度 1400~1550℃的热熔渣用高压水急冷，直接散落于流渣沟内，再流入水池）为目前最普遍应用的方法，投资少、成本低。在急冷处理过程中，熔融的高炉渣中的绝大部分物质来不及形成稳定的化合物晶体，而以玻璃体形式将来不及释放的热能转化为化学能储存起来，从而具有潜在的化学活性。慢冷工艺包括热泼法、堤式法、机械浇注法、戈特曼法等。半急冷工艺是将热熔渣经机械与水共同作用而急冷形成的一层坚硬多孔的矿渣，其冷却强度介于急冷和慢冷工艺之间，得到的矿渣密度小[3]。

针对以钒钛磁铁矿为主要原料、经过 1400~1600℃的高炉冶炼得到铁水后产生的固体废物含钛高炉渣，有两种处理方式：一是将其自然冷却，得到干渣；另一种是用水急冷，得到水冲渣。干渣是将高温熔渣直接放于地面自然冷却，经过挖掘、破碎、筛选、分级后可部分用于建筑材料，但由于其工序繁多成本较高，且其密度大多在 1800~2500kg/m³ 之间，不符合轻质要求[4]。水冲渣是使用高压水强制冲击熔融状态的高炉渣，使其迅速冷却、碎化，其制成品粒径在 0.1~2.0mm 之间，不能作为建筑用骨料，仅能够作为水泥厂原料用。

重庆大学在 20 世纪 70~80 年代深入开展了含钛高炉渣用作水泥混合材的技术研究，发现在水泥中只能添加 8%～10%的高炉渣，且不能生产高标号的水泥[5]。长期以来，国内外对含钛高炉渣的综合利用进行了大量的研究，但一直没有找到一个技术和经济上均可行的、能大规模有效利用的方法。

2.1 理论分析

含钛高炉渣从高炉排出时是熔融状态的液体，此时的熔渣温度一般在 1500℃左右。熔渣的主要成分是 CaO、Al_2O_3、SiO_2 以及少量的铁氧化物及 TiO_2 等，除此化学成分外，还含有大量气体，如 CO、CO_2、氢、氧和硫化氢等。在熔渣流淌或放入干渣坑过程中，这些气体大部分被逸出，但直至熔渣冷却凝固仍有少量气体留在熔渣内，从而形成类似面包的蜂窝状孔洞。

通过从化学、物理学、几何学和热力学等多维角度，提出了对含钛高炉渣进行高温急冷、机械抛射和深度膨化的机理，采取人为控制含钛高炉渣的流量、流速，通过冷却水喷淋、机械抛射等作用，使得熔渣快速急冷，使熔渣内气体来不及被释放，在一定的黏度及表面张力的作用下，形成外表是玻璃质的内部有微孔的膨化珠体。

其中，水对含钛高炉渣的膨化起着两个作用:（1）水能加速熔渣的冷却，使熔渣能很快形成固体状，而防止更多的气体从渣内逸出；（2）水与熔渣的硫化物起着化学作用，硫化氢在高温情况下生成二氧化硫气体，硫化氢、二氧化硫与水蒸气在熔渣内也能生成气孔。粒化轮的机械抛射对含钛高炉渣的膨化也起着两个作用：（1）把熔渣甩在空中加快熔渣冷却，熔渣表面冷却最快，能在甩散的熔渣表面生成大量密闭的玻璃体；（2）熔渣经过机械抛射在空中又相互碰撞，落在集渣槽内时已成珠状，温度较低，互相不能黏结成块，因此机械抛射实际上也起了一个对熔渣破碎的作用。

2.2　工艺路线

在理论分析的基础上，提出了技术方案：对含钛高炉渣进行除铁分流处理，然后用高压冷却水对高炉渣进行喷淋急冷。随后利用改进的粒化轮对正在急冷的高炉渣进行机械抛射，使处于急冷过程之中的高炉渣沿不同的抛物线弹出并相互碰撞，在抛射过程中的风冷、低温水急冷及机械外力的共同作用下，使高炉渣发生物理、化学和热力学的变化。随后落入集渣槽，继续在冷水中爆裂膨化，最后形成膨化渣。

将上述技术方案进行工程化实施，设计制作了装置系统并优化改进了核心设备粒化轮，建设了膨化渣生产线（生产工艺流程图见图 1），其具体工艺路线包括如下步骤：

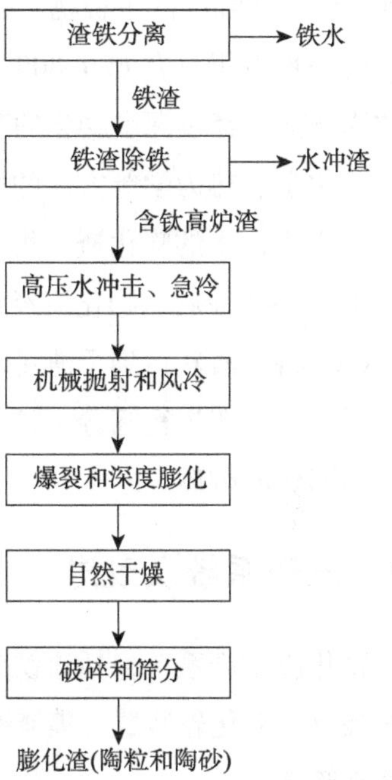

图 1　膨化渣生产工艺流程图

（1）自炼铁高炉出铁口出来的 1400~1550℃铁水，经过铁水沟流入到铁水罐，送去提钒炼钢工序。自高炉出铁口 10m 处从铁水沟分出一个铁渣沟，引出铁渣（温度 1200~1500℃）。钒钛磁铁矿冶炼后的铁渣，其主要成分是钙、钛、铝、镁等氧化物和 SiO_2 及少量的铁氧化物等，此外还含有一定量的气体（如 CO、CO_2、H_2S、氢和氧等，在后续的处理过程中大部分逸出排放到空气中）。

（2）铁水沟和铁渣沟均深约 60mm。在距离铁渣沟约 30mm 处的铁水沟上部设置一个 20mm 的挡渣板，在铁渣沟入口设置一个高 40mm 的拦铁板，使密度大的铁水分流到铁水沟并进入铁水罐，而密度更小、浮在铁水上面的铁渣翻越拦铁板流入铁渣沟。

（3）进入铁渣沟的铁渣仍含有部分铁。为此，在铁渣沟上引出一条炉渣沟。在炉渣沟与铁渣沟之间再设一个拦铁板，使含铁量多的铁渣作为水冲渣引出，作为水泥掺混料使用；而含铁量很少的含钛高炉渣作为膨化渣的原料。所有料沟均由耐高温的浇注料浇筑而成。

（4）从炉渣沟出来的含钛高炉渣，经过一个长 2m、宽 1.5m 且与水平面呈 30°的耐高温滑动式中间包，中间包上方设有喷水冷却装置，从左到右分布 3 排、每排有 6 个高压冷却水喷嘴。滑动式中间包由钢壳和浇注料构成，由卷扬机带动前后滑动，主要起到缓冲作用，使得渣流平缓、均匀。喷嘴为扁平状，可调节喷淋水量。调节喷淋流量和压力，并调整优化 6 个喷嘴的喷射角度，可以使反应更为充分，成品内部产生的气孔更多。流过中间包斜坡面、1200~1500℃的高炉渣被喷嘴喷出的冷却水强烈冲击和急冷后，流入改进型粒化轮系统中。

（5）在改进型粒化轮系统中，高炉渣首先被粒化轮进行抛射，使处于急冷过程之中的高炉渣被迅速击碎并沿不同的抛物线弹出，弹射过程中又发生相互碰撞，在抛射和碰撞过程中高炉渣又被自然风冷却。机械抛射和相互碰撞，使高炉渣形成不规则的球状颗粒；同时，风冷作用加上颗粒的热力学反应，高炉渣内气体来不及被释放，在一定的黏度及表面张力的作用下，使高炉渣内部形成大小不一、蜂窝状的孔洞，部分封闭孔洞还包裹住了空气或 CO、CO_2、H_2S、SO_2、氢和氧等其他气体。改进型粒化轮系统由电机、减速机、耐热叶片粒化轮等组成，粒化轮直径 1.4m、转速 330r/min、粒化轮外轮缘线速度约 24m/s。粒化轮叶片上横向加设了挡板，根据高炉渣飞行距离、粒径大小，可变频调节转速，粒化轮叶片使高炉渣的抛物线方向发生变化，增加高炉渣碰撞的几率和力度，同时借助自然风的冷却作用，达到良好的膨化效果。

（6）经过改进型粒化轮系统处理的高炉渣流入集渣槽。集渣槽为一个由铸铁浇铸而成的 4000mm × 2000mm × 500mm 的平板槽，是高炉渣和水进一步充分接触并发生物理、化学和热力学等反应的通道。此时的高炉渣仍具有 600~800℃，在集渣槽中与冷却水混合，发生爆裂并进一步深度膨化，最后形成带水的膨化渣。经过深度膨化的高炉渣形成粒径均匀、内部有大量蜂窝状微孔的膨化渣陶粒，具有特殊的物理、化学、热力学等方面的性能。集渣槽设有刮板，右面底部设有带人工调节排渣阀的 2 个排渣口。

（7）将带水的膨化渣自集渣槽排出到干渣坑。干渣坑内设有一个低坑，膨化渣中的水能自流入低坑中。堆放 1~2 天后，膨化渣经自然干燥，变成含水约 8%的干渣。

（8）将干渣转运到干渣场。用破碎机系统将粒径大于 20mm 的大块干渣进一步破碎。用悬臂筛网振动筛系统对干渣进行筛分，粒径 4.75mm 以上的部分膨化渣称为膨化渣陶粒，粒径在 4.75mm 以下的部分称为膨化渣陶砂。

2.3 设备系统及改进

膨化渣生产系统包括渣铁分离系统、膨化处理系统、筛分系统。其中，膨化处理系统又包括冷却水喷淋装置、粒化轮装置、集渣槽深度膨化装置、干渣系统，筛分系统包括破碎机、皮带输送机和悬臂筛网振动筛等。

为达到更好的粒化和膨化效果，对粒化轮系统进行了如下的优化改进：高压冷却水喷淋装置设置了 3 排 18 个可以调节流量和压力的喷嘴，调整优化了喷嘴的喷射角度；粒化轮的轮体设计为一个用材质为 Q345 的钢板焊接而成的空腔结构，空腔由中间钢板分隔为两部分，空腔两端有封堵钢板分别与左半轴和右半轴连接；右半轴为具有内层空腔和外层空腔的双层空心轴，冷却水的进出分别通过右半轴的内层空腔和外层空腔；右半轴的转速范围为 250~350r/min；每个轮齿均独立设置有进水孔和出水孔，便于及时地排水。

2.4 膨化渣性能分析

本项目开发的膨化渣为新产品，因无相关的国家、行业或地方标准，制定并公开发布了企业标准 Q/91511024326999010Q.01—2018《膨化渣陶粒》的要求，主要技术指标见表 1。

表 1　膨化渣陶粒的性能指标

序号	指标名称		单位	标准要求	实际指标
1	堆积密度		kg/m^3	600~800	680
2	筒压强度		MPa	≥3	3.3
3	1h 吸水率		%	≤10	9.8
4	含泥量		%	≤8	6.0
5	泥块含量		%	≤0.5	0.0
6	硫化物和硫酸盐含量		%	≤1.0	0.02
7	放射性	内照射指数		1.0	0.5
		外照射指数		1.3	0.6

3　膨化渣制备装配式隔墙板技术研究

根据膨化渣的独特性能，结合装配式隔墙板的技术标准进行分析，提出了以膨化渣为主要原料制备新型装配式隔墙板的技术方案。

3.1　原料配方设计

针对原来采用建渣、粉煤灰等为原料生产装配式隔墙板时出现的面密度、干燥收缩值超标等问题，研究设计了以膨化渣陶粒、膨化渣陶砂等为主要原料，添加微粉、粉煤灰等活性成分，以各种水泥为胶凝材料，同时添加早强剂等外加剂的原料配方方案。其中，膨化渣陶粒为粗骨料，膨化渣陶砂为细骨料，微粉和（或）粉煤灰为填充料，普通硅酸盐水泥、低碱硅酸盐水泥、硫铝酸盐水泥等为胶凝材料，早强剂、膨胀剂等为性能调节材料。设计了原料配方正交试验方案（示例见表 2）。

表 2　原料配方正交试验方案示例

序号	膨化渣陶粒	膨化渣陶砂	高炉水渣	膨化渣微粉	粉煤灰	普通水泥	低碱水泥	硫铝酸盐水泥	早强剂	膨胀剂	自制助剂
1	200	400	100	100	—	185	—	—	5	5	5
2	200	400	100	100	—	190	—	—	5	5	—
3	200	400	100	100	—	195	—	—	5	—	—
4	200	400	100	100	—	200	—	—	—	—	—
5	200	400	100	100	—	—	200	—	—	—	—
6	200	400	100	100	—	—	195	—	5	—	—
7	200	400	100	100	—	—	190	—	5	5	—
8	200	400	100	100	—	—	185	—	5	5	5
9	200	400	100	—	100	—	185	—	5	5	5
10	200	400	100	—	100	—	190	—	5	5	—
11	200	400	100	—	100	—	195	—	5	—	—
12	200	400	100	—	100	—	200	—	—	—	—
13	150	450	100	—	100	—	—	200	—	—	—
14	150	450	100	—	100	—	—	195	5	—	—
15	150	450	100	—	100	—	—	190	5	5	—
16	150	450	100	—	100	—	—	185	5	5	5
17	150	450	95	—	100	—	205	—	—	—	—
18	150	450	90	—	100	—	205	—	5	—	—
19	150	450	85	—	100	—	205	—	5	5	—
20	150	450	80	—	100	—	205	—	5	5	5

注：配比为质量比。

3.2 试验工艺路线

新型装配式隔墙板的生产工艺原理是：以骨料、水泥、外加剂等为主要原料，按专门的配方进行原料混合，然后将混合料挤压成 600mm 宽的板坯，按客户需求的长度定尺切割，再经过自然养护或蒸汽养护，即制得成品。

新型装配式隔墙板的开发试验采用地模式半自动墙板生产线进行生产性试验，其简要工艺流程见图 2。

生产工艺流程很简单，但在原材料的选用、原料配比（包括固体原料的配合比、水灰比等）、水泥和外加剂的使用、打板机运行速度和振动频率、打板场地平整度、预养护、自然养护或蒸汽养护等方面也有诸多关键技术参数，控制其好与坏，就决定了墙板的质量。

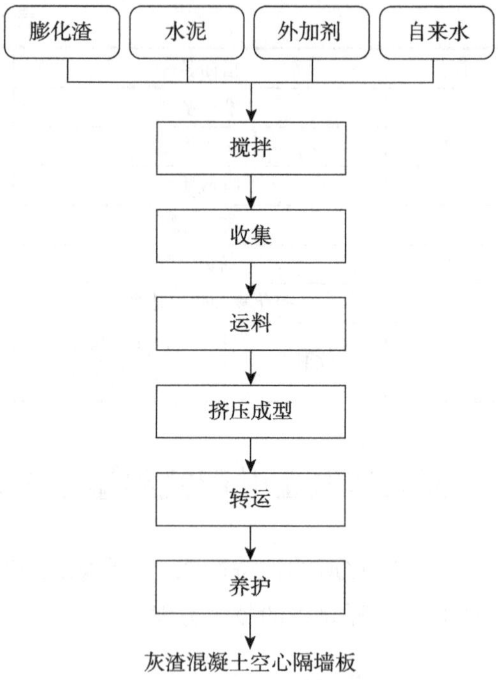

图 2　生产工艺流程图

3.3 生产性配方试验

根据设计的配方试验方案，设计建设了一条半自动墙板中试生产线，开展了生产性配方试验，累计实施试验 58 轮、183 组。

通过正交试验，不断地优化原料配方，最终研究确定生产普通装配式隔墙板、超低干缩装配式隔墙板和超轻装配式隔墙板的最佳配方。

3.4 生产工艺参数优化试验

采用研究确定的最佳配方，继续开展了原料搅拌时间、打板机走板速度及振动频率、板坯养护起板时间、自然养护时间、蒸汽养护升温曲线和降温曲线等关键工艺参数的优化试验，累计实施试验 26 轮、85 组。通过试验，不断摸索和完善，最终确定了最佳的生产工艺参数。

3.5 蒸汽养护技术研究

通常情况下，装配式隔墙板的养护有自然养护和蒸汽养护两种方式。自然养护即利用平均气温高于 5℃的自然条件，用适当的材料对隔墙板表面加以覆盖并浇水，使隔墙板在一定的时间内保持水泥水化作用所需要的适当温度和湿度条件，正常增长强度。蒸汽养护是以蒸汽为热介质使隔墙板加速硬化的养护方法。蒸汽养护的关键在于温度和湿度的控制。目前尚未发现有专门研究隔墙板的蒸汽养护技术原理、生产工艺、装置系统和核心设备的专利技术和文献报道。

设计的蒸汽养护方案为：将挤压成型并放置在模板上的具有一定初期强度的板坯，5~7 块堆成一垛，放入蒸汽养护室。先静养一定时间。然后，通入具有一定温度、湿度 90%以上的蒸汽，按照升温曲线分三个阶段进行梯度升温。升温至指定的最高温度后保温一段时间。然后通过减少甚至停止通入蒸汽、再通入氮气以及开启养护室密封门等方式进行直接冷却降温。降温至养护室内与室外的温差小于 10℃时取出板坯，完成养护，转运去分离模板并打捆包装为隔墙板成品。

蒸汽养护试验（实例）：将每 6 块隔墙板扎成一捆，且每 3 捆对应一个养护层堆放于养护室内，在养护过程中采用养护室内的蒸汽管路进行温度控制，并通过养护室内的蒸汽管路通入蒸汽，蒸汽温度为

120℃，压力为 9kg/cm²。在养护过程中的温度控制包括一次升温阶段、二次升温阶段、三次升温阶段和降温阶段。其中，在一次升温阶段、二次升温阶段和三次升温阶段中保持相对湿度约 95%，且在密闭条件下进行；在一次升温阶段中是将养护室内的温度升温至 25℃，并保温 3h；在二次升温阶段中是将养护室内的温度以 4℃/min 的速率升温至 50℃，并保温 4h，在三次升温阶段中是将养护室内的温度以 4℃/min 的速率升温至 75℃，并保温 5h；在降温阶段中是停止通入蒸汽，打开养护室的密封门进行自然冷却 6h，且在自然冷却过程中向养护室内通入氮气（输送管路的压力为 0.9kg/cm²）。

3.6 自动化生产技术研究

3.6.1 技术路线和工艺流程设计

设计的技术路线为：以膨化渣、高炉水渣等工业废渣为主要原料，普通硅酸盐水泥、硫铝酸盐水泥等为胶凝材料，采用多维变频振动和矢量控制挤压成型技术，引进国内先进的“固定式螺杆旋转挤压机”，自主开发自动化生产装置系统，辅以工业 PC 和变频器自动控制（触摸屏幕人机界面），配套研究建设自动化蒸汽养护装置，最终得到隔墙板产品。

自动化墙板生产性试验工艺流程为：搅拌机通过计算机控制实现自动称量，混合料搅拌好后，上料系统的皮带输送机自动将混合料输送到挤压成型机。挤压成型后，由切割机经过一次切割和修正切割后，由生产线尾部的机械（液压）堆码机收集成型的板材，并由辊道直接将条板输送至蒸汽养护窑，经 8~12h 强制蒸汽养护后出窑脱模，模板自动回收进入到生产线的入口。整个生产过程采用 1 台工控机控制，实现搅拌、上料、挤压成型、收集堆码、下线、养护的全自动生产过程，见图 3，其中五星处为关键质量控制工序。

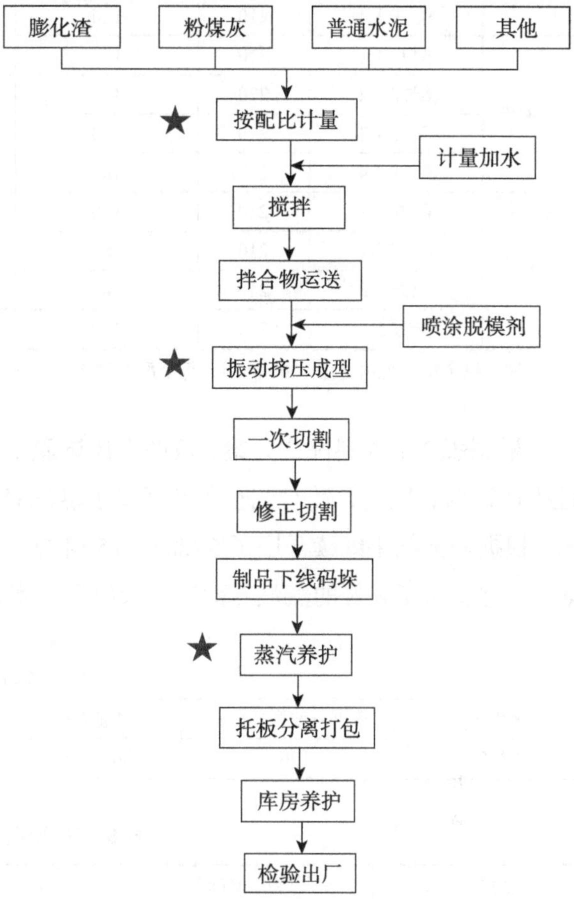

图 3　生产性试验工艺流程图

3.6.2 自动化生产线试验

3.6.2.1 配方试验

以地模式半自动生产线的原料配方为基础，结合自动化生产线的装置特点，拟定厚度为 90mm 隔墙板的原料配比方案，见表 3。

表 3　自动化生产工艺原料配比方案

试验批号	配方编号	水泥/kg	粉煤灰或微粉/kg	水渣/kg	膨化渣陶粒/kg	膨化渣陶砂/kg	外加剂一/kg	外加剂二/kg
1	配方 1-1	210	100	300	0	390	0	0
	配方 1-2	210	100	300	50	340	0	0
	配方 1-3	210	100	300	100	290	0	0
	配方 1-4	210	100	300	150	240	0	0
2	配方 2-1	210	100	590	100	0	0	0
	配方 2-2	210	100	500	100	90	0	0

续表 3

试验批号	配方编号	水泥/kg	粉煤灰或微粉/kg	水渣/kg	膨化渣陶粒/kg	膨化渣陶砂/kg	外加剂一/kg	外加剂二/kg
2	配方 2-3	210	100	400	100	190	0	0
	配方 2-4	210	100	350	100	240	0	0
3	配方 3-1	210	100	300	0	390	0.1	0
	配方 3-2	210	100	300	50	340	0.1	0
	配方 3-3	210	100	300	100	290	0.2	0
	配方 3-4	210	100	300	150	240	0.2	0
4	配方 4-1	210	100	590	100	0	0	0.2
	配方 4-2	210	100	500	100	90	0	0.2
	配方 4-3	210	100	400	100	190	0	0.1
	配方 4-4	210	100	350	100	240	0	0.1
5	配方 5-1	210	100	300	50	340	0.1	0.2
	配方 5-2	210	100	300	100	290	0.2	0.1
	配方 5-3	210	100	300	100	290	0.1	0.2
	配方 5-4	210	100	350	100	240	0.2	0.1

注：每个试验配料均按 1000kg/罐，每个配方做 3 个对比试验，试验数据取平均值。

根据表 3 的原料配比方案，按照上述试验工艺流程，开展了累计 47 批次、156 组生产性试验和验证性生产试验，同时，针对试验产品开展了蒸汽养护出窑后 1、3、5、7、14 和 28 天的技术指标检测和分析，根据检测结果继续开展了 5 批次、15 组的优化试验，最终确定了生产 90 板的优化原料配比方案（见表 4）并获得了较好的蒸汽养护后 7 天出厂技术指标（见表 5）。

表 4　优化的原料配比方案

水泥/kg	粉煤灰或微粉/kg	水渣/kg	膨化渣陶粒/kg	膨化渣陶砂/kg	外加剂一/kg	外加剂二/kg
200~220	100	300~360	80~120	280~340	0~0.1	0~0.1

表 5　优化配方试验产品的技术指标

面密度/kg·m^{-2}	抗压强度/MPa	抗弯承载/倍	干燥收缩值/mm·m^{-1}	软化系数	含水率/%
95~110	6.5~8.2	1.88~2.67	0.38~0.45	0.94~1.22	4.86~6.91

3.6.2.2　工艺操作参数优化试验

按照上述试验工艺流程，以制板机、蒸汽养护窑的常规操作参数为基础，采用优化的原料配方投料，累计开展了 12 批次、46 组的工艺操作参数优化试验，取得了如下的生产工艺操作参数：

（1）干混料水分控制。搅拌干混料水分控制（18 ± 0.5）%，保证墙板骨料黏结效果，防止板面偏湿影响墙板平整度。

（2）制板机操作参数。机速控制 2.8~3.0m/s；主振频率控制 40~45Hz；边振频率控制 42~45Hz；搅刀频率控制 40~48Hz。

（3）蒸汽养护参数。蒸汽入窑静养时间由原来的 100~120min，调整为 150~180min；终点养护温度由原来的 50~75℃调整为 55~60℃。

3.6.3　装置系统开发

研究开发了新型装配式隔墙板的自动化、智能化生产线，其生产装置由 12 个系统组成，包括：

（1）原料自动筛分系统；（2）智能配料搅拌系统；（3）智能自动供料系统；（4）自动成型系统；（5）智能切割系统；（6）余料自动回收系统；（7）智能分离翻转系统；（8）自动打包输送系统；（9）智能蒸汽养护系统；（10）模板自动清洁输送系统；（11）智能气动系统；（12）中央集中控制系统。主要设备系统简介如下：

（1）自动成型系统。物料经螺旋推进器的旋转挤压和振动装置的振动形成高度密实板坯，每个螺旋推进器均可变频调速，振动装置的激振力、振动频率等参数都可以根据需要进行调整，这样就保证了制成品各部位密实均匀并适应不同的物料成型，同时制品的面密度也可根据实际需要进行调整。

（2）智能切割系统。板坯经输送机系统送达切割机系统，切割机在自控中枢的控制下将制板坯切割成预设长度。国际上先进的无杆气缸往复推动技术，实现了电动和气动的有机结合，使切割机的运行更加平稳可靠，动作准确到位。

（3）智能蒸汽养护系统。板坯经挤压、振动、揉抹成型码垛后，通过编程自动进入干湿高温蒸汽养护窑，按科学的温度控制养护曲线，自动调节每一时点的养护温度，经过 8~12h 的科学养护，出窑分离、打包转运至成品库存放满 72h 即可使用。经过该工艺养护的墙板水化反应充分，抗折抗压强度指标均已达到要求的 95%以上（已达到自然养护 28d 的指标要求）。该工艺不仅解决了混凝土制品自然养护时间长（需 28d）、养护场地面积大、模板占用多、生产效率低、生产成本高、劳动强度大、供货周期长、资金占用大等系列问题，而且还解决了自然养护无法调控温度和水分制约产品质量的技术难题。

4 国内外综合对比

在开展技术研究之前，进行了资料调研和立项查询，未发现采用膨化渣生产装配式隔墙板的研究报道和文献资料。

4.1 工艺技术对比

（1）原料配方独一无二。以膨化渣为主要原料，添加了相关外加剂，配方科学合理，综合利用了高炉渣，既减少了环境污染，又降低了原料成本。国内多采用建渣、粉煤灰等为原料，来源和性能不稳定，部分还含有有毒有害物质。

（2）生产方法属国内首创。在原料配方、生产工艺操作参数、蒸汽养护等方面进行原创性研究开发，形成了国内首创的生产方法。

（3）委托国家级查新机构——建筑材料工业技术情报研究所进行科技查新，查新发现，到目前为止，国内外未发现同样的原料和工艺技术。

4.2 装置系统对比

与国内其他生产企业的隔墙板挤压成型生产设备相比，研究开发了原料筛分、自动计量、干混料自动搅拌、精地坪、挤压成型系统化和半自动、蒸汽养护等核心设备和自动化装置系统，并将其优化组合，形成一套有机组合、完整的智能化生产系统。

国内首创开发建设了第一条膨化渣生产线和第一条全自动新型装配式隔墙板生产线。

4.3 技术指标对比

经过国家建材产品质量监督检验中心（四川）专业检测，本项目研究开发的新型装配式隔墙板产品的各项技术指标全部达到并优于国家标准，综合性能全面优于川渝地区的同类产品。

5 成果转化及经济效益

（1）将研究膨化渣形成的专利技术进行应用转化，建成了一套 10 万吨/年膨化渣生产装置，目前装置能力已挖潜改造到 30 万吨/年，已累计生产膨化渣约 72 万吨。

（2）将研究新型装配式隔墙板形成的专利技术进行产业化应用，建成了 30 条半自动墙板生产线并形成了 150 万平方米/年的生产能力，已累计生产新型装配式隔墙板约 253 万平方米，并全部应用于万科、恒大、绿地等开发商的装配式建筑项目。

（3）将研究形成的新型装配式隔墙板自动化生产专利技术进行产业化实施，建成了一条全自动智能化生产线，并形成了 50 万平方米/年的生产能力，已累计生产新型装配式隔墙板约 46 万平方米，并全部应用于万科、恒大、绿地等开发商的装配式建筑项目。

（4）据统计，截止到 2020 年 12 月 31 日，累计消耗约 72 万吨含钛高炉渣，生产膨化渣约 72 万吨（其中 42 万吨对外销售、30 万吨用于制备隔墙板），制备新型装配式隔墙板约 299 万平方米；累计实现经营收入 26772 万元、净利润 3780.66 万元，综合税收 3160.65 万元，为地方经济发展做出了较大的贡献。

6 结语

通过研究，创新开发了含钛高炉渣膨化关键技术并建成了年产 10 万吨膨化渣生产线，创新开发了以膨化渣为主要原料制备新型装配式隔墙板的半自动生产技术和全自动、智能化生产技术并建成了年产 200 万平方米的新型装配式隔墙板生产线，实现了钢铁冶金与装配式建筑的产业融合及协同发展，创造了良好的经济效益、环保效益和社会效益。

参考文献

[1] 朱俊士. 钒钛磁铁矿选矿及综合利用[J]. 金属矿山, 2000(1): 1-5, 11.

[2] Tan Qiyou, Chen Bo, Zhang Yushu, et al. Characterisitics and current situation of comprehensive utilization of vanadium titano-magnetite resouurces in Panxi region[J]. Multipurpose Utilization of Mineral Resources, 2011(6): 6-9.

[3] 王海风, 张春霞, 齐渊洪, 等. 高炉渣处理技术的现状和新的发展趋势[J]. 钢铁, 2007(6): 84-85.

[4] 翁庆强. 高钛型高炉渣综合利用概述与展望[J]. 四川冶金, 2009(6): 40-42.

[5] 徐楚韶, 陈光碧. 用含钛高炉渣生产矿渣硅酸盐水泥的研究[J]. 矿冶工程, 1985(3): 53-54.

X射线荧光光谱法测定钒钛高炉渣主成分的研究

王 敏　高树峰　贾增立　武 挺　刘多宇

（河钢股份有限公司承德分公司，河北省钒钛工程技术研究中心，河北承德 067102）

摘 要：采用X射线荧光光谱法（XRF）对钒钛高炉渣中TFe、CaO、MgO、SiO_2、V_2O_5、TiO_2、Al_2O_3元素含量进行分析。使用自制定值标准样品，进行熔融制样后绘制标准曲线，从而消除基体效应。结果表明，实验操作快速、简便，准确，可以用作日常生产分析。

关键词：钒钛高炉渣；X射线荧光光谱法；熔融制样

1 引言

钒钛高炉渣是一种工业固体废物，是使用钒钛磁铁矿炼铁过程排出的渣，依矿石品位不同，每炼1t铁排出0.3~1t渣，矿石品位越低，排渣量越大[1]。其成分对含钒钛高炉冶炼影响较大，对含钒钛高炉渣的二次利用具有很大价值。近年来，国家实施钒钛二次资源综合利用战略，对于循环经济、节约型社会、环境保护和可持续发展具有重大的社会效益[2]，研究高炉渣中成分含量对含钒钛高炉冶炼和含钒钛高炉渣再次利用具有一定的必要性。X射线荧光光谱法（XRF）具有制样简便、准确度高、多元素同时检测的优点，已广泛应用于钢铁行业原材料及炉渣的化学成分分析[3-6]。与粉末压片制样相比，熔融制样的样品处理方式，可消除粒度效应和矿物效应；且与传统的湿法检验对比，检测周期短，对环境友好程度更高[7]。本法采用X射线荧光光谱法（XRF）对钒钛高炉渣中TFe、CaO、MgO、SiO_2、V_2O_5、TiO_2、Al_2O_3元素含量进行分析。检验周期短，准确度及精密度较高，可用于指导生产。

2 实验部分

2.1 仪器和分析元素的测量条件

ARL9900X射线光谱仪，TNRY-02C全自动熔样机（温控精度±2℃，温控范围0~1150℃），铂-金坩埚（95%Pt+5%Au）；分析元素的测量条件如表1所示。

表1 分析元素的测量条件

元素	分析线	分光晶体	管电流/mA	管电压/kV	分析时间/s
Fe	Kα1,2	LiF	40	60	12
Ca	Kα1,2	LiF	40	60	12
Mg	Kα1,2	TAP	40	60	12
Si	Kα1,2	PET	40	60	12
V	Kα1,2	LiF	40	60	12
Ti	Kα1,2	LiF	40	60	12
Al	Kα1,2	PET	40	60	12

作者联系方式：王敏，E-mail: wangmin32574@hbisco.com.cn。

2.2 试剂

P10 气（90%氩气 + 10%甲烷气）；高纯混合试剂(67%四硼酸锂+33%偏硼酸锂)；硝酸锂，（分析纯，80℃烘干 2h，装于磨口瓶中后置于干燥器中存放）；溴化锂溶液，（0.400g/mL）。

2.3 样品制备

称取 8.0000g 无水高纯试剂于 50mL 瓷坩埚中；称取 0.5000g 试样于预先加入 0.5000g 硝酸锂的 30mL 瓷坩埚中。将约 2g 熔剂倒入铂皿中，将约 4g 熔剂倒入 30mL 瓷坩埚中搅匀后，倒入铂-金坩埚内，用剩余熔剂清洗 30mL 瓷坩埚，然后全部倒入铂-金坩埚中。用滴管 45º角均匀滴加 7 滴溴化锂溶液于铂-金坩埚中。使用全自动熔样机在 1000℃条件下熔融 20min，形成硼酸盐玻璃状熔融样片。冷却至室温后于表面贴标识取出，待测。

2.4 曲线绘制

选取涵盖待测元素含量范围、具有一定梯度的钒钛高炉渣标准样品（根据化学分析方法对样品进行定值）。根据标准值及化学定值 TFe、CaO、MgO、SiO_2、含量均按照一定间隔梯度选取 V_2O_5、TiO_2、Al_2O_3 含量按覆盖高低含量比例搭配选取。标准样品中各成分含量选取梯度可根据实际生产需要适当放宽。标准样品选取元素及含量范围见表 2。

表 2　标准样品选取元素及含量范围

待测元素	含量范围/$mg \cdot g^{-1}$
TFe	1.0~100.0
CaO	5.0~450.0
MgO	5.0~150.0
SiO_2	5.0~400.0
V_2O_5	0.1~10.0
TiO_2	5.0~150.0
Al_2O_3	5.0~200.0

3 结果与讨论

3.1 空白值的测定

由于试剂纯度、熔样过程等的影响，存在的杂质可能会对测定结果有一定的影响，故需测定空白。测定空白值时，除不加试样外其余操作步骤与试验部分试验方法中的操作相同，记录显示结果。结果显示，空白值各元素基本都在检出限范围，对实验结果基本无影响，可以将空白值忽略不计。

3.2 熔样条件的选择

使用快速熔样炉熔融样品，经试验研究在 1000℃条件下，熔融 20min 得到的熔融样片亮泽均匀，平整光滑透亮，稳定性最佳。

3.3 样品精密度试验

选取 2 个不同含量的样品按试验步骤进行操作，对各样品独立进行 8 次平行实验，考查方法的精密度，试验数据见表 3。结果表明，各样品 8 次平行实验测定数据的相对标准偏差都很低（<0.3%），说明方法的精密度较好。

3.4 样品准确度试验

选取 3 个不同含量的样品按试验步骤进行操作，对各样品进行其他标准分析方法检验，进行对照考查方法的准确度，试验数据见表 4。TFe 、SiO_2、TiO_2、CaO、MgO、Al_2O_3 采用化学分析方法进行数据比对，V_2O_5 使用 ICP-AES 方法进行数据比对。结果表明，允差较小，说明方法的准确度较好。

表 3 样品精密度试验数据

样品名称	TFe/%	TiO_2/%	V_2O_5/%	CaO/%	SiO_2/%	MgO/%	Al_2O_3/%
A	2.43	7.71	0.134	34.73	28.37	9.02	12.44
	2.31	7.62	0.128	34.65	28.15	8.88	12.21
	2.35	7.75	0.131	34.73	28.24	8.93	12.32
	2.44	7.63	0.127	34.61	28.42	8.82	12.36
	2.38	7.68	0.133	34.82	28.32	8.91	12.27
	2.42	7.82	0.132	34.76	28.37	8.99	12.41
	2.41	7.84	0.129	34.67	28.28	9.05	12.33
	2.45	7.65	0.126	34.82	28.33	8.86	12.4
	RSD（n=8,%）: 0.020	RSD（n=8,%）: 0.011	RSD（n=8,%）: 0.022	RSD（n=8,%）: 0.002	RSD（n=8,%）: 0.003	RSD（n=8,%）: 0.009	RSD（n=8,%）: 0.006
B	0.69	7.75	0.134	35.16	29.09	10.09	13.27
	0.66	7.71	0.127	35.08	29.01	10.15	13.18
	0.68	7.68	0.133	35.18	28.89	10.02	13.36
	0.68	7.69	0.132	35.29	28.95	10.05	13.31
	0.71	7.82	0.129	35.11	29.14	10.08	13.25
	0.66	7.78	0.126	35.22	28.92	10.12	13.19
	0.68	7.79	0.132	35.27	29.11	10.06	13.34
	0.65	7.81	0.128	35.24	29.02	10.05	13.24
	RSD（n=8,%）: 0.028	RSD（n=8,%）: 0.007	RSD（n=8,%）: 0.023	RSD（n=8,%）: 0.002	RSD（n=8,%）: 0.003	RSD（n=8,%）: 0.004	RSD（n=8,%）: 0.005

表 4 样品准确度试验数据

样品名称		TFe/%	TiO_2/%	V_2O_5/%	CaO/%	SiO_2/%	MgO/%	Al_2O_3/%
A	XRF	2.70	8.33	0.22	31.21	28.49	8.05	12.84
	其他	2.60	8.21	0.19	31.35	28.32	8.21	12.92
	允差	0.10	0.12	0.03	–0.14	0.17	–0.16	–0.08
B	XRF	1.17	8.91	0.17	33.32	28.78	9.18	12.93
	其他	1.10	8.86	0.15	33.12	28.85	9.21	12.86
	允差	0.07	0.05	0.02	0.20	–0.07	–0.03	0.07
C	XRF	0.75	6.41	0.11	33.55	31.15	8.26	14.15
	其他	0.65	6.32	0.10	33.72	31.28	8.35	14.29
	允差	0.10	0.09	0.01	–0.17	–0.13	–0.09	–0.14

4 结论

采用熔融制样-X 射线荧光光谱法（XRF）对钒钛高炉渣中 TFe、CaO、MgO、SiO_2、V_2O_5、TiO_2、Al_2O_3 元素含量进行分析，消除了基体中粒度效应及矿物效应，使用自制定值标准样品绘制标准曲线，准确度高，精密度好，空白值对实验结果不产生影响。该方法可用于钒钛高炉渣日常检测工作，可用于生产与商用指导。

参考文献

[1] 张述明, 刘宇, 贺超. 冶炼钒钛磁铁矿高炉渣的综合利用[C]. 2014 年冶金渣处理工艺及综合利用技术交流会论文集, 2014: 32-36.

[2] 杨新能, 冯宗平. 熔融制样-X 射线荧光光谱法测定钒钛渣中 10 种组分[J]. 冶金分析, 2018, 38(7): 57-62.
[3] 牟英华, 胡维铸, 张鲁宁, 等. 熔融制样-X 射线荧光光谱法测定渣铁中主次成分[J]. 冶金分析, 2020, 40(5): 15-19.
[4] 赵海峰. 熔融制样-X 射线荧光光谱法测定连铸保护渣中 7 种组分[J]. 冶金分析, 2017, 37(4): 62-65.
[5] 周晨光, 阎雅津, 刘明. 未知冶炼渣中主要元素成分的检测[J]. 天津化工, 2017, 31(2): 31-33.
[6] 郑小敏, 於利慧. 熔融制样-X 射线荧光光谱法测定酸溶性钛渣中主次量成分[J]. 冶金分析, 2019, 39(11): 16-23.
[7] 陈桂英, 米泽宇. X 射线荧光光谱法测定钒铁冶炼炉渣中的主要成分[J]. 光谱实验室, 2010, 27(1): 296-299.

四川省钒钛领域专利分析

蒋松　周奇　廖慧敏　曾明

（西华大学材料科学与工程学院，四川成都 610039）

摘　要：四川省具有巨大的钒钛资源优势，摸清已积累的重要技术与探究发展趋势具有重大意义。本文从专利角度入手，利用智慧芽全球专利数据库定量分析了四川省钒钛领域近 30 年专利申请情况与类型、专利法律状态及有效性、主要申请机构与发明人及专利主题等。分析表明，四川省钒钛领域专利技术以发明专利为主，专利申请量总体呈上升趋势，申请机构以企业与高校为主，2017 年以后专利申请量下降明显，攀钢集团有限公司专利申请量遥遥领先。此外，还分析了四川省钒钛领域的主要技术分布与热点研究方向。

关键词：四川省；钒钛；专利分析

Patent Analysis of Vanadium and Titanium in Sichuan Province

Jiang Song　Zhou Qi　Liao Huimin　Zeng Ming

(School of Materials and Engineering, Xihua University, Chengdu 610039, China)

Abstract: Sichuan province has a huge advantage of vanadium and titanium resources. It is of great significance to find out the accumulated important technologies and explore the development trend. From the perspective of patent, this paper quantitatively analyzes the situation and types of vanadium and titanium patent applications in Sichuan province in the past 30 years, the legal status and validity of patents, the main application institutions and inventors, and the subject of patents by PatSnap. The analysis shows that the patent technologies in Sichuan vanadium and titanium field have been mainly invention patents, the number of patent applications have been generally on the rise, and the application institutions have been mainly enterprises and universities. After 2017, the number of patent applications have decreased significantly, and the number of patent applications of Panzhihua Iron and Steel Group Co., Ltd. have been far ahead. In addition, the main technology distribution and hot rescarch directions of vanadium and titanium in Sichuan province are also analyzed.

Key words: Sichuan province; vanadium and titanium; patent analysis

1　引言

钒、钛是世界公认的工业基础原材料和重要战略资源，大量应用于钢铁、化工、航空航天、军工、电子技术、原子能等重要领域[1]。四川省钒钛资源丰富，尤其是四川攀枝花地区，目前已探明的钒钛磁

基金项目：本文得到四川钒钛产业发展研究中心开放项目资助。

作者简介：蒋松，西华大学材料科学与工程学院，硕士研究生；E-mail: jiangsongbr@163.com。

通讯作者：曾明，西华大学材料科学与工程学院，教授；E-mail: zmcgyxh@163.com。

铁矿接近 100 亿吨[2,3]。相比较其他省份而言，四川省钒钛领域主要集中在冶金及化工方面；并且随着国家对环保的重视，四川省钒钛产业的发展急需新颖的、可持续的发展方向[4]。专利文献包括了整个行业领域内绝大部分技术内容，其公开性、时效性，以及有效性是其他论文文献不能比拟的[5-7]。本文以智慧芽全球专利数据库为依据，系统地、定量地分析了四川钒钛领域已有的技术重点以及可以突破的热点研究方向。

2　分析工具

本文使用的分析工具为智慧芽英策分析，分析数据范围分别为全国和四川省专利申请人近 30 年（1993 年 8 月 5 日~2022 年 8 月 5 日）申请的钒钛领域专利文献。在检索过程中，本文构建的检索式分别为 TA:（钒 OR 钛） AND APD:[19930805 TO 20220805]和 TA:（钒 OR 钛）AND APD: [19930805 TO 20220805] AND ANC_ADD:（四川）。

3　全国钒钛领域专利概况

检索全国钒钛领域专利后，共得到专利 255290 件专利，使用简单同族专利合并去重后剩下 192130 件专利，去掉其他的技术来源国剩下 180426 件专利。如图 1 所示，在全国申请专利数量上，江苏省申请数量最多，有 29759 件；而四川省排名第 7，专利申请数量为 10484 件。这表明目前四川省就钒钛领域专利技术较其他省份而言，还是处于薄弱环节。

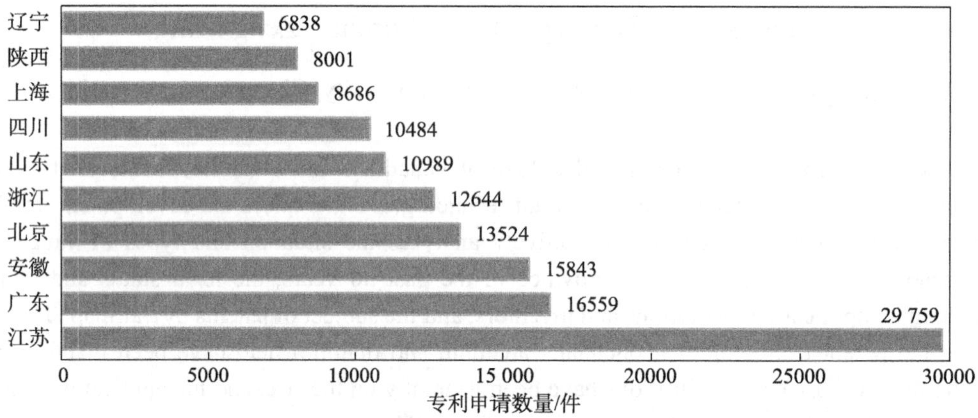

图 1　钒钛领域全国专利申请数量排名

Fig.1　Number of patent applications in the field of vanadium and titanium in China

4　四川省钒钛领域专利分析

4.1　专利申请情况与专利类型

通过上述检索式共检索出 14038 件申请专利，通过简单同族专利合并去重后有 10480 件申请专利，专利申请量分布年份如图 2 所示，专利类型如表 1 所示。

如图 2 所示，1993 年以来，四川省钒钛领域专利申请量总体上呈上涨趋势。1993~2002 年，每年上涨不超过 10 件且每年专利总申请量低于 20 件，因此没有图中呈现。2003~2017 年，从 2003 年的 88 件暴涨到 2017 年的 2376 件，表明四川省在钒钛领域取得重大进展。2017~2021 年专利申请量呈明显下降趋势。鉴于专利有审查周期，2021 年与 2022 年的专利数据仅供参考。从专利申请量的整体情况来看，1993 年以来，四川省在钒钛领域里积累了大量技术。

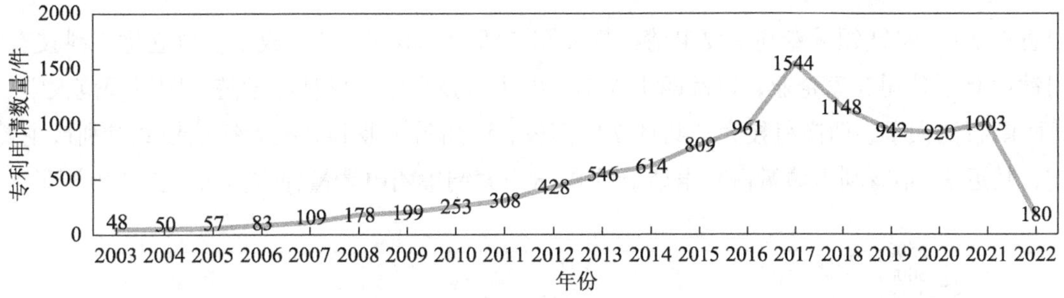

图 2　四川省钒钛领域专利申请数量趋势

Fig.2　Trend of vanadium and titanium patent applications in Sichuan province

从专利类型上看，四川省钒钛领域所申请专利主要为发明专利。其中，发明专利 8958 件，占比 85.5%，实用新型专利仅为 1488 件，占比 14.2%。

表 1　专利类型

Table1　Patent type

专利类型	专利数量	比例
发明专利	8958	85.5%
实用新型	1488	14.2%
外观设计	34	0.3%

4.2　专利当前法律状态及有效性分析

查询得到的当前法律状态如图 3 所示，专利有效状态如图 4 所示。

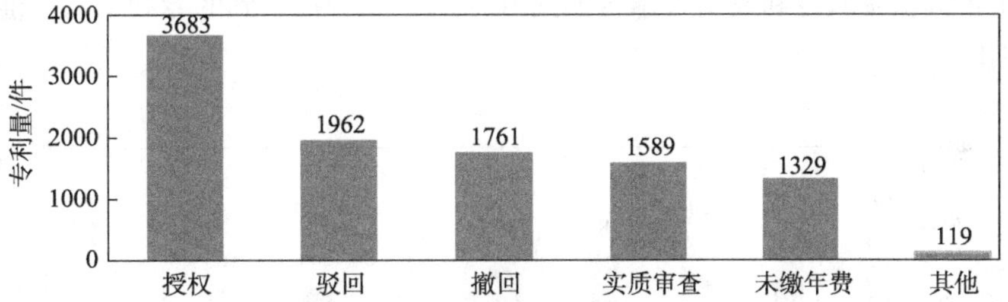

图 3　专利当前法律状态

Fig.3　The current legal status of patents

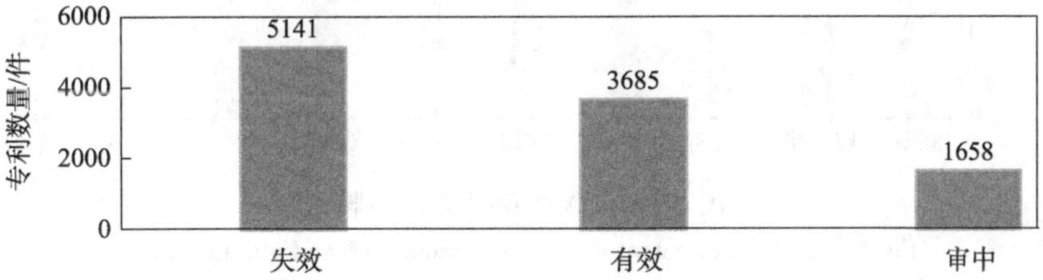

图 4　专利有效性

Fig.4　Validity of patent

四川省 1993~2002 年在钒钛领域专利申请量为 104 件，与总申请量相差巨大；而 2003~2022 刚刚 20 年，并且专利类型以发明专利为主，因此，在专利法律状态及有效性上基本不用考虑专利过期的情况。如图 3 所示，目前四川省钒钛领域已授权专利 3683 件，驳回专利 1926 件，撤回专利 1761 件，处于实质审查专利 1589 件，未缴年费专利 1329 件，公开专利 136 件，其他专利（公开和期限届满）119 件。如图 4 所示，当前四川省钒钛领域失效专利 5141 件、有效专利 3685 件、审中专利 1658 件;失效专利占比 49.04%，有效专利占比 35.2%，仍在审核当中专利占比 15.8%。

4.3 专利主要申请机构与发明人分析

四川省近 30 年钒钛领域专利主要申请机构如图 5 所示，攀钢集团、成都新科立化工科技有限公司、龙佰四川钛业有限公司 3 家企业，以及四川大学、电子科技大学、攀枝花学院、四川师范大学、西南交通大学、西南石油大学、西南科技大学共计 7 所高校，四川省企业和高校为钒钛领域专利最主要的专利申请机构，其近 30 年专利申请量占总申请量的 46.8%;攀钢集团申请量独占鳌头，占总申请量的 28.8%。

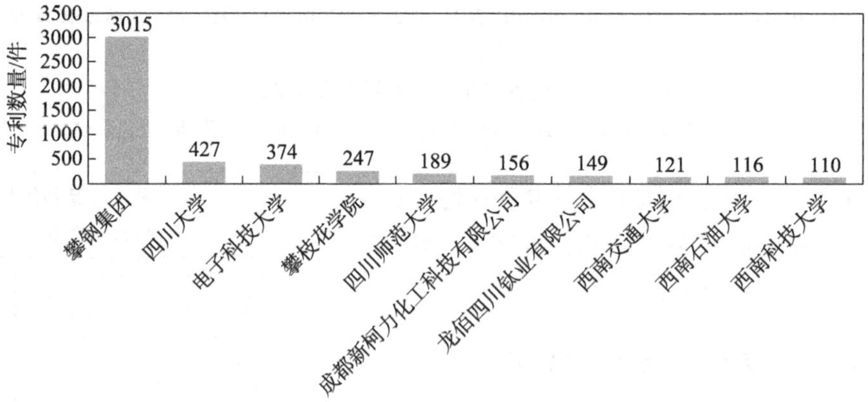

图 5 钒钛领域专利主要申请机构排名

Fig.5 Ranking of main patent application institutions in the field of vanadium and titanium

四川省近 30 年钒钛领域专利发明人排名如图 6 所示，结合检索到的专利来看，前十名发明人所在单位均为攀钢集团。

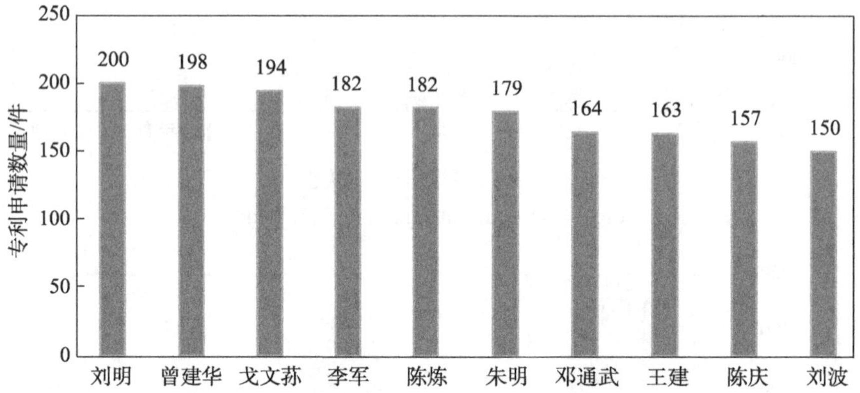

图 6 钒钛领域专利发明人排名

Fig.6 Ranking of patent inventors in vanadium and titanium field

四川省近 30 年钒钛领域专利主要申请机构技术分布如表 2 所示。其中，攀钢集团在钒钛领域主要分布在难溶金属的提取（C22B34）、钛的化合物（C01G23）、矿石或废料的预处理（C22B1）、处理非矿石原材料（如废料）以产生有色金属或其化合物（C22B7）、熔融铁类合金的处理（C21C7）、钒的化合物（C01G31）、碳钢的冶炼（C21C54）、铁基合金（C22C38）等方面。攀枝花学院在前四个与第六个技术方向有所布局，这与攀钢集团的技术分布重合部分较多，说明攀枝花学院与攀钢集团在钒钛研究上有大量的合作。四川师范大学有关钒钛领域主要研究金属或金属氧化物或氢氧化物的催化剂（B01J23）以及水、废水或污水的处理（C02F1）等方向。

4.4 专利技术主题分析

使用智慧芽专利数据库进行专利技术主题分析，发现四川省钒钛领域主要研究方向涵盖冶金、无机化学、染料及涂料、一般的物理或化学的方法或装置与基本电器元件等方面。利用国际专利(IPC 分类)进行四川省钒钛领域专利申请技术构成分析，排名前 10 的小类分类号及其申请数量如图 7 所示。目前金属的生产或精炼及原材料的预处理（C22B）专利申请数量最多，为 1271 件，钒、钛的化合物（C01G）1112 件，不包括合金处理的合金领域（C22C）965 件，涂料组合物（C09D）808 件，化学或物理方法（B01J）625 件，石灰、氧化镁、矿渣、水泥及其组合物、人造石、陶瓷、不包括难熔金属合金的耐火材料、天然石的处理（C04B）619 件，生铁的加工处理（C021C）556 件，水、废水、污水或污泥的处理（C02F）500 件，燃料电池及二次电池（H01M）447 件，气体或蒸汽的分离（B01D）413 件。

表 2　主要申请机构技术分布

Table 2　Technical distribution of main applicant organizations

申请人/分类号	C22B34	C01G23	C22B1	C22B7	C21C7	C01G31	C21C5	C22C38	B01J23	C02F1
攀钢集团	575	267	301	285	289	227	240	231	0	0
四川大学	13	39	0	9	0	0	0	0	20	16
电子科技大学	0	7	0	0	0	5	0	0	5	5
攀枝花学院	33	23	25	22	0	11	0	0	8	11
四川师范大学	0	1	0	0	0	0	0	0	174	163
成都新柯力化工科技有限公司	0	0	0	0	0	0	0	0	8	5
龙佰四川钛业有限公司	2	70	0	0	0	0	0	0	0	4
西南交通大学	0	4	0	0	0	0	0	0	3	3
西南石油大学	0	2	0	0	0	0	0	0	4	3
西南科技大学	4	7	0	0	0	0	0	0	0	7

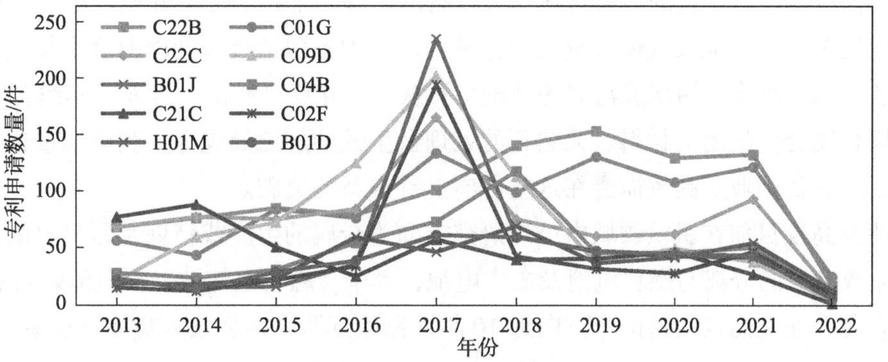

图 7　专利主要技术构成

Fig.7　The main technical composition of the patent

图 8 统计了四川省钒钛领域专利主要技术分支近十年申请趋势，可以看出在 2017 年之前，除了 C21C 外各技术分支均为上升趋势，2017 年之后有 4 条技术分支开始呈现大幅下降的趋势，这 4 条申请量下降的技术分支分别是 C22C、C09D、B01J、C02F。C04B 方面的申请量从 2018 年开始下降，C21C 申请量从 2014 年之后就一直下降，而 C22B、C01G、B01D 与 H01M 方向的申请量总体上为上升趋势。

结合图 2 可以发现四川省钒钛领域专利申请数量在 2017 年大幅下降主要集中在 C22C、C09D、B01J、C02F 分支领域中，也表现出四川省企业及高校在 C22C、C09D、B01J、C02F、C04B 及 C21C 分支领域中已到达技术瓶颈期，需要突破新的发展方向。同时，图 8 与图 9 也说明四川省企业及高校目前在钒钛

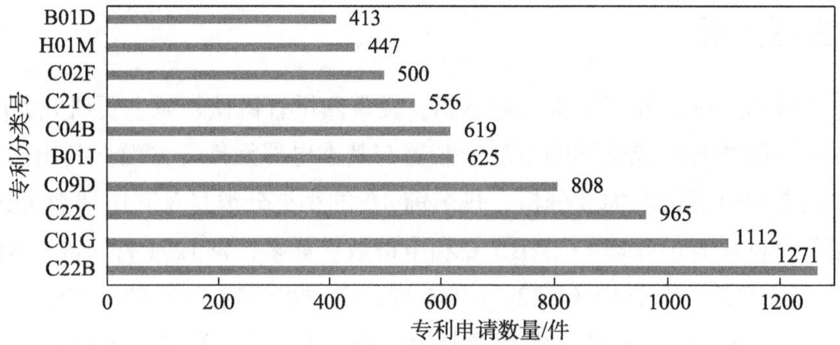

图8 主要技术分支申请趋势

Fig.8 Application trend of major technical branches

领域中最热研究方向为C22B、C01G、B01D与H01M，而四川省在B01D与H01M方向已有专利数量较少。其中，H01M是目前国内热点研究方向，四川省各企业及高校在这个方向近10年才刚刚起步，需要投入更多的布局。

5 结论

四川省钒钛领域专利申请量总体上呈上涨趋势，但是失效专利较多，专利转化程度不高，并且在2017年出现明显下降趋势。四川省钒钛领域中的申请机构除攀钢集团外以高校为主，攀钢集团在四川省钒钛领域中遥遥领先。攀钢集团在钒钛领域中主要涉及难溶金属的提取、钛的化合物、矿石或废料的预处理、处理非矿石原材料（如废料）以产生有色金属或其化合物、熔融铁类合金的处理、钒的化合物、碳钢的冶炼及铁基合金等方面，即在冶金及原材料或废料的预处理上积累了大量的技术。

四川省在钒钛领域中主要技术分布为金属的生产或精炼及原材料的预处理，钒、钛的化合物，不包括合金处理的合金领域，涂料组合物，化学或物理方法，石灰、氧化镁、矿渣、水泥及其组合物、人造石、陶瓷、不包括难熔金属合金的耐火材料、天然石的处理，生铁的加工处理，水、废水、污水或污泥的处理，燃料电池及二次电池及气体或蒸汽的分离等。其中不包括合金处理的合金领域，涂料组合物，化学或物理方法，水、废水、污水或污泥的处理，石灰、氧化镁、矿渣、水泥、其组合物、人造石、陶瓷、不包括难熔金属合金的耐火材料、天然石的处理及生铁的加工处理等专利申请量在2017年出现大幅下降，说明四川省各企业及高校需要在这些方向上寻求新的突破。

四川省企业及高校目前在钒钛领域中最热研究方向为金属的生产或精炼及原材料的预处理，钒、钛的化合物、气体或蒸汽的分离与燃料电池及二次电池，其中，燃料电池及二次电池是目前国内热点研究方向，而四川省各企业及高校在这两个方向近10年才刚刚起步，需要投入更多的资源。

参考文献

[1] 白瑞国. 钒钛新材料的应用及展望[J]. 河北冶金, 2019(3): 1-8.
[2] 张冬清, 李运刚, 张颖异. 国内外钒钛资源及其利用研究现状[J]. 四川有色金属, 2011(2): 1-6.
[3] 聂文林, 阳小勇, 贺紫菲, 等. 世界钛资源分布及利用现状[J]. 金属世界, 2022(3): 14-18.
[4] 陈钢, 蒲灵, 李懿, 等. 四川钒钛钢铁行业"碳达峰"形势及路径[J]. 云南化工, 2022, 49(3): 117-119.
[5] 何蕾. 基于专利分析的我国钛及钛合金材料发展研究[J]. 新材料产业, 2018(8): 34-38.
[6] 杨建桐, 徐海华, 钟世彬, 等. 广西钛金属产业技术创新能力研究——基于专利信息分析[J]. 云南科技管理, 2021, 34(2): 37-40.
[7] 张涛. 国内外钛材专利技术分析[J]. 钢铁钒钛, 2017, 38(6): 158-164.
[8] 智慧芽全球专利数据库[DB/OL]. [2022-08-05]. https://analytics.zhihuiya.com.

低碳经济发展及攀枝花钒钛产业可持续发展对策分析

何海军

（攀枝花市银江金勇工贸有限公司，四川攀枝花 617000）

摘　要：本文主要就钒钛产业可持续发展需求、钒钛产业发展特点、钒钛产业发展的产业配套需求以及钒钛产业可持续发展存在的问题等展开讨论，并针对钒钛产品开发和攀枝花钒钛产业发展实际，提出了攀枝花钒钛产业可持续发展的一些建议。

关键词：钒钛产业；可持续发展；二次资源；攀枝花

1　引言

低碳经济的实质是能源高效利用、清洁能源开发以及追求绿色 GDP，核心是能源技术和减排技术创新、产业结构和制度创新以及人类生存发展观念的根本性转变，直接应用新世纪的创新技术与创新机制，通过低碳经济模式与低碳生活方式，实现社会可持续发展。攀枝花有丰富的钒钛磁铁矿资源，经过四十多年的开发努力，已经形成规模化的铁、钒和钛产品生产能力，特别是攀枝花钒钛资源优势和钒钛产业技术创新给攀枝花钒钛产业基地的确立和钒钛之都建设创造了极好的条件，随着技术进步和各类钒钛产品市场的拓展，利用攀枝花丰富的钒钛资源，生产优质钛白制品、钛合金、钒制品及系列钒钛产品，已经成为攀枝花经济社会发展的必然选择。攀枝花钒钛产业发展经历以普通高炉冶炼钒钛磁铁矿、雾化提钒和钛精矿选别为特征的重大技术跨越，以攀钢钛白粉厂、攀宏钒制品厂和攀枝花钒钛产业园区建成投产成为攀枝花钒钛产业集群发展的重要标志，将攀枝花钒钛之都建设和特色经济强市推进到了一个崭新阶段。攀枝花钒钛产业必须在可持续发展的前提下不断升级更新产业发展要素，按照国家低碳经济、循环经济、安全生产、清洁生产和产业发展的高端要求进行产业配置，彰显攀枝花钒钛产业的技术经济社会发展的合理性诉求。经过对攀枝花钒钛产业特点、可持续发展需求、产业配套和钒钛产业存在的问题进行调研，进一步加深了攀枝花钒钛产业可持续发展重要性的认识。本文围绕高端钒钛产业并结合攀枝花钒钛产业实际展开分析讨论，有针对性地提出了低碳经济条件下攀枝花钒钛产业发展可持续发展措施建议，希望引起政府有关部门和企业的重视，及时采取相应有效措施，引导和促进钒钛产业的健康稳定发展，以保证攀枝花钒钛之都建设和经济社会的可持续发展。

2　攀枝花钒钛产业发展特征

攀枝花钒钛产业属于资源要素支撑的经济，攀枝花钒钛产业可持续发展要求不断提高钒钛资源的利用率，增强生产过程的资源循环利用水平，促进可更新资源的再生产和再利用。

2.1　钒钛产业的资源型经济特征

攀枝花矿产资源丰富，地质勘测表明，钒钛磁铁矿储量达 100 亿吨，占全国铁矿储量的 20%，钒资源储量 1578.8 万吨，占全国钒资源储量的 62%，占世界钒储量的 11.6%，钛资源储量 8.7 亿吨，占全国钛资源储量的90.5%，占世界钛储量的35.2%。攀枝花钒钛资源特点是资源储量大、资源分布相对集中、矿产品稳定性好和矿产开发环境影响小，具备资源开发的价值和评价基础条件。攀枝花钒钛产业发展凸现资源性经济特征，对钒钛矿产资源有较强的依赖性，是资源导向经济发展的产物。伴随攀枝花钒钛产业的迅猛发展，攀枝花钒钛资源消耗明显增加，能源配套需求强劲，钒钛产业不断延伸和产品精细化发展，多元原辅材料进入产业系统，对硫酸、盐酸、碱和氯气等大宗化工原料依赖较深。按照1t钛白需要2.5t钛精矿，目前10万吨/年钛白的钛精矿消耗量为25万吨/年，按目前的钛回收率水平折算，将消耗攀枝花钒钛磁铁原矿1000万吨/年，消耗硫酸40万吨/年，水耗300万吨/年；钒资源利用主要消耗1000万吨/年原矿选出的钒钛磁铁精矿，生产18万吨/年标准钒渣，在攀枝花加工生产五氧化二钒1万吨/年，水耗100万吨/年。

2.2　钒钛产业的技术复杂性特征

钒钛产业属于典型化工冶金过程，具有流程长、工序多和原辅料品种多杂等特点，涉及矿物采选、高温冶金和化工提取过程，矿物处理精细化，高强度和高细度进一步强化了能源需求，工序交叉重复，氨氮等环境敏感因素贯穿，热能和化学能交替转换，能量与物质形式高频度转换，酸碱盐介质使用频繁，部分危化介质作为主原料进入生产过程，如硫酸法钛白生产以硫酸作为分解介质，酸解-水解作为主要工艺特点，酸解水解过程中 TiO_2 品级逐步升高达到精细级水平，硫酸则由浓酸逐步稀释；氯化法钛白以氯气作为分解介质，氯化-氧化作为主要工艺特点，氯化氧化过程中 TiO_2 品级逐步升高达到精细级水平，氯气则由高浓度逐步稀释；钒钛原料处理使用了超强磨矿和有机类捕收剂，部分工艺环节工序可控性差，整个工艺、工序和原料具有强烈环境影响因素。

2.3　钒钛产业的产品多重性特征

钒钛作为稀有金属，矿物与多金属元素伴生赋存，生产过程产品形成一主多付格局，如提钛生产过程可以形成钛矿、钛渣、钛白、海绵钛和钛合金等，过程副产则包含铁精矿、半钢、稀盐酸、稀硫酸、绿矾、$SiCl_4$ 和 $FeCl_3$ 等，副产品再加工可以多元系列产品，主体涉及铁、钒、钛、硫酸盐、氯化物和氧化物等，产品根据品级需要实现差异化，通过再处理和深加工实现其物质价值，可持续发展目标就是要最大限度减少生产加工过程的废物产生量，使所有物质物有所值和物有所归，实现其应有价值。

钒钛产品具有明显的时代特征，二氧化钛是一种重要的化工产品，是当今最佳的一种白色颜料，钛白粉以其独特的物理化学性质和优良的颜料性能，广泛用于涂料、塑料、化纤、橡胶和造纸等领域。随着世界多元经济发展、产业部门专业化趋势加深以及材料领域功能化需求增加，钛白产品的专业化需求迅猛增加，利用钛白产品特性和高新技术，赋予钛白产品环保、耐候等功能，不断满足经济社会对钛白产品的全新要求。

钒属于高熔点稀有金属，具有银灰色光泽，主要用于钢铁生产。世界工业发达国家在低合金钢、工具钢和其他合金钢中的用量达87%，钒作为添加剂可以大大提高钢的强度和韧性。钒在有色金属中作为钛的合金元素有重要意义。Ti6Al4V 合金在室温下稳定性好，具有很好的疲劳强度。Ti6Al6V2Sn、Ti8AlMoV 合金用在驱动装置构件、飞机、造船骨架结构及反应堆工业中。五氧化二钒作为有机和无机氧化反应的催化剂，广泛用于硫酸制造、石油炼制和有机合成工业中，钒的化合物还应用于生产颜料、干燥剂、油漆、玻璃着色剂和釉彩等。

3 钒钛产业可持续发展需求及存在的主要问题

3.1 钒钛产业可持续发展需求

3.1.1 钒钛产业可持续发展的原辅材料及基础配套需求

攀枝花钒钛产业发展目前形成了配套不足和钒钛产业超常规发展并重的局面，从原材料配套看，需要与钒钛产业配套的项目包括氯碱、制酸、燃气和蒸汽供应等；从基础配套看，需要与钒钛产业配套的项目包括机械加工、设备制造、物流运输、专业培训和技术研发等；从市政基础配套看，需要与钒钛产业配套的项目包括道路、供水、供电和通信等。目前硫酸供应和氯碱供应不断得到发展，原材料配套的涵盖面进一步扩大，对外依赖持续降低，但某些重要原材料如果配套不及时，将难以满足钒钛产业发展的需要，特别是环保设备和部分专用设备对外依赖较深，攀枝花特种设备制造维修维护基础薄弱，2008年钛白主要原材料硫酸，对钛产业健康发展产生致命影响，致使部分硫酸法钛白产能发挥受阻，如氯化用途钛原料研制、硫酸再生扩能迟缓、专业渣场建设滞后和环保节能技术突破不足等，正在成为攀枝花钛产业发展的瓶颈。

3.1.2 钒钛产业可持续发展的安全环保配套需求

钒钛产业发展的安全环保配套需求受副产物市场变化和季节影响较大，根据钒钛产业发展特点，提钒过程具有尾渣多、废水多、粉尘多、氨氮敏感、重金属离子危害和高价钒毒性等问题，急迫的问题是革新工艺，促使废水减量和尾渣再利用，降低安全环境敏感性，根据钒的物理化学性质的毒性防护要求规范生产操作，系统解决安全卫生防护问题；钛产业与硫酸、盐酸、氯气和氢氟酸等危险化学品密切相关，而且存在循环使用周期长和使用量大的特点，多数反应过程剧烈，设备管路要求高，安全环保卫生问题突出，如副产物绿矾用途单一，产品价值与运输半径呈负相关，废酸多路径产生，硫酸品位低量大，处理回收难度大；钒钛特殊，如四氯化钛类产品外输需要配套安全防护措施。

3.2 钒钛产业可持续发展存在的主要问题

3.2.1 钒钛产业链不完整

钒钛产业链不完整，原料产品和中间产品比重大，产品深加工力度不够，高新技术和高端技术不配套，四氯化钛产品分流海绵钛和氯化法钛白遭遇技术瓶颈，无法顺延工艺，在四氯化钛生产能力市场饱和时倒逼前部生产能力削减，直接影响生产组织，造成经营性和全局性损失。

3.2.2 高端钒钛目标产品缺乏

高端钒钛目标产品缺乏，主要产品停留在普通大众层面，整个产业产品不能形成经济品牌，钒钛产品缺乏与高新技术相关的高端功能产品，如钛产品缺乏钛材和氯化法钛白，钛后加工应用延伸缺乏高档次油漆涂料，影响高新技术发展和整体机械加工业对结构材料的需求。

3.2.3 钒钛产业配套产业缺乏

钒钛产业配套产业缺乏，目前形成了配套不足和钒钛产业超常规发展并重的局面，需要钒钛产业配套项目包括氯碱、制酸、机械加工、设备制造、运输、环保设备和技术研发，供应、环保设施和交通条件不断得到发展，涵盖面进一步扩大，对外依赖持续降低，但某些重要原材料如果配套不及时，将难以满足钛产业发展的需要，特别是环保设备和部分专用设备对外依赖较深，攀枝花特种设备制造维修基础薄弱，如氯化用途钛原料研制、硫酸回收扩能迟缓、专业渣场建设滞后和环保节能技术突破不足等对产业健康发展产生致命影响。

4 对攀枝花钒钛产业可持续发展建议及对策分析

4.1 对攀枝花钒钛产业可持续发展建议

4.1.1 多层次规划矿物用途和后期管理

攀枝花矿属于多元素共生矿，包含多种金属和非金属矿物组分。钛产业发展的主原料钛精矿选别过程工序多、用水量大。其排放的废水中含有黄药和重金属离子，应当尽可能循环使用，外排部分必须处理达标合格。精矿以外废弃物料以粉状和粒状为主，在可能可行技术条件下可以规划其他可利用矿物选矿，如深度选钛、选铁和选别硫钴精矿，若暂时无法进行有用矿物选别，应该进入尾矿库集中保存，给以后利用创造条件；经过一定时间脱水后矿物颗粒会出现扬尘，应该在确保尾矿坝安全的情况下进行植物覆盖保护，防止粉尘飞扬和资源流失。

4.1.2 延长产业链消减安全环保问题

困扰钒钛产业发展的环保问题包括绿矾应用、废酸处理和提钒废水，绿矾是铁系颜料的原料，发展铁红、铁黑和铁氧体磁性材料，精细铁化合物，形成铁化工产品生产能力，消减降低绿矾的环境影响；废硫酸是有色金属硫酸盐生产的原料，致力发展硫酸锰、硫酸锌和硫酸铜等，消耗消减废硫酸；困扰钒产业发展的环保问题主要来自提钒渣和废水，废渣与瓷砖建材结合，生产新型建材，消耗消减钒渣和废水。

4.1.3 配置产业第二第三层次产业

在钒钛核心产业之外配置第二层次和第三层次产业，利用钛白绿矾生产铁系列颜料做精铁化工产业，利用钛白废酸生产锰锌系列金属盐做精攀枝花有色金属产业，利用五氧化二钒过程硫酸钠生产硫化钠系列化工原料纯净钒产业基础。

4.1.4 培育钒钛新技术解决环保问题

钒钛产业发展可以通过产品换代和产业升级解决环保问题，如用先进氯化法取代传统的硫酸法生产钛白粉，实现产品升级和质量换代，消除传统硫酸法生产中严重的废硫酸和绿矾问题；采用绿色提钒技术解决钒系统废水问题。

4.2 对攀枝花钒钛产业可持续发展对策分析

4.2.1 进一步完善钒钛产业结构

建议大力发展精品钒钛制品，用高新技术集成优化钒钛产业结构，标准化配置产品，形成多元化和标准化钒钛产品结构，实现钒钛精品主导钛产业结构，发展钛材加工、氯化钛白、钒钛特色钢铁材料和钒钛功能材料，带动产业发展升级，专业化培育技术创新研发能力，鼓励以精品面向市场，改变低产品层次和初品发展模式，全面提高钒钛产业产品的结构层次，树立攀枝花钒钛产业经济品牌。

4.2.2 进行大型化装备提升技术经济指标

建议按照经济规模和规模化产业发展目标配置装备，使用国际标准的大型化装备。要以攀钢大型化精磨细选为模式，在钛精矿选矿层面全面提高钛资源利用率；钛渣生产则要向加拿大 QIT 技术看齐，发挥设备大型化效用；硫酸法钛白酸解要使用大酸解锅和连续酸解技术，实现大型化技术经济指标。

4.2.3 多层次改善产业发展环境

建议在现有核心钒钛产业发展的基础上配置第二和第三层次产业，在钛精矿选矿阶段回收利用 Cu、S、Ni 和 Co 资源，钛白生产全面采用钛渣为原料，消除绿矾影响，将钛资源中的铁回用到钢铁系统，配置钛白废酸浓缩再生系统，改善钒钛产业发展的外在环境，高质量发展钒钛产业，保证钒钛产业的清洁生产目标。

5 结论

（1）攀枝花钒钛产业是攀枝花特色经济的支柱产业，属于特色资源利用，差异化钒钛产品具有良好的市场前景，工艺技术先进可靠，对攀枝花经济社会发展和钒钛之都建设具有良好的促进作用。

（2）攀枝花钒钛产业可持续发展必须以钒钛产业为核心，按照清洁生产、循环经济和安全生产要求，延伸发展外围铁深加工、建材利用和多元复合型产业，服务钒钛产业发展，保持攀枝花钒钛产业发展特色和可持续性。

（3）钒钛产业可持续发展必须通过产品换代和产业升级实现产品升级和质量换代，用先进氯化法取代传统的硫酸法生产钛白粉，创新发展钙盐沉钒新工艺，提高钒钛产业发展对攀枝花特色经济强市的贡献率，为实现攀枝花打造“中国钒钛之都”目标而不懈努力。

（4）攀枝花提钒技术成熟度，具有国内资源和提钒能力的绝对优势，高起点发展绿色提钒，开发高端用途的功能材料，有机结合钢铁钒钛产业发展，实现攀枝花特色经济强市目标。

万能辊环断裂掉块缺陷分析及改进措施

黄 洁[1,2]　吴安术[1,2]　张达富[1,2]　王敏莉[1]

（1. 攀钢集团研究院有限公司，钒钛资源综合利用国家重点实验室，四川攀枝花 617000；
2. 四川攀研检测技术有限公司，四川攀枝花 617000）

摘　要：为分析铸造半钢轧辊辊环断裂掉块失效原因，采用金相显微镜、扫描电镜、能谱仪等对材料断裂源附近进行金相组织、显微形貌、力学性能及化学成分分析。结果表明：该铸造半钢轧辊辊环断裂掉块是由于成分偏析引起的，其中 C 和 Cr 元素偏析，导致辊环产生脆性共晶莱氏体组织，较高的 Si 含量使得辊环工作面易形成热裂纹，辊环工作过程中，裂纹不断扩展最后导致断裂掉块。

关键词：半钢；轧辊辊环；断裂掉块；成分偏析

Analysis of Failure Causes of Casting Semi-steel Roller Ring Fracture

Huang Jie[1,2]　Wu Anshu[1,2]　Zhang dafu[1,2]　Wang Minli[1]

(1. Pangang Group Institute Co., Ltd., State Key Laboratory of Vanadium and Titanium Resources Comprehensive Utilization, Panzhihua 617000, China;
2. Sichuan Panyan Testing Technology Co., Ltd., Panzhihua 617000, China)

Abstract: In order to analyze the causes of fracture and block failure of cast semi steel roll ring, the metallographic structure, microstructure, mechanical properties and chemical composition near the fracture source of the material were analyzed by metallographic microscope, scanning electron microscope and energy spectrometer. The results show that the fracture and block falling of the roll ring of the cast semi steel roll is caused by component segregation, in which the segregation of C and Cr elements leads to the brittle eutectic ledeburite structure of the roll ring. The high Si content makes it easy to form thermal cracks on the working surface of the roll ring. During the working process of the roll ring, the cracks continue to expand, and finally lead to fracture and block falling.

Key words: semi steel; roll ring; fracture and block; composition segregation

1　引言

铸造合金半钢轧辊其碳含量（质量分数）通常在 1.4%~2.3%，力学性能介于钢和铁之间[1]。铸造半钢轧辊新型材质具有优良的综合性能，是适应多种轧制条件的轧辊新材料[2]。但是由于原材料控制不严，工艺方案不合理，生产操作不当，管理制度不完善等原因，会使合金半钢轧辊产生如气孔、粘砂、渣孔、残渣、缩孔、缩松、裂纹、硬度不均等各种质量缺陷[3]，从而导致轧辊在使用过程中会产生失效，其典

作者简介：黄洁，副研究员，硕士，主要从事材料的失效分析；E-mail: 1490785693@qq.com。

型失效形式有断裂、剥落、磨损等，任何一种失效形式都会使轧辊使用寿命缩短，并影响生产乃至经济效益。因此，研究轧辊的失效形式对优化成分、控制显微组织等有重要的意义[4]。本文对铸造半钢轧辊辊环断裂掉块试样进行了金相检验、扫描电镜分析等，找到了该断裂掉块失效原因，并提出了相应的解决办法。

2　检验与结果

2.1　宏观形貌

辊环断裂掉块后分为主断口和次断口两种，宏观形貌见图 1。其中主断口为平齐脆性断口，它的裂纹源位于辊环侧面加工外层帽形工作面的起始部位附近，辊环外层工作层全部呈脆块断裂脱落。

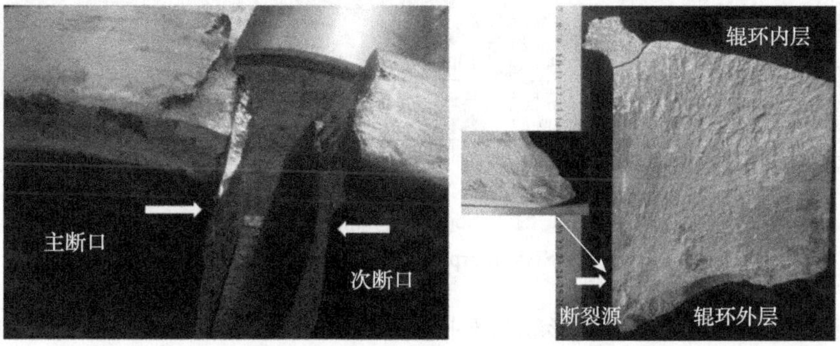

(a) 掉块后辊环断口宏观形貌　　(b) 辊环掉块主断口宏观形貌

图 1　掉块辊环断口宏观形貌

Fig. 1　Macro morphology of roll ring fracture after block falling

2.2　金相组织

在断裂源上截取纵向剖面试样进行金相分析，组织形貌见图 2。结果显示，断裂源试样上存在共晶莱氏体区域，其莱氏体骨架完整，碳化物粗大，其中莱氏体组织区域中包括枝晶状珠光体、共晶莱氏体和碳化物组织，此类型共晶莱氏体的脆性大（图 2（a））。另一方面，除莱氏体外的粗大网状碳化物区域，是由细珠光体、颗粒状二次碳化物和粗大网状碳化物组成的魏氏组织（图 2（b））。同时还发现试样辊环侧表面存在沿网状碳化物起裂现象，形貌见图 2（c）。

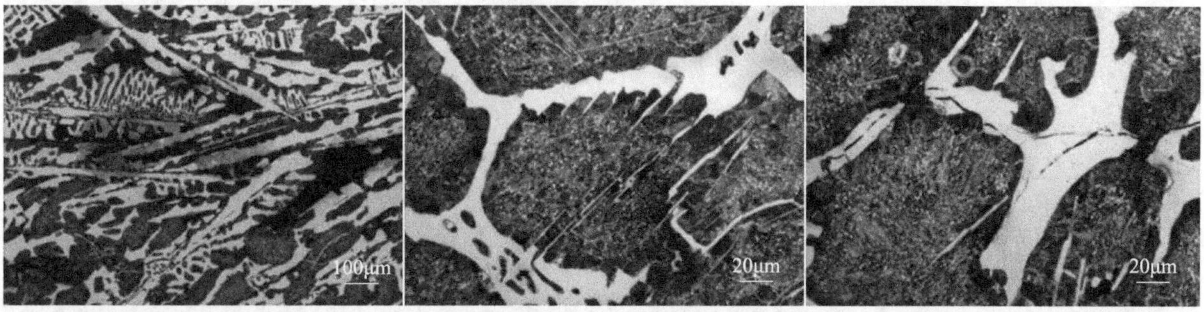

(a) 试样枝晶状珠光体、共晶莱氏体和碳化物组织形貌　　(b) 试样细珠光体+大量颗粒状二次碳化物+粗大网状碳化物魏氏组织形貌　　(c) 试样辊环侧表面沿碳化物网起裂组织形貌

图 2　试样组织形貌

Fig. 2　Microstructure and morphology of samples

2.3　形貌及 EDS 分析

断口的断裂源区电镜形貌见图 3。结果显示，断裂源区及试样中辊环内层均为粗大解理微观形貌，且存在二次裂纹。

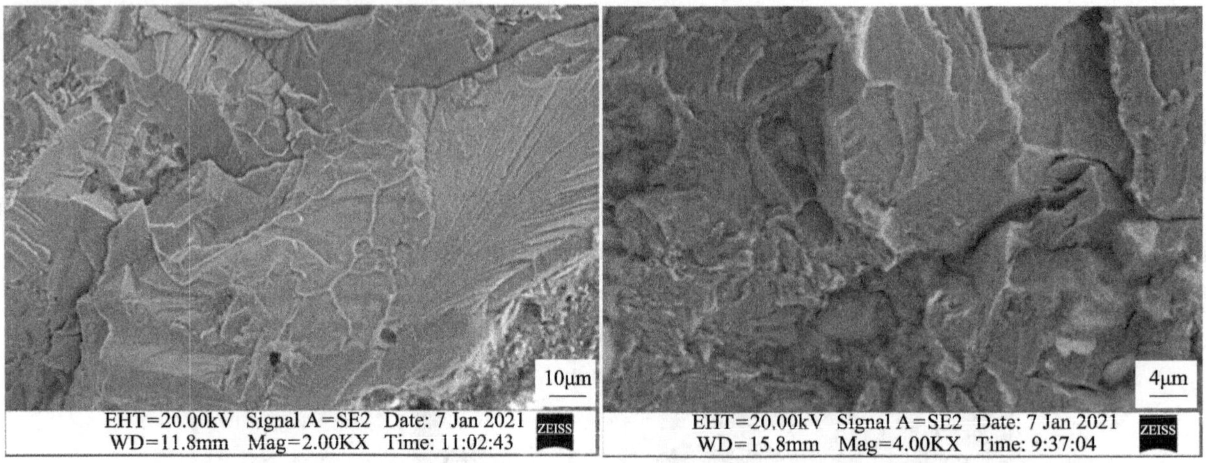

(a) 断裂源区粗大解理面和二次裂纹电镜形貌　　(b) 试样辊环内层准解理面和二次裂纹电镜形貌

图 3　断裂源电镜形貌

Fig. 3　SEM morphology of fracture source

其中断裂源区莱氏体区域组织电镜形貌及面扫描成分见图 4（a）和（c），断裂源附近网状碳化物区域组织电镜形貌及面扫描成分见图 4（b）和（d）。由表 2 和表 3 中的数据可见，莱氏体区域的 C、Cr、Mn 和 Mo 元素含量都高于网状碳化物区域，辊环断裂源区存在严重的 C、Cr、Mn 和 Mo 元素偏析，导致莱氏体区域成分接近共晶成分。试样中莱氏体区各相电镜形貌及能谱成分见图 4（e），试样中网状碳化物区各相电镜形貌及能谱成分见图 4（f），从表 3 和表 4 中各元素及其质量分数变化结果可知，莱氏体骨架碳化物的 C、Cr 含量明显高于网状碳化物，Ni 元素存在于细珠光体中，Mo 元素存在于较大颗粒的块、棒状碳化物中，Si 元素存在于细珠光体和颗粒状碳化物中。

综合上述电镜形貌及 EDS 分析结果可知，辊环内层断口为准解理微观形貌。莱氏体区域面扫描 C、Cr、Mn 和 Mo 元素含量都高于网状碳化物区域，严重的 C 和 Cr 元素偏析，导致辊环断裂源区产生脆性共晶莱氏体组织。

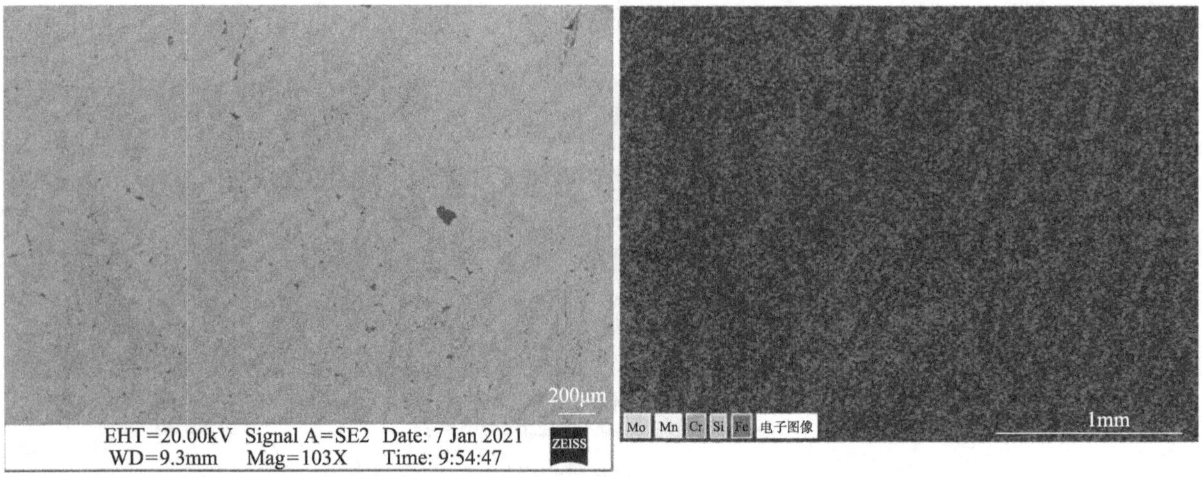

(a) 断裂源区莱氏体区域组织电镜形貌　　(b) 左图面扫描成分

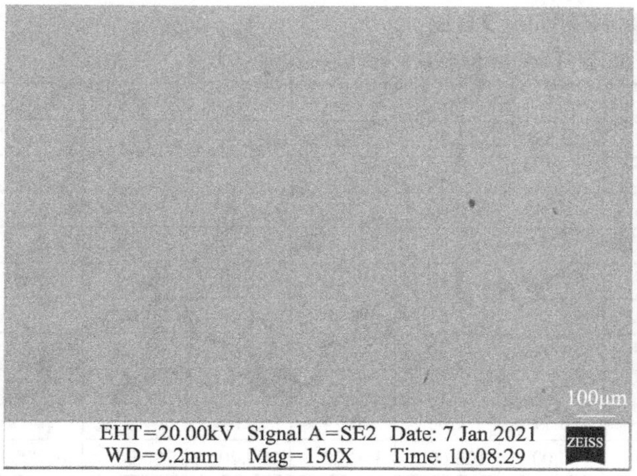

(c) 断裂源附近网状碳化物区域组织电镜形貌

(d) 左图面扫描成分

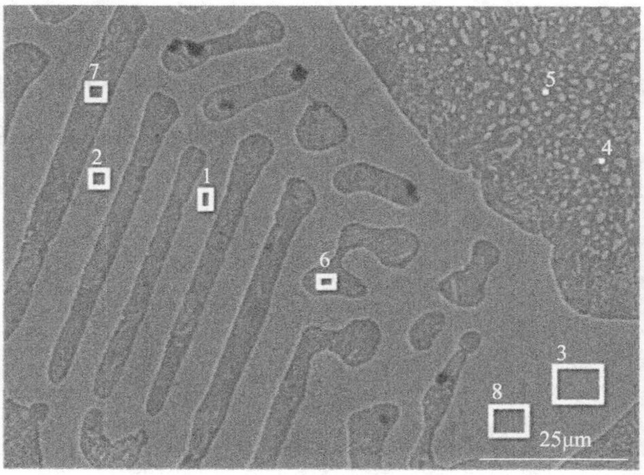

(e) 试样中莱氏体区各相电镜形貌及能谱成分

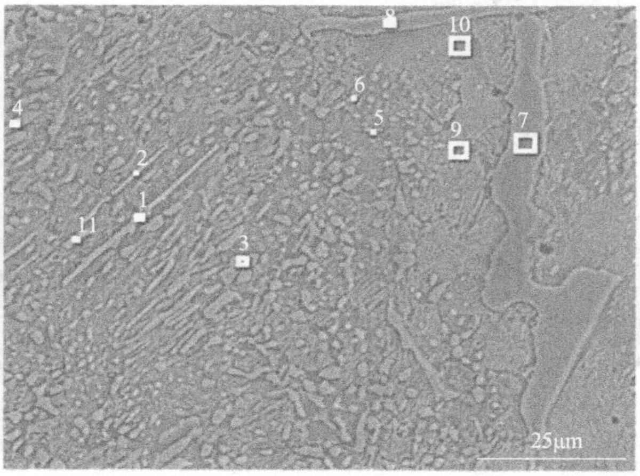

(f) 试样中网状碳化物区各相电镜形貌及能谱成分

图 4　试样电镜成分位置

Fig.4　Electron microscopic composition position of sample

表 1　断裂源莱氏体区元素及含量

Table 1　Elements and contents in ledeburite area of fault source

图 4（b）	C	Si	P	Cr	Mn	Fe	Mo
莱氏体区	10.30	1.36	0.15	2.10	1.43	83.39	1.27

表 2　断裂源附近网状碳化物区元素及含量

Table 2　Element and content of network carbide zone near fracture source

图 4（d）	C	Si	S	Cr	Mn	Fe	Ni	Mo
网状碳化物区	8.36	1.33	0.03	1.50	1.20	86.15	0.95	0.49

表 3　莱氏体区各相元素及含量

Table 3　Element and content of each phase in ledeburite region

图 4（e）	1	2	3	4	5	6	7	8
C	25.33	26.15	30.88	30.83	29.88	32.29	31.82	29.78
O			2.40					
Si				0.20	0.45	1.48	1.40	
S				0.21	0.27			
Cr	3.96	3.82	3.28	2.82	2.61	0.86	0.82	3.64
Mn	1.44	1.40	1.14	1.45	1.19		0.74	1.32
Fe	68.38	68.06	61.46	64.49	65.60	64.13	63.60	65.25
Ni						0.81	1.01	
Mo	0.90	0.57	0.84			0.42	0.60	
总量	100.00	100.00	100.00	100.00	100.00	100.00	100.00	100.00

表 4　网状碳化物区各相元素及含量

Table 4　Element and content of each phase in network carbide zone

图 4（f）	12	1	2	3	4	5	6	7	8	9	10
C	15.27	13.84	19.54	11.12	9.71	12.39	11.88	10.64	10.74	7.93	6.49
F					1.96						0.93
Si	0.34		0.68		0.50	0.66	0.49			1.79	1.88
S					0.31						
Cr	2.96	3.67	2.42	4.09	2.79	2.81	3.10	2.60	2.60	0.79	0.83
Mn	1.33	1.55	1.53	1.67	1.62	1.38	1.63	1.49	1.40	1.07	
Fe	80.10	80.18	75.03	83.12	83.12	81.99	81.89	84.32	84.62	87.24	88.47
Ni										1.18	1.40
Mo		0.76	0.79			0.77	1.00	0.94	0.64		
总量	100.00	100.00	100.00	100.00	100.00	100.00	100.00	100.00	100.00	100.00	100.00

2.4　力学检验

按《金属材料 洛氏硬度试验 第 1 部分：试验方法》（GB/T 230.1—2018）标准，测定试样的洛氏硬度，其硬度点（间隔 3mm）位置见图 5。结果显示，试样辊环外层断口附近为洛氏硬度 HRC 43.4~45.9，由外向内洛氏硬度逐渐降低，在辊环内层侧表面过度圆弧部位约为 HRC30。

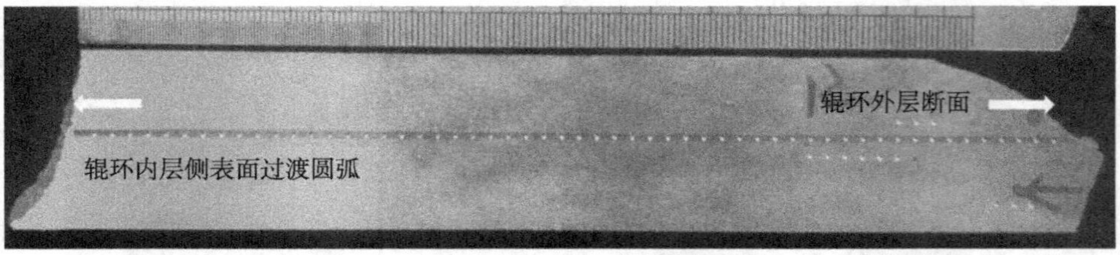

图 5　试样硬度样辊环外层断口边缘（右）到内层侧表面过渡圆弧（左）洛氏硬度点位图

Fig.5　Rockwell hardness point map of transition arc (left) from outer fracture edge (right) to inner side surface of sample hardness roller ring

2.5　化学成分

在断裂掉块上切取试样做化学成分检验，结果见表 5。将分析结果与《高碳半钢辊环技术协议》和《铸钢轧辊》（GB/T 1503—2008）标准中 AD200 半钢材质的化学成分要求比较，再参照《钢的成品化学成分允许偏差》（GB/T 222—2006）后，表明试样中的 Si 含量和《高碳半钢辊环技术协议》的 Si 元素要求均高于《铸钢轧辊》（GB/T 1503—2008）标准中 AD200 半钢材质中的 Si 元素要求。

表 5　辊环工作层和内层化学成分分析结果

Table 5　Analysis results of chemical composition of working layer and inner layer of roller ring　(%)

元素	C	Si	Mn	Cr	Ni	Cu	Mo	P	S
试样	1.45	1.69	0.809	0.557	0.331	0.025	0.129	0.030	0.013
高碳半钢辊环技术协议	2.0~2.5	1.0~2.0	0.5~1.5	1.0~2.0	1.5~2.5	—	0.5~1.0	≤0.03	≤0.03
GB/T 1503—2008 AD200	1.90~2.10	0.30~0.80	0.80~1.20	0.60~2.00	0.60~2.50	—	0.20~0.80	≤0.035	≤0.030

3　分析与讨论

经过分析，辊环断口为平齐脆性断口。断裂源中存在骨架完整，碳化物粗大的脆性莱氏体。断裂源附近辊环侧表面存在沿网状碳化物起裂现象。与此同时，电镜形貌分析结果表明辊环内层断口为准解理形貌。莱氏体区域面扫描 C、Cr、Mn 和 Mo 元素含量均高于网状碳化物区域，辊环严重地 C 和 Cr 元素偏析，导致辊环断裂源区产生脆性共晶莱氏体组织，并且试样中存在的粗大网状共析碳化物和未熔大块状共晶碳化物，均是脆性大的两种碳化物。同时，辊环硬度分析结果表明，试样约为 HRC30。化学成分分析结果发现，试样中的 Si 含量高于《铸钢轧辊》（GB/T 1503—2008）标准中 AD200 半钢材质中对 Si 元素要求。从过共析钢基体组织热阻计算公式：$\lambda=5.83+5.49Si+5.0P+0.41Mn+1.21Ni+0.08Cr+0.22Mo$ 可以看出，含硅量对基体组织热阻的影响最大[5]。当硅含量过高时，辊环基体的导热系数较低，在轧钢过程中，由轧材传导过来的热量和金属流动摩擦所产生的热量较难向辊环芯部扩散，其辊环工作层内存在一个较大的温度梯度，致使辊环工作面产生很大的拉伸热应力，辊环在大的轧制应力和热应力的联合作用下，辊环工作面极易形成热裂纹，降低了辊环的使用周期。

4 改进措施

半钢的最终组织状态是在热处理之后得到的，半钢轧辊的热处理除了通常的消除枝晶偏析、均匀组织、细化晶粒及得到正确组织之外，还希望能得到细小均匀分布的碳化物[6]。消除或减轻铬在合金半钢轧辊中的不均匀分布是改善合金半钢轧辊铸态组织，特别是改善碳化物形态及其分布特征的一个重要途径。因此，对铸造合金半钢轧辊进行高温扩散退火这一热处理过程是非常必要的。合金半钢轧辊在 1040~1060℃温度下进行高温扩散退火时，不仅可以改善化学成分的偏析程度，而且改善了碳化物的形态及其分布特征，有助于提高合金半钢轧辊的综合使用性能[7]。

所以改进热处理工艺可有效消除元素偏析并且得到好的组织类型，从而减少了缺陷产生的几率，延长辊环的使用寿命。

5 结论

此半钢轧辊辊环断裂掉块缺陷是由于成分偏析引起的，其中 C 和 Cr 元素偏析，导致辊环产生脆性共晶莱氏体组织，较高的 Si 含量使得辊环工作面易形成热裂纹，辊环工作过程中，裂纹不断扩展最后导致断裂掉块。

参考文献

[1] Xu Jishan. Discussion on heat treatment process of cast alloy semi-steel roll[J]. Metal Working (Hot Working), 2008(21): 33-34, 67.
徐继山. 铸造合金半钢轧辊热处理工艺探讨[J]. 金属加工(热加工), 2008(21): 33-34, 67.

[2] Wang Suping. Analysis and control of casting defects of normal semi-steel roll[J]. Hebei Metallurgy, 2012(3): 59-60.
王素平. 常法半钢轧辊铸造缺陷分析及控制[J]. 河北冶金, 2012(3): 59-60.

[3] Xiao Lianhua, Yao Yongkui. Research and application of quality control technology for alloy semi-steel roll[J]. Casting Equipment and Technology, 2017(4): 39-41, 48.
肖连华, 姚永奎. 合金半钢轧辊质量控制技术研究及应用[J]. 铸造设备与工艺, 2017(4): 39-41, 48.

[4] Bai Wanzhen, Wei Shizhong, Long Rui, et al. Review on typical failure modes of cold roll[J]. Casting Technology, 2006, 27(9): 1010-1014.
白万真, 魏世忠, 龙锐, 等. 冷轧辊典型失效形式分析综述[J]. 铸造技术, 2006, 27(9): 1010-1014.

[5] Wen Tiezheng, Guo Yuzhen. New Discussion on Roll Manufacturing Technology[M]. Shijiazhuang: Hebei Science and Technology Press: 2014: 106-107.
文铁铮, 郭玉珍. 轧辊制造技术新论[M]. 石家庄: 河北科学技术出版社: 2014: 106-107.

[6] Li Wei, Wu Zhiqiang, Wang Jitang. Development of large cast steel roll[J]. Casting Engineering, 2014, 38(6): 23-25.
李伟, 武志强, 王继堂. 大型铸钢轧辊的研制[J]. 铸造工程, 2014, 38(6): 23-25.

[7] Sun Jingmin. Development of vanadium titanium semi-steel roll[D]. Chongqing: Chongqing University, 2004.
孙敬民. 钒钛半钢轧辊的研制[D]. 重庆: 重庆大学, 2004.